Kohlhammer

Allgemeines Verwaltungsrecht

herausgegeben von
Prof. Dr. Annette Zimmermann-Kreher

aktuell bearbeitet von

Dr. Bernd Brenndörfer
Professor an der Hochschule für
öffentliche Verwaltung Kehl

Dr. Jürgen Fleckenstein
Professor an der Hochschule für
öffentliche Verwaltung Kehl

Dr. Michael Frey
Professor an der Hochschule für
öffentliche Verwaltung Kehl

Dr. Torsten Hartleb
Professor an der Hochschule für
öffentliche Verwaltung Kehl

Dr. Thorsten Hesselbarth
Professor an der Hochschule für
öffentliche Verwaltung Kehl

Dr. Gernot Joerger
ehem. Professor an der Hochschule für
öffentliche Verwaltung Kehl

Dr. Kay-Uwe Martens
Professor an der Hochschule für
öffentliche Verwaltung Kehl

Dr. Torsten Noak
Professor an der Hochschule für
öffentliche Verwaltung und Finanzen
Ludwigsburg

Dr. Hans-Ingo von Pollern
Lehrbeauftragter an der Hochschule
für öffentliche Verwaltung und
Finanzen Ludwigsburg

Dr. Gerald G. Sander
Professor an der Hochschule für
öffentliche Verwaltung und Finanzen
Ludwigsburg

Dr. Lars Steinhorst
Professor an der Hochschule für
öffentliche Verwaltung und Finanzen
Ludwigsburg

Ute Vondung
ehem. Professorin an der Hochschule
für öffentliche Verwaltung und
Finanzen Ludwigsburg

Dr. Christian Walker
Professor an der Hochschule für
öffentliche Verwaltung und Finanzen
Ludwigsburg

Dr. Annette Zimmermann-Kreher
Professorin an der Hochschule für
öffentliche Verwaltung und Finanzen
Ludwigsburg

11., aktualisierte Auflage

Verlag W. Kohlhammer

früher bearbeitet von

Dr. Franz W. Brunn
Rechtsanwalt, Fachanwalt für
Steuerrecht, Pforzheim

Dr. Hans Büchner
Rechtsanwalt, Stuttgart
ehem. Professor an der Hochschule für
öffentliche Verwaltung und Finanzen
Ludwigsburg

Thomas Schad
ehem. Professor an der Hochschule
für öffentliche Verwaltung und
Finanzen Ludwigsburg

Martin Trockels
ehem. Professor an der Hochschule
für öffentliche Verwaltung Kehl

Dr. Heinz-Joachim Peters
Professor an der Hochschule für
öffentliche Verwaltung Kehl

11. Auflage 2021

Alle Rechte vorbehalten
© W. Kohlhammer GmbH, Stuttgart
Gesamtherstellung: W. Kohlhammer GmbH, Stuttgart

Print:
ISBN 978-3-17-040594-3

E-Book-Formate:
pdf: ISBN 978-3-17-040595-0
epub: ISBN 978-3-17-040596-7
mobi: ISBN 978-3-17-040597-4

Dieses Werk einschließlich aller seiner Teile ist urheberrechtlich geschützt. Jede Verwendung außerhalb der engen Grenzen des Urheberrechts ist ohne Zustimmung des Verlags unzulässig und strafbar. Das gilt insbesondere für Vervielfältigungen, Übersetzungen, Mikroverfilmungen und für die Einspeicherung und Verarbeitung in elektronischen Systemen.
Für den Inhalt abgedruckter oder verlinkter Websites ist ausschließlich der jeweilige Betreiber verantwortlich. Die W. Kohlhammer GmbH hat keinen Einfluss auf die verknüpften Seiten und übernimmt hierfür keinerlei Haftung.

Vorwort zur 11. Auflage

Seit der ersten Auflage ist es gemeinsames Ziel der Autoren, das Allgemeine Verwaltungsrecht unter besonderer Berücksichtigung seiner Anwendung in der Verwaltungspraxis darzustellen, ohne dabei die dogmatischen Grundlagen zu kurz kommen zu lassen. Das Lehrbuch ist primär an den Bedürfnissen der Studierenden an den Hochschulen für öffentliche Verwaltung ausgerichtet, soll aber auch Verwaltungspraktikern, Studierenden der Rechtswissenschaften sowie Rechtsreferendaren einen praxisnahen Zugang zu der Materie ermöglichen. Diese Grundkonzeption, die durch eine systematische Darstellung unter Einbeziehung einer Vielzahl von Beispielen und praktischen Fällen gekennzeichnet ist, wird auch mit der vorliegenden Neuauflage weiterverfolgt. Die Neuauflage berücksichtigt den Rechtsstand zum 28. Februar 2021. Insbesondere wurde das Datenschutzrecht (Kapitel 16) unter Berücksichtigung der Datenschutz-Grundverordnung, des neuen Landesdatenschutzgesetzes sowie weiterer datenschutzrechtlicher Bestimmungen überarbeitet. Auch die am 17.1.2021 in Kraft getretene Neufassung des baden-württembergischen Polizeigesetzes sowie die Anpassung des Landesverwaltungsverfahrensgesetzes an das Verwaltungsverfahrensgesetz des Bundes mit Wirkung zum 17.2.2021 wurden berücksichtigt.

Besonderer Dank gilt unserem Kollegen Prof. Dr. Heinz-Joachim Peters, der als langjähriger Mitautor maßgeblich an der Weiterentwicklung des Werkes mitgewirkt hat, sowie den neu hinzugetretenen Kollegen Prof. Dr. Torsten Hartleb und Prof. Dr. Thorsten Hesselbarth, die eine zeitnahe Aktualisierung ermöglicht haben.

Für Anregungen und Kritik – vor allem auch aus dem Kreis der Studierenden – ist das Autorenteam weiterhin dankbar.

Im März 2021   Annette Zimmermann-Kreher

Inhaltsverzeichnis

Vorwort zur 11. Auflage V
Literaturverzeichnis XXIX
Abkürzungsverzeichnis XXXI

Teil I   Grundlagen der öffentlichen Verwaltung 1

Kapitel 1   Die öffentliche Verwaltung als Teil der öffentlichen Gewalt
(Brenndörfer/Trockels) 3

A. Einordnung des Verwaltungsrechts in einen Gesamtzusammenhang . . . 3
B. Verwaltungsbegriff und Arten der Verwaltung 4
    I. Begriff der Verwaltung 4
       1. Negative Definition 4
       2. Positive Definition 5
    II. Arten der Verwaltung 5
       1. Unterscheidung nach Aufgaben 5
       2. Unterscheidung nach der Rechtsform des Handelns 6
       3. Unterscheidung nach Wirkung für den Bürger 7
C. Träger öffentlicher Verwaltung 8
    I. Unmittelbare Staatsverwaltung 8
    II. Mittelbare Staatsverwaltung 9
       1. Körperschaften des öffentlichen Rechts 9
       2. Anstalten des öffentlichen Rechts 9
       3. Stiftungen des öffentlichen Rechts 9
       4. Beliehene 10
    III. Zusammenfassung 11
D. Verwaltungsaufbau und -aufsicht 11
    I. Verwaltungsaufbau 11
       1. Unmittelbare Landesverwaltung 11
       2. Mittelbare Landesverwaltung 12
    II. Staatsaufsicht 13
       1. Dienstaufsicht 13
       2. Fachaufsicht 13
       3. Rechtsaufsicht 13
E. Vertiefungshinweise und Wiederholungsfragen 14
    I. Vertiefungshinweise 14
    II. Wiederholungsfragen 14

Inhaltsverzeichnis

Kapitel 2 Rechtliche Grundlagen der öffentlichen Verwaltung
(Sander/Schad) 15

A. Öffentliches und privates Recht. 15
   I. Einführung 15
   II. Zuordnungskriterien 16
      1. Abschließende Zuweisungsregelungen 16
      2. Abgrenzungstheorien 17
      3. Zuordnung von Benutzungsverhältnissen 20
      4. Vermutungsregel 20
   III. Zweistufige Rechtsverhältnisse als Mischform 21

B. Quellen des Verwaltungsrechts 22
   I. Begriff und Bedeutung. 22
   II. Die geschriebenen Rechtsquellen. 22
      1. Normenhierarchie 22
      2. Prüfungs- und Verwerfungskompetenz 23
      3. Die einzelnen Rechtsquellen in ihrer Rangfolge 25
   III. Ungeschriebenes Recht: Gewohnheitsrecht 28
   IV. Richterrecht und Allgemeine Rechtsgrundsätze 29
      1. Richterrecht 29
      2. Allgemeine Rechtsgrundsätze. 30
   V. Rechtsquellen des „Innenrechts" mit faktischer Außenwirkung... 30
      1. Verwaltungsvorschriften 30
      2. Sonderverordnungen 31

C. Subjektive öffentliche Rechte 32
   I. Bedeutung. 32
   II. Begriffliche Erfassung 32
   III. Einfluss des Europäischen Unionsrechts 35

D. Vertiefungshinweise und Wiederholungsfragen 36
   I. Vertiefungshinweise. 36
   II. Wiederholungsfragen. 36

Kapitel 3 Grundlagen des Verwaltungsrechts der Europäischen Union
(Frey/Peters) 38

A. Einführung 38
B. Europäische Union 38
   I. Die Säulen der Europäischen Union 38
   II. Die Institutionen der EU 39
      1. Der Europäische Rat. 39
      2. Das Europäische Parlament 39
      3. Der Rat (oder Rat der Europäischen Union) 39

Inhaltsverzeichnis

	4.	Die Kommission	39
	5.	Der Gerichtshof der Europäischen Union	40
	6.	Die Europäische Zentralbank	40
	7.	Der Rechnungshof	40

C. Das Recht der Europäischen Union 40
    I. Primärrecht 40
        1. Politikfelder 40
        2. Grundfreiheiten 42
        3. Grundrechte 43
    II. Sekundärrecht 44
        1. Verordnungen 44
        2. Richtlinien 44
        3. Entscheidungen, Empfehlungen und Stellungnahmen 45

D. Verhältnis von Gemeinschaftsrecht und nationalem Recht 46
    I. Anwendungsvorrang 46
    II. Verwerfungskompetenz 46

E. Verwaltungsvollzug des Unionsrechts 46
    I. Direkter Vollzug durch die Exekutive der EU 46
        1. Materielle Rechtsgrundlagen 47
        2. Handlungsformen 47
        3. Verwaltungsverfahren 47
    II. Indirekter Vollzug durch die Exekutive der Mitgliedstaaten 47
        1. Unmittelbarer Vollzug 47
        2. Mittelbarer Vollzug 48

F. Rechtsschutz 48
    I. Vertragsverletzungsverfahren durch die Kommission 48
    II. Vertragsverletzungsverfahren durch Mitgliedstaaten 49
    III. Nichtigkeitsklagen 49
    IV. Untätigkeitsklagen 49
    V. Vorabentscheidungen 49
    VI. Schadensersatzklagen 50

G. Vertiefungshinweise und Wiederholungsfragen 50
    I. Vertiefungshinweise 50
    II. Wiederholungsfragen 50

Inhaltsverzeichnis

Teil II	**Das Handeln der öffentlichen Verwaltung**	51
Kapitel 4	**Gebundenheit und Freiheit der Verwaltung** *(Brenndörfer/Trockels)*	53
A.	Gesetzmäßigkeit der Verwaltung	53
I.	Vorrang des Gesetzes	53
II.	Vorbehalt des Gesetzes	53
B.	Unbestimmter Rechtsbegriff und Beurteilungsspielraum	55
I.	Allgemeines	55
II.	Unbestimmte Rechtsbegriffe	55
III.	Beurteilungsspielraum	56
1.	Fallgruppen von Beurteilungsspielraum	56
2.	Gerichtliche Überprüfbarkeit	56
IV.	Auslegung unbestimmter Rechtsbegriffe	57
1.	Wörtliche Auslegung	57
2.	Systematische Auslegung	58
3.	Teleologische Auslegung	59
4.	Historische Auslegung	59
C.	Ermessen	60
I.	Begriff	60
II.	Einräumung von Ermessen	60
1.	Ermessensvorschriften	60
2.	Soll-Vorschriften	61
III.	Richtige Ermessensausübung	61
1.	Ermessensausübung	61
2.	Zweckentsprechende Ermessensausübung	62
3.	Beachtung der gesetzlichen Grenzen	62
IV.	Ermessensreduzierung auf Null	67
1.	Bedeutung	67
2.	Voraussetzungen	67
3.	Praktische Relevanz	68
D.	Vertiefungshinweise und Wiederholungsfragen	68
I.	Vertiefungshinweise	68
II.	Wiederholungsfragen	68
Erster Abschnitt	**Der Verwaltungsakt**	70
Kapitel 5	**Bedeutung, Begriff und Arten des Verwaltungsakts** *(Brenndörfer/Trockels)*	70
A.	Bedeutung des Verwaltungsakts	70
I.	Allgemeine Bedeutung des Verwaltungsakts	70

Inhaltsverzeichnis

	II.	Praktische Relevanz des Verwaltungsakts	70
		1. Verfahrensrechtliche Bedeutung	70
		2. Materiell-rechtliche Bedeutung	70
		3. Vollstreckungsrechtliche Bedeutung	70
		4. Rechtsschutzfunktion	71
B.	Begriffsmerkmale des Verwaltungsakts		71
	I.	Hoheitliche Maßnahme	71
	II.	Behörde	72
	III.	Auf dem Gebiet des öffentlichen Rechts	73
	IV.	Regelung	73
		1. Begriff	73
		2. Abgrenzungen	73
	V.	Unmittelbare Außenwirkung	74
		1. Innerdienstliche Weisungen	74
		2. Zustimmung anderer Verwaltungsbehörden (Mehrstufiger Verwaltungsakt)	75
	VI.	Einzelfall	76
		1. Begriff	76
		2. Allgemeinverfügung	77
C.	Arten von Verwaltungsakten		79
	I.	Befehlende, gestaltende und feststellende Verwaltungsakte	79
	II.	Begünstigende und belastende Verwaltungsakte	79
	III.	Einstufige und Mehrstufige Verwaltungsakte	80
	IV.	Verwaltungsakte mit Drittwirkung	80
D.	Besondere Formen		80
	I.	Vorläufiger Verwaltungsakt	80
	II.	Vorsorglicher Verwaltungsakt	81
	III.	Vorbescheid	81
	IV.	Zusage und Zusicherung	81
		1. Begriff und Rechtsnatur	81
		2. Die Zusicherung	82
E.	Vertiefungshinweise und Wiederholungsfragen		84
	I.	Vertiefungshinweise	84
	II.	Wiederholungsfragen	84

Kapitel 6 Nebenbestimmungen zum Verwaltungsakt
(Vondung) 85

A.	Einführung	85
B.	Arten, Rechtswirkungen und Abgrenzungsprobleme	85
	I. Arten und Rechtswirkungen	85
	1. Befristung	85

Inhaltsverzeichnis

		2.	Bedingung	86
		3.	Widerrufsvorbehalt	87
		4.	Auflage	88
		5.	Auflagenvorbehalt	89
		6.	Keine Nebenbestimmung: Die sog. modifizierende Genehmigung	90
	II.		Abgrenzungsprobleme	91
		1.	Abgrenzung zu sonstigen Nebenregelungen	91
		2.	Abgrenzung zu bloßen Hinweisen auf die Rechtslage	91
		3.	Abgrenzung zu Inhaltsbestimmungen	91
		4.	Abgrenzung zum Vorbehalt der endgültigen Entscheidung	92
		5.	Abgrenzung zwischen Auflage und Bedingung	92
C.			Zulässigkeit und Rechtmäßigkeit	93
	I.		Zulässigkeit	93
		1.	Nebenbestimmungen beim gebundenen Verwaltungsakt	94
		2.	Nebenbestimmungen bei Ermessensakten	95
	II.		Grenzen der Zulässigkeit	96
		1.	Ausschluss durch Rechtsvorschriften	96
		2.	Verstoß gegen den Zweck des VA	96
		3.	Ausschluss aus der Natur der Sache	97
	III.		Weitere Rechtmäßigkeitsvoraussetzungen	98
D.			Folgen der Rechtswidrigkeit von Nebenbestimmungen und Rechtsschutzprobleme	98
	I.		Problemstellung: Anfechtungs- oder Verpflichtungsklage?	98
	II.		Rechtsprechung des Bundesverwaltungsgerichts (h. M.)	99
	III.		Klassische Literaturauffassung	100
	IV.		Rechtsschutz Dritter gegen Nebenbestimmungen	100
	V.		Rechtsschutz gegen Nebenbestimmungen im Widerspruchsverfahren	100
	VI.		Rechtsschutz gegen modifizierende Genehmigungen	101
E.			Vertiefungshinweise und Wiederholungsfragen	101
	I.		Vertiefungshinweise	101
	II.		Wiederholungsfragen	101

Kapitel 7 Bekanntgabe des Verwaltungsakts
(Sander/Schad) 103

A.		Einführung	103
	I.	Bedeutung	103
	II.	Definition	103
B.		Formlose Bekanntgabe des Verwaltungsakts	103
	I.	Grundsatz: Freiheit der Form der Bekanntgabe	103

Inhaltsverzeichnis

II.	Notwendigkeit der Bekanntgabe	104
III.	Zeitpunkt der Bekanntgabe	106
IV.	Rechtsfolgen der Bekanntgabe	107

C. Förmliche Bekanntgabe des Verwaltungsakts durch Zustellung 109
   I. Vorbemerkung 109
   II. Zustellungsarten 110
      1. Allgemeines 110
      2. Zustellung durch die Post mit Zustellungsurkunde 110
      3. Zustellung durch die Post mittels eingeschriebenen Briefes ... 110
      4. Zustellung durch die Behörde gegen Empfangsbekenntnis ... 112
      5. Elektronische Zustellung gegen Abholbestätigung über De-Mail-Dienste 113
      6. Öffentliche Zustellung 114
   III. Gemeinsame Regelungen für alle Zustellungsarten 114
      1. Zustellung an mehrere Beteiligte 114
      2. Zustellung an gesetzliche Vertreter 115
      3. Zustellung an Bevollmächtigte 116
      4. Heilung von Zustellungsmängeln 116

D. Vertiefungshinweise und Wiederholungsfragen 118
   I. Vertiefungshinweise 118
   II. Wiederholungsfragen 118

Kapitel 8 Fehlerfreier (rechtmäßiger) Verwaltungsakt
(Zimmermann-Kreher/Büchner) 119

A. Einführung 119
B. Prüfprogramm zur Vermeidung von Fehlern 119
   I. Schema für den Erlass eines rechtmäßigen Verwaltungsakts 120
      1. Erläuterung 120
      2. Prüfschema für den Erlass eines rechtmäßigen Verwaltungsakts 120
   II. Schema für die nachträgliche Rechtmäßigkeitsprüfung 121
   III. Schema für die Rechtmäßigkeitsprüfung eines Vollstreckungsakts . 122
C. Einzelne Rechtmäßigkeitskriterien 122
   I. Formelle Rechtmäßigkeitsvoraussetzungen 122
      1. Beachtung von Zuständigkeitsregelungen 122
      2. Beachtung von Verfahrensvorschriften 122
      3. Beachtung von Formvorschriften, Begründungspflichten und Fristen 123
      4. Keine Rechtmäßigkeitsvoraussetzungen: Rechtsbehelfsbelehrung und Bekanntgabe 123
   II. Materielle (inhaltliche) Rechtmäßigkeitsvoraussetzungen 124

Inhaltsverzeichnis

	1.	Tatbestand der Ermächtigungsgrundlage	124
	2.	Tatbestand der Anspruchsgrundlage	125
	3.	Zulässiger Adressat.	126
	4.	Zulässige Rechtsfolge: Beachtung der Schranken des Ermessens/Unterschied zum Beurteilungsspielraum	127
	5.	Inhaltliche Bestimmtheit.	129

D. Einfluss des Europarechts. 130
    I. Stellung im Prüfprogramm 130
    II. Direkter Vollzug durch die EU-Exekutive. 130
    III. Indirekter Vollzug durch die Exekutive der Mitgliedstaaten. 131
        1. Unmittelbarer Vollzug 131
        2. Mittelbarer Vollzug. 131
        3. Anwendungsgrundsatz 131

E. Vertiefungshinweise und Wiederholungsfragen 131
    I. Vertiefungshinweise. 131
    II. Wiederholungsfragen. 131

Kapitel 9 Fehlerfolgen
              (Zimmermann-Kreher/Büchner) 133

A. Einführung 133
    I. Begriff der Rechtswidrigkeit 133
    II. Die Bedeutung der Rechtswidrigkeit. 133
    III. Folgen der Rechtswidrigkeit für die Wirksamkeit des Verwaltungsakts. 133
        1. Unterscheidung Nichtigkeit/schlichte Rechtswidrigkeit 133
        2. Aufhebbarkeit des schlicht rechtswidrigen Verwaltungsakts. . . 134
        3. Die Aufhebbarkeit des nichtigen Verwaltungsakts 134
        4. Schema zur Aufhebbarkeit. 134

B. Nichtakt (Nichtverwaltungsakt) 135
    I. Begriff. 135
    II. Anwendungsbeispiele 136
        1. Amtsanmaßung. 136
        2. Unmittelbarer Zwang 136
        3. Scherzhandlungen 136
    III. Rechtsfolgen. 136
    IV. Verfahrensrechtliche Behandlung. 136

C. Bloße Unrichtigkeiten 137
    I. Begriff und Erscheinungsformen 137
    II. Rechtsfolgen der bloßen Unrichtigkeit 137
        1. Folgen bei offensichtlichen Unrichtigkeiten 137
        2. Folgen bei fehlender Rechtsbehelfsbelehrung 137

Inhaltsverzeichnis

	3.	Folgen bei unzweckmäßigem Verwaltungsakt.	138
	4.	Folgen bei nicht zwingenden Verfahrensvorschriften	138

- D. Der nichtige Verwaltungsakt. 138
  - I. Begriff und Folgen der Nichtigkeit. 138
  - II. Voraussetzungen der Nichtigkeit 139
    1. Überblick. 139
    2. Evidenzunabhängige Nichtigkeitsgründe (Positivkatalog). . . . 139
    3. Nichtigkeitsirrelevante Fehler (Negativkatalog). 141
    4. Die evidenzabhängigen (relativen) Nichtigkeitsgründe (Generalklausel). 142
  - III. Die Teilnichtigkeit. 144
  - IV. Umdeutung eines nichtigen Verwaltungsakts 144
  - V. Die Feststellung der Nichtigkeit. 144
    1. Feststellungsbedürfnis. 144
    2. Feststellungsklage nach § 43 VwGO (§ 55 I Nr. 4 SGG). 144
    3. Antrag nach § 44 V LVwVfG (§ 40 V SGB X) 144
    4. Anfechtungswiderspruch und Anfechtungsklage nach §§ 68 und 42 VwGO (§§ 78 und 54 SGG) 145
- E. Schlicht rechtswidriger Verwaltungsakt 145
  - I. Begriff und Folgen. 145
  - II. Bedeutung 145
  - III. Die Heilbarkeit nach § 45 LVwVfG (§ 41 SGB X). 146
    1. Begriff und Bedeutung 146
    2. Die heilbaren Fehler 146
    3. Form und Zeitpunkt der Heilung 147
    4. Heilung und Rechtsbehelfsfristen. 148
    5. Heilung und Kostenfolge im Widerspruchsverfahren 149
    6. Folgen unterbliebener Heilung. 149
  - IV. Die Unbeachtlichkeit nach § 46 LVwVfG (§ 42 SGB X). 149
    1. Begriff und Bedeutung 149
    2. Voraussetzungen 149
    3. Folgen der Unbeachtlichkeit 151
    4. Anwendungsbereich. 151
  - V. Die Umdeutung 151
    1. Grundlegendes. 151
    2. Voraussetzungen 152
    3. Rechtsschutz. 153
  - VI. Teilweise schlichte Rechtswidrigkeit 153
- F. Vertiefungshinweise und Wiederholungsfragen 153
  - I. Vertiefungshinweise. 153
  - II. Wiederholungsfragen. 154

Inhaltsverzeichnis

Kapitel 10 Bestandskraft des Verwaltungsakts
(Zimmermann-Kreher/Noak/Büchner) 155

- A. Einführung 155
- B. Bestandskraft 155
  - I. Begriff und Wesen 155
    1. Formelle Bestandskraft (Unanfechtbarkeit) 155
    2. Materielle Bestandskraft 156
  - II. Gegenstand und rechtliche Tragweite der materiellen Bestandskraft 156
    1. Allgemeines 156
    2. Besonderheiten des Sozialrechts 157
  - III. Durchbrechung der formellen und materiellen Bestandskraft 157
- C. Wiederaufgreifen des Verfahrens nach dem LVwVfG 158
  - I. Einführung 158
    1. Bedeutung 158
    2. Systematik 158
    3. Anwendungsbereich 159
    4. Folgen des Wiederaufgreifens 159
    5. Folgen des „Nicht-Wiederaufgreifens" 160
    6. Schematische Übersicht 161
  - II. Der Anspruch auf Wiederaufgreifen des Verfahrens (Wiederaufgreifen i. e. S.) 163
    1. Zulässigkeit des Antrags nach § 51 I bis III LVwVfG 163
    2. Begründetheit des Antrags gem. § 51 LVwVfG 165
  - III. Der Anspruch auf Wiederaufgreifen des Verfahrens wegen Ermessensreduzierung auf Null (Wiederaufgreifen i. w. S.) 165
  - IV. Verhältnis zu Rücknahme und Widerruf 166
- D. Rücknahme und Widerruf von Verwaltungsakten nach dem LVwVfG .. 166
  - I. Einführung 166
    1. Begriffe 167
    2. Rechtmäßigkeit – Rechtswidrigkeit des aufzuhebenden VA ... 167
    3. Belastende – begünstigende Verwaltungsakte 168
    4. Spezialgesetzliche Vorschriften 170
  - II. Formelle Voraussetzungen für Rücknahme und Widerruf 170
  - III. Rücknahme (rechtswidriger) belastender Verwaltungsakte 171
    1. Voraussetzungen 171
    2. Ermessen 171
  - IV. Rücknahme (rechtswidriger) begünstigender Verwaltungsakte . 171
    1. Rücknahme von Geld- und Sachleistungsverwaltungsakten (Abs. 2) 172
    2. Die Rücknahme „sonstiger" Verwaltungsakte (Abs. 3) 177
  - V. Rücknahme rechtswidriger Verwaltungsakte mit Doppelwirkung . 180

Inhaltsverzeichnis

		1. Begriff	180
		2. Problemstellung	180
		3. Problemlösung	180
	VI.	Widerruf (rechtmäßiger) belastender Verwaltungsakte	181
		1. Voraussetzungen	181
		2. Ermessen	181
	VII.	Widerruf (rechtmäßiger) begünstigender Verwaltungsakte	181
		1. Voraussetzung: Widerrufsgrund	181
		2. Ermessen	184
		3. Folgewirkungen des Widerrufs	185
	VIII.	Widerruf von Verwaltungsakten mit Doppelwirkung	185
E.	Wiederaufgreifen des Verfahrens und Aufhebung von Verwaltungsakten nach dem SGB X		186
	I.	Einführung	186
	II.	Wiederaufgreifen des Verfahrens nach dem SGB X	186
	III.	Übersicht über die Aufhebung von Verwaltungsakten nach dem SGB X	187
		1. Grundlegendes	187
		2. Rücknahme belastender Verwaltungsakte (§ 44 SGB X)	188
		3. Rücknahme begünstigender Verwaltungsakte (§ 45 SGB X)	191
		4. Widerruf belastender Verwaltungsakte (§ 46 SGB X)	194
		5. Widerruf begünstigender Verwaltungsakte (§ 47 SGB X)	195
		6. Aufhebung eines Verwaltungsaktes mit Dauerwirkung wegen nachträglicher Änderung der Verhältnisse (§ 48 SGB X)	196
		7. Erstattung zu Unrecht erbrachter Leistungen (§ 50 SGB X)	198
		8. Die Rückgabe von Urkunden und Sachen	199
F.	Einflüsse des Unionsrechts		199
	I.	Indirekter Vollzug durch die Exekutive der Mitgliedstaaten	199
		1. Anwendungsgrundsatz	199
		2. Äquivalenzgrundsatz und Effizienzgebot	199
	II.	Bestandskraft unionsrechtswidriger Verwaltungsakte	199
		1. Rechtsprechung des EuGH	199
		2. Umsetzung in nationales Recht	200
	III.	Rücknahme unionsrechtswidriger Verwaltungsakte	200
		1. Grund der Unionsrechtswidrigkeit	200
		2. Europarechtliche Korrektur der Rücknahmebestimmungen	200
G.	Vertiefungshinweise und Wiederholungsfragen		201
	I.	Vertiefungshinweise	201
	II.	Wiederholungsfragen	201

Inhaltsverzeichnis

Kapitel 11 Bescheidtechnik und Bescheid-Qualitäts-Management
(Brenndörfer/Joerger) 203

- A. Begriff und Bedeutung der Bescheidtechnik – Erweiterung zum Bescheid-Qualitäts-Management. 203
  - I. Begriffe Bescheidtechnik und Bescheid-Qualitäts-Management . . . 203
    1. Einführung. 203
    2. Empfehlung: Einbettung der Bescheidtechnik in ein umfassendes Bescheid-Qualitäts-Management 204
    3. Bescheidtechnik und Informationstechnologie 205
  - II. Die große Bedeutung der Kommunikation von und in Behörden. . 206
- B. Aufbau und Inhalt von Bescheiden 209
  - I. Beispiel 209
  - II. Gliederung. 212
  - III. Einleitung 212
  - IV. Tenor 213
    1. Tenorierung des Entscheidungssatzes. 213
    2. Tenorierung von Nebenbestimmungen 214
    3. Tenorierung der Anordnung der sofortigen Vollziehung. 214
    4. Tenorierung der Androhung von Zwangsmitteln. 215
    5. Gebührenentscheidung. 216
    6. Hinreichende Bestimmtheit. 217
  - V. Begründung. 217
    1. Allgemeine Überlegungen. 217
    2. Der Sachverhalt 222
    3. Die rechtlichen Gründe. 222
  - VI. Rechtsbehelfsbelehrung 228
  - VII. Grußformel und Unterschrift 229
  - VIII. Interne Bearbeitungsvermerke. 229
- C. Widerspruchsbescheide 230
  - I. Das Widerspruchsverfahren im Überblick 230
  - II. Der Widerspruchsbescheid 231
    1. Tenor 232
    2. Begründung 235
- D. Vertiefungshinweise und Wiederholungsfragen 236
  - I. Vertiefungshinweise. 236
  - II. Wiederholungsfragen. 237

Inhaltsverzeichnis

Zweiter Abschnitt   Besondere Handlungsformen   238

Kapitel 12   Der öffentlich-rechtliche Vertrag
(Steinhorst)   238

- A. Einführung   238
- B. Rechtsgrundlagen   238
- C. Begriff des öffentlich-rechtlichen Vertrages i. S. d. §§ 54 LVwVfG
  (§§ 53 ff. SGB X)   239
  - I. Vertrag   239
    1. Allgemeines   239
    2. Abgrenzung von anderen Kooperationsformen   240
  - II. Auf dem Gebiet des öffentlichen Rechts 241
    1. Verwaltungsrechtliche Verträge   241
    2. Abgrenzung von privatrechtlichen Verträgen   241
    3. Gemischte und zusammengesetzte Verträge   242
  - III. Begründung, Änderung oder Aufhebung eines Rechtsverhältnisses   242
- D. Arten öffentlich-rechtlicher Verträge   243
  - I. Koordinations- und subordinationsrechtliche Verträge   243
  - II. Verpflichtungs- und Verfügungsverträge   244
  - III. Vergleichs- und Austauschverträge   244
- E. Die Rechtmäßigkeit eines öffentlich-rechtlichen Vertrages   246
  - I. Ermächtigungsgrundlage; Vertragsformverbote   246
  - II. Formelle Rechtmäßigkeit des öffentlich-rechtlichen Vertrages   247
    1. Zuständigkeit   247
    2. Mitwirkungserfordernisse   247
    3. Form   249
  - III. Materielle Rechtmäßigkeit des öffentlich-rechtlichen Vertrages . . .   250
    1. Allgemeines   250
    2. Vergleichsvertrag   250
    3. Austauschvertrag   251
- F. Der fehlerhafte öffentlich-rechtliche Vertrag   252
  - I. Allgemeines   252
  - II. Nichtigkeitsgründe (§ 59 LVwVfG; § 58 SGB X)   253
    1. Prüfungsreihenfolge   253
    2. Nichtigkeitsgründe nach § 59 II LVwVfG (§ 58 II SGB X)   253
    3. Nichtigkeitsgründe nach § 59 I LVwVfG (§ 58 I SGB X)   255
  - III. Teilnichtigkeit   257
- G. Vertragsabwicklung und Leistungsstörungen   257
  - I. Anwendung zivilrechtlicher Vorschriften   257
  - II. Anpassung und Kündigung in besonderen Fällen   259

Inhaltsverzeichnis

H.	Die Durchsetzung von Ansprüchen aus einem öffentlich-rechtlichen Vertrag		259
	I.	Rechtsweg	259
	II.	Statthafte Klageart	260
	III.	Unterwerfung unter die sofortige Vollstreckung	261
	IV.	Beispiel eines öffentlich-rechtlichen Vertrages	262
I.	Vertiefungshinweise und Wiederholungsfragen		263
	I.	Vertiefungshinweise	263
	II.	Wiederholungsfragen	263

Kapitel 13 Planung und Plan
(Hartleb/Peters) 264

A.	Einführung			264
B.	Planungsarten			264
	I.	Allgemeine staatliche Planung		264
	II.	Raumplanung		264
		1.	Räumliche Gesamtplanung	264
		2.	Räumliche Fachplanung	265
C.	Planungsprozess			266
	I.	Rechtscharakter		266
	II.	Inhaltliche Anforderungen		267
		1.	Planrechtfertigung	267
		2.	Planungsleitsätze	267
		3.	Abwägung	267
		4.	Abstimmungsgebot	269
		5.	Rechtsformen für die Planungsinhalte	270
	III.	Planaufstellungsverfahren		271
		1.	Überörtliche Gesamtplanung	271
		2.	Bauleitplanung	271
		3.	Schutzgebietsfestsetzungen	271
		4.	Planfeststellungsverfahren	271
		5.	Plangenehmigungsverfahren	272
	IV.	Plansicherungsmaßnahmen		272
		1.	Raumordnungsverfahren	272
		2.	Planerische Untersagung	272
D.	Vertiefungshinweise und Wiederholungsfragen			273
	I.	Vertiefungshinweise		273
	II.	Wiederholungsfragen		273

Inhaltsverzeichnis

Teil III		**Verwaltungsverfahren**	**275**

Kapitel 14 Allgemeines Verwaltungsverfahren
(Walker/Schad) 277

- A. Einführung 277
  - I. Anwendungsbereich der Verwaltungsverfahrensgesetze 277
    1. Warum Verwaltungsverfahrensgesetze? 277
    2. Anwendungsbereich 277
  - II. Begriff des Verwaltungsverfahrens 278
    1. Tätigkeit von Behörden 278
    2. Externe Wirkung 279
    3. Verfahrensergebnis 279
    4. Das allgemeine Verwaltungsverfahren 279
  - III. Nichtförmlichkeit des Verwaltungsverfahrens 280
    1. Einführung 280
    2. Form des Verwaltungsakts und Rechtsbehelfsbelehrung .. 280
  - IV. Amtssprache 284
    1. Einführung 284
    2. Das Fristenproblem 285
- B. Behörde 285
  - I. Begriff 285
  - II. Zuständigkeit 286
    1. Arten von Zuständigkeiten 286
    2. Durchbrechung der Zuständigkeiten 287
    3. Verhalten bei Unzuständigkeit 287
  - III. Ausgeschlossene Personen und Besorgnis der Befangenheit . 288
    1. Ausgeschlossene Personen 288
    2. Besorgnis der Befangenheit 289
- C. Verfahrensbeteiligte 289
  - I. Beteiligungsfähigkeit und Handlungsfähigkeit 289
  - II. Beteiligte 290
  - III. Bevollmächtigte und Beistände 291
- D. Verfahrensrechte 292
  - I. Das Recht auf Beratung und Auskunft 292
    1. Vorrang des Gesetzes 292
    2. Anwendung 293
    3. Folgen einer Zuwiderhandlung 293
  - II. Das Recht auf Akteneinsicht 293
    1. Die Anspruchsvoraussetzungen des § 29 I LVwVfG 294
    2. Die Anspruchshindernisse des § 29 II LVwVfG 295
    3. Art der Akteneinsicht 296

Inhaltsverzeichnis

		4. Exkurs: Das Akteneinsichtsrecht im Verfahren vor Verwaltungsgerichten und Sozialgerichten	297
		5. Informationsfreiheitsgesetze.	297
		6. Weitergehende Einflüsse des Europarechts	298
	III.	Das Recht auf Anhörung	298
		1. Die Anspruchsvoraussetzungen des § 28 I LVwVfG	299
		2. Die Anspruchshindernisse	300
	IV.	Das Recht auf Schutz personenbezogener Daten	300
		1. Geschützte Rechtsgüter	301
		2. Schutz wovor?	301
		3. Befugnis zum Verarbeiten/Offenbaren	301
	V.	Das Recht auf Begründung eines Verwaltungsakts	301
		1. Die Anspruchsvoraussetzungen des § 39 I LVwVfG	302
		2. Die Anspruchshindernisse des § 39 II LVwVfG	303
		3. Folgen einer Zuwiderhandlung	304
	VI.	Weitere Verfahrensrechte	304
E.	Fristen, Termine, Wiedereinsetzung		305
	I.	Fristen und Termine	305
		1. Begriffe	305
		2. Grundsätzliche Verweisung auf das BGB	305
		3. Besonderheiten des Verwaltungsverfahrens	305
	II.	Wiedereinsetzung in den vorigen Stand	305
		1. Voraussetzungen	306
		2. Verfahren	306
F.	Beginn, Durchführung und Ende des Verfahrens		306
	I.	Beginn des Verfahrens	306
		1. Von Amtswegen/auf Antrag	306
		2. Form eines Antrags	308
		3. Antragsinteresse	310
	II.	Der Untersuchungsgrundsatz	310
		1. Wesen und Umfang	310
		2. Mitwirkungspflicht	311
	III.	Mitwirkung anderer Behörden	312
		1. Mitwirkungsarten	312
		2. Rechtsnatur der Mitwirkungshandlung	313
	IV.	Amtshilfe	314
		1. Anwendungsbereich und Begriff	314
		2. Voraussetzungen und Grenzen	315
		3. Beginn, Durchführung, Kosten	315
	V.	Beweiserhebung	316
		1. Beweismittel	316
		2. Mitwirkung der Beteiligten	317

Inhaltsverzeichnis

	3. Beweiswürdigung	317
	4. Materielle Beweislast	317
	5. Formelle Beweislast	318
VI.	Ende des Verfahrens	318

G. Folgen eines Verstoßes gegen Verfahrensvorschriften 319
    I. Rechtswidrigkeit 319
    II. Heilung 319
    III. Unbeachtlichkeit 319
    IV. Klagemöglichkeit 320

H. Verfahrenskosten 320
    I. Rechtsgrundlagen 320
    II. Begriffliches 321
        1. Gebühren 321
        2. Auslagen 322
    III. Gebührengrundsätze 322
        1. Entstehungsgrund 322
        2. Bemessung 324
    IV. Die Kostenentscheidung 324

I. Vertiefungshinweise und Wiederholungsfragen 325
    I. Vertiefungshinweise 325
    II. Wiederholungsfragen 325

Kapitel 15 Besondere Verwaltungsverfahren
(Hesselbarth/Peters) 326

A. Einführung 326
B. Förmliches Verwaltungsverfahren 326
    I. Anwendbarkeit der Regelungen des förmlichen Verwaltungsverfahrens 326
    II. Bestandteile des förmlichen Verwaltungsverfahrens 326
    III. Einzelne Verfahrensbesonderheiten 327
        1. Verpflichtung zur Anhörung von Beteiligten 327
        2. Mündliche Verhandlung 327
        3. Formerfordernisse 328
        4. Rechtsbehelfe 328

C. Planfeststellungsverfahren 328
    I. Anwendbarkeit der Regelungen des Planfeststellungsverfahrens . . 328
    II. Verfahrensgang 329
        1. Beginn des Verfahrens 329
        2. Behördenbeteiligung 329
        3. Öffentlichkeitsbeteiligung 329
        4. Beteiligung anerkannter Verbände 329

Inhaltsverzeichnis

			5.	Erörterungstermin	329
			6.	Stellungnahme der Anhörungsbehörde	329
		III.		Planfeststellungsbeschluss.	330
		IV.		Rechtsbehelfe	330
		V.		Besondere Wirkungen der Planfeststellung	330
			1.	Konzentrations- und Ersetzungswirkung der Planfeststellung	330
			2.	Präklusionswirkung	331
	D.			Vertiefungshinweise und Wiederholungsfragen	331
		I.		Vertiefungshinweise	331
		II.		Wiederholungsfragen	331

Kapitel 16 Datenschutzrecht
(Martens) 332

A.	Einführung				332
B.	Gesetzliche Grundlagen.				332
	I.		Allgemeines		332
	II.		Allgemeine Datenschutzgesetze		334
		1.	Landesrechtliche Regelung – das Landesdatenschutzgesetz (LDSG)		334
		2.	Bundesrechtliche Regelung – das Bundesdatenschutzgesetz (BDSG)		338
	III.		Bereichsspezifische Datenschutzregelungen		338
		1.	Beispiel: Sozialdatenschutz nach dem SGB		338
		2.	Beispiel: Bundesmeldegesetz		341
C.	Einfluss des Europarechts				343
D.	Vertiefungshinweise und Wiederholungsfragen				344
	I.		Vertiefungshinweise		344
	II.		Wiederholungsfragen		344

Kapitel 17 Verwaltungsvollstreckungsverfahren
(von Pollern/Brunn) 345

A.	Einführung	345
	Begriff und Wesen der Verwaltungsvollstreckung	345
B.	Anwendungsbereiche der Verwaltungsvollstreckungsgesetze von Bund und Land	346
	I. Anwendungsbereich des Bundesverwaltungsvollstreckungsgesetzes (VwVG)	346
	II. Anwendungsbereich des Verwaltungsvollstreckungsgesetzes für Baden-Württemberg (LVwVG)	346

Inhaltsverzeichnis

- C. Die Vollstreckungsverfahrensarten ... 347
  - Systematische Grundunterscheidung der Verfahrensarten nach der zu vollstreckenden Pflicht ... 347
    1. Das Beitreibungsverfahren ... 347
    2. Der Verwaltungszwang im engeren Sinne ... 348
- D. Vollstreckungsvoraussetzungen ... 348
  - Vollstreckungstitel ... 348
    1. Rechtssystematische Unterschiede zwischen Bundes- und Landesrecht ... 348
    2. Anforderungen an den Vollstreckungstitel ... 349
- E. Zwangsmittel des Verwaltungszwangs im engeren Sinn nach dem LVwVG ... 351
  - I. Die Zwangsmittel im Einzelnen ... 351
    1. Zwangsgeld, Ersatzzwangshaft, Ersatzvornahme ... 351
    2. Unmittelbarer Zwang (§§ 26 bis 28 LVwVG) und unmittelbare Ausführung ... 353
  - II. Allgemeine Vollstreckungsgrundsätze ... 358
  - III. Verhältnis der einzelnen Zwangsmittel zueinander ... 359
- F. Verfahrenssubjekte der Verwaltungsvollstreckung ... 360
  - I. Verfahrenssubjekte und Verfahrensbeteiligte ... 360
  - II. Die Vollstreckungsbehörde im Bundes- und Landesrecht ... 360
  - III. Der Vollstreckungsgläubiger ... 361
  - IV. Der Vollstreckungsschuldner ... 362
    1. Begriff des Vollstreckungsschuldners ... 362
    2. Sonderprobleme bei bestimmten Vollstreckungsschuldnern ... 362
- G. Verfahrensablauf im Verwaltungsvollstreckungsverfahren nach dem LVwVG ... 365
  - I. Verfahrensablauf im Beitreibungsverfahren ... 365
    1. Prüfung der Vollstreckungsvoraussetzungen ... 365
    2. Verfahrensgang bis zur Pfändung beweglicher Sachen und Forderungen bzw. bis zur Vornahme der entsprechenden Vollstreckungsmaßnahmen bei der Vollstreckung in das unbewegliche Vermögen ... 366
    3. Das Verwertungsverfahren ... 367
  - II. Ablauf des Verwaltungszwangsverfahrens ... 368
  - III. Schema: Arten der Verwaltungsvollstreckung und Grundzüge des Verfahrensablaufs ... 373
  - IV. Die Einstellung des Vollstreckungsverfahrens ... 374
  - V. Die Kosten des Verwaltungsvollstreckungsverfahrens ... 375
- H. Rechtsschutz in der Verwaltungsvollstreckung ... 376
  - I. Rechtswegbestimmung ... 376

Inhaltsverzeichnis

	II.	Statthaftigkeit von Rechtsbehelfen gegen einzelne Vollstreckungsakte	376
	III.	Statthaftigkeit von Rechtsbehelfen gegen die Zulässigkeit der Vollstreckung überhaupt	377
	IV.	Geltendmachung von „die Veräußerung hindernden Rechten"	377
I.	Schema zur Prüfung der Rechtmäßigkeit einer Vollstreckungsmaßnahme		378
J.	Vertiefungshinweise und Wiederholungsfragen		380
	I.	Vertiefungshinweise	380
	II.	Wiederholungsfragen	381

Teil IV Rechtsschutz ... 383

Kapitel 18 System der Rechtsbehelfe
(Vondung/Büchner) ... 385

- A. Einführung ... 385
- B. Förmliche Rechtsbehelfe ... 386
  - I. Im Verwaltungsverfahren: Widerspruch ... 386
    1. Gegenstand, Zweck und Rechtsgrundlagen ... 386
    2. Widerspruchsverfahren ... 386
    3. Zulässigkeit des Widerspruchs ... 388
    4. Begründetheit des Widerspruchs ... 395
    5. Der Widerspruchsbescheid ... 397
    6. Der Abhilfebescheid ... 402
  - II. Verwaltungsgerichtliche Rechtsbehelfe ... 402
    1. Gegenstand, Zweck und Rechtsgrundlagen ... 402
    2. Allgemeine Zulässigkeitsvoraussetzungen gerichtlicher Rechtsbehelfe ... 403
    3. Klagearten und ihre besonderen Zulässigkeitsvoraussetzungen und Begründetheit ... 403
    4. Vorläufiger Rechtsschutz nach §§ 80 ff. VwGO ... 407
    5. Die einstweilige Anordnung nach § 123 VwGO ... 413
- C. Nichtförmliche (formlose) Rechtsbehelfe ... 413
  - I. Rechtsgrundlage ... 413
  - II. Arten ... 413
    1. Gegenvorstellung ... 414
    2. Fach- oder Rechtsaufsichtsbeschwerde ... 414
    3. Dienstaufsichtsbeschwerde ... 414
    4. Petition ... 414
    5. Europarechtliche nichtförmliche Rechtsbehelfe ... 414
  - III. Rechtsträger ... 415

	IV.	Rechtsinhalt	415
	V.	Gerichtliche Kontrolle	415
		1. Rechtsweg	415
		2. Klageart	415
D.	Vertiefungshinweise und Wiederholungsfragen		416
	I.	Vertiefungshinweise	416
	II.	Wiederholungsfragen	416

Teil V   Recht der öffentlichen Sachen 417

Kapitel 19 Recht der öffentlichen Sachen
(Vondung) 419

A.	Grundlagen des öffentlichen Sachenrechts	419
	I. Einführung	419
	II. Begriff und Status der öffentlichen Sachen	419
	1. Sachbegriff	419
	2. Öffentlicher Status	420
	III. Entstehung und Beendigung von öffentlichen Sachen	421
	1. Widmung und Indienststellung	421
	2. Voraussetzungen einer Widmung durch VA	422
	3. Entwidmung und Widmungsänderung	423
	IV. Arten von öffentlichen Sachen	423
B.	Öffentliche Sachen im Zivilgebrauch	424
	I. Öffentliche Sachen im Gemeingebrauch	424
	1. Begriff und Gegenstand des Gemeingebrauchs	424
	2. Straßen als öffentliche Sachen im Gemeingebrauch	424
	II. Öffentliche Sachen im Sondergebrauch	431
	III. Öffentliche Sachen im Anstaltsgebrauch	432
	1. Begriff	432
	2. Verhältnis: Öffentliches Sachenrecht – Anstaltsrecht	432
	3. Benutzungsrecht	434
C.	Öffentliche Sachen im Verwaltungsgebrauch	435
D.	Vertiefungshinweise und Wiederholungsfragen	436
	I. Vertiefungshinweise	436
	II. Wiederholungsfragen	436

Inhaltsverzeichnis

Teil VI	**Haftung der Verwaltung**	439

Kapitel 20 Staatshaftungsrecht
(Fleckenstein/Peters) 441

A. Einführung 441
B. Schadensersatz wegen Verwaltungsunrecht 441
    I. Haftung bei öffentlich-rechtlichem rechtswidrigem Verwaltungshandeln 442
        1. Unerlaubte Handlung 442
        2. Haftung aus öffentlich-rechtlichem Schuldverhältnis 449
        3. Konkurrenzen 450
    II. Haftung bei privatrechtlichem rechtswidrigem Verwaltungshandeln 450
C. Entschädigung bei Enteignung und Aufopferung 451
    I. Rechtmäßige Enteignung und Aufopferung 452
    II. Enteignungs- und aufopferungsgleicher Eingriff 452
    III. Enteignender und aufopfernder Eingriff 453
    IV. Eigentumsrechtlicher Ausgleichsanspruch 453
    V. Umfang der Entschädigung 454
D. Öffentlich-rechtliche Erstattung 454
E. Vertiefungshinweise und Wiederholungsfragen 454
    I. Vertiefungshinweise 454
    II. Wiederholungsfragen 454

Anhang 457

Stichwortverzeichnis 459

Literaturverzeichnis

Angegeben sind die häufiger zitierten Literaturstellen.

Arndt/Fischer/Fetzer, Europarecht, 12. Aufl. 2019
Beckmann, Raumordnungsrecht, in: Hoppenberg/de Witt, Handbuch des öffentlichen Baurechts, Band 3, Kap. N, Stand: Januar 2019
Beck'scher Online-Kommentar VwVfG, Bader/Ronellenfitsch, 50. Edition, Stand: Januar 2021
Bergmann/Möhrle/Herb, Datenschutzrecht, Loseblattkommentar, 60. EL, Stand 2020
Bergmann/Kenntner, Deutsches Verwaltungsrecht unter europäischem Einfluss, 2002
Bosch/Schmidt/Vondung, Praktische Einführung in das verwaltungsgerichtliche Verfahren, 10. Aufl. 2019
Brühl, Verwaltungsrecht für die Fallbearbeitung, 9. Aufl. 2018
Büchner/Joerger/Trockels/Vondung, Übungen zum Verwaltungsrecht und zur Bescheidtechnik, 5. Aufl. 2010
Büchner/Schlotterbeck, Verwaltungsprozessrecht, 6. Aufl. 2001
Detterbeck, Allgemeines Verwaltungsrecht, 18. Aufl. 2020
Detterbeck/Windhorst/Sproll, Staatshaftungsrecht, 1999
Dürr/Leven/Speckmaier, Baurecht Baden-Württemberg, 16. Aufl. 2018
Eichholz, Europarecht, 4. Aufl. 2018
Engelhardt/App/Schlatmann, Verwaltungsvollstreckungsgesetz/Verwaltungszustellungsgesetz, 11. Aufl. 2017
Erbguth/Guckelberger, Allgemeines Verwaltungsrecht mit Verwaltungsprozess- und Staatshaftungsrecht, 10. Aufl. 2019
Eyermann, Verwaltungsgerichtsordnung, Kommentar 15. Aufl. 2019
Ehlers/Pünder, Allgemeines Verwaltungsrecht, 15. Aufl. 2015
Fehling/Kastner/Störmer, Verwaltungsrecht, 5. Auflage 2021
Herdegen, Europarecht, 22. Aufl. 2020
Hofmann/Gerke/Hildebrandt, Allgemeines Verwaltungsrecht mit Bescheidtechnik, Verwaltungsvollstreckung und Rechtsschutz, 11. Aufl. 2016
Ipsen, Allgemeines Verwaltungsrecht, 11. Aufl. 2019
Katz/Sander, Staatsrecht – Grundlagen – Staatsorganisation – Grundrechte, 19. Aufl. 2019
Klinger/Kunkel/Pattar/Peters, Existenzsicherungsrecht, 3. Aufl. 2012
Koch/Hendler, Baurecht, Raumordnungs- und Landesplanungsrecht, 6. Aufl. 2015
Kopp/Ramsauer, Verwaltungsverfahrensgesetz, 21. Aufl. 2020
Kopp/Schenke, Verwaltungsgerichtsordnung, 26. Aufl. 2020
Kunkel/Kepert/Pattar, Sozialgesetzbuch VIII, 7. Aufl. 2018
Kunze/Bronner/Katz, Gemeindeordnung für Baden-Württemberg, Kommentar, Loseblattausgabe, 4. Aufl. 2014, 28. EL, Stand: Mai 2020
Linhart, Der Bescheid, 5. Aufl. 2017
Mann/Sennekamp/Uechtritz, Verwaltungsverfahrensgesetz, 2. Auflage 2019
Maunz/Dürig/Herzog, Grundgesetz, Kommentar, Loseblattausgabe, 54. EL, Stand 2009
Maurer/Waldhoff, Allgemeines Verwaltungsrecht, 20. Aufl. 2020
Maurer, Staatsrecht I, 6. Aufl. 2010
O. Mayer, Deutsches Verwaltungsrecht, 2 Bände, 3. Aufl. 1924, Neudruck 1969
Meyer/Borgs, Kommentar zum Verwaltungsverfahrensgesetz, 2. Aufl. 1982
Ossenbühl/Cornils, Staatshaftungsrecht, 6. Aufl. 2013
Papier, Recht der öffentlichen Sachen, 3. Aufl. 1998
Peine/Siegel, Allgemeines Verwaltungsrecht, 13. Aufl. 2020
Peters/Balla/Hesselbarth, UVPG-Kommentar, 4. Aufl. 2019
Peters/Hesselbarth/Peters, Umweltrecht, 5. Aufl. 2016

Literaturverzeichnis

Redeker/v. Oertzen, Verwaltungsgerichtsordnung, Kommentar, 16. Aufl. 2014
Sadler, Verwaltungsvollstreckungsgesetz/Verwaltungszustellungsgesetz, Kommentar, 9. Aufl. 2014
Sander, Fälle zum Besonderen Verwaltungsecht, 4. Aufl. 2014
Schenke, Verwaltungsprozessrecht, 16. Aufl. 2019
Schütze, Kommentar zum Sozialverwaltungsverfahren und Sozialdatenschutz, 9. Aufl. 2020
Schoch/Schneider, Verwaltungsgerichtsordnung, 39. EL, Stand Juli 2020
Schwarze, EU-Kommentar, 3. Aufl. 2012
Steinberg/Wickel/Müller, Fachplanung, 4. Aufl. 2012
Stelkens/Bonk/Sachs, Verwaltungsverfahrensgesetz, 9. Aufl. 2018
Sodan/Ziekow, Verwaltungsgerichtsordnung, 5. Aufl. 2018
Stüer, Bau- und Fachplanungsrecht, 5. Aufl. 2015
Süßmuth/Laier, Bundesmeldegesetz, Kommentar, Loseblattausgabe, 8. EL, Stand 2020
Ule/Laubinger, Verwaltungsverfahrensrecht, 4. Aufl. 1995
Wolff/Bachof/Stober/Kluth, Verwaltungsrecht, Band 1, 13. Aufl. 2017
Wolff/Bachof/Stober, Verwaltungsrecht, Band 2, 7. Aufl. 2010
Von Wulffen/Schütze, Kommentar zum Sozialverwaltungsverfahren und Sozialdatenschutz, 8. Aufl. 2014
Ziekow, Verwaltungsverfahrensgesetz, Kommentar, 4. Aufl. 2019
Zilkens, Datenschutz in der Kommunalverwaltung, 5. Aufl. 2019

Abkürzungsverzeichnis

Gesetze sind nach ihrer jeweiligen Fundstelle in VSV (Vorschriftensammlung für die Verwaltung in Baden-Württemberg), Dürig (Gesetze des Landes Baden-Württemberg), Sartorius (Verfassungs- und Verwaltungsgesetze der Bundesrepublik, Band I), Schönfelder (Deutsche Gesetze), Aichberger (Sozialgesetzbuch-Reichsversicherungsordnung), Rote Beck'sche Loseblattausgabe (Bundesversorgungsgesetz, Soldatenversorgungsgesetz u. a.) und Luber (Deutsche Sozialgesetze) zitiert. Falls ein Gesetz in einer der Sammlungen nicht enthalten ist, ist die Fundstelle im Gesetzblatt angegeben.

a. A.	anderer Ansicht
a. a. O.	am angegebenen Ort
AbfVerbrVO	Abfallverbringungs-Verordnung der EG zur Überwachung und Kontrolle der Verbringung von Abfällen in der, in die und aus der EG (ABl. EG Nr. L30, S. 1)
ABl.	Amtsblatt der Europäischen Union
AEG	Allgemeines Eisenbahngesetz vom 27.12.1993 (BGBl. I S. 2378)
AEUV	Vertrag über die Arbeitsweise der Europäischen Union vom 1.12.2009 (ABl. EG Nr. 6115, S. 47)
a. F.	alte Fassung
AG	Aktiengesellschaft
AGB Bfd Inl	Allgemeine Geschäftsbedingungen für den Briefdienst-Inland (VSV 2010-Anhang)
AGBGB	Ausführungsgesetz zum BGB (BW; VSV 4000-1)
AGGVG	Gesetz zur Ausführung des Gerichtsverfassungsgesetzes und von Verfahrensgesetzen der ordentlichen Gerichtsbarkeit (BW; VSV 3002-5, Dürig 28)
AGVwGO	Gesetz zur Ausführung der Verwaltungsgerichtsordnung (BW; VSV 3401-1, Dürig 20)
Anm.	Anmerkung
AO	Abgabenordnung (VSV 6101)
AOK	Allgemeine Ortskrankenkasse
AöR	Archiv des öffentlichen Rechts
APF	Ausbildung, Prüfung, Fortbildung, Zeitschrift für die staatliche und kommunale Verwaltung
Art.	Artikel
Ast.	Antragssteller
AsylbLG	Asylbewerberleistungsgesetz
AsylG	Asylgesetz (VSV 2600-3)
AtG	Gesetz über die friedliche Verwendung der Kernenergie und den Schutz gegen ihre Gefahren (Atomgesetz; Sartorius 835)
AtVfV	Atomrechtliche Verfahrensverordnung (Sartorius 836)
AuAS	Ausländer- und asylrechtlicher Rechtsprechungsdienst Luchterhand
AufenthG	Aufenthaltsgesetz (VSV 2600)
Aufl.	Auflage
AVR	Allgemeines Verwaltungsrecht
B.	Beschluss
BA	Bundesagentur für Arbeit
BAföG	Bundesgesetz über die individuelle Förderung der Ausbildung (Bundesausbildungsförderungsgesetz; Sartorius 420)

Abkürzungsverzeichnis

BAG	Bundesarbeitsgericht
BAnz.	Bundesanzeiger
BÄO	Bundesärzteordnung i. d. F. der Bekanntmachung vom 16.4.1987 (BGBl. I S. 1218)
BAT	Bundes-Angestelltentarifvertrag (VSV 8021)
BauGB	Baugesetzbuch (VSV 2130, Sartorius 300)
BauR	Baurecht, Zeitschrift für das gesamte öffentliche und zivile Baurecht
BayObLG	Bayerisches Oberstes Landesgericht
BayVBl.	Bayerische Verwaltungsblätter
BayVerf.	Verfassung des Freistaates Bayern vom 2.12.1946 (GVBl. S. 333)
BayVerfGH	Bayerischer Verfassungsgerichtshof
BayVGH	Bayerischer Verwaltungsgerichtshof
BayVGH nF	Sammlung von Entscheidungen des BayVGH, neue Folge
BayVwZVG	Bayerisches Verwaltungszustellungs- und Vollstreckungsgesetz vom 11.11.1970 (GVBl. S. 140)
BBB	Bundesstelle für Büroorganisation und Bürotechnik
BB	Betriebs-Berater (Zeitschrift)
BBahnG	Bundesbahngesetz (Sartorius 963)
BBankG	Gesetz über die Deutsche Bundesbank (VSV 7620, Sartorius 855)
BBesG	Bundesbesoldungsgesetz (VSV 2032, Sartorius 230)
BBG	Bundesbeamtengesetz (Sartorius 160)
Bd.	Band
BDA	Besoldungsdienstalter
BDG	Bundesdisziplinargesetz (Sartorius 220)
BDSG	Bundesdatenschutzgesetz (VSV 2003, Sartorius 245)
BeamtStG	Beamtenstatusgesetz (Sartorius 150)
BeamtVG	Gesetz über die Versorgung der Beamten und Richter des Bundes (Beamtenversorgungsgesetz; VSV 2033, Sartorius 155)
BeckRS	Beck online Rechtsprechung (elektronische Entscheidungsdatenbank in beck-online)
BEG	Bundesgesetz zur Entschädigung für Opfer der nationalsozialistischen Verfolgung (Bundesentschädigungsgesetz) i. d. F. vom 29.6.1956 (BGBl. I S. 559, 562)
Begr.	Begründung der Bundesregierung zum Entwurf eines Verwaltungsverfahrensgesetzes vom 18.7.1973 (BT-Drs. 7/910)
Begr. BW	Begründung der Landesregierung zum Entwurf eines Verwaltungsverfahrensgesetzes für Baden-Württemberg vom 28.12.1976 (Landtagsdrucksache 7/820)
ber.	berichtigt
Beschl.	Beschluss
BestattG	Gesetz über das Friedhofs- und Leichenwesen (Bestattungsgesetz; BW; VSV 2128, Dürig 114)
betr.	betreffend
BFH	Bundesfinanzhof
BG	Berufsgenossenschaft
BGB	Bürgerliches Gesetzbuch (VSV 4000, Schönfelder 20)
BGBl.	Bundesgesetzblatt
BGebG	Gesetz über Gebühren und Auslagen des Bundes (Bundesgebührengesetz)
BGG	Behindertengleichstellungsgesetz
BGH	Bundesgerichtshof
BGHZ	Entscheidungen des Bundesgerichtshofs in Zivilsachen
BHO	Bundeshaushaltsordnung (Sartorius 700)

Abkürzungsverzeichnis

BImSchG	Gesetz zum Schutz vor schädlichen Umwelteinwirkungen durch Luftverunreinigungen, Geräusche, Erschütterungen und ähnliche Vorgänge (Bundes-Immissionsschutzgesetz; VSV 2129, Sartorius 296)
BMG	Bundesmeldegesetz
BNatSchG	Gesetz über Naturschutz und Landschaftspflege – Bundesnaturschutzgesetz (VSV 7911, Sartorius 850)
BnotO	Bundesnotarordnung (Schönfelder 98a)
BRAO	Bundesrechtsanwaltsordnung (Schönfelder 98)
Breithaupt	Breithaupt, Sammlung von Entscheidungen aus dem Sozialrecht
BRRG	Rahmengesetz zur Vereinheitlichung des Beamtenrechts (Beamtenrechtsrahmengesetz; VSV 2030, Satorius 150a)
BRS	Baurechtssammlung, Rechtsprechung des Bundesverwaltungsgerichts, der Oberverwaltungsgerichte der Länder und anderer Gerichte zum Bau- und Bodenrecht
BSG	Bundessozialgericht
BSGE	Entscheidungen des Bundessozialgerichts
BStBl.	Bundessteuerblatt
BT-Drs.	Bundestagsdrucksache
Buchholz	Sammel- und Nachschlagewerk der Rechtsprechung des Bundesverwaltungsgerichts, begründet von Karl Buchholz
BVerfG	Bundesverfassungsgericht
BVerfGE	Entscheidungen des Bundesverfassungsgerichts
BVerfGG	Gesetz über das Bundesverfassungsgericht (VSV 1104, Sartorius 40)
BVerwG	Bundesverwaltungsgericht
BVerwGE	Entscheidungen des Bundesverwaltungsgerichts
BVFG	Gesetz über die Angelegenheiten der Vertriebenen und Flüchtlinge (Bundesvertriebenengesetz; Luber 200)
BVG	Bundesversorgungsgesetz (Beck 1; Luber 910)
BVO	Verordnung des Finanzministeriums über die Gewährung von Beihilfe in Krankheits-, Pflege-, Geburts- und Todesfällen (Beihilfeverordnung; BW; VSV 2032-4, Dürig 50c)
BW	Baden-Württemberg
BWahlG	Bundeswahlgesetz (VSV 1110, Sartorius 30)
BWVBl.	Baden-Württembergisches Verwaltungsblatt
BWVP	Baden-Württembergische Verwaltungspraxis (Zeitschrift)
bzw.	beziehungsweise
dass.	dasselbe
ders.	derselbe
dgl.	dergleichen
DGStZ	Deutsche Gemeindesteuer-Zeitung
DGVZ	Deutsche Gerichtsvollzieherzeitung
d. h.	das heißt
DAngVers.	Die Angestellten-Versicherung (Zeitschrift)
Die Verwaltung	Zeitschrift für Verwaltungswissenschaft
DO	Dienstordnung für die Landesverwaltung in Baden-Württemberg (VSV 2002)
DöD	Der öffentliche Dienst, Fachzeitschrift für Angehörige des öffentlichen Dienstes
DÖV	Die Öffentliche Verwaltung, Zeitschrift für öffentliches Recht und Verwaltungswissenschaft
DRiG	Deutsches Richtergesetz (Schönfelder 97)

Abkürzungsverzeichnis

DRZ	Deutsche Richterzeitung, Organ des Deutschen Richterbundes
DSchG	Denkmalschutzgesetz (BW; VSV 2240)
DVBl.	Deutsches Verwaltungsblatt
DVO GemO	Verordnung des Innenministers zur Durchführung der Gemeindeordnung für Baden-Württemberg (VSV 2021-2, Dürig 56a)
DVP	Deutsche Verwaltungspraxis, Fachzeitschrift für Wissenschaft und Praxis in der öffentlichen Verwaltung
DZWiR	Deutsche Zeitschrift für Wirtschaftsrecht
E	Entscheidung; Entwurf
EGAO	Einführungsgesetz zur Abgabenordnung vom 14.12.1976 (BGBl. I S. 3341)
EGBGB	Einführungsgesetz zum Bürgerlichen Gesetzbuche
EGGVG	Einführungsgesetz zum Gerichtsverfassungsgesetz (VSV 3002-1, Schönfelder 95a)
EGInsO	Einführungsgesetz zur Insolvenzordnung (Schönfelder 110 a)
EGovG BW	E-Government-Gesetz Baden-Württemberg
EGV	EG-Vertrag von 1992
EigBG	Gesetz über die Eigenbetriebe der Gemeinden (Eigenbetriebsgesetz BW; VSV 6413, Dürig 59)
EigBVO	Verordnung des Innenministeriums über die Wirtschaftsführung und das Rechnungswesen der Eigenbetriebe (VSV 6413-2, Dürig 59a)
Erl.	Erläuterungen
ErnG	Gesetz über die Ernennung der Richter und Beamten des Landes (Ernennungsgesetz; BW; VSV 2030-2, Dürig 13)
ERVV	Elektronischer-Rechtsverkehr-Verordnung
ErwG	Erwägungsgründe
ESVGH	Entscheidungssammlung des hessischen und des baden-württembergischen Verwaltungsgerichtshofes
etc.	et cetera
EuR	Europarecht – Vierteljahreszeitschrift
EU	Europäische Union
EuGH	Europäischer Gerichtshof
EUV	Vertrag von Maastricht über die EU vom 7.2.1992
EUZW	Europäische Zeitschrift für Wirtschaftsrecht
e.V.	eingetragener Verein
evtl.	eventuell
FamFG	Gesetz über das Verfahren in Familiensachen und in Angelegenheiten der freiwilligen Gerichtsbarkeit (VSV 3151, Schönfelder 112)
ff.	folgende
FEVS	Fürsorgerechtliche Entscheidungen der Verwaltungs- und Sozialgerichte
FeV	Fahrerlaubnisverordnung (VSV 9232- 1; Schönfelder 35 d)
FGO	Finanzgerichtsordnung vom 28.3.2001 (BGBl. I S. 442)
FlurbG	Flurbereinigungsgesetz (Sartorius 860)
Fn.	Fußnote
FRG	Fremdrentengesetz (Aichberger 600)
FStrG	Bundesfernstraßengesetz (VSV 9110, Sartorius 932)
FwG	Feuerwehrgesetz (BW; VSV 2131, Dürig 95)
GABl.	Gemeinsames Amtsblatt des Innenministeriums, des Finanzministeriums, des Ministeriums für Wirtschaft, Mittelstand und

Abkürzungsverzeichnis

	Technologie, des Ministeriums für Ländlichen Raum, Ernährung, Landwirtschaft und Forsten, des Ministeriums für Arbeit, Gesundheit, Familie und Sozialordnung, des Ministeriums für Umwelt sowie der Regierungspräsidien
GastG	Gaststättengesetz (VSV 7111, Sartorius 810)
GastVO	Verordnung der Landesregierung zur Ausführung des Gaststättengesetzes (Gaststättenverordnung; BW; VSV 7111-2, Dürig 77)
GBl.	Gesetzblatt für Baden-Württemberg
gem.	gemäß
GemHVO	Verordnung des Innenministeriums über die Haushaltswirtschaft der Gemeinden (Gemeindehaushaltsverordnung; BW; VSV 6305, Dürig 56f)
GemO	Gemeindeordnung für Baden-Württemberg (VSV 2021, Dürig 56)
Gesetz nach Art. 45c GG	Gesetz über die Befugnisse des Petitionsausschusses des Deutschen Bundestages (Gesetz nach Art. 45c des Grundgesetzes; Sartorius 5)
GewA	Gewerbearchiv, Zeitschrift für Verwaltungs-, Gewerbe- und Handwerksrecht
GewO	Gewerbeordnung (VSV 7100, Sartorius 800)
GG	Grundgesetz für die Bundesrepublik Deutschland (VSV 1000, Dürig 2, Sartorius 1, Schönfelder 1)
ggf.	gegebenenfalls
GKG	Gerichtskostengesetz (Schönfelder 115)
GKZ	Gesetz über kommunale Zusammenarbeit (BW; VSV 2023, Dürig 61)
GmbH	Gesellschaft mit beschränkter Haftung
GmS-OGB	Gemeinsamer Senat der obersten Gerichtshöfe des Bundes
GrCH	Europäische Grundrechte Charta
GrdstVG	Gesetz über Maßnahmen zur Verbesserung der Agrarstruktur und zur Sicherung land- und forstwirtschaftlicher Betriebe (Grundstücksverkehrsgesetz; VSV 7810)
GüKG	Güterkraftverkehrsgesetz (Sartorius 952)
GVBl.	Gesetz- und Verordnungsblatt
GVG	Gerichtsverfassungsgesetz (VSV 3002, Schönfelder 95)
GWB	Gesetz gegen Wettbewerbsbeschränkungen (VSV 7074, Schönfelder 74)
HessVerf.	Verfassung des Landes Hessen vom 1.12.1946 (GVBl. S. 229)
HessVGH	Hessischer Verwaltungsgerichtshof
h. M.	herrschende Meinung
Halbs.	Halbsatz
HPflG	Haftpflichtgesetz (VSV 9351)
HwO	Handwerksordnung (VSV 7110, Sartorius 815)
I.A.	Im Auftrag
i. d. F.	in der Fassung
i. d. R.	in der Regel
i. e. S.	im engeren Sinne
IfSG	Infektionsschutzgesetz (VSV 2126; Sartorius [E] 285)
IHK	Industrie- und Handelskammer
info also	Informationen zum Arbeitslosenrecht und Sozialhilferecht (Zeitschrift)
insb.	insbesondere

Abkürzungsverzeichnis

InsO	Insolvenzordnung (VSV 3113; Schönfelder 110)
i. S. d.	im Sinne des
IT	Informationstechnik
i. Ü.	im Übrigen
I.V.	In Vertretung
i. V. m.	in Verbindung mit
JA (JABl.)	Juristische Arbeitsblätter, ÖR = öffentliches Recht (Zeitschrift)
JgefSchrG	Gesetz über die Verbreitung jugendgefährdender Schriften und Medieninhalte vom 12.7.1985 (BGBl. I, S. 3186)
Jura	Juristische Ausbildung (Zeitschrift)
JuS	Juristische Schulung, Zeitschrift für Studium und Ausbildung
JZ	Juristenzeitung
KAG	Kommunalabgabengesetz (BW; VSV 6130, Dürig 60)
KammerG	Gesetz über die öffentliche Berufsvertretung, die Berufspflichten, die Weiterbildung und die Berufsgerichtsbarkeit der Ärzte, Zahnärzte, Tierärzte, Apotheker und Dentisten (Kammergesetz; BW; Dürig 105)
KG	Kommanditgesellschaft
KGSt.	Kommunale Gemeinschaftsstelle für Verwaltungsvereinfachung, Köln
KHG	Gesetz zur wirtschaftlichen Sicherung der Krankenhäuser und zur Regelung der Krankenhauspflegesätze (BW; VSV 2120)
KiTaG	Kindertagesbetreuungsgesetz (BW; VSV 2162-2)
KKZ	Kommunal-Kassen-Zeitschrift
KommJur	Kommunaljurist (Zeitschrift)
KOV	Die Kriegsopferversorgung (Zeitschrift)
KrWG	Kreislaufwirtschaftsgesetz (VSV 2129-6/1; Sartorius 298)
KSchG	Kündigungsschutzgesetz (VSV 8002, Schönfelder 84)
KStZ	Kommunale Steuer-Zeitschrift, Zeitschrift für das gesamte Abgabenwesen
KVBG	Kohleverstromungsbeendigungsgesetz
LadschlG	Gesetz über den Ladenschluss (Sartorius 805)
LBG	Landesbeamtengesetz (BW; VSV 2030-1, Dürig 50)
LBO	Landesbauordnung (BW; VSV 2130-4, Dürig 85)
LDG	Landesdisziplinargesetz (BW; VSV 2031, Dürig 51)
LDSG	Gesetz zum Schutz personenbezogener Daten (Landesdatenschutzgesetz BW; VSV 2005)
LG	Landgericht
LGastG	Gaststättengesetz für Baden-Württemberg (Landesgaststättengesetz, VSV 7111-1)
LGebG	Landesgebührengesetz (BW; VSV 2011, Dürig 41)
LHO	Landeshaushaltsordnung für Baden-Württemberg (VSV 6302, Dürig 180)
LIFG	Gesetz zur Regelung des Zugangs zu Informationen in Baden-Württemberg (Landesinformationsfreiheitsgesetz)
LKreiWiG	Gesetz des Landes Baden-Württemberg zur Förderung der Kreislaufwirtschaft und Gewährleistung der umweltverträglichen Abfallbewirtschaftung (Landes-Kreislaufwirtschaftsgesetz – LKreiWiG, VSV 2129-7, Dürig 102)
LKrO	Landkreisordnung (BW; VSV 2022, Dürig 57)
LPlG	Landesplanungsgesetz (BW; VSV 2300-1)

Abkürzungsverzeichnis

LPK – SGB X	Lehr –und Praxiskommentar zum SGB X
LPressG	Gesetz über die Presse (Landespressegesetz; BW; VSV 2251, Dürig 177)
LPVG	Personalvertretungsgesetz für das Land Baden-Württemberg (Landespersonalvertretungsgesetz; VSV 2035, Dürig 150)
LRiG	Landesrichtergesetz (BW; Dürig 17)
LS	Leitsatz
LSG	Landessozialgericht
LTGVO	Verordnung des Finanzministeriums über das Trennungsgeld bei Abordnungen und Versetzungen (Landestrennungsgeldverordnung; VSV 2032-7)
LuftVG	Luftverkehrsgesetz vom 10.5.2002 (BGBl. I 2007, S. 698)
LVA	Landesversicherungsanstalt
LVG	Landesverwaltungsgesetz (BW; VSV 2000, Dürig 40)
LVO	Verordnung der Landesregierung über die Laufbahn der Beamten und Richter im Lande Baden-Württemberg (Landeslaufbahnverordnung; VSV 2030-3, Dürig 50e)
LVwG Schl-H	Allgemeines Verwaltungsgesetz für das Land Schleswig-Holstein (Landesverwaltungsgesetz) vom 2.6.1992 (GVBl. S. 243)
LVwVfG	Verwaltungsverfahrensgesetz für Baden-Württemberg (Landesverwaltungsverfahrensgesetz; VSV 2001, Dürig 50) – nahezu wortgleich mit dem VwVfG
LVwVG	Verwaltungsvollstreckungsgesetz für Baden-Württemberg (Landesverwaltungsvollstreckungsgesetz; VSV 2006, Dürig 43)
LVwVGKO	Verordnung des Innenministeriums über die Erhebung von Kosten der Vollstreckung nach dem LVwVG (VSV 2006-3, Dürig 43a)
LVwZG	Verwaltungszustellungsgesetz für Baden-Württemberg (VSV 2010, Dürig 42)
LWaldG	Waldgesetz für Baden-Württemberg (Landeswaldgesetz; VSV 7902, Dürig 135)
L-BGG	Landes-Behindertengleichstellungsgesetz
m. Anm. v.	mit Anmerkung von
MdE	Minderung der Erwerbsfähigkeit
MDR	Monatsschrift für Deutsches Recht
MG	Meldegesetz (BW; VSV 2101, Dürig 74)
MRK	Europäische Menschenrechtskonvention vom 4.11.1950 (BGBl. 1952 II S. 685)
MuSchG	Gesetz zum Schutze der erwerbstätigen Mutter (Mutterschutzgesetz; VSV 8052)
MVO	Verordnung des Innenministeriums zur Durchführung des Meldegesetzes (VSV 2102-2, Dürig 74a)
m. zust. Anm. v.	mit zustimmender Anmerkung von
m. w. N.	mit weiteren Nachweisen
NamÄndG	Gesetz über die Änderung von Familiennamen und Vornamen (VSV 2112, Sartorius 265)
NatSchG	Gesetz zum Schutz der Natur, zur Pflege der Landschaft und über die Erholungsvorsorge in der freien Landschaft (Naturschutzgesetz; BW; VSV 7910, Dürig 123)
Nds	Niedersachsen
NdsOVG	Niedersächsisches Oberverwaltungsgericht
NdsVBl	Niedersächsisches Verwaltungsblatt (Zeitschrift)

Abkürzungsverzeichnis

NDV	Nachrichtendienst des Deutschen Vereins für öffentliche und private Fürsorge (Zeitschrift)
NJOZ	Neue Juristische Online-Zeitschrift (Zeitschrift)
NJW	Neue Juristische Wochenschrift (Zeitschrift)
Nr.	Nummer
NRW	Nordrhein-Westfalen
NRW PolG	Polizeigesetz Nordrhein-Westfalen vom 24.2.1990 (GVBl. S. 70)
NRW StrG	Straßengesetz Nordrhein-Westfalen vom 23.9.1995 (GVBl. S. 1028)
NRW Verf	Landesverfassung Nordrhein-Westfalen vom 18.6.1950 (GVBl. S. 127)
NRW WG	Wassergesetz Nordrhein-Westfalen vom 25.6.1995 (GVBl. S. 734)
NuR	Natur und Recht (Zeitschrift)
NVwZ	Neue Zeitschrift für Verwaltungsrecht
NVwZ-RR	Neue Zeitschrift für Verwaltungsrecht – Rechtsprechungs-Report Verwaltungsrecht
NZWehrr.	Neue Zeitschrift für Wehrrecht
o. Ä.	oder Ähnliche(s)
OEG	Gesetz über die Entschädigung für Opfer von Gewalttaten (Beck 170)
OLG	Oberlandesgericht
öV	öffentlich-rechtlicher Vertrag
OVG	Oberverwaltungsgericht
OVGE	Entscheidungen der Oberverwaltungsgerichte für das Land Nordrhein-Westfalen in Münster sowie für die Länder Niedersachsen und Schleswig-Holstein in Lüneburg
OWiG	Gesetz über Ordnungswidrigkeiten (VSV 4541, Dürig 64, Schönfelder 94)
PartG	Gesetz über die politischen Parteien (Parteiengesetz; VSV 1120, Sartorius 58)
PAuswG	Gesetz über Personalausweise (VSV 2102, Sartorius 255)
PBefG	Personenbeförderungsgesetz (Sartorius 950)
p. F. V.	positive Forderungsverletzung
PolG	Polizeigesetz (BW; VSV 2050, Dürig 65)
PSchG	Privatschulgesetz (BW; Dürig 171)
PStG	Personenstandsgesetz (VSV 2110, Sartorius 260, Schönfelder 113)
PUDLV	Post-Universaldienstleistungsverordnung vom 15.12.1999 (BGBl. I, S. 2418)
RDG	Rechtsdienstleistungsgesetz (Schönfelder 99)
RelKErzG	Gesetz über die religiöse Kindererziehung
RGBl.	Reichsgesetzblatt
Rh.-Pf.	Rheinland-Pfalz
RiA	Recht im Amt (Zeitschrift)
RiG	Richtergesetz BW (Dürig 17)
Rn.	Randnummer
ROG	Raumordnungsgesetz (VSV 2300)
Rspr.	Rechtsprechung
RÜG	Renten-Überleitungsgesetz vom 25.7.1991 (BGBl. I S. 1606)
RuR	Raumforschung und Raumordnung (Zeitschrift)
RV	Rentenversicherung
RVO	Reichsversicherungsordnung (Aichberger 11)

Abkürzungsverzeichnis

s.	siehe
S.	Satz (bei Angabe von Rechtsvorschriften); Seite (bei Literaturangaben)
Saarl.	Saarland
sächs.	sächsisch
Sachs.-Anh.	Sachsen-Anhalt
SchG	Schulgesetz für Baden-Württemberg (VSV 2230, Dürig 170)
SchfG	Schornsteinfegergesetz vom 10.8.1998 (BGBl. I S. 2071)
SG	Sozialgericht
SGb.	Die Sozialgerichtsbarkeit (Zeitschrift)
SGB	Sozialgesetzbuch
SGB I	Sozialgesetzbuch – Erstes Buch – Allgemeiner Teil – (VSV 2150, Sartorius 408, Aichberger 1, Beck 11)
SGB II	Sozialgesetzbuch – Zweites Buch – Grundsicherung für Arbeitssuchende – (VSV 2173, Sartorius 402)
SGB IV	Sozialgesetzbuch – Viertes Buch – Gemeinsame Vorschriften – (Aichberger 4)
SGB IX	Sozialgesetzbuch – Neuntes Buch – Rehabilitation und Teilhabe behinderter Menschen (VSV 2176, Aichberger 9)
SGB X	Sozialgesetzbuch – Zehntes Buch – Verwaltungsverfahren – (VSV 2150, Aichberger 10, Beck 60)
SGB XII	Sozialgesetzbuch – Zwölftes Buch – Sozialhilfe (VSV 2169, Sartorius 412)
SiG	Gesetz über Rahmenbedingungen für elektronische Signaturen (Signaturgesetz) vom 16.5.2001 (BGBl. I S. 876)
SGG	Sozialgerichtsgesetz (VSV 3301, Aichberger 850, Beck 300)
SKV	Staats- und Kommunalverwaltung (Zeitschrift)
sog.	sogenannt
SoldatenG	Soldatengesetz (Sartorius 640)
SozR	Sozialrecht, Sammlung der Entscheidungen des Bundessozialgerichts
SpG	Sparkassengesetz für Baden-Württemberg (Dürig 62)
SprengG	Gesetz über explosionsgefährliche Stoffe (Sprengstoffgesetz; Sartorius 822)
StAG	Staatsangehörigkeitsgesetz (VSV 1020, Sartorius 15)
StGB	Strafgesetzbuch (VSV 4502, Schönfelder 85)
StGH	Staatsgerichtshof
StGHG	Gesetz über den Staatsgerichtshof (BW; VSV 1104-1, Dürig 18)
StiftG	Stiftungsgesetz für Baden-Württemberg (Dürig 23)
StPO	Strafprozessordnung (VSV 3120, Schönfelder 90)
str.	streitig
StrG	Straßengesetz für Baden-Württemberg (VSV 9100, Dürig 148)
st. Rspr.	ständige Rechtsprechung
StVG	Straßenverkehrsgesetz (VSV 9231, Schönfelder 35)
StVO	Straßenverkehrsordnung (VSV 9233, Schönfelder 35)
StVollzG	Strafvollzugsgesetz vom 16.3.1976 (BGBl. I S. 581)
StVZO	Straßenverkehrs-Zulassungs-Ordnung (VSV 9232, Schönfelder 35b)
SUP	Strategische Umweltprüfung
SVG	Soldatenversorgungsgesetz vom 9.4.2002 (BGBl. I S. 1258)
TÜV	Technischer Überwachungsverein
TVG	Tarifvertragsgesetz vom 25.8.1969 (BGBl. I S. 1323)

Abkürzungsverzeichnis

u. a.	unter anderem
u. a. m.	und andere mehr
UIG	Gesetz über den freien Zugang zu Informationen über die Umwelt (VSV 2129-9, Sartorius 294)
UmweltHG	Umwelthaftungsgesetz (VSV 2129-8, Schönfelder 28)
UPR	Umwelt- und Planungsrecht (Zeitschrift)
Urt.	Urteil
usw.	und so weiter
u. U.	unter Umständen
UVP	Umweltverträglichkeitsprüfung
UVPG	Gesetz über die Umweltverträglichkeitsprüfung (VSV 2129-10; Sartorius 295)
UVwG	Umweltverwaltungsgesetz
UWG	Gesetz gegen den unlauteren Wettbewerb (Schönfelder 73)
UZwG	Gesetz über den unmittelbaren Zwang bei Ausübung öffentlicher Gewalt durch Vollzugsbeamte des Bundes (Sartorius 115)
UZwGBw.	Gesetz über die Anwendung unmittelbaren Zwanges und die Ausübung besonderer Befugnisse durch Soldaten der Bundeswehr und zivile Wachpersonen (Sartorius 117)
v.	von
VA	Verwaltungsakt
VBlBW	Verwaltungsblätter für Baden-Württemberg (Zeitschrift)
Verf.BW	Verfassung des Landes Baden-Württemberg (VSV 1001, Dürig 1)
VerfGH	Verfassungsgerichtshof
Verf.Rh-Pf	Verfassung für Rheinland-Pfalz vom 18.5.1947 (GVBl. S. 209)
VerpackV	Verordnung über die Vermeidung und Verwertung von Verpackungsabfällen (Sartorius [E] 298f)
VersammlG	Gesetz über Versammlungen und Aufzüge (Versammlungsgesetz; VSV 2181, Sartorius 435)
VersBea	Der Versorgungsbeamte (Zeitschrift)
Verw	Die Verwaltung (Zeitschrift)
VerwArch.	Verwaltungsarchiv, Zeitschrift für Verwaltungslehre, Verwaltungsrecht und Verwaltungspolitik
VfG-KOV	Gesetz über das Verwaltungsverfahren der Kriegsopferversorgung (Beck 70; Luber 960)
VG	Verwaltungsgericht
VGH	Verwaltungsgerichtshof
vgl.	vergleiche
v. H.	vom Hundert
VIZ	Zeitschrift für Vermögens- und Immobilienrecht
VR	Verwaltungsrundschau (Zeitschrift)
VSSR	Vierteljahresschrift für Sozialrecht (Zeitschrift)
VVDStRL	Veröffentlichungen der Vereinigung der deutschen Staatsrechtslehrer
VwGO	Verwaltungsgerichtsordnung (VSV 3401, Dürig 19, Sartorius 600)
VwKostG	Verwaltungskostengesetz vom 23.6.1970 (BGBl. I S. 821)
VwRspr.	Verwaltungsrechtsprechung in Deutschland, Sammlung obergerichtlicher Entscheidungen aus dem Verfassungs- und Verwaltungsrecht
VwVMG	Allgemeine Verwaltungsvorschrift des Innenministeriums zum Meldegesetz vom 3.9.1997 (GABl. 532)
VwVfG	Verwaltungsverfahrensgesetz (Sartorius 300) – nahezu wortgleich mit dem LVwVfG

Abkürzungsverzeichnis

VwVG	Verwaltungs-Vollstreckungsgesetz (Sartorius 112)
VwZG	Verwaltungszustellungsgesetz (Sartorius 110)
WaffenG	Waffengesetz (Sartorius 820)
WaStrG	Bundeswasserstraßengesetz (Sartorius 971)
WBeauftrG	Gesetz für den Wehrbeauftragten des Deutschen Bundestages (Sartorius 635)
WG	Wassergesetz für Baden-Württemberg (VSV 7532, Dürig 100)
WHG	Gesetz zur Ordnung des Wasserhaushalts (Wasserhaushaltsgesetz; VSV 7531, Sartorius 845)
WiVerw.	Wirtschaft und Verwaltung (Zeitschrift)
WoFG	Gesetz über die soziale Wohnbauförderung (Sartorius 355)
WohngeldG	Wohngeldgesetz (Sartorius 385)
WPflG	Wehrpflichtgesetz (Sartorius 620)
WRV	Verfassung des Deutschen Reichs (Weimarer Verfassung; VSV 1000, Sartorius 6)
ZAP	Zeitschrift für die Anwaltspraxis
ZAR	Zeitschrift für Ausländerrecht und Ausländerpolitik
z. B.	zum Beispiel
ZBR	Zeitschrift für Beamtenrecht
ZDG	Gesetz über den Zivildienst der Kriegsdienstverweigerer (Zivildienstgesetz; Sartorius 625)
ZfF	Zeitschrift für das Fürsorgewesen
ZfJ	Zentralblatt für Jugendrecht (Zeitschrift)
Ziff.	Ziffer
ZKF	Zeitschrift für Kommunalfinanzen
ZPO	Zivilprozessordnung (VSV 3104, Schönfelder 100)
ZRP	Zeitschrift für Rechtspolitik
ZUR	Zeitschrift für Umweltrecht
ZVG	Gesetz über die Zwangsversteigerung und die Zwangsverwaltung (Schönfelder 108)

Teil I Grundlagen der öffentlichen Verwaltung

Kapitel 1 Die öffentliche Verwaltung als Teil der öffentlichen Gewalt

A. Einordnung des Verwaltungsrechts in einen Gesamtzusammenhang

Vor Beschäftigung mit dem Verwaltungsrecht soll der Versuch unternommen werden, die Bedeutung dieses Wissensgebiets in einem Gesamtzusammenhang darzustellen. 1

Ausgangsfall: R und D zünden das Wohnhaus einer türkischen Familie an. Die 5 und 7 Jahre alten Kinder dieser Familie werden erheblich verletzt. Das Haus brennt völlig ab.

Dieser Vorfall kann unter völlig verschiedenen Fragestellungen besprochen und kommentiert werden:
- Strafrecht: Haben sich R und D u. a. wegen einer besonders schweren Brandstiftung und gefährlicher Körperverletzung nach §§ 306b, 224 StGB strafbar gemacht?
- Politikwissenschaft: Wie kann es zu solchen Übergriffen kommen? Welche politischen Beweggründe stehen hinter einer solchen Tat?
- Soziologie: Welche Ursachen und Wirkungen hat das Verhalten der beteiligten Personen und Behörden?
- Verwaltungswissenschaft: Wie effizient kümmert sich die Verwaltung um Ausländerfragen?
- Sozialwesen und Psychologie: Ist eine Betreuung der betroffenen türkischen Familie erforderlich?
- Öffentliches Recht/Verwaltungsrecht: Ist eine Unterbringung der obdachlosen türkischen Familie in einer städtischen Unterkunft oder in einer privaten Wohnung nach dem Polizeigesetz erforderlich?

Das vorliegende Lehrbuch befasst sich ausschließlich mit dem zuletzt genannten Aspekt. Dabei stellt das öffentliche Recht den Oberbegriff dar. Es umfasst insbesondere das Verwaltungsrecht, das Verfassungsrecht, das Völkerrecht sowie weite Teile des Europarechts. Streng genommen, aber nicht dem allgemeinen juristischen Sprachgebrauch entsprechend, gehören noch weitere Rechtsgebiete zum öffentlichen Recht, wie z. B. das Strafrecht. 2

Das Verwaltungsrecht umfasst die Rechtssätze, die in spezifischer Weise für die öffentliche Verwaltung gelten. Es ist das der öffentlichen Verwaltung eigene Recht (Maurer/Waldhoff, AVR, § 3 Rn. 1).

Das Verwaltungsrecht setzt sich zusammen aus dem Allgemeinen und dem Besonderen Verwaltungsrecht. Das Allgemeine Verwaltungsrecht erfasst diejenigen Regelungen, die grundsätzlich für alle Bereiche der öffentlichen Verwaltung gelten, also insbesondere das Verwaltungsverfahren, die Handlungsformen der öffentlichen Verwaltung und die Verwaltungsvollstreckung. Demgegenüber befasst sich das Besondere Verwaltungsrecht mit der rechtlichen Ordnung einzelner 3

Teilbereiche der öffentlichen Verwaltung. Diese Bereiche sind meistens in Spezialgesetzen normiert. Sie ergänzen und modifizieren das Allgemeine Verwaltungsrecht. Zum Besonderen Verwaltungsrecht werden u. a. folgende Materien gerechnet:
- Polizei- und Ordnungsrecht,
- Öffentliches Dienstrecht,
- Kommunalrecht,
- Baurecht,
- Umweltrecht,
- Sozialrecht,
- Abgabenrecht,
- Straßenrecht.

Überblick:

4

```
                       Öffentliches Recht
                ┌────────────┼────────────┐
        Verfassungsrecht   Verwaltungsrecht   - Völkerrecht
          /       \           /      \         - Europarecht
   Staatsorgani- Grund-   Allgemeines  Besonderes
   sationsrecht  rechte
```

B. Verwaltungsbegriff und Arten der Verwaltung

I. Begriff der Verwaltung

5 Da sich das Verwaltungsrecht mit dem Recht der öffentlichen Verwaltung beschäftigt, ist zunächst eine Klärung des Begriffs der öffentlichen Verwaltung erforderlich.

1. Negative Definition

6 Teilweise wird der Begriff der öffentlichen Verwaltung negativ mit Hilfe der sog. Substraktionsmethode bestimmt. Danach ist Verwaltung die Tätigkeit des Staates, die weder Gesetzgebung, Rechtsprechung oder Regierung ist (vgl. Maurer/Waldhoff, AVR, § 1 Rn. 6 m.w.N).
Gesamte Tätigkeit des Staates
– Gesetzgebung
– Rechtsprechung
<u>– Regierung</u>
= Verwaltung
Eine solche Definition ist jedoch ungenügend. Sie ermöglicht allenfalls eine Ausgrenzung. Sie sagt aber über den Kerngehalt von Verwaltung nichts aus.

2. Positive Definition

Der Begriff der Verwaltung ist aufgrund seiner Vielschichtigkeit nicht leicht zu bestimmen. Vereinfacht ist Verwaltung (Definition in Anlehnung an Maurer/Waldhoff, AVR, § 1 Rn. 9–12):

a) Sozialgestaltung
b) am öffentlichen Interesse orientiert
c) in die Zukunft gerichtet
d) aus gesetzlicher und eigener Initiative erfolgend
e) überwiegend einzelfallorientiert.

Zu a): Gegenstand der Verwaltung ist das soziale Zusammenleben im Gemeinwesen. Das Merkmal dient der Abgrenzung zur Verwaltung privater Organisationen.

Zu b): Die öffentlichen Interessen können sich mit Individualinteressen ganz oder teilweise decken, so z. B. wenn die Polizei im Winter eine private Wohnung beschlagnahmt, um das Leben und die Gesundheit einer obdachlosen Familie zu schützen.

Zu c): Durch das Merkmal der Zukunftsgerichtetheit wird die Verwaltung von der (primär) vergangenheitsbezogenen Rechtsprechung abgegrenzt.

Zu d): Verwaltung ist nicht nur Gesetzesvollzug. Sie agiert darüber hinaus aus eigener Initiative und nach eigenen Vorstellungen (z. B. Straßenbau, Unterhaltung kultureller und sozialer Einrichtungen).

Zu e): Das Merkmal der Einzelfallbezogenheit dient der Abgrenzung zur Gesetzgebung, die auf den Erlass genereller und abstrakter Regelungen gerichtet ist. Abweichungen von diesem Grundsatz sind hier jedoch möglich.

II. Arten der Verwaltung

1. Unterscheidung nach Aufgaben

a) **Ordnungsverwaltung.** Die **Ordnungsverwaltung** dient der Aufrechterhaltung der öffentlichen Sicherheit und Ordnung durch Gefahrenabwehr. Hierzu zählen z. B. polizeiliche Maßnahmen (Leinenzwang für bissigen Hund, aber auch Hilfestellung für betrunkene Person durch Polizisten), Gewerbeaufsicht (Gewerbeuntersagung nach § 35 GewO, Widerruf einer Gaststättenerlaubnis nach § 15 II, III GastG), baurechtliche Maßnahmen (Abbruchverfügung nach § 65 I S. 1 LBO).

Ordnungsverwaltung ist zwar in der Regel, aber nicht zwingend Eingriffsverwaltung (dazu Rn. 18). Zur Ordnungsverwaltung gehört auch die Erteilung einer Genehmigung oder Erlaubnis (z. B. einer Baugenehmigung oder einer gaststättenrechtlichen Erlaubnis). Der Gesetzgeber macht ein bestimmtes Verhalten (Bau eines Hauses, Betrieb einer Gaststätte) von einer Erlaubnis abhängig, um vorweg behördlich prüfen zu lassen, ob dieses Verhalten mit dem geltenden Recht vereinbar ist. Dieses Kontroll- bzw. Genehmigungsverfahren dient der Aufrechterhaltung der öffentlichen Sicherheit und Ordnung und zählt zum Ordnungsrecht. Eine derartige Genehmigung/Erlaubnis wird auch „Kontrollerlaubnis" genannt und die Regelung, die es vorschreibt, „Verbot mit Erlaubnisvorbehalt" (Maurer/Waldhoff, AVR, § 9 Rn. 52).

9 **b) Leistungsverwaltung.** Die Leistungsverwaltung hat die Aufgabe zum einen gezielt einzelne zu unterstützen (Sozialhilfe, Studienbeihilfen), wie auch Einrichtungen der Infrastruktur (Schulen, Krankenhäuser, Kindergärten etc.) bereit zu stellen. Sie umfasst damit auch die „Daseinsvorsorge" (Gas-, Wasser- und Elektrizitätsversorgung, Abwasser- und Müllbeseitigung etc.).

10 **c) Lenkungsverwaltung.** Die Lenkungs- bzw. Planungsverwaltung dient der Förderung und Steuerung verschiedener (gesellschaftlicher) Bereiche durch generelle Vorgaben (z. B. Maßnahmen der Raumordnung, Wirtschafts- oder Kulturförderung durch Subventionen).
Lenkungsverwaltung kann gleichzeitig Leistungsverwaltung (Subvention) wie auch Ordnungsverwaltung (Verbot umweltschädlicher Gewässerverschmutzung) sein.

11 **d) Abgabenverwaltung.** Die Abgabenverwaltung dient der Beschaffung der staatlichen Geldmittel durch Erhebung von Steuern und sonstigen Abgaben (z. B. Gebühren, Beiträge).

12 **e) Bedarfsverwaltung.** Die Bedarfsverwaltung hat die Aufgabe, die für die Verwaltung erforderlichen Personal- und Sachmittel zur Verfügung zu stellen.

2. Unterscheidung nach der Rechtsform des Handelns

13 Die Verwaltung handelt grundsätzlich öffentlich-rechtlich (hoheitlich) nach den Normen des öffentlichen Rechts. Dies gilt aber nicht ausnahmslos. Teilweise kann, teilweise muss die Verwaltung ausschließlich Privatrecht anwenden (zur Abgrenzung öffentliches und privates Recht vgl. 39 ff.).
Üblicherweise werden **drei Fallgruppen** unterschieden, in denen die Verwaltung wahlweise oder zwingend **Privatrecht** anwendet (Maurer/Waldhoff, AVR, § 3 Rn. 20 ff.):

14 **a) Bedarfsverwaltung.** (siehe hierzu auch Rn. 12) Wenn die Verwaltung zur Erfüllung ihrer eigentlichen Verwaltungsaufgaben Sachmittel (Büromaterial, Gebäude), Dienstleistungen (Bauarbeiten) oder Personalmittel (Beschäftigung von Angestellten und Arbeitern im öffentlichen Dienst) beschafft, spricht man von Bedarfsverwaltung. Der traditionell auch verwendete Begriff der „fiskalischen Hilfsgeschäfte" passt mit Einschränkung nicht mehr, da die Bedarfsverwaltung von Bund, Ländern, Gemeinden und sonstigen Verwaltungsträgern mit jährlich etwa 250 Milliarden Euro einen dominierenden Wirtschaftsfaktor darstellt. In allen diesen Fällen tritt der Staat wie ein Privatunternehmen auf. Bedarfsgeschäfte der Verwaltung dürfen daher **ausschließlich** in der Form des Privatrechts getätigt werden.
Ob die Verwaltung in diesem Bereich an die Grundrechte, insbesondere das Gleichheitsgebot (Art. 3 I GG), gebunden ist, ist stark umstritten (verneinend: BHGZ 36, 91, 95; 97, 312, 316; bejahend: Wolff/Bachof/Stober/Kluth, I § 23 Rn. 42 m.w.N.). In der Praxis dürfte dieser Streit keine allzu große Bedeutung haben, da die Verwaltung i. d. R. bereits durch andere Normen an einer willkürlichen Auftragsvergabe (z. B. Bestellung des teureren Büromaterials beim Vereinsfreund) gehindert ist (z. B. durch das Haushaltsrecht, insbesondere aber durch das Vergaberecht nach §§ 97 ff. des Gesetzes gegen Wettbewerbsbeschrän-

kungen [GWB], der Vergabeverordnung [VgV] sowie z. B. der Vergabe- und Vertragsordnung für Bauleistungen [VOB/A]).

b) Erwerbswirtschaftliche Betätigung der Verwaltung. Der Staat nimmt hier als Unternehmer am Wirtschaftsleben teil. Dies geschieht durch eigene unternehmerische Tätigkeit oder über Handelsgesellschaften (insb. GmbH, AG), die ganz oder teilweise in staatlicher Hand sind. **15**

Beispiele: Kommunale Wohnungsbauunternehmen, Bestattungsunternehmen, Verkehrsbetriebe.

Die erwerbswirtschaftliche Betätigung der Verwaltung richtet sich nach **Privatrecht**. Ob in diesem Bereich die Verwaltung an die Grundrechte gebunden ist, ist ebenfalls umstritten (vgl. Nachweise bei Detterbeck, AVR, Rn. 908; Wolff/Bachof/Stober/Kluth, I § 23 Rn. 60).

c) Wahrnehmung von Verwaltungsaufgaben in der Form des Privatrechts (Verwaltungsprivatrecht). Erfüllt die Verwaltung in der Rechtsform des Privatrechts unmittelbar Verwaltungsaufgaben, so spricht man von Verwaltungsprivatrecht. **16**

Beispiel: Betrieb von öffentlichen Verkehrsmitteln, Lieferung von Gas, Strom, Wasser.

Die Verwaltung erfüllt in diesem Bereich unmittelbar öffentliche Aufgaben. Wenn gesetzlich nichts anderes vorgeschrieben ist (wie z. B. im Bereich der gesamten Ordnungs- und Abgabenverwaltung, aber auch in weiten Teilen der Leistungsverwaltung, die ein öffentlich-rechtliches Handeln vorschreiben), hat die Verwaltung **Wahlfreiheit**. D. h., sie hat die Befugnis, Verwaltungsaufgaben in öffentlich-rechtlicher, aber auch in privatrechtlicher Form zu besorgen.

Beispiel: Die Gemeinde betreibt ihr Wasserwerk in privatrechtlicher Organisationsform und regelt (bei dieser Organisationsform dann zwingend) das Benutzungsverhältnis privatrechtlich (Rn. 53).
Abwandlung: Die Gemeinde betreibt ihr Wasserwerk in eigener Regie (öffentlich-rechtliche Organisationsform). Hier kann sie das Benutzungsverhältnis öffentlich-rechtlich (Satzung) oder privatrechtlich (AGB) regeln.

Da der Staat hier die Möglichkeit hat, öffentliche Aufgaben auch in privatrechtlicher Form auszuführen, soll er sich durch Wahl einer privatrechtlichen Organisationsform bzw. eines privatrechtlichen Benutzungsverhältnisses seiner öffentlich-rechtlichen Verpflichtung nicht entziehen können. Deswegen ist allgemein anerkannt, dass die Verwaltung bei der Wahrnehmung von Verwaltungsaufgaben in der Form des Privatrechts ihren öffentlich-rechtlichen Bindungen, also insbesondere der Grundrechtsbindung, unterworfen ist (BGHZ 52, 325, 327; 91, 84, 96 f.; Maurer/Waldhoff, AVR, § 3 Rn. 26 ff. m. w. N.). **17**

Beispiel: Städtische Straßenbahn AG muss bei der Tarifgestaltung den Gleichheitssatz (Art. 3 I GG) beachten.

3. Unterscheidung nach Wirkung für den Bürger

Die Unterscheidung nach den Rechtswirkungen der Verwaltungsmittel für den Bürger führt zur Unterscheidung von Eingriffs- und Leistungsverwaltung.

18 **Eingriffsverwaltung** liegt vor, wenn die Verwaltung in die Rechtsposition eines Bürgers eingreift, ihm also Verpflichtungen und Belastungen auferlegt.
Beispiele: Abbruchverfügung nach § 65 S. 1 LBO, Beschlagnahme einer Wohnung nach § 38 I Nr. 1 PolG.
Leistungsverwaltung ist dagegen anzunehmen, wenn sie dem Bürger Leistungen oder sonstige Vergünstigungen gewährt.
Beispiele: Sozialhilfe, Subventionen, Erteilung einer Baugenehmigung.
Dieselbe Verwaltungsmaßnahme kann sowohl belastend wie auch begünstigend wirken. Ein Bürger kann durch eine Maßnahme belastet, ein anderer begünstigt werden.
Beispiel: Sperrzeitverlängerung zu Lasten des Gastwirts, aber zugunsten des in seiner Nachtruhe gestörten Nachbarn.
Eine Maßnahme kann auch teils begünstigende, teils belastende Wirkung gegenüber demselben Bürger haben.
Beispiel: Eine begünstigende Genehmigung wird mit einer belastenden Auflage verbunden.
Die Unterscheidung ist insbesondere bedeutsam für die Frage, ob die Verwaltung für ihr Handeln eine gesetzliche Grundlage benötigt (Vorbehalt des Gesetzes; näher hierzu 155 ff.).

C. Träger öffentlicher Verwaltung

19 Der Staat – also Bund und Länder – kann die Verwaltungsaufgabe durch eigene Behörden erfüllen. In diesem Fall spricht man von **unmittelbarer Staatsverwaltung**. Der Staat kann die Verwaltungsaufgaben aber auch auf rechtsfähige Verwaltungseinheiten übertragen, nämlich Körperschaften, Anstalten und Stiftungen. Dann spricht man von **mittelbarer Staatsverwaltung**.

I. Unmittelbare Staatsverwaltung

20 **Bund** und **Länder** sind die ursprünglichen Verwaltungsträger. Als juristische Personen sind sie rechtsfähig und können so Träger von Rechten und Pflichten sein. Die unmittelbare Staatsverwaltung ist die Verwaltung durch staatliche Behörden. Entsprechend der föderativen Struktur der Bundesrepublik gliedern sich diese in Bundes- und Landesbehörden.
Die Ausübung der staatlichen Befugnisse und die Erfüllung staatlicher Aufgaben ist nach Art. 30 GG Sache der Länder. Der Vollzug von **Bundesgesetzen** erfolgt daher grundsätzlich durch die Länder mit Landesbehörden als eigene Angelegenheit gem. Art. 83, 84 GG. Ausnahmsweise handeln die Länder im Auftrag des Bundes gem. Art. 85 GG (z. B. Verwaltung der Bundesautobahnen und Bundesstraßen, vgl. Art. 90 GG) oder der Bund selbst durch bundeseigene Behörden oder bundeseigene Verwaltungsträger gem. Art. 86 ff. GG (z. B. Bundeswehrverwaltung gem. Art. 87b GG).
Der Vollzug der **Landesgesetze** ist ausschließlich Sache der Länder (BVerfGE 21, 312, 325).

II. Mittelbare Staatsverwaltung

Der Staat muss die Aufgaben nicht stets durch eigene Bundes- und Landesbehörden erfüllen, sondern kann sie auf rechtlich selbstständige Organisationen (juristische Personen) übertragen: auf **Körperschaften, Anstalten und Stiftungen** (sog. mittelbare Staatsverwaltung, vgl. Maurer/Waldhoff, AVR, § 23 Rn. 1 ff.). Hinzu kommen noch die Beliehenen als eigene Rechtsfigur.

1. Körperschaften des öffentlichen Rechts

Körperschaften des öffentlichen Rechts sind mitgliedschaftlich verfasste, aber unabhängig vom Wechsel der Mitglieder bestehende Organisationen zur Erfüllung öffentlicher Aufgaben.

Beispiel: Gemeinden, Gemeindeverbände (wie Landkreise), Universitäten, IHK, Rechtsanwaltskammern, kommunale Zweckverbände (z. B. Abwasserzweckverbände).

Eine Sonderstellung nehmen die nach Art. 28 I und II GG verfassungsrechtlich garantierten Gemeinden und (Land)Kreise ein. Sie sind Gebietskörperschaften, bei denen die Mitgliedschaft aus dem Wohnsitz in einem bestimmten Gebiet (Gemeinde, Kreis) folgt. Der Bestand der Körperschaft ist unabhängig vom Wechsel der Mitglieder (Gemeinde-/Kreiseinwohner).

2. Anstalten des öffentlichen Rechts

Die Anstalt ist eine organisatorische Zusammenfassung von Verwaltungsbediensteten und Sachmitteln (Gebäude, technische Ausstattung). Sie ist organisatorisch verselbstständigt und hat bestimmte Verwaltungsaufgaben wahrzunehmen, insbesondere Leistungen zu erbringen (Maurer/Waldhoff, AVR, § 23 Rn. 48 ff.). Anstalten sind im Gegensatz zu den Körperschaften des öffentlichen Rechts nicht verbandsmäßig organisiert. Sie haben i. d. R. Benutzer, und keine Mitglieder.

Beispiel: Öffentlich-rechtliche Rundfunk- und Fernsehanstalten, Sparkassen, Studentenwerke, Bundesanstalt für Immobilienaufgaben (BImA).

Von den rechtsfähigen sind die **nicht rechtsfähigen** Anstalten zu unterscheiden. Die nicht rechtsfähige Anstalt ist nur organisatorisch selbstständig; rechtlich ist sie dagegen unselbstständiger Teil eines anderen Verwaltungsträgers.

Beispiel: Friedhöfe, kommunale Schulen, Schwimmbäder, Stadtwerke, Krankenhäuser (zum Teil können diese Einrichtungen auch in privatrechtlicher Form als sog. Eigengesellschaften in Form von Aktiengesellschaften oder GmbHs geführt werden, z. B. Stadtwerke GmbH).

3. Stiftungen des öffentlichen Rechts

Stiftungen des öffentlichen Rechts sind rechtsfähige Organisationen, denen ein Stifter Vermögenswerte (Kapital oder Sachwerte) zur Erfüllung einer öffentlichen Aufgabe übertragen hat. Stiftungen haben weder Mitglieder noch Benutzer; sie haben nur Nutznießer. Sie werden durch einen staatlichen Hoheitsakt errichtet.

Beispiele: Stiftung preußischer Kulturbesitz mit dem Zweck, die früher preußischen Kulturgüter zu bewahren, zu pflegen und zu ergänzen (BGBl. I

1957 S. 841), die Stiftung Hilfswerk für behinderte Kinder (BGBl. I 1976 S. 1876), Bundeskanzler-Willi-Brandt-Stiftung (BGBl. I 1994 S. 3138), Stiftung zur Aufarbeitung der SED-Diktatur (BGBl. I 1998 S. 1226), Stiftung „Deutsches Krebsforschungszentrum, Heidelberg" (GBl. 1991, 498, 595).

4. Beliehene

26 Grundsätzlich sind die oben genannten juristischen Personen des öffentlichen Rechts Träger der öffentlichen Verwaltung. Der Staat hat aber auch die Möglichkeit, hoheitliche Befugnisse auf Beliehene zu übertragen. Beliehene sind Privatpersonen (natürliche Personen oder juristische Personen des Privatrechts), auf die durch Hoheitsakt (Gesetz, VA) in begrenztem Umfang hoheitliche Befugnisse übertragen werden. Insoweit sind sie in die mittelbare Staatsverwaltung einbezogen. Beliehene sind, soweit ihr hoheitlicher Kompetenzbereich reicht, Verwaltungsträger. **Beliehene handeln** grundsätzlich **im eigenen Namen.** In einem Prozess sind sie selbst Partei; verwaltungsgerichtliche Klagen sind gegen sie zu richten (Detterbeck, AVR, Rn. 193).

Beispiele: Flug- und Schiffskapitäne, die Sachverständigen des TÜV – nicht der TÜV selbst – bei der Prüfung von Fahrzeugen und der Abnahme von Fahrprüfungen, Forstschutzbeauftragte, Bezirksschornsteinfegermeister.

Die Beleihung als hoheitliche Kompetenzübertragung auf Privatpersonen ist eine seit langem anerkannte Form der Wahrnehmung öffentlicher Aufgaben. Sie erlaubt es, den Sachverstand Privater, ihre technischen Mittel und ihre Finanzkraft für die zu erledigende Verwaltungsaufgabe zu nutzen (Maurer/Waldhoff, AVR, § 23 Rn. 56 ff.).

27 Von den Beliehenen zu unterscheiden sind die **Verwaltungshelfer.** Solche Verwaltungshelfer erfüllen i. d. R. nur Hilfstätigkeiten **im Auftrag und nach Weisung der Behörde.** Zuständigkeit und Verantwortung bleiben bei der Behörde, die die abschließende Entscheidung treffen muss (Maurer/Waldhoff, AVR, § 23 Rn. 61; weiter differenzierend zwischen Verwaltungshelfern und Privaten, mit denen der Staat privatrechtliche Verträge schließt, Detterbeck, AVR, Rn. 194 f.). Das Handeln der Verwaltungshelfer wird der beauftragenden Behörde bzw. dem Verwaltungsträger zugerechnet.

Beispiel: Privater Abschleppunternehmer, mit dem die Polizei einen Werkvertrag (§ 631 BGB) abgeschlossen hat, wonach der Unternehmer zur Bergung eines Unfallfahrzeugs oder zum Abschleppen eines verbotswidrig geparkten Pkw verpflichtet ist.

III. Zusammenfassung

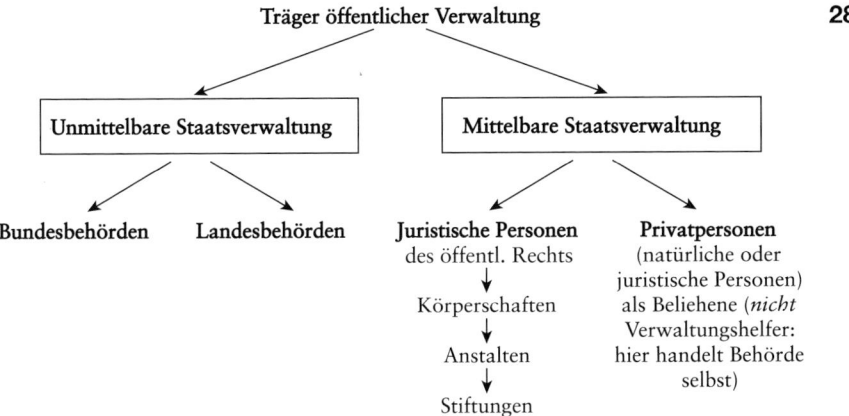

D. Verwaltungsaufbau und -aufsicht

I. Verwaltungsaufbau

Grundkenntnisse über den Verwaltungsaufbau sind gerade auch im Rahmen einer Klausur unabdingbar für die richtige Bestimmung der zuständigen Behörde bei der formellen Rechtmäßigkeitsprüfung (vgl. Prüfschema für den Erlass eines rechtmäßigen VA Rn. 353), der nächst höheren Behörde als Widerspruchsbehörde (§ 73 I VwGO) sowie bei der Bestimmung des richtigen Klagegegners nach § 78 VwGO.

Beispielsfall: S ist Sachbearbeiter beim Baurechtsamt der Großen Kreisstadt G. Er stellt nach Hinweisen aus der Bevölkerung fest, dass Eigentümer E auf seinem Außenbereichsgrundstück auf der Gemarkung der Gemeinde G illegal eine pinkfarbene Wellblechhütte von 6 m x 4 m und einer Höhe von 3 m errichtet hat. S überlegt, ob gegenüber E eine Abbruchverfügung erlassen werden kann. Wer ist zuständige Behörde? Wer ist Widerspruchsbehörde? Wer wäre im Falle einer verwaltungsgerichtlichen Klage gegen Ausgangs- und Widerspruchsbescheid der richtige Klagegegner?

Wir unterscheiden, wie oben (Rn. 19 ff.) bereits ausgeführt, zwischen unmittelbarer und mittelbarer Staatsverwaltung sowie zwischen Bundes- und Landesverwaltung. Die folgenden Ausführungen beschränken sich auf die Landesverwaltung.

1. Unmittelbare Landesverwaltung

Die **unmittelbare** Landesverwaltung ist in Baden-Württemberg, wie in den meisten Flächenstaaten, dreistufig. Der dreigliedrige Aufbau besteht aus Ober-, Mittel- und Unterstufe. Das LVG bezeichnet die Mittel- und Unterstufe als „allgemeine Verwaltungsbehörden" (§§ 10 ff. LVG) und die Oberstufe als „oberste Landesbehörden" (§§ 7 ff. LVG).

Zur **Oberstufe** zählen nach § 7 LVG der Ministerpräsident, die Landesregierung, die Landesministerien und der Rechnungshof.

Die **Mittelstufe** bilden die Regierungspräsidien (§§ 11 ff. LVG). Ihre Zuständigkeit umfasst sowohl die Erledigung verschiedener Verwaltungsaufgaben der ersten Instanz als auch die Aufsicht über die Behörden der Unterstufe (also sind sie auch Widerspruchsbehörde).

Die **Unterstufe** besteht aus den Landratsämtern als unterer Verwaltungsbehörde (vgl. § 15 I LVG). Das Landratsamt hat eine Doppelstellung: Es ist einerseits als untere Verwaltungsbehörde eine staatliche Behörde, § 1 III S. 1 Halbs. 2 und S. 2 LKrO; andererseits ist es die Behörde des Landkreises, § 1 III S. 1 Halbs. 1 LKrO. Soweit die Gemeinden (Stadtkreise und Große Kreisstädte) und Verwaltungsgemeinschaften im Sinne von § 17 LVG staatliche Aufgaben der unteren Verwaltungsbehörde übernehmen, zählen sie zur mittelbaren Landesverwaltung.

Ausnahmen vom dreistufigen Aufbau bestehen z. B. im Polizeirecht. Der Aufbau der Polizeibehörden ist vierstufig (vgl. §§ 106, 107 PolG). Der Aufbau des Polizeivollzugsdienstes ist hingegen zweistufig, da die Polizeidienststellen im Sinne von § 115 I PolG (insb. die regionalen Polizeipräsidien) direkt dem Innenministerium unterstehen, §§ 117 ff. PolG.

2. Mittelbare Landesverwaltung

31 Wie oben (Rn. 21) bereits erläutert, liegt mittelbare Staatsverwaltung vor, wenn sich der Staat für den Gesetzesvollzug ausgegliederter Verwaltungsträger mit eigener Rechtspersönlichkeit bedient. Dies sind juristische Personen des öffentlichen Rechts (Körperschaften, Anstalten und Stiftungen) und Beliehene.

Zu den Körperschaften des öffentlichen Rechts gehören im Rahmen der mittelbaren Staatsverwaltung auf Landesebene insbesondere die **Gemeinden und Verwaltungsgemeinschaften** (vgl. insb. § 15 I LVG). Der Staat bedient sich der Kommunalbehörden, um durch diese (mittelbar) seine Gesetze ausführen zu lassen. Die Kommunalbehörden führen also nicht nur eigene Angelegenheiten aus (**Selbstverwaltungsangelegenheiten**), sondern auch Angelegenheiten, die ihnen übertragen wurden (**Weisungsaufgaben**). Dadurch werden sie aber nicht zu staatlichen Behörden. Dies ist wichtig für die Bestimmung der Widerspruchsbehörde (§ 73 I VwGO) und des Klagegegners (§ 78 I VwGO).

32 Auf **Kreisebene** besteht die bereits unter Rn. 30 angesprochene Besonderheit, dass das Landratsamt als untere Verwaltungsbehörde auch mit der Wahrnehmung staatlicher Aufgaben betraut und insoweit **staatliche Behörde** ist (§ 1 I S. 1 Halbs. 2 und S. 2 LKrO; Doppelfunktion des Landrats als Vertreter der Selbstverwaltungskörperschaft Landkreis und des Landratsamts als untere Verwaltungsbehörde). Das Land „leiht" sich das Landratsamt („Organleihe") bzw. die Bediensteten des Landkreises (vgl. § 56 I S. 1 LKrO: Der Landrat kann Bedienstete des Landkreises zur Besorgung von Aufgaben der unteren Verwaltungsbehörde heranziehen). Das Landratsamt ist hier als untere Verwaltungsbehörde tätig und damit Staatsbehörde.

II. Staatsaufsicht

33 Als Teil der Staatsverwaltung unterliegen die einzelnen Behörden nicht nur einer externen Kontrolle durch Gerichte, sondern auch einer internen Kontrolle durch die staatliche Aufsicht. Herkömmlicherweise wird zwischen **Dienstaufsicht** (organisatorische und personalrechtliche Aufsicht), **Fachaufsicht** (Kontrolle der Recht- und Zweckmäßigkeit) und **Rechtsaufsicht** (Kontrolle nur der Rechtmäßigkeit) unterschieden.

1. Dienstaufsicht

34 Die Dienstaufsicht führen die Dienst(aufsichts)behörden, vgl. § 20 I LVG, §§ 108, 117 PolG, § 44 IV GemO, § 42 IV LKrO (zum Dienstvorgesetzten siehe § 44 IV GemO, § 42 IV LKrO und § 3 BeamtZuVO sowie allgemein zum Begriff des Dienstvorgesetzten § 3 III LBG; bei Bürgermeistern und Landräten übernimmt die Aufgaben des Dienstvorgesetzten nach § 92 Nr. 1 LBG die zuständige Rechtsaufsichtsbehörde).

2. Fachaufsicht

35 Die Fachaufsicht führen die Fachaufsichtsbehörden (z. B. §§ 20 II, 21 LVG; §§ 118 II, 129 GemO; §§ 109, 118 PolG).

3. Rechtsaufsicht

36 Ist die juristische Person des öffentlichen Rechts (z. B. Gemeinde, Landkreis) in **Selbstverwaltungsangelegenheiten** (also im eigenen Wirkungskreis) betroffen, beschränkt sich die Staatsaufsicht auf die Kontrolle, ob rechtmäßig gehandelt wurde (Rechtsaufsicht). Zuständig hierfür sind die Rechtsaufsichtsbehörden (§§ 118 I, 119 GemO; § 51 LKrO).
Bei **Weisungsaufgaben** (vgl. § 2 Abs. 3 GemO und § 2 IV LKrO) erstreckt sich die Kontrolle auch auf die Zweckmäßigkeit (Fachaufsicht).

> **Lösung Beispielsfall aus Rn. 29:**
> In Betracht kommt der Erlass einer Abbruchverfügung, gestützt auf die Ermächtigungsgrundlage des § 65 S. 1 LBO. Sachlich zuständig sind die unteren Baurechtsbehörden (§ 48 I LBO). Dies sind insbesondere die unteren Verwaltungsbehörden (§ 46 I Nr. 3 LBO – für eine Zuständigkeit nach § 46 II LBO müssen v. a. die Voraussetzungen des § 46 IV LBO vorliegen). Untere Verwaltungsbehörden sind u. a. die Großen Kreisstädte (§ 15 I Nr. 1 LVG), soweit ihnen nicht die Zuständigkeit nach § 19 LVG entzogen ist, was hier aber nicht der Fall ist. Die örtliche Zuständigkeit der Großen Kreisstadt G ergibt sich aus § 3 I Nr. 1 LVwVfG.
> Wer ist Widerspruchsbehörde?
> Widerspruchsbehörde ist grundsätzlich die nächsthöhere Behörde (§ 73 I S. 2 Nr. 1 VwGO). Eine Ausnahme nach § 73 I S. 2 Nr. 2 VwGO liegt nicht vor, da die nächsthöhere Behörde hier kein Ministerium ist. Auch die Ausnahme nach § 73 I S. 2 Nr. 3 scheidet aus, da es sich bei den Aufgaben der unteren Verwaltungsbehörde nicht um Selbstverwaltungsangelegenheiten, sondern um Weisungsaufgaben handelt (§ 15 Abs. 2 LVG). Damit hat das Regierungspräsidium als höhere Baurechtsbehörde gem. § 46 I Nr. 2 LBO über den Widerspruch zu entscheiden.

Wer ist richtiger Klagegegner?
Da die Gemeinde niemals staatliche Behörde, sondern immer nur Kommunalbehörde ist (auch bei den übertragenen Weisungsaufgaben), ist sie stets Klagegegner (§ 78 I Nr. 1 VwGO).

E. Vertiefungshinweise und Wiederholungsfragen

I. Vertiefungshinweise

Maurer/Waldhoff, AVR, §§ 1, 3, 21, 22, 23; Maurer, Staatsrecht I, §§ 12, 18; Wolff/Bachof/Stober/Kluth, I §§ 2, 3, 4; Detterbeck, AVR, §§ 1, 2, 5, 17.

II. Wiederholungsfragen

1. Was bedeuten die Begriffe „Öffentliches Recht" und „Verwaltungsrecht"? – Rn. 2–4
2. Was ist der Unterschied zwischen Allgemeinem und Besonderem Verwaltungsrecht? – Rn. 3
3. Erläutern Sie den Begriff der öffentlichen Verwaltung! – Rn. 6, 7
4. Was ist der Unterschied zwischen Eingriffs- und Leistungsverwaltung? – Rn. 18
5. Wann kann die Verwaltung öffentliche Aufgaben in privatrechtlicher Form erfüllen? Ist sie dabei an die Grundrechte gebunden? – Rn. 14 ff.
6. Können Privatpersonen hoheitliche Verwaltungsaufgaben wahrnehmen? – Rn. 26, 27
7. Sind Kommunalbehörden staatliche Behörden? – Rn. 31
8. Welcher Kontrolle unterliegt eine Gemeinde, wenn sie in einer Weisungsangelegenheit tätig wird? – Rn. 36

Kapitel 2 Rechtliche Grundlagen der öffentlichen Verwaltung

A. Öffentliches und privates Recht

I. Einführung

Die Verwaltung kann sich zur Erfüllung ihrer Aufgaben sowohl des öffentlichen Rechts als auch des privaten Rechts bedienen (Rn. 13 ff.). Diesen beiden möglichen Rechtsformen des Handelns liegt die **klassische Zweiteilung des deutschen Rechts** zugrunde, die ihre Wurzeln im römischen Recht hat. Zwingend ist diese Zweiteilung jedoch nicht, so kommt das anglo-amerikanische Recht beispielsweise ohne sie aus. **39**

Zum **öffentlichen** Recht gehören insbesondere das Staatsrecht, das Allgemeine und Besondere Verwaltungsrecht (z. B. das Polizeirecht, das Steuerrecht und das Sozialrecht), das Völkerrecht sowie das Strafrecht, auch wenn dieses zumeist als eigenständiger Bereich behandelt wird. Zum **Privatrecht** zählen vor allem das bürgerliche Recht, das im BGB enthalten ist, das Handels- und Gesellschaftsrecht, das Arbeitsrecht sowie das Versicherungsvertragsrecht. Während das Privatrecht von der Privatautonomie des Einzelnen ausgeht und Regelungen für den rechtsgeschäftlichen Verkehr und die Lösung von Konflikten zwischen Privatpersonen enthält, hat das öffentliche Recht zumindest in seinen wichtigsten Teilbereichen, dem Staatsrecht und dem Verwaltungsrecht, den Staat als Hoheitsträger zum Gegenstand und begründet seine Befugnisse, beschränkt sie aber gleichzeitig auch.

Soweit Normen des öffentlichen Rechts nicht zwingend ein öffentlich-rechtliches Verwaltungshandeln gebieten bzw. das Verwaltungshandeln nicht nur auf öffentlich-rechtlicher Grundlage zulässig ist (Vorrang und Vorbehalt des Gesetzes, Rn. 152 ff.), hat die öffentliche Verwaltung nach h. M. die **Wahl zwischen beiden Rechtsformen**. **40**
Wenn der Verwaltung somit die gesamte Rechtsordnung zur Verfügung steht, kann sich im konkreten Fall die Notwendigkeit ergeben, das Verwaltungshandeln dem einen oder anderen Rechtsbereich (oder sogar beiden, Rn. 56) zuzuordnen.

Konsequenzen hat diese Zuordnung vor allem für folgende Gesichtspunkte: **41**
– Das anzuwendende Verfahrensrecht: Das LVwVfG gilt nach § 1 nur für die „öffentlich-rechtliche Verwaltungstätigkeit" der öffentlichen Verwaltung (Rn. 732).
– Der bei Streitigkeiten einzuschlagende Rechtsweg: Nur bei „öffentlich-rechtlichen Streitigkeiten" ist gem. § 40 I VwGO der allgemeine Verwaltungsrechtsweg eröffnet.
– Die zwangsweise Durchsetzung von Ansprüchen, Handlungen und Unterlassungen (Vollstreckung): Nur bei öffentlich-rechtlichen Forderungen und Be-

gehren ist eine Verwaltungsvollstreckung mit einem VA als vollstreckbarem Titel möglich.
- Die Haftung bei schuldhafter Pflichtverletzung: Nur bei Ausübung eines öffentlichen Amtes im Sinne von öffentlich-rechtlicher Verwaltungstätigkeit haftet gem. Art. 34 GG der Träger öffentlicher Verwaltung für seinen Amtswalter (Rn. 1003, 1005).

II. Zuordnungskriterien

42 In den meisten Fällen besteht Verwaltungshandeln in der Anwendung von Rechtsnormen, die für das Handeln einschlägig sind (sog. gesetzesakzessorische Verwaltungstätigkeit), sodass für die Zuordnung des Verwaltungshandelns die Zuordnung des maßgeblichen Rechtssatzes genügt.

Beispiele: Die Gemeinde als Ortspolizeibehörde nach § 107 IV S. 1 PolG mietet Wohnraum zur Unterbringung von Obdachlosen. Ihr Handeln richtet sich nach dem Mietrecht des BGB, also Normen des Privatrechtes.– Da nicht genügend Hauseigentümer zum Abschluss von Mietverträgen bereit sind, beschlagnahmt sie Wohnungen auf der Grundlage von § 38 PolG, einer Norm des öffentlichen Rechts.

Da der Kern des öffentlichen Rechts das Staats- und Verwaltungsrecht und die Basis des privaten Rechts das BGB ist, macht diese Zuordnung i. d. R. keine Schwierigkeiten. Allerdings ist hierbei Vorsicht geboten, da hin und wieder in Gesetzen des Verwaltungsrechts privatrechtliche Normen vorkommen und andererseits auch das BGB Normen des öffentlichen Rechts enthält.

So ist zum **Beispiel** der Haftungstatbestand des § 7 StVG eine Norm des Privatrechts, die Eingriffsermächtigung in § 43 BGB eine Norm des öffentlichen Rechts.

Es kommt also darauf an, den einzelnen maßgeblichen Rechtssatz richtig zuzuordnen.

1. Abschließende Zuweisungsregelungen

43 Gelegentlich hat der Gesetzgeber selbst **ausdrücklich** Rechtsnormen dem öffentlichen Recht zugewiesen. Weitere Abgrenzungs- oder Zuordnungskriterien erübrigen sich dann in diesen Fällen.

Beispiele: Nach § 3 I BeamtStG ist das Beamtenverhältnis ein „öffentlich-rechtliches Dienst- und Treueverhältnis", die Normen des Beamtenrechts gehören also dem öffentlichen Recht an. – Den Gemeinden obliegt es gem. § 41 I S. 1 LStrG als „öffentlich-rechtliche Pflicht", Straßen innerhalb der geschlossenen Ortslage zu beleuchten, zu reinigen usw.

Dasselbe gilt für Regelungen, die Streitigkeiten der allgemeinen Verwaltungsgerichtsbarkeit zuweisen: Da die Verwaltungsgerichte nur für öffentlich-rechtliche Streitigkeiten zuständig sind, muss der für die Entscheidung des Rechtsstreites maßgebliche Rechtssatz eine Norm des öffentlichen Rechts sein.

Beispiel: § 12 HwO weist Streitigkeiten über die Eintragung in die Handwerksrolle nach §§ 6 f. HwO ausdrücklich den Verwaltungsgerichten zu.

2. Abgrenzungstheorien

Fehlt eine solche ausdrückliche Regelung, so muss für die Zuordnung von Rechtssätzen eine der Abgrenzungstheorienherangezogen werden, die im Laufe der Zeit zu dieser Problematik entwickelt wurden. Diskutiert werden heute im Wesentlichen die folgenden Theorien:

a) Interessentheorie. Die auf das römische Recht zurückgehende Interessentheorie stellt auf die Interessenrichtung des Rechtssatzes ab: Dient der Rechtssatz dem öffentlichen Interesse, also der Allgemeinheit, so gehört er dem öffentlichen Recht an, dient er dem privaten Interesse, also dem Einzelnen, gehört er dem Privatrecht an. Im konkreten Fall erweist sich dies jedoch kaum als taugliches Zuordnungskriterium, da Träger öffentlicher Verwaltung bei Verwendung privatrechtlicher Rechtsformen auch öffentliche Interessen verfolgen können, wie das auch bei Privaten der Fall sein kann. Außerdem sind öffentliche und private Interessen keine unbedingten Gegensätze.

> **Beispiel:** Eine Gemeinde oder eine gemeinnützige Stiftung des privaten Rechtes baut und vermietet Wohnungen an bedürftige Familien. Das Mietrecht ist auch in diesem Falle privates Recht, selbst wenn das Vermieten öffentlichen Interessendient.

b) Subjektions- oder Subordinationstheorie. Die klassische Subjektions- oder Subordinationstheorie stellt auf das Verhältnis der Beteiligten ab, indem sie Rechtssätze, die ein Verhältnis der Über-/Unterordnung zwischen Staat und Bürger zugrunde legen, dem öffentlichen Recht zuweist. Sie entspricht dem Denken des 19. Jahrhunderts, das die Aufgabe der öffentlichen Verwaltung ausschließlich in der Gefahrenabwehr und damit in der Eingriffsverwaltung sah. Entsprechend lassen sich mit ihrer Hilfe Rechtssätze, die Hoheitsträger zum Eingriff in Rechte des Bürgers ermächtigen, ohne Weiteres dem öffentlichen Recht zuordnen.

> **Beispiel:** Wenn § 43 BGB dazu ermächtigt, einem Verein die Rechtsfähigkeit zu entziehen, so ergibt sich aus dieser Eingriffsbefugnis ein Verhältnis der Über-/Unterordnung zwischen Hoheitsträger und Verein, das diese Norm dem öffentlichen Recht zuweist (auch wenn sie im BGB enthalten ist).

Kein taugliches Kriterium liefert diese Theorie, wenn es um Rechtssätze geht, die dem Staat eine Leistungspflicht auferlegen, dem Bürger also einen Anspruch einräumen.

> **Beispiele:** § 7 StVG verpflichtet die Verwaltung als Halter von Kraftfahrzeugen zum Schadensersatz. – § 19 I SGB XII verpflichtet den örtlichen Träger der Sozialhilfe zur Hilfe zum Lebensunterhalt. – Ein Verhältnis der Über-/Unterordnung liegt beiden Normen nicht zugrunde.

Eine weitere Schwäche dieser Theorie besteht darin, dass sie die Existenz öffentlich-rechtlicher Verträge, bei denen sich Staat und Bürger als gleichrangige Partner begegnen, nicht erklären kann, ebenso wenig wie die Gleichrangigkeit von Staaten als Völkerrechtssubjekte im internationalen öffentlichen Recht.

c) Sonderrechts- oder modifizierte Subjektstheorie. Die Sonderrechtstheorie oder modifizierte Subjektstheorie stellt darauf ab, ob ein Rechtssatz ausschließlich Träger öffentlicher Verwaltung als Hoheitsträger (und nicht jedermann) berechtigt bzw. verpflichtet. Trifft dies zu, so gehört der Rechtssatz dem öffentlichen Recht an. Anders gesagt: Wenn einer derjenigen, die aus einem Rechtssatz Rechte oder Pflichten zugewiesen bekommen (einer der Adressaten des Rechtssatzes) Hoheitsträger ist, ist dieser Rechtssatz Teil des öffentlichen Rechts. Das öffentliche Recht ist danach das „Sonderrecht" des Staates, während das Privatrecht das „Jedermanns-Recht" darstellt, das auch für die Träger öffentlicher Verwaltung (dann als Privatrechtssubjekte) gilt.

In den o. g. **Beispielen** verpflichtet § 7 StVG nicht nur die Verwaltung, sondern jeden Kfz-Halter zum Schadensersatz. Es handelt sich also um eine Rechtsnorm des Privatrechts (in einem ansonsten dem öffentlichen Recht zuzurechnenden Gesetz). – Eine Verpflichtung zur Leistung von Hilfe zum Lebensunterhalt aus § 19 I SGB XII trifft jedoch nur die Träger der Sozialhilfe, so dass diese Norm öffentliches Recht darstellt.

Die Sonderrechtstheorie ist also die umfassendere Lehre, da sie Eingriffs- wie Leistungsfälle gleichermaßen erfasst. Sie führt bei der Zuordnung fast aller Rechtsnormen zu einem schlüssigen Ergebnis. Die anderen beiden Theorien haben, wie gezeigt, erhebliche Schwächen und können daher allenfalls zusätzliche Argumente liefern.

48 d) **Sachzusammenhangstheorie.** Im Ergebnis ist die Zuordnung von Rechtssätzen meist einfach und unumstritten. Die schwierigeren Fälle ergeben sich dann, wenn das zuzuordnende Verwaltungshandeln nicht gesetzlich geregelt ist. Hier versagen die für die Zuordnung von Rechtssätzen anwendbaren Abgrenzungstheorien notwendigerweise.

Beispiele:
1. Der Fahrer eines Einsatzfahrzeuges der Polizei verursacht bei einer Streifenfahrt schuldhaft einen Verkehrsunfall. Einem Kollegen passiert dasselbe, als er das Kfz zur Reparaturwerkstatt fährt.
2. Ein Behördenleiter spricht gegenüber einem Obdachlosen, der im Behördengebäude übernachtet hatte, ein Hausverbot aus. Dasselbe widerfährt einem Bauantragsteller, der mehrfach die Sachbearbeiter der Baurechtsbehörde beschimpft und belästigt hatte.
3. Ein Studierender gibt seinen Mantel a) an der Garderobe des Universitätsgebäudes ab, um anschließend eine Vorlesung zu besuchen; b) an der Garderobe der Staatsoper ab, um eine Oper zu besuchen.

In diesen Fällen gelangt man durch die Frage nach dem **Sachzusammenhang**, in dem die zu qualifizierende Verwaltungstätigkeit steht, zu einer plausiblen Zuordnung:

49 Tatsächliches Verwaltungshandeln (sog. **Realakte**), das selbst nicht gesetzlich geregelt ist, steht meist in einem engen Zusammenhang mit einer als öffentlich-rechtlich oder privatrechtlich zuzuordnenden Verwaltungstätigkeit.

Beim **1. Beispielspaar** steht die Streifenfahrt und damit auch der Verkehrsunfall in engem Zusammenhang mit der öffentlich-rechtlich geregelten Aufgabenerfüllung des Polizeivollzugsdienstes und lässt sich dadurch dem öffentlichen Recht zuordnen. Teilweise wird im Schrifttum jedoch zusätzlich verlangt, dass die Teilnahme am Straßenverkehr als Ausübung hoheitlicher

Befugnisse nach außen hin erkennbar wird, dass also Sonderrechte nach § 35 StVO (Blaulicht oder Martinshorn) ausgeübt werden. Dagegen steht die Fahrt zur Reparaturwerkstatt in engem Zusammenhang mit dem dort abzuschließenden privatrechtlichen Werkvertrag (fiskalisches Hilfsgeschäft, Rn. 14) und kann deshalb als privatrechtliches Verwaltungshandeln angesehen werden.

Auch ein **Hausverbot,** das sowohl privatrechtlich als auch öffentlich-rechtlich sein kann, da Träger öffentlicher Verwaltung als Eigentümer oder Mieter eines Hauses ein privatrechtliches Hausrecht besitzen, daneben aber auch die öffentlich-rechtlichen Befugnisse haben, die sich aus der öffentlich-rechtlichen Zweckbestimmung des Hauses als Verwaltungsgebäude ergeben (Rn. 1092), ist mit Hilfe des Sachzusammenhanges qualifizierbar. **50**

Beim 2. **Beispielspaar** steht das Hausverbot für den Bauantragsteller im Zusammenhang mit der Aufrechterhaltung des störungsfreien Dienstbetriebes in dem Verwaltungsgebäude, also dessen öffentlich-rechtlicher Zweckbestimmung, und ist damit öffentlich-rechtlich, während das Hausverbot für den Obdachlosen nicht einen solchen Zusammenhang aufweist und damit dem privatrechtlichen Bereich zuzuordnen ist. Zum selben Ergebnis gelangt man in diesen Fällen, wenn man mit einer in der Rechtsprechung (BVerwGE 35, 103 ff.; BGHZ 33, 230 ff.; VGH BW, NJW 1994, 2500 f.) vertretenen Auffassung darauf abstellt, zu welchem Zweck der Betroffene das Verwaltungsgebäude aufgesucht hat.

Ein weiterer Anwendungsbereich für den Gesichtspunkt des Sachzusammenhangs ist die Zuordnung von **Nebenrechtsverhältnissen** insbesondere in Bezug auf Benutzungsverhältnisse bei öffentlichen Einrichtungen, die kraft des oben beschriebenen Wahlrechtes sowohl öffentlich-rechtlich wie auch privatrechtlich sein können. Das Nebenrechtsverhältnis ist danach demselben Rechtsbereich zuzuordnen wie das Hauptrechtsverhältnis. **51**

Beim 3. **Beispielspaar** (Rn. 48) geht es um Verwahrungsrechtsverhältnisse als Nebenrechtsverhältnisse. Da die Teilnahme an einer Vorlesung aufgrund der Mitgliedschaft des Studierenden in einer öffentlich-rechtlichen Körperschaft erfolgt, kommt durch die Abgabe des Mantels an der Garderobe ein öffentlich-rechtliches Verwahrungsverhältnis zustande. Mit dem Besuch der Staatsoper nimmt der Studierende seine Ansprüche aus einem privatrechtlichen Werkvertrag mit mietrechtlichem Einschlag bezüglich des Sitzes wahr, also gilt auch für die Verwahrung von persönlichen Gegenständen Privatrecht.

Das Beispiel des öffentlich-rechtlichen Verwahrungsverhältnisses zeigt auch eine weitere Funktion des Sachzusammenhangs: Mangels öffentlich-rechtlicher Normen für dieses Rechtsverhältnis muss auf die analoge Anwendung der §§ 688 ff. BGB zurückgegriffen werden. Die Sonderrechtstheorie würde in einem solchen Fall der entsprechenden Anwendung privatrechtlicher Rechtsnormen im öffentlichen Recht nicht zu einem brauchbaren Ergebnis führen. Erst die Frage nach dem Zusammenhang, in dem die Anwendung der privatrechtlichen Vorschrift erfolgt, führt zu einer richtigen Zuordnung.

3. Zuordnung von Benutzungsverhältnissen

52 So gut die Zuordnung von Nebenrechtsverhältnissen mit Hilfe des Sachzusammenhangs gelingt, so schwierig kann es sein, die Vorfrage zu beantworten, wie das nicht gesetzlich geregelte **Hauptrechtsverhältnis** zur öffentlichen Anstalt oder Einrichtung, das Benutzungsverhältnis, zu qualifizieren ist:

> Die Verwahrung von Kleidungsstücken in einer öffentlichen Badeanstalt ist, wie oben gezeigt, entsprechend der Rechtsform des Benutzungsverhältnisses einzuordnen. Wenn dieses Benutzungsverhältnis aber nicht durch Satzung der Gemeinde als Träger eindeutig geregelt ist, liegt bereits hier das Problem der richtigen Zuordnung.

53 Entsprechend dem Grundsatz der Wahlfreiheit (Rn. 40) muss es darauf ankommen, den **Willen des zuständigen Verwaltungsträgers** aus den Umständen zu ermitteln. **Indizien** hierfür lassen sich aus der Benutzungsordnung gewinnen. Wird sie als „Allgemeine Geschäftsbedingungen" bezeichnet, so spricht das für eine privatrechtliche Nutzung; gleiches gilt für die Bezeichnung des Entgeltes als „Eintrittspreis". Umgekehrt liegt ein öffentlich-rechtliches Benutzungsverhältnis vor, wenn dieses durch Satzung geregelt ist; gleiches gilt, wenn das Eintrittsgeld eine „Gebühr" ist. Enthält die Benutzungsordnung Bestimmungen über die **Zulassung zur Einrichtung,** so deutet das auf öffentlich-rechtliche Ausgestaltung hin, da Regelungen hinsichtlich der Zulassung den öffentlich-rechtlich begründeten Zulassungsanspruch berühren, wie er sich z. B. aus § 10 II GemO ergibt.

> **Beispiel:** Wenn im Fall der Badeanstalt die „Badeordnung" den Ausschluss von Personen enthält, die unter Hautkrankheiten leiden, so berührt das den öffentlich-rechtlichen Zulassungsanspruch und spricht für eine entsprechende Ausgestaltung des Benutzungsverhältnisses (vgl. VGH BW, DÖV 1978, 569 ff.).

Wird die öffentliche Einrichtung jedoch in Form einer juristischen Person des Privatrechts betrieben, so scheiden öffentlich-rechtliche Rechtsbeziehungen zum Benutzer aus.

> **Beispiel:** Eine Stadthallen-GmbH kann mit den Benutzern immer nur Mietverträge abschließen.

54 Einige Benutzungsverhältnisse werden **traditionell** dem einen oder anderen Bereich zugeordnet.
Beispiele: Die Benutzungsverhältnisse bei öffentlichen Krankenhäusern, Theatern und Sparkassen sind traditionell privatrechtlicher Natur.

4. Vermutungsregel

55 Versagen alle genannten Kriterien bei der Zuordnung von Rechtsverhältnissen oder von Verwaltungshandlungen, so kann man davon ausgehen, dass sich ein Träger öffentlicher Verwaltung zur Erfüllung einer öffentlichen Verwaltungsaufgabe regelmäßig des **öffentlichen Rechtes** bedienen will, da dieses eine sachgerechtere Regelung der Rechtsbeziehungen zwischen Staat und Bürger enthält und auch den Rechtsschutz des Bürgers effektiver gestaltet.

Der VGH Baden-Württemberg hatte in der in Rn. 53 erwähnten Entscheidung (DÖV 1978, 569 ff.) aufgrund eines Normenkontrollantrages darüber zu befinden, ob eine Badeordnung, die u. a. das Tragen von Bademützen vorschrieb, eine seiner Kontrollbefugnis unterliegende Norm des öffentlichen Rechts ist. Neben dem bereits dargestellten Gesichtspunkt der Zulassungsregelung hat er dies auch gestützt auf die genannte Vermutungsregel bejaht.

III. Zweistufige Rechtsverhältnisse als Mischform

Wie die Darstellung der Zuordnung von Benutzungsverhältnissen zeigt, schließt die Qualifizierung als privatrechtliches Benutzungsverhältnis nicht aus, dass sich das Zustandekommen nach öffentlichem Recht richtet. Nicht nur die Zulassung zu einer öffentlichen Einrichtung, sondern auch die Vergabe von Subventionen in Form von Darlehen kann durch eine öffentlich-rechtliche Rechtsvorschrift geregelt sein.

Beispiel: Das WoFG regelt die Vergabe von Fördermitteln an Wohnungsbauwillige. Die Rechtsnormen sind nach der Sonderrechtstheorie dem öffentlichen Recht zuzuordnen, denn gem. § 3 II WoFG sind ausschließlich die Länder zur Vergabe verpflichtet. Infolge der Vergabeentscheidung auf Antrag (Förderzusage als VA nach § 13 I WoFG) kommt anschließend ein privatrechtlicher Darlehensvertrag nach §§ 607 ff. BGB zustande.

Man kann in diesen Fällen also zwei „Stufen" unterscheiden. 1. Stufe: Die Begründung des Rechtsverhältnisses aufgrund einer Rechtsnorm des öffentlichen Rechtes. 2. Stufe: Die Ausgestaltung des Rechtsverhältnisses, seine Abwicklung, die sich daraus ergebenden Rechte und Pflichten nach den entsprechenden Normen des BGB soweit nicht vertraglich abweichende Regelungen getroffen wurden, also nach Privatrecht.

Beispiel: Im Falle der privatrechtlich genutzten öffentlichen Badeanstalt (Indiz „Eintrittspreise"; Rn. 53) bedeutet der Verkauf einer Eintrittskarte also die Zulassung zu einer Einrichtung der Gemeinde nach § 10 II GemO und damit eine Maßnahme aufgrund öffentlichen Rechtes, die dann einen privatrechtlichen Vertrag begründet.

Folge dieser **Zweistufigkeit** ist u. a., dass bei Streitigkeiten unterschiedliche Rechtswege gegeben sind: Für Streitigkeiten hinsichtlich der 1. (öffentlich-rechtlichen) Stufe (Zulassung/Vergabe), also dem „Ob" der Gewährung, ist der Rechtsweg zu den Verwaltungsgerichten einschlägig, für Streitigkeiten hinsichtlich der 2. (privatrechtlichen) Stufe (Ansprüche aus dem Rechtsverhältnis), also dem „Wie" der Gewährung, der Weg zu den Zivilgerichten.
Grundsätzlich findet die Zweistufentheorie auch im Rahmen der Gewährung von **Subventionen** Anwendung. Der Bewilligungsbescheid stellt als VA die erste Stufe dar, an die sich dann der Abschluss eines Darlehensvertrags mit der auszahlenden Bank nach § 488 BGB anschließt.
Einen Sonderfall stellt jedoch der sog. **verlorene Zuschuss** dar. Die Bewilligung dieser nicht rückzahlbaren Subvention erfolgt gleichfalls mittels VA oder öffentlich-rechtlichen Vertrag. Die anschließende Auszahlung ist als Vollzug der Bewil-

ligung allerdings schlichtes Verwaltungshandeln (sog. Realakt). Erfolgt die Auszahlung durch eine privatwirtschaftliche Bank ist diese nur Zahlstelle der Behörde.

57 Dieses Nebeneinander von öffentlichem und privatem Recht kennzeichnet auch alle anderen sog. **privatrechtsgestaltenden VA** (= Maßnahmen aufgrund öffentlichen Rechtes zur Regelung privatrechtlicher Rechtsverhältnisse; Rn. 220).

Beispiel: Durch Ausübung des gemeindlichen Vorkaufsrechts nach §§ 24 f. BauGB „durch VA" (§ 28 II BauGB) wird die Gemeinde Vertragspartnerin eines (privatrechtlichen) Kaufvertrages nach § 433 BGB.

B. Quellen des Verwaltungsrechts

I. Begriff und Bedeutung

58 Art. 20 III GG bindet die öffentliche Verwaltung als Teil der „vollziehenden Gewalt" an „Gesetz und Recht". Was in diesem Sinne rechtlich bindend ist, ergibt sich aus einzelnen **Rechtsnormen,** die wiederum ihren **Entstehungsgrund** in bestimmten **Rechtsquellen** haben.

Beispiele: Jeder, der sich nicht selbst ernähren kann, hat grundsätzlich einen Anspruch auf staatliche Leistungen. Dieses Recht auf Gewährleistung des Existenzminimums ergibt sich z. B. aus Rechtsnormen des SGB II, SGB XII und des AsylbLG, also formellen Gesetzen. Ohne diese Rechtsquellen würde sich das Recht direkt aus dem Grundgesetz (Art. 1 I, 2 I i. V. m. dem Sozialstaatsprinzip in Art. 20 I GG), also aus dem Verfassungsrecht als Rechtsquelle ergeben.

Dass jeder Einwohner einer Gemeinde ein Recht auf gleichen Zugang zu Einrichtungen der Gemeinde hat, ergibt sich aus dem formellen Gesetz Gemeindeordnung (§ 10 II GemO); es kann sich aber auch unmittelbar aus einer für die Benutzung der Einrichtung erlassenen Satzung ergeben.

Rechtsnormen sind i. d. R. abstrakt-generelle, d. h. für eine unbestimmte Vielzahl von Situationen und betroffene Personen geltende Regelungen, die Pflichten und Rechte für die Bürger oder sonstige selbstständige Rechtspersonen begründen, ändern oder aufheben, also nicht reines Innenrecht der Träger öffentlicher Verwaltung und ihrer Behörden darstellen.

II. Die geschriebenen Rechtsquellen

1. Normenhierarchie

59 Die – auch zahlenmäßig – wichtigsten Rechtsquellen des heutigen Verwaltungsrechts sind aus Rechtsetzungsakten mit einem festgelegten förmlichen Verfahren hervorgegangen, an dessen Ende die schriftliche Fixierung (z. B. die Ausfertigung von Landesgesetzen nach Art. 63 I S. 1 Verf.BW) steht. Man bezeichnet sie deshalb auch als **geschriebene Rechtsquellen.**

60 Die Einteilung erfolgt nach dem Normgeber und hält sinnvollerweise eine bestimmte **Rangfolge** ein, die sich aus dem Verhältnis der Rechtsnormen zueinander ergibt (Normenhierarchie). Die notwendige Widerspruchsfreiheit der Rechtsordnung verlangt, dass klar ist, welche Norm **Geltungsvorrang** vor der anderen hat. Vorrang bedeutet, dass im Kollisionsfall die höherrangige Norm gilt, die nachrangige damit rechtswidrig und unbeachtlich (nichtig) ist. Umgekehrt haben die nachrangigen Rechtsnormen regelmäßig **Anwendungsvorrang**, das bedeutet, dass sie, soweit sie speziellere Regelungen als die höherrangigen Rechtsnormen enthalten, diesen in der Anwendung vorgehen, die höherrangigen also nur subsidiär gelten.

So verdrängen in den o. g. Beispielen (Rn. 58) die Rechtsnormen des SGB II und des SGB XII die dem Grundgesetz zu entnehmenden Rechtsgrundlagen auf Sicherung des Existenzminimums; eine die Benutzung einer Gemeindeeinrichtung regelnde Satzung verdrängt die Rechtsgrundlage des § 10 II GemO.

Dem höherrangigen Recht ist jeweils im Einzelnen zu entnehmen, welchen formellen und materiellen **Rechtmäßigkeitsvoraussetzungen** die nachrangige Rechtsnorm genügen muss. **61**
Formell rechtmäßig ist eine Rechtsnorm des geschriebenen Rechtes nur, wenn die erlassende Stelle hierfür zuständig ist. Bei formellen Gesetzen ist das vor allem eine Frage der Verteilung der Gesetzgebungskompetenz zwischen Bund und Ländern durch das Grundgesetz (Art. 70 ff.); bei nachrangigen Rechtsnormen regeln formelle Gesetze (wiederum unter Beachtung verfassungsrechtlicher Vorgaben, z. B. der kommunalen Selbstverwaltungsgarantie in Art. 28 II GG), wer hierfür zuständig ist. Ähnliches gilt für die dem Verfassungsrecht zu entnehmenden Vorschriften für das formelle Gesetzgebungsverfahren (Art. 76 ff. GG; Art. 59 ff. Verf.BW) bzw. die in den entsprechenden formellen Gesetzen enthaltenen Verfahrensvorschriften für nachrangige Rechtsnormen (z. B. in § 4 GemO für Satzungen der Gemeinde, in §§ 17, 18 PolG für Polizeiverordnungen) einschließlich der bei allen Rechtsnormen erforderlichen Ausfertigung und Verkündung.
Die **materielle Rechtmäßigkeit** formeller Gesetze hängt vor allem von der Beachtung der Grundrechte und der für sie geltenden Schrankenbestimmungen des Grundgesetzes ab; die der nachrangigen Rechtsnormen von der Einhaltung des Ermächtigungsrahmens, jeweils unter Berücksichtigung der Grundsätze der Bestimmtheit, des Vertrauensschutzes und der Verhältnismäßigkeit.

2. Prüfungs- und Verwerfungskompetenz

Die Erkenntnis, eine nachrangige Rechtsnorm verstoße gegen eine höherrangige, **62** erlaubt noch nicht die Schlussfolgerung, dass der rechtsanwendende Behördenbedienstete oder auch ein überprüfendes Gericht diese Norm ohne Weiteres unbeachtet lassen darf.
Unzweifelhaft ergibt sich aus der **Gesetzesgebundenheit** der Verwaltung, dass sich jeder **Behördenbedienstete** zunächst Klarheit darüber verschaffen muss, ob die im konkreten Falle anzuwendende Rechtsnorm mit höherrangigem Recht im Einklang steht. Bei formellen Gesetzen hat er dabei von einer (widerleglichen) Vermutung auszugehen, dass dies so ist. Die Widerlegung dieser Vermutung ist ausschließlich Sache des Bundes- bzw. des Landesverfassungsgerichtes, die allein dazu befugt sind, das Grundgesetz bzw. die Landesverfassung authen-

tisch zu interpretieren. Im Falle von Zweifeln muss er sich an seine Vorgesetzten bzw. nächsthöhere Behörden wenden, um auf diese Weise schließlich eine Normenkontrolle nach Art. 93 I Nr. 2 GG durch das Bundesverfassungsgericht bzw. nach Art. 68 I S. 2 Nr. 2 Verf.BW durch den Verfassungsgerichtshof zu erreichen, da hierzu erst die Regierung antragsbefugt ist. In Fällen, in denen schnell entschieden werden muss, wird man dem einzelnen Behördenbediensteten das Recht zubilligen müssen, eine Rechtsnorm nach möglichst sorgfältiger Prüfung (d. h. nach Ausschöpfung aller zu Gebote stehenden Erkenntnismöglichkeiten) unangewendet zu lassen und entsprechend zu entscheiden.

63 Bei Normen im Range unter dem formellen Landesgesetz eröffnet § 47 I S. 2 VwGO die Möglichkeit, dass Behörden diese Rechtsvorschriften im Rahmen einer sog. **prinzipalen Normenkontrolle** (s. Rn. 1036) durch das zuständige OVG, in Baden-Württemberg also den VGH in Mannheim, überprüfen lassen und solange das Verfahren aussetzen.
Nach der **Rechtsprechung** des BVerwG (BVerwGE 75, 142) sind Behörden nicht befugt, die Nichtigkeit eines rechtswidrigen Bebauungsplanes allgemein verbindlich festzustellen. Die Frage, ob und unter welchen Voraussetzungen eine Behörde, die einen Bebauungsplan für unwirksam hält, befugt ist, bei ihren Entscheidungen von seiner Nichtigkeit auszugehen, wurde vom BVerwG ausdrücklich nicht grundsätzlich entschieden (BVerwGE 112, 373, 380). Nach Auffassung des BGH (NVwZ 1987, 168, 169) handeln aber die Bediensteten einer Baugenehmigungsbehörde amtspflichtwidrig, wenn sie einen nichtigen Bebauungsplan anwenden. Der VGH BW hat in einem nicht veröffentlichten Beschluss (vom 28.1.1991 – 8 S 2238/90 –) festgestellt, es sei „unstreitig, dass die Baugenehmigungsbehörde ebenso wie das Verwaltungsgericht bei der Entscheidung über die Zulässigkeit eines Vorhabens überprüfen kann und muss, ob der dem Vorhaben zugrunde liegende Plan (Anm.: gemeint ist der Bebauungsplan) rechtsgültig ist oder nicht, und dass sie, wenn sie zur Annahme der Nichtigkeit gelangt, diesen bei ihrer Entscheidung unberücksichtigt zu lassen hat." Aus Gründen der Rechtssicherheit wird man eine solche inzidente Verwerfungskompetenz der Verwaltung jedoch (wie bei formellen Gesetzen) auf Eilfälle beschränken müssen und im Übrigen davon ausgehen müssen, dass der Normenkontrollantrag bei Aussetzung des Verfahrens die einzige Möglichkeit ist, die Feststellung der Nichtigkeit zu erreichen, soweit nicht der zuständige Normgeber (bei Bebauungsplänen die Gemeinde) die Norm selbst aufhebt.

64 Einfacher stellt sich die Situation für die überprüfenden **Gerichte** dar. Sie haben grundsätzlich alle Rechtsnormen, die für ihre Entscheidung von Bedeutung sind, auf ihre Vereinbarkeit mit höherrangigem Recht zu überprüfen. Man nennt dies **inzidente Normenkontrolle**. Soweit es sich um Normen im Range unter dem formellen Gesetz handelt, haben sie diese im Falle eines Verstoßes unbeachtet zu lassen; handelt es sich aber um formelle Gesetze, so kommt nach Art. 100 GG diese Verwerfungskompetenz nur dem Bundesverfassungsgericht bzw. bei Verstößen gegen Landesverfassungen dem hierfür zuständigen Gericht zu. Hierzu ist das Verfahren auszusetzen und die Entscheidung des jeweiligen Gerichtes einzuholen.

Kapitel 2 Rechtliche Grundlagen der öffentlichen Verwaltung

Beispiel: Wird Anfechtungsklage gegen einen Entwässerungsbeitragsbescheid erhoben, so hat das zuständige Verwaltungsgericht die Beitragssatzung auf ihre Vereinbarkeit mit höherrangigem Recht, insbesondere KAG und GemO zu überprüfen und bei Verstößen den Beitragsbescheid mangels gültiger Rechtsgrundlage aufzuheben. Hat das Gericht Zweifel an der Vereinbarkeit der beiden formellen Gesetze mit dem Verfassungsrecht, so muss es die Entscheidung in diesem Rechtsstreit aussetzen und die Frage dem zuständigen Verfassungsgericht zur Entscheidung vorlegen.

3. Die einzelnen Rechtsquellen in ihrer Rangfolge

a) Europäisches Unionsrecht. Dem Bund ist durch Art. 23 I S. 2 GG die Möglichkeit gegeben, Teile seiner Hoheitsrechte durch Gesetz auf die EU zu übertragen.
Der EU-Vertrag und der AEU-Vertrag (zuvor EWG- und später EG-Vertrag) stellen das sog. **primäre Unionsrecht** dar, gewissermaßen das materielle Verfassungsrecht der EU. Die von den Unionsorganen auf der Grundlage dieser Verträge, d. h. im Rahmen der ihnen eingeräumten Hoheitsrechte, erlassenen Rechtsnormen – Verordnungen und Richtlinien – bezeichnet man als **sekundäres Unionsrecht**. Es besteht eine Pflicht zur Umsetzung der Richtlinien ins nationale Recht sowie zur Ausführung und Beachtung des EU-Rechts. Beide, das primäre und das sekundäre Unionsrecht, beanspruchen Geltung im innerstaatlichen Bereich der Mitgliedstaaten und haben ihren Rang grundsätzlich vor dem innerstaatlichen Recht der einzelnen Mitgliedstaaten (EuGH, EuZW 1999, 405). Näheres dazu findet sich im folgenden Kapitel dieses Lehrbuchs, besonders in den Rn. 127, 129 ff.

b) Die Verfassungen. Die Verfassungen des Bundes und der Länder bilden die rechtliche Grundlage des Staates, sie stehen deshalb an der Spitze der Hierarchie staatlicher Rechtsnormen. Den Inhalt der Verfassungstexte nennt man das Verfassungsrecht im engeren oder formellen Sinne. Zum Verfassungsrecht im weiteren (materiellen) Sinne gehören darüber hinaus alle Normen, die verfassungsrechtliche Rechtsbeziehungen regeln; hierfür wird auch der Begriff des **Staatsrechts** verwendet.

Beispiele: Das auf Art. 21 GG basierende Parteiengesetz, die Wahlgesetze des Bundes und der Länder sowie das Bundesverfassungsgerichtsgesetz stellen materielles Verfassungsrecht dar.

Bei Kollisionen zwischen Grundgesetz und Landesverfassungen bestimmt Art. 31 GG, dass Bundesrecht Landesrecht bricht. Dieser **Geltungsvorrang** umfasst darüber hinaus das gesamte Bundesrecht gegenüber dem gesamten Landesrecht. Der Geltungsvorrang führt dazu, dass die verdrängte Vorschrift ihre Geltung verliert, also außer Kraft tritt. Seine Anwendung setzt jedoch voraus, dass sie Normen überhaupt kompetenzmäßig in zulässiger Weise zustande gekommen sind (vgl. Art. 70 ff. GG).

Der **Begriff „Verfassungsrecht"** wird mitunter auch auf die Regelungen für rechtlich verselbstständigte Verwaltungsträger angewandt, wie z. B. im Falle des „Kommunalverfassungsrechts" (vgl. z. B. „Kommunalverfassungsgesetz" in Niedersachsen und Sachsen-Anhalt) oder des „Hochschulverfassungsrechts". Hierbei handelt es sich jedoch um einfach-gesetzliche Regelungen, die nicht die Rechtsverhältnisse staatlicher Verfassungsorgane zum Gegenstand haben.

68 **c) Das Völkerrecht.** Das Völkerrecht regelt die Rechtsbeziehungen der Staaten untereinander. Es ist eine eigene Rechtsordnung, die selbstständig neben den Rechtsordnungen der einzelnen Staaten steht. Die allgemeinen Regeln des Völkerrechts wie beispielsweise den Satz „pacta sunt servanda" („Verträge sind einzuhalten") hat das GG zu einem Bestandteil des Bundesrechts gemacht (inkorporiert); solche allgemeinen Regeln stehen der Verfassung im Rang nach, haben aber den Rang vor den staatlichen Gesetzen (vgl. Art. 25 S. 2 GG). Alle anderen Normen des Völkerrechts, z. B. völkerrechtliche Verträge, erlangen innerstaatliche Geltung erst durch die sog. Transformation (Umwandlung) in innerstaatliches Recht (Ratifizierungsgesetz – Art. 59 II GG). Innerstaatlich teilen sie dann den Rang des Ratifizierungsgesetzes.

Praktisch bedeutsam ist dies etwa im Ausländerwesen, wo bei der Anwendung ausländerrechtlicher Vorschriften zwischenstaatliche Abkommen, wie z. B. die Genfer Flüchtlingskonvention, im Rang eines Bundesgesetzes zu beachten sind.

Auch die Europäische Menschenrechtskonvention (EMRK) hat formell den Rang eines einfachen Bundesgesetzes und wird bei der Auslegung inhaltlich vergleichbarer Grundrechte des GG oder über das Rechtsstaatsprinzip herangezogen. Durch diese völkerrechtsfreundliche Interpretation erhält die EMRK damit aber de facto mittelbaren Verfassungsrang, steht also zwischen Verfassungsrecht und einfachem Bundesrecht.

69 **d) Die formellen Gesetze.** Unter formellen Gesetzen versteht man die Rechtsnormen, die von den verfassungsrechtlich vorgesehenen Gesetzgebungsorganen in dem verfassungsrechtlich vorgeschriebenen Gesetzgebungsverfahren erlassen worden sind (auch als sog. „förmliche" Gesetze bezeichnet). – Gesetze im **materiellen Sinne** sind unabhängig hiervon alle abstrakt-generellen Regelungen mit Außenwirkung.

Normalerweise haben formelle Gesetze zugleich auch materiellen Gesetzescharakter. Nur ausnahmsweise trifft dies nicht zu, wie z. B. bei den Haushaltsgesetzen des Bundes und der Länder. – Materielle Gesetze hingegen umfassen – bei entsprechendem abstrakt-generellem Inhalt – insbesondere auch Rechtsverordnungen und Satzungen; diese stehen aber als „nur" materielle Gesetze im Rang unterhalb der formellen Gesetze.

70 **e) Die Rechtsverordnungen.** Rechtsverordnungen unterscheiden sich von den formellen Gesetzen zunächst hinsichtlich des Normgebers: Sie sind **Akte der vollziehenden Gewalt** (Exekutive), werden also von der Regierung oder Verwaltung erlassen. Inhaltlich haben sie regelmäßig materiellen Gesetzescharakter, was die Frage aufwirft, wie die Aufgabe der Rechtsnormsetzung inhaltlich zwischen gesetzgebender und vollziehender Gewalt aufgeteilt ist.

Formal betrachtet, steht die Befugnis der Exekutive, Rechtsverordnungen zu erlassen, durchaus im Einklang mit dem in Art. 20 II S. 2 GG verankerten Prinzip der Gewaltenteilung, denn diese Befugnis gilt nicht allgemein, sondern muss der Exekutive jeweils durch formelles Gesetz verliehen werden. Außerdem bedeutet

Gewaltenteilung nicht (strenge) Trennung der Gewalten, sie lässt vielmehr „Durchbrechungen" zu, soweit nicht der Kernbereich der jeweiligen Gewalt, hier also der Legislative, angetastet wird (was der Fall wäre, wenn eine pauschale Übertragung gesetzgebender Tätigkeit auf die Exekutive vorgenommen werden würde).

Art. 80 I GG (für den Bereich der Landesgesetzgebung: Art. 61 I Verf.BW) verlangt, dass die gesetzliche Ermächtigung an die Exekutive zum Erlass von Rechtsverordnungen nach Inhalt, Zweck und Ausmaß bestimmt ist. Deshalb haben die Organe der Legislative die wesentlichen Grundentscheidungen selbst zu treffen. Dem Verordnungsgeber bleibt die Regelung weniger wichtiger, oft technischer Detailfragen im Rahmen der gesetzlichen Vorgaben („Dekonzentration"). In dieser Funktion spielen die Rechtsverordnungen eine wichtige Rolle: Sie entlasten die Legislative von der Regelung von Randfragen, sie ermöglichen wegen des einfacheren Verfahrens eine raschere Anpassung an veränderte Verhältnisse, und sie bieten die Möglichkeit, regionalen Besonderheiten Rechnung zu tragen.

Beispiel: § 32 IfSG des Bundes ermächtigt die Landesregierungen zum Erlass von Verordnungen zur Bekämpfung übertragbarer Krankheiten. § 48a BImSchG berechtigt die Bundesregierung mit Zustimmung des Bundesrates zum Erlass von Rechtsverordnungen über Emissions- und Immissionswerte.

Verordnungsgeber sind aber nicht allein Regierungen und Ministerien, vielfach wird die Zuständigkeit auch auf nachgeordnete Behörden übertragen.

Beispiele: Polizeiverordnungen durch Gemeinden nach §§ 17, 18 PolG; Rechtsverordnungen durch höhere Naturschutzbehörden (Regierungspräsidien) gem. §§ 23 III, 36 II NatSchG und untere Naturschutzbehörden (Landratsämter und Stadtkreise) gem. § 23 IV, V NatSchG. Siehe aber auch die Übertragungsmöglichkeit der Ermächtigung zum Erlass von Infektionsschutz-Verordnungen auf „andere Stellen" wie etwa Fachministerien durch Rechtsverordnung nach § 32 S. 2 IfSG.

f) Die Satzungen. „Satzungen sind Rechtsvorschriften, die von einer dem Staat eingeordneten juristischen Person des öffentlichen Rechts im Rahmen der ihr gesetzlich verliehenen Autonomie mit Wirksamkeit für die ihr angehörenden und unterworfenen Personen erlassen werden" (BVerfGE 33, 125). Satzungen haben mit den Rechtsverordnungen gemeinsam, meist Gesetze im materiellen Sinne zu sein (vgl. Rn. 69). Sie unterscheiden sich jedoch von den Rechtsverordnungen ganz wesentlich durch das erlassende Organ. Während die Rechtsverordnung von einer „Stelle der bürokratisch-hierarchisch organisierten staatlichen Exekutive" erlassen wird, wird durch das Satzungsrecht „ein bestimmter Kreis von Bürgern ermächtigt, durch demokratisch gebildete Organe ihre eigenen Angelegenheiten zu regeln" (BVerfGE 33, 125). Bei Satzungen wird deshalb der Gewaltenteilungsgrundsatz nicht durchbrochen. Sie werden von Gremien, beispielsweise Gemeindevertretungen, beschlossen. Auch wenn es sich bei diesen Gremien nicht um echte Parlamente handelt, so sind sie doch „als demokratisch gewähltes Beschlussorgan" insoweit **dem Bereich der Legislative zuzuordnen.** Es wird also durch Gesetze, die zum Erlass von Satzungen ermächtigen, die Rechtsetzungsbefugnis innerhalb der Legislative nur auf andere demokratische

Gremien („Dezentralisation") und nicht auf die Exekutive verlagert" (BVerfGE 32, 346).

Wichtigste **Beispiele** sind die Satzungen kommunaler Selbstverwaltungsträger wie Gemeinden und Landkreise: Abgabensatzungen, Benutzungssatzungen für öffentliche Einrichtungen, Bebauungspläne (§ 10 BauGB). – Daneben finden sich Satzungen (teilweise mit anderen Bezeichnungen) in allen Selbstverwaltungsbereichen wie Studien- und Prüfungsordnungen im Hochschulbereich oder Satzungen der berufsständischen Kammern.

73 Wegen der – im **Unterschied zu den Rechtsverordnungen** – anders gearteten Qualität der Satzungen (Rn. 72) bedarf es für die Verleihung des Satzungsrechts nicht der strengen Anforderungen des Art. 80 I GG, auch nicht analog. Die gesetzliche Verleihung der Autonomie räumt dem jeweiligen Selbstverwaltungsträger die Befugnis ein, im Rahmen dieser Verleihung seine eigenen Angelegenheiten durch Satzung zu regeln. Soll jedoch in Freiheit oder Eigentum der Bürger eingegriffen werden, bedarf auch der Selbstverwaltungsträger einer speziellen Ermächtigung des parlamentarischen Gesetzgebers (BVerfGE 33, 125).

Beispiel: Für eine Satzung über den Anschluss und Benutzungszwang für kommunale Einrichtungen wie etwa Wasserversorgung ist eine ausdrückliche gesetzliche Regelung erforderlich, wie sie in § 11 GemO erfolgt ist.

III. Ungeschriebenes Recht: Gewohnheitsrecht

74 Angesichts einer zunehmenden Regelungsdichte durch geschriebene Rechtsquellen kommt dem Gewohnheitsrecht heute nur noch untergeordnete Bedeutung zu. Im Übrigen verhindern die strengen Anforderungen, die an das Entstehen von Gewohnheitsrecht zu stellen sind, eine allzu große Ausdehnung. Gewohnheitsrecht entsteht nur, wenn
1. eine längere tatsächliche Übung feststellbar ist,
2. sich bei den Beteiligten die Überzeugung gebildet hat, dass diese Übung rechtlich geboten ist,
3. es in Form eines hinreichend bestimmten Rechtssatzes formulierbar ist.

Obwohl es im konkreten Fall schwierig ist, zuverlässig das Vorliegen der beiden ersten Voraussetzungen festzustellen, wird in Rechtsprechung und Literatur immer wieder das Vorliegen von Gewohnheitsrecht angenommen. Gewohnheitsrecht kann sich auf allen Rangstufen der geschriebenen Rechtsquellen bilden und teilt damit dessen Geltungsvorrang. Es wird durch eine Rechtsnorm des geschriebenen Rechtes zum selben Gegenstand außer Kraft gesetzt.

Gewohnheitsrecht wurde z. B. in folgenden **Fällen** bejaht: Aufopferungsanspruch im Range von Verfassungsgewohnheitsrecht; Pflicht der Rechtsanwälte, vor Gericht Amtstracht zu tragen, auf der Stufe des formellen Gesetzes; Verdrängung einer Festsetzung im Bebauungsplan durch Gewohnheitsrecht auf der Stufe der gemeindlichen Satzung (aber verneint für das gewohnheitsrechtliche Entstehen von Bebauungsplänen).

IV. Richterrecht und Allgemeine Rechtsgrundsätze

Eine Rechtsordnung, die im oben beschriebenen Sinne aus geschriebenen Rechtsquellen und der ungeschriebenen Rechtsquelle des Gewohnheitsrechtes besteht, gibt jedoch nicht auf alle Rechtsfragen, die sich Verwaltung und konsequenterweise auch den diese überprüfenden Gerichten stellen, eine Antwort. Wo dieses Rechtssystem Lücken aufweist, haben insbesondere die Gerichte die Aufgabe, ergänzend und rechtsfortbildend zu wirken: Gerichte müssen auf Antrag entscheiden, eine Rechtsverweigerung mit der Begründung, weder ein Gesetz noch Gewohnheitsrecht regle den Sachverhalt, kommt nicht in Betracht.

1. Richterrecht

Inwieweit die Rechtsprechung als eigenständige Rechtsquelle angesehen werden kann, ist in der Lit. heftig umstritten. Allerdings kann dies gesetzlich **ausdrücklich** angeordnet sein.

So haben gem. § 31 II BVerfGG gewisse Entscheidungen des Bundesverfassungsgerichtes Gesetzeskraft; gem. § 23 VerfGHG gilt dies auch für Entscheidungen des Verfassungsgerichtshofs Baden-Württemberg. In amtlichen Gesetzesbegründungen ist teilweise zu lesen, dass einzelne Streitfragen vom Gesetzgeber bewusst nicht entschieden wurden, um sie der späteren Klärung durch die Gerichte und die Wissenschaft zu überlassen.

Daneben machen weitere Gesetze des Prozessrechtes die „Rechtsfortbildung" ausdrücklich zur Aufgabe der Gerichte (z. B. §§ 11 IV VwGO).

Im Übrigen erzeugen **einzelne Gerichtsentscheidungen** zwar zunächst nur **Bindungswirkung zwischen den Prozessparteien** (eine rechtsetzende und deshalb grundsätzlich allgemein verbindliche Wirkung des Präjudizes besteht in unserer Rechtsordnung nicht). Die einzelnen Entscheidungen enthalten jedoch oft über den entschiedenen Einzelfall hinausgehende Rechtsgrundsätze, die für künftige Streitfälle Entscheidungsmaßstäbe setzen. Dies gilt nicht nur da, wo durch Fehlen von Gesetzes- oder Gewohnheitsrecht die Notwendigkeit der Lückenschließung besteht, sondern vor allem auch da, wo sich der Gesetzgeber bei der Ausgestaltung von Normen unbestimmter Rechtsbegriffe und insbesondere Generalklauseln bedient (und wegen der notwendigen abstrakt-generellen Regelung wohl auch bedienen muss).

Beispiel: Die polizeiliche Generalklausel (§§ 1 I, 3 PolG) ist durch Auslegung unbestimmter Rechtsbegriffe wie der „öffentlichen Sicherheit" in jahrzehntelanger Rechtsprechung in einer Weise konkretisiert worden, dass ihre Anwendung heute keine nennenswerten Schwierigkeiten bereitet.

Mit diesen Grundsätzen müssen sich Verwaltung und Gerichte in ihrer Entscheidungspraxis auseinandersetzen. Sie erzeugen eine Argumentationslast, die nicht im Sinne einer unkritischen Autoritätsgläubigkeit, sondern zur Bewahrung einer gewissen Kontinuität der Rechtsordnung zu beachten ist. Auf der Grundlage der oben genannten Rechtsquellen kann somit gesetzeskonkretisierendes und gesetzesergänzendes, niemals aber den Gesetzgeber korrigierendes Richterrecht entstehen. Mit dieser Einschränkung kann Richterrecht als eigenständige Rechtsquelle aufgefasst werden.

2. Allgemeine Rechtsgrundsätze

78 Ebenso wie das Richterrecht haben die allgemeinen Rechtsgrundsätze ergänzende und lückenfüllende Funktion. Welche Rechtsnormen im Einzelnen dieser Rechtsquelle zugeordnet werden können, wird in der Lit. sehr uneinheitlich gesehen. Sicher sind zahlreiche allgemeine Rechtsgrundsätze aus Richterrecht hervorgegangen, wobei es sich häufig um die Konkretisierung von Verfassungsrecht handelt. Unter den genannten Voraussetzungen (Rn. 74) können sie auch dem Gewohnheitsrecht zugeordnet werden.

Neben solchen allgemeinen Rechtsgrundsätzen des Verwaltungsrechtes, die infolge der Kodifizierung in den Verwaltungsverfahrensgesetzen keine oder nur noch geringe Bedeutung haben (z. B. Grundsätze über Rücknahme und Widerruf von Verwaltungsakten), sind z. B. folgende Regeln von Bedeutung: Grundsätze über Verwirkung im öffentlichen Recht, über die Selbstbindung der Verwaltung (Rn. 82), der Verhältnismäßigkeit (wobei Erforderlichkeit und Angemessenheit z. B. im PolG und LVwVG ausdrücklich gesetzlich geregelt sind), des Vertrauensschutzes (Rn. 481), der öffentlich-rechtlichen Ersatzleistungen (Rn. 1096 ff.) und des Folgenbeseitigungsanspruches (Rn. 1120 ff.).

V. Rechtsquellen des „Innenrechts" mit faktischer Außenwirkung

1. Verwaltungsvorschriften

79 Verwaltungsvorschriften sind zwar abstrakt-generelle Regelungen („Rechtssätze"), aber nach h. M. wegen fehlender intendierter Außenwirkung keine Rechtsnormen. Sie zählen daher im Sinne der eingangs erfolgten Begriffsbestimmungen (Rn. 58) nicht zu jenen Rechtsquellen, aus denen Rechtsnormen für das Verwaltungshandeln folgen. Sie wenden sich an nachgeordnete Behörden und haben Weisungen zum Vollzug von Rechtsvorschriften und zur Regelung des internen Dienstbetriebes zum Gegenstand.

Eine genauere Betrachtung im Rahmen der Rechtsquellenlehre verdienen aber Verwaltungsvorschriften, welche die Rechtsanwendung der nachgeordneten Behörden in bestimmter Weise steuern sollen. Denn hierbei stellt sich die Frage, inwieweit durch sie über den Regelungsgehalt der anzuwendenden Rechtsnorm hinaus die Rechtsstellung der Betroffenen berührt und dadurch möglicherweise faktisch Außenwirkung erzeugt wird. Nach der Intention der erlassenden Stelle kann man norminterpretierende, normkonkretisierende und ermessenslenkende Verwaltungsvorschriften unterscheiden.

80 Die **norminterpretierenden Verwaltungsvorschriften** (auch sog. „gesetzesauslegende Verwaltungsvorschrift") haben die Aufgabe die Verwaltungsbehörden zu einer einheitlichen Auslegung unbestimmter Rechtsbegriffe zu veranlassen. Sie lassen den materiellen Regelungsgehalt des Gesetzes dabei unberührt. Die Verwaltungsgerichte sind an die in der Verwaltungsvorschrift vorgeschriebene Auslegung nicht gebunden.

Beispiel: Nr. 5.3 der Allgemeinen Verwaltungsvorschrift zum WaffenG macht z. B. Vorgaben für die Auslegung der Regelunzuverlässigkeit im Sinne vom § 5 II WaffenG.

Anders verhält es sich mit den **normkonkretisierenden Verwaltungsvorschriften**, die nicht nur behördeninterne Bindungswirkung entfalten, sondern jedenfalls da, wo das Gesetz selbst die Konkretisierung durch Verwaltungsvorschrift anordnet, der Verwaltung einen auch von den Gerichten zu respektierenden Gestaltungs- und Beurteilungsspielraum zuweisen. Insoweit kann man durchaus von „administrativem Ergänzungsrecht" sprechen. Das BVerwG hat normkonkretisierende Verwaltungsvorschriften erstmals im Bereich des Umwelt- und Technikrechts und nur unter folgenden, eng gefassten Voraussetzungen anerkannt: Sie müssen 81
- höherrangige Gebote beachten,
- die im Gesetz getroffenen Wertungen berücksichtigen,
- in einem sorgfältigen Verfahren unter Einbeziehung des wissenschaftlichen und technischen Sachverstands erarbeitet sein und
- nicht durch Erkenntnisfortschritte in Wissenschaft und Technik überholt sein (BVerwGE 107, 338, 341).

In späteren Entscheidungen hatte das BVerwG auch Vorschriften zur Pauschalierung der Sozialhilfe (BVerwG, DVBl. 2005, 766) und Beihilfevorschriften im Beamtenrecht (BVerwGE 71, 342, 349 f.) als normkonkretisierend eingestuft, vollzog hinsichtlich der Beihilfevorschriften jedoch wieder eine Wende (BVerwGE 121, 103).
Normkonkretisierende Verwaltungsvorschriften müssen, um Außenwirkung entfalten zu können, bekannt gemacht werden (BVerwG, JZ 2006, 892).

Eine besondere Bedeutung haben die **ermessenslenkenden Verwaltungsvorschriften**, die das Handeln der Verwaltung dort steuern, wo der Verwaltung ein eigener Ermessensspielraum eingeräumt wird. Sie binden zunächst einmal nur die rechtsanwendenden Behörden bei ihrer Ermessensausübung. Durch eine fortgesetzte, an der ermessenslenkenden Verwaltungsvorschrift orientierte Verwaltungsübung bindet sich die Behörde im Sinne des Gebots der Rechtsanwendungsgleichheit (Art. 3 I GG) jedoch selbst gegenüber dem Bürger mit der Wirkung, dass sie nur, wenn dies sachlich gerechtfertigt ist, von der Verwaltungsvorschrift und der von ihr hervorgerufenen Verwaltungsübung abweichen darf (Rn. 203). 82
Damit wird aber auch deutlich, dass nicht die Verwaltungsvorschrift als solche unmittelbare Außenwirkung entfaltet, sondern nur als Indiz für eine bestimmte Verwaltungspraxis bei der Überprüfung der Einhaltung des allgemeinen Gleichheitssatzes herangezogen werden muss („Quasi-Außenrecht").

> **Beispiel:** Die sog. ermessenslenkende Richtlinie zur Landesheimbauverordnung enthält Maßstäbe und Entscheidungsmuster für eine sachgemäße Ausübung des Verwaltungsermessens im Zusammenhang mit der baulichen Gestaltung, Größe und den Standorten stationärer Einrichtungen.

2. Sonderverordnungen

Nichts anderes als eine Verwaltungsvorschrift stellt die sog. **Sonderverordnung** dar, die als „Schöpfung der Literatur" keine Anerkennung in der Rechtsprechung gefunden hat. Als Sonderverordnungen wurden und werden teilweise immer noch Verwaltungsvorschriften zur Regelung sog. Sonderstatus- oder Sonderrechtsverhältnisse bezeichnet. Sie sollten dazu dienen, die innere Ordnung und das Funktionieren des so geregelten Bereiches zu gewährleisten. 83

Als **Beispiele** wurden die öffentlich-rechtlichen Benutzungsordnungen von Bibliotheken etc. angesehen; andere Sonderstatusverhältnisse sind längst durch formell-gesetzliche Regelungen ausgestaltet, wie z. B. das Wehrdienstverhältnis, der Strafvollzug, das Beamtenverhältnis oder das Schulverhältnis.

Das Charakteristische der Sonderverordnung lag in ihren Regelungen, die in Rechte der Sonderstatusinhaber eingreifen. Diese Außenwirkung einer Verwaltungsvorschrift war so lange kein Problem, wie man „besondere Gewaltverhältnisse" zur Begründung von Grundrechtseingriffen durch die Exekutive genügen ließ. Nachdem das BVerfG zum „besonderen Gewaltverhältnis" des Strafgefangenen entschieden hatte (s. unten Rn. 156), dass auch hier der klassische Eingriffsvorbehalt (vgl. dazu Rn. 155) eine gesetzliche Regelung verlange, ist die Rechtsfigur der Sonderverordnung überflüssig geworden. Sie wird auch für die Regelung der Benutzung öffentlicher Einrichtungen nicht mehr benötigt, denn diese kann entweder durch Allgemeinverfügung gem. § 35 S. 2 3. Alt. LVwVfG oder durch Satzung erfolgen.

C. Subjektive öffentliche Rechte

I. Bedeutung

84 Die überragende Bedeutung der subjektiven öffentlichen Rechte zeigt sich sowohl im materiellen Recht als auch im Prozessrecht. **Materiell-rechtlich** betrachtet, verleiht das subjektive öffentliche Recht dem Einzelnen die Berechtigung, von einem Hoheitsträger ein Tun, Dulden oder Unterlassen zu verlangen. Daher kann man es auch als öffentlich-rechtlichen Anspruch bezeichnen. Für den Einzelnen macht es einen entscheidenden Unterschied, ob er beispielsweise das Recht hat, einen Geldbetrag aus einer öffentlichen Kasse oder das Einschreiten der Polizei zu verlangen, oder ob er sich mit einer dahingehenden Hoffnung oder Bitte begnügen muss.

85 **Prozessrechtlich** stützt sich das subjektiv öffentliche Recht auf das Grundrecht aus Art. 19 IV GG, wonach jedermann, der „geltend macht" durch die öffentliche Gewalt in einem seiner Rechte verletzt zu sein, der Rechtsweg offen steht. Mit „Rechte" sind die subjektiven Rechte gemeint, sie eröffnen den Weg zu den Gerichten. Dieser Begriff der „Rechte", wird in § 42 II VwGO für die Zulässigkeit der Anfechtungs- und Verpflichtungsklagen übernommen. In der Sache erfolgreich ist ein Kläger letztlich nur, wenn sich bei Gericht herausstellt, dass er tatsächlich in einem seiner subjektiven Rechte verletzt worden ist (§ 113 I, V VwGO).

II. Begriffliche Erfassung

86 Das Recht, das unabhängig von einer Person für sich besteht, insbesondere in den Gesetzen des Staates, nennt man das objektive Recht. Objektives Recht dient ausschließlich dem Allgemeininteresse, auch wenn der Einzelne als Teil der Allgemeinheit von der Vorschrift erfasst wird.

Der Begriff des subjektiven Rechts besagt, dass durch einen Satz des objektiven Rechts ein Rechtssubjekt (eine natürliche oder juristische Person) berechtigt wird. Das subjektive Recht ist also „mein Recht", das ich einem anderen gegenüber habe, ein persönlicher Anspruch. Ergeben sich subjektive Rechte aus einem Satz des Privatrechts, spricht man von **subjektiven Privatrechten**. Entnimmt man sie – ausdrücklich oder dem Sinne nach – einem Satz des öffentlichen Rechts, handelt es sich um **subjektiv-öffentliche Rechte**.

Das subjektive Recht ist streng zu trennen vom sog. **Rechtsreflex**, einer bloßen Reflexwirkung des objektiven Rechts. Um dies zu verstehen, hat man sich Folgendes zu vergegenwärtigen: Jeder objektive Rechtssatz des öffentlichen Rechts ist definitionsgemäß einem Hoheitsträger zugeordnet, d. h. jeder Rechtssatz des öffentlichen Rechts berechtigt oder verpflichtet auf der einen Seite notwendigerweise einen Hoheitsträger (Sonderrechtstheorie, Rn. 47). Dieser Pflicht eines Hoheitsträgers muss nicht unbedingt auf der anderen Seite das Recht (= Berechtigung) eines Einzelnen gegenüberstehen, die Einhaltung der betreffenden Rechtsnorm vom Hoheitsträger zu verlangen. Solche Rechtsnormen, deren Einhaltung der Einzelne nicht verlangen kann, erkennt man daran, dass sie einem Hoheitsträger lediglich im Interesse der Allgemeinheit eine Pflicht auferlegen, nicht auch im Interesse einzelner Personen.

87

> **Beispiele:** Eine Baumschutzsatzung nach § 4 I GemO, §§ 23 VI, 31 I, II NatSchG, §§ 22, 29 BNatSchG dient ausschließlich öffentlichen Interessen, begründet daher keine subjektiven Rechte von Personen, die an der Erhaltung bestimmter Bäume vor ihrer Wohnung interessiert sind (VGH BW, BWVP 1991, 259).
> Die die Fachaufsicht regelnden Normen dienen ausschließlich dem öffentlichen Interesse an einer verwaltungsinternen Kontrolle; ein Einzelner hat kein subjektives Recht auf Erlass einer fachaufsichtlichen Maßnahme (Rn. 35).
> § 35 I S. 1 GemO schützt mit der Sitzungsöffentlichkeit ausschließlich ein Interesse der Allgemeinheit und vermittelt dem einzelnen Gemeinderatsmitglied keine subjektive Rechtsposition (VGH BW, BWVP 1992, 135, 136).
> Das Arbeitsverbot des § 6 I FeiertagsG BW schützt ebenfalls nur die Allgemeinheit, nicht den einzelnen Bürger (VGH BW, BWVP 1991, 66).

In allen beispielhaft genannten Fällen hat ein Einzelner kein subjektives Recht, von dem Hoheitsträger die Einhaltung der Rechtsnorm zu verlangen. Diese Normen wirken sich – wie viele andere auch – auf den Einzelnen nur reflexartig aus, können ihn also als Nebenfolge zufällig begünstigen. Die prozessuale Konsequenz ist, dass wenn ein Hoheitsträger solche Rechtsnormen verletzt und ein Einzelner sich dadurch beschwert fühlt, der Einzelne kein Klagerecht hat, genauer gesagt, eine von ihm erhobene Klage unzulässig wäre.

Anders verhält es sich bei jenen Rechtsnormen, die gerade die Interessen einzelner Personen schützen wollen oder diese neben anderen Interessen mindestens auch berücksichtigen wollen. In solchen Fällen hat der Einzelne ein **subjektives öffentliches Recht** gegenüber dem Hoheitsträger auf Beachtung der jeweiligen Rechtsnorm.

88

Beispiele: Sämtliche Grundrechte; die Verfahrensrechte nach dem LVwVfG: §§ 25, 28, 29, 30; aber auch die meisten anderen Verwaltungsverfahrensvorschriften (Rn. 775 ff.). Die beamtenrechtlichen Vorschriften, welche den Dienstherrn zur Fürsorge und zum Schutz gegenüber seinen Beamten verpflichten (§§ 43 ff. BeamtStG; §§ 98 ff. LBG), geben den einzelnen Beamten entsprechende subjektive Rechte (vgl. die Überschrift im LBG: „Rechte").

89 Speziell für den Bereich des Baurechts ist insoweit der Begriff der „**nachbarschützenden Normen**" geprägt worden. Er will zum Ausdruck bringen, dass diejenigen baurechtlichen Normen, welche auch die Interessen der Nachbarn des Bauherrn berücksichtigen, den Nachbarn subjektive Rechte gewähren.

Beispiele: Nachbarschützenden Charakter haben z. B. §§ 5 (teilweise, vgl. § 5 VII S. 3 LBO), 37 VII LBO oder etwa § 15 I S. 2 BauNVO. – Weitere Beispiele bei Rn. 1109.

90 Ein weiterer wichtiger Anwendungsfall der Lehre von den subjektiven Rechten tritt bei **Ermessensnormen** auf. Es wäre ein Irrtum zu glauben, eine Ermessensnorm gewähre stets und jedermann ein subjektives Recht auf fehlerfreien Ermessensgebrauch. Auch hier gilt es, zunächst die Schutzrichtung der Norm (Rn. 88) zu ermitteln. Erst wenn man weiß, dass die Ermessensermächtigung der Verwaltung mindestens auch im Interesse eines Einzelnen eingeräumt wurde, hat dieser Einzelne ein subjektives öffentliches Recht auf fehlerfreie Anwendung der betreffenden Ermessensnorm und damit auch auf fehlerfreie Ausübung des Verwaltungsermessens.

Beispiele: Die beamtenrechtlichen Vorschriften, nach denen sich eine Beförderung richtet, dienen in erster Linie öffentlichen Interessen, aber auch dem Interesse des Beamten, angemessen beruflich aufzusteigen (BVerwG, BWVP 1996, 230).
Die Normen des Polizeirechts sind nicht nur im Allgemeininteresse erlassen worden, sondern auch im Interesse desjenigen Einzelnen, dessen Schutzgüter gefährdet sind (vgl. § 1 PolG). Also hat dieser Einzelne ein subjektives öffentliches Recht auf fehlerfreie Ausübung des polizeilichen Ermessens (Sander, in: Belz u. a., PolG, 8. Aufl. 2015, § 3 Rn. 34 f.).
§ 45 I StVO ist grundsätzlich auf den Schutz der Allgemeinheit und nicht auf Wahrung der Interessen Einzelner gerichtet. Jedoch gehören insbesondere das Recht auf Leben und körperliche Unversehrtheit und das Eigentum zum Schutzgut der öffentlichen Sicherheit i. S. von § 45 I StVO. Daher hat der Einzelne einen Anspruch auf fehlerfreien Ermessensgebrauch der Behörde bei der Entscheidung über verkehrsregelnde Maßnahmen, wenn die Verletzung solcher öffentlich-rechtlich geschützter Individualinteressen in Betracht kommt (BVerwG, DÖV 1986, 928), z. B. bei der Entscheidung über verkehrsbeschränkende Lärmschutzmaßnahmen, wenn der Verkehrslärm das ortsübliche Maß überschreitet (BVerwG, DÖV 1986, 926; VGH BW, BWVP 1991, 17).
Die Wasserbehörden sind bei jeder Entscheidung über eine Benutzung i. S. von § 9 WHG ohne Rücksicht auf die Form der Gestattung verpflichtet, auf die Belange anderer Rücksicht zu nehmen; insoweit kommt dem § 13 I S. 2 WHG drittschützende Funktion zu und haben die geschützten Personen

einen Anspruch auf fehlerfreien Ermessensgebrauch (BVerwG, DÖV 1987, 1018; BWVP 1988, 12).

In allen Fällen, in denen das Gesetz kein ausdrückliches Bekenntnis ablegt, ist die Schutzrichtung der Norm durch Auslegung zu ermitteln.

Zusammenfassend ist festzuhalten: Der Einzelne hat ein subjektives öffentliches Recht auf Einhaltung der Rechtsnorm, wenn die Rechtsnorm (ausdrücklich oder ihrem Sinne nach) nicht ausschließlich dem Gemeinwohl – der Allgemeinheit – zu dienen bestimmt ist, sondern mindestens auch seinem Individualinteresse dienen soll. Hat eine Rechtsnorm dagegen nur das Gemeinwohl (oder Interessen anderer Personen) im Auge, dann fällt auf den Einzelnen lediglich ein – nicht einklagbarer – Rechtsreflex, eine ungewollte, zufällige Begünstigung. Für die Unterscheidung der subjektiven Rechte von den bloßen Reflexen kommt es demnach entscheidend auf die Schutzrichtung (Interessenrichtung) einer Rechtsnorm an.

III. Einfluss des Europäischen Unionsrechts

Umstritten ist, inwieweit bei der Durchsetzung des Europäischen Unionsrechts – auch vor deutschen Gerichten – die Schutznormlehre über subjektiv-öffentliche Rechte anwendbar ist oder ob sie zumindest einer Modifikation bedarf.
Grundsätzlich kann sich der Einzelne nach der Rechtsprechung des EuGH unmittelbar auf Bestimmungen in EU-Richtlinien berufen, wenn diese hinreichend bestimmt und inhaltlich unbedingt sind und der Mitgliedstaat die Richtlinie nicht fristgerecht oder nicht ordnungsgemäß umgesetzt hat (s. Rn. 127). Dabei soll der Bürger aus diesen **unmittelbar anwendbaren Richtlinien** subjektive Rechte herleiten können, ohne dass es auf einen zu seinen Gunsten ableitbaren Normzweck ankäme. Vielmehr können nach der **Rechtsprechung des EuGH** auch bloße Allgemeininteressen ausreichen. Ein wesentlicher Grund für diese Rechtsprechung wird darin gesehen, dass der Bürger „als Hüter der effektiven Durchsetzung des Gemeinschaftsrechts" mobilisiert werden soll (so Schoch, VBlBW 1999, 241 m. w. N.; vgl. zum sog. „effet utile" Rn. 141). Gleichwohl verlangt der EuGH nicht die Popularklage, vielmehr soll zumindest eine „Betroffenheit" bzw. ein „unmittelbares Interesse" des Einzelnen erforderlich sein (vgl. auch Rn. 127).
Teilweise versucht die **Literatur** dieser Aufweichung des Rechtsinstituts des subjektiv-öffentlichen Rechts durch Einflüsse des Unionsrechts entgegenzutreten, indem unionsrechtliche Vorschriften als gesetzliche Ausnahmen nach § 42 II Halbs. 1 VwGO gedeutet werden und so die Klagebefugnis eröffnet wird (Wahl, in: Schoch/Schneider, VwGO, Vorbem. § 42 II Rn. 128).

Von der Frage, inwieweit bei der unmittelbaren Anwendung von Richtlinien subjektiv-öffentliche Rechte bejaht werden müssen, ist jene zu unterscheiden, inwieweit der nationale Gesetzgeber bei der Umsetzung von Unionsrecht in nationales Recht dazu verpflichtet ist, den vom Unionsrecht Begünstigten subjektiv-öffentliche Rechte einzuräumen.
Nach der Rechtsprechung des EuGH (EuZW 1995, 635 Tz 18) ist dem Einzelnen im nationalen Recht dann ein subjektiv-öffentliches Recht einzuräumen, wenn

dies die Zweckrichtung des Unionsrechts vorsieht. Dabei lässt der EuGH auch solche Normzwecke genügen, die nach deutschem Recht als Allgemeininteressen nicht zur Ausbildung subjektiv-öffentlicher Rechte führen würden (vgl. dazu von Danwitz, DVBl. 1998, 421).

D. Vertiefungshinweise und Wiederholungsfragen

I. Vertiefungshinweise

94   **Zu A = Rn. 39 ff.**
Leisner, Unterscheidung zwischen privatem und öffentlichem Recht, JZ 2006, 869 ff.; Katz/Sander, § 2

Zu B = Rn. 58 ff.
Saurer, Die neueren Theorien zur Normkategorie der Verwaltungsvorschriften, VerwArch 97 (2006), S. 249 ff; Ossenbühl, Gesetz und Recht – Die Rechtsquellen im demokratischen Rechtsstaat, HStR V, 3. Aufl. 2007, § 100; Werner, Rechtsquellen des deutschen öffentlichen Rechts, 2020.

Zu C = Rn. 84 ff.
Scherzberg, Das subjektive öffentliche Recht – Grundfragen und Fälle, Jura 2006, 839 ff.; Wolff/Bachof/Stober/Kluth, I § 43; Nettesheim, Subjektive Rechte im Unionsrecht, AöR 132 (2007), S. 333 ff.; Scharl, Die Schutznormtheorie, 2018

II. Wiederholungsfragen

95   1. Woran erkennen Sie, ob ein Rechtssatz dem öffentlichen Recht angehört? – Rn. 42 ff.
2. Wofür ist es von Bedeutung, ob die Verwaltung in einem Einzelfall aufgrund öffentlichen Rechts oder aufgrund Privatrechts tätig wird? – Rn. 41
3. Was verstehen Sie unter einem zweistufigen Rechtsverhältnis? – Rn. 56
4. Gehört das StVG zum öffentlichen oder zum privaten Recht? – Rn. 47
5. Die Stadt verwehrt Ihnen den Zutritt zur Stadtbibliothek. Ist ein Rechtsstreit darüber öffentlich-rechtlicher oder privatrechtlicher Natur? – Rn. 53, 56
6. Was versteht man unter einem Gesetz im formellen Sinne? – Rn. 69
7. Was ist ein Gesetz im materiellen Sinne? – Rn. 69, 72
8. Welche Vorteile bieten Rechtsverordnungen gegenüber dem Parlamentsgesetz? – Rn. 71
9. Steht Gewohnheitsrecht im Rang unter dem geschriebenen Recht? – Rn. 74
10. Wodurch unterscheidet sich die Satzung von der Rechtsverordnung? – Rn. 72
11. Sind Verwaltungsvorschriften Rechtsnormen? – Rn. 79
12. Worin liegt die Bedeutung von Verwaltungsvorschriften? – Rn. 79–82
13. Was sagt Ihnen der Begriff „Selbstbindung der Verwaltung"? – Rn. 82
14. Welche Rechtsnorm nimmt den höheren Rang ein: die Landesverfassung BW oder die StVO? – Rn. 66
15. Warum bedarf die Exekutive zum Erlass von Rechtsverordnungen einer Ermächtigung durch Parlamentsgesetz? – Rn. 70, 71

16. Worin liegt die Bedeutung der subjektiven öffentlichen Rechte? – Rn. 84, 85
17. Wodurch unterscheidet sich das subjektive öffentliche Recht vom Rechtsreflex? – Rn. 87, 91
18. Was sagt Ihnen der Ausdruck „nachbarschützende Norm"? – Rn. 89
19. Hat ein Bürger ein subjektives öffentliches Recht auf Erlass einer fachaufsichtlichen Weisung, wenn das Regierungspräsidium seine Pflicht zur Fachaufsicht über ein bestimmtes Landratsamt (§ 20 II S. 1 LVG) gröblich verletzt? – Rn. 87

Kapitel 3   Grundlagen des Verwaltungsrechts der Europäischen Union

A. Einführung

96 Über unmittelbar anwendbare Regelungen des EU-Primär- und Sekundärrechts wie Verordnungen sowie über Richtlinien, die vom nationalen Gesetzgeber in nationales Recht umgesetzt werden müssen, sowie über die Rechtsprechung des EuGH erlangt das Recht der Europäischen Union für das nationale Verwaltungsrecht zunehmende Bedeutung. Kenntnisse über die Struktur der EU, die Rechtsquellen des Unionsrechts sowie zentrale Elemente des Unionsrechts sind daher für die öffentliche Verwaltung auf jeder Ebene unabdingbar.

B. Europäische Union

97 Am 7.2.1992 wurde in Maastricht durch Vertrag von ihren Gründerstaaten die Europäische Union ins Leben gerufen. Dieser EU-Vertrag (**EUV**), der das Fundament der Union bildet, erhielt 1997 durch den Vertrag von Amsterdam die sogenannte konsolidierte Gebrauchsfassung. Die derzeit 27 Mitgliedstaaten der EU sind Belgien, Bulgarien, Dänemark, Deutschland, Estland, Finnland, Frankreich, Griechenland, Irland, Italien, Kroatien, Lettland, Litauen, Luxemburg, Malta, Niederlande, Österreich, Polen, Portugal, Rumänien, Schweden, Slowakei, Slowenien, Spanien, Tschechien, Ungarn und Zypern. Das Vereinigte Königreich war Mitglied der EU seit 1973 und trat nach einem Referendum auf der Grundlage des Verfahrens nach Art. 50 EUV mit Wirkung zum 31. Januar 2020 aus (sog. Brexit).
Durch den Vertrag von Lissabon aus dem Jahr 2007 konnte die EU einer grundlegenden Reform unterzogen werden: Aus dem EG-Vertrag (Rn. 98) konnte der „Vertrag über die Arbeitsweise der EU" werden; die EU hat eine eigene Rechtspersönlichkeit (Art. 47 EUV); der Europäische Rat (Rn. 100) hat Organcharakter bekommen; der Ratspräsident kann auf zweieinhalb Jahre gewählt werden; die Grundrechte-Charta (Rn. 121a) konnte verbindlich werden; ein europäisches Bürgerbegehren wurde eingeführt; das EU-Parlament (Rn. 101) entscheidet regelmäßig im Gesetzgebungsverfahren mit.
Seit dem Inkrafttreten des Vertrags von Lissabon zum 1.12.2009 bestehen EUV und AEUV in der aktuellen Fassung.

I. Die Säulen der Europäischen Union

98 Der EUV hatte in seinem Art. 1 III S. 1 die EU auf drei Säulen errichtet. Die **erste Säule** bildeten die schon seit den fünfziger Jahren des vorigen Jahrhunderts bestehenden supranationalen europäischen Organisationen der **Europäischen Gemeinschaft** (EG früher EWG) sowie der **Europäischen Atomgemeinschaft**

(EAG/Euratom), vgl. Arndt/Fischer/Fetzer, Rn. 29 ff. Von diesen war die EG von überragender Bedeutung, so dass nur sie und ihr Gründungsvertrag Beachtung finden sollte. **Zweite Säule** war sodann gem. Art. 11 bis 28 EUV die gemeinsame Außen- und Sicherheitspolitik (**GASP**). **Dritte Säule** war die Zusammenarbeit nach den Art. 29 bis 43 EUV im Bereich von Polizei und Justiz bei der Verfolgung von Strafsachen (**PJZS**). Während auf die supranationalen Organisationen als erster Säule der EU von den Mitgliedstaaten Hoheitsrechte übertragen worden sind und sie eine eigene Rechtspersönlichkeit besaßen, war das bezüglich der zweiten und dritten Säule nicht der Fall. Die EU ist vor diesem Hintergrund mehr als nur ein Staatenbund, aber weniger als ein Bundesstaat. Man kann sie als Staatenverbund bezeichnen (BVerfGE 89, 155). Die EU besitzt nunmehr eine eigene Rechtspersönlichkeit.

II. Die Institutionen der EU

Die Organe der Union sind der Europäische Rat sowie das Europäische Parlament, der Rat, die Kommission, der Gerichtshof und der Rechnungshof. Die Organe sind identisch mit den Organen der alten Gemeinschaften. Parlament, Rat und Kommission werden vom Wirtschafts- und Sozialausschuss und vom Ausschuss der Regionen unterstützt. Mit der einheitlichen europäischen Währung wurde überdies die Europäische Zentralbank errichtet.

1. Der Europäische Rat

Der Europäische Rat hat nach Art. 15 EUV die Funktion, für die Entwicklung der EU Impulse und allgemeinpolitische Zielvorstellungen zu geben. Er hat Entscheidungsbefugnis und ist auch Organ, er ist die politische Führungsinstitution der EU. Der Europäische Rat setzt sich aus den **Staats- bzw. Regierungschefs der Mitgliedstaaten**, sowie dem Präsidenten der EU-Kommission zusammen. Ihm steht ein europäischer Präsident vor. Details regelt Art. 235 f. AEUV.

2. Das Europäische Parlament

Das Europäische Parlament findet seine konkreten Reglungen in Art. 14 EUV sowie in den Art. 223 ff. AEUV. Seine Abgeordneten werden von den Bürgern der Mitgliedstaaten gewählt. Das Parlament ist mit dem Rat Rechtsetzungsorgan und ist mit Kontrollbefugnissen gegenüber der Kommission ausgestattet.

3. Der Rat (oder Rat der Europäischen Union)

Der Rat ist gem. Art. 16 EUV bzw. Art. 237 ff. AEUV das maßgebende Rechtsetzungsorgan. Er ist aber nicht wie ein Legislativorgan gewählt. Vielmehr besteht er aus je nach behandeltem Thema wechselnden **Regierungsvertretern** der Mitgliedstaaten **auf Ministerebene** mit entsprechendem Vorsitzwechsel.

4. Die Kommission

Die Kommission ist gem. Art. 17 EUV bzw. Art. 244 ff. AEUV das Exekutivorgan der EU. Sie setzt sich derzeit aus 28 Vertretern der Mitgliedstaaten (der Vertreter des Vereinigten Königreichs hat allerdings nach der BREXIT-Abstimmung sein Amt niedergelegt) und einem Präsidenten an der Spitze zusammen. Die Kommission hat das alleinige Initiativrecht und leitet mit ihren Vorschlägen den Rechtsetzungsprozess der EU ein. Weiterhin wacht die Kommission über die Anwendung der vertraglichen Bestimmungen. Ihre eigene Vollzugskompetenz ist jedoch beschränkt, da das Unionsrecht ganz überwiegend von den nationalen Verwaltungen vollzogen wird (Rn. 132 ff., 137 ff.).

5. Der Gerichtshof der Europäischen Union

104 Dem Europäischen Gerichtshof kommt nach Art. 19 EUV bzw. Art. 251 ff. AEUV auf der Basis einer Reihe von Verfahren (Rn. 143 ff.) eine sehr bedeutsame Rolle zu. Er bewahrt die EU-Rechtsordnung und schließt durch letztverbindliche Auslegung Lücken dieser Ordnung. Ihm ist das **Europäische Gericht** (früher: **Gericht Erster Instanz**) zugeordnet.

6. Die Europäische Zentralbank

105 Die Europäische Zentralbank als unabhängige Zentralbank bestimmt nach Art. 282 ff. AEUV die Geldpolitik in den Euro-Ländern. Sie legt die Leitzinssätze fest und bildet mit den nationalen Zentralbanken das Europäische System der Zentralbanken (ESZB).

7. Der Rechnungshof

106 Dem Rechnungshof nach Art. 285 ff. AEUV kommt die Aufgabe der Rechnungsprüfung bezüglich der Vorgänge in der Union zu. Er prüft das Einnahme- und Ausgabeverhalten der Union.

C. Das Recht der Europäischen Union

107 Das Recht der EU setzt sich zusammen aus dem Primärrecht und dem Sekundärrecht. Man kann das **Primärrecht** auch als das Verfassungsrecht der EU bezeichnen. Das **Sekundärrecht** ist sozusagen das einfache Recht der EU, hier nur behandelt mit Blick auf verwaltungsrechtliche Regelungen. Veröffentlicht findet sich dieses Recht im gemeinschaftlichen Amtsblatt (ABl.).

I. Primärrecht

108 Unter Primärrecht versteht man zunächst die Normen der Verträge, also des EUV und des AEUV sowie der noch immer geltende Vertrag zur Gründung der Europäischen Atomgemeinschaft (Euratom) und die über Art. 6 I EUV aufgenommene EU-Grundrechtecharta. Hinzutreten die ungeschriebenen Rechtsgrundsätze des Gemeinschaftsrechts sowie das ergänzende Gewohnheitsrecht. Neben den organisationsrechtlichen Regelungen, die schon Gegenstand der bisherigen Ausführungen waren, enthalten die Verträge insbesondere noch Regelungen zur Gemeinschaftspolitik und Grundrechts- bzw. Grundfreiheitsregelungen (Rn. 118 ff.).

1. Politikfelder

109 Die Politikregelungen legen die Aufgaben und Kompetenzen der EU in Abgrenzung zu den Mitgliedstaaten fest. Nach dem Grundsatz der begrenzten Einzeler-

mächtigung (Art. 5 EUV) darf die EU nur in den in den Verträgen genannten Politikfeldern und nur insoweit tätig werden, als sie hierzu in den Verträgen ermächtigt wird. Hierzu besteht ein in Art. 2 EUV abgestuftes Kompetenzsystem, das dem System des Grundgesetzes (Art. 70 ff. GG) ähnelt und zwischen ausschließlicher, geteilter und unterstützender Zuständigkeit unterscheidet. Die jeweils zugeordneten Politikfelder werden in den Artikeln 3 ff. AEUV beschrieben. Art. 5 EUV normiert zudem die auch auf europäischer Ebene zu beachtenden Subsidiaritätsgrundsatz und den Grundsatz der Verhältnismäßigkeit.
Zu den wesentlichen Politikfeldern der EU zählen folgende Bereiche:

a) **Warenverkehr, Landwirtschaft, Personenverkehr.** Zur Politik der EU gehört nach Art. 28 ff. AEUV die Gewährleistung freien Warenverkehrs. Die Basis dafür bildet die Zollunion der Mitgliedstaaten sowie ein gemeinsamer Zolltarif. Nach Maßgabe der Art. 38 ff. AEUV besteht ferner für die Landwirtschaft einschließlich der Verarbeitung der Erzeugnisse und den Handel mit den Erzeugnissen ein gemeinsamer Agrarmarkt. Innerhalb der EU ist die Freizügigkeit des Personenverkehrs ein weiteres wichtiges Politikfeld. Nach den Art. 49 ff. AEUV sieht der Vertrag diesbezüglich Arbeitnehmerfreiheiten und nach Art. 45 ff. AEUV Niederlassungsfreiheiten vor.

110

b) **Dienstleistungsverkehr, Kapital- und Zahlungsverkehr.** Art. 56 ff. AEUV heben im Übrigen jede Beschränkung für das Anbieten von Dienstleistungen in den Mitgliedstaaten durch Anbieter unterschiedlicher Nationalität auf. Ferner ist für das Funktionieren des Gemeinsamen Marktes die Beseitigung aller Beschränkungen des Kapital- und Zahlungsverkehrs vorgesehen. Art. 63 ff. AEUV treffen die entsprechenden primärrechtlichen Regelungen.

111

c) **Visa, Asyl, Einwanderung.** Die Art. 77 ff. AEUV beinhalten die primärrechtlichen Vorgaben zur Schaffung eines Unionsraums der Freiheit, der Sicherheit und des Rechts. Zentraler Punkt ist dabei die Abschaffung der Kontrollen beim Überschreiten der Binnengrenzen der EU. Damit einher geht eine gemeinsame Politik in den Bereichen Visa, Asyl und Einwanderung.

112

d) **Gemeinsame Verkehrspolitik, Transeuropäische Netze.** Zum gemeinsamen Markt gehört natürlich auch eine entsprechende Verkehrspolitik der EU. Die Regelungen dafür finden sich in den Art. 90 ff. AEUV, wobei mit Straßen-, Eisenbahnen-, Schiffs- und Luftverkehr alle Arten von Verkehr erfasst sind. Nicht nur aber besonders in diesen Zusammenhang gehören die sogenannten transeuropäischen Netze. Deren Aufbau und Ausbau soll in den Bereichen Verkehr, Kommunikation und Energie vonstattengehen.

113

e) **Wettbewerb, Steuerwesen, Wirtschafts- und Währungspolitik, Beschäftigung, Handelspolitik.** Um in den genannten Marktbereichen Wettbewerb zu garantieren, sieht der Vertrag Wettbewerbsregeln vor. Nach Art. 101 ff. AEUV sind Unternehmensbeschlüsse und Verhaltensweisen, die den **freien Handel** beeinträchtigen bzw. den Wettbewerb verhindern, einschränken oder verfälschen, verboten. Bis auf einige Ausnahmen sind wettbewerbsverfälschende staatliche Beihilfen mit dem Gemeinsamen Markt unvereinbar.

114

Auch das Steuerwesen muss nach Art. 110 ff. AEUV den Erfordernissen des Gemeinsamen Marktes entsprechen. Dementsprechend dürfen innerhalb der Mitgliedstaaten auf ausländische Waren keine höheren Steuern erhoben werden als auf inländische. Hinsichtlich der indirekten Steuern ist, soweit nötig, eine Harmonisierung vorgesehen. Gemäß den Art. 119 ff. AEUV sind die Ziele des Art. 3 EUV zur Verwirklichung einer gemeinsamen Wirtschafts- und Währungspolitik anzustreben. Dazu gehört auch die gemeinsame Währung, die mit dem Euro für 19 Mitgliedstaaten schon Wirklichkeit ist. Schließlich ist eine gemeinsame Politik in den Bereichen Beschäftigung, Handel und Industrie angezeigt.

115 f) **Sozialpolitik, Bildung, Jugend, Kultur, wirtschaftlicher und sozialer Zusammenhalt.** Grundsätzlich sieht der Vertrag auch eine gemeinsame Sozialpolitik vor. Nach Art. 151 ff. AEUV ist die Zusammenarbeit der Staaten in einer Fülle sozialer Fragen einschließlich der von Bildung und Jugend zu fördern. Man sieht die Kultur als Politikfeld. Einen besonderen Rang nimmt die Politik des wirtschaftlichen und sozialen Zusammenhangs ein, weil hier mittels Struktur-, Kohäsions- und Regionalfonds Hilfen zur Verringerung größerer Unterschiede in der Entwicklung der Regionen bereitgestellt werden.

116 g) **Gesundheitswesen, Verbraucherschutz, Umweltschutz.** Nicht zuletzt beinhaltet der Vertrag eine gemeinsame Gesundheits- und Verbraucherschutzpolitik (Art. 153 für das Arbeitsumfeld, Art. 168 sowie 169 AEUV) sowie in den Art. 191 ff. AEUV auch eine gemeinsame Umweltpolitik. Danach unterliegt die Tätigkeit der EU im Bereich der Umweltpolitik dem Grundsatz, Umweltbeeinträchtigungen vorzubeugen und sie nach Möglichkeit an ihrem Ursprung zu bekämpfen, was das Vorsorgeprinzip hervorhebt, sowie dem Verursacherprinzip.

117 h) **Forschung und Technologie, Entwicklungspolitik.** Im Übrigen verfolgt die EU das Ziel, die wissenschaftlichen und technischen Grundlagen der europäischen Industrie zu stärken und die Entwicklung ihrer internationalen Wettbewerbsfähigkeit zu fördern. Art. 208 ff. AEUV bestimmen das Politikfeld der Entwicklungszusammenarbeit.

2. Grundfreiheiten

118 Zum Kernbestand des europäischen Primärrechts im Politikfeld des Gemeinsamen Binnenmarkts (Art. 26 ff. AEUV) gehören die sog. Grundfreiheiten. Sie sind von Funktion und Struktur **Grundrechten ähnlich,** haben also einen Schutzbereich inne und werden durch unmittelbare bzw. vertragsimmanente Schranken begrenzt, die ihrerseits wiederum durch das auch EU-rechtlich vorhandene Prinzip der Verhältnismäßigkeit beschränkt werden. Träger der Grundfreiheiten sind die **Unionsbürger** bzw. ihnen **gleichgestellte juristische Personen.** Die Grundfreiheiten sind von allen Hoheitsgewalten in der Union bei Ausübung unionsrechtlicher Tätigkeit zu beachten, etwa bei der Auslegung unbestimmter Rechtsbegriffe oder als Ermessensgrenzen i. S. d. § 40 LVwVfG. Das gilt auch für die **nationalen Verwaltungen** bei Vollzug von EU-Recht (Schwarze, Art. 28 AEUV Rn. 65, 83, 93).

119 a) **Freier Warenverkehr.** Zu nennen ist als Grundfreiheit zunächst der freie Warenverkehr nach Art. 35 AEUV. Danach sind mengenmäßige Beschränkungen

bei der Einfuhr von Waren verboten. Waren sind dabei alle Objekte, die Gegenstand eines Handelsgeschäfts sein können (EuGH, Slg. 1968, S. 642). Die Warenverkehrsfreiheit gilt allerdings nicht unbeschränkt. Art. 36 EUV regelt einige unmittelbare Ausnahmetatbestände. Es gibt außerdem auch noch vertragsimmanente Schranken, wie sie beispielsweise in Art. 169 AEUV mit dem Verbraucherschutz und in Art. 191 AEUV mit dem Umweltschutz zum Ausdruck kommen (Peters, VR 2002, 62, 64).

Beispiel: Rücknahme oder Widerruf einer Entscheidung nach der AbfVerbrVO zur Verbringung von Abfall aus einem Mitgliedstaat in einen anderen ist Ermessenssache, wobei bei dessen Ausübung die gesetzlichen Grenzen zu beachten sind. Dazu gehören die europarechtlichen Grundfreiheiten. Nach Art. 35 AEUV sind mengenmäßige Beschränkungen bei der Einfuhr von Waren verboten, was auch auf Abfälle zutrifft. Die Aufhebung einer Verbringungsgenehmigung stellt somit eine Beschränkung von Wareneinfuhr dar. Art. 36 AEUV enthält indessen einige Ausnahmetatbestände als Schranken. Von daher kann also eine Beschränkung der Warenverkehrsfreiheit gerechtfertigt sein. Die Einschränkungsmöglichkeit der Grundfreiheit erfährt allerdings ihrerseits eine Beschränkung durch die Anforderungen der Verhältnismäßigkeit. Die Aufhebung der Verbringungsgenehmigung muss also geeignet, erforderlich und angemessen sein.

b) Freier Personenverkehr. Der freie Personenverkehr mit **Arbeitnehmerfreizügigkeit, Niederlassungsfreiheit** und **Dienstleistungsfreiheit** wird nach den Art. 45 ff. AEUV gewährleistet. Arbeitnehmer der EU haben das Recht auf Ausreise, Einreise, Aufenthalt sowie Gleichbehandlung bei Zugang und Ausübung von Beschäftigung in der Union. Als Arbeitnehmer gilt jeder abhängig Beschäftigte, der ein Entgelt erhält, das nicht als völlig unwesentlich bezeichnet werden kann. Die Niederlassungsfreiheit schützt die Aufnahme und Ausübung selbstständiger Erwerbstätigkeiten sowie die Gründung und Leitung von Unternehmen. Die Dienstleistungsfreiheit garantiert dem Leistenden, seine Tätigkeit vorübergehend in einem anderen Mitgliedstaat auszuüben. Unmittelbare Schranken sind insbesondere jeweils öffentliche Sicherheit, Ordnung sowie Gesundheit.

c) Freier Kapital- und Zahlungsverkehr. Der freie Kapital- und Zahlungsverkehr nach Art. 63 AEUV ist ebenfalls eine Grundfreiheit. Hier geht es einerseits um den originären Transfer des Kapitals von einem in den anderen Mitgliedstaat sowie um den Transfer von Kapital als Gegenleistung im Rahmen von Verträgen. Schranken ergeben sich aus Art. 64 AEUV.

3. Grundrechte

Einen originären Grundrechtskatalog, wie ihn das Grundgesetz kennt, gibt es in den Verträgen nicht. Diese Funktion wird für europarechtlich-relevante Sachverhalte durch die EU-Grundrechtecharta ausgefüllt, die über Art. 6 I EUV in die Verträge einbezogen wurden, sowie die nationalen Grundrechte und die EMRK (Art. 6 III EUV). Zu nennen sind hier neben der Menschenwürde die Gewährleistung der Meinungs-, Religions-, Vereinigungs-, Berufs-, Eigentumsfreiheit sowie der Grundsatz des rechtlichen Gehörs.

Darüber hinaus finden sich aber Regelungen wie etwa das allgemeine Diskriminierungsverbot aus Art. 18 AEUV oder auch den Grundsatz des gleichen Entgelts für Männer und Frauen bei gleicher Arbeit (Art. 157 AEUV).

II. Sekundärrecht

122 Sekundärrecht sind die auf der Basis von Ermächtigungsgrundlagen des Primärrechts erlassenen Regelungen. Das sekundäre Recht besteht nach Art. 288 AEUV in Form von Verordnungen, den Richtlinien und den Entscheidungen sowie den Empfehlungen und den Stellungnahmen. Sekundäres Gemeinschaftsrecht darf nicht gegen das primäre Recht verstoßen, andernfalls wäre es nichtig, da dieses in der Normenhierarchie der EU höherrangig ist. Zur Vermeidung eines solchen Ergebnisses müssen, wo nötig, zweifelhafte sekundäre Regelungen vertragskonform ausgelegt werden.

1. Verordnungen

123 Eines der wichtigsten Rechtsetzungsinstrumente ist die Verordnung. Sie hat gem. Art. 288 II AEUV unmittelbare Geltung für die Bürger in den Mitgliedstaaten der Union.

Beispiele: Verordnung des Rates 974/98/EG vom 3.5.1998 über die Einführung des Euro (ABl. Nr. 139 S. 1); Abfallverbringungsverordnung des Europäischen Parlaments und des Rates 1013/2006 vom 14.6.2006 (ABl. Nr. L 190 S. 1); Verordnung über Umweltmanagement und Umweltbetriebsprüfung des Europäischen Parlaments und des Rates 761/2001/EG vom 19.3.2001 (ABl. Nr. L 114 S. 1).

2. Richtlinien

124 Die Masse der Rechtsetzungsakte erfolgt allerdings in Form der sog. Richtlinien im Sinne des Art. 288 III AEUV.

Beispiele: Richtlinie des Parlaments und des Rates 96/71/EG vom 16.12.1996 über die Entsendung von Arbeitnehmern (ABl. Nr. 18 S. 1); Richtlinie des Rates 90/313/EWG vom Juni 1990 über den freien Zugang zu Informationen über die Umwelt (ABl. Nr. L 158 S. 56); Richtlinie des Rates 80/779/EWG vom 15.7.1980 über Grenzwerte und Leitwerte zur Luftqualität für Schwefeldioxid (ABl. Nr. L 38 S. 15).

125 a) **Grundsätzlich indirekte Wirkung.** Bei Richtlinien handelt es sich im Gegensatz zu den Verordnungen zunächst nicht um direkt für EU-Bürger geltendes Recht, sie sind nur gegenüber den Mitgliedstaaten verbindlich und müssen von diesen gem. Art. 288 III AEUV in das jeweilige nationale Recht umgesetzt werden. Dabei sind Richtlinien nur hinsichtlich des Ziels verbindlich, Form und Mittel zum Erreichen des Ziels bleiben den Staaten überlassen. Die Mitgliedstaaten sind allerdings verpflichtet, Formen und Mittel zu wählen, die am besten geeignet sind, Wirksamkeit und Zweck der Richtlinie zu gewährleisten. Die normative Umsetzung von EU-Richtlinien durch Verwaltungsvorschriften kann dabei nicht ohne Weiteres als geeignet angesehen werden. Regelmäßig bedarf es eines förmlichen Gesetzes oder einer Rechtsverordnung (EuGH, EuZW 1991, 440, 442).

Beispiel: Die Umsetzung der Richtlinie über Grenzwerte und Leitwerte zur Luftqualität durch die Technische Anleitung-Luft als Verwaltungsvorschrift war nach Auffassung des EuGH unzulässig, sie musste durch die 22. BImSchV nachgeholt werden.

Der Umsetzungsauftrag aus Art. 288 III AEUV richtet sich an die Mitgliedstaaten. **126**
In entsprechender Anwendung der Art. 70 ff. GG wird die Umsetzung durch den Bund oder die Bundesländer angezeigt sein. Wird die Umsetzung nicht durchgeführt, so kann die Kommission als Hüterin des Gemeinschaftsrechts gegen den Mitgliedstaat ein **Vertragsverletzungsverfahren** nach Art. 258 AEUV einleiten (Rn. 145). Das gilt auch bei Versäumnissen der Bundesländer.

b) Ausnahmsweise direkte Wirkung. Soweit die Umsetzung einer Richtlinie **127**
nicht oder nicht rechtzeitig erfolgt ist, stellt sich die Frage, welches Verhältnis zwischen der Richtlinie und dem nationalen Recht besteht. Aus europarechtlicher Sicht ist die Anwendung nationalen Rechts, das Richtlinien entgegensteht, deren legislative Umsetzung versäumt wurde, unzulässige Rechtsausübung (EuGH, Slg. 1987, 3969, 3977). Der Mitgliedsstaat verhält sich widersprüchlich, wenn er innerstaatliches Recht anwendet, das er hätte an das EU-Recht anpassen müssen. Entsprechendes gilt bei Untätigkeit angesichts nicht vorhandenen nationalen Rechts. Der EuGH hat Richtlinien vor diesem Hintergrund direkte Wirkung zuerkannt. Diese Direktwirkung hat allerdings einige Voraussetzungen. Hinsichtlich der Richtlinie muss die **Umsetzungsfrist abgelaufen** sein, sie muss **inhaltlich unbedingt** und **hinreichend genau** erscheinen (W. Schroeder, in Streinz, EUV/AEUV, Rn 91 ff.; EuGH, Slg. 1987, 3969, 3985). Wurde zunächst davon ausgegangen, dass einzelnen Bürgern dazu subjektive Rechte eingeräumt sein und diese auch geltend gemacht werden müssen, so kann als geklärt angesehen werden, dass die nationalen Verwaltungen bei Vorliegen der genannten Kriterien Richtlinien objektivrechtlich anwenden müssen (EuGH, ZUR 1995, 258, 260; Peters, UPR 2001, 172 ff.; s. auch Rn. 92).

Beispiel: Die Umweltinformationsrichtlinie von 2003 wurde von Baden-Württemberg nicht wie vorgeschrieben bis zum 14.2.2005 umgesetzt, sodass sie bis zum Umsetzungsgesetz von 2006 direkt galt.

3. Entscheidungen, Empfehlungen und Stellungnahmen

Die Entscheidungen nach Art. 288 IV AEUV sind keine abstrakt-generellen **128**
Rechtsnormen, sind aber Teil des sekundären Gemeinschaftsrechts. Sie **entsprechen dem VA** im deutschen Verwaltungsrecht einschließlich der Sonderform der Allgemeinverfügung (vgl. Rn. 236 ff.). Die Entscheidungen richten sich an die Mitgliedstaaten oder an die Bürger. Empfehlungen und Stellungnahmen sind gem. Art. 288 V AEUV nicht verbindlich, können aber die Wirkung von „soft-law" haben.

D. Verhältnis von Gemeinschaftsrecht und nationalem Recht

129 Angesichts der unterschiedlichen Rechtsetzungsebenen von EU und Mitgliedstaaten kommt es zwangsläufig zu Kollisionen bei der Normsetzung.

I. Anwendungsvorrang

130 Das Unionsrecht geht dem Recht der Mitgliedstaaten zumindest grundsätzlich vor. Da Unionsrecht und nationales Recht selbstständige Rechtsordnungen sind und die Verträge eine Kollisionsregel wie Art. 31 GG nicht enthalten, ist indessen nur von einem Anwendungsvorrang, nicht aber von einem Geltungsvorrang des Rechts der Union auszugehen. Unionsrechtswidriges innerstaatliches Recht bleibt also gültig. Einen unbeschränkten Vorrang bei einer Kollision von Unionsrecht und deutschem Verfassungsrecht gibt es allerdings nicht. Art. 23 GG ermächtigt nicht dazu, die Identität der deutschen Verfassungsordnung durch Veränderung ihres Gefüges aufzugeben. In einem solchen Falle müsste das Recht der Union zurücktreten, was angesichts der zwischenzeitlichen Ausprägung von EU-Grundrechten durch den EuGH (Rn. 121a) kaum der Fall sein kann (BVerfG, NJW 1974, 1697; 1987, 577).

II. Verwerfungskompetenz

131 Hier stellt sich die Frage, ob den nationalen Verwaltungen eine Verwerfungskompetenz hinsichtlich unionsrechtswidrigen innerstaatlichen Rechts zukommt. Aus europarechtlicher Sicht ist Anwendung nationalen Rechts, das Verordnungen oder Richtlinien entgegensteht, unzulässige Rechtsausübung, ein Mitgliedsstaat verhält sich widersprüchlich, wenn er solches innerstaatliches Recht anwendet (Rn. 127). Es kann davon ausgegangen werden, dass bei Offensichtlichkeit der Unionsrechtsverletzung eine Verwerfungskompetenz der nationalen Behörden besteht (Fischer, S. 134) – anders als bei einem Verstoß gegen höherrangiges innerstaatliches Recht, hier gibt es nach h. M. keine grundsätzliche Normverwerfungskompetenz der Verwaltung (Rn. 62 ff.).

E. Verwaltungsvollzug des Unionsrechts

132 Das Recht der Europäischen Union wird zu einem geringen Teil durch die Kommission als unionseigenem Exekutivorgan und ansonsten durch die Exekutive der Mitgliedstaaten vollzogen.

I. Direkter Vollzug durch die Exekutive der EU

133 Unionseigenen Vollzug gibt es nur in wenigen Bereichen, es ist insbesondere zu nennen das Dienstrecht der EU und das Kartell- und Beihilferecht. Diese Art des Vollzugs wird als direkter Vollzug bezeichnet.

1. Materielle Rechtsgrundlagen

Die dafür notwendigen Rechtsgrundlagen finden sich zunächst in dem jeweiligen sekundären Recht, etwa dem EU-Dienstrecht. Rechtsgrundlagen können aber auch Regelungen aus den Verträgen selbst sein. So kann die Kommission einem Verstoß gegen das Beihilfeverbot des Art. 107 AEUV mit einem Vorgehen nach Art. 108 II AEUV begegnen.

134

2. Handlungsformen

Handlungsform des Vollzugs ist entsprechend dem deutschen VA im Wesentlichen die Entscheidung im Sinne des Art. 288 IV AEUV (Rn. 128). In Betracht kommen aber auch Vertragsregelungen. Ferner können Stellungnahmen und Empfehlungen zum Vollzug genutzt werden.

135

3. Verwaltungsverfahren

Beim Verwaltungsverfahren muss auf Regelungen des primären und des sekundären Rechts sowie auf allgemeine Rechtsgrundsätze zurückgegriffen werden. Hier finden sich Aussagen zum Antragserfordernis, zu Fristen, zum Untersuchungsgrundsatz, zur Anhörung bzw. zum rechtlichen Gehör, zur Akteneinsicht, zur Vertraulichkeit, zur Begründungspflicht, zu Bekanntgabe und Vollstreckbarkeit (Arndt/Fischer/Fetzer, Rn. 238 ff.).

136

II. Indirekter Vollzug durch die Exekutive der Mitgliedstaaten

Das Unionsrecht wird für die meisten Verwaltungsbereiche indessen durch die nationalen Verwaltungen vollzogen, da in der EU kein entsprechender eigener Verwaltungsapparat vorgesehen ist. Insoweit ist vom indirekten Vollzug die Rede. Die Kontrolle dieses Vollzugs liegt bei den Mitgliedstaaten, aber auch bei der Kommission.
Die deutsche Kontrolle folgt den allgemeinen Aufsichtsregelungen (Rn. 33 ff.). Die Kommission stützt sich auf den AEUV und entsprechendes Sekundärrecht, ein generelles Weisungsrecht hat die Kommission dabei nicht.

137

1. Unmittelbarer Vollzug

Hat das Unionsrecht in den Staaten durch Verordnungen oder ausnahmsweise auch durch Richtlinien direkte Wirkung (Rn. 123, 127), so spricht man von unmittelbarem Vollzug. In diesem Fall wenden die nationalen Behörden materielles Unionsrecht an. Das EU-Recht wirkt sich dabei insbesondere auf das Verfahren der Verwaltung aus. Der Bund zieht nach Art. 83 ff. GG analog die Verwaltungskompetenz an sich, wenn eine der Unionsnorm entsprechende nationale Norm innerstaatlich hätte von ihm vollzogen werden müssen. Dies bedeutet angesichts des seltenen Bundesvollzugs, dass meistens die Bundesländer zum Vollzug des Unionsrechts berufen sind.

138

a) **Materielle Rechtsgrundlagen.** Die Rechtsgrundlagen für das Verwaltungshandeln ergeben sich aus den Verordnungen bzw. den direkt wirkenden Richtlinien der EU.

139

140 b) **Handlungsformen.** Als Handlungsform steht zunächst der nationalrechtliche VA zur Verfügung. Es kommen aber auch öffentlich-rechtliche Vertragsregelungen zur Geltung. Als besondere Handlungsform hat sich indessen der sog. transnationale Verwaltungsakt herausgebildet. Hierbei handelt es sich um die Einzelfallregelung einer nationalen Behörde zum Vollzug einer Verordnung oder direkt wirkenden Richtlinie mit rechtlicher Wirkung auf dem Hoheitsgebiet anderer Mitgliedstaaten (Stelkens/Bonk/Sachs, § 35 Rn. 135).

Beispiel: Bei der Zustimmung zur Abfallverbringung von Frankreich nach Deutschland gem. Art. 4 AbfVerbrVO regelt die dafür zuständige deutsche Behörde nicht nur den Transport auf deutschem, sondern auch auf französischem Hoheitsgebiet.

141 c) **Verwaltungsverfahren.** Beim unmittelbaren Vollzug von EU-Recht richtet sich das Verwaltungsverfahren einschließlich der Vollstreckung weitgehend nach nationalem Recht und damit vor allem nach den LVwVfG. Vereinzelte spezielle Verfahrensregelungen des EU-Rechts gehen natürlich vor. Im Übrigen darf die Verwirklichung des materiellen Unionsrechts durch nationales Verfahrensrecht nicht unterlaufen werden, es muss vielmehr effektiv angewendet werden (sog. „effet utile-Grundsatz"; Fischer, S. 136).

Beispiel: Ist eine nationale Subvention in Ansehung von Art. 107 AEUV zu Unrecht gewährt worden, so darf die Vertrauensregelung, die Ermessensausübung und der Ablauf der Jahresfrist aus § 48 I, II und IV LVwVfG die Rücknahme des Subventionsbescheids nicht verhindern, da Art. 108 II AEUV eine strikte Rückzahlung fordert (vgl. dazu Rn. 568).

2. **Mittelbarer Vollzug**

142 Sind EU-Richtlinien in das nationale Recht normativ umgesetzt, so wenden die nationalen Behörden umgesetztes EU-Recht in Form von Gesetzen bzw. Rechtsverordnungen einschließlich entsprechender Verwaltungsvorschriften als nationales Recht an. Der Unionszweck muss aber auch hier beachtet werden, was nötigenfalls durch richtlinien- bzw. vertragskonforme Auslegung gewährleistet werden muss.

Beispiel: Der Vorsorgebegriff in § 1 UVPG muss dem Vorsorgegedanken der UVP-Richtlinie der EU und dem des Art. 191 AEUV entsprechen.

F. Rechtsschutz

143 Beim Vollzug von EU-Recht durch nationale Behörden ist stets der nationale Rechtsweg eröffnet, so dass die üblichen Rechtsbehelfe genutzt werden können. Die Wahrung des Unionsrechts wird überdies durch den EuGH und das Europäische Gericht mittels einer Reihe von Rechtsbehelfen vorgenommen.

I. Vertragsverletzungsverfahren durch die Kommission

144 Gem. Art. 258 und 260 AEUV kann die Kommission gegen Mitgliedstaaten ein Vertragsverletzungsverfahren einleiten. Das geschieht auch dann, wenn ein Gliedstaat, etwa ein Bundesland, seinen europarechtlichen Pflichten nicht nachgekommen ist. Das Verfahren richtet sich immer nur gegen den Mitgliedstaat. Häufigster Fall ist die unterbliebene oder fehlerhafte Umsetzung einer Richtlinie. Die Kommission kann vom Mitgliedstaat Auskünfte verlangen und Prüfungen durchführen. Bei Mängeln gibt die Kommission nach Anhörung des Mitgliedstaates eine Stellungnahme ab. Kommt der Mitgliedstaat dieser Stellungnahme nicht nach, kann die Kommission den EuGH wegen Vertragsverletzung anrufen, der nötigenfalls ein Urteil fällt (Arndt/Fischer/Fetzer, Rn. 251 ff.).

II. Vertragsverletzungsverfahren durch Mitgliedstaaten

Eine Vertragsverletzung durch einen Mitgliedstaat kann gem. Art. 259 und 260 AEUV auch durch andere Staaten beim EuGH gerügt werden. Voraus geht aber zunächst ein Vorverfahren bei der Kommission. Diese Klageart ist in der Praxis allerdings sehr selten.

III. Nichtigkeitsklagen

Nach Art. 263 AEUV kann das Parlament, der Rat oder die Kommission beim EuGH verklagt werden. Gegenstand der Klage ist die Rechtmäßigkeit von Handlungen dieser Organe. Klagebefugt sind insbesondere die Mitgliedstaaten, der Rat, die Kommission sowie das Parlament. Gem. Art. 263 IV AEUV können aber auch natürliche und juristische Personen bei sie betreffenden Maßnahmen Klage erheben. Ist die Klage begründet, so erklärt der EuGH die Maßnahme für nichtig.

IV. Untätigkeitsklagen

Art. 265 AEUV schafft ferner die Möglichkeit, Parlament, Rat oder Kommission wegen Untätigkeit bei gebotenen Handlungen zu verklagen. Klagebefugt sind die Organe, aber auch natürliche und juristische Personen bei sie betreffenden Unterlassungen. Nach Art. 266 AEUV verpflichtet der EuGH zu entsprechendem Handeln.

V. Vorabentscheidungen

Ein anderer Weg zum EuGH ist der des Vorabentscheidungsverfahrens nach Art. 267 AEUV. Danach können bzw. müssen nationale Gerichte bei Aussetzung ihres Verfahrens den EuGH um Auslegung von EU-Recht ersuchen (Schwarze, Art. 234 Rn. 7 ff.).

Beispiel: Gibt es in einem ein Planfeststellungsverfahren betreffendes nationales Klageverfahren ein Auslegungsproblem hinsichtlich des UVPG und kann dieses nur durch eine bestimmte, aber nicht gesicherte Interpretation der UVP-Richtlinie gelöst werden, so greift Art. 267 AEUV.

VI. Schadensersatzklagen

149 Schließlich können gem. Art. 268 AEUV Schadensersatzklagen wegen deliktischen Unrechts erhoben werden. Bei Schäden durch EU-Amtstätigkeiten gibt es eine Amtshaftung nach Art. 340 AEUV (Rn. 1131).

G. Vertiefungshinweise und Wiederholungsfragen

I. Vertiefungshinweise

150 Arndt/Fischer/Fetzer, Europarecht, 12. Aufl. 2019; Eichholz, Europarecht, 4. Aufl. 2018; Herdegen, Europarecht, 22. Aufl. 2020; Bergmann, Grundstrukturen der EU und des Europäischen Verwaltungsrechts, VBlBW 2000, 169 ff.

II. Wiederholungsfragen

151
1. Was versteht man unter der Europäischen Union? – Rn. 96, 97
2. Welche Organe hat die EU und was sind ihre Aufgaben? – Rn. 99 ff.
3. Was bedeutet Primär- und Sekundärrecht? – Rn. 107, 122
4. Welche Bedeutung haben die Grundfreiheiten? – Rn. 118 ff.
5. Was ist der Unterschied zwischen Verordnungen und Richtlinien? – Rn. 123 ff.
6. Wann haben Richtlinien direkte Wirkung? – Rn. 126
7. Welche Verwaltung vollzieht das Recht der EU? – Rn. 132 ff.
8. Welches Verwaltungsverfahrensrecht gilt dabei? – Rn. 133, 138, 139
9. Welche Klagearten gibt es beim EuGH? – Rn. 143 ff.

Teil II Das Handeln der öffentlichen Verwaltung

Kapitel 4 Gebundenheit und Freiheit der Verwaltung

A. Gesetzmäßigkeit der Verwaltung

152 Die öffentliche Verwaltung ist nach Art. 20 III GG „an Gesetz und Recht" gebunden. Aus diesem Prinzip der **Gesetzmäßigkeit der Verwaltung** folgen konkret der „Grundsatz vom Vorrang des Gesetzes" und der „Grundsatz vom Vorbehalt des Gesetzes" (zum Folgenden Maurer/Waldhoff, AVR, § 6; Detterbeck, AVR, § 7 Rn. 256 ff.).

I. Vorrang des Gesetzes

153 Der Grundsatz des Vorrangs des Gesetzes bringt die Bindung der Verwaltung an die bestehenden Gesetze zum Ausdruck. Gesetz in diesem Sinne meint sowohl Gesetze im **formellen Sinn** (vom Parlament im hierfür vorgesehenen Verfahren erlassen) als auch Gesetze im bloß **materiellen Sinn** (wie Satzungen und Rechtsverordnungen) sowie **Rechtsvorschriften des EU-Rechts**, die unmittelbar anwendbar sind und unmittelbar wirken (Detterbeck, AVR, Rn. 258 m. w. N.). Der Grundsatz vom Vorrang des Gesetzes verpflichtet die Verwaltung also zu gesetzmäßigem Handeln („kein Handeln gegen das Gesetz"). Er gilt ohne Ausnahme in allen Bereichen der Verwaltung. Selbst bei unterstelltem dringendem öffentlichem oder überwiegendem privatem Interesse darf die Verwaltung nicht von diesem Grundsatz abweichen.

154 **Beispiel:** A hat 10 Punkte im Fahreignungsregister des Kraftfahrt-Bundesamtes in Flensburg. Da er als LKW-Fahrer auf seinen Führerschein angewiesen ist, möchte die Behörde ihm den Führerschein nicht entziehen. Ist dies rechtlich zulässig?

Lösung: Nach § 4 V S. 1 Nr. 3 StVG gilt bei acht oder mehr Punkten der Inhaber der Fahrerlaubnis als ungeeignet zum Führen von Kraftfahrzeugen und die Fahrerlaubnis (= Führerschein) „ist" zu entziehen. Wenn die Behörde die Fahrerlaubnis nicht entzieht, verstößt sie gegen den Vorrang des Gesetzes.

II. Vorbehalt des Gesetzes

155 Der Grundsatz des Vorbehaltes des Gesetzes wird aus Art. 20 III GG (so BVerfGE 40, 237, 248; 77, 170, 230) bzw. aus dem Demokratieprinzip und den Grundrechten hergeleitet (Maurer/Waldhoff, AVR, § 6 Rn. 4 ff.). Er besagt, dass die Verwaltung nur tätig werden darf, wenn sie dazu durch Gesetz ermächtigt ist.

156 Der Grundsatz des Vorbehalts des Gesetzes gilt uneingeschränkt im Bereich der **Eingriffsverwaltung**. Er gilt auch im Rahmen von „**Sonderrechtsverhältnissen**" (BVerfGE 33, 1 ff.: Strafgefangenenverhältnis). Das sind Rechtsverhältnisse, in denen der Einzelne in einer engeren Beziehung zum Staat steht als im allgemeinen Staat-Bürger-Verhältnis (z. B. Beamten-, Schul-, Soldaten- und Strafgefangenenverhältnis). Auch insoweit gilt der Grundsatz vom Vorbehalt des Gesetzes (Maurer, Staatsrecht I, § 8 Rn. 22).

157 Im Übrigen gilt er für alle **wesentlichen Entscheidungen** (sog. **Wesentlichkeitstheorie** des Bundesverfassungsgerichts: BVerfGE 49, 89, 126; 83, 130, 142 f.; 95, 267, 307; Voßkuhle, JuS 2007, 118 ff. und 419 ff.).
Der Gesetzgeber – und nur dieser – ist berechtigt und verpflichtet, die wesentlichen Entscheidungen selbst zu treffen. In grundrechtsrelevanten Bereichen bedeutet „wesentlich" in der Regel, dass das Ge- oder Verbot sich wesentlich auf die Verwirklichung der Grundrechte auswirkt (BVerfGE 58, 257). Im Einzelfall kann eine Abgrenzung und Bestimmung, ob eine Entscheidung wesentlich in diesem Sinne ist, sehr schwierig sein.

158 **Beispiele für wesentliche Entscheidungen:**
Einführung von Sexualkunde als zusätzliches Unterrichtsfach in der Schule wegen seiner Bedeutung für das durch Art. 6 GG geschützte elterliche Erziehungsrecht (BVerfG, NJW 1978, 807; vgl. auch § 100b Schulgesetz); Zusammenlegung von Innenministerium und Justizministerium zu einem neuen Ministerium, weil hierdurch grundlegende Prinzipien der Verfassung (Rechtsstaatsprinzip, Gewaltenteilung) berührt werden (VerfGH NRW, NJW 1999, 1243 = JZ 1999, 1109); Verlagerung der Bearbeitung von beamtenrechtlichen Beihilfeanträgen auf einen externen privaten Vertragspartner, weil dadurch das Grundrecht auf informationelle Selbstbestimmung des Antragstellers tangiert wird (Sellmann, NVwZ 2008, 817, 821 m. w. N. aus der Rechtsprechung); Gewährung einer staatlichen Subvention, **wenn** diese Leistung mit Eingriffen in Grundrechte Dritter, z. B. eines nicht begünstigten Konkurrenten des Subventionsempfängers, einhergeht (BVerwGE 71, 183, 194; Wehr, JuS 1997, 419, 421 m. w. N.).

159 **Beispiele für keine wesentlichen Entscheidungen:**
Einführung der Rechtschreibreform (BVerfGE 90, 218, 251 = NJW 1998, 2515); Weisung des Bundesministers der Verteidigung, die neuen Rechtschreibregeln bei der Bundeswehr anzuwenden, stellt keinen Eingriff in das allgemeine Persönlichkeitsrecht des Soldaten dar (BVerwG, NVwZ 2002, 610, 611).

160 Im Überblick lässt sich der Vorbehalt des Gesetzes vereinfacht wie folgt darstellen:

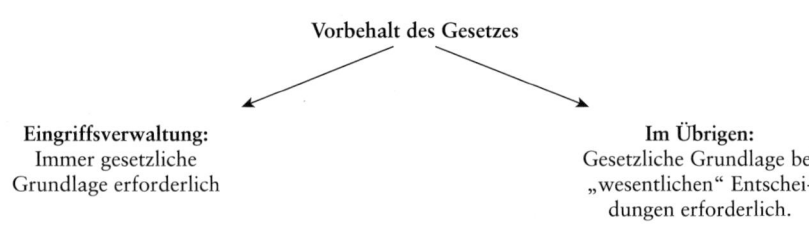

Vorbehalt des Gesetzes

Eingriffsverwaltung:
Immer gesetzliche
Grundlage erforderlich

Im Übrigen:
Gesetzliche Grundlage bei
„wesentlichen" Entscheidungen erforderlich.

B. Unbestimmter Rechtsbegriff und Beurteilungsspielraum

I. Allgemeines

Die soeben aufgezeigte Gesetzesbindung kann „gelockert" sein, indem das Gesetz unbestimmte Rechtsbegriffe auf Tatbestandsseite verwendet. Der Gesetzgeber ist auf die Verwendung dieser Begriffe angewiesen, da er nicht alle Sachverhalte, die ein Gesetz regeln soll, voraussehen bzw. so regeln kann, dass das Gesetz dennoch verständlich bleibt. Die Verwendung solcher unbestimmter Rechtsbegriffe ist grundsätzlich zulässig, sofern Zielrichtung und Rahmen der Regelung erkennbar bleiben (BVerfGE 49, 194 ff.; Maurer, Staatsrecht I, § 8 Rn. 47 m. w. N.). In einigen wenigen Fällen ist der Behörde zusätzlich ein Beurteilungsspielraum eingeräumt (s. sogleich Rn. 165 ff.).

161

II. Unbestimmte Rechtsbegriffe

Rechtsvorschriften enthalten bestimmte und unbestimmte Rechtsbegriffe. Lassen die vom Gesetzgeber verwendeten Begriffe keinerlei Zweifel hinsichtlich ihres Bedeutungsinhalts, haben sie also einen eindeutigen und klar abgrenzbaren Inhalt, bezeichnet man sie als **bestimmte Rechtsbegriffe**.

162

> **Beispiele:** § 5 VII Nr. 1 LBO: Die Tiefe der Abstandsfläche beträgt allgemein 0,4 der Wandhöhe (Berechnung der Wandhöhe ist in § 5 IV und V LBO geregelt); § 9 II LVwVG: Die Nachtzeit umfasst vom 1. April bis 30. September die Stunden von 21:00 bis 4:00 Uhr, vom 1. Oktober bis 31. März die Stunden von 21:00 bis 6:00 Uhr.

Davon unterscheiden sich die **unbestimmten Rechtsbegriffe**. Bei diesen Begriffen ist der Sinngehalt nicht ohne Weiteres zu erkennen. Vielmehr ist der Inhalt mehrdeutig und bedarf daher der Auslegung (hierzu Rn. 167 ff.).

163

> **Beispiel:** §§ 3, 1 PolG: Tatbestandsvoraussetzungen: Gefahr oder Störung der öffentlichen Sicherheit oder Ordnung.
>
> **Weitere Beispiele:** „Verunstaltung" (§ 11 LBO); „Zuverlässigkeit" (§ 35 I S. 1 GewO, § 4 I Nr. 1 GastG); „Eignung, Befähigung und fachliche Leistung" (§ 9 BeamtStG); „gute Sitten" (§ 33a II Nr. 2 GewO); „innere oder äußere Sicherheit oder sonstige erhebliche Belange der Bundesrepublik Deutschland" (§ 7 I Nr. 1 PassG).

Es dürfte inzwischen in Rechtsprechung und Literatur weitgehend anerkannt sein, dass solche unbestimmten Rechtsbegriffe von den Gerichten zur Gewährung eines effektiven Rechtsschutzes in vollem Umfang überprüft werden können (BVerwGE 81, 12, 17; 100, 221, 225; BVerfGE 84, 49 f. und 88, 40, 56 f.; Detterbeck, AVR, Rn. 354). Es geht nicht an, dass ein Sachbearbeiter eine bauliche Anlage für verunstaltend hält, der für einen anderen Buchstaben zuständige Sachbearbeiter eine völlig vergleichbare Anlage jedoch als nicht verunstaltend ansieht und der Bürger hiergegen keinen gerichtlichen Rechtsschutz erlangen können soll. Entweder ist eine

164

Anlage verunstaltend oder sie ist es nicht und im Zweifelsfall muss ein Gericht dies entscheiden.

Ausnahmsweise wird allerdings auch von der Rechtsprechung der Verwaltung ein Beurteilungsspielraum eingeräumt.

III. Beurteilungsspielraum

1. Fallgruppen von Beurteilungsspielraum

165 Nur in folgenden Fällen ist in der Rechtsprechung ein Beurteilungsspielraum anerkannt (vgl. Maurer/Waldhoff, AVR, § 7 Rn. 37 ff. und Detterbeck, AVR, Rn. 362 ff.):
a) Prüfungsentscheidungen bzw. prüfungsähnliche Entscheidungen (BVerwGE 99, 74 ff.; 104, 203 ff.)

Beispiele: Abitur, Staatsexamen, Versetzung in die nächsthöhere Schulklasse.

b) Beamtenrechtliche Beurteilungen (BVerfG, NVwZ 2002, 1368; BVerwGE 97, 128).

Kein Beurteilungsspielraum dagegen bei Entzug der Luftfahrerlaubnis wegen „charakterlicher oder geistiger Mängel" (BVerwGE 129, 355).

c) Entscheidungen wertender Art durch weisungsfreie Ausschüsse, die mit Sachverständigen besetzt sind (BVerwGE 62, 330, 337 ff.; 129, 27, 33).

Beispiele: Weinprüfung, Prüfung der Befähigung zum Architekten durch unabhängigen Sachverständigenausschuss.

d) Prognose- und Risikoentscheidungen (BVerwGE 80, 270, 275; 72, 300, 316).

Beispiele: Zulassung von weiteren Taxen, ohne dass die Funktionsfähigkeit des örtlichen Taxengewerbes bedroht wird, ist eine gerichtlich nur eingeschränkt überprüfbare Prognoseentscheidung. Risikoentscheidungen sind insbesondere im Umweltrecht vorzunehmen (Genehmigung von Kernkraftwerken).

2. Gerichtliche Überprüfbarkeit

166 Die Anerkennung eines Beurteilungsspielraums bedeutet aber nicht, dass das der Verwaltung eingeräumte Beurteilungsrecht einer gerichtlichen Kontrolle völlig entzogen wäre. Vielmehr ist ein **reduzierter Prüfungsmaßstab** anzulegen.
Der eingeräumte Beurteilungsspielraum wurde überschritten, wenn die Behörde:
– Verfahrensfehler begangen hat;

Beispiel: Es wurde eine geringere als die in der Prüfungsordnung vorgesehene Bearbeitungszeit gewährt.

– von einem unrichtigen Sachverhalt ausgegangen ist;

Beispiel: Die dienstliche Beurteilung eines Beamten stützt sich auf Ereignisse, die weit zurück und nicht in dem zu beurteilenden Zeitraum liegen.

– allgemeingültige Bewertungsmaßstäbe verletzt hat;

Beispiel: Prüfungsaufgabe wurde zwar vollständig richtig gelöst, aber dennoch mit „befriedigend" bewertet, weil die Aufgabe so leicht gewesen sei. Bei jeder Prüfungsaufgabe muss die Höchstnote erreicht werden können.
- sich von sachfremden Erwägungen leiten ließ;
  Beispiel: S wird wegen seiner politischen Auffassung vom Prüfer zu streng beurteilt.
- den Gleichheitssatz missachtet hat;
  Beispiel: S wird in der mündlichen Prüfung als einziger vom Prüfer mit den Worten begrüßt: „Ich hätte nie gedacht, dass Sie es bei Ihren schlechten Leistungen während des Studiums überhaupt in die mündliche Prüfung schaffen. Da fangen wir bei Ihnen am besten zunächst mit ganz leichten Fragen an."
- eine vertretbare Lösung als falsch bewertet hat.

IV. Auslegung unbestimmter Rechtsbegriffe

Unbestimmte Rechtsbegriffe sind vor ihrer Anwendung **auszulegen**. Der Anwender des Rechts muss wissen, was die Begriffe bedeuten. In der Praxis ist die Auslegung neben der anschließenden Subsumtion (Unterordnung des Sachverhalts unter die Tatbestandsvoraussetzungen) das Kernstück zur Lösung eines Falles.

1. Wörtliche Auslegung

Die Wortlautauslegung orientiert sich an dem allgemeinen Sprachgebrauch oder an einer bestehenden Fachterminologie.

Beispiel: Nach § 2 IV StVO besteht die Pflicht, mit Fahrrädern bei entsprechender Beschilderung die Radwege in der jeweiligen Fahrtrichtung zu benutzen. A befährt mit seinem Liegerad trotz Beschilderung nicht die Radwege, sondern die Fahrbahn der Straße. Er wendet ein, bei seinem Liegerad handle es sich um gar kein Fahrrad im Sinne von § 2 IV StVO.

Lösung: Nach dem allgemeinen Sprachgebrauch zählen zu den „Fahrrädern" Fahrzeuge, die mit wenigstens zwei Rädern ausschließlich durch Muskelkraft angetrieben werden (vgl. BVerwG, Beschl. v. 31.5.2001 – 3 B 183/00, juris). Bei dem Liegerad handelt es sich zweifelsohne um ein Fahrrad im Sinne von § 2 IV StVO.

Neben der Wortlautauslegung werden meistens noch andere Auslegungsmethoden (ergänzend) herangezogen.

Im obigen **Beispiel** ergibt der systematische Vergleich mit den in § 1 II StVG genannten Kraftfahrzeugen, die durch Maschinenkraft bewegt werden, dass Fahrräder im Umkehrschluss nicht mit Maschinenkraft, sondern mit Muskelkraft angetrieben werden.

Der Wortlaut bildet die Grenze der Auslegung. Wird diese Grenze überschritten, findet keine Auslegung, sondern eine grds. unzulässige Weiterentwicklung des Gesetzes statt.

2. Systematische Auslegung

169 Die systematische Auslegungsmethode bringt die zu interpretierende Norm in einen Zusammenhang mit dem gesamten Gesetz oder mit anderen Gesetzen.

Beispiel: Die zuständige Behörde möchte aufgrund von gewalttätigen Ausschreitungen eine Versammlung in der örtlichen Stadthalle auflösen. Was ist hierfür die richtige Rechtsgrundlage?

Lösung: § 15 III VersG wäre vom Wortlaut her einschlägig. Die **Systematik** des VersG spricht allerdings dagegen, da § 15 VersG im Abschnitt III „öffentliche Versammlungen unter freiem Himmel" steht. Richtige Rechtsgrundlage ist § 13 I Nr. 2 VersG, der aufgrund seiner Stellung in Abschnitt II für öffentliche Versammlungen in geschlossenen Räumen gilt.

Die systematische Auslegungsmethode kann aber auch einen Begriff der Norm in einen Zusammenhang mit der gesamten Norm bringen.

Beispiel: G beantragt die Erteilung einer Gaststättenerlaubnis. Gegen die Ablehnung der Erlaubnis legt er Widerspruch ein. Er vertritt nun die Auffassung, dass sein Widerspruch gem. § 80 I S. 1 VwGO aufschiebende Wirkung habe und er die Gaststätte schon eröffnen dürfe.

Lösung: Gem. § 80 I S. 1 VwGO haben Widerspruch und Anfechtungsklage aufschiebende Wirkung. Vom Wortlaut kann mit Widerspruch sowohl der Anfechtungs- als auch der Verpflichtungswiderspruch gemeint sein. Der Wortlaut ist also nicht eindeutig. Hier kann auf den Zusammenhang des Wortes „Widerspruch" innerhalb der Norm abgestellt werden. Der Begriff „Widerspruch" erscheint in § 80 I S. 1 VwGO in unmittelbarem Zusammenhang mit dem Begriff „Anfechtungsklage". Damit ist der Widerspruch als Vorverfahren vor Durchführung der Anfechtungsklage zu verstehen. Die Anfechtungsklage ist gem. § 42 I VwGO gerichtet auf die **Aufhebung** eines VA. G möchte hier aber nicht die Aufhebung, sondern den **Erlass** eines ihn begünstigenden VA. § 80 I S. 1 VwGO greift in diesen Fällen des Verpflichtungswiderspruchs nicht. Damit hat sein Verpflichtungswiderspruch keine aufschiebende Wirkung.

170 Unterarten der systematischen Auslegung sind die **verfassungskonforme** und die **unionskonforme Auslegung**.

Die Normenhierarchie hat das Gebot verfassungskonformer Auslegung zur Folge. Ist der Wortlaut eines Rechtssatzes eindeutig, kommt eine verfassungskonforme Interpretation nicht in Betracht. Hier würde nämlich das Gesetz nicht mehr ausgelegt, sondern missachtet.

Kommen dagegen vom Wortsinn mehrere Interpretationen in Betracht, kann zur Auslegung auf die Verfassung, insbesondere die Grundrechte als objektive Werteordnung, zurückgegriffen werden.

171 **Beispiel:** Das Verteilen von Flugblättern (ohne festen Stand!) in einer Fußgängerzone könnte nach dem Wortlaut des § 13 I S. 1 Straßengesetz („innerhalb der verkehrsüblichen Grenzen") noch erlaubnisfrei oder auch außerhalb der „verkehrsüblichen Grenzen" und damit eine erlaubnispflichtige Sondernutzung sein. Unter Berücksichtigung der von Art. 5 I GG geschützten Presse- und Meinungsfreiheit bewegt sich das Verteilen von politischen Flugblättern innerhalb einer Fußgängerzone noch innerhalb des Gemeingebrauchs (BVerfG, NVwZ 1992, 53 f.; BVerwGE 56, 24–31 = NJW 1978, 1935–1937; dazu näher Rn. 1072).

3. Teleologische Auslegung

Falls die Bedeutung der Regelung nach den bisherigen Auslegungsmethoden noch fraglich ist, soll mit der teleologischen Auslegungsmethode der **Sinn und Zweck der Norm** ermittelt werden.

172

> **Beispiel:** Nach § 7 II Nr. 1 LNRSchG ist das Rauchen nur in vollständig abgetrennten Nebenräumen zulässig. A möchte in seiner Gaststätte einen solchen Raucher-Nebenraum einrichten. Die Gaststätte wird überwiegend als Speisegaststätte genutzt und hat abends die meisten Gäste. Sie besteht aus einem „Wirtschaftszimmer" mit 70 m² und ca. 60 Sitzplätzen sowie einem „Speisezimmer" mit 40 m² und ca. 40 Sitzplätzen. Die Küche grenzt unmittelbar an das Speisezimmer, welches überwiegend zum Speisen genutzt wird. Da im Wirtschaftszimmer jeden Abend der Stammtisch „tagt", möchte A es als Raucher-Nebenraum nutzen.
> Handelt es sich bei dem Wirtschaftszimmer um einen solchen „Nebenraum"?
>
> **Lösung:** Der **Wortlaut** „Nebenraum" setzt einen „Hauptraum" voraus. Der Begriff „Neben-" bringt zum Ausdruck, dass dieser Raum eine untergeordnete Bedeutung haben muss. Die untergeordnete Bedeutung kann sich aus vielen Gesichtspunkten ergeben: aus der Größe, Lage und Ausstattung der Räume, aber auch aus der tatsächlichen Nutzung und dem Schwerpunkt der gastronomischen Tätigkeit. Nach dem **Sinn und Zweck** will das LNRSchG möglichst viele Gäste vor den ungesunden Folgen des Passiv-Rauchens schützen. Hauptkriterium ist demnach der Schwerpunkt der gastronomischen Tätigkeit. In dem Raum, in dem sich üblicherweise die meisten Gäste aufhalten, darf nicht geraucht werden; dieser Raum ist der Hauptraum. Hier wird die Gaststätte überwiegend als Speisegaststätte genutzt. Die meisten Gäste nutzen hierfür das kleinere Speisezimmer, das auch an die Küche angrenzt. Im Speisezimmer liegt der Schwerpunkt der gastronomischen Tätigkeit, sodass dieses der Hauptraum und das Wirtschaftszimmer – trotz der größeren Fläche – der Nebenraum ist. A kann das Wirtschaftszimmer somit als Raucher-Nebenraum nutzen.

173

4. Historische Auslegung

Die historische Auslegungsmethode stellt auf die Entstehungsgeschichte und die geschichtliche Entwicklung der Rechtsnorm ab. Sie will ermitteln, was der Gesetzgeber mit einer Norm erreichen wollte und welche Vorstellungen er mit den gebrauchten Gesetzesbegriffen verbunden hat. Wichtige Quellen sind zunächst die Gesetzesmaterialien, insb. die Gesetzesbegründungen in den Bundestags- und Landtagsdrucksachen. Aus einem Vergleich mit der Vorgängerregelung zeigt sich die geschichtliche Entwicklung und ein eventuell gewandeltes Verständnis. Die historische Auslegungsmethode stößt bei älteren Gesetzen an ihre Grenzen; bei jüngeren Gesetzen kann sie indessen wichtige Erkenntnisse liefern.

174

C. Ermessen

I. Begriff

175 Im Gegensatz zu unbestimmten Rechtsbegriffen wird Ermessen **ausschließlich** auf **Rechtsfolgenseite** eingeräumt. Wenn der Gesetzgeber in der jeweiligen Ermächtigungsgrundlage nicht zwingend vorschreibt, welche Maßnahmen die Verwaltung bei Vorliegen der Tatbestandsvoraussetzungen treffen „muss" oder zu treffen „hat", wenn der Behörde also eine Entscheidungsfreiheit eingeräumt wird, ob und ggf. wie sie von der Rechtsfolge einer Norm Gebrauch macht, spricht man von Ermessen.

176 Es gibt zwei Formen der Ermessenseinräumung, nämlich das Entschließungs- und das Auswahlermessen. Das **Entschließungsermessen** räumt der Verwaltung Entscheidungsfreiheit dahingehend ein, „**ob**" sie überhaupt tätig wird. Hat sich die Verwaltung zu einem Einschreiten entschlossen, räumt ihr das **Auswahlermessen** Entscheidungsfreiheit dahingehend ein, „**wie**" die Behörde tätig wird, d. h. welche ihr zur Verfügung stehenden Maßnahmen sie ergreift.

Beispiele: Nach § 62 KrWG kann die Behörde die erforderlichen Anordnungen treffen. „Kann" macht deutlich, dass die Behörde nicht einschreiten muss; sie hat Entschließungsermessen, „ob" sie überhaupt tätig wird. Darüber hinaus kann die Behörde entscheiden, „wie" sie tätig wird, d. h. welche Anordnung sie trifft bzw. welche Maßnahme sie ergreift; sie hat also auch Auswahlermessen.

Nach § 17 II IfSG hat die Behörde, wenn Gesundheitsschädlinge festgestellt werden, die zu ihrer Bekämpfung erforderlichen Maßnahmen anzuordnen. Die Behörde ist zum Einschreiten verpflichtet („hat" anzuordnen), sie hat kein Entschließungsermessen. Sie hat jedoch Auswahlermessen, welche Maßnahmen sie zur Schädlingsbekämpfung ergreift.

Von Auswahlermessen spricht man auch, wenn die Behörde entscheiden kann, **welchen** von mehreren Störern sie in Anspruch nimmt.

II. Einräumung von Ermessen

1. Ermessensvorschriften

177 Ob der Verwaltung Ermessen eingeräumt ist, ergibt sich aus der jeweiligen Rechtsgrundlage.
Das Ermessen wird i. d. R. eingeräumt durch folgende Formulierungen: „kann", „darf", „ist ermächtigt" bzw. „befugt" oder „nach pflichtgemäßem Ermessen".

Beispiele: § 65 I S. 1 LBO „Abbruch ... kann angeordnet werden".
§ 3 PolG oder auch § 16 II S. 1 StrG „nach pflichtgemäßem Ermessen".

Ermessen räumt eine Norm aber auch dann ein, wenn in der Vorschrift nicht ausdrücklich geregelt ist, dass die Behörde handeln muss.

Beispiel: Nach § 48 StVO müssen Verkehrsteilnehmer, die Verkehrsvorschriften nicht beachtet haben, „auf Vorladung" der Straßenverkehrsbehörde an einem Verkehrsunterricht teilnehmen. Ob eine solche „Vorladung" ergeht, liegt im Ermessen der Behörde.

Unter Umständen ist der Behörde trotz Vorliegens einer Ermessensnorm ausnahmsweise kein Ermessen eingeräumt, wenn die betreffende Ermächtigungsnorm – ggf. unter Heranziehung einer verfassungskonformen Auslegung (vgl. Rn. 170) – als zwingende Norm auszulegen ist. In diesen Fällen spricht man von einer Ermessensreduzierung auf „Null" (s. Rn. 201 ff.). **178**

Beispiel: Nach § 35 II BauGB „können" nicht privilegierte Außenbereichsvorhaben zugelassen werden, wenn keine öffentlichen Belange beeinträchtigt werden. Unter Beachtung des durch Art. 14 I GG geschützten Eigentumsrechts des Bauherrn ist dieses „können" als „müssen" auszulegen (BVerwGE 18, 247, 250).

2. Soll-Vorschriften

Soll-Vorschriften stehen zwischen den „Kann-Vorschriften" (Ermessensvorschriften) und den „Muss-Vorschriften" (gebundene Verwaltung). Soll-Vorschriften sind dabei eher den Muss-Vorschriften als den Ermessens-Vorschriften angenähert. Grundsätzlich ist die Behörde bei Soll-Vorschriften **verpflichtet** zu handeln, wenn die gesetzlichen Voraussetzungen vorliegen. Liegt ein **Regelfall** vor, **muss** die Behörde handeln; liegt hingegen ein **atypischer Ausnahmefall vor, hat die Behörde Ermessen und** darf von der in der Norm vorgeschriebenen Rechtsfolge abweichen (BVerwGE 90, 88, 93). Kurz gesagt: Die Soll-Vorschrift ist im Regelfall eine Muss-Vorschrift und im **atypischen Ausnahmefall** eine Ermessens-Vorschrift (vgl. BVerwGE 88, 1, 8; Detterbeck, AVR, Rn. 321 m. w. N.). **179**

Beispiel: Wird eine nach dem Bundes-Immissionsschutzgesetz genehmigungsbedürftige Anlage ohne die erforderliche Genehmigung betrieben, „soll" nach § 20 II S. 1 BImSchG die zuständige Behörde deren Stilllegung oder Beseitigung anordnen. Im Regelfall ist die Anlage ohne erforderliche Genehmigung stillzulegen. Nur wenn aufgrund atypischer Umstände ein Ausnahmefall vorliegt, hat die Behörde Ermessen, ob sie die Anlage stilllegt oder nicht.

III. Richtige Ermessensausübung

Wenn der Behörde Ermessen eingeräumt ist, bedeutet dies nicht, dass diese völlig „freie Hand" bei ihrer Entscheidung hat. Vielmehr regelt § 40 LVwVfG, wie die Verwaltung das ihr eingeräumte Ermessen richtig ausübt. **180**
Nach § **40 LVwVfG** muss die Behörde das ihr eingeräumte Ermessen
1. erkennbar „ausüben",
2. „entsprechend dem Zweck der Ermächtigung" handeln und
3. „die gesetzlichen Grenzen des Ermessens" einhalten.

1. Ermessensausübung

Die Behörde muss das ihr eingeräumte Ermessen nach außen erkennbar (also in der Begründung ihres Bescheids) ausüben. Geht die Behörde irrtümlich davon **181** aus, dass ihr kein Ermessen eingeräumt sei und stellt sie dementsprechend keine Ermessenserwägungen an, begeht sie einen Fehler. Diesen Fehler nennt man **Ermessensnichtgebrauch.**

Beispiel: Die Behörde schreibt in ihrem Bescheid, dass sie aufgrund der rechtswidrigen Errichtung und Nutzung des Gartenhäuschens gezwungen ist, dessen Abbruch anzuordnen. Die auf § 65 I S. 1 LBO gestützte Abbruchsanordnung steht jedoch im Ermessen der Behörde („kann angeordnet werden"). Es muss in dem Bescheid zum Ausdruck kommen, dass die Behörde ihr Ermessen erkannt und ausgeübt hat; andernfalls liegt ein Ermessensfehler in Form des Ermessensnichtgebrauchs vor.

2. Zweckentsprechende Ermessensausübung

182 Nach § 40 LVwVfG muss die Behörde das Ermessen „entsprechend dem Zweck der Ermächtigung" ausüben. Die Behörde darf sich bei ihrer Entscheidung nicht von sachfremden Erwägungen leiten lassen. Sachfremde Erwägungen sind solche, die dem Normzweck zuwiderlaufen. Stellt die Behörde auf solche Erwägungen ab, begeht sie einen Fehler. Diesen Fehler nennt man **Ermessensfehlgebrauch.**

Beispiel: Behörde erlässt gegenüber E eine auf § 65 I S. 1 LBO gestützte Abbruchsanordnung mit der Begründung, E selbst habe sich doch häufig öffentlich für die Erhaltung von Umwelt und Natur eingesetzt, weshalb gerade er sein illegal im Außenbereich errichtetes Wochenendhaus abreißen solle.

Beispiel: Die Behörde lehnt den Antrag des A auf Erteilung einer straßenrechtlichen Sondernutzungserlaubnis für einen Stand in der Fußgängerzone mit der Begründung ab, A weigere sich Mehrweggeschirr zu verwenden. Diese Erwägung ist ermessensfehlerhaft; es liegt ein Ermessensfehler in Form des Ermessensfehlgebrauchs vor. Die Entscheidung orientiert sich nicht am Zweck des Straßengesetzes, das die Sicherheit und Leichtigkeit des Verkehrs schützen will. Zweck des Straßengesetzes ist nicht der Umweltschutz und die Abfallvermeidung (vgl. VGH BW, Beschl. v. 14.10.1996, VBlBW 1997, 107). Etwas anders gilt, wenn ein Bezug zur Straßennutzung besteht, z. B. wenn die Erlaubnis mit der Begründung abgelehnt wurde, dass es in der Vergangenheit am Stand des A stets zu einem erhöhten Müllaufkommen und dadurch zu einer Verschmutzung der Straße kam.

183 Ähnlich ist die Situation, wenn die Behörde falsche oder nicht alle Umstände, die für die Entscheidungsfindung relevant sind, bei ihrer Ermessensentscheidung berücksichtigt. Auch hier stellt die Behörde ausgehend von einem falschen Sachverhalt sachfremde Erwägungen an mit der Folge, dass ein Fehler in Form des **Ermessensfehlgebrauchs** vorliegt.

Beispiel: Die Behörde geht in der obigen Variante des letzten Beispielsfalls fälschlicherweise davon aus, dass es am Stand des A stets zu Verschmutzungen der Straße kam, während dies in Wirklichkeit nicht der Fall war.

3. Beachtung der gesetzlichen Grenzen

184 Nach § 40 LVwVfG hat die Behörde bei ihrer Ermessensentscheidung „die gesetzlichen Grenzen des Ermessens" einzuhalten. Solche Grenzen können sich aus der Rechtsgrundlage selbst (a) oder aus höherrangigem Recht (b–d) ergeben. Werden diese Grenzen nicht beachtet, spricht man von **Ermessensüberschreitung**.

a) Gesetzliche Grenzen im angewandten Gesetz selbst. Die Grenzen des Ermessens können sich aus dem zugrunde liegenden Gesetz selbst ergeben.   **185**

Beispiele: Die Behörde möchte eine zugunsten einer obdachlosen Familie nach § 38 I Nr. 1 PolG beschlagnahmte private Wohnung länger als 6 Monate beschlagnahmen, da zwischenzeitlich noch keine geeignete Unterkunft gefunden wurde. Dies ist nach § 38 IV S. 2 PolG aber rechtlich nicht möglich. Danach darf die Beschlagnahme nicht länger als 6 Monate aufrechterhalten werden.

Die Behörde möchte wegen der besonderen Schwierigkeiten bei der Bearbeitung einer Erlaubnis eine Gebühr von 5.000 Euro festsetzen. Der in der einschlägigen Gebührensatzung vorgesehene Gebührenrahmen geht allerdings nur bis 3.000 Euro. Die höhere Gebühr darf hier trotz der – unterstellten – besonderen Schwierigkeit des Falles nicht festgesetzt werden.

b) Grundrechte und EU-Recht. Die gesetzlichen Grenzen werden von der Behörde auch dann nicht beachtet, wenn sie gegen Grundrechte oder EU-Recht verstößt.   **186**

Beispiele: A, B, C und D haben im Außenbereich illegal vier nebeneinanderstehende Wochenendhäuser errichtet. Die Behörde geht nur gegenüber A und B mit einer Abbruchsanordnung vor. Diese Abbruchsanordnungen verstoßen gegen Art. 3 I GG. Denn A und B werden trotz vergleichbarer Sachverhalte ohne sachlichen Grund anders behandelt als C und D (s. a. Rn. 203).

c) Grundsatz der Verhältnismäßigkeit. Schranken des Ermessens ergeben sich auch aus dem Grundsatz der Verhältnismäßigkeit, der aus dem Rechtsstaatsprinzip und, wenn das staatliche Handeln in Grundrechte eingreift, auch aus den Grundrechten folgt (BVerfGE 61, 126, 134 und 111, 54, 82; Detterbeck, AVR, Rn. 229). Zum Teil ist er einfachgesetzlich geregelt (z. B. § 5 PolG; § 19 II, III LVwVG).   **187**

Der Grundsatz der Verhältnismäßigkeit besagt, dass staatliches Handeln den Betroffenen nicht übermäßig belasten darf („nicht mit Kanonen auf Spatzen schießen").

Im Einzelnen gilt: Eine staatliche Maßnahme muss zur Verfolgung eines **legitimen Zwecks geeignet, erforderlich** und **angemessen** (verhältnismäßig im engeren Sinne) sein.

Der von der Verwaltung verfolgte **Zweck** muss **legitim** sein. Das bedeutet, der erstrebte Erfolg muss zulässig sein (z. B. Schutz der Nichtraucher; nicht aber wegen Art. 3 III GG Benachteiligung eines Geschlechts).   **188**

Das eingesetzte Mittel muss zur Zweckverfolgung **geeignet** sein. Das Mittel muss also den angestrebten Zweck erreichen können oder diesen zumindest fördern.   **189**

Beispiele: A soll seinen bissigen Hund jedes Mal anleinen, wenn er mit ihm das eingezäunte Grundstück verlässt. Der Leinenzwang ist geeignet, das Beißen des Hundes zu verhindern.

Die Aufforderung an einen Gastwirt, zu verhindern, dass seine Gäste ihre Fahrzeuge auf dem Gehweg parken, dürfte ungeeignet sein. Der der Gastwirt hat außer Appellen keine Möglichkeit, seine Gäste zu veranlassen, geparkte Fahrzeuge zu entfernen.

190 Das eingesetzte Mittel muss auch **erforderlich** sein. Das Mittel ist erforderlich, wenn es kein milderes – den Bürger weniger belastendes – gibt, welches den angestrebten Zweck ebenso gut und wirksam erreichen kann. Kurz gesagt: Ein Mittel ist erforderlich, wenn es kein milderes Mittel gibt, welches gleich gut geeignet ist.

Beispiele: Im obigen Beispiel (bissiger Hund, Rn. 189) wäre auch eine Tötungsanordnung (Einschläfern) ein geeignetes Mittel, das Beißen des Hundes für die Zukunft zu verhindern. Sie wäre aber nicht die mildeste aller gleich geeigneten Maßnahmen und damit nicht erforderlich. Eine Leinenpflicht und ein Maulkorbzwang sind eindeutig mildere Maßnahmen **und** gleich geeignet, das Beißen zu verhindern (Die Frage, ob die Leinenpflicht ggü. dem Maulkorbzwang das mildere gleich geeignete Mittel ist, stellt sich in der Praxis grds. nicht, da gefährliche – also auch bissige – Hunde nach § 4 III und IV PolVOgH sowohl an der Leine zu führen sind als auch einen Maulkorb tragen müssen). Die Tötungsanordnung wäre in jedem Fall eine nicht erforderliche Belastung und würde gegen den Grundsatz der Verhältnismäßigkeit verstoßen.

Die Beseitigung einer emittierenden Anlage ist nicht erforderlich, wenn die Stilllegung zum Schutz der Anwohner ausreicht.

191 Die Maßnahme müsste auch **angemessen** sein. Angemessen ist eine Maßnahme, wenn die mit ihr verbundenen Nachteile für den Pflichtigen nicht erkennbar außer Verhältnis zu den Vorteilen für die Allgemeinheit stehen. Kern der Angemessenheitsprüfung ist also eine **Abwägung**. Die Auswirkungen der von der Behörde ergriffenen Maßnahme für den Betroffenen müssen abgewogen werden mit den von der Behörde verfolgten (zumindest i. d. R.) öffentlichen Interessen. Grundsätzlich gilt: Je größer die Gefahr bzw. je gewichtiger das betroffene Rechtsgut ist, umso größer dürfen die Nachteile für den Betroffenen sein. Bei diesem Prüfungspunkt werden notwendigerweise subjektive Gewichtungen und Wertungen erforderlich, sodass sich klausurtaktisch dieser Prüfungspunkt hervorragend dafür eignet, das Argumentationsvermögen der Studierenden zu testen!

In einer Klausur bietet sich folgende Vorgehensweise an:
- **Benennen** der Nachteile für den Pflichtigen und der Vorteile für die Allgemeinheit.
- **Gewichten** der genannten Vor- und Nachteile, indem man ihnen jeweils – wenn möglich – ein Grundrecht zuordnet.
- **Abwägen** der Vor- und Nachteile, d. h. Vergleich der Nachteile für den Pflichtigen mit den Vorteilen für die Allgemeinheit unter Berücksichtigung der jeweiligen Grundrechtsposition.

192 **Beispiel:** Taubenfütterungsverbot (in einer Polizeiverordnung): Die Nachteile für die „Taubenfütterer" bestehen darin, dass sie in ihrer allgemeinen

Handlungsfreiheit eingeschränkt sind. Die Vorteile für die Allgemeinheit – das öffentliche Interesse – liegen in dem Schutz der Gesundheit und des Eigentums der von Taubenkot betroffenen Personen. Auf Seiten der „Taubenfütterer" steht das Grundrecht auf freie Entfaltung der Persönlichkeit (allgemeine Handlungsfreiheit) nach Art. 2 I GG. Das öffentliche Interesse an einem solchen Fütterungsverbot erfährt durch Art. 2 II S. 1 GG (Schutz der Gesundheit) und Art. 14 I GG (Schutz des Eigentums) sein Gewicht. In einem dritten Schritt erfolgt die Abwägung dieser sich gegenüberstehenden Rechtsgüter. Dabei ist zu berücksichtigen, dass es sich bei Art. 2 I GG lediglich um ein Auffanggrundrecht handelt, welches zudem noch leicht durch die darin genannte Schranke der „verfassungsmäßigen Ordnung" einschränkbar ist. Dem steht gegenüber, dass von einer vermehrten Anzahl von Tauben eine erhebliche Gefahr für die Gesundheit von Personen, insbesondere Kindern, ausgehen kann. Darüber hinaus sind die durch Taubenkot verursachten Beschädigungen an Gebäuden und Kleidungsstücken nicht unerheblich. So kann es gerade an Häusern zur Notwendigkeit von erheblichen finanziellen Aufwendungen kommen, um die durch Taubenkot verursachten Verunreinigungen zu beseitigen. Das Taubenfütterungsverbot ist danach angemessen (Fall nach VGH BW, VBlBW 2006, 103 ff.).
Weiteres Beispiel bei einem Rückkehrverbot nach häuslicher Gewalt siehe 575.

Wiegen die Vor- und Nachteile ungefähr gleich schwer, ist die Maßnahme angemessen. Nach der obigen Definition ist eine Maßnahme angemessen, wenn die Nachteile nicht erkennbar außer Verhältnis zu den Vorteilen für die Allgemeinheit stehen, also nicht erkennbar schwerer wiegen.

d) **Unmöglichkeit.** Ein VA darf nicht auf etwas Unmögliches gerichtet sein. Wenige Fälle der Unmöglichkeit im Verwaltungsrecht sind gesetzlich geregelt. So führt nach § 44 II Nr. 4 LVwVfG die sog. objektive Unmöglichkeit zur Nichtigkeit des VA. Gleiches gilt für die sog. strafrechtliche Unmöglichkeit (§ 44 II Nr. 5 LVwVfG).

193

Soweit gesetzlich keine spezielle Regelung besteht, verbietet es zumindest das Rechtsstaatsprinzip, dass die Behörde vom Bürger etwas tatsächlich oder rechtlich Unmögliches verlangt (Detterbeck, AVR, Rn. 608).

194

Wir unterscheiden zwischen tatsächlicher und rechtlicher Unmöglichkeit. Bei der **tatsächlichen Unmöglichkeit** ist nach **objektiver** (niemand kann das Verlangte durchführen) und **subjektiver** Unmöglichkeit (der Adressat selbst kann die Maßnahme nicht ausführen) zu differenzieren.
Objektiv tatsächliche Unmöglichkeit führt nach § 44 II Nr. 4 LVwVfG immer zur Nichtigkeit.
Bei subjektiver tatsächlicher Unmöglichkeit muss unterschieden werden:

195

Handelt es sich um eine **vertretbare** Handlung (ein anderer könnte die Handlung durchführen), berührt das Unvermögen des Adressaten, die Verpflichtung zu erfüllen, nicht die Rechtmäßigkeit der Verfügung. Der VA ist also trotz subjektiver tatsächlicher Unmöglichkeit rechtmäßig.

196

Beispiel: A, der aufgrund einer körperlichen Beeinträchtigung dazu nicht in der Lage ist, wird aufgefordert, vor seinem Haus bei Schnee- und Eisglätte den Bürgersteig zu räumen. Der VA ist rechtmäßig. Es handelt sich um eine vertretbare Handlung. A könnte und müsste eine andere Person mit dieser Aufgabe betrauen.

197 Handelt es sich dagegen um eine **nicht vertretbare** Handlung, ist der VA fehlerhaft.

Beispiel: Der bekannte Hooligan A wird aufgefordert, sich an einem bestimmten Termin bei der Polizei zu melden, obwohl er zu diesem Zeitpunkt bewusstlos im Krankenhaus liegt.

198 Bei der **rechtlichen Unmöglichkeit** kommt ein Verstoß gegen Normen des Zivilrechts oder des Strafrechts in Betracht.

Zivilrechtliche Unmöglichkeit liegt vor, wenn dem Adressaten eines VA etwas aufgegeben wird, zu dem er privatrechtlich nicht befugt ist.

Beispiel: Abbruchsanordnung gegenüber Vermieter V. V beruft sich auf den noch auf 3 Jahre befristeten Mietvertrag mit seinem Mieter M.

Dieses zivilrechtliche Unvermögen führt nach h. M. nicht zur Rechtswidrigkeit des VA. Es besteht dadurch aber ein Vollstreckungshindernis. Der VA kann erst vollstreckt/vollzogen werden, wenn gegenüber Mieter M eine entsprechende Duldungsverfügung ergeht (vgl. BVerwGE 40, 101, 103; Kopp/Ramsauer, § 44 Rn. 46).

199 **Strafrechtliche** Unmöglichkeit liegt vor, wenn die Begehung einer rechtswidrigen Tat (Straftat oder Ordnungswidrigkeit) verlangt wird.

Beispiel: Mieter M, den die Behörde fälschlicherweise für den Eigentümer hält, wird verpflichtet, das von ihm bewohnte Haus des Vermieters V abzubrechen. Hier würde von M ein Verstoß gegen § 305 StGB verlangt. Ein solcher VA ist nach § 44 II Nr. 5 LVwVfG nichtig.

200 Schematisch lässt sich die Unmöglichkeit bei VAs demnach wie folgt darstellen (s. auch Rn. 370).

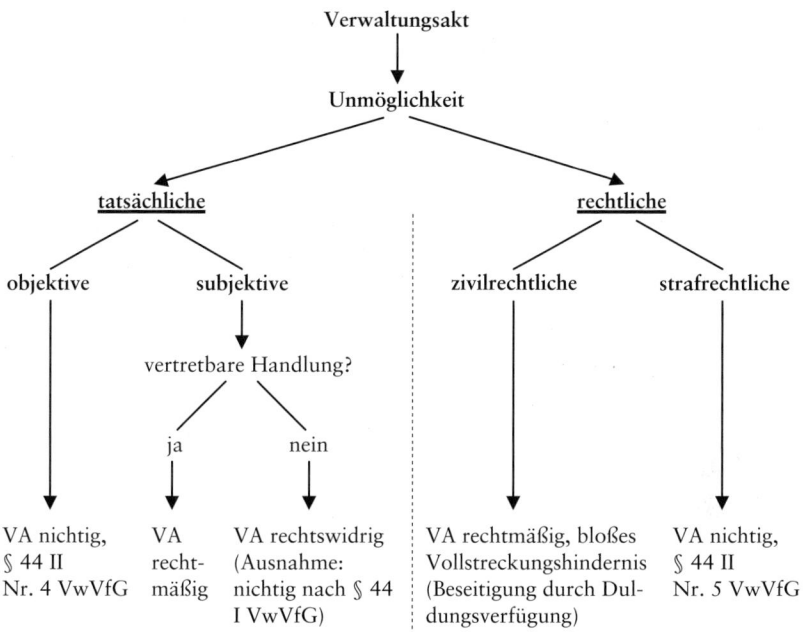

IV. Ermessensreduzierung auf Null

1. Bedeutung

Im Einzelfall kann sich trotz Vorliegens einer Ermessensnorm die Wahlmöglichkeit der Behörde auf eine einzige Alternative reduzieren. Das ist dann der Fall, wenn jede andere nach der Ermessensvorschrift abstrakt in Betracht kommende Handlungsvariante auch unter Berücksichtigung der Grundrechte und des Unionsrechts rechtswidrig wäre. In einem solchen Fall spricht man von einer „Ermessensreduzierung (oder auch Ermessensschrumpfung) auf Null".

2. Voraussetzungen

Wann eine Ermessensreduzierung angenommen werden kann, ist stets eine Frage des Einzelfalls. Sie wird bejaht bei erheblichen Gefahren für wesentliche Rechtsgüter.

Beispiel: Entscheidung über Polizeieinsatz bei einer unmittelbaren Lebensgefahr.

Die Ermessensreduzierung kann sich auch aus Grundrechten ergeben.

Beispiel: Die Selbstbindung der Verwaltung (Art. 3 I GG) gebietet, Rechtmäßigkeit des Verwaltungshandelns vorausgesetzt, eine gleiche Behandlung vergleichbarer Sachverhalte.
Nach § 35 II BauGB „können" nicht-privilegierte Vorhaben im Einzelfall zu-

gelassen werden, wenn öffentliche Belange nicht beeinträchtigt werden. Angesichts der durch Art. 14 GG geschützten Baufreiheit wird entgegen dem Wortlaut der Norm der Verwaltung jedoch kein Ermessen eingeräumt (s. hierzu auch Rn. 178).

3. Praktische Relevanz

204 Die praktische Relevanz der Problematik ist beschränkt auf Rechtsbehelfsverfahren und die Situation, dass der Bürger von der Verwaltung ein bestimmtes Verwaltungshandeln begehrt. Im Übrigen ist die Behörde selbst im Falle einer Ermessensreduzierung auf Null nicht daran gehindert, (vorsichtshalber) Ermessenserwägungen anzustellen.

205 **a) Widerspruchs- und Klageverfahren.** In Widerspruchs- und Klageverfahren (s. Kap. 18 Rn. 1002 ff. bzw. Rn. 1029 ff.) kann die Aufhebung eines VA wegen bestimmter Verfahrens- und Formfehler nach § 46 LVwVfG (§ 42 SGB X) nicht beansprucht werden, wenn der Verstoß die Entscheidung in der Sache nicht beeinflusst haben kann, also keine andere Entscheidung möglich gewesen ist. Eine Anfechtungsklage gegen einen VA hat nach § 113 I VwGO trotz Ermessensnichtgebrauchs oder -fehlgebrauchs keinen Erfolg, wenn im Einzelfall eine Ermessensreduzierung auf Null vorlag. Denn wenn der Verwaltung letztlich gar kein Ermessen eingeräumt ist, kann sie insoweit auch keinen zur Aufhebung des VA führenden Ermessensfehler begehen.

206 **b) Antrag des Bürgers.** Wenn der Bürger bei der Verwaltung einen Antrag auf ein im Ermessen der Behörde liegendes Verwaltungshandeln stellt, hat er normalerweise lediglich einen Anspruch auf ermessensfehlerfreie Entscheidung über seinen Antrag (s. dazu Rn. 90). Dies bedeutet, dass sein Antrag also ggfs. auch ermessensfehlerfrei abgelehnt werden kann.
Etwas anderes gilt dann, wenn eine Ermessensreduzierung auf Null vorliegt. Hier hat der Bürger einen Anspruch auf die begehrte Erlaubnis (z. B. Erlaubnis zum Aufstellen von Wahlplakaten durch Parteien) bzw. das begehrte Einschreiten (z. B. Anspruch der Nachbarn auf Einschreiten gegen Hundehalter, dessen Hunde durch lautes nächtliches Bellen im Garten die Nachtruhe erheblich stören).

D. Vertiefungshinweise und Wiederholungsfragen

I. Vertiefungshinweise

207 Maurer/Waldhoff, AVR, §§ 6, 7; Detterbeck, AVR, § 7 Rn. 256 ff., § 8 Rn. 303 ff.; Maurer, Staatsrecht I, § 8 Rn. 201 ff.

II. Wiederholungsfragen

208 1. Was versteht man unter Gesetzmäßigkeit der Verwaltung? – Rn. 152–154
2. Was bedeutet Vorrang des Gesetzes? – Rn. 153
3. Was versteht man unter Vorbehalt des Gesetzes? – Rn. 155
4. Wann gilt der Vorbehalt des Gesetzes? – Rn. 156–160

5. Gilt der Vorbehalt des Gesetzes auch in „Sonderrechtsverhältnissen", z. B. Strafanstalten, Schulen, Beamtenverhältnis? – Rn. 156
6. Was versteht man unter bestimmten, was unter unbestimmten Rechtsbegriffen? – Rn. 162, 163
7. Nennen Sie Beispiele für unbestimmte Rechtsbegriffe. – Rn. 163
8. In welchen Fallkonstellationen hat die Behörde Beurteilungsspielraum? – Rn. 165
9. Sind im Falle von Beurteilungsspielraum behördliche Entscheidungen gerichtlich überprüfbar? Ggf. unter Beachtung welchen Prüfungsmaßstabs? – Rn. 166
10. Welche Auslegungsmethoden gibt es zur Auslegung unbestimmter Rechtsbegriffe? – Rn. 168–174
11. Umschreiben Sie die einzelnen Auslegungsmethoden und nennen Sie Beispiele. – Rn. 168–174
12. Kann eine Norm auf Tatbestands- und/oder auf Rechtsfolgenseite Ermessen einräumen? – Rn. 175
13. Wie erkennt man, ob eine Norm der Verwaltung Ermessen einräumt? – Rn. 177
14. Sind Soll-Vorschriften Ermessensvorschriften? – Rn. 179
15. Welche Ermessensfehler gibt es? – Rn. 181 ff.
16. Welche gesetzlichen Grenzen muss die Verwaltung bei Ausübung ihres Ermessens beachten? – Rn. 184 ff.
17. Woraus wird der Grundsatz der Verhältnismäßigkeit abgeleitet und was bedeutet er? – Rn. 187–192
18. Wann ist eine Maßnahme angemessen? – Rn. 191
19. Welche Arten der Unmöglichkeit gibt es? Welche Folgen im Einzelnen hat ein Verstoß gegen das Unmöglichkeitsverbot? – Rn. 193–200
20. In welchen Fallkonstellationen wird die Frage einer Ermessensreduzierung auf Null praktisch relevant? – Rn. 204–206

Erster Abschnitt Der Verwaltungsakt

Kapitel 5 Bedeutung, Begriff und Arten des Verwaltungsakts

A. Bedeutung des Verwaltungsakts

I. Allgemeine Bedeutung des Verwaltungsakts

209 Der VA ist nach wie vor die wichtigste Handlungsform der Verwaltung (Kopp/Ramsauer, § 35 Rn. 2). Mit ihr wird es der Verwaltung ermöglicht, einseitig verbindliche Regelungen gegenüber dem Bürger zu treffen. Hierdurch wird sie in die Lage versetzt, bereits ohne gerichtliches Urteil, wie dies der Bürger grundsätzlich zur Durchsetzung seines Rechts benötigt, schnell und wirksam zu handeln. Gleichzeitig wird durch den VA die in den Gesetzen enthaltene abstrakt-generelle Regelung auf einen konkreten Fall und eine individuelle Person umgesetzt (Konkretisierungsfunktion des VA). Aus einem solchen VA kann bei Vorliegen auch der übrigen Vollstreckungsvoraussetzungen vollstreckt werden.

II. Praktische Relevanz des Verwaltungsakts

Ob ein Schreiben einer Behörde einen VA darstellt, hat erhebliche praktische Auswirkungen:

1. Verfahrensrechtliche Bedeutung

210 Das LVwVfG bezieht sich auf Verwaltungsverfahren. Nach § 9 LVwVfG (§ 8 SGB X) ist ein Verwaltungsverfahren – abgesehen vom Abschluss eines verwaltungsrechtlichen Vertrags – auf den Erlass eines VA gerichtet.
Innerhalb eines solchen Verfahrens ist der Beteiligte gem. § 28 I LVwVfG (§ 24 I SGB X) vor Erlass eines belastenden VA anzuhören. Ein schriftlicher VA ist gem. § 39 LVwVfG (§ 35 SGB X) grundsätzlich zu begründen und nach § 41 LVwVfG (§ 37 SGB X) bekannt zu geben.

2. Materiell-rechtliche Bedeutung

211 Ein VA setzt die abstrakt-generelle gesetzliche Grundlage auf einen Einzelfall um. Damit ergeben sich für den Bürger ab Wirksamwerden des VA bindende Rechtsfolgen. Diese können für den Bürger belastend (Abbruchsanordnung) oder auch begünstigend (Baugenehmigung) sein. Diese Wirkungen treten – abgesehen von der Nichtigkeit (vgl. hierzu Rn. 397) – auch bei einem rechtswidrigen VA ein.

3. Vollstreckungsrechtliche Bedeutung

212 Soweit ein VA einen vollstreckbaren Inhalt hat, ist er ohne Einholung einer gerichtlichen Entscheidung vollstreckbar (näheres zu den Vollstreckungsvoraussetzungen s. Rn. 943 ff.). Damit bevorzugt der Gesetzgeber die Verwaltung gegenüber Privatpersonen. Letztere können sich nämlich keinen eigenen Vollstreckungstitel schaffen. Sie müssen hierfür i. d. R. die Gerichte bemühen, welche dann einen Vollstreckungstitel (insb. Urteil) erlassen.

4. Rechtsschutzfunktion

Zwar kann sich der Bürger gem. § 40 I VwGO auch gegen Akte der Verwaltung wehren, die keine VAs sind. Dennoch ergeben sich Besonderheiten, wenn sich der Bürger gegen einen VA wendet oder einen solchen erstrebt. Zum einen muss grundsätzlich in solchen Fällen, in denen Streitgegenstand ein VA ist, gem. § 68 VwGO ein gerichtliches Vorverfahren (= Widerspruchsverfahren) durchgeführt werden. Zum anderen wirkt sich die VA-Qualität auf die Klageart aus. Wehrt sich der Bürger gegen einen ihn belastenden VA, kommt nur die Anfechtungsklage, erstrebt der Bürger dagegen einen ihn begünstigenden VA, kommt nur eine Verpflichtungsklage in Betracht (§ 42 I VwGO).
Darüber hinaus haben Widerspruch und Anfechtungsklage gegen einen belastenden VA gem. § 80 I VwGO grundsätzlich aufschiebende Wirkung.

Beispiele: A wehrt sich mit dem Widerspruch gegen eine baurechtliche Abbruchverfügung. Der Widerspruch hat gem. § 80 I VwGO aufschiebende Wirkung.

Beamter B wehrt sich mit dem Widerspruch gegen seine Umsetzung vom Hauptamt zum Bauamt der Stadt X. Der Widerspruch ist gem. § 54 II BeamtStG zwar unabhängig von der VA-Qualität einer Umsetzung zulässig. Der Widerspruch würde jedoch nur dann eine aufschiebende Wirkung nach § 80 I VwGO entfalten, wenn die Umsetzung ein VA wäre. Dies ist (im Gegensatz z. B. zu einer Entlassung) bei einer Umsetzung nicht der Fall. Der Widerspruch hat somit keine aufschiebende Wirkung.

B. Begriffsmerkmale des Verwaltungsakts

Die Merkmale eines VA sind in § 35 S. 1 LVwVfG (§ 31 S. 1 SGB X) definiert. Danach ist ein VA jede
1. hoheitliche Maßnahme
2. einer Behörde
3. auf dem Gebiet des öffentlichen Rechts
4. zur Regelung
5. mit unmittelbarer Außenwirkung
6. eines Einzelfalles.

Jedes Merkmal enthält neben einer positiven Bestimmung auch eine Abgrenzung gegenüber anderen Formen staatlichen Handelns (Maurer/Waldhoff, AVR, § 9 Rn. 5).

I. Hoheitliche Maßnahme

Notwendige Voraussetzung für das Vorliegen eines VA ist gem. § 35 S. 1 LVwVfG (§ 31 S. 1 SGB X) zunächst, dass eine „Verfügung, Entscheidung oder andere hoheitliche Maßnahme" vorliegt. **Maßnahme** ist hierbei der Oberbegriff. Mit diesem Begriff wird zum Ausdruck gebracht, dass ein zweckgerichtetes Verhalten der Verwaltung vorliegen muss, das einen Erklärungswert hat.

Beispiel: Polizist rutscht auf einer Bananenschale aus und hebt dabei reflexartig den Arm. Das Hochheben des Arms ist hier keine Maßnahme, es hat keinen Erklärungswert. Anders wäre es bei dem den Verkehr durch Handzeichen regelnden Polizeibeamten.

Ob dieses zweckgerichtete Verhalten mit Erklärungswert schriftlich, mündlich, konkludent (z. B. per Handzeichen) oder auch per automatischer Einrichtung (z. B. Verkehrsampel) erfolgt, ist dabei völlig unerheblich.

Eine **hoheitliche** Maßnahme ist eine einseitige Maßnahme, die in einem Über-/Unterordnungsverhältnis ergeht. Dieses Merkmal grenzt den VA von dem öffentlich-rechtlichen Vertrag ab, der eine zweiseitige Vereinbarung enthält.

II. Behörde

216 Die „Behörde" ist in § 1 II LVwVfG (§ 1 II SGB X) definiert. Danach ist Behörde „jede Stelle, die Aufgaben der öffentlichen Verwaltung wahrnimmt". Das LVwVfG geht damit von einem weiten Behördenbegriff aus. Die Behördeneigenschaft richtet sich ausschließlich danach, ob Verwaltungsaufgaben erfüllt werden. Dieses Merkmal grenzt den VA von dem Handeln der Legislative, Judikative und den Privatpersonen ab.

217 Behörden sind danach in erster Linie die „Verwaltungsbehörden", wenn ihnen ein gewisses Maß an organisatorischer Selbständigkeit bei der Erfüllung der Aufgaben eingeräumt ist (Kopp/Ramsauer, § 1 Rn. 53). Ämter (z. B. Ordnungsamt bei einer Großen Kreisstadt), Abteilungen und Referate sind demnach keine Behörde in diesem Sinne. Vielmehr wird das Verhalten des Amts (Ordnungsamt) der „Gesamt"-Behörde (Große Kreisstadt) zugerechnet. Es handelt dann also die Stadt oder das Landratsamt als Behörde.

218 Da nach § 1 II LVwVfG (§ 1 II SGB X) jedoch allein die Funktion, Verwaltungsaufgaben wahrzunehmen, entscheidend ist, sind Behörden in diesem Sinne auch die sog. Beliehenen (vgl. Rn. 26). Auch diese können als Privatpersonen oder juristische Personen des Privatrechts selbstständig und in eigenem Namen bestimmte Verwaltungstätigkeiten erfüllen, soweit sie aufgrund gesetzlicher Regelung für diesen Bereich mit hoheitlichen Kompetenzen ausgestattet sind. Insoweit sind auch sie Behörde.

219 Keine Behörden sind Verfassungsorgane, soweit sie nicht ausnahmsweise Verwaltungsaufgaben wahrnehmen.

Beispiel: Entfernung eines Störers aus dem Bundestag durch den Bundestagspräsidenten. Der Bundestagspräsident ist eigentlich der Gesetzgebung zuzurechnen. Hier nimmt er aber seine sich aus Art. 40 GG ergebende Polizeigewalt – also eine Aufgabe der öffentlichen Verwaltung – wahr. Er handelt als Behörde (Kopp/Ramsauer, § 1 Rn. 56a m. w. N.).

III. Auf dem Gebiet des öffentlichen Rechts

Die Maßnahme muss auf dem Gebiet des öffentlichen Rechts ergehen. Das ist dann der Fall, wenn sie in Vollzug öffentlich-rechtlicher Vorschriften erlassen wird. Damit dient dieses Kriterium der Abgrenzung des öffentlichen Rechts zum Privatrecht (vgl. zu dieser Abgrenzung Rn. 44 ff.). **220**
Für die Abgrenzung ist nicht entscheidend, auf welchem Rechtsgebiet sich die Maßnahme auswirkt. Vielmehr ist im Rahmen des § 35 LVwVfG allein entscheidend, ob die rechtliche Grundlage, auf der die Maßnahme erfolgt, zum öffentlichen Recht gehört.

> **Beispiel:** Die Ausübung des Vorkaufsrechts durch die Gemeinde nach § 24 BauGB ist ein VA (s. § 28 II S. 1 BauGB). Die Wirkungen der Maßnahme (Kaufvertrag zwischen Gemeinde und Verkäufer) treten aber auf dem Gebiet des Privatrechts ein (vgl. § 464 II BGB).

Der Begriff des öffentlichen Rechts i. S. d. § 35 LVwVfG (§ 31 SGB X) betrifft zudem nur das Verwaltungsrecht, nicht das Verfassungs- und Völkerrecht. Dies ergibt sich aus § 1 I LVwVfG (vgl. Kopp/Ramsauer, § 1 Rn. 17). **221**

IV. Regelung

1. Begriff

Eine Regelung liegt vor, wenn die Maßnahme darauf gerichtet ist, unmittelbar eine Rechtsfolge herbeizuführen, d. h. ein Recht oder eine Pflicht begründet, ändert, aufhebt oder verbindlich feststellt. **222**
Als Arten von Rechtsfolgen kommen in Betracht:
- Verbot (Versammlungsverbot)
- Gebot (Abbruchverfügung)
- Rechtsgewährung (Baugenehmigung)
- Rechtsversagung (Ablehnung eines Antrags auf Baugenehmigung)
- Rechtsgestaltung (Widerruf einer Gaststättenerlaubnis)
- Feststellung (Anerkennung als Asylberechtigter)
- dingliche Regelung (Widmung eines asphaltierten Pfads als Radweg).

2. Abgrenzungen

Regelungen sind von ähnlichen Handlungsformen der Verwaltung abzugrenzen.

a) Realakte. Realakte sind rein tatsächliche Verwaltungshandlungen. Sie sind nicht auf die Herbeiführung eines Rechtserfolgs gerichtet und damit keine Regelung. **223**

> **Beispiele:** Auskünfte; Warnungen vor gesundheitsgefährdenden Produkten; Auszahlung von Geld; Lärm, der von einem gemeindlichen Grillplatz ausgeht.

b) Unselbstständige Vorbereitungsakte. Unselbstständige Vorbereitungshandlungen sind solche, die den Erlass eines VA vorbereiten oder ein Verwaltungsverfahren nur fördern sollen. Sie haben (noch) keinen Regelungscharakter und sind demnach keine VAs. **224**

Beispiele: Anordnung der Beibringung eines medizinisch-psychologischen Gutachtens nach § 11 FeV, z. B. zur Vorbereitung der Frage, ob dem Fahrerlaubnisinhaber die Fahrerlaubnis entzogen wird (hierzu Weber, Keine selbstständige Anfechtbarkeit einer MPU-Untersuchung, NZV 2006, 399 ff. m. w. N.). Stellungnahmen, Berichte und Gutachten, die eine endgültige Entscheidung vorbereiten. Einzelnoten von Klassenarbeiten oder Klausuren an einer Hochschule mangelt es an der Regelungswirkung, sofern nicht ausnahmsweise die Einzelnote, z. B. für die Zulassung zu einem Studienfach, bedeutsam sein kann (Näheres hierzu: Kopp/Ramsauer, § 35 Rn. 100 f.).

225 Unabhängig davon, ob solche verfahrensrechtlichen Vorbereitungshandlungen VAs sind, bestimmt § 44a VwGO, dass behördliche Verfahrenshandlungen nur zusammen mit der Sachentscheidung gerichtlich angreifbar sind. Der Bürger kann sich also z. B. erst gegen die Entziehung der Fahrerlaubnis und nicht schon gegen die Aufforderung, ein medizinisch-psychologisches Gutachten beizubringen, wehren.

226 c) **Zweitbescheid und wiederholende Verfügung.** Im Rahmen des Wiederaufgreifens eines bestandskräftig abgeschlossenen Verwaltungsverfahrens kann es zu einem neuen Bescheid (Zweitbescheid) kommen. Dieser stellt eine neue Regelung und damit einen neuen VA dar. Etwas anderes gilt, wenn die Behörde ohne erneute sachliche Überprüfung des ursprünglichen VA ein Wiederaufgreifen des Verfahrens ablehnt (wiederholende Verfügung). Hier ergeht keine neue Regelung in der Sache. Geregelt wird lediglich, ob das alte Verwaltungsverfahren technisch nochmals aufgerollt wird (Näheres zu diesem Problem Rn. 464).

d) **Willenserklärungen einer Behörde ohne Anordnungscharakter.** Keine VAs sind Willenserklärungen einer Behörde, denen der anordnende Charakter fehlt.

Beispiele: behördliche Aufrechnungserklärung; Stundung von Forderungen; Ausübung des Zurückbehaltungsrechts.

V. Unmittelbare Außenwirkung

227 Die behördliche Maßnahme muss gem. § 35 I LVwVfG (§ 31 S. 1 SGB X) „auf unmittelbare Rechtswirkung nach außen gerichtet" sein. Außenwirkung hat eine Maßnahme dann, wenn ihre Rechtsfolgen gegenüber einer außerhalb der Verwaltung stehenden natürlichen oder juristischen Person eintreten. Es scheiden damit solche Maßnahmen aus dem VA-Begriff aus, deren unmittelbare Rechtswirkungen sich auf den Innenbereich der Verwaltung beschränken.

Keine Verwaltungsakte sind demnach:

1. Innerdienstliche Weisungen

228 Sie richtet ein Vorgesetzter an nachgeordnete Behörden oder Mitarbeiter. Diese Weisungen verbleiben im verwaltungsinternen Bereich. Sie haben damit grundsätzlich keine Außenwirkung und sind also keine VAs.

Beispiele: Das Regierungspräsidium weist das Landratsamt an, einen bestimmten Ausländer aus dem Bundesgebiet auszuweisen. Die Weisung ist für das Landratsamt verbindlich. Sie wirkt aber nur verwaltungsintern. Erst die daraufhin vom Landratsamt verfügte Ausweisung stellt einen VA dar. Die Weisung des Amtsleiters an einen seiner Mitarbeiter, Akten in einer bestimmten Reihenfolge zu bearbeiten oder eine gewerberechtliche Erlaubnis zu versagen, stellt keinen VA dar. Ein hiergegen eingelegter Widerspruch wäre also mangels eines VA unzulässig.

Beachte: Ist ein Beamter nicht in seiner Eigenschaft als Amtswalter (also als Teil der Verwaltung), sondern als selbstständige Rechtsperson (in persönlicher Hinsicht) betroffen, handelt es sich grds. um VAs und nicht um bloße innerdienstliche Maßnahmen. Insoweit steht der Beamte außerhalb des Verwaltungsbereichs und die Anordnung hat Außenwirkung. Vereinfacht dargestellt: Gilt die Anordnung auch für einen Urlaubsvertreter oder Amtsnachfolger, handelt es sich um eine innerdienstliche Maßnahme, hat sie hingegen für einen Vertreter oder Nachfolger keinerlei Rechtswirkungen, entfaltet sie Außenwirkung und ist damit i. d. R. ein VA.

Keine Verwaltungsakte:
- Dem Beamten B wird ein anderer gleichwertiger Dienstposten bei derselben Behörde zugewiesen (**Umsetzung**). Die Umsetzung betrifft nur den innerdienstlichen Bereich und hat keine unmittelbare Außenwirkung.
- Regelung der Vertretung eines Amtsträgers (BVerwGE 63, 178).
- Entscheidung über Ausfall einer Unterrichtsstunde in der Schule.

Verwaltungsakte:
- Ernennung eines Beamten;
- Abordnung und Versetzung eines Beamten an eine andere Behörde;
- Festsetzung des Besoldungsdienstalters;
- Ablehnung des Antrags des Beamten auf Gewährung einer Beihilfe oder eines Urlaubs;
- Pensionierung des Beamten.

2. Zustimmung anderer Verwaltungsbehörden (Mehrstufiger Verwaltungsakt)

Verlangt das Gesetz das Einvernehmen, die Zustimmung oder ähnliche Mitwirkungsakte anderer Behörden, darf die Entscheidungsbehörde den VA nur erlassen, wenn die erforderliche Erklärung der Mitwirkungsbehörde vorliegt. I. d. R. ist diese Zustimmung lediglich eine **verwaltungsinterne** Erklärung gegenüber der den Verwaltungsakt erlassenden Behörde und mangels unmittelbarer Außenwirkung kein VA.

Beispiele: Die Entscheidung der Gemeinde über das Einvernehmen nach § 36 BauGB stellt eine verwaltungsinterne Entscheidung dar. Erst die aufgrund des versagten Einvernehmens vom Landratsamt ausgesprochene Ablehnung der beantragten Baugenehmigung entfaltet gegenüber dem Bürger unmittelbare Außenwirkung und ist ein VA.
Zustimmung der Straßenbaubehörde nach § 9 II FStrG zu einer Baugenehmigung.

VI. Einzelfall

1. Begriff

231 Dieses Merkmal dient der Abgrenzung des VA zur Rechtsnorm, die von der Verwaltung als Rechtsverordnung oder (in Selbstverwaltungsangelegenheiten) als Satzung erlassen wird. Die Unterscheidung ist wichtig. Für den Erlass von Rechtsnormen gelten andere Rechtmäßigkeitsvoraussetzungen als für den Erlass eines VA (vgl. z. B. die besonderen Formerfordernisse für den Erlass einer Polizeiverordnung in § 20 PolG). Auch ist die Angreifbarkeit durch den Bürger unterschiedlich. Bei durch die Verwaltung erlassenen Rechtsnormen kommt ein Normkontrollverfahren nach § 47 VwGO vor dem VGH/OVG in Betracht. Gegen einen VA wehrt sich der Bürger grundsätzlich mit dem Widerspruch und der Anfechtungs- bzw. Verpflichtungsklage beim zuständigen Verwaltungsgericht. Rechtliche Fehler bei Rechtsnormen führen grundsätzlich zu deren Nichtigkeit, rechtliche Fehler bei einem VA grundsätzlich nur zu dessen Rechtswidrigkeit.

232 Zur Abgrenzung der Rechtsnorm vom VA gibt es nur zwei Kriterien:
Zum einen den **Sachverhalt**. Dieser kann **konkret** („Leinen Sie Ihren Hund an!") **oder abstrakt** („Im Schlosspark sind Hunde an der Leine zu führen") sein.
Zum anderen kommt als Abgrenzungskriterium die **Bestimmtheit des Adressatenkreises** in Betracht. Der Adressatenkreis kann **individuell** („Diese Versammlung wird aufgelöst") oder **generell** („Versammlungen im Schlosspark sind verboten") sein.

233 Damit ergibt sich für die Unterscheidung Rechtsnorm/VA folgendes **Übersichtsschema**:

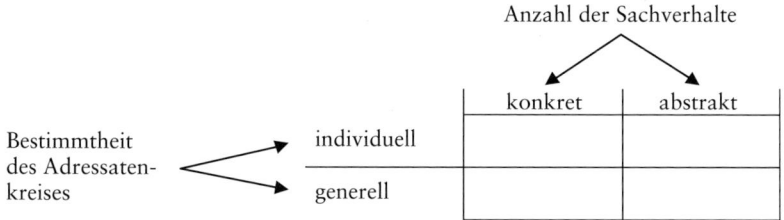

234 **Übungsbeispiele:**
Versuchen Sie die nachfolgenden Beispiele
- jeweils in das obige Schema einzuordnen und
- die Rechtsnatur (Rechtsnorm/VA) der jeweiligen Maßnahme zu bestimmen:

1 Abbruchverfügung an Eigentümer E
2 „Die Straßenanlieger haben die Gehwege zu reinigen".
3 Anordnung gegenüber A jeweils bei Glatteis den Gehweg zu streuen.
4 Teilnahme an der für übermorgen geplanten Demonstration wird untersagt.

Lösung:
zu 1:
Es handelt sich um eine individuelle (an E gerichtete) und konkrete (Abbruch dieses Hauses) Maßnahme. Diese individuell-konkrete Maßnahme stellt den klassischen VA dar.
zu 2:
Die Aufforderung ist generell (unbestimmte Anzahl von Personen) und abstrakt (unbestimmte Anzahl von Sachverhalten/Fällen). Sie darf nur in Form einer Rechtsnorm (Rechtsverordnung, Satzung) ergehen.
zu 3:
Die Person ist individuell. Der Sachverhalt („jeweils bei Glatteis") ist abstrakt. Vertretbar ist auch, einen konkreten Sachverhalt anzunehmen, da die konkrete Handlungspflicht lediglich durch Hinzutreten weiterer Umstände (Glatteis) aktualisiert wird. In jedem Fall handelt es sich aufgrund der individuell bezeichneten Person um einen VA.
zu 4:
Der Sachverhalt ist konkret (übermorgen geplante Demonstration). Der Personenkreis ist aber noch nicht zweifelsfrei bestimmbar. Dennoch handelt es sich um einen VA und zwar in der Form der Allgemeinverfügung (vgl. § 35 S. 2 LVwVfG und Rn. 236).

Damit ergibt sich folgendes **Lösungsschema:**

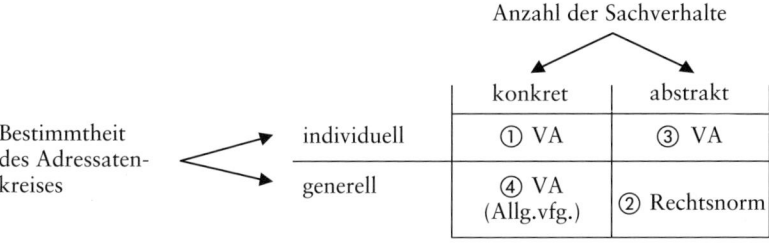

Das bedeutet: Wenn der Adressat **individuell** bestimmt ist, wird immer ein Einzelfall geregelt; es handelt sich um einen **Verwaltungsakt.** Gleiches gilt, wenn der Sachverhalt **konkret** ist. Auch hier wird ein Einzelfall geregelt. Es handelt sich um einen **Verwaltungsakt.** Lediglich wenn die Verwaltung **eine generell-abstrakte** Regelung treffen möchte, muss sie dies in Form einer **Rechtsnorm** (Rechtsverordnung, Satzung) tun.

2. Allgemeinverfügung

Die Zulässigkeit der Allgemeinverfügung entspricht einem praktischen Bedürfnis. So wäre eine Reaktion auf die übermorgen stattfindende Demonstration in Form einer Rechtsnorm bereits aus Zeitgründen gar nicht möglich. Im Übrigen hätte sich die Rechtsnorm nach Verstreichen dieses Termins schon wieder erledigt. Die Allgemeinverfügung ist daher ein VA, bei dem neben den speziellen Voraussetzungen des § 35 S. 2 LVwVfG (§ 31 S. 2 SGB X) auch alle Voraussetzungen des § 35 S. 1 LVwVfG (§ 31 S. 1 SGB X) vorliegen müssen.

§ 35 S. 2 LVwVfG unterscheidet drei Arten von Allgemeinverfügungen:
a) adressatenbezogene Allgemeinverfügung,
b) dingliche Allgemeinverfügung und
c) Benutzungsregelung.

237 **a) Adressatenbezogene Allgemeinverfügung.** Bei dieser Allgemeinverfügung genügt es, wenn die Regelung einen lediglich „nach allgemeinen Merkmalen" bestimmten oder bestimmbaren Personenkreis betrifft (§ 35 S. 2, Alt. 1 LVwVfG). „Bestimmbar" ist ein sehr weiter Begriff. Auch ein im Gesetz abstrakt umschriebener Personenkreis kann bestimmbar sein. Der Personenkreis ist hier letztlich genauso unbestimmt wie bei einer Rechtsnorm. Die adressatenbezogene Allgemeinverfügung bezieht sich aber anders als eine Rechtsnorm – auf eine **zeitlich** (!) abgegrenzte Lebenssituation (was insoweit nicht ausdrücklich gesetzlich geregelt ist). Durch die **zeitliche Konkretheit des geregelten Sachverhalts** unterscheidet sich die adressatenbezogene Allgemeinverfügung von der Rechtsnorm (str., vgl. Kopp/Ramsauer, § 35 Rn. 162).

Beispiele: Verbot einer für übermorgen geplanten Demonstration (s. Rn. 234). Aufenthaltsverbot für Personen, die der sog. „Punk-Szene" zuzurechnen sind (VGHBW, VBlBW 2003, 31). Das über Rundfunk verbreitete Verbot, in den von Typhus betroffenen Gebieten Endiviensalat zu verkaufen (BVerwGE 12, 87, 90; dazu Walther, JA 1994, 457 ff.). Polizeiliche Aufforderung per Megaphon an (namentlich nicht bekannte) Hausbesetzer, das von ihnen besetzte Gebäude zu räumen.

238 **b) Dingliche Allgemeinverfügung.** Eine Allgemeinverfügung ist auch ein VA, der die öffentlich-rechtliche Eigenschaft einer Sache regelt (§ 35 S. 2, Alt. 2 LVwVfG). Die Allgemeinverfügung richtet sich hier nicht an Personen, sondern sie ist auf Sachen bezogen, indem sie einer Sache eine (rechtliche) Eigenschaft verleiht, entzieht oder ändert.

Beispiele: Widmung, Entwidmung (Einziehung) und Teilentwidmung (Teileinziehung) einer Straße; Benennung von Straßen und Plätzen; Planfeststellungsbeschluss.

239 **c) Benutzungsregelung.** Die Benutzungsregelung (§ 35 S. 2, Alt. 3 LVwVfG) hat mit der dinglichen Allgemeinverfügung den Bezug zu einer konkreten Sache gemeinsam. Während letztere unmittelbar die Eigenschaft einer Sache betrifft, regelt erstere unmittelbar die Benutzung einer Sache. Die Benutzungsregelung wendet sich damit unmittelbar an die Benutzer. Die Zahl der Benutzer ist dabei unbestimmt groß („Allgemeinheit").

Beispiele: Benutzungsregeln für öffentlich-rechtliche Einrichtungen, wie Museen, Bibliotheken, städtische Badeanstalten etc. (der Rechtsträger kann hier aber auch – und wird das i.d.R. tun – die Rechtsform der Satzung [„Benutzungsordnung"] wählen); Verkehrszeichen (z. B. zugelassene Höchstgeschwindigkeit, Halteverbot).

240 **d) Unterschiede zum „Normalfall" des Verwaltungsakts.** Zwar wird vom Gesetz auch die Allgemeinverfügung als VA qualifiziert. Durch ihre Besonderheiten

im Hinblick auf den Adressatenkreis ergeben sich aber verfahrensrechtlich Besonderheiten für die Allgemeinverfügung:
- von der Anhörung Beteiligter kann gem. § 28 II Nr. 4 LVwVfG (§ 24 II Nr. 4 SGB X) abgesehen werden;
- eine Allgemeinverfügung kann öffentlich bekannt gegeben werden (§ 41 III S. 2 LVwVfG; § 37 III S. 2 SGB X; Rn. 313);
- eine öffentlich bekannt gegebene Allgemeinverfügung muss nicht begründet werden (§ 39 II Nr. 5 LVwVfG; § 35 II Nr. 5 SGB X).

C. Arten von Verwaltungsakten

Es gibt unterschiedliche Ansätze zur Kategorisierung von VAs. Diese theoretischen Unterscheidungen dürften in der Praxis keine allzu große Bedeutung haben. Deshalb sollen hier nur die für die Praxis wirklich wichtigen Unterscheidungen angesprochen werden.

I. Befehlende, gestaltende und feststellende Verwaltungsakte

Befehlende VAs verpflichten den Betroffenen zu einem bestimmten Verhalten (Tun, Dulden oder Unterlassen).

Beispiele: Abbruchverfügung; Anordnung, eine emittierende Anlage stillzulegen.

Rechtsgestaltende VAs dagegen begründen oder ändern ein Rechtsverhältnis oder heben dieses auf.

Beispiele: Rücknahme/Widerruf einer Gaststättenerlaubnis; Einbürgerung eines Ausländers.

Feststellende VAs stellen ein Recht oder die Eigenschaft einer Person oder Sache fest.

Beispiele: Feststellung der Erfahrungsstufe bzw. -zeit eines Beamten; Feststellung des Grades einer Schwerbehinderung.

Praktische Relevanz: Nur aus befehlenden VAs kann gem. § 1 I S. 1 LVwVG **vollstreckt** werden (s. Rn. 944).
So kann z. B. eine Abbruch- bzw. Stilllegungsverfügung vollstreckt werden. Dagegen ist beispielsweise die Rücknahme einer Gaststättenerlaubnis **nicht** vollstreckbar. Erst eine aufgrund der Rücknahme erfolgte Schließungsanordnung (gestützt auf § 31 GastG i. V. m. § 15 II GewO) könnte bei Vorliegen der übrigen Vollstreckungsvoraussetzungen vollstreckt werden.

II. Begünstigende und belastende Verwaltungsakte

Ein **begünstigender** VA begründet oder bestätigt ein Recht oder einen rechtlich erheblichen Vorteil.

Beispiele: Erteilung einer Baugenehmigung; Ernennung zum Beamten; Subventionsbewilligung.

Ein **belastender** VA begründet oder bestätigt eine Pflicht oder einen rechtlich erheblichen Nachteil. Er greift in Rechte des Betroffenen ein.
Beispiele: Gebot oder Verbot; Widerruf einer Erlaubnis.
Praktische Relevanz:
- Gegen belastende VAs wehrt sich der Bürger mit Anfechtungswiderspruch und Anfechtungsklage. Beide haben gem. § 80 I VwGO grundsätzlich aufschiebende Wirkung.
- Gegen die Ablehnung eines begünstigenden VA wehrt sich der Bürger mit Verpflichtungswiderspruch und Verpflichtungsklage. Beide haben keine aufschiebende Wirkung.
- Der Erlass eines belastenden VA unterliegt stets dem Vorbehalt des Gesetzes (Näheres hierzu Rn. 156 ff.).

III. Einstufige und Mehrstufige Verwaltungsakte

244 Ein mehrstufiger VA bedarf im Unterschied zum einstufigen VA der Mitwirkung anderer Behörden.

Beispiel: Baugenehmigung, bei der das Einvernehmen der Gemeinde gem. § 36 BauGB erforderlich ist.

Praktische Relevanz: VAs, die ohne die erforderliche Mitwirkungshandlung einer anderen Behörde ergehen, sind rechtswidrig.

IV. Verwaltungsakte mit Drittwirkung

245 Bei VAs mit Drittwirkung ist nicht nur der Adressat, sondern darüber hinaus eine weitere (dritte) Person zumindest mittelbar betroffen.

Beispiele: A erhält eine Subvention. Dadurch werden die wirtschaftlichen Interessen des Konkurrenten B beeinträchtigt. Der für A begünstigende VA hat drittbelastende Wirkung für B.
E erhält eine Baugenehmigung für einen Grenzbau. Die Baugenehmigung entfaltet drittbelastende Wirkung für Nachbar N.

Praktische Relevanz:
- Die Begünstigung des einen kann vom belasteten Dritten mit Anfechtungswiderspruch und Anfechtungsklage angefochten werden.
- Der vorläufige Rechtsschutz richtet sich bei solchen VAs mit Doppelwirkung nach § 80a VwGO.

D. Besondere Formen

I. Vorläufiger Verwaltungsakt

246 Der vorläufige VA (vgl. BVerwGE 67, 99 101) ist ein VA. Seine Regelung steht unter dem Vorbehalt einer neuen abschließenden Regelung, z. B. nach Ermittlung der Rechtslage oder des Sachverhalts.

Beispiele: §§ 42, 43 SGB I (vorläufige Leistungen); § 11 GastG (vorläufige Gaststättenerlaubnis).

II. Vorsorglicher Verwaltungsakt

Der vorsorgliche VA (vgl. BVerwGE 81, 84, 94) trifft im Gegensatz zum vorläufigen VA eine endgültige Regelung. Er hängt aber von einem ungewissen Ereignis in der Zukunft ab, z. B. der Feststellung einer noch erforderlichen Rechtmäßigkeitsvoraussetzung durch die hierfür zuständige Behörde. **247**

III. Vorbescheid

Der Vorbescheid ist der vorweggenommene verbindliche Teil einer Gesamtentscheidung (BVerwGE 24, 23, 27). **248**

Beispiel: Der Bauvorbescheid nach § 57 LBO entscheidet einzelne Fragen eines Bauvorhabens verbindlich. Er ist keine Baugenehmigungszusage, sondern ein vorweggenommener Teil der Baugenehmigung selbst (BVerwG, DÖV 1984, 852; NVwZ 1989, 863; OVG Münster, DVBl. 1997, 1006).

Vorbescheide sind z. B. in § 57 LBO und § 9 BImSchG vorgesehen; auch die Teilungsgenehmigung (§ 19 BauGB) und die Teilgenehmigungen nach § 61 LBO und § 8 BImSchG können hierzu gezählt werden.

IV. Zusage und Zusicherung

1. Begriff und Rechtsnatur

Eine Zusage ist die hoheitliche Selbstverpflichtung mit Bindungswillen zu einem Tun oder Unterlassen in der Zukunft (BVerwGE 26, 31, 36), also die verbindliche Zusage einer künftigen Verwaltungshandlung. Ein Rechtsanspruch auf Erteilung einer Zusage besteht grundsätzlich nicht. Es steht im Ermessen der Verwaltung, ob sie sich verpflichten und damit binden will. In der Praxis spielt die Zusage eine nicht unerhebliche Rolle. Zusagen bezwecken in erster Linie Risiko- und Dispositionsschutz. Der Zusageempfänger möchte in einem möglichst frühen Verfahrensstadium Gewissheit über das Entscheidungsverhalten der Verwaltung haben. Er vermeidet damit das Risiko, Dispositionen vorzunehmen, die sich später als wertlos erweisen. **249**

Zu unterscheiden sind **zwei Arten** von Zusagen: **250**
- Die Zusage, einen **Verwaltungsakt** zu erlassen oder zu unterlassen („**Zusicherung**" im Sinne von § 38 LVwVfG).
  Beispiele: Zusicherung einer Genehmigung oder Erlaubnis.
- Die Zusage, eine **sonstige Verwaltungshandlung** vorzunehmen oder zu unterlassen.
  Beispiele: Zusage, einen Vertrag abzuschließen, eine Subvention auszuzahlen, eine Straße zu bauen.

Nur die **Zusicherung** ist in § 38 LVwVfG (§ 34 SGB X) geregelt. Ob § 38 LVwVfG (§ 34 SGB X) auch auf Zusagen, die keine Zusicherungen sind, analog angewandt werden soll, ist umstritten. Da der Gesetzgeber Zusagen, die keine Zusicherungen sind, bewusst nicht in den Anwendungsbereich des § 38 LVwVfG (§ 34 SGB X) einbezogen hat, scheidet eine analoge Anwendung aus (Detterbeck, AVR, § 10 Rn. 522 m. w. N.; a. A. Hendler, Rn. 114; einschränkend BVerwG, DVBl. 1995, 746, 748; differenzierend Kopp/Ramsauer, § 38 Rn. 6c/d; vgl. ferner Maurer/Waldhoff, AVR, § 9 Rn. 61).

251 **Zusagen sind Verwaltungsakte** (so u. a. BVerwG NVwZ 1986, 1011 m. Anm. Stelkens NVwZ 1987, 471; BSG, NVwZ 1994, 830; Guckelberger, DÖV 2004, 357, 359 m. w. N.; a. A. – kein VA – u. a. Hendler, Rn. 113; Detterbeck, AVR, § 10 Rn. 519). Die Zusage erfüllt alle Merkmale des VA-Begriffs und enthält eine verbindliche Regelung, § 38 II LVwVfG (§ 34 II SGB X) hat nur eine klarstellende Funktion. Das bedeutet, dass die Vorschriften der §§ 9 ff. LVwVfG (§§ 8 ff. SGB X) über das Verwaltungsverfahren und §§ 35 ff. LVwVfG (§§ 31 ff. SGB X) über den VA vollumfänglich Anwendung finden.

2. Die Zusicherung

252 Eine Zusicherung, also die Zusage, einen VA zu erlassen oder zu unterlassen, ist nach § 38 I S. 1 LVwVfG (§ 34 I S. 1 SGB X) nur wirksam, wenn sie **schriftlich** erteilt wurde. Eine mündliche Zusicherung bindet die Behörde nicht und gewährt dem Bürger keinen Anspruch auf das Zugesagte.

253 Die sachliche und örtliche **Zuständigkeit** der zusichernden Behörde ist gem. § 38 I S. 1 LVwVfG (§ 34 I S. 1 SGB X) ebenfalls Voraussetzung für die Wirksamkeit der Zusicherung. Zuständig ist diejenige Behörde, die zur Vornahme der zugesagten Verwaltungshandlung zuständig ist. Die von einer unzuständigen Behörde erteilte Zusicherung ist unwirksam und bedeutungslos (Kopp/Ramsauer, § 38 Rn. 28).

254 Ist zur Vornahme der zugesagten Verwaltungshandlung die **Anhörung Beteiligter** oder die **Mitwirkung anderer Behörden** oder Ausschüsse erforderlich, so hat diese gem. § 38 I S. 2 LVwVfG (§ 34 I S. 2 SGB X) bereits vor der Zusicherung zu erfolgen. Die Zusicherung kann ihre Bindungswirkung nur voll entfalten, wenn sie sich auf alle an der Verwaltungshandlung Beteiligten und Mitwirkenden erstreckt; das setzt deren Teilnahme schon im Verfahren über die Erteilung der Zusicherung voraus. Die Anhörung bzw. Mitwirkung muss „aufgrund einer Rechtsvorschrift" erforderlich sein. Solche Rechtsvorschriften sind beispielsweise § 28 LVwVfG, § 36 BauGB, § 10 V BImSchG. Unterbleibt eine erforderliche Anhörung oder Mitwirkung, kann dieser Fehler nach § 45 LVwVfG (§ 41 SGB X) geheilt werden.

255 **Rechtswidrige Zusicherungen** sind wirksam. Dies ergibt sich bereits aus ihrem VA-Charakter, jedenfalls aber aus § 38 II LVwVfG (§ 34 II SGB X), der durch die Verweisung auf die §§ 44 und 48 LVwVfG (§§ 40 und 44, 45 SGB X) klarstellt, dass eine rechtswidrige Zusicherung nur bei Vorliegen eines Nichtigkeitsgrundes oder bei Rücknahme unwirksam ist (Kopp/Ramsauer, § 38 Rn. 33; BVerwGE 128, 87). Die Zusicherung ist rechtswidrig, wenn sie selbst oder das zugesicherte

Verhalten gegen geltendes Recht verstößt (BVerwGE 49, 244, 248). Gleiches gilt für **rechtswidrige Zusagen**, da diese ebenfalls als VA zu qualifizieren sind. **Nichtig und damit unwirksam** ist eine Zusage bzw. Zusicherung in den Fällen des § 44 LVwVfG (§ 40 SGB X) sowie bei Verletzung der Zuständigkeit oder Schriftform, vgl. § 38 I S. 1 LVwVfG (§ 34 I S. 1 SGB X).

Eine wirksame Zusicherung kann nach §§ 48, 49 LVwVfG (§§ 44–47 SGB X) **zurückgenommen bzw. widerrufen** werden. Rücknahme und Widerruf kommen nicht in Betracht, wenn sich die Sach- oder Rechtslage nach Abgabe der Zusicherung ändert. **§ 38 III LVwVfG** (§ 34 III SGB X) beseitigt für diesen Fall die Bindungswirkung. Die **Zusicherung wird gegenstandslos** und braucht nicht mehr aufgehoben zu werden. § 38 III LVwVfG (§ 34 III SGB X) schließt als die speziellere Regelung insbesondere die Anwendung von § 49 II S. 1 Nr. 3 und 4 LVwVfG aus. Wird eine Zusicherung wegen Änderung der Sach- oder Rechtslage gegenstandslos, hat der Begünstigte, anders als beim Widerruf (§ 49 VI LVwVfG), keinen Anspruch auf Ersatz des Vertrauensschadens (vgl. Baumeister, DÖV 1997, 229, 230 m. w. N.; a. A. Kopp/Ramsauer, § 38 Rn. 45).

Beispielsfall: K verklagt die Stadt S vor dem Verwaltungsgericht auf Sperrung der G-Straße, an welcher er wohnt, für den Durchgangsverkehr. In einem verwaltungsgerichtlichen Vergleich verpflichtet sich der Vertreter der Stadt zur Aufstellung eines Tempo-30-Zone-Schilds in der G-Straße. In den folgenden Monaten passiert nichts. K will nun gerichtlich die Aufstellung des Verkehrszeichens erreichen. Die Stadt wehrt sich. Sie meint, es liege keine Zusicherung vor. Die Schriftform sei nicht gewahrt. Verkehrszeichen seien nicht zusagefähig. Im Übrigen hätten sich die zuständigen kommunalen Gremien – was zutrifft – zwischenzeitlich auf den Ausbau der G-Straße als Zufahrt zum neu errichteten Klärwerk festgelegt.

Lösung: Zwar handelt es sich um eine **Zusicherung nach § 38 LVwVfG**. Der Vertreter der Stadt hat unzweifelhaft zum Ausdruck gebracht, dass sich die Stadt zum Erlass eines bestimmten VA (Verkehrszeichen als Allgemeinverfügung) verpflichten will. Die Zusicherung zur Niederschrift des Gerichts genügt auch der **Schriftform** des § 38 I S. 1 LVwVfG. Da die Zusicherung einen VA darstellt, gilt § 37 III LVwVfG. Das gerichtliche Protokoll erfüllt die sich daraus ergebenden Anforderungen: Aus ihm wird deutlich, welche Behörde die Zusicherung gegeben und wer für sie gehandelt hat. Auch den mit der Schriftform verbundenen Zwecken der Beweis- und Warnfunktion trägt die gerichtliche Niederschrift mit einer Erklärung, die vorgelesen und genehmigt worden ist, hinreichend Rechnung (BVerwGE 97, 323, 327 f.). Nach § 45 Ic StVO ordnen jedoch die Straßenverkehrsbehörden Tempo 30-Zonen innerhalb geschlossener Ortschaften im Einvernehmen mit der Gemeinde an. Insofern wäre der **Gemeinderat zu beteiligen** gewesen. Darüber hinaus wäre die Stadt auch **nach § 38 III LVwVfG wegen Änderung der Sachlage** nicht mehr an die Zusicherung gebunden. Die Verkehrsverhältnisse haben sich erheblich geändert, indem die zuständigen Gremien sich zwischenzeitlich auf den Ausbau der G-Straße als Zufahrt zum neu errichteten Klärwerk festgelegt haben (vgl. insgesamt BVerwGE 97, 323, 329 ff.). Das Begehren des K hätte folglich keine Aussicht auf Erfolg.

E. Vertiefungshinweise und Wiederholungsfragen

I. Vertiefungshinweise

257 Detterbeck, AVR, § 10 Rn. 420–568; Maurer/Waldhoff, AVR, § 9; Haurand, Der Verwaltungsakt, DVP 2007, 221–227; Röben, Funktionen des Verwaltungsaktes: Vom Gesetzesvollzug zur Gestaltung, Verwaltungsarchiv 2008, 46–72; Heyle, Die individuell – abstrakte Regelung des Allgemeinen Verwaltungsrechts, NVwZ 2008, 390–392; Schoch, Die behördliche Befugnis zum Handeln durch Verwaltungsakt, Jura 2010, 670 ff.; Schoch, Die Allgemeinverfügung (§ 35 S. 2 LVwVfG), Jura 2012, 26 ff.; Bickenbach, Charakteristik, Unterarten und Unarten des Verwaltungsaktbegriffs, JA 2015, 481 ff.; Hebeler/Schäfer, „Versprechungen" der Verwaltung, Jura 2010, 881; Kingler/Krebs, Die Zusicherung, § 38 VwVfG, JuS 2010, 1059.

II. Wiederholungsfragen

258
1. Was sind die 6 Begriffsmerkmale eines VA? – Rn. 214
2. Wann handelt eine „Behörde" i. S. d. § 35 S. 1 LVwVfG? – Rn. 216
3. Sind Verfassungsorgane „Behörden"? – Rn. 219
4. Wann handelt die Verwaltung „auf dem Gebiet des öffentlichen Rechts"? – Rn. 220, 221
5. Zu welchen Handlungsformen der Verwaltung ist die „Regelung" abzugrenzen? Nennen Sie Beispiele für eine Regelung. – Rn. 222 ff.
6. Sind innerdienstliche Weisungen VAs? – Rn. 228, 229
7. Stellt die Weigerung der Gemeinde, ihr Einvernehmen zu einer vom Bürger B beantragten Baugenehmigung zu erteilen, einen VA dar? – Rn. 230
8. Welche Bedeutung und praktische Relevanz hat das Erfordernis des „Einzelfalles"? – Rn. 231
9. Welche Arten der Allgemeinverfügung gibt es? – Rn. 236 ff.
10. Welche verfahrensrechtlichen Besonderheiten bestehen bei der Allgemeinverfügung im Verhältnis zum herkömmlichen VA? – Rn. 240
11. Welche praktische Konsequenz hat die Feststellung, dass der Widerruf einer Konzession ein rechtsgestaltender und nicht ein befehlender VA ist? – Rn. 242
12. Welche praktische Bedeutung hat die Unterscheidung zwischen belastenden (Beispiele!) und begünstigenden (Beispiele!) VAs? – Rn. 243
13. Was ist ein Vorbescheid? – Rn. 248
14. Was ist eine Zusage, was ist eine Zusicherung? – Rn. 250
15. Ist die Zusage ein VA? – Rn. 251
16. Ist die mündliche Zusicherung, ein Verkehrsschild aufzustellen, wirksam? – Rn. 252

Kapitel 6 Nebenbestimmungen zum Verwaltungsakt

A. Einführung

Nebenbestimmungen sind Regelungen in einem VA, die neben die Hauptregelung treten und diese ergänzen oder beschränken (vgl. dazu auch §§ 158 ff. BGB für das Privatrecht). Sie haben den Zweck, rechtliche oder auch tatsächliche Hindernisse, die einer begünstigenden Regelung (z. B. einer Erlaubnis) entgegenstehen, zu beseitigen. An die Stelle einer strikten Ablehnung („Nein") wird es möglich, die Begünstigung unter Einschränkungen („Ja, aber") zu erteilen (vgl. Maurer/Waldhoff, § 12 Rn. 2). Dieses Instrument hat vor allem im Gewerbe- und Baurecht, aber auch im Planfeststellungs- und Immissionsrecht große Bedeutung. Es ist aber auch möglich, dass mittels einer Nebenbestimmung ein belastender VA beschränkt wird, z. B. durch eine Befristung.

259

Im Zusammenhang mit der Beifügung von Nebenbestimmungen treten im Wesentlichen drei Problemkreise auf. Schwierigkeiten bereitet häufig schon die Frage, um welche Art der Nebenbestimmung es sich handelt, da die Praxis wegen der nicht ganz einfachen Abgrenzung der Nebenbestimmungen untereinander und gegenüber anderen Zusätzen des VA oft auf eine genaue Bestimmung verzichtet und Nebenbestimmungen unter Sammelbezeichnungen erlässt (z. B. „Baubedingungen" oder „mit der Maßgabe"). Wegen der unterschiedlichen Rechtswirkungen und der Frage des Rechtsschutzes ist jedoch eine genaue Bestimmung der Art der Nebenbestimmung unerlässlich (sogleich B). Probleme werfen auch die Zulässigkeit der Beifügung von Nebenbestimmungen sowie deren sonstige Rechtmäßigkeit auf (C = Rn. 282 ff.). Dies gilt auch für die Folgen der Rechtswidrigkeit von Nebenbestimmungen und die damit zusammenhängenden Rechtsschutzprobleme (D = Rn. 301 ff.).

B. Arten, Rechtswirkungen und Abgrenzungsprobleme

§ 36 LVwVfG (§ 32 SGB X) regelt Zulässigkeit und Arten von Nebenbestimmungen, soweit nicht über § 1 LVwVfG Sonderregelungen vorgehen (z. B. § 8 II HwO, § 45 SGB VIII, § 2 IV S. 2 StVG).

260

§ 36 II LVwVfG (§ 32 II SGB X) nennt fünf Arten von Nebenbestimmungen: Befristung, Bedingung, Widerrufsvorbehalt, Auflage und Auflagenvorbehalt, die in dieser Vorschrift definiert werden.

I. Arten und Rechtswirkungen

1. Befristung

Unter einer Befristung ist eine Bestimmung zu verstehen, nach der die im VA enthaltene Vergünstigung oder Belastung zu einem bestimmten Zeitpunkt beginnt, endet oder aber für einen bestimmten Zeitraum gilt (§ 36 II Nr. 1

261

LVwVfG; § 32 II Nr. 1 SGB X; vgl. auch § 163 BGB). Nach dieser Definition liegt also eine Befristung in drei Fällen vor:
- Wenn die im VA ausgesprochenen Rechtsfolgen (Vergünstigung oder Belastung) zu einem bestimmten Zeitpunkt beginnen (= **aufschiebende Befristung**).

    Beispiel: Eine Sondernutzungserlaubnis für die Aufstellung eines Werbestandes nach § 16 I StrG wird mit Wirkung ab 1.2.2023 erteilt.
- Wenn die Rechtsfolgen zu einem bestimmten Zeitpunkt enden (= **auflösende Befristung**).

    Beispiele: Eine Sondernutzungserlaubnis wird befristet bis 1.1.2026 erteilt.
- Wenn die Rechtsfolgen nur für einen bestimmten Zeitraum gelten.

    Beispiel: Befristung des Einreise- und Aufenthaltsverbots nach § 11 II S. 3 AufenthG auf 30 Monate ab dem Tag der Abschiebung. Bei dieser Alternative handelt es sich im Prinzip um eine auflösende Befristung, da das Fristende eines Zeitraumes nach § 31 LVwVfG i. V. m. §§ 188, 189 BGB auf einen bestimmten Zeitpunkt festgelegt ist.

Wie die Beispiele zeigen, ist für die Befristung also maßgebend, dass der Eintritt des Ereignisses, von dem Beginn oder Ende der Rechtswirkungen des VA abhängt, bestimmt oder bestimmbar ist. Meistens handelt es sich dabei um ein genaues Datum. Zulässig ist z. B. aber auch die Befristung einer Fahrtenbuchauflage nach § 31a StVZO auf „zwei Jahre ab Rechtskraft des angefochtenen Bescheides" (vgl. BVerwG, NJW 1979, 1054).

262 Die **Rechtswirkungen** der Befristung bestehen darin, dass die im VA ausgesprochenen Rechtsfolgen (Vergünstigung oder Belastung) mit dem Zeitpunkt, auf den Bezug genommen wird, von selbst („automatisch") eintreten oder entfallen. Im zweiten Beispiel steht also der Werbestand nach Ablauf der Frist ohne Rechtsgrund auf der öffentlichen Fläche. Die Anlage ist somit (zumindest formell) rechtswidrig.

Zum Rechtsschutz gegen belastende Befristungen vgl. Rn. 301 ff.

2. Bedingung

263 Unter einer Bedingung ist eine Bestimmung zu verstehen, nach der der Eintritt oder der Wegfall einer Vergünstigung oder Belastung von dem ungewissen Eintritt eines zukünftigen Ereignisses abhängt (§ 36 II Nr. 2 LVwVfG; § 32 II Nr. 2 SGB X; vgl. auch § 158 BGB). Während bei einer Befristung also der Eintritt des Ereignisses, von dem die Rechtswirkungen des VA abhängen, bestimmt ist, d. h. es sicher ist, dass dieses eintritt, liegt eine Bedingung dann vor, wenn das **künftige Ereignis**, auf das Bezug genommen wird, **ungewiss** ist, d. h. wenn nicht sicher ist, ob es überhaupt eintritt.

264 Nach § 36 II Nr. 2 LVwVfG (§ 32 II Nr. 2 SGB X) sind zwei Arten von Bedingungen zu unterscheiden:
- Soweit von der Nebenbestimmung der Eintritt der Rechtswirkungen des VA abhängt, handelt es sich um eine **aufschiebende Bedingung**.

    Beispiele: Eine Gaststättenerlaubnis wird unter der Bedingung „der Beibringung des Unterrichtungsnachweises nach § 4 I Nr. 4 GastG" erteilt.

- Soweit von der Nebenbestimmung der Wegfall der Rechtswirkungen des VA abhängt, handelt es sich um eine **auflösende Bedingung**.

    Beispiel: Eine Aufnahme in eine Fachschule für Sozialpädagogik wird unter der auflösenden Bedingung erteilt, dass ein Nachweis der erforderlichen Zuverlässigkeit erbracht wird (VG Braunschweig, Beschl. v. 7.9.2012 – 6 B 250/12, juris).

    Eine Bewilligung von Landeszuwendungen für die Erweiterung eines Kindergartens enthält eine auflösende Bedingung dergestalt, dass die Bewilligung anteilig in dem Umfang wegfällt, in dem sich die Ausgaben gegenüber der ursprünglichen Planung vermindern (HessVGH, HGZ 2006, 253).

Wie die Beispiele zum Teil zeigen, liegt eine Bedingung auch dann vor, wenn der Eintritt bzw. der Wegfall des zukünftigen ungewissen Ereignisses vom Willen des Betroffenen abhängt (sog. unechte oder Voluntativbedingung).

Ebenso wie bei der Befristung wird zwar der unter einer aufschiebenden Bedingung erlassene VA mit seiner Bekanntgabe nach § 43 LVwVfG (§ 39 SGB X) wirksam, jedoch beginnen seine Rechtswirkungen (Rechtsfolgen) erst mit dem Eintritt der Bedingung. Bis zu ihrem Eintritt bzw. bis zu ihrem endgültigen Ausbleiben bleiben die mit dem VA gewollten **Rechtsfolgen in der Schwebe** (vgl. BVerwGE 29, 261). Tritt die Bedingung dann ein, beginnen bzw. entfallen die Rechtswirkungen automatisch, ohne dass es noch eines weiteren behördlichen Vollzugsaktes bedürfte. Wenn also im Beispielsfall unter Rn. 264 von der Gaststättenerlaubnis Gebrauch gemacht wird, ohne den Unterrichtungsnachweis beigebracht zu haben, ist der Gaststättenbetrieb rechtswidrig. Andererseits ist die Behörde bereits an die Erlaubnis gebunden und kann diese nur nach den Rücknahme- bzw. Widerrufsvorschriften aufheben. Zum Rechtsschutz gegen belastende Bedingungen vgl. Rn. 301 ff.

3. Widerrufsvorbehalt

Der in § 36 II Nr. 3 LVwVfG (§ 32 II Nr. 3 SGB X) nicht näher definierte Widerrufsvorbehalt ist eine dem VA beigefügte Nebenbestimmung, durch die sich die erlassende Behörde die Aufhebung des VA vorbehält.

> **Beispiele:** Eine Baugenehmigung zur Aufstellung einer Werbeanlage wird gem. § 58 IV LBO „widerruflich" erteilt; Beamtenverhältnis auf Widerruf (§ 4 IV BeamtStG).

Wie diese Beispiele zeigen, handelt es sich beim Widerrufsvorbehalt um eine besondere Art einer auflösenden Bedingung. Das zukünftige Ereignis, dessen Eintritt ungewiss ist, ist die Ausübung des Widerrufs durch die Behörde (s. § 49 I Nr. 1 LVwVfG/§ 47 SGB X und Rn. 511 ff.). Bis zur Erklärung des Widerrufs bleibt der VA wirksam. Im Unterschied zu einer normalen auflösenden Bedingung endet die Wirksamkeit des VA also nicht automatisch, sondern erst durch die Erklärung des Widerrufs, die ihrerseits ein VA ist. Während auflösende Bedingungen in der Praxis selten sind, wird die Nebenbestimmung eines Widerrufsvorbehaltes häufiger verwandt. Der Widerrufsvorbehalt vermeidet die sonst bestehende Entschädigungspflicht im Falle des Widerrufs (§ 49 II Nr. 3–5, VI LVwVfG vgl. Rn. 520).

267 Allerdings ist zu beachten, dass der bloße Vorbehalt im VA für sich allein den Widerruf noch nicht rechtfertigt. Durch den Widerrufsvorbehalt wird vielmehr nur die Möglichkeit einer Aufhebung des VA nach Spezialvorschriften bzw. nach § 49 II Nr. 1 LVwVfG (§ 47 I Nr. 1 SGB X) geschaffen. Neben dem Vorliegen der im Widerrufsvorbehalt genannten Tatbestandsvoraussetzungen müssen bei der Ausübung des Widerrufs somit auch die in § 49 LVwVfG (§ 47 SGB X) genannten Voraussetzungen beachtet werden. Da der Behörde nach dieser Vorschrift ein Ermessen für die Aufhebung des VA eingeräumt ist, ist in diesem Zusammenhang besonders auf etwaige Ermessensfehler (Rn. 180 ff.) zu achten.

Beispiel: Bei einer Sondernutzungserlaubnis nach § 16 I, II StrG für die Aufstellung eines Kioskes auf öffentlicher Fläche wird der Widerruf „für den Fall der Benötigung der Fläche zur Straßenerweiterung" vorbehalten. Ein Widerruf ist hier nur möglich, wenn die betreffende Fläche für eine Straßenerweiterung benötigt wird (Tatbestandsvoraussetzung). Aber selbst in diesem Falle steht die Ausübung des Widerrufs nach § 49 LVwVfG (§ 47 SGB X) im Ermessen der Behörde.

Zum Rechtsschutz gegen belastende Widerrufsvorbehalte vgl. Rn. 301 ff.

4. Auflage

268 Die in der Praxis bedeutsamste Nebenbestimmung ist die Auflage. § 36 II Nr. 4 LVwVfG (§ 32 II Nr. 4 SGB X) definiert sie als eine „Bestimmung, durch die dem Begünstigten ein Tun, Dulden oder Unterlassen vorgeschrieben wird". Da dem Adressaten also ein bestimmtes Gebot oder Verbot auferlegt wird, besitzt die Auflage **selbstständigen Regelungscharakter** und ist damit als eigenständiger belastender VA anzusehen, der einem anderen begünstigenden VA beigefügt ist (h. M.; BVerwGE 85, 24). Allerdings gibt es zwischen den beiden Akten eine gewisse rechtliche Verknüpfung. So sind die Rechtswirkungen des Haupt-VA zwar (zunächst) von der Auflage unberührt, gleichwohl ist die Auflage aber eine Nebenbestimmung zum Haupt-VA (s. dazu Rn. 269, 270).

Beispiele: Eine Gaststättenerlaubnis nach §§ 2, 4 GastG wird gem. § 5 I Nr. 3 GastG mit der Auflage erteilt, „ab 22 Uhr sämtliche Musikdarbietungen einzustellen". Das Verbot von Musikdarbietungen ist gegenüber dem Adressaten ein belastender VA i. S. d. § 35 LVwVfG, der dem begünstigenden VA, der Gaststättenerlaubnis, beigefügt ist. Die Einbürgerung wird mit der Auflage erteilt, die ausländische Staatsangehörigkeit aufzugeben (Sauerland, DÖV 2016, 465). Die Gewährung von Bekleidungsbeihilfe nach § 31 I Nr. 2 SGB XII bzw. § 24 III Nr. 2 SGB II wird mit der Auflage versehen, die ordnungsgemäße Verwendung der Beihilfe nachzuweisen. Eine Baugenehmigung setzt eine naturschutzrechtliche Ausgleichsabgabe fest (HessVGH, NVwZ-RR 1998, 68). Auflage in der Fahrerlaubnis, nicht ohne Brille zu fahren (§ 23 II FeV).

269 Aus dem **VA-Charakter** der Auflage ergeben sich im Wesentlichen drei Konsequenzen:

– Sie ist selbstständig mit den Mitteln des Verwaltungszwangs vollstreckbar (Erzwingungseffekt der Auflage). Bei Vorliegen der Voraussetzungen des § 80

II Nr. 4 VwGO (§ 86a II Nr. 5 SGG) kann die sofortige Vollziehung angeordnet werden.
Im **Beispielsfall** Rn. 268 könnte also bei einer Zuwiderhandlung gegen das Musikverbot ein Zwangsgeld nach §§ 19 ff. LVwVG angedroht und festgesetzt werden.
- Sie kann vom Betroffenen i. d. R. mit Rechtsbehelfen selbstständig angefochten werden (vgl. dazu näher Rn. 301 ff.).
- Ihre Unwirksamkeit berührt den Bestand des VA, dem sie beigefügt ist, grundsätzlich nicht, da sie nicht Bestandteil der Hauptregelung ist.

Wäre im **Beispielsfall** Rn. 268 das Musikverbot nichtig oder würde es wegen Rechtswidrigkeit vom Gericht aufgehoben werden, hätte dies auf den Bestand der Gaststättenerlaubnis keinen Einfluss.

In ihrer Eigenschaft als Nebenbestimmung ist die Auflage ihrerseits allerdings in ihrem Bestand und ihrer Durchsetzbarkeit von der Hauptregelung abhängig (sog. **Akzessorietät**): **270**
- Erst wenn der Berechtigte die begünstigende Hauptregelung nützt, gewinnt die Auflage rechtliche Bedeutung. Entfällt die Hauptregelung, so entfällt auch die Auflage.
Würde also von der Gaststättenerlaubnis im Beispielsfall Rn. 264 nicht Gebrauch gemacht, wäre diese nichtig oder würde sie vom Gericht bzw. der Behörde aufgehoben werden, so entfiele auch die Auflage.
- Eine mittelbare Abhängigkeit des Haupt-VA von der Auflage zeigt sich darin, dass die Möglichkeit besteht, bei Nichtbefolgung der Auflage – anstelle einer selbstständigen Vollstreckung – den Haupt-VA nach § 49 II Nr. 2 LVwVfG (§ 47 I Nr. 2 SGB X) zu widerrufen. Bei der Wahl dieser beiden alternativen Möglichkeiten ist der Grundsatz der Verhältnismäßigkeit zu beachten (vgl. Kopp/Ramsauer, § 49 Rn. 39).

Im **Beispielsfall** unter Rn. 264 müsste also bei einem Widerruf nach der Spezialregelung des § 15 III Nr. 2 GastG (!) z. B. geprüft werden, ob Verstöße gegen die Auflage häufig vorkommen, an ihrer Erfüllung ein erhebliches Interesse der Nachbarn besteht etc.

Zum Rechtsschutz gegen Auflagen vgl. Rn. 301 ff.

5. Auflagenvorbehalt

Unter dieser Nebenbestimmung ist nach § 36 II Nr. 5 LVwVfG (§ 32 II Nr. 5 **271** SGB X) ein „Vorbehalt der nachträglichen Aufnahme, Änderung oder Ergänzung einer Auflage" zu verstehen. Die Behörde erhält damit also die Befugnis, auch noch nach Ergehen des VA Auflagen zu treffen. Dies entspricht einem Bedürfnis der Praxis, da die Verwaltung damit die Möglichkeit hat, auf eventuell zum Zeitpunkt der Entscheidung noch nicht vorhersehbare Entwicklungen und Auswirkungen eines Vorhabens zu reagieren. Auch der Auflagenvorbehalt lässt – ebenso wie die Auflage – die Wirksamkeit des Haupt-VA unberührt. Allerdings hat der Auflagenvorbehalt im Gegensatz zur Auflage **keine Verwaltungsaktqualität**, weil es an einer Regelung i. S. d. § 35 S. 1 LVwVfG (§ 31 S. 1 SGB X) fehlt; eine solche wird lediglich für die Zukunft vorbehalten. Dogmatisch stellt die nachträgliche Anordnung von Auflagen dann einen **Teilwiderruf der Hauptregelung** dar.

272 Zu beachten ist, dass weder die in einem Gesetz vorgesehene Möglichkeit der Beifügung **nachträglicher Auflagen** (vgl. z. B. § 45 IV S. 2 SGB VIII, § 17 BImSchG, § 69a II GewO, § 12 II S. 2 AufenthG, § 5 GastG) noch ein entsprechender Vorbehalt im VA selbst alleinige Rechtsgrundlage für die Anordnung von Auflagen sein kann, vielmehr müssen diese – als belastende VAs – daneben auch durch eine materielle weitere Ermächtigungsgrundlage gedeckt sein (Rn. 282). Ebenso wie die Ausübung des Widerrufsvorbehalts stellt auch die nachträgliche Anordnung einer Auflage aufgrund eines Vorbehalts nach § 36 II Nr. 5 LVwVfG (§ 32 II Nr. 5 SGB X) einen neuen VA dar, der selbstständig angegriffen werden kann.

Beispiel: Ein Planfeststellungsbeschluss (s. § 74 LVwVfG) ergeht unter dem Auflagenvorbehalt, dass bei Vorliegen bestimmter Voraussetzungen „Nachbesserungen hinsichtlich des Lärmschutzes auferlegt werden können" (BVerwGE 112, 221).

Nicht ausdrücklich geregelt ist die Möglichkeit eines Vorbehalts zugunsten **nachträglicher Befristungen und Bedingungen.** Ihre nachträgliche Beifügung beinhaltet wegen der engen Verbindung zum VA dessen vollständige Aufhebung unter den Voraussetzungen der §§ 48, 49 LVwVfG (§§ 44 ff. SGB X) und den Erlass eines neuen bedingten oder befristeten VA (s. Kopp/Ramsauer, § 36 Rn. 56). Dieses Ziel kann jedoch besser durch einen Widerruf aufgrund eines entsprechenden Vorbehaltes nach § 36 II Nr. 3 LVwVfG (§ 32 II Nr. 3 SGB X) und anschließenden Erlass eines neuen VA erreicht werden.

6. Keine Nebenbestimmung: Die sog. modifizierende Genehmigung

273 Keine Auflage i. S. d. § 36 II Nr. 4 LVwVfG (§ 32 II Nr. 4 SGB X) – und damit keine Nebenbestimmung – ist die sog. modifizierende Genehmigung – früher modifizierende Auflage genannt. Anders als die normale Auflage begründet sie keine zusätzliche Leistungspflicht neben der Hauptregelung. Vielmehr verändert sie den Inhalt der Hauptregelung selbst qualitativ gegenüber dem Antrag des Betroffenen. Der Bürger erhält etwas anderes, als was er beantragt hatte, ein sog. aliud (vgl. BayVGH, Urt. v. 22.6.2010 – 8 BV 10.182, juris; Möhres/Bremer VR 1989, 405; Weyreuther, DVBl. 1984, 365 ff.).

Beispiele: Beantragt wird eine Baugenehmigung für die Errichtung eines Wohnhauses mit Satteldach. Von der Baurechtsbehörde wird die Baugenehmigung jedoch unter der Auflage erteilt, anstelle des beantragten Satteldaches ein Flachdach zu errichten. Eine beantragte Baugenehmigung wird mit der Maßgabe erteilt, eine Ablösungszahlung als Ersatz für die Stellplatzverpflichtung zu zahlen (OVG Berlin, NVwZ 1997, 1005).
Bei einer beantragten Betriebserlaubnis für einen Kindergarten wird dem Einrichtungsbetreiber auch die Aufnahme von Kindern unter drei Jahren auferlegt. Damit würde dem Betreiber eine andere Erlaubnis als die für einen Kindergarten nach § 1 II KGaG (jetzt § 1 II KiTagG) erteilt, nämlich die für eine Tageseinrichtung mit altersgemischten Gruppen nach § 1 III KGaG/KiTagG (VGH BW, FEVS 49, 129, 133).

Die modifizierende Genehmigung stellt sich also in Wahrheit als eine – konkludente – Ablehnung des Antrages dar (der im 1. Beispielsfall ja auf ein Haus mit Satteldach gerichtet war), verbunden mit einer (Vorweg-)Genehmigung einer so nicht beantragten Bauerlaubnis. Der hierfür erforderliche Antrag des Begünstigten wird allerdings oft konkludent durch Gebrauchmachen von der Begünstigung erklärt (BVerwGE 36, 154).
Zum Rechtsschutz gegen modifizierende Genehmigungen siehe näher Rn. 306.

II. Abgrenzungsprobleme

Ungeachtet der klaren inhaltlichen Definition der Nebenbestimmungen, wie sie sich aus § 36 II LVwVfG (§ 32 II SGB X) ergibt, bereitet ihre Qualifizierung in der Praxis nicht selten Schwierigkeiten. Diese beruhen nicht zuletzt darauf, dass – trotz der sich aus §§ 36, 37 I LVwVfG (§§ 32, 33 SGB X) ergebenden Verpflichtung zur inhaltlichen Bestimmtheit, die auch für Nebenbestimmungen gilt – wegen des damit verbundenen Arbeitsaufwandes bei der Beifügung von Nebenbestimmungen oft auf eine klare Terminologie verzichtet wird. So pflegen z. B. die Baugenehmigungen unter der Sammelbezeichnung „Baubedingungen" von Zusätzen aller Art begleitet zu werden, ohne dass klar ersichtlich ist, ob es sich überhaupt und ggf. um welche Art von Nebenbestimmungen es sich handelt. Einige der in diesem Zusammenhang auftretenden Abgrenzungsprobleme sollen im Folgenden behandelt werden: 274

1. Abgrenzung zu sonstigen Nebenregelungen

Keine Nebenbestimmungen im rechtstechnischen Sinne sind sonstige Nebenregelungen zum VA wie z. B. die Anordnung des Sofortvollzugs nach § 80 II Nr. 4 VwGO (§ 86a II Nr. 5 SGG) oder die Kostenentscheidung. 275

2. Abgrenzung zu bloßen Hinweisen auf die Rechtslage

Ebenfalls keine Nebenbestimmungen sind bloße Hinweise auf die Rechtslage, da sie keine Regelung beinhalten. 276

> **Beispiele:** Eine Baugenehmigung wird „mit der Maßgabe" erteilt, dass sie erlischt, wenn nicht innerhalb von drei Jahren nach Erteilung mit der Bauausführung begonnen wird. Da es sich nur um einen Hinweis auf § 62 I LBO handelt, liegt keine auflösende Bedingung vor.
> Eine Gaststättenerlaubnis wird unter dem Vorbehalt erteilt, dass sie bei unbefugter Änderung der Betriebsart widerrufen werden kann. Wegen § 15 III Nr. 1 GastG, der unmittelbar einen Widerruf der Erlaubnis in solchen Fällen zulässt, handelt es sich nur um einen Hinweis auf die Rechtslage, ohne dass dem Vorbehalt eine rechtliche Wirkung zukommt (sog. unechter Widerrufsvorbehalt mit nur deklaratorischer Wirkung).

3. Abgrenzung zu Inhaltsbestimmungen

Keine Nebenbestimmungen sind ferner bloße Hinweise auf den Inhalt des VA (sog. Inhaltsbestimmungen), die erst den Gegenstand eines VA festlegen. 277

> **Beispiele:** Eine Gaststättenerlaubnis wird mit der „Maßgabe" erteilt, dass nur eine Schank- und Speisewirtschaft und keine Nachtbar betrieben werden

darf. Es liegt keine Auflage vor, da die Gaststättenerlaubnis gem. § 3 GastG von vornherein nur für eine bestimmte Betriebsart erteilt wird. Die „Maßgabe" konkretisiert daher lediglich den sich bereits aus der Erlaubnis selbst ergebenden Inhalt des VA. Soweit der Antragsteller hingegen die Erlaubnis für den Betrieb einer Nachtbar beantragt hätte, würde es sich um eine modifizierende Auflage handeln (vgl. Rn. 273). Die einer Erlaubnis zum Umbau und Betrieb einer Tankstelle beigefügte Maßgabe, dass beim Betanken von Kraftfahrzeugen frei werdende Kohlenwasserstoffdämpfe durch ein Gasrückführungssystem in den Vorratstank zurückzuführen sind, stellt lediglich eine Genehmigungsinhaltsbestimmung dar (vgl. VGH BW, VBlBW 1994, 23).

4. Abgrenzung zum Vorbehalt der endgültigen Entscheidung

278 Keine Nebenbestimmung ist auch der Vorbehalt der endgültigen Entscheidung bei vorläufigen Bescheiden oder bei Vorbescheiden.

Entweder hat eine derartige vorläufige Mitteilung noch nicht den Charakter eines VA (so BVerwGE 13, 248 zum Fall einer vorläufigen Besoldungsmitteilung) oder, wenn sie VA ist, stellt die Vorläufigkeit deren Regelungsinhalt dar (so BVerwG, DVBl. 1992, 52 zur alarmrechtlichen Genehmigung für einen Probebetrieb unter Vorbehalt).

5. Abgrenzung zwischen Auflage und Bedingung

279 Innerhalb der Nebenbestimmungen selbst bereitet insbesondere die Abgrenzung zwischen Auflagen und Bedingungen größere Schwierigkeiten.

Beispiel: Eine Gaststättenerlaubnis nach §§ 2, 3 GastG wird mit der „Maßgabe" erteilt, dass eine bestimmte weitere Lärmschutzvorrichtung angebracht wird, um Lärmbelästigungen für die Nachbarn zu vermeiden.

Die Unterscheidung zwischen Auflage oder Bedingung ist hier wichtig. Handelt es sich um eine Auflage, so könnte von der Erlaubnis auch schon vor Anbringen der Lärmschutzvorrichtung Gebrauch gemacht werden. Handelt es sich dagegen um eine aufschiebende Bedingung, so entfaltet die Erlaubnis bis zum Anbringen der Lärmschutzvorrichtung noch keine rechtliche Wirkung (s. Rn. 265).

280 Die **begriffliche Abgrenzung** zwischen beiden Nebenbestimmungen ist klar. V. Savigny (System des heutigen römischen Rechts, 1840, Bd. 3, S. 231) drückt es plastisch aus in der Formel: „Die Bedingung suspendiert, zwingt aber nicht, der Modus (Auflage) zwingt, suspendiert aber nicht". Das bedeutet, dass die Bedingung die Wirkung des Haupt-VA aufschiebt bzw. auflöst; die Auflage dagegen mit Mitteln der Verwaltungsvollstreckung durchsetzbar ist. Unklar bleibt aber häufig, wie auch im Beispiel Rn. 279, welche Nebenbestimmung die Behörde nun konkret getroffen hat. In einem solchen Falle muss der erklärte **Behördenwille** durch **Auslegung** ermittelt werden. Entscheidend dabei ist – und dies folgt dem allgemeinen Auslegungsgrundsatz – wie die getroffene Regelung nach ihrem objektiven Erklärungswert und den sonst dem Betroffenen bekannten Umständen nach Treu und Glauben zu verstehen ist. Es kommt also entscheidend auf den Empfängerhorizont an.

281 Im Einzelnen kann zur Ermittlung des erklärten Behördenwillens auf folgende Kriterien abgestellt werden:

Zunächst ist mit der **Wortauslegung** zu beginnen. Die von der Behörde gewählte Kennzeichnung ist immer ein gewichtiges Indiz für die Art der Nebenbestimmung (so z. B. wenn in einer Genehmigung ausdrücklich zwischen Auflagen und Bedingungen unterschieden wird – vgl. BVerwGE 29, 261; BVerwG, DÖV 1974, 380, 381). Diese hilft allerdings in den Fällen nicht weiter, in denen sich die Behörde einer unklaren Terminologie (wie auch im Beispielsfall Rn. 279) bedient. Im Übrigen ist – auch bei eindeutiger Bezeichnung – letztlich immer der materielle Gehalt entscheidend. Die **gesetzeskonforme** Auslegung wird relevant in Fällen, in denen nur eine Art der Nebenbestimmung rechtmäßig ist. Da davon auszugehen ist, dass die Verwaltung rechtmäßig handeln will, kann im Zweifel also diejenige Nebenbestimmung angenommen werden, die den gesetzlichen Vorschriften entspricht. Im Beispielsfall unter Rn. 279 hilft diese Art der Auslegung allerdings auch nicht weiter, da nach § 36 I LVwVfG i. V. m. § 4 GastG sowohl eine Bedingung als auch eine Auflage rechtlich zulässig wären.
Letztendlich ist **teleologisch** auszulegen, d. h. orientiert an den unterschiedlichen Rechtswirkungen von Auflage und Bedingung. Soll der Betroffene, wenn er der Nebenbestimmung nicht genügt, die Begünstigung wieder verlieren oder gar nicht erst von ihr Gebrauch machen dürfen, so liegt eine Bedingung vor. Soll die Genehmigung jedoch unabhängig von der Erfüllung der Verpflichtung Rechtswirkung erlangen und behalten mit der Möglichkeit für die Behörde, die Erfüllung der Nebenbestimmung selbstständig erzwingen zu können, so liegt eine Auflage vor.

C. Zulässigkeit und Rechtmäßigkeit

Bei der Zulässigkeit von Nebenbestimmungen geht es um die Frage, ob und wann einem VA Nebenbestimmungen beigefügt werden dürfen. Da Nebenbestimmungen zu begünstigenden VAs den Anspruch des Begünstigten einschränken und insoweit immer eine Belastung darstellen, ist die Frage der Zulässigkeit von Nebenbestimmungen somit ein Problem des **Vorbehalts des Gesetzes**. Danach bedürfen jedenfalls belastende VAs einer gesetzlichen Ermächtigung (vgl. Rn. 153 f.). Daneben dürfen Nebenbestimmungen natürlich auch sonst nicht gegen gesetzliche Bestimmungen verstoßen (Prinzip des **Vorranges des Gesetzes** – vgl. Rn. 155 f.). Im Einzelnen richtet sich dabei die Frage der Rechtmäßigkeit der Nebenbestimmungen nach den Regeln über den fehlerfreien VA (Rn. 350 ff.). Sie sollen hier nur insoweit angesprochen werden, als es sich um typische Fehler bei Nebenbestimmungen handelt.

I. Zulässigkeit

Ob VAs mit Nebenbestimmungen versehen werden dürfen, richtet sich vorrangig nach **besonderen gesetzlichen Regelungen** (§ 1 LVwVfG). Bei diesen Spezialregelungen finden sich solche, die die Beifügung von Nebenbestimmungen verbieten (z. B. § 15 IV PBefG,), als auch solche, die sie ausdrücklich gestatten (z. B. §§ 45 IV S. 1 SGB VIII, § 12 II, IV AufenthG) oder sogar gebieten (z. B. § 74 II S. 2 LVwVfG). Soweit aber § 36 LVwVfG (§ 32 SGB X) als allgemeine

Regelung zur Anwendung kommt, ist für die Frage der Zulässigkeit von Nebenbestimmungen entscheidend, ob eine gebundene Entscheidung (Abs. 1) oder ein Ermessensakt (Abs. 2) vorliegt.

1. Nebenbestimmungen beim gebundenen Verwaltungsakt

284 Liegt ein Fall der gebundenen Verwaltung vor, so besitzt der Bürger einen Rechtsanspruch auf Erteilung des VA, der durch die Beifügung von Nebenbestimmungen geschmälert wird. Diese sind daher beim gebundenen VA nach § 36 I LVwVfG (§ 32 I SGB X) **grundsätzlich unzulässig** („nur"!).

Beispiel: Liegen die Voraussetzungen eines gebundenen begünstigenden VA (hier Anerkennung als Ersatzschule nach § 10 I PSchG BW) im Zeitpunkt seines Erlasses sämtlich vor, darf er nicht nach § 36 I Alt. 2 LVwVfG mit dem Vorbehalt des Widerrufs für den Fall versehen werden, dass diese Voraussetzungen künftig wegfallen (BVerwG NVwZ 2016, 699).

Eine Baugenehmigung, auf die ein Rechtsanspruch besteht, kann nicht mit einer Nebenbestimmung versehen werden, durch die die Errichtung eines weiteren gesetzmäßigen Vorhabens ausgeschlossen wird, auch wenn sich der Bauherr mit einem solchen Verzicht einverstanden erklärt (vgl. OVG Lüneburg, NJW 1978, 2260).

Von diesem Grundsatz gibt es **zwei Ausnahmen:**

285 a) **Zulässigkeit kraft Rechtsvorschrift.** Nebenbestimmungen sind nach Abs. 1 zulässig, wenn sie durch Rechtsvorschrift ausdrücklich zugelassen sind.

Beispiele: § 5 GastG, § 33a I S. 3 und § 33d I S. 2 GewO, § 12 I S. 1 BImSchG, §§ 3 II, 9 I S. 1 GastG, § 45 IV S. 1 SGB VIII.

286 b) **Nebenbestimmungen zur Ausräumung von Versagensgründen.** Nebenbestimmungen sind ferner dann zulässig, wenn sie sicherstellen sollen, dass die gesetzlichen Voraussetzungen des VA erfüllt werden (§ 36 I LVwVfG, § 32 I SGB X), m. a. W.: zur Ausräumung von Versagungsgründen. Dadurch soll es der Behörde im Interesse des Bürgers ermöglicht werden, in sachlich begründeten Fällen eine abschließende Sachentscheidung ausnahmsweise auch bereits schon zu einem Zeitpunkt zu treffen, in dem noch nicht alle gesetzlichen Voraussetzungen für die Genehmigung erfüllt bzw. nachgewiesen sind. Grund dieser Ermächtigung zur Beifügung von Nebenbestimmungen ist nicht zuletzt die Verfahrensökonomie, die verlangt, dass behördliche Entscheidungen nicht mehr als unbedingt nötig zu Lasten des Bürgers verzögert werden.

Beispiel: Von 15 für eine Bewilligung notwendigen Voraussetzungen sind 14 nachgewiesen. Nach dem Sachstand ist davon auszugehen, dass auch die verbleibende noch erfüllt wird. In diesem Falle kann es sachgerecht erscheinen, die Genehmigung mit einer Nebenbestimmung zu erteilen, die die Erfüllung der noch fehlenden Voraussetzung sicherstellen soll.

287 Die Entscheidung der Behörde, ob und ggf. welche Nebenbestimmungen sie in einem solchen Falle einem VA beifügt, liegt grundsätzlich in ihrem **Ermessen** („darf", vgl. BVerwG NVwZ 2016, 699).

Allerdings beinhaltet diese Möglichkeit keine allgemeine Ermächtigung für die Behörde, von der Erfüllung zwingender Genehmigungsvoraussetzungen abzusehen und sich stattdessen mit Nebenbestimmungen zufrieden zu geben, die sicherstellen sollen, dass die Genehmigungsvoraussetzungen in Zukunft eintreten (s. näher Kopp/Ramsauer, § 36 Rn. 41 ff.).

Beispiel: Unzulässig wäre eine Nebenbestimmung, die den Eintritt der Rechtswirkungen des VA pauschal davon abhängig machen würde, dass die gesetzlichen Genehmigungsvoraussetzungen vorliegen. Die Behörde würde damit gegen ihre Verpflichtung verstoßen, das Vorliegen der Genehmigungsvoraussetzungen selbst zu prüfen (vgl. dazu BGH, NJW 1970, 1178). Siehe VGH BW, DVBl. 1995, 1025 zur Auflage, bei der Genehmigung von Atomkraftwerken, Sicherheitsnachweise beizubringen.

Darüber hinaus gibt es auch Fälle, in denen bestimmte wesentliche Voraussetzungen ihrer Natur nach bereits im Augenblick der Erlaubniserteilung vorliegen müssen und daher nicht durch eine Nebenbestimmung abgesichert werden dürfen.

Beispiele: Unzulässig wäre die Erteilung einer Fahrerlaubnis nach § 2 StVG unter der aufschiebenden Bedingung, dass der Antragsteller geeignet sei oder die Erteilung einer gewerberechtlichen Erlaubnis unter der Bedingung, dass die Zuverlässigkeit nachgewiesen werde.

Andererseits kann es auch Fälle geben, in denen die Behörde wegen des Prinzips der **Verhältnismäßigkeit** (vgl. Rn. 187 ff.) dazu verpflichtet ist, anstelle einer an sich möglichen Ablehnung des Antrages die Genehmigung unter Nebenbestimmungen zu erteilen. Dies betrifft vor allem solche Fälle, in denen geringfügige gesetzliche Versagungsgründe durch Bedingungen oder Auflagen beseitigt werden können. Das Prinzip der Verhältnismäßigkeit führt in solchen Fällen zu einer Reduzierung des der Behörde nach § 36 I LVwVfG (§ 32 I SGB X) zustehenden Ermessens auf Null (vgl. Rn. 201 ff.).

Beispiel: Keine Ablehnung einer Baugenehmigung für ein Hochhaus, wenn lediglich die nach § 35 IV Nr. 2 LBO vorgesehenen Flächen zum Abstellen von Kinderwägen zum Teil fehlen und deren Anlage durch Auflage gesichert werden kann.

2. Nebenbestimmungen bei Ermessensakten

Soweit der Erlass des Haupt-VA im Ermessen der Behörde liegt, ist zunächst auch in diesen Fällen entscheidend, ob sich die Zulässigkeit der Beifügung von Nebenbestimmungen aus besonderen Rechtsvorschriften ergibt (s. Rn. 283).

Im Übrigen gilt gem. § 36 II LVwVfG (§ 32 II SGB X) folgender Grundsatz: VA, deren Erlass im Ermessen der Behörde liegt, können Nebenbestimmungen auch ohne besondere gesetzliche Grundlage beigefügt werden. Die verfassungsrechtliche Legitimation dafür (Vorbehalt des Gesetzes!) ist letztlich darin zu sehen, dass das bei Ermessensentscheidungen grundsätzlich bestehende Recht zur Vorenthaltung der Begünstigung auch das Recht zur Gewährung unter Einschränkungen einschließt (Ruffert, in: Ehlers/Pünder, § 23 Rn. 14). Insoweit enthält § 36 II LVwVfG (§ 32 II SGB X) im Übrigen eine allgemeine ausdrückliche Ermächtigung.

Beispiel: A beantragt eine baurechtliche Genehmigung für ein Gartenhaus im nicht beplanten Innenbereich auf einem zwar noch in seinem Eigentum stehenden, in einem künftigen Bebauungsplan jedoch als öffentliche Verkehrsfläche ausgewiesenen Grundstück. Auch wenn die Tatbestandsvoraussetzungen einer im Plan vorgesehenen Ausnahmemöglichkeit vorliegen würden, könnte die Behörde grundsätzlich im Rahmen ihres nach § 31 I BauGB eröffneten Ermessens die Ausnahme versagen und damit auch die Baugenehmigung ablehnen. Weil ihr diese Möglichkeit eröffnet ist, kann sie die Baugenehmigung, z. B. wenn der Plan in absehbarer Zeit nicht realisiert wird, aber auch unter einer Befristung oder auflösenden Bedingung erteilen.

291 Ebenso wie beim gebundenen VA kann sich umgekehrt aber auch in diesen Fällen aus dem Prinzip der **Verhältnismäßigkeit** (vgl. Rn. 187 ff.) für die Behörde die Verpflichtung ergeben, statt der Ablehnung des VA diesen mit Nebenbestimmungen zu erlassen, sofern dadurch Versagungsgründe ausgeräumt werden können (Kopp/Ramsauer, § 36 Rn. 49).

292

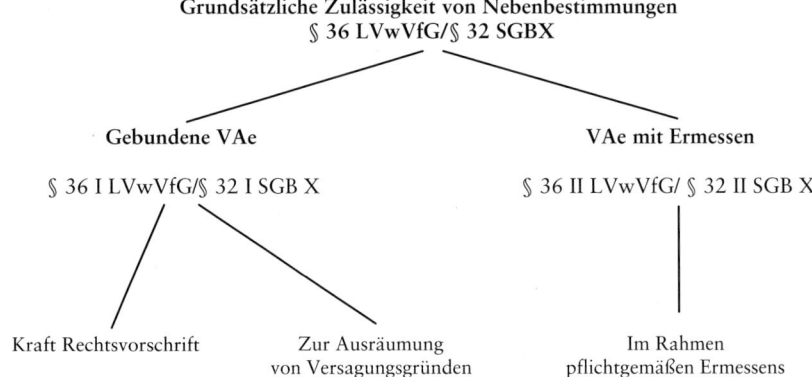

II. Grenzen der Zulässigkeit

1. Ausschluss durch Rechtsvorschriften

293 Die Beifügung von Nebenbestimmungen ist unzulässig, wenn sie durch Rechtsvorschriften ausgeschlossen ist (s. Rn. 283).

Beispiel: Eine Gaststättenerlaubnis kann nicht unter dem Vorbehalt eines jederzeitigen Widerrufs erteilt werden, da dies durch die abschließend aufgeführten Widerrufsgründe des § 15 II, III GastG ausgeschlossen ist.

2. Verstoß gegen den Zweck des VA

294 Eine allgemeine Grenze für die Zulässigkeit von Nebenbestimmungen enthält § 36 III LVwVfG (§ 32 III SGB X). Danach darf eine Nebenbestimmung dem Zweck des VA nicht zuwiderlaufen. Dadurch soll verhindert werden, dass der ursprüngliche Zweck des VA durch die Beifügung der Nebenbestimmung beeinträchtigt wird.

Beispiele: Eine Auflage zur Aufenthaltserlaubnis im Kontext des Familiennachzugs der Ausländerbehörde unverzüglich jede Veränderung der ehelichen Lebensgemeinschaft mitzuteilen, verstößt nicht gegen § 36 III LVwVfG (BVerwG InfAuslR 2013, 328). Eine Auflage zu einer Baugenehmigung, die Nutzung der öffentlichen Straße für den Baustellenverkehr zu untersagen, läuft dem Zweck der Baugenehmigung zuwider (VG Darmstadt, Beschl. v. 23.12.2010 – 2 L 978/10.DA, juris). Die sanierungsrechtliche Genehmigung nach § 145 II BauGB darf nicht von der Einhaltung von Mietobergrenzen abhängig gemacht werden (BVerwG NVwZ 2006, 1167).

§ 36 III bedeutet nun aber nicht, dass jede Nebenbestimmung, die den Zweck des VA fördert, zulässig wäre. Unzulässig ist sie jedenfalls dann, wenn sie in keinem Zusammenhang mit dem VA steht. Dies betrifft insbesondere die Fälle sachwidriger Kopplungen (**Kopplungsverbot** als Bestandteil des Gesetzmäßigkeitsprinzips! – vgl. auch Rn. 667). Die Nebenbestimmung muss also **sachbezogen** und **sachgerecht** sein.

Beispiel: Eine Befreiung für eine baurechtliche Genehmigung nach § 31 II BauGB wird unzulässigerweise unter der Auflage der Zahlung rückständiger Gewerbesteuerschulden erteilt (vgl. auch BGH, NJW 1979, 692). Zulässig ist es hingegen, die Befreiung von der Schaffung eines Stellplatzes von der Zahlung eines Beitrags zur Errichtung einer gemeindlichen Kfz-Abstellfläche abhängig zu machen (BVerwG NJW 1986, 600), was nun in § 37 VI LBO ausdrücklich normiert ist.

Abs. 3 lässt die Frage offen, ob Nebenbestimmungen nur dann zulässig sind, wenn sie dem Zweck des Haupt-VA oder seiner Ermächtigungsgrundlage dienen oder ob es ausreicht, dass mit ihnen irgendein legitimer Verwaltungszweck verfolgt wird. Nach h. M. ist eine Nebenbestimmung dann ermessensfehlerhaft i. S. d. § 40 LVwVfG (§ 39 I SGB I), wenn damit ressortfremde, dem Aufgabenbereich der zuständigen Behörde nicht obliegende Zwecke verfolgt werden (vgl. Kopp/Ramsauer, § 36 Rn. 79 m. w. N.).

Beispiel: Eine Sondernutzungserlaubnis mit der Bedingung aus Gründen der Abfallvermeidung ausschließlich Mehrweggeschirr und -besteck zu verwenden ist unzulässig (BVerwG, DVBl. 1997, 1118), da hier lediglich straßenrechtliche und bauplanerische Erwägungen zulässig sind (s. auch VGH BW, NVwZ-RR 2000, 837).

3. Ausschluss aus der Natur der Sache

Eine weitere Grenze für die Beifügung von Nebenbestimmungen kann sich allgemein aus der Natur des VA ergeben.

Beispiele: Eine Einbürgerung nach dem StAG kann als statusbegründender VA aus Gründen der Rechtssicherheit nicht unter Bedingungen erteilt werden (s. dazu krit. und differenzierend Sauerland, DÖV 2016, 465). Eine Genehmigung für eine Namensänderung nach § 1 NamÄndG kann nicht unter Nebenbestimmungen, wie z. B. einer Befristung, erteilt werden.

III. Weitere Rechtmäßigkeitsvoraussetzungen

298 Im Übrigen gelten für Nebenbestimmungen die gleichen formellen und materiellen Voraussetzungen wie für die Hauptregelung selbst. Ob und inwieweit eine Nebenbestimmung fehlerhaft ist, richtet sich nach den Regeln über den fehlerhaften VA. Daraus resultiert für Nebenbestimmungen, dass z. B. keine Ermessensfehler vorliegen dürfen, dass kein Verstoß gegen geltendes Recht, insbesondere gegen Grundrechte und das Prinzip der Verhältnismäßigkeit vorliegt (vgl. Rn. 187 ff.).

Auf folgende zwei, gerade bei Nebenbestimmungen häufige Fehlerquellen, ist hinzuweisen:

299 Das Gebot der **inhaltlichen Bestimmtheit** (§ 37 LVwVfG, § 33 SGB X; vgl. dazu Rn. 372 f.) gilt auch für Nebenbestimmungen.

Beispiele: Die Auflage zu einer Baugenehmigung für eine Windkraftanlage ist zu unbestimmt, wenn sie die Abschaltung der Anlage dann verfügt, wenn bestimmte Wetterlagen das Überfliegen der Anlage durch Kraniche erwarten lässt (VG Koblenz, Urt. v. 5.11.2015 – 4 K 1106/14.KO –, juris). Eine Nebenbestimmung zu einer aufenthaltspflichtigen Duldung ist dann rechtswidrig, wenn diese erlöschen soll, „sobald die Rückführung ... möglich ist", da zwar der Zeitpunkt des Ereignisses unbestimmt sein darf, nicht aber das Ereignis selbst. (VG Stuttgart, AuAS 1999, 182).

Strittig ist, inwieweit ein Widerrufsvorbehalt präzisiert werden muss. Nach h. M. ist ein allgemeiner Widerrufsvorbehalt zulässig, ohne dass die Widerrufsvoraussetzungen im Einzelnen näher beschrieben werden müssen (vgl. BVerwGE 25, 91; 32, 12).

300 Zu beachten ist ferner das Verbot, etwas tatsächlich oder rechtlich **Unmögliches** zu verlangen (vgl. Rn. 193 ff.). Bei der tatsächlichen Unmöglichkeit ist allerdings zu differenzieren, wie das folgende Beispiel zeigt.

Beispiel: Eine Baugenehmigung wird mit der Maßgabe erteilt, dass auf dem Baugrundstück vier weitere Stellplätze hergestellt werden. Angenommen, es sei dem Antragsteller tatsächlich unmöglich, dieser Forderung nachzukommen, so wäre diese Forderung nur dann rechtswidrig, wenn es sich um eine Auflage und damit um einen selbstständig vollstreckbaren VA handeln würde. Handelt es sich jedoch um eine aufschiebende Bedingung, so hätte das Unvermögen auf deren Rechtmäßigkeit keinen Einfluss, da dem Antragsteller damit die Erfüllung der für die Genehmigung erforderlichen Voraussetzung nicht „vorgeschrieben" würde. Es bleibt vielmehr Sache des Bauwilligen, die Bedingung zu erfüllen (BVerwGE 29, 266).

D. Folgen der Rechtswidrigkeit von Nebenbestimmungen und Rechtsschutzprobleme

I. Problemstellung: Anfechtungs- oder Verpflichtungsklage?

301 Die Auswirkungen der Rechtswidrigkeit von Nebenbestimmungen auf den VA und die damit zusammenhängenden Rechtsschutzmöglichkeiten gehören zu

den dogmatisch noch heftig umstrittenen Problemen. Die Frage, ob die Rechtswidrigkeit einer Nebenbestimmung den VA als Ganzes erfasst oder diesen im Übrigen unberührt lässt, gehört dabei zum Problemkreis der Teilrechtswidrigkeit von VAs.
Bei der Rechtsschutzproblematik geht es darum, durch welche Klageart (Rn. 1032 ff.) der Betroffene eine ihn belastende Nebenbestimmung beseitigen lassen kann. Streitig ist, ob der Betroffene durch eine Anfechtungsklage (§ 42 I 1. Alt. VwGO; s. Rn. 1032) nur isoliert gegen die belastende Nebenbestimmung vorgehen kann, was bei einem Erfolg der Klage möglicherweise einen Rest-VA übriglässt, den die Behörde so nicht erlassen wollte oder der so rechtswidrig wäre. Die Alternative hierzu wäre eine Verpflichtungsklage (§ 42 I 2. Alt. VwGO) auf Erteilung eines nebenbestimmungsfreien VAs. Dies würde für den Betroffenen allerdings bedeuten, dass der gesamte VA auf den Prüfstand gestellt wird, also auch der begünstigende Hauptteil.
Unmittelbar abhängig von der Frage der statthaften Klageart ist, ob ein Rechtsbehelf gegen eine Nebenbestimmung **aufschiebende Wirkung** i. S. d. § 80 I (§ 86a I SGG) VwGO entfaltet. Grundsätzlich kann diese nur bei einem statthaften (Anfechtungs-)Widerspruch bzw. der Anfechtungsklage gegen die Nebenbestimmung eintreten. Auch die Anordnung der sofortigen Vollziehung gem. § 80 II Nr. 4 VwGO (§ 86a II Nr. 5 SGG) kommt nur bei den Nebenbestimmungen in Betracht, gegen die mit einem Anfechtungsbegehren vorgegangen werden kann (Rn. 1039).
Im Folgenden wird der Stand der vielfältig zersplitterten Rechtsprechung und Literatur zur strittigen Frage der Zulässigkeit einer isolierten Anfechtung von Nebenbestimmungen lediglich mit seinen zwei Hauptrichtungen zusammenfassend dargestellt.

II. Rechtsprechung des Bundesverwaltungsgerichts (h. M.)

Nach der inzwischen gefestigten **Rechtsprechung des Bundesverwaltungsgerichts** und Teilen der Lehre (BVerwGE, 167, 60 ff. und 112, 221; Kopp/Schenke, § 42 Rn. 22; Maurer/Waldhoff, § 12 Rn. 25 ff.) ist gegen alle belastenden Nebenbestimmungen eines VAs grundsätzlich die Anfechtungsklage statthaft. Ob die Anfechtungsklage dann tatsächlich zur isolierten Aufhebung der Nebenbestimmung führt, hängt nach Auffassung des Bundesverwaltungsgerichts allerdings davon ab, ob der begünstigende VA ohne die Nebenbestimmung sinnvoller- und rechtmäßigerweise bestehen bleiben kann; diese Frage ist erst im Rahmen der Begründetheit der Klage zu entscheiden. Ausnahmsweise spielt diese Frage schon im Rahmen der Zulässigkeit der Klage eine Rolle, wenn eine isolierte Aufhebbarkeit offenkundig von vornherein ausscheidet (vgl. BVerwGE 112, 221; BVerwGE 81, 185).
Zusammenfassend kann festgehalten werden, dass nach h. M. eine isolierte Aufhebung der Nebenbestimmung dann nicht in Betracht kommt, wenn der Rest-VA dadurch rechtswidrig würde. Demnach kann eine Anfechtungsklage gegen eine belastende Nebenbestimmung nur dann Erfolg haben, wenn die Begünstigung auch uneingeschränkt hätte gewährt werden dürfen. Darüber hinaus gilt bei **Ermessensakten**, dass eine isolierte Aufhebung – wegen der Beschränkung

des Gerichts bei der Überprüfung von Ermessen nach § 114 VwGO – allenfalls dann in Frage kommt, wenn die Behörde den Rest-VA bei objektiver Betrachtung auch in Kenntnis der Fehlerhaftigkeit der Nebenbestimmung gewährt hätte (s. näher Maurer/Waldhoff, § 12 Rn. 27 ff.; BVerwGE 112, 221, 224). Ist dies nicht der Fall, ist eine Verpflichtungsklage in Gestalt der Bescheidungsklage nach § 113 V VwGO die statthafte Klageart.

Beispiel: Die einer naturschutzrechtlichen Befreiung beigefügte Auflage, Schwalbenabwehrmaßnahmen zu unterlassen, kann nicht isoliert angefochten werden, wenn deren isolierte Aufhebung zu einem rückwirkend entstandenen Ermessensdefizit und damit zur Rechtswidrigkeit des Haupt- VA führen würde (Sächs. OVG, NuR 2013, 724).

Die mit einer Baugenehmigung für eine Holzlagerhalle erteilte Auflage, eine auf dem Nachbargrundstück liegende Pipeline feuerhemmend zu ummanteln, ist nicht isoliert anfechtbar, da die Baugenehmigung ohne die Auflage wegen des ungesicherten Brandschutzes rechtswidrig wäre (BVerwG, NVwZ 1984, 366).

III. Klassische Literaturauffassung

303 Ein **Teil der Literatur** differenziert weiterhin nach der Art der Nebenbestimmung. **Bedingung, Befristung** und **Widerrufsvorbehalt** sollen danach als unselbstständige, integrierende Bestandteile des VA nicht isoliert anfechtbar sein. Rechtsschutz könne der belastete Bürger nur durch eine auf einen nebenbestimmungsfreien VA gerichtete Verpflichtungsklage nach § 42 I 2. Alt. VwGO erlangen. Demgegenüber soll die isolierte Anfechtung einer Auflage und eines Auflagenvorbehalts grundsätzlich zulässig sein (Sieckmann, DÖV 1998, 525; Pietzcker, NVwZ 1995, 15; Stelkens/Bonk/Sachs, § 36 Rn. 94 ff., Kopp/Ramsauer, § 36 Rn. 89; Störmer, DVBl. 1996, 81).

IV. Rechtsschutz Dritter gegen Nebenbestimmungen

304 Anders stellt sich die Rechtslage dar, wenn ein **Dritter,** d. h. der Nichtadressat des VA, zu seinem Schutz die Beifügung selbstständiger Auflagen zum Haupt-VA erstreiten will. In einem solchen Falle kommt nur eine Verpflichtungsklage nach § 42 I 2. Alt. VwGO in Betracht.

Beispiel: Ein Anlieger einer Umgehungstrasse verlangt von der Planfeststellungsbehörde den Erlass einer Auflage zum Bau einer Schallschutzmauer.

V. Rechtsschutz gegen Nebenbestimmungen im Widerspruchsverfahren

305 Unproblematisch ist die strittige Fragestellung nach dem statthaften Rechtsbehelfsbegehren im **Widerspruchsverfahren.** Die Widerspruchsbehörde – und erst recht die Erstbehörde im Abhilfeverfahren (s. Rn. 1004) – unterliegen nicht den Beschränkungen, die für das Gericht nach § 114 VwGO gelten, da die Widerspruchsbehörde i. d. R. selbst zu Ermessensentscheidungen befugt ist (vgl. § 68

VwGO, Ausnahme § 17 AGVwGO BW). Daher kann sie die Nebenbestimmung isoliert aufheben und Ermessen hinsichtlich des verbleibenden Rest-VA ausüben oder aber die angegriffene Nebenbestimmung durch eine andere ersetzen (Kopp/Ramsauer, § 36 Rn. 95).

VI. Rechtsschutz gegen modifizierende Genehmigungen

Was die **modifizierende Genehmigung** (Rn. 273) angeht, kommt nach einhelliger Meinung nur ein **Verpflichtungsbegehren** in Betracht, da sie den Erlass eines anderen, so vom Antragsteller nicht beantragten VA darstellt; die unerwünschte Modifizierung ist also rechtlich vom Gesamt-VA nicht zu trennen und damit auch nicht isoliert anfechtbar (vgl. BVerwGE 36, 145; BVerwG, DÖV 1974, 380).

Beispiel: Erhält der Antragsteller statt der gewünschten Baugenehmigung für ein Wohnhaus mit Satteldach eine solche für ein Haus mit Flachdach, so ist nur eine Verpflichtungsklage statthaft mit dem Antrag, die Behörde zum Erlass einer Baugenehmigung mit Satteldach zu verurteilen. Die isolierte Anfechtung der Flachdachregelung würde einen wegen Unmöglichkeit (Haus ohne Dach!) rechtswidrigen VA übriglassen.

E. Vertiefungshinweise und Wiederholungsfragen

I. Vertiefungshinweise

Krüger, Nebenbestimmungen zu Verwaltungsakten, VR 2014, 162; Wagner, Nebenbestimmungen zu Verwaltungsakten – Grundlegendes am Praxisbeispiel, JA 2008, 866; Korte, Nebenbestimmungen zu begünstigenden Verwaltungsakten nach dem SGB X – Zulässigkeit und Reichweite NZS 2014, 853; Beckmann, Welche Rechtsauswirkungen löst ein Widerspruch gegen eine eingeschränkte Erlaubnis bzw. Genehmigung aus?, VR 2003, 253; Heitsch, Neben- und Inhaltsbestimmungen bei begünstigenden Verwaltungsakten: Kriterien für die Auswahl des passenden Regelungsinstruments, DÖV 2003, 367.

II. Wiederholungsfragen

1. Worin besteht der Unterschied zwischen einer Bedingung und einer Befristung? – Rn. 265
2. Worin zeigt sich der VA-Charakter der Auflage? Welche Konsequenzen ergeben sich aus dem Charakter der Auflage als Nebenbestimmung? – Rn. 268 ff.
3. Welches sind die Unterschiede zwischen einer Auflage und einer modifizierenden Genehmigung? – Rn. 273
4. Welches Merkmal unterscheidet die Nebenbestimmungen von Hinweisen auf die Rechtslage? – Rn. 276
5. Welches sind die wichtigsten Abgrenzungskriterien zwischen einer Bedingung und einer Auflage? – Rn. 279 ff.

6. Wann sind Nebenbestimmungen bei gebundenen VAs zulässig? Wann bei Ermessensakten? – Rn. 284 ff., 289 ff.
7. Welches ist der Zweck der gesetzlichen Ermächtigung des § 36 I Halbs. 2 LVwVfG? – Rn. 286
8. Welches sind die Grenzen für die Zulässigkeit der Beifügung von Nebenbestimmungen? – Rn. 293 ff.
9. Wann wird der unter einer aufschiebenden Bedingung erlassene VA wirksam? – Rn. 265

Kapitel 7 Bekanntgabe des Verwaltungsakts

A. Einführung

I. Bedeutung

309 Wie andere staatliche Akte, seien es Gesetze, Rechtsverordnungen, Satzungen oder gerichtliche Entscheidungen, bedarf auch der VA, der nach seiner Definition „auf unmittelbare Rechtswirkung nach außen" gerichtet ist (vgl. § 35 S. 1 LVwVfG), der Bekanntgabe, um Rechtswirkungen entfalten zu können. Die Bekanntgabe zählt daher zu den Essenzialien eines VA. Zum einen beendet sie das Verwaltungsverfahren, zum anderen verschafft erst sie dem VA rechtliche Existenz (= äußere Wirksamkeit). Eine Regelung, welche die Binnensphäre der Verwaltung noch nicht verlassen hat, kann daher nicht als VA bezeichnet werden. Allgemeine Regelungen der Bekanntgabe des VA enthalten – insoweit nahezu gleichlautend – das VwVfG (insb. § 41), das LVwVfG (insb. § 41) und das SGB X (insb. § 37); sie gelten allerdings unmittelbar nur im jeweiligen Anwendungsbereich dieser Gesetze (Rn. 732).
Der Einfachheit halber wird im Folgenden, soweit das VwVfG und das LVwVfG wörtlich übereinstimmen, nur das LVwVfG zitiert.

II. Definition

310 **Bekanntgabe** eines VA ist die amtliche, von der Behörde gewollte Unterrichtung über den Inhalt des VA. Der Wille zur Bekanntgabe des VA (vgl. BFH, NVwZ 1987, 632) muss von der zuständigen Stelle innerhalb der Behörde gebildet werden. Nicht um die Bekanntgabe eines VA handelt es sich, wenn der Inhalt eines erst in Aussicht genommenen VA bekannt gegeben wird (vgl. BayObLG, BayVBl. 1986, 186). Eine Bekanntgabe liegt auch dann nicht vor, wenn der potenzielle Adressat eines VA zufällig von einer ihn betreffenden Entscheidung der Behörde erfährt (vgl. BVerwGE 44, 294).

B. Formlose Bekanntgabe des Verwaltungsakts

I. Grundsatz: Freiheit der Form der Bekanntgabe

311 Aus § 10 LVwVfG (§ 9 SGB X) folgt der Grundsatz der dem behördlichen Ermessen unterliegenden Freiheit der Form der Bekanntgabe des VA. Soweit gesetzlich nicht anders geregelt, kann eine Bekanntgabe **beispielsweise** mündlich, telefonisch, mittels Telefax, E-Mail oder durch Übersendung oder Aushändigung eines Schriftstücks erfolgen.
Nach dem zum 17.2.2021 in Kraft getretenen § 41 IIa LVwVfG kann ein elektronischer VA mit Einwilligung des Beteiligten auch dadurch bekannt gegeben wer-

den, dass dieser von der Behörde in öffentlich zugängliche Netze eingestellt und vom Beteiligten oder seinem Bevollmächtigten abgerufen wird.
Neben der Zustellung, der wichtigsten förmlichen Bekanntgabe (Rn. 327 ff.), ist als bedeutende, gesetzlich geregelte Form der Bekanntgabe die **öffentliche Bekanntgabe** in Gestalt der ortsüblichen Bekanntmachung zu erwähnen. Sie ist nur zulässig, wenn entweder eine Rechtsvorschrift dies ausdrücklich gestattet oder wenn bei einer Allgemeinverfügung eine individuelle Bekanntgabe untunlich ist (vgl. § 41 III LVwVfG, § 37 III SGB X).

Beispiele: Einziehung einer Straße nach § 7 IV StrG; Planfeststellungsbeschluss zur Errichtung einer Abfalldeponie nach § 74 V S. 1 LVwVfG; Verbot oder Auflösung einer Versammlung durch Allgemeinverfügung.

Bei einem schriftlichen VA, der **öffentlich bekannt** zu geben ist, erfolgt die Bekanntgabe dadurch, dass der Tenor ortsüblich bekannt gemacht wird. Zugleich ist in der Bekanntmachung darauf hinzuweisen, wo der VA und seine Begründung eingesehen werden können (vgl. § 41 IV LVwVfG, § 37 IV S. 2 SGB X). Sonstige VAs können z. B. durch Vermeldung mittels Lautsprecher, Veröffentlichung in Tageszeitungen oder in Rundfunk und Fernsehen öffentlich bekannt gegeben werden.

II. Notwendigkeit der Bekanntgabe

312 Der VA ist demjenigen **Beteiligten** bekannt zu geben, für den er bestimmt ist oder der von ihm betroffen wird (§ 41 I S. 1 LVwVfG; § 37 I S. 1 SGB X). Diese Bestimmungen verpflichten also die Behörde zur Bekanntgabe des VA nicht nur an einen Beteiligten, der Adressat des VA ist, sondern darüber hinaus an jeden Beteiligten, der sonst von dem VA positiv oder negativ betroffen wird.

Beispiel: Wird ein Ausländer ausgewiesen (§§ 53 ff. AufenthG), so ist Adressat der Ausweisungsverfügung der (ausgewiesene) Ausländer selbst. Sonst von der Ausweisungsverfügung betroffen sind diejenigen (nicht ausgewiesenen) Angehörigen, welche von dem Begriff „Ehe und Familie" in Art. 6 I GG erfasst werden.

313 Soll ein VA zwei oder **mehreren Beteiligten**, die in häuslicher Gemeinschaft leben, insbesondere also Ehegatten oder Eltern und Kindern formlos bekannt gegeben werden, so wird es in der Regel ausreichen, diesen Beteiligten nur eine Ausfertigung des Bescheids zugehen zu lassen. Denn zur Bekanntgabe eines VA reicht es aus, dass die Behörde dem Adressaten auf nicht förmliche Weise die Möglichkeit verschafft, von dessen Inhalt Kenntnis zu nehmen. Ist dies bei einem an Eheleute gemeinsam gerichteten Bescheid geschehen, muss nicht jeder Ehegatte in den Besitz einer Ausfertigung gelangt sein (BVerwG, NVwZ 1992, 565).
Bestreitet dagegen einer der Ehegatten die Kenntnisnahme, so muss die Behörde den Zugang ihm gegenüber beweisen. Dies gilt jedoch auch dann, wenn ein VA Eheleuten in getrennten Bescheiden formlos bekannt gegeben wird.

314 Im **Abgabenrecht** stellt § 122 VII AO klar, dass es für die formlose Bekanntgabe an Ehegatten, an Ehegatten mit Kindern oder an Alleinerziehende mit Kindern ausreicht, wenn ihnen **eine** Ausfertigung des zusammen gefassten VA unter ihrer gemeinsamen Anschrift übermittelt wird. Hat ein Ehegatte den Bescheid nachweislich erhalten, so kann der andere Ehegatte sich nicht auf eine nicht erfolgte Kenntnisnahme berufen, es sei denn, er hätte beantragt, ihm den Bescheid einzeln bekannt zu geben, oder die Finanzbehörde hätte von ernstlichen Meinungsverschiedenheiten zwischen den Ehegatten Kenntnis gehabt.

315 Da die Entgegennahme des VA eine Verfahrenshandlung darstellt, ist § 12 LVwVfG (§ 11 SGB X mit geringen Abweichungen) über die **Handlungsfähigkeit** zu beachten (BayVGH, BayVBl. 1984, 51), vgl. hierzu Rn. 768.

316 Ist ein **Bevollmächtigter** bestellt, so wirkt die ihm gegenüber erfolgte Bekanntgabe nach § 41 I S. 2 LVwVfG (§ 37 I S. 2 SGB X) für und gegen den Beteiligten. Die Behörde hat wegen § 14 III S. 1 LVwVfG (§ 13 III S. 1 SGB X) jedoch kein Wahlrecht zwischen der Bekanntgabe an den Beteiligten und an den Bevollmächtigten; vielmehr soll (§ 13 III S. 1 SGB X: muss!) sie sich an den Bevollmächtigten wenden (vgl. VGH BW, VBlBW 1987, 297; Drescher, NVwZ 1988, 680). Weicht sie in einem begründeten Einzelfall bzw. im Falle einer Mitwirkungspflicht des Beteiligten von dieser Regel ab, so soll der Bevollmächtigte nach § 14 III S. 3 LVwVfG (§ 13 III S. 3 SGB X: muss!) von ihr verständigt werden.

Gibt die Behörde, obwohl ein Bevollmächtigter bestellt ist, den VA unter Verletzung des § 14 III S. 1 LVwVfG (§ 13 III S. 1 SGB X) dem Beteiligten selbst bekannt, so liegt gleichwohl wegen § 41 I LVwVfG (§ 37 I SGB X) eine wirksame Bekanntgabe mit allen hieran geknüpften Rechtsfolgen vor. Die Verletzung des § 14 III S. 1 LVwVfG (§ 13 III S. 1 SGB X) kann jedoch u. U. einen Wiedereinsetzungsgrund (s. § 32 LVwVfG, § 27 SGB X) oder bei Verschulden des Amtswalters einen Amtshaftungsanspruch aus § 839 BGB i. V. m. Art. 34 GG zur Folge haben. Obwohl ein Bescheid nicht dem Bevollmächtigten, sondern dem Beteiligten selbst bekannt gegeben wurde, beginnt die Widerspruchsfrist von einem Monat nach § 70 I S. 1 VwGO zu laufen (vgl. HessVGH, MDR 1993, 703).

317 Wenn der Adressat die Bekanntgabe eines Bescheides unter Verstoß gegen **Mitwirkungspflichten** schuldhaft vereitelt hat, kann er sich auf eine fehlende Bekanntgabe des VA nicht berufen.

Es besteht allerdings keine allgemeine Pflicht, Empfangsvorkehrungen zu treffen (BVerfG, NJW 1993, 847). Im Einzelfall kann sich jedoch aus besonderen – gesetzlichen oder vertraglichen – Rechtsbeziehungen zwischen dem Erklärenden und dem Adressaten ergeben, dass dieser sich zum Empfang von Erklärungen bereithalten und bei einem schuldhaften Verstoß gegen jene Vorsorgepflicht nach den Grundsätzen von Treu und Glauben so behandeln lassen muss, als sei ihm die Erklärung wie im Falle seines pflichtgemäßen Verhaltens zugegangen (vgl. BVerwG, DÖV 1991, 27).

> **Beispiele:** Verpflichtungen zur Sicherstellung des Zugangs von Schriftstücken enthalten etwa § 51b BImSchG und § 10 IV AsylG.

III. Zeitpunkt der Bekanntgabe

318 Das LVwVfG und das SGB X regeln die Frage, wann die Bekanntgabe eines schriftlichen VA erfolgt ist, nicht umfassend. Die Lücke in den verwaltungsrechtlichen Normen schließt die h. M. durch eine analoge Anwendung des § 130 I BGB mit der Folge, dass ein schriftlicher VA mit seinem **Zugang** bekannt gegeben ist. Zugang bedeutet, dass der VA so in den Machtbereich des Empfängers gelangt ist, dass dieser unter normalen Umständen von ihm Kenntnis nehmen kann (BVerwGE 10, 293); nicht erforderlich ist für den Zugang, ob und wann der Empfänger von dem VA tatsächlich Kenntnis nimmt.

> **Beispiel:** Wird ein schriftlicher VA am 13. März durch den Sachbearbeiter der Behörde dem Empfänger persönlich übergeben, liest dieser das Schriftstück aber erst am 14. März oder wirft es gar ungelesen weg, so ist der Zugang und damit die Bekanntgabe des VA gleichwohl am 13. März erfolgt.

319 Als **Ausnahmen** von dem Grundsatz, dass der VA mit seinem Zugang bekannt gegeben ist, bestimmen Rechtssätze zuweilen, dass die Bekanntgabe des VA abweichend von seinem Zugang erfolgt ist oder als erfolgt gilt.

Von großer praktischer Bedeutung sind hier insbesondere Rechtssätze wie § 41 II LVwVfG, wonach ein **schriftlicher VA, der durch die Post übermittelt wird**, mit dem dritten Tage nach der Aufgabe zur Post als bekannt gegeben gilt, außer wenn er nicht oder zu einem späteren Zeitpunkt zugegangen ist. Gleiches gilt für die Absendung eines VA, der elektronisch übermittelt wird. Voraussetzung für eine wirksame elektronische Bekanntgabe ist, dass der Empfänger hierfür einen Zugang eröffnet hat (§ 3a I LVwVfG) und das übermittelte Dokument auch in einer für ihn lesbaren Form öffnen kann (Kopp/Ramsauer, VwVfG, § 41 Rn. 16). Im Zweifel hat die Behörde bei beiden Formen der Bekanntgabe den Zugang des VA und den Zeitpunkt des Zugangs nachzuweisen.

Daraus folgt, dass bei diesen Formen der Bekanntgabe des VA
- eine Bekanntgabe nicht erfolgt ist, wenn das Schriftstück bzw. das elektronisch übermittelte Dokument überhaupt nicht zugegangen ist,
- die Bekanntgabe im Zeitpunkt des Zugangs erfolgt ist, wenn das schriftliche oder elektronische Dokument später als am dritten Tag nach der Aufgabe zur Post bzw. nach Absendung zugegangen ist,

> **Beispiel:** Ist das Schriftstück am 6. März bei der Post aufgegeben worden und erst am 10. März zugegangen, so ist die Bekanntgabe am 10. März erfolgt.

- die Bekanntgabe mit dem dritten Tag nach der Aufgabe zur Post/nach Absendung als erfolgt gilt, wenn das schriftliche bzw. elektronische Dokument vorher zugegangen ist.

> **Beispiel:** Ist ein elektronisches Dokument am 6. März abgesandt worden und am gleichen Tag zugegangen, so gilt gleichwohl die Bekanntgabe erst am 9. März als erfolgt.

320 Die gesetzliche Fiktion des § 41 II LVwVfG (§ 37 II SGB X) gilt auch dann, wenn der dritte Tag nach der Aufgabe zur Post bzw. im Fall eines elektronischen Dokuments nach der Absendung ein **Sonntag**, ein **gesetzlicher Feiertag** oder ein

Samstag ist (vgl. OVG Lüneburg, NVwZ-RR 2007, 78; OVG Münster, NVwZ 2001, 1171; VGH BW, NVwZ 1992, 799; a. A. BFH, NJW 2004, 94). Dagegen wollen manche Stimmen in der Literatur in einem solchen Fall § 31 III S. 1 LVwVfG (§ 26 III S. 1 SGB X) unmittelbar oder analog anwenden mit der Folge, dass die Bekanntgabe erst am nächstfolgenden Werktag eintreten würde. Hiergegen bestehen Bedenken, da § 31 III S. 1 LVwVfG (§ 26 III S. 1 SGB X) vom „Ende einer Frist", spricht, der dritte Tag nach der Aufgabe zur Post aber nicht das Ende einer Frist darstellt. Auch für eine analoge Anwendung dieser Vorschrift besteht kein Bedürfnis, da die Zugangsfiktion in § 41 II LVwVfG (§ 37 II SGB X), auch wenn sie einen Samstag, Sonn- oder Feiertag betrifft, sich nie zum Nachteil des Empfängers auswirken kann. Ist nämlich der tatsächliche Zugang später als am dritten Tag nach Aufgabe zur Post erfolgt, so gilt ohnehin der spätere Tag als Zugangszeitpunkt.

Beispiel: Ist das Schriftstück am Donnerstag, 9. März, bei der Post aufgegeben worden und schon am Freitag, 10. März, zugegangen, so gilt die Bekanntgabe am Sonntag, 12. März, als erfolgt. Ist das Schriftstück hingegen erst am Montag, 13. März, zugegangen, so ist dieser Tag der Tag der Bekanntgabe.

Die **öffentliche Bekanntgabe** eines schriftlichen oder elektronischen VA ist völlig unabhängig von seinem Zugang. Der VA gilt zwei Wochen nach der ortsüblichen Bekanntmachung als bekannt gegeben. In einer Allgemeinverfügung kann hiervon abweichend ein früheres Bekanntgabedatum bestimmt werden (vgl. § 41 IV S. 3, 4 LVwVfG; § 37 IV S. 3, 4 SGB X mit geringen Abweichungen). **321**

IV. Rechtsfolgen der Bekanntgabe

An die Bekanntgabe des VA knüpfen sich etliche Rechtsfolgen. Insbesondere wird der VA gegenüber demjenigen, für den er bestimmt ist oder der von ihm betroffen wird, in dem Zeitpunkt **wirksam,** in dem er ihm bekannt gegeben wird (§ 43 I S. 1 LVwVfG; § 39 I S. 1 SGB X). Gemeint ist hier die **äußere Wirksamkeit,** d. h. dass der **VA als solcher** für den Adressaten maßgeblich ist. Davon zu unterscheiden ist die **innere Wirksamkeit,** die darauf abstellt, dass die **durch den VA getroffene Regelung** verbindlich wird. Äußere und innere Wirksamkeit fallen in der Regel zusammen; bei aufschiebend bedingten und befristeten VA fallen sie auseinander. **322**

Beispiel: Aushändigung einer Ernennungsurkunde an einen Beamten am 15.9. (äußere Wirksamkeit), nach der dieser mit Wirkung vom 1.10. (innere Wirksamkeit) zum Amtsrat befördert wird.

Schwierige Fragen wirft die Bekanntgabe und die damit verbundene Wirksamkeit von **Verkehrszeichen** auf (vgl. § 45 IV StVO). Nach h. M. handelt es sich bei diesen, soweit sie Ge- oder Verbote enthalten, um VAs in Gestalt einer Allgemeinverfügung (Benutzungsregelung gem. § 35 S. 2 3. Alt. LVwVfG, Rn. 239). Nach der Rspr. des BVerwG äußern ordnungsgemäß, d. h. gut sichtbar aufgestellte Verkehrszeichen ihre Rechtswirkung „gegenüber jedem von der Regelung betroffenen Verkehrsteilnehmer, gleichgültig, ob er das Verkehrszeichen tatsäch- **323** lich wahrnimmt oder nicht" (BVerwGE 102, 316). Verkehrsteilnehmer ist nach Auffassung des BVerwG auch der nicht selbst das Fahrzeug lenkende Halter eines verbotswidrig geparkten Fahrzeugs, soweit er Inhaber der tatsächlichen Gewalt über das Fahrzeug ist. Indem diese Rspr. eine fiktive Kenntnisnahme ausreichen lässt, behandelt sie die Verkehrszeichen in Wirklichkeit nicht wie VAs, sondern wie Rechtsnormen (krit. hierzu Mehde, Jura 1998, 297; ders. NJW 1999, 767; Hendler, JZ 1997, 782).

Beispiel: Aufgrund urlaubsbedingter Abwesenheit erlangt ein Kfz-Halter keine Kenntnis, dass wegen einer Baustelle ein Halteverbotsschild aufgestellt wurde. Sein dort parkendes Kfz wird gleichwohl auf seine Kosten abgeschleppt. Fraglich ist, ob der Kostenbescheid rechtmäßig ist.
Auch mobile Halteverbotsschilder werden als Allgemeinverfügung mit dem Aufstellen als Bekanntgabe wirksam. Die Tragung der Abschleppkosten ist vier Tage nach dem Aufstellen des Schildes auch bei fehlender Vorhersehbarkeit wegen der Rechtsklarheit und Rechtssicherheit verhältnismäßig (BVerwGE 102, 316). Bei einer kürzeren Vorlaufzeit muss die bevorstehende Änderung in der Verkehrsführung vorhersehbar sein, etwa weil eine allgemein bekannte Veranstaltung dort stattfindet.

324 Bekanntgabe meint stets die **ordnungsgemäße,** d. h. nach den über die Form der Bekanntgabe bestehenden gesetzlichen Vorschriften erfolgte Kundgabe des VA.

Beispiele: Nicht wirksam ist ein Planfeststellungsbeschluss, der unter Verstoß gegen § 74 V S. 1 LVwVfG öffentlich bekannt gemacht wurde, obwohl eine Individualzustellung – da 50 oder weniger Betroffene und Einwender – hätte erfolgen müssen.

325 Umstritten in Rspr. und Lit. ist die Frage, ob auch in den Fällen, in denen eine förmliche Bekanntgabe durch Zustellung nicht gesetzlich, sondern nur behördlich angeordnet war, und dieser Zustellungsmangel nicht geheilt werden konnte, ein Wirksamwerden des VA verhindert wird. Der VGH BW stellt in diesen Fällen zu Recht darauf ab, ob eine, wenn auch nur formlose Bekanntgabe gewollt war und diese gegenüber dem oder den Beteiligten tatsächlich erfolgt ist (vgl. VGH BW, NVwZ-RR 1992, 396).

326 Große Bedeutung hat die Bekanntgabe des VA auch für den **Beginn von Rechtsbehelfsfristen** (Rn. 1004).

Beispiel: Ein Widerspruch ist innerhalb eines Monats nach Bekanntgabe des VA zu erheben (§ 70 I VwGO, § 84 I SGG). Eine Klage ist innerhalb eines Monats nach Zustellung (§ 74 I S. 1, II VwGO) bzw. Bekanntgabe (§ 87 II SGG) des Widerspruchsbescheids oder, wenn kein Vorverfahren stattgefunden hat, einen Monat nach Bekanntgabe des VA (§ 74 I S. 2, II VwGO, § 87 I SGG) zu erheben.

C. Förmliche Bekanntgabe des Verwaltungsakts durch Zustellung

I. Vorbemerkung

§ 41 V LVwVfG (§ 37 V SGB X) lässt die Vorschriften über die Bekanntgabe des VA mittels **Zustellung** ausdrücklich unberührt. Dies bedeutet, dass, soweit ein VA zugestellt wird, die Zustellungsvorschriften Vorrang vor den allgemeinen Bekanntgabevorschriften haben. Die Zustellung ist eine besondere Form der Bekanntgabe eines VA oder eines anderen schriftlichen oder elektronischen Dokuments (vgl. § 2 II LVwZG), die aufgrund einer Beurkundung den **Nachweis** der Bekanntgabe als solcher sowie des Zeitpunkts der Bekanntgabe sicherstellen soll. Mit Hilfe des Zustellungsnachweises kann die Behörde so den Eintritt der Bestandskraft eines VA zweifelsfrei bestimmen.

327

Allgemeine Kodifikationen des Zustellungsrechts sind das VwZG und für Baden-Württemberg das LVwZG. Sie stimmen in ihrem Wortlaut weitgehend überein. Soweit wörtliche Übereinstimmung gegeben ist, wird im Folgenden der Einfachheit halber nur das LVwZG zitiert.

328

Das VwZG gilt nach § 1 I VwZG für das Zustellungsverfahren der Bundesbehörden, der vom Bund beaufsichtigten Körperschaften, Anstalten und Stiftungen des öffentlichen Rechts sowie der Landesfinanzbehörden. Es gilt ferner, wenn ein Bundesgesetz eine Zustellung nach dem VwZG vorschreibt.

> **Beispiele:** § 73 III S. 2 VwGO bestimmt, dass ein Widerspruchsbescheid, gleichgültig, ob ihn eine Bundesbehörde oder eine Landesbehörde erlässt, nach den Bestimmungen des VwZG zuzustellen ist. – Nach § 65 I S. 3 SGB X sind Zustellungen durch Verwaltungsbehörden der Kriegsopferversorgung ebenfalls nach dem VwZG durchzuführen.

Das LVwZG gilt nach § 1 I LVwZG für das Zustellungsverfahren der Landesbehörden und der vom Land beaufsichtigten Körperschaften, Anstalten und Stiftungen des öffentlichen Rechts, soweit in § 12 LVwZG nichts anderes bestimmt ist und soweit nicht das VwZG anzuwenden ist.

Zugestellt wird zunächst, soweit dies durch **Rechtsvorschrift** bestimmt ist (§ 1 II LVwZG).

329

> **Beispiele:** Zustellung des Widerspruchsbescheids nach § 73 III S. 1 VwGO, der Baugenehmigung nach § 58 I S. 6 LBO, der Androhung und Festsetzung eines Ordnungsgeldes nach § 112 HwO.

Zugestellt wird des Weiteren, soweit dies durch **behördliche Anordnung** bestimmt ist (§ 1 II LVwZG).
Die behördliche Anordnung kann allgemein oder für den Einzelfall ergehen (OVG Münster, VwRspr. Bd. 21 S. 325). Sie kann von einer übergeordneten weisungsbefugten Behörde oder von der die Bekanntgabe vornehmenden Behörde erlassen werden (BayVGH, BayVBl. 1972, 444).
Auch wenn die Zustellung (nur) auf einer behördlichen Anordnung beruht, ist und bleibt dadurch der Vorgang den Regelungen des Zustellungsrechts uneingeschränkt unterworfen (zu den Rechtsfolgen einer behördlich angeordneten, mit einem unheilbaren Zustellungsmangel behafteten Zustellung vgl. Rn. 325).

Beispiel: § 41 I S. 2 LVwVfG (§ 37 I S. 2 SGB X) ist nicht anzuwenden, sondern tritt hinter die zustellungsrechtlichen Regelungen über den Bevollmächtigten in § 7 LVwZG zurück.

II. Zustellungsarten

1. Allgemeines

330 Das LVwZG stellt eine Reihe von Zustellungsarten zur Verfügung, unter denen die Behörde grundsätzlich die **Wahl (Ermessen)** hat (§ 2 III). Nach § 2 II LVwZG kommt eine Zustellung durch die Post, die Behörde oder einen De-Mail-Diensteanbieter in Betracht.

2. Zustellung durch die Post mit Zustellungsurkunde

331 Die Zustellung durch die Post mit Zustellungsurkunde ist in § 3 LVwZG geregelt. § 3 II LVwZG erklärt die Bestimmungen der §§ 177 bis 182 ZPO für entsprechend anwendbar. Der technische Vorgang dieser Zustellungsart ist in § 3 I und II LVwZG, in den §§ 177, 179 und 182 ZPO sowie in der Zustellungsvordruckverordnung (ZustVV) eingehend beschrieben.

332 Die §§ 178 und 180 f. ZPO ermöglichen eine **Ersatzzustellung** in Fällen, in denen eine Übergabe des Dokuments an denjenigen, dem zugestellt werden soll, nicht möglich ist. Hierbei ist eine bestimmte gesetzliche Reihenfolge zu beachten: Zustellung durch Übergabe des Schriftstücks an bestimmte andere Personen: § 178 ZPO; Zustellung durch Einlegen in den Briefkasten: § 180; Zustellung durch Niederlegung des Schriftstücks bei bestimmten Stellen: § 181 ZPO. Im Fall einer unberechtigten Annahmeverweigerung bestimmt § 179 ZPO, dass das Schriftstück am Ort der Zustellung zurückzulassen bzw. mangels einer Wohnung oder eines Geschäftsraums zurückzusenden ist. In allen diesen Fällen tritt die Zustellungswirkung mit der Ersatzzustellung bzw. mit der Annahmeverweigerung ein.

Beispiel: Im Falle des § 178 I ZPO tritt die Zustellungswirkung mit der Übergabe des Dokuments an den erwachsenen (dieser muss nicht volljährig i. S. v. § 2 BGB sein) ständigen Mitbewohner ein, nicht erst mit der Weitergabe des Schriftstücks an denjenigen, dem zugestellt werden soll. An der eingetretenen Zustellungswirkung ändert sich auch dann nichts, wenn der Mitbewohner das Dokument überhaupt nicht weitergibt.

3. Zustellung durch die Post mittels eingeschriebenen Briefes

333 Die Zustellung durch die Post mittels eingeschriebenen Briefes ist in § 4 LVwZG geregelt. Der technische Vorgang dieser Zustellungsart ist hier nur unvollständig beschrieben. § 4 II LVwZG sagt lediglich, dass der Tag der Aufgabe zur Post in den Akten zu vermerken ist.
Vollständig ergibt sich der technische Vorgang erst, wenn man ergänzend die einschlägigen Bestimmungen der Post-Universaldienstleistungsverordnung (PUDLV) vom 15.12.1999 (BGBl. I S. 2418) und der AGB BRIEF NATIONAL (AGB) der Post heranzieht. Auf diese nimmt § 4 LVwZG zwar nicht ausdrücklich Bezug, doch wird ihre Anwendung dort offenbar vorausgesetzt. Eingeschriebe-

ner Brief i. S. d. § 4 I LVwZG sind das Einschreiben durch Übergabe und das Einschreiben mit Rückschein (§ 1 II Nr. 1, § 2 Nr. 4 PUDLV). Nicht ausreichend mangels Zustellungswillens ist dagegen das „Einschreiben Einwurf" (Abschnitt 1 I Nr. 3 AGB) (so BVerwG, NJW 2001, 458); dieses ist wie eine Bekanntgabe durch einfachen Brief zu behandeln (OLG Hamm, NJW 2009, 2230). Beim **Einschreiben durch Übergabe** wird die eingelieferte Sendung in der Postfiliale registriert und der Einliefernde erhält einen Einlieferungsnachweis mit dem Tag der Einlieferung. Danach erfolgt die Zustellung des Einschreibens persönlich an den Empfänger, an einen Empfangsbevollmächtigten oder an einen Ersatzempfänger wie etwa einen Angehörigen oder eine in den Räumen anwesende Person oder unter gewissen Umständen einen Nachbarn. Nur gegen Unterschrift einer dieser Personen auf dem Auslieferungsbeleg, der bei der Post verbleibt, wird die Sendung ausgeliefert (Abschnitt 4 II, III S. 1 u. 3 AGB). Als besondere Form des Einschreibens durch Übergabe kann die Vorgabe „**Eigenhändig**" gewählt werden. Dadurch wird gewährleistet, dass die Sendung nur dem Empfänger persönlich oder einer von ihm dazu besonders bevollmächtigten Person übergeben wird. Eine Ersatzzustellung findet nicht statt (Abschnitt 4 III S. 2 AGB).

Beim **Einschreiben mit Rückschein** bestätigt der Empfänger den Erhalt des Einschreibens mit seiner Unterschrift auf einem gesonderten Beleg, dem „Rückschein", der im Original an den Absender zurückgesandt wird. Die Auswahl zwischen diesen Formen des Einschreibens liegt im Ermessen der Behörde. Kann der eingeschriebene Brief beim Zustellversuch nicht ausgeliefert werden, so wird er von der Post zur Abholung bereitgehalten und der Empfänger mit einem Benachrichtigungsschein zur Abholung innerhalb der Lagerfrist von sieben Werktagen aufgefordert (Abschnitt 4 IV AGB). Kommt es, dass der eingeschriebene Brief nicht abgeholt wird, nicht zur Auslieferung des Briefes, so wird er von der Post an den Absender als unzustellbar zurückgesandt (Abschnitt 4 VI AGB). Anders als bei der Zustellungsart „Postzustellungsurkunde" ist also weder eine Ersatzzustellung durch Einlegen in den Briefkasten noch durch Niederlegung möglich. Auch im Fall der Annahmeverweigerung (vgl. Abschnitt 4 VI S. 2 2. Alt. AGB) kommt eine wirksame Zustellung nicht zustande.

Bei der Zustellungsart „**Einschreiben durch Übergabe**" gilt die Zustellung mit dem dritten Tag nach der Aufgabe zur Post als erfolgt, es sei denn, dass das Dokument nicht oder zu einem späteren Zeitpunkt zugegangen ist; im Zweifel hat die Behörde den Zugang des Schriftstücks und den Zeitpunkt des Zugangs nachzuweisen (§ 4 II S. 2 LVwZG). Der in § 4 II LVwZG verwendete Begriff des Zugangs stimmt nicht mit dem allgemeinen Begriff des Zugangs (vgl. Rn. 318) überein (BVerwG, DÖV 1983, 1011). Vielmehr ist i. S. d. § 4 LVwZG das Dokument zugegangen, wenn es in der postrechtlich gebotenen Weise ausgeliefert wurde (BVerwG, NJW 1983, 1574).
Aus § 4 II LVwZG folgt, dass beim „Übergabe-Einschreiben"
– eine Zustellung nicht erfolgt ist, wenn das Schriftstück überhaupt nicht – postrechtlich korrekt – zugegangen ist (BVerwGE 36, 127),

> **Beispiel:** Ein eingeschriebener Brief ist überhaupt nicht zugegangen, wenn der Postbedienstete denjenigen, dem zugestellt werden soll, nicht antrifft, der eingeschriebene Brief anschließend zwar zur Abholung bereitgehalten,

aber trotz Aufforderung nicht abgeholt und deshalb an den Absender zurückgesandt wird,
- die Zustellung in dem Zeitpunkt des Zugangs erfolgt ist, in dem das Dokument später als am dritten Tag nach der Aufgabe zur Post zugegangen ist,

   Beispiel: Ist das Schriftstück am 6. März bei der Post aufgegeben worden und am 10. März zugegangen, so ist die Zustellung am 10. März erfolgt,
- die Zustellung mit dem dritten Tag nach der Aufgabe zur Post als erfolgt gilt, wenn das Dokument an diesem oder einem früheren Tag zugegangen ist.

   Beispiel: Ist das Schriftstück am 6. März bei der Post aufgegeben worden und schon am 7. März zugegangen, so gilt gleichwohl die Zustellung erst am 9. März als erfolgt.

Ist bei dieser Zustellungsart das Dokument spätestens am dritten Tag nach der Aufgabe zur Post zugegangen, so gilt die Zustellung gleichwohl mit dem dritten Tag nach der Aufgabe zur Post als erfolgt, selbst wenn der dritte Tag nach der Aufgabe zur Post ein Sonntag, gesetzlicher Feiertag oder ein Samstag ist. Die unter Rn. 320 gemachten Ausführungen zu § 41 II LVwVfG (§ 37 II SGB X) gelten hier entsprechend.

   Beispiel: Ist das Schriftstück am Donnerstag, 9. März, bei der Post aufgegeben worden und schon am Freitag, 10. März, zugegangen, so gilt die Zustellung am Sonntag, 12. März, als erfolgt.

Steht bei dieser Zustellungsart fest, dass das Dokument an einem anderen Tag als an dem im Aktenvermerk angegebenen Tag zur Post gegeben wurde, so ist als Tag der Aufgabe zur Post der Tag der **tatsächlichen Aufgabe** zur Post maßgebend (BVerwGE 39, 257; BSG, NJW 1973, 2047; BFH, BB 1978, 850).

   Beispiel: Im Aktenvermerk ist als Tag der Aufgabe zur Post der 10. März angegeben; nachweislich ist die Aufgabe zur Post jedoch erst am 13. März erfolgt. Ist das Schriftstück am 14. März zugegangen, so gilt die Zustellung am 16. März als erfolgt.

Zum Nachweis der Zustellung durch Einschreiben mit Rückschein genügt nach § 4 II S. 1 LVwZG der Rückschein. Die Zustellung gilt an dem Tag als bewirkt, den der Rückschein angibt; die 3-Tage-Fiktion findet hier keine Anwendung (Engelhardt/App/Schlatmann, VwVG/VwZG § 4 VwZG Rn. 3).

4. Zustellung durch die Behörde gegen Empfangsbekenntnis

335 Die Zustellung durch die Behörde gegen **Empfangsbekenntnis** nach § 5 LVwZG ist der Zustellungsform „durch die Post mit Zustellungsurkunde" gem. § 3 LVwZG stark angenähert worden. Der wesentliche Unterschied besteht darin, dass die Übergabe nicht vom Überbringer beurkundet, sondern vom Empfänger bescheinigt wird. Einzelheiten über Ort und Zeitpunkt der Zustellung, die Ersatzzustellung und das Verfahren bei Verweigerung der Annahme sind in § 5 II und III LVwZG i. V. m. §§ 177 ff. ZPO geregelt.

336 Daneben besteht die Möglichkeit nach § 5 IV LVwZG „auf andere Weise" als durch persönliche Übergabe an einen im Gesetz als besonders vertrauenswürdig eingestuften Adressatenkreis zuzustellen.

Beispiel: An einen Rechtsanwalt kann durch einfachen Brief, der vom Postboten oder von einem Behördenmitarbeiter in den Briefkasten oder ins Postfach des Empfängers eingeworfen wird, gegen Empfangsbekenntnis zugestellt werden. Auch per Telefax oder E-Mail ist an ihn eine Zustellung nach § 5 LVwZG möglich.

Zum Nachweis der Zustellung genügt in diesem Fall nach § 5 VII S. 1 LVwZG ein mit Datum und Unterschrift oder qualifizierter elektronischer Signatur versehenes Empfangsbekenntnis, das an die Behörde zurückzusenden ist.

Zur Vermeidung von Medienbrüchen hat der Gesetzgeber in § 5 V LVwZG die Zustellung elektronischer Dokumente an jedermann ermöglicht. Voraussetzung hierfür ist jedoch, dass das Behördendokument mit einer qualifizierten elektronischen Signatur versehen ist und der Empfänger für elektronische Dokumente einen Zugang eröffnet hat. Dies wird man nicht bereits dann annehmen können, wenn ein Bürger im Schriftverkehr mit der Behörde einen Briefkopf verwendet, auf dem eine E-Mail-Adresse oder eine private Internetseite angegeben ist. Vielmehr wird man von der Eröffnung eines elektronischen Zugangs erst dann ausgehen können, wenn der Bürger diesen gegenüber der Behörde oder allgemein ausdrücklich erklärt hat (Engelhardt/App/Schlatmann, VwVG/VwZG, § 5 VwZG Rn. 13). Eine Pflicht zur elektronischen Zustellung besteht, wenn aufgrund einer Rechtsvorschrift ein Verwaltungsverfahren auf Verlangen des Empfängers in elektronischer Form durchgeführt wird. Auch bei dieser Zustellungsform ist zum Nachweis der Zustellung ein mit Datum und Unterschrift oder qualifizierter Signatur versehenes Empfangsbekenntnis an die Behörde zurückzusenden.

§ 5 VI LVwZG schreibt vor, dass bei der elektronischen Zustellung die Übermittlung mit dem Hinweis „Zustellung gegen Empfangsbekenntnis" einzuleiten ist, weil die Behörde auf die Rücksendung des Empfangsbekenntnisses als Nachweis der Zustellung angewiesen ist.

Nach § 5 VII LVwZG gilt für den Fall, dass auf Verlangen des Empfängers das Verwaltungsverfahren elektronisch abgewickelt werden muss, eine Zustellungsfiktion, wenn bei der elektronischen Zustellung ein Empfangsbekenntnis bei der Behörde nicht spätestens am dritten Tag nach Absendung des Dokuments eingegangen ist. Die Zustellfiktion ist widerlegbar, wenn der Empfänger den **Nachweis** für den Zugang zu einem späteren Zeitpunkt oder den Nichtzugang erbringt. Vor der Übermittlung ist der Empfänger über diese Rechtsfolgen, insbesondere das Erfordernis des Vollbeweises, zu belehren, damit er noch eine andere Zustellungsart wählen kann. Über den Eintritt der Zustellungsfiktion ist der Empfänger zu benachrichtigen.

5. Elektronische Zustellung gegen Abholbestätigung über De-Mail-Dienste

Nach § 5a LVwZG kann die elektronische Zustellung alternativ zur herkömmlichen E-Mail an das **De-Mail-Postfach** des Empfängers erfolgen. Für Behörden, Unternehmen und Rechtsanwälte, die auf ihren Briefköpfen eine De-Mail-Adresse angeben, hat sich inzwischen die Verkehrsauffassung herausgebildet, dass sie damit konkludent ihre Bereitschaft erklären, Eingänge auf diesem Weg anzunehmen. Bei Bürgern reicht die bloße Angabe einer De-Mail-Adresse dagegen

nicht aus; sie müssen die Zugangseröffnung gegenüber der Behörde ausdrücklich erklären. Um diese Form der Zustellung nutzen zu können, muss die Behörde auch selbst an die De-Mail-Infrastruktur angebunden sein.
Mit der Zustellung ist der akkreditierte Diensteanbieter verpflichtet, eine elektronische **Abholbestätigung** mit einer qualifizierten elektronischen Signatur nach dem Signaturgesetz zu erzeugen (§ 5 IX S. 6 De-Mail-Gesetz) und sie der Behörde unverzüglich nach ihrer Erzeugung zu übermitteln. Die elektronische Abholbestätigung erbringt den Beweis für die förmliche Zustellung durch die absendende Behörde. Nach dem Hinweis auf § 371a III ZPO in § 5a III S. 2 LVwZG kommt ihr die Beweiskraft einer öffentlichen Urkunde zu. Über diese Rechtsfolge ist der Empfänger im Rahmen der Informationspflicht nach § 9 I De-Mail-Gesetz durch den akkreditierten Diensteanbieter hinzuweisen.
Wird auf Verlangen des Empfängers das Verfahren elektronisch über De-Mail-Dienste abgewickelt, gilt eine Zustellfiktion von drei Tagen nach der Absendung für jene Fälle, in denen der Empfänger sich nicht an seinem De-Mail-Konto anmeldet, sodass keine Abholbestätigung erzeugt werden kann.

6. Öffentliche Zustellung

340 Die öffentliche Zustellung ist in § 11 LVwZG (§ 10 VwZG) geregelt. Auf diese Zustellungsart darf nur zurückgegriffen werden, wenn eine der in § 11 I LVwZG (10 I VwZG) aufgeführten, alternativen Voraussetzungen erfüllt ist. Aus ihnen ergibt sich, dass die öffentliche Zustellung das „letzte Mittel" der Bekanntgabe ist. Aus Gründen des Datenschutzes (Kapitel 16 Rn. 898 ff.) ist nach § 11 II S. 1 LVwZG (§ 10 II S. 1 VwZG) anstelle des zuzustellenden Schriftstücks eine Benachrichtigung auszuhängen. In dieser ist das Schriftstück hinreichend genau zu bezeichnen, insbesondere müssen die erlassende Behörde, der Name und die letzte bekannte Adresse des Empfängers, Datum und Aktenzeichen des Schriftstücks sowie die Stelle, wo das Dokument eingesehen werden kann, erkennbar sein.
Von besonderer praktischer Bedeutung ist § 11 I Nr. 1 LVwZG (§ 10 I Nr. 1 VwZG), wonach öffentlich zugestellt werden kann, wenn der Aufenthaltsort des Empfängers unbekannt ist. Es genügt hierfür aber nicht, dass der Aufenthaltsort des Empfängers lediglich der Behörde unbekannt ist; vielmehr ist die Behörde zu gründlichen und sachdienlichen Bemühungen um Aufklärung des Aufenthaltsorts des Empfängers verpflichtet (VGH BW, VBlBW 1982, 14). Das Dokument gilt als zugestellt, wenn seit dem Tag der Bekanntmachung zwei Wochen vergangen sind.

III. Gemeinsame Regelungen für alle Zustellungsarten

1. Zustellung an mehrere Beteiligte

341 Ist an mehr als einen Beteiligten zuzustellen, so muss die Zustellung an jeden Beteiligten grundsätzlich getrennt erfolgen, auch dann, wenn die Zustellungsempfänger in derselben Wohnung wohnen. Eine Sonderregelung für die Zustellung „zusammengefasster Bescheide" an Ehegatten, an Ehegatten mit ihren Kindern oder Alleinstehende mit ihren Kindern sowie eingetragene Lebenspartner enthält § 8 LVwZG. Nach dieser Vorschrift reicht es für die Zustellung an alle Beteiligten aus, wenn ihnen eine Ausfertigung des Bescheids unter ihrer gemeinsamen Anschrift zugestellt wird. Eine getrennte Zustellung erfolgt nur, wenn die Beteiligten dies im Einzelfall besonders beantragt haben. Da das VwZG des Bundes eine dem § 8 LVwZG vergleichbare Sonderregelung für Zustellungen nicht kennt, müssen Behörden in Baden-Württemberg, die Zustellungen an mehrere Beteiligte vornehmen, sorgfältig prüfen, ob die Zustellung nach Bundes- oder nach Landesrecht durchzuführen ist.

Beispiel: Stellt das Landratsamt Ehegatten eine Baugenehmigung zu (vgl. § 58 I S. 5 LBO), so genügt nach § 8 LVwZG eine Ausfertigung an beide Beteiligten. Stellt dieselbe Behörde dagegen einen Widerspruchsbescheid zu (vgl. § 73 III S. 2 VwGO), so muss sie den Bescheid jedem Ehegatten getrennt zustellen. Davon kann ausnahmsweise nur dann abgesehen werden, wenn sich die Eheleute zur Entgegennahme des Widerspruchsbescheides gegenseitig bevollmächtigt haben. Die Rspr. lässt in diesem Fall auch eine Anscheins- oder Duldungsvollmacht genügen (vgl. VGH BW, VBlBW 1989, 257).

2. Zustellung an gesetzliche Vertreter

Bei Geschäftsunfähigen oder beschränkt Geschäftsfähigen ist an ihre gesetzlichen Vertreter zuzustellen (§ 6 I LVwZG).

Beispiel: Wird ein minderjähriges Kind von seiner nicht verheirateten Mutter gesetzlich vertreten (§§ 1629 I S. 3, 1626a II BGB), so ist eine Zustellung für das Kind an seine Mutter vorzunehmen.

Abweichend vom Wortlaut des § 6 I LVwZG ist an einen beschränkt Geschäftsfähigen selbst zuzustellen, soweit er ausnahmsweise als handlungsfähig anerkannt ist, z. B. über § 12 I Nr. 2 LVwVfG (vgl. OVG Lüneburg, DVBl. 1982, 218). Bei Personen, für die ein Betreuer bestellt ist, ist die Zustellung an diesen zu richten, soweit sein Aufgabenkreis reicht (§ 6 I S. 2 LVwZG).
Bei Behörden wird an den Behördenleiter, bei juristischen Personen, nicht rechtsfähigen Personenvereinigungen und Zweckvermögen an ihre gesetzlichen Vertreter zugestellt (§ 6 II LVwZG).

Beispiel: Die Zustellung an eine Gemeinde erfolgt an den Bürgermeister als ihren gesetzlichen Vertreter gem. § 42 I S. 2 GemO.

In die Anschrift der Sendung braucht lediglich die hinreichend genaue Bezeichnung der Behörde, juristischen Person etc. aufgenommen zu werden; Zusätze, die auf die gesetzliche Vertretung des Zustellungsadressaten („zu Händen des Behördenleiters") hinweisen, sind entbehrlich (Engelhardt/App/Schlatmann, VwVG/VwZG, § 6 VwZG Rn. 5).
Bei mehr als einem gesetzlichen Vertreter bzw. Behördenleiter genügt die Zustellung an einen von ihnen (§ 6 III LVwZG). Dies gilt auch im Falle einer Gesamtvertretung (BFH, BStBl. 1974, 640).

Beispiel: Wird ein minderjähriges Kind von seinen Eltern gemeinschaftlich vertreten (§ 1629 I S. 2 BGB), so genügt es, wenn eine Zustellung für das Kind entweder an seinen Vater oder an seine Mutter vorgenommen wird.

Stellt die Behörde in einem solchen Fall gleichwohl an mehr als einen der gesetzlichen Vertreter zu, so treten die Rechtsfolgen der Zustellung schon mit der zeitlich ersten Zustellung ein.

3. Zustellung an Bevollmächtigte

343 Wurde der Behörde von einem Bevollmächtigten schriftliche Vollmacht vorgelegt, so ist (kein Ermessen!) eine Zustellung für den Vollmachtgeber an den Bevollmächtigten vorzunehmen (§ 7 I S. 2 LVwZG). Wenn der Vollmachtgeber selbst der Behörde die schriftliche Vollmacht vorgelegt hat, ist § 7 I S. 2 LVwZG entsprechend anzuwenden.

Wurde der Behörde keine schriftliche Vollmacht vorgelegt, so kann (Ermessen!) die Zustellung an den Vollmachtgeber oder für den Vollmachtgeber an den Bevollmächtigten vorgenommen werden (§ 7 I S. 1 LVwZG). Die Zustellung an den Betroffenen ist also auch wirksam, falls der Bevollmächtigte die Vollmacht nicht vorgelegt hat (BFH 3.2.2004 – VII R 30/02).

Ist ein Bevollmächtigter für mehr als einen Beteiligten bestellt, so genügt die Zustellung eines Schriftstücks an ihn für alle Beteiligten (§ 7 I S. 3 LVwZG). Hiervon macht § 7 II LVwZG eine Ausnahme; danach sind einem Zustellungsbevollmächtigten – also einem Bevollmächtigten, der nur zur Entgegennahme von Zustellungen bestellt ist – so viele Ausfertigungen oder Abschriften zuzustellen, als er Beteiligte vertritt.

Nicht ausdrücklich geregelt ist der in der Praxis häufig vorkommende Fall, dass ein Beteiligter mehr als einen Bevollmächtigten bestellt hat (z. B. alle einer Sozietät angehörenden Rechtsanwälte). Wegen ähnlicher Interessenlage dürfte auch hier § 6 III LVwZG entsprechend anzuwenden sein (vgl. auch BVerwG NJW 1975, 1795), so dass die Zustellung an einen Bevollmächtigten genügt. Dies gilt – ebenso wie bei der unmittelbaren Anwendung von § 6 III LVwZG – auch im Falle einer Gesamtvertretung.

4. Heilung von Zustellungsmängeln

344 Die Heilung von Zustellungsmängeln ist in § 9 LVwZG (§ 8 VwZG) geregelt. Ein formgerecht verlaufener und dokumentierter Zustellungsvorgang bedarf keiner Heilung. Die Frage der Heilung eines Zustellungsmangels stellt sich daher nur, wenn nachweislich gegen zwingende Form- oder Verfahrensvorschriften der Zustellung verstoßen wurde oder sich die formgerechte Zustellung nicht nachweisen lässt.

345 a) **Ausschluss der Heilung.** Ausgeschlossen ist eine Heilung, wenn die Behörde nicht den Willen hatte, eine Zustellungshandlung vorzunehmen (BGH, NJW 2003, 1192). Ein derartiger Wille fehlt sowohl, wenn die Behörde einen VA lediglich formlos bekannt geben möchte (VGH BW, VBlBW 1988, 143 m. w. N.), als auch dann, wenn es ihr überhaupt an einem Bekanntgabewillen fehlt (BVerwGE 16, 165). Eine Heilung kommt ferner dann nicht in Betracht, wenn das Dokument dem Empfänger nicht zugegangen ist, oder wenn es an einem inhaltlichen Fehler leidet.

> **Beispiel:** Ist an eine falsche Person zugestellt oder ist ein an mehrere Empfänger, an die getrennt zuzustellen war, gerichtetes Dokument nur in einfacher Ausfertigung übergeben worden, kommt eine Heilung nach § 9 LVwZG (§ 8 VwZG) nicht in Betracht (VGH BW, NVwZ-RR 1989, 593).

346 b) **Voraussetzungen für eine Heilung.** Die beiden Alternativen des § 9 LVwZG (§ 8 VwZG) unterscheiden sich lediglich dadurch, dass bei der zweiten Alternative die Verletzung von zwingenden Zustellungsvorschriften bei der Übergabe feststeht, während bei der ersten Alternative die Beachtung zwingender Zustellungsvorschriften nicht nachweisbar ist. Hieraus folgt, dass die Zustellung bei einem Verstoß gegen eine nicht zwingende Zustellungsvorschrift im Ergebnis genauso rechtmäßig ist wie bei Beachtung aller Zustellungsvorschriften; in diesen Fällen bedarf es keiner Heilung.

Ob eine Zustellungsvorschrift zwingend ist oder nicht, lässt sich nur in wenigen Fällen aus dem Wortlaut der Zustellungsgesetze entnehmen.

In der Regel bedarf es zur Ermittlung des zwingenden oder nicht zwingenden Charakters einer Zustellungsvorschrift der Auslegung. Diese Auslegung wird sich daran zu orientieren haben, ob die Zustellungsvorschrift so wichtig ist, dass sie aus Gründen der Rechtssicherheit unbedingt eingehalten werden muss.

Beispiele: § 181 ZPO (vgl. § 3 II LVwZG) ist zwingend, da dieser Rechtssatz eine Ersatzzustellung durch Niederlegung betrifft und eine solche Ersatzzustellung ohnehin mit besonderen Risiken behaftet ist (BVerwGE 42, 180). – § 4 II S. 4 LVwZG ist nicht zwingend, da sich der Tag der Aufgabe zur Post auch auf andere Weise als durch den Aktenvermerk nachweisen lässt (OVG Bremen, NJW 1974, 1722; BGH, NJW 1983, 2064 (Nr. 11); a. A. BFH, NJW 1970, 80).

Ist eine der beiden in § 9 LVwZG (§ 8 VwZG) aufgeführten Voraussetzungen erfüllt, so gilt das Dokument gleichwohl als in dem Zeitpunkt zugestellt, in dem es dem Empfangsberechtigten zugegangen ist. Nicht zu den Empfangsberechtigten im Sinne dieser Vorschrift gehören Personen, an die eine Ersatzzustellung vorgenommen werden kann (VGH BW, BWVP 1987, 88). Ohne den Nachweis, dass und wann dem Empfangsberechtigten das Dokument zugegangen ist, ist demnach die Heilung eines Zustellungsmangels nicht erfolgt. 347

Beispiel: Bei der Zustellung eines Bescheids an einen Strafgefangenen durch die Post mit Zustellungsurkunde ist das Schriftstück entgegen § 178 I Nr. 3 ZPO einem vom Leiter der Justizvollzugsanstalt nicht ermächtigten Bediensteten übergeben worden. Damit ist eine Zustellungsvorschrift mit zwingendem Charakter verletzt worden. Wird der Bescheid dem Empfangsberechtigten übergeben, so gilt die Zustellung als in dem Zeitpunkt erfolgt, in welchem dem Beteiligten das Dokument zugegangen ist.

Der Nachweis des Empfangs eines Dokuments, das nicht ordnungsgemäß zugestellt ist, lässt sich i. Ü. mit jedem Beweismittel erbringen. Es genügt auch eine schlüssige Handlung des Zustellungsempfängers, etwa die Erhebung eines Widerspruchs gegen den zugestellten Bescheid (vgl. BVerwG, DÖV 2006, 788).

Soweit eine Heilung nicht erfolgt oder ausgeschlossen ist, kommt auch keine Umdeutung in eine formlose Bekanntgabe in Betracht (vgl. BFH, BB 1994, 2408). Die Behörde hat lediglich die Möglichkeit, die Zustellung ohne Rückwirkung zu wiederholen. Geht die Behörde dagegen trotz wirksam erfolgter Zustellung irrtümlich davon aus, sie müsse die vermeintlich fehlgeschlagene Zustellung wiederholen und stellt erneut zu, so ist für die Beurteilung der Wirksamkeit und der Rechtsbehelfsfrist der zuerst zugestellte VA maßgebend (vgl. VGH Kassel, NVwZ 1998, 1313).

D. Vertiefungshinweise und Wiederholungsfragen

I. Vertiefungshinweise

348 Spranger, Die Auswirkung von Zustellungsmängeln auf die Wirksamkeit von Verwaltungsakten, BayVBl. 2000, 359; Stelkens, Das Verkehrsschild, die öffentliche Bekanntgabe, das BVerfG und der VGH Mannheim, NJW 2010, 1184; Schoch, Die Bekanntgabe des Verwaltungsakts, Jura 2011, 23; Binder, Elektronische Bekanntgabe von Verwaltungsakten über Behördenportale, NVwZ 2016, 342; Weber, Bekanntgabe und Zustellung von Verwaltungsakten in der behördlichen Praxis: Voraussetzungen und praktische Umsetzung, 2016; Annette Guckelberger, Digitalisierung und ihre Folgen für die postalische Bekanntgabe von Verwaltungsakten, NVwZ 2018, 359.

II. Wiederholungsfragen

349
1. Wie ist die Bekanntgabe des VA zu definieren? – Rn. 310
2. Welchen Beteiligten ist der VA bekannt zu geben? – Rn. 312
3. Mit welchem Ereignis ist grundsätzlich die Bekanntgabe des VA erfolgt? – Rn. 318
4. Welche wichtigen Rechtsfolgen knüpfen sich an die Bekanntgabe des VA? – Rn. 322–326
5. Was ist unter Zustellung zu verstehen? – Rn. 327
6. Welchen Anwendungsbereich hat das VwZG? – Rn. 328
7. Unter welchen Voraussetzungen ist die Bekanntgabe des VA mittels Zustellung notwendig? – Rn. 329
8. Welche wichtigen Zustellungsarten gibt es? – Rn. 331–340
9. Welche Zustellungsart kommt in Betracht, wenn ein Empfänger keinen festen Wohnsitz hat? – Rn. 340
10. Was muss besonders beachtet werden, wenn an mehr als einen Beteiligten zuzustellen ist? – Rn. 341
11. Welche Regelungen gelten bei Zustellungen an Geschäftsunfähige, beschränkt Geschäftsfähige, Behörden, juristische Personen, nicht rechtsfähige Personenvereinigungen und Zweckvermögen? – Rn. 342
12. Wann muss die Zustellung an einen Bevollmächtigten vorgenommen werden? – Rn. 343
13. Inwiefern ist im Zusammenhang mit der Heilung von Zustellungsmängeln der zwingende oder nicht zwingende Charakter einer Zustellungsvorschrift von Bedeutung? – Rn. 346
14. Kommt eine Heilung eines Zustellungsmangels auch dann in Betracht, wenn die Behörde den VA nur formlos bekannt geben wollte? – Rn. 345
15. Welche Möglichkeit besteht für die Behörde, soweit eine Heilung nicht erfolgt oder ausgeschlossen ist? – Rn. 347

Kapitel 8   Fehlerfreier (rechtmäßiger) Verwaltungsakt

A. Einführung

Ziel einer jeden ordentlichen Verwaltung muss es sein, Fehler zu vermeiden und somit rechtmäßig zu handeln. Nicht nur, weil die Gesellschaft es von ihr erwartet, sondern auch (und vielleicht in erster Linie), weil sie dazu verpflichtet ist. Die Verwaltung vollzieht sich im Rahmen der rechtsstaatlichen Verfassungsordnung. Die im **Grundsatz der Gesetzmäßigkeit der Verwaltung** enthaltenen Gebote des Vorrangs und Vorbehalts des Gesetzes (zu den Einzelheiten s. Rn. 152 ff.) sind Einzelelemente des Rechtsstaatsprinzips. Verstößt die Verwaltung gegen einen dieser verfassungsrechtlichen Grundsätze, handelt sie fehlerhaft. Der von ihr erlassene VA ist rechtswidrig („wider das Recht"). Welche Rechtsfolgen sich aus der Rechtswidrigkeit ergeben, wird in Kapitel 9 behandelt (vgl. unten Rn. 381 ff.). Die Frage nach der Fehlerfolge sollte allerdings für die handelnde Verwaltung nur von nachgeordneter Bedeutung sein. Vorrangig hat sie sich zu bemühen, Fehler zu vermeiden. Der **Vorbehalt des Gesetzes** („kein Eingriff ohne Gesetz") und der **Vorrang des Gesetzes** („kein Handeln gegen das Gesetz") geben den Weg vor, auf dem sich das Ziel: Erlass eines fehlerfreien VA, erreichen lässt.

350

Beispiele: Eine Große Kreisstadt will den Abbruch eines Gebäudes anordnen. Um fehlerfrei handeln zu können, braucht sie dafür eine Ermächtigungsgrundlage (§ 65 I S. 1 LBO – Vorbehalt des Gesetzes), muss zuständige Baurechtsbehörde sein (sachlich: § 48 I i. V. m. § 46 I Nr. 3 LBO, § 15 I Nr. 1, 19 LVG; örtlich: § 113 I S. 2 PolG in entsprechender Anwendung bzw. § 3 I Nr. 1 LVwVfG – Vorrang des Gesetzes), muss den Eigentümer vorher hören (§ 28 LVwVfG – Vorrang des Gesetzes) und muss den Grundsatz der Verhältnismäßigkeit beachten (Rechtsstaatsgebot – Vorrang des Gesetzes). Beantragt der Bürger eine Baugenehmigung, darf sie nur versagt werden, wenn er keinen Anspruch auf die Erteilung der Baugenehmigung hat (§ 58 I S. 1 LBO – Vorrang des Gesetzes und wegen der Baufreiheit gem. Art. 14 GG auch Vorbehalt des Gesetzes).

Gem. § 31 SGB I dürfen Rechte und Pflichten in den Sozialleistungsbereichen des SGB nur begründet, festgestellt, geändert oder aufgehoben werden, soweit ein Gesetz es vorschreibt oder zulässt.

B. Prüfprogramme zur Vermeidung von Fehlern

Der Vorrang und Vorbehalt des Gesetzes führt die Verwaltung bei der Fallbearbeitung – je nach regelungsbedürftigem Sachverhalt – in die verschiedensten Rechtsgebiete und Rechtsvorschriften. Trotz deren Vielfalt und Unterschiedlichkeit lassen sich Strukturen finden, die in ein Prüfprogramm umgesetzt werden können, das für jede Fallbearbeitung gilt. Es beginnt mit der **Suche nach der**

351

Rechtsgrundlage. Die Rechtsgrundlage ist erforderlich, um vom Bürger ein Tun, Dulden oder Unterlassen verlangen zu können (Eingriffsvorbehalt); sie muss beachtet werden, wenn der Rechtsgrund einer Leistung gesetzlich vorgegeben ist (Vorrang des Gesetzes). Sodann muss die Behörde alle **formellen** (die Zuständigkeit, das anzuwendende Verfahren und die Form betreffenden) und **materiellen** (den Inhalt betreffenden) Vorgaben beachten. Die maßgeblichen formellen und materiellen Voraussetzungen lassen sich ebenfalls nach allgemeinen Gesichtspunkten strukturieren. Daraus ergibt sich ein Prüfprogramm, das schematisch dargestellt werden kann. Schemata ersetzen zwar nicht die eigene Denkleistung und die Arbeit am konkreten Fall; sie helfen jedoch, mögliche Fehlerquellen zu erkennen und zwingen den Bearbeiter, sich mit ihnen auseinander zu setzen.

I. Schema für den Erlass eines rechtmäßigen Verwaltungsakts

1. Erläuterung

Das nachfolgende Prüfschema stellt die Überlegungen dar, die anzustellen sind, ehe die Behörde einen VA erlässt. Sie beginnen mit der **Vorüberlegung,** welchen Inhalt der regelnde Teil des VA haben soll. Die Antwort auf diese Frage hängt vom regelungsbedürftigen Lebenssachverhalt ab. Erst danach stellt sich dann die Frage nach der in Betracht kommenden Rechtsgrundlage. Findet sich keine Rechtsnorm, deren Rechtsfolgenteil die von der Behörde beabsichtigte Handlung zulässt, darf die Behörde (regelmäßig) den beabsichtigten VA nicht erlassen. Findet sie eine Rechtsgrundlage, hat sie zunächst zu prüfen, ob die **vorrangigen formellen Erlassvoraussetzungen** vorliegen. Vorrangig sind solche formellen Rechtsvorgaben, die erfüllt sein müssen, damit die Behörde die **materiellen Erlassvoraussetzungen** prüfen darf. Sie ergeben sich aus den Tatbestandsvoraussetzungen und den Vorgaben für die Rechtsfolgewahl. Abschließend erfolgt dann noch eine weitere (**nachrangige**) **Prüfung formeller Erlassvoraussetzungen.** Diese nachrangigen formellen Erlassvoraussetzungen werden sinnvollerweise erst geprüft bzw. können erst geprüft werden, wenn die materielle Rechtmäßigkeitsprüfung abgeschlossen ist.

2. Prüfschema für den Erlass eines rechtmäßigen Verwaltungsakts

I. Vorüberlegungen
  1. Welche konkrete Rechtsfolge ist gewollt?
  2. Welche Ermächtigungs-/Rechtsgrundlage kommt dafür in Betracht?

II. Vorrangige formelle Erlassvoraussetzungen
  1. Zuständigkeit der Behörde (vgl. Rn. 356, 753 ff.)
     a) sachliche Zuständigkeit
     b) instanzielle Zuständigkeit
     c) örtliche Zuständigkeit
  2. Mitwirkungsverbote (vgl. Rn. 357, 763–765)
     a) ausgeschlossene Personen
     b) Besorgnis der Befangenheit
  3. Anhörungspflichten (vg. Rn. 357, 793 ff.)

4. Sachbescheidungsinteresse (in Antragsverfahren) (vgl. Rn. 357, 827)
5. Spezialgesetzliche Verfahrenshindernisse (z. B. Zurückstellung eines Bauantrags)
6. Entscheidungsfristen (vgl. Rn. 358)

III. **Materielle Erlassvoraussetzungen**
1. Tatbestand der Eingriffs-/Rechtsgrundlage (vgl. Rn. 153 ff., 361 ff.)
   a) Rechtsgültigkeit der Rechtsgrundlage
   b) Auslegung (falls Rechtsgrundlage unklar)
   c) Subsumtion
2. Zulässiger Adressat (vgl. Rn. 366 ff.)
3. Zulässige Rechtsfolge: Bei Ermessen (Entschließungs-/Auswahlermessen; bezogen auf ausgewählten Adressaten und ausgewählte Rechtsfolge): (vgl. Rn. 369 ff.)
   a) Verbot des Ermessensmissbrauchs (Verbot sachfremder Erwägungen)
   b) Verbot der Ermessensüberschreitung (Wahl einer verbotenen Rechtsfolge)
   – Beachtung gesetzesimmanenter Schranken (Ermessensrahmen)
   – Beachtung des Verhältnismäßigkeitsgrundsatzes (geeignet, erforderlich, angemessen)
   – Beachtung des Gleichbehandlungsgrundsatzes (Art. 3 GG, Willkürverbot)
   – Beachtung des Unmöglichkeitsverbotes (rechtliche und tatsächliche Unmöglichkeit)
   – Beachtung von Zusicherungen (§ 38 LVwVfG)
   – Beachtung der Verwirkung (entsprechend § 242 BGB)
   c) Verbot der Ermessensunterschreitung
   – Ermessensausfall
   – Ermessensdefizit
4. Inhaltliche Bestimmtheit (vgl. Rn. 372 f.)

IV. **Nachrangige formelle Erlassvoraussetzungen**
1. Mitwirkung anderer Körperschaften, Behörden oder Dienststellen (vgl. Rn. 357, 833 ff.)
2. Anhörung Beteiligter (soweit nicht vorrangig, vgl. Rn. 357, 793 ff.)
3. Fristen (soweit nicht vorrangig, vgl. Rn. 358)
4. Form (vgl. Rn. 358, 742 ff.)
5. Begründung (vgl. Rn. 358, 803 ff.)

II. Schema für die nachträgliche Rechtmäßigkeitsprüfung

Im Rahmen von Rechtsbehelfsverfahren, insbesondere im Widerspruchsverfahren, ist nachträglich zu prüfen, ob der erlassene VA rechtmäßig ist. Auch Studierende werden meist mit dieser nachträglichen Betrachtungsweise konfrontiert, obgleich sie primär lernen sollten, wie vorzugehen ist, um vor Erlass eines VA Fehler zu vermeiden. Das Prüfprogramm ändert sich jedoch nicht wesentlich.

Bei den **Vorüberlegungen** entfällt die Frage, welche konkrete Rechtsfolge gewollt ist, weil der zu prüfende VA sie ja bereits enthält. Die **nachrangigen formellen Erlassvoraussetzungen** brauchen nicht erst am Schluss geprüft zu werden, sie können mit den vorrangigen formellen Erlassvoraussetzungen zusammengefasst werden. Im Übrigen verbleibt es bei dem Prüfprogramm, das für den Erlass eines rechtmäßigen VA dargestellt wurde. Deshalb wird von einem erneuten Abdruck abgesehen.

III. Schema für die Rechtmäßigkeitsprüfung eines Vollstreckungsakts

355 Für die Rechtmäßigkeitsprüfung eines Vollstreckungsaktes – unabhängig davon, ob er die Merkmale eines VA erfüllt – hat sich eine eigenständige Prüfungsreihenfolge entwickelt. Sie beginnt zwar auch mit der **Suche nach der Rechtsgrundlage,** unterscheidet dann jedoch nicht nach formellen und materiellen Rechtmäßigkeitsvoraussetzungen, sondern nach den **allgemeinen** und **besonderen Vollstreckungsvoraussetzungen.** Dadurch ergibt sich eine dem Vollstreckungsverfahren besser angepasste Prüfungsreihenfolge. Das entsprechende Prüfschema ist im Kapitel 17 „Verwaltungsvollstreckungsverfahren" dargestellt (Rn. 996).

C. Einzelne Rechtmäßigkeitskriterien

I. Formelle Rechtmäßigkeitsvoraussetzungen

1. Beachtung von Zuständigkeitsregelungen

356 Der Vorrang des Gesetzes gebietet es, Vorschriften über die sachliche und örtliche Zuständigkeit zu beachten (Einzelheiten lernen wir später kennen: Rn. 753 ff.).

Beispiel: Zum Erlass der zur Sicherstellung einer ordnungsgemäßen Abfallentsorgung erforderlichen Anordnungen ist gem. § 19 II LKreiWiG in erster Linie die Abfallrechtsbehörde (nicht die Ortspolizeibehörde!) sachlich zuständig. Instanziell zuständig ist gem. § 23 III LKreiWiG die untere Abfallrechtsbehörde, also gem. § 23 II Nr. 3 LKreiWiG die untere Verwaltungsbehörde i. S. d. §§ 15, 19 LVG. Die örtliche Zuständigkeit ist für diesen Fall nicht im LKreiWiG geregelt; sie bestimmt sich deshalb nach den allgemeineren Regelungen (insofern wird im Hinblick auf den Charakter als Maßnahme der Gefahrenabwehr teilweise auf § 113 I S. 2 PolG abgestellt, nach anderer Auffassung auf § 3 LVwVfG).

2. Beachtung von Verfahrensvorschriften

357 Nach dem Prinzip des Vorbehalts des Gesetzes ist die Verwaltung nicht unbeschränkt berechtigt, durch VA zu handeln. Selbst wenn sie durch VA handeln darf, muss sie Vorschriften über das Verwaltungsverfahren (Mitwirkungsverbote, Anhörungspflichten, Erfordernis des Sachbescheidungsinteresses, Mitwirkungsgebote) beachten. Einzelheiten unter Rn. 763 ff.

Beispiele: Mitwirkung von Gemeinde und höherer Verwaltungsbehörde im Baugenehmigungsverfahren nach § 36 I BauGB (vgl. Rn. 835). Anhörungspflichten nach § 35 IV GewO bzw. § 28 LVwVfG oder § 24 SGB X. Handlungsverbote nach §§ 20 f. LVwVfG bzw. §§ 16 f. SGB X (vgl. auch Büchner/Joerger/Trockels/Vondung, Fall 3, Rn. 331). Verfahrenshindernis der Zurückstellung eines Bauantrages gem. § 15 BauGB.

3. Beachtung von Formvorschriften, Begründungspflichten und Fristen

Zwar ist das Verwaltungsverfahren an bestimmte Formen nicht gebunden (§ 10 LVwVfG, § 9 SGB X), soweit jedoch Vorschriften vorhanden sind, gebietet es das Prinzip des Vorrangs des Gesetzes, sie auch einzuhalten. Dies gilt z. B. für die Vorschriften über die Form und die Begründung des VA in §§ 37 und 39 LVwVfG (§§ 33 und 35 SGB X) sowie für die Regelungen über Fristen und Termine in Spezialgesetzen und die Berechnungsregeln in § 31 LVwVfG (§ 26 SGB X).

358

Beispiele: Nach § 77 I AufenthG bedarf die Versagung eines Aufenthaltstitels der Schriftform. Was unter Schriftform zu verstehen ist, ergibt sich aus § 37 III LVwVfG i. V. m. § 3a II LVwVfG. Für die Begründung ist § 39 LVwVfG maßgebend.
Die Rücknahme eines VA nach § 48 LVwVfG ist gem. § 48 IV LVwVfG nur innerhalb einer Jahresfrist zulässig. Auch bei der Aufhebung von VAs nach dem SGB X (§§ 44 ff.) sind Fristen zu beachten.
Die Festsetzung oder Anwendung eines Zwangsmittels darf erst erfolgen, wenn die in der Androhung nach § 20 I S. 2 LVwVfG bestimmte Frist verstrichen ist.

4. Keine Rechtmäßigkeitsvoraussetzungen: Rechtsbehelfsbelehrung und Bekanntgabe

Keine Rechtmäßigkeitsvoraussetzung ist dagegen die in § 37 VI LVwVfG verpflichtend vorgesehene Beifügung einer **Rechtsbehelfsbelehrung**. Nach dieser Vorschrift ist einem schriftlichen oder elektronischen (sowie einem schriftlich oder elektronisch bestätigten) VA, der der Anfechtung unterliegt, eine Rechtsbehelfsbelehrung beizufügen. Dies gilt sowohl für den Erlass eines belastenden VA als auch für die Ablehnung eines begünstigenden VA. Ausschließlich begünstigende VAs sind von der Rechtsbehelfsbelehrungspflicht ausgenommen (soweit sie keine einschränkenden Nebenbestimmungen enthalten). Unterbleibt die Rechtsbehelfsbelehrung, liegt darin ein Verstoß gegen den Vorrang des Gesetzes. Da die Rechtsbehelfsbelehrung nicht Bestandteil des VA ist, führt ihr Fehlen aber nicht zur Rechtswidrigkeit des VA. Folge des Fehlens oder der Unrichtigkeit der Rechtsbehelfsbelehrung ist vielmehr, dass an die Stelle der Rechtsbehelfsfrist die Ausschlussfrist des § 58 II VwGO von einem Jahr tritt, vgl. Rn. 610. Auch kommen bei einer fehlerhaften Rechtsbehelfsbelehrung Amtshaftungsansprüche in Betracht.

359

Beispiel: Eine Abbruchsanordnung nach § 65 I S. 1 LBO ohne Rechtsbehelfsbelehrung ist zwar wegen Verstoßes gegen § 37 VI LVwVfG fehlerhaft. Sie ist jedoch nicht rechtswidrig. Die Widerspruchsfrist von einem Monat (§ 70 I VwGO) beginnt aber nicht zu laufen; für die Widerspruchseinlegung gilt nunmehr die Regelung des § 58 II VwGO (Jahresfrist).

360 Die **Bekanntgabe eines VA** hat nach den dafür geltenden Rechtsvorschriften zu erfolgen (wegen der Einzelheiten vgl. Rn. 309 ff.). Sie ist jedoch **keine Rechtmäßigkeits-, sondern Wirksamkeitsvoraussetzung** und erscheint deshalb nicht im Programm der Rechtmäßigkeitsprüfung.

Beispiel: Ist die Zustellung als Form der Bekanntgabe vorgeschrieben (z. B. § 58 I S. 6, 7 LBO – vgl. auch § 1 II LVwZG), so genügt die postalische Übermittlung durch einfachen Brief nicht, weil diese Art der Bekanntgabe im LVwZG nicht vorgesehen ist. Vgl. auch Büchner/Joerger/Trockels/Vondung, Fall 8, Rn. 363.

II. Materielle (inhaltliche) Rechtmäßigkeitsvoraussetzungen

1. Tatbestand der Ermächtigungsgrundlage

361 Der Grundsatz des **Vorbehalts des Gesetzes** gebietet es, dass bestimmte Sachgebiete durch die Verwaltung nur geregelt werden dürfen, wenn dafür eine gesetzliche Ermächtigung vorhanden ist (Rn. 155). Zu beachten ist, dass die Ermächtigungsgrundlage selbst rechtsgültig sein muss. Sie ist es insbesondere dann nicht, wenn sie dem Prinzip vom Vorrang des Gesetzes bzw. vom Vorrang der Verfassung widerspricht. Wenn eine gültige Rechtsgrundlage gefunden ist, ist die Entscheidung dennoch fehlerhaft, wenn im konkreten Einzelfall Auslegungs- oder Subsumtionsfehler unterlaufen (vgl. Rn. 167 ff.).

Beispiel: Die Verlängerung der Sperrzeit für eine Gaststätte (d. h. die Vorverlegung der „Polizeistunde") ist eine belastende Maßnahme. Die erforderliche Ermächtigung ergibt sich aus § 12 GastVO, sofern im konkreten Fall die Tatbestandsvoraussetzungen erfüllt sind (richtige Auslegung und Subsumtion). Trotz richtiger Anwendung des § 12 GastVO ist die Entscheidung fehlerhaft, wenn die Ermächtigungsgrundlage selbst gegen höherrangiges (formelles oder materielles) Recht verstößt. Als Rechtsverordnung bedarf sie einer formell-gesetzlichen Ermächtigung (vgl. Art. 80 GG, 61 Verf. BW – Vorbehalt des Gesetzes). § 18 GastG enthält die maßgebende Regelung. § 18 GastG darf allerdings ebenfalls nicht gegen höherrangiges (materielles oder formelles) Recht verstoßen. Diese Vorschrift ist deshalb am GG (Art. 80 und allen übrigen verfassungsrechtlichen Normen, die Aussagen zum Inhalt und Verfahren des Gesetzes enthalten) zu messen. Aber: In verwaltungsrechtlichen Arbeiten sind diese Zusammenhänge nur zu untersuchen, wenn es sich vom Sachverhalt her aufdrängt oder wenn ausdrücklich danach gefragt wird. (Zur Gültigkeitskontrolle einer untergesetzlichen Rechtsvorschrift vgl. Büchner/Joerger/Trockels/Vondung, Rn. 163 ff.).

362 Keine ausreichende Ermächtigungsgrundlage für Eingriffsakte der Verwaltung stellen Vorschriften dar, die einer Behörde ausschließlich bestimmte Aufgaben zuweisen (sog. **Aufgabenzuweisungsnormen**). Zu suchen ist vielmehr nach einer **Befugnisnorm**, d. h. einer Norm, durch der Behörde Eingriffskompetenzen vermittelt. Dabei ist allerdings zu berücksichtigen, dass sich u. U. auch im Wege der Auslegung die erforderliche gesetzliche Ermächtigung ermitteln lässt (vgl. BVerwG, NJW 1980, 1070 ff.; NJW 1981, 242; BVerwGE 68, 277, 279). Praxisrelevante Ermächtigungsgrundlagen stellen im Recht der Gefahrenabwehr insbesondere die sog. **Generalklauseln** dar, die sich aus einer Aufgaben- und einer Befugnisnorm zusammensetzen und einer Behörde die Befugnis zur Gefahrenabwehr in einem beschriebenen Aufgabenbereich zuweisen. Mit ihnen soll der Vielgestaltigkeit von Gefahrenlagen – vor allem in atypischen oder neuartigen Fallgestaltungen – Rechnung getragen werden.

Beispiel: Die polizeiliche Generalklausel setzt sich aus der Aufgabenzuweisungsnorm des § 1 I PolG und der Befugnisnorm des § 3 PolG zusammen: Nach § 1 I S. 1 PolG hat die Polizei die Aufgabe, von dem einzelnen und dem Gemeinwesen Gefahren abzuwehren, durch welche die öffentliche Sicherheit oder Ordnung bedroht wird, und Störungen der öffentlichen Sicherheit oder Ordnung zu beseitigen, soweit es im öffentlichen Interesse geboten ist. Gem. § 3 PolG hat die Polizei innerhalb der durch das Recht gesetzten Schranken zur Wahrnehmung ihrer Aufgaben diejenigen Maßnahmen zu treffen, die ihr nach pflichtmäßigem Ermessen erforderlich erscheinen. Eine ähnliche Struktur weisen auch die bauordnungsrechtliche (§ 47 I S. 1 und 2 LBO) und die wasserrechtliche (§ 100 I S. 1 und 2 WHG) Generalklausel auf.

Die polizeiliche Generalklausel kann als Ermächtigungsgrundlage nur herangezogen werden, wenn keine speziellere Eingriffsbefugnis besteht. Sie ist mit ihren unbestimmten Rechtsbegriffen zwar in besonderem Maße auslegungs- und konkretisierungsbedürftig, gilt aber aufgrund der jahrzehntelangen Entwicklung durch Rechtsprechung und Lehre als hinreichend präzisiert (BVerwG, NVwZ 2007, 1439, 1440).

Wird ein bereits erlassener VA nachträglich (z. B. im Widerspruchsverfahren) auf seine Rechtmäßigkeit überprüft, genügt es nicht, sich auf die Prüfung zu beschränken, ob die in der Begründung des VA angegebene Ermächtigungsgrundlage eingreift. Vielmehr muss untersucht werden, ob das materielle Recht die durch einen VA getroffene Regelung trägt oder nicht. Greift die von der Behörde angegebene Ermächtigungsgrundlage nicht, ist deshalb zusätzlich zu prüfen, ob der VA kraft einer anderen Rechtsgrundlage rechtmäßig ist (BVerwG, NVwZ – RR 1989, 322; NVwZ 1990, 673, 674; NVwZ 1993, 976; VGH BW, UPR 1992, 32). Das „**Auswechseln der Rechtsgrundlage**" in einem Gutachten ist also kein Fehler, sondern sogar geboten. Ein Verstoß gegen § 39 I S. 2 LVwVfG liegt in diesem Falle nicht vor (vgl. Rn. 806).

2. Tatbestand der Anspruchsgrundlage

Begehrt ein Bürger eine Leistung der Verwaltung, so ist die Leistung zu erbringen, wenn eine gültige Rechtsvorschrift dies gebietet (**Vorrang des Gesetzes**). Existiert eine solche Rechtsgrundlage, ist eine Entscheidung dennoch fehlerhaft, wenn bei Anwendung der Rechtsnorm Auslegungs- und Subsumtionsfehler unterlaufen.

Beispiel: Die Ablehnung einer Einbürgerung nach § 10 StAG ist fehlerhaft, wenn der Antragsteller die Tatbestandsvoraussetzungen erfüllt, weil er dann einen Anspruch auf Einbürgerung hat. Steht die begehrte Leistung im Ermessen der Behörde, hat der Antragsteller u. U. einen Anspruch auf fehlerfreie Ausübung des Ermessens, wenn die Tatbestandsvoraussetzungen erfüllt sind (vgl. Rn. 90). Für den Sozialleistungsbereich des SGB siehe §§ 31 und 38 ff. SGB I.

365 Betrifft der Leistungsinhalt ein Verhalten, das unter den Schutzbereich eines Grundrechtes fällt, darf die Behörde die Leistung nur verweigern, wenn es dafür eine Ermächtigungsgrundlage gibt (**Vorbehalt des Gesetzes**). Sonst greift sie unzulässigerweise in Grundrecht des Bürgers ein, indem sie ein Unterlassen gebietet, wofür es keine gesetzliche Grundlage gibt. Die zahlreichen **Gestattungsvorbehalte** (Erlaubnis-/Genehmigungs-/Zustimmungsvorbehalte) sind Anwendungsfälle dafür.

Beispiel: Die sanierungsrechtliche Genehmigung (§ 145 II BauGB) darf nur versagt werden, wenn ein Versagungsgrund besteht. Fehlt ein Versagungsgrund gem. § 145 II BauGB, *muss* sie erteilt werden, obgleich § 145 II BauGB nur die Pflicht zur Versagung, nicht aber die Pflicht zur Erteilung regelt. Sie folgt unmittelbar aus Art. 14 GG und dem Vorbehalt des Gesetzes.

3. Zulässiger Adressat

366 Die Befugnis einer Behörde, die sich aus der Ermächtigungsgrundlage entnehmen lässt, steht ihr nicht gegenüber jedermann zu. Sie muss sie vielmehr gegenüber demjenigen einsetzen, der zu dem Verhalten verpflichtet ist, das die Behörde verlangt. Sie ist insoweit in der Rechtsfolgenwahl beschränkt. Im Bereich der **Gefahrenabwehr** ist der **Störer** der richtige Adressat. Wer Störer ist, ergibt sich zunächst aus den einschlägigen Spezialgesetzen (z. B. § 41 LBO, § 7 II KrWG), subsidiär aus den Regelungen der allgemeinen Polizeigesetze bzw. des allgemeinen Sicherheits- und Ordnungsrechts (z. B. §§ 6, 7 PolG). Ausnahmsweise kann auch ein Nichtstörer Adressat der Regelung sein (vgl. § 9 PolG). Kommen mehrere Störer in Betracht, darf die Behörde auswählen. Sie muss dabei die rechtlichen Schranken des Ermessens beachten. Wegen der Einzelheiten vgl. Rn. 180 ff.

367 Leistungen müssen dem richtigen **Empfänger** gewährt werden. Es ist im Regelfall der Anspruchsberechtigte – ausnahmsweise kann es auch ein Dritter sein.

Beispiel: Nach § 48 SGB I können laufende Geldleistungen, die der Sicherung des Lebensunterhalts zu dienen bestimmt sind, auch an den Ehegatten oder die Kinder des Leistungsberechtigten ausbezahlt werden, wenn er ihnen gegenüber seiner gesetzlichen Unterhaltspflicht nicht nachkommt.

368 Beim Erlass von VAs ist zwischen dem **Regelungsadressaten** und dem **Adressaten der Bekanntgabe** zu unterscheiden.

Beispiel: Ein 15-jähriger kann Adressat der in einer Baugenehmigung enthaltenen Regelung sein (vgl. § 11 LVwVfG). Wirksam bekannt gegeben (zugestellt – vgl. § 58 I S. 5 LBO) werden kann der VA jedoch nur seinem gesetzlichen Vertreter (vgl. § 6 I LVwZG und § 12 LVwVfG – s. auch Rn. 342).

Für die Rechtmäßigkeit des VA kommt es nur auf den richtigen Regelungsadressaten an. Die falsche Wahl des Bekanntgabeadressaten lässt den VA erst gar nicht wirksam werden (s. Rn. 312).

4. **Zulässige Rechtsfolge: Beachtung der Schranken des Ermessens/ Unterschied zum Beurteilungsspielraum**
a) **Rechtliche Schranken des Ermessens (Prüfschema der rechtlichen Ermessensschranken).** Die rechtlichen Schranken des Ermessens sind immer zu beachten, wenn die Behörde berechtigt ist, zwischen mehreren Adressaten oder mehreren Rechtsfolgen zu wählen. Kennt das Gesetz nur einen Adressaten oder nur eine bestimmte Rechtsfolge, ist die Entscheidung nur dann fehlerfrei, wenn sich dieser Adressat und diese Rechtsfolge in der Entscheidung finden. Kommen mehrere Rechtsfolgen oder Adressaten als rechtmäßiges Ergebnis der Auswahl in Betracht, darf die Behörde ihr Ergebnis an **Zweckmäßigkeitsüberlegungen** (außerrechtlichen Gesichtspunkten) orientieren. In der konkreten Fallbearbeitung wird sich die Behörde oft zunächst kraft „außerrechtlicher Überlegungen" für einen bestimmten Adressaten oder eine bestimmte Rechtsfolge entscheiden und (erst) danach „nur noch" überprüfen, ob das gewählte Ergebnis mit den **rechtlichen Schranken** des Ermessens übereinstimmt.

Die rechtlichen Schranken des Ermessens ergeben sich aus § 40 LVwVfG. Sie lassen sich schematisch in folgendem Prüfschema zusammenfassen:

370 Prüfschema für rechtmäßige Ermessensausübung

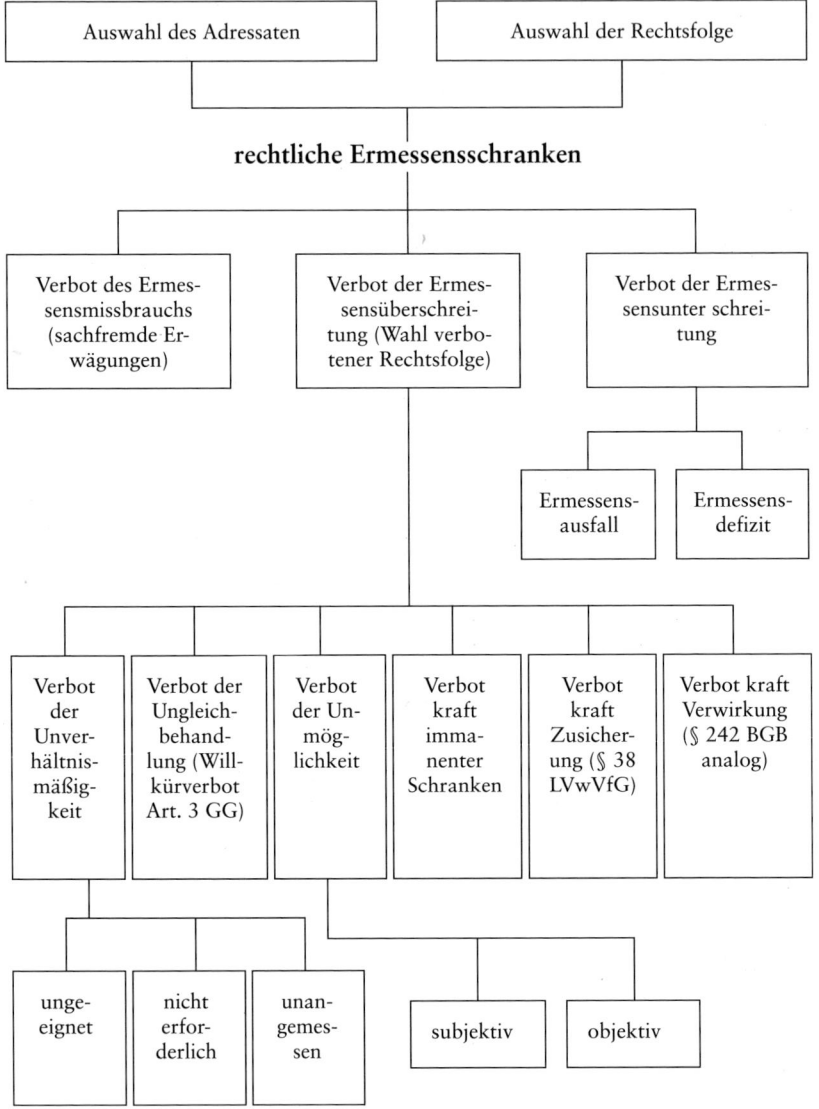

Die Erläuterung der rechtlichen Schranken des Ermessens bleibt Kapitel 4 „Gebundenheit und Freiheit der Verwaltung" vorbehalten (vgl. Rn. 180 ff.).

b) Rechtliche Schranken des Beurteilungsspielraums. Der Behörde kann auch bei der **Subsumtion** unter einen **unbestimmten Rechtsbegriff** ein Entscheidungsspielraum (**Beurteilungsspielraum**) zustehen. Die Einzelheiten sind in dem Kapitel „Gebundenheit und Freiheit der Verwaltung" nachzulesen (vgl. Rn. 165 ff.). Anders als beim Ermessensspielraum steht der Behörde beim Beurteilungsspielraum jedoch nicht das Recht zu, nach Zweckmäßigkeitsgesichtspunkten auszuwählen. Sie trifft eine reine Rechtsentscheidung. Der vermeintliche Spielraum ergibt sich daraus, dass sich insbesondere die gerichtliche Kontrolle darauf beschränkt, die rechtlichen **Schranken des Beurteilungsspielraums** zu überprüfen. Sie sind im Kapitel „Gebundenheit und Freiheit" dargestellt (vgl. Rn. 166). In der Fallbearbeitung ist auf die rechtlichen Schranken des Beurteilungsspielraums nur einzugehen, wenn eine Behördenentscheidung in einem Rechtsbehelfsverfahren zu überprüfen ist. Bei der Frage, ob die Ausgangsbehörde richtig subsumiert hat (Prüfprogramm: Tatbestand der Rechtsgrundlage) stellt sich dann die vorrangige Frage, ob darauf wegen eines evtl. bestehenden Beurteilungsspielraums überhaupt eingegangen werden darf. Wird die Frage verneint, darf die Subsumtion nur beanstandet werden, wenn die Schranken des Beurteilungsspielraums nicht eingehalten sind. **371**

5. Inhaltliche Bestimmtheit

Es ist ein rechtsstaatliches Gebot, dass das staatliche Handeln hinreichend **bestimmt** sein muss. Dieser verfassungsrechtliche Grundsatz hat seinen Niederschlag in § 37 I LVwVfG sowie § 33 SGB X gefunden. Er betrifft die materielle Rechtmäßigkeit des VA und wirkt sich auf die Anordnung der Rechtsfolge und die Festlegung des Adressaten aus. **372**

Das Bestimmtheitserfordernis bezieht sich auf den verfügenden Teil des VA (und ist von der Begründung nach § 39 LVwVfG zu unterscheiden). Bestimmtheit eines VA bedeutet, dass aus ihm selbst (mittels Auslegung – § 133 BGB analog) erkennbar sein muss, wer was von wem will oder erhält. D. h. aus dem gesamten Inhalt des VA und aus dem Zusammenhang, einschließlich der den Beteiligten bekannten näheren Umständen des Erlasses muss hinreichende Klarheit gewonnen werden können, wer den VA erlassen hat (vgl. § 37 III LVwVfG, § 33 III SGB X), an wen sich der VA richtet und was er regelt (§ 37 I LVwVfG, § 33 I SGB X). Ob der VA genügend bestimmt ist, lässt sich daran messen, ob er ohne weitere Konkretisierung als Grundlage für eine Vollstreckung (Rn. 944) dienen könnte (BVerwG, NVwZ 1990, 658; OVG NRW v. 6.11.2008). Wird in einer Genehmigung auf den Antrag oder die Antragsunterlagen verwiesen, ist die Genehmigung hinreichend bestimmt, wenn es der Antrag oder die Antragsunterlagen sind (BVerwG, BRS 82 Nr. 167 (2014)).

Bei belastenden VAs (insb. Polizei- oder Ordnungs-Verfügungen) lässt es die h. M. genügen, dass der Regelungsgehalt eines VA seinem **Zweck und Ziel** nach hinreichend bestimmt ist; die Angabe eines bestimmten **Mittels** ist dagegen nicht erforderlich – wegen eines möglichen Verstoßes gegen den Grundsatz der Verhältnismäßigkeit u. U. sogar unzulässig (vgl. BVerwGE 31, 15, 18; 38, 209, 211; VGH BW, VBlBW 1971, 169 und VBlBW 1982, 98; enger aber bei Ordnungsverfügungen OVG NRW, UPR 1993, 71; Beschl. v. 6.11.2008: Behörde *muss* auch das Mittel zur Gefahrbeseitigung angeben, sonst handelt sie rechtswidrig). Dass **373**

ein solcher VA nur mit Einschränkungen vollziehbar sein mag, berührt nicht seine Rechtmäßigkeit (BVerwG, GewA 1983, 339).
Beispiele: Die Möglichkeit der Wahl zwischen mehreren Mitteln führt nicht zur Unbestimmtheit. Es gilt dann das ausgewählte Mittel als angeordnet (VGH BW, ESVGH 7, 41, 42). – Anordnung eines „geräuscharmen" Ventilators (zu unbestimmt: OVG Münster, OVGE 16, 263, 270). – Beseitigung der „ohne Baugenehmigung erstellten Bauteile" (zu unbestimmt: VGH BW, DVBl. 1965, 776). – Auflage zu einer Baugenehmigung, „die Außenwände in einem landschaftlich unauffälligen Farbton zu gestalten" (zu unbestimmt: VGH BW, ESVGH 63, 163). – Verfügung: „Der Betrieb der Schankwirtschaft ist insoweit einzustellen, als er in der Betriebsart Diskothek betrieben wird" (zu unbestimmt: VGH BW, GewA 1985, 344 m. krit. Anm. Aßfalg). – Zulassung zur Staatsprüfung unter dem Vorbehalt, zu einem bestimmten Zeitpunkt ein ärztliches Zeugnis über die Prüfungsfähigkeit vorzulegen (zu unbestimmt, da nicht klar, ob Bedingung, Auflage oder Widerrufsvorbehalt: VGH BW, VBlBW 1983, 43). – Fahrverbot „bei Dämmerung und in der Nacht" (bestimmt genug: HessVGH, NJW 1987, 797). – Erstreckung einer Fahrtenbuchauflage auf „Ersatzfahrzeuge" (bestimmt genug: BVerwG, NJW 1989, 1624). – Auflage, gewisse Anordnungen zu „beachten" (zu unbestimmt, weil nicht eindeutig, wann im Einzelfall abgewichen werden darf: BVerwG, BayVBl. 1991, 251). Maßungenauigkeiten bei Pflicht zur Wiederherstellung eines Biotops (NVwZ-RR 2000, 346). – Anforderungen an eine Fristbestimmung (BVerwG, NVwZ 2005, 1424).

D. Einfluss des Europarechts

I. Stellung im Prüfprogramm

374 Das Programm der Rechtmäßigkeitsprüfung gebietet, die **formellen Rechtmäßigkeitsvoraussetzungen** (Zuständigkeit, Verfahren, Form usw.) zu untersuchen. Wegen des **Anwendungsvorrangs des Rechts der EU** (vgl. dazu Rn. 130) können dazu auch Verfahrensregeln des EU-Rechts zählen. Das Prüfprogramm gebietet auch, die **materiellen Rechtmäßigkeitsvoraussetzungen** zu untersuchen. Zu ihnen zählen auch die materiellen Anforderungen des EU-Rechts. Bei der **Suche nach einer Rechtsgrundlage** und bei der **Auslegung von Rechtsgrundlagen** kann das Recht der EU einschlägig sein. Dasselbe gilt für die Beachtung der **Schranken des Ermessens.** (Darüber hinaus hat das Unionsrecht auch insofern Niederschlag im nationalen Recht gefunden, als etwa durch das Umwelt-Rechtsbehelfsgesetz neue (spezialgesetzliche) Regelungen über die Auswirkungen von Fehlern im Verwaltungsverfahren geschaffen wurden, vgl. hierzu Rn. 422 und 436).

II. Direkter Vollzug durch die EU-Exekutive

375 Das Recht der Europäischen Union wird zu einem geringen Teil durch die Kommission als **unionseigenes Exekutiv-Organ** vollzogen (**direkter Vollzug**). Die formellen und materiellen Rechtmäßigkeitsanforderungen ergeben sich dann ausschließlich aus dem EU-Recht (vgl. dazu Rn. 136).

III. Indirekter Vollzug durch die Exekutive der Mitgliedstaaten

1. Unmittelbarer Vollzug

Das Unionsrecht wird für die meisten Verwaltungsbereiche durch die **nationalen Verwaltungen** vollzogen (**indirekter Vollzug**), da die EU keinen entsprechenden eigenen Verwaltungsapparat kennt. Hat das Unionsrecht in den Staaten durch Verordnungen oder ausnahmsweise auch durch Richtlinien direkte Wirkung, spricht man von **unmittelbarem Vollzug**. In diesem Fall wenden die nationalen Behörden auch Unionsrecht an. Es kann sich sowohl auf die **materiellen Rechtsgrundlagen** als auch auf das **Verwaltungsverfahren** beziehen (vgl. dazu Rn. 141).

2. Mittelbarer Vollzug

Sind EU-Richtlinien in das nationale Recht normativ umgesetzt, so wenden die nationalen Behörden umgesetztes EU-Recht in Form von Gesetzen bzw. Rechtsverordnungen einschließlich entsprechender Verwaltungsvorschriften als nationales Recht an (**mittelbarer Vollzug**). Das EU-Recht kann sich jedoch weiterhin bei der **Auslegung** unbestimmter Rechtsbegriffe und bei der **Ausfüllung** von **Ermessensspielräumen** auswirken (vgl. dazu Rn. 142 und Bergmann/Kenntner, 151).

3. Anwendungsgrundsatz

In der Rechtsprechung des Bundesverwaltungsgerichts ist geklärt, dass bei der Durchführung von Unionsrecht – soweit diesem nicht spezielle Regelungen zu entnehmen sind – die formellen und materiellen Bestimmungen des nationalen Rechts zur Anwendung kommen (BVerwG, NVwZ 2000, 1039 = DÖV 2000, 1004).

E. Vertiefungshinweise und Wiederholungsfragen

I. Vertiefungshinweise

Külpmann, Verfahrensfehler bei der Umweltverträglichkeitsprüfung und ihre Rechtsfolgen, jurisPR-BVerwG 12/2016 Anm. 6; Schlacke, Bedeutung von Verfahrensfehlern im Umwelt- und Planungsrecht – unter besonderer Berücksichtigung des Gesetzentwurfs zum UmwRG vom 5.9.2016, UPR 2016, 478; Fremuth, Formelle Fehler des Verwaltungsakts und ihre Folgen, JA 2012, 844; Pünder, Die Folgen von Fehlern im Verwaltungsverfahren, Jura 2015, 1307.

II. Wiederholungsfragen

1. Welche verfassungsrechtlichen Grundsätze sind für den fehlerfreien Erlass eines VA von besonderer Bedeutung? – Rn. 350

2. Welche Gesichtspunkte hat die Verwaltung für den fehlerfreien Erlass eines VA zu prüfen? – Rn. 351, 352
3. Welche Prüfungsreihenfolge bietet sich an, wenn die Behörde einen VA erlassen möchte? – Rn. 352, 353
4. Wodurch zeichnet sich eine Ermächtigungsnorm aus? – Rn. 362
5. Was ist bei der nachträglichen Überprüfung der Rechtmäßigkeit eines VA (z. B. im Widerspruchsverfahren) unter dem Gesichtspunkt der Ermächtigungsgrundlage zu beachten? – Rn. 363
6. Was versteht man unter dem Regelungs- bzw. dem Bekanntgabeadressaten? – Rn. 368
7. Welche rechtlichen Schranken sind bei der Ermessensausübung zu berücksichtigen – Rn. 369, 370
8. Was bedeutet das Erfordernis der inhaltlichen Bestimmtheit? – Rn. 372

Kapitel 9 Fehlerfolgen

A. Einführung
I. Begriff der Rechtswidrigkeit

Unter dem Begriff der Fehlerfolgen soll erfasst werden, welches Schicksal ein VA erleidet, der mit einem Fehler behaftet ist. Anders als im Privatrechtsbereich, in dem ein Verstoß gegen gesetzliche Formvorschriften (§ 125 BGB) oder gegen ein gesetzliches Verbot (§ 134 BGB) zur Nichtigkeit (Unwirksamkeit) der Rechtshandlung führt, sind die Folgen eines Fehlers beim Erlass eines VA differenzierter. Soweit ein VA fehlerhaft ist, weil der Weg zu seinem Erlass bzw. der Inhalt des VA selbst mit der Rechtsordnung nicht im Einklang steht, wird diese **Fehlerhaftigkeit** mit dem Begriff der **Rechtswidrigkeit** gekennzeichnet. Ein Fehler führt also im Normalfall zur Rechtswidrigkeit des VA. Der Begriff der Rechtswidrigkeit wird dann nicht verwendet, wenn es sich um einen sog. **Nichtakt** (vgl. Rn. 388) oder um **bloße Unrichtigkeiten** (vgl. Rn. 392) handelt. Der Oberbegriff des rechtswidrigen VA untergliedert sich je nach **Fehlergrad** in den **nichtigen** und den **schlicht rechtswidrigen** VA. An die unterschiedlichen Fehlergrade knüpfen sich dann unterschiedliche Rechtsfolgen.

381

II. Die Bedeutung der Rechtswidrigkeit

Außerhalb des öffentlich-rechtlichen Entschädigungssystems – das hier außer Betracht bleiben soll (s. dazu Rn. 1096 ff.) – erhält der Begriff der Rechtswidrigkeit vor allem Bedeutung
- für die Befugnis der erlassenden Behörde, den VA zurückzunehmen (vgl. §§ 48, 49 LVwVfG, §§ 44 ff. SGB X),
- für die Möglichkeit der Rechts- oder Fachaufsichtsbehörde, den VA im Wege der Aufsicht zu beanstanden (vgl. Rn. 34, 35 ff.),
- für die Möglichkeit des Bürgers, im Rahmen des Rechtsbehelfsverfahrens (vgl. §§ 68 und 113 VwGO; §§ 78, 54, 131 SGG und Rn. 1002 ff.) den VA aufheben zu lassen.

382

III. Folgen der Rechtswidrigkeit für die Wirksamkeit des Verwaltungsakts
1. Unterscheidung Nichtigkeit/schlichte Rechtswidrigkeit

Wie aus § 43 II, III LVwVfG (§ 39 II, III SGB X) folgt, bleibt auch ein **rechtswidriger** VA **wirksam**, solange und soweit er nicht zurückgenommen, widerrufen, anderweitig aufgehoben wird oder sich durch Zeitablauf oder auf andere Weise erledigt – es sei denn, er wäre **nichtig**.
Die Nichtigkeit ist also die schwerste Folge der Rechtswidrigkeit. Sie versagt dem VA die Wirksamkeit. Soweit der VA nicht nichtig ist, bleibt er wirksam – man bezeichnet ihn dann als schlicht rechtswidrig.

383

2. Aufhebbarkeit des schlicht rechtswidrigen Verwaltungsakts

384 Der schlicht rechtswidrige VA ist wirksam, er kann jedoch aufgehoben werden. Der Begriff der Aufhebbarkeit kennzeichnet als Oberbegriff die Möglichkeit, den schlicht rechtswidrigen VA im Rahmen der Rücknahmebefugnis, der behördlichen Aufsicht oder im Rahmen des Rechtsbehelfsverfahrens zu beseitigen oder abzuändern. Da die Rücknahmebefugnis in einem gesonderten Kapitel (Rn. 457 ff.) und die fach- und rechtsaufsichtlichen Möglichkeiten ebenfalls an anderer Stelle (Rn. 34, 35 ff.) behandelt werden, beschränkt sich die Darstellung der Rechtsfolgen der schlichten Rechtswidrigkeit in diesem Kapitel auf die Aufhebbarkeit im Rahmen des Rechtsbehelfsverfahrens, genauer: auf die Fragestellung, inwieweit die schlichte Rechtswidrigkeit eines VA dem **Bürger** die Möglichkeit eröffnet, die Aufhebung dieses VA durchzusetzen. Dabei ist zu beachten, dass die Aufhebbarkeit nicht nur den **Anfechtungswiderspruch** und die **Anfechtungsklage**, sondern auch den **Verpflichtungswiderspruch** und die **Verpflichtungsklage** umfasst, sofern eine ablehnende Entscheidung vorausgegangen ist. Bei den beiden zuletzt genannten Rechtsbehelfen muss man sich jedoch immer deutlich machen, dass nicht die ablehnende Entscheidung Gegenstand des Verfahrens ist, sondern die begehrte Entscheidung. Dadurch verlieren von vornherein formelle Fehler der ablehnenden Entscheidung ihre Bedeutung (vgl. zu diesen Rechtsbehelfen: Büchner/Schlotterbeck, Rn. 26 ff. und Kapitel 18).

385 Nicht jeder schlicht rechtswidrige VA führt zur Aufhebbarkeit im Rechtsbehelfsverfahren (unabhängig von den sonst noch bestehenden Zulässigkeits- und Begründetheitsvoraussetzungen der einzelnen Rechtsbehelfsverfahren – insbesondere dem Erfordernis subjektiver Rechtsbetroffenheit, vgl. Rn. 85). Ein schlicht rechtswidriger VA kann mit Fehlern behaftet sein, die geheilt werden können (dazu Rn. 422 ff.). Darüber hinaus gibt es Fehler, die wegen ihrer Eigenart und wegen der Art der getroffenen Entscheidung nicht zwingend zur Aufhebung führen (dazu Rn. 436 ff.).

3. Die Aufhebbarkeit des nichtigen Verwaltungsakts

386 Obgleich der nichtige VA unwirksam ist (Rn. 397), kann der Bürger auch ihn im Widerspruchsverfahren oder Klageverfahren aufheben lassen. Zu Einzelheiten kommen wir später (Rn. 416 ff.).

4. Schema zur Aufhebbarkeit

387 Das folgende Schema soll zeigen, wie sich ein Fehler auf die Möglichkeit des Bürgers auswirkt, im Rahmen des **Widerspruchs- und Klageverfahrens** die Aufhebung des VA durchzusetzen (vgl. dazu Kapitel 18). Unberücksichtigt bleiben dabei die in diesen Verfahren sonst noch zu beachtenden Voraussetzungen; vgl. dazu Büchner/Schlotterbeck, Rn. 96 ff., 133 ff., 151 ff., 191 ff., 196 ff. (zur Anfechtungs- und Verpflichtungsklage) sowie Rn. 252 ff. und 280 ff. (zum Widerspruch).

Kapitel 9 Fehlerfolgen

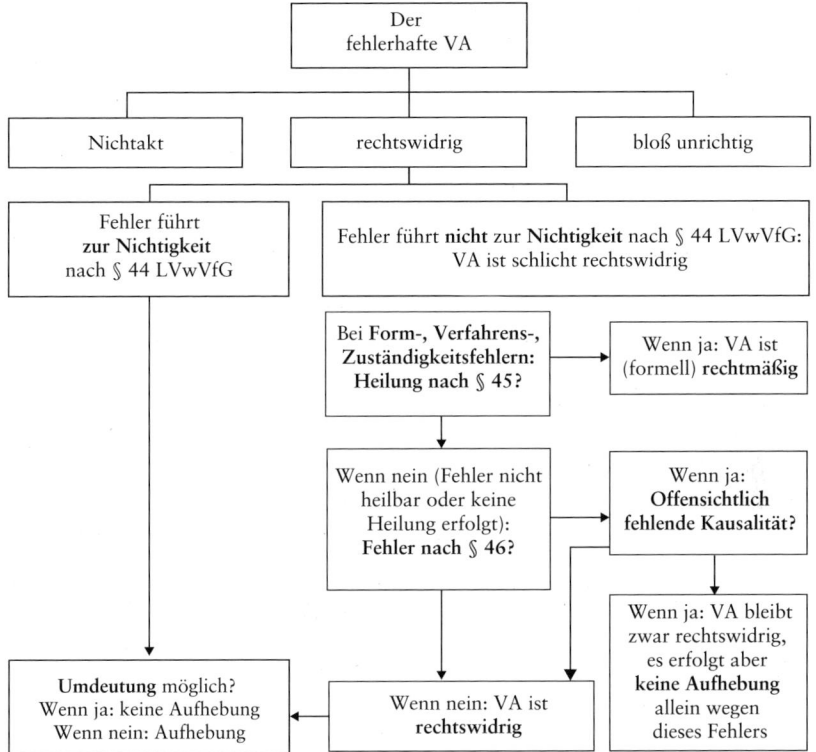

B. Nichtakt (Nichtverwaltungsakt)

I. Begriff

Vom Wortlaut ausgehend sind Nichtverwaltungsakte solche Akte, bei denen die Begriffsmerkmale der VA-Definition nicht erfüllt sind. In diesem Sinn wird der Begriff des Nichtaktes jedoch nicht verstanden. Unter den Begriff Nichtakt i. S. eines Nichtverwaltungsaktes werden solche Handlungen gefasst, die dem **äußeren Erscheinungsbild** nach einen VA darstellen können, die jedoch deshalb kein VA sind, weil sie in Wirklichkeit nicht von einer Behörde erlassen wurden. Eine Handlung, die nicht von einer Behörde stammt, gehört nicht zur Kategorie der VAs, obgleich der Schein des VA vorhanden sein kann. In der Praxis erlangt der Nichtakt relativ wenig Bedeutung. Es haben sich lediglich drei Erscheinungsformen herausgebildet.

388

II. Anwendungsbeispiele

1. Amtsanmaßung

389 Eine dem äußeren Erscheinungsbild nach als VA einzustufende Maßnahme wurde von einer Privatperson erlassen.

Beispiele: Vgl. Rn. 391 und BSG, SozR 3–2600 § 315a Nr. 3 (Maßnahme der Rentenanpassung durch die Deutsche Post AG).

2. Unmittelbarer Zwang

Erlässt eine Behörde einen VA, der durch unmittelbaren Zwang zustande kam, so handelt in Wirklichkeit nicht der „Gezwungene", sondern der „Zwingende". Die Einstufung als Nichtakt ist bedenklich, weil der Wortlaut der §§ 48 II S. 3 Nr. 1 LVwVfG, 45 II S. 3 Nr. 1 SGB X dafür spricht, dass unter diesen Voraussetzungen doch ein VA zustande kommen kann.

Beispiel: Eine Einbürgerungsurkunde wird durch Vorhalten einer Pistole erzwungen.

3. Scherzhandlungen

Keine behördliche Handlung liegt vor, wenn diese erkennbar nicht ernsthaft war.

Beispiel: Bei einer Faschingsveranstaltung verteilt der Rektor einer Schule an einige Abiturienten „Reifezeugnisse".

III. Rechtsfolgen

390 Da es sich nicht um einen VA (auch nicht um einen nichtigen VA) handelt, erzeugt eine derartige Maßnahme keinerlei unmittelbare Rechtsfolgen (dass mittelbar Rechtsfolgen eintreten können, muss hier außer Betracht bleiben). Die Existenzberechtigung des Nichtaktes neben der Kategorie des nichtigen VA, bei dem ebenfalls keine Rechtsfolgen eintreten, ist fragwürdig. Sie lässt sich jedoch damit begründen, dass bei derartigen Maßnahmen trotz des bloßen Scheins der Amtlichkeit und Verbindlichkeit der Fehler nicht unbedingt offenkundig sein muss, so dass bei Anwendung der Evidenztheorie (Rn. 412) diese Maßnahme, die dem äußeren Erscheinungsbild nach einen VA darstellt, Rechtsbeständigkeit erlangen könnte.

IV. Verfahrensrechtliche Behandlung

391 Soweit der Rechtsschein des Nichtaktes reicht, muss der Bürger die Möglichkeit haben, dagegen mit denselben Rechtsbehelfen wie gegen nichtige VAs vorzugehen.

Beispiel: Eine juristische Person des Privatrechts wird durch Verwaltungsvorschrift ermächtigt, über staatliche Ausbildungsbeihilfen zu entscheiden. Die Übertragung dieser Aufgabe ist rechtsunwirksam (Verstoß gegen den institutionellen Gesetzesvorbehalt); Aufstellung eines Halteverbotsschilds durch ein Privatunternehmen ohne entsprechende gesetzliche Ermächtigung (VGH

BW, ESVGH 60, 160). Gegen die dennoch ergangenen Ablehnungsbescheide ist Anfechtungsklage möglich (vgl. OVG NR, GewA 1980, 53 – allerdings ohne Bezugnahme auf den Nichtakt).

C. Bloße Unrichtigkeiten

I. Begriff und Erscheinungsformen

Unter den Begriff der bloßen Unrichtigkeit kann man diejenigen Fehler zusammenfassen, die nicht zur Rechtswidrigkeit führen (vgl. Rn. 392). **392**
Das LVwVfG erwähnt in § 42, das SGB X in § 38 den Begriff der „offenbaren Unrichtigkeit". Nach diesen Vorschriften kann eine Behörde **Schreibfehler, Rechenfehler** und ähnliche **offenbare Unrichtigkeiten** in einem VA jederzeit berichtigen. Daraus ergibt sich, dass offenbare Unrichtigkeiten solche Aussagen eines VA sind, die erkennbar mit dem im VA Gewollten nicht übereinstimmen. „Offenbar" bedeutet dabei, dass der Fehler offensichtlich ist oder doch unschwer aus den Umständen der Verkündung oder aus anderen Teilen des VA oder aus Umständen, die den Beteiligten (auf den objektiven Empfängerhorizont eines Außenstehenden kommt es nicht an, BVerwG, NVwZ 1986, 198, wohl aber auf das Erkenntnisvermögen des „verständigen Lesers", BSG, NVwZ-RR 1991, 1) sonst bekannt sind, erkennbar sein muss (vgl. BFH, BStBl. 1977 II 853: Es müssen Versehen sein, die nichts mit einem Überlegen oder Prüfen zu tun haben). Zur offenbaren Unrichtigkeit eines Planfeststellungsänderungsbescheids: BVerwG, NVwZ 2000, 553.

Beispiel: A beantragt eine Baugenehmigung für Parzelle Nr. 6913. In der Baugenehmigung wird stattdessen die Parzelle 9613 genannt. Auf diesen Fehler lässt sich ein Aufhebungsantrag nicht erfolgreich stützen.

Neben den in § 42 LVwVfG (§ 38 SGB X) genannten „offenbaren Unrichtigkeiten" gibt es auch noch sonstige Fehler, die nicht zur Rechtswidrigkeit des VA führen. Zu den bloßen Unrichtigkeiten zählen auch die **fehlende Rechtsbehelfsbelehrung**, die **unzweckmäßige Ermessensausübung** und der **Verstoß gegen nichtzwingende Verfahrensvorschriften**. Für sie gibt es jedoch keine einheitlichen Rechtsfolgen.

II. Rechtsfolgen der bloßen Unrichtigkeit

1. Folgen bei offensichtlichen Unrichtigkeiten

§ 42 LVwVfG (§ 38 SGB X) sieht für die offenbaren Unrichtigkeiten die Möglichkeit der Behörde vor, den VA zu berichtigen. Bei berechtigtem Interesse haben die Beteiligten einen Anspruch auf Berichtigung, den sie mittels allgemeiner Leistungsklage durchsetzen können. Gleiches gilt, wenn ein Beteiligter mit der erfolgten Berichtigung nicht einverstanden ist. Die Behörde kann die Vorlage des zu berichtigenden Schriftstücks verlangen. **393**

2. Folgen bei fehlender Rechtsbehelfsbelehrung

Fehlt bei einem schriftlichen oder elektronischen (bzw. schriftlich oder elektronisch bestätigten) VA entgegen § 37 VI LVwVfG die Rechtsbehelfsbelehrung, so **394** ist der VA zwar fehlerhaft (Rn. 359), nicht aber rechtswidrig. Die Fehlerfolge besteht vielmehr darin, dass die Rechtsbehelfsfrist nicht zu laufen beginnt (§ 58 I VwGO; § 66 I SGG), sondern die Jahresfrist des § 58 II VwGO bzw. § 66 II SGG.

3. Folgen bei unzweckmäßigem Verwaltungsakt

395 Ist der Behörde Ermessen eingeräumt, wird das Ermessen jedoch nicht zweckmäßig ausgeübt, so wird die Entscheidung dadurch nicht rechtswidrig (vgl. §§ 114 VwGO, 54 II S. 2 SGG; §§ 40 LVwVfG, 39 SGB I – Rn. 184 ff.). Dennoch hat die **Widerspruchsbehörde** – wie sich aus § 68 VwGO (§ 78 SGG) ergibt – die Möglichkeit, den VA aufzuheben. Das Gericht besitzt diese Möglichkeit allerdings nicht (vgl. § 113 VwGO, § 54 II SGG).

Die Unterscheidung Rechtswidrigkeit/Unzweckmäßigkeit bereitet dem Anfänger erfahrungsgemäß erhebliche Schwierigkeiten, weil Zweckgesichtspunkte auch bei der Rechtmäßigkeitskontrolle eine Rolle spielen – s. Ermessensmissbrauch (vgl. Rn. 182), Grundsatz der Verhältnismäßigkeit (i. S. d. Geeignetheit, vgl. Rn. 189), Zweckwidrigkeit von Nebenbestimmungen (vgl. Rn. 287). Soweit Zweckmäßigkeitsgesichtspunkte zu Rechtsregeln ausgestaltet sind, führt ein Verstoß gegen sie zur Rechtswidrigkeit. Daraus folgt, dass Argumente der Zweckmäßigkeit oder Unzweckmäßigkeit als Gegensatz zu den Positionen der Rechtmäßigkeit oder Rechtswidrigkeit stets außerrechtliche Aspekte (politische, finanzielle, moralische, vernunftgebotene usw.) sein müssen.

4. Folgen bei nicht zwingenden Verfahrensvorschriften

396 Gibt es für das Zustandekommen eines VA Verfahrensvorschriften, die nicht zwingend sind (sie können in Verwaltungsvorschriften oder in Rechtsvorschriften enthalten sein), so führt ein Verstoß gegen die Verfahrensvorschriften ebenfalls nicht zur Rechtswidrigkeit. Auch § 42 LVwVfG (§ 32 SGB X) ist nicht anwendbar. Eine anderweitige Rechtsfolgeregelung gibt es nicht. Daraus ist zu schließen, dass sich an einen Verstoß gegen nicht zwingende Verfahrensvorschriften **keine rechtlichen Konsequenzen** knüpfen.

Beispiele: Verstoß gegen nichtzwingende Bekanntgabevorschriften (Rn. 346). – Fehlende Kostenentscheidung bei einem Widerspruchsbescheid (§ 73 III S. 3 VwGO).

D. Der nichtige Verwaltungsakt

I. Begriff und Folgen der Nichtigkeit

397 Auch bei einem nichtigen VA handelt es sich dem Inhalt der Maßnahme oder dem äußeren Schein nach um einen VA, der wegen eines Fehlers rechtswidrig ist. Nichtig ist er dann, wenn er wegen des Fehlers **unwirksam** ist (§ 43 III LVwVfG, § 39 SGB X), d. h. wenn die mit ihm beabsichtigte Rechtswirkung weder für die Behörde noch für den Adressaten oder für einen Dritten eintritt. Daraus folgt, dass der nichtige VA nicht aufgehoben zu werden braucht, dass er vielmehr von selbst von niemandem befolgt oder beachtet werden muss oder darf. Daraus folgt weiter, dass er nicht geheilt werden kann (vgl. § 45 I LVwVfG,

§ 41 I SGB X), es sei denn, es ist in einer Rechtsvorschrift ausdrücklich vorgesehen wäre.

Beispiel: Ein Landrat stellt einen neuen Mitarbeiter formgerecht als Regierungsinspektor ein, obwohl er dazu nicht befugt ist (§ 9 I LBG i. V. m. § 4 ErnG). Die Einstellung ist nichtig (§ 11 I Nr. 2 BeamtStG), kann aber geheilt werden (§ 11 II Nr. 2 BeamtStG, § 13 I S. 4 LBG). Es handelt sich jedoch um keinen Fall des VwVfG, weil es durch die speziellen beamtenrechtlichen Regelungen verdrängt wird (BVerwG, NVwZ-RR 2005, 343).

II. Voraussetzungen der Nichtigkeit

1. Überblick

Die Voraussetzungen der Nichtigkeit sind in § 44 LVwVfG (§ 40 SGB X) geregelt. Absatz 1 enthält einen allgemeinen Grundsatz, der in Absatz 2 erweitert und in Absatz 3 eingeschränkt wird. Bei der Fallbearbeitung muss **zuerst** geprüft werden, ob ein Fall des **Absatzes 2** oder des **Absatzes 3** vorliegt. Nur wenn die Voraussetzungen dieser beiden Absätze zu verneinen sind, kommt es auf **Absatz 1** an.

2. Evidenzunabhängige Nichtigkeitsgründe (Positivkatalog)

Stets zur Nichtigkeit des VA führen die in § 44 II LVwVfG (§ 40 II SGB X) genannten Fehler. Sie werden auch **absolute** oder **besondere Nichtigkeitsgründe** genannt. Im Einzelnen handelt es sich um folgende Fehler:

Nr. 1: Fehlende Erkennbarkeit der Ausgangsbehörde. Nach § 37 III LVwVfG (§ 33 III SGB X) muss ein schriftlicher VA die erlassende Behörde erkennen lassen. An diese Vorschrift knüpft § 44 II Nr. 1 LVwVfG (§ 40 II Nr. 1 SGB X) an; er betrifft auch nur diesen Teil des § 37 III LVwVfG (§ 33 III SGB X). Nicht erkennbar ist die Behörde erst dann, wenn sie auch mittels Auslegung nicht festgestellt werden kann.

Beispiele: Statt der Ausfertigung wird versehentlich der Entwurf einer Anordnung versandt. – Ein Erschließungsbeitragsbescheid lässt die erlassende Behörde nicht ausreichend erkennen, wenn im Kopf- und Adressenfeld der Gemeindeverwaltungsverband, im laufenden Text jedoch die Verbandsgemeinde als erlassende Behörde in Erscheinung tritt (VGH BW, VBlBW 1988, 439). – Eine Auflage im Pass wird ungültig gestempelt, ohne die handelnde Behörde erkennen zu lassen (VGH BW, VBlBW 1992, 257).

Nr. 2: Verstoß gegen das Erfordernis einer konstitutiven Urkunde. Nr. 2 erfasst die Fälle, in denen die **Aushändigung** einer **Urkunde** formale Voraussetzung für die Wirksamkeit des VA ist.

Beispiele: § 16 StAG, § 10 II BBG/§ 9 II LBG (allerdings wegen der spezielleren beamtenrechtlichen Vorschriften keine Fälle des VwVfG/LVwVfG). Nicht hierunter fallen sonstige Urkunden, die lediglich Legitimations- oder Beweisfunktion haben oder sonstige Formverstöße (Reisegewerbekarte, Führerschein, Bescheinigung eines RV-Trägers über die Vormerkung beitragsloser

Zeiten). Die Nichtbeachtung derartiger Formerfordernisse wird nur im Rahmen des § 44 I (Rn. 412) bedeutsam.

402 Nr. 3 (eine entsprechende Regelung fehlt im SGB X): Sie betrifft den Verstoß gegen Regelungen der **örtlichen Zuständigkeit** nach der „**Belegenheit der Sache**". Dieser Nichtigkeitsgrund wird aus der Lektüre des § 3 I Nr. 1 LVwVfG heraus verständlich. Er ist auf die Fälle analog anzuwenden, bei denen sich die örtliche Zuständigkeit zwar aus einem Spezialgesetz ergibt, dort aber ebenfalls an die Belegenheit der Sache angeknüpft wird (vgl. § 63 JWMG BW).

Beispiele: Baurechtsbehörde A erlässt Abbruchsanordnung gem. § 65 LBO, die sich auf ein bauliches Vorhaben auf dem Gebiet der Baurechtsbehörde B (Grenzgebiet) bezieht. – Gaststättenerlaubnis zum Betrieb einer Schank- und Speisewirtschaft mittels eines Werbeomnibusses über das Gebiet der Erlaubnisbehörde hinaus (VG Würzburg, GewA 1986, 96).

403 Nr. 4 LVwVfG (Nr. 3 SGB X): **Tatsächliche Unmöglichkeit.** Zum Begriff der Unmöglichkeit vgl. Rn. 193 ff. Zur evidenzunabhängigen Nichtigkeit nach Absatz 2 Nr. 4 LVwVfG (Nr. 3 SGB X) führt nur der Fall der tatsächlichen Unmöglichkeit. Die sonstigen Verstöße gegen das Unmöglichkeitsverbot sind nach Nr. 5 LVwVfG (Nr. 4 SGB X; Rn. 393) oder nach Absatz 1 zu entscheiden. Der Begriff des „Ausführens" ist weit zu fassen, er erfasst auch das „Gebrauch machen" (BVerwG, Buchholz 112, § 6 VermG Nr. 12).

Beispiele: Ortspolizeibehördliche Anordnung, einen morschen Baum zu fällen, der gar nicht (mehr) vorhanden ist. – VA, der an eine nicht (mehr) existierende Person adressiert ist (VGH BW, VBlBW 1983, 408 – bedenklich, weil es sich in Wirklichkeit um ein Problem der Bekanntgabe handelt; vgl. aber auch: BVerwG, Buchholz 112, § 6 VermG Nr. 12). – Nichtigkeit einer Anlagengenehmigung wegen technischer Unmöglichkeit (HessVGH, UPR 2000, 359).

404 Nr. 5 LVwVfG (Nr. 4 SGB X): **Strafrechts-** bzw. **ordnungswidriges Handeln.** Es geht um einen Fall rechtlicher Unmöglichkeit (rechtlichen Unvermögens) – vgl. Rn. 198. Die Nichtigkeit tritt dann ein, wenn das, was der VA verlangt oder erlaubt (in diesem Sinne ist Nr. 5 auszulegen), die tatbestandsmäßigen Voraussetzungen eines straf- oder bußgeldbewehrten Verbots erfüllt und die Handlung rechtswidrig ist. Auf die subjektive Seite des Verschuldens kommt es nicht an. Ein Verstoß gegen sonstige gesetzliche Ver- oder Gebote führt allenfalls zur Nichtigkeit nach Absatz 1.

Beispiel: Eine Ortspolizeibehörde gebietet einem Hauseigentümer in einer ortspolizeibehördlichen Verfügung, das Gerümpel auf seinem Grundstück zu verbrennen. Eine derartige Anordnung ist nach Absatz 2 Nr. 5 evidenzunabhängig nichtig, weil sie gegen ein bußgeldbewehrtes Verbot des KrWG verstößt (vgl. § 7 II i. V. m. § 17 I und § 69 I Nr. 2 KrWG).

405 Nr. 6 LVwVfG (Nr. 5 SGB X): Verstoß gegen die **guten Sitten.** VAs, die nach Inhalt und Zweck gegen die guten Sitten verstoßen oder die dem Bürger sittenwidriges Verhalten gebieten oder erlauben, sind nichtig. Dieser Nichtigkeitsgrund erlangt in der Praxis kaum Bedeutung, da sittenwidrige Verhaltensweisen meist spezialgesetzlich erfasst sind und unter Rn. 404 fallen.

Beispiele: Erlaubnis nach § 33a GewO wird erteilt, obwohl die beabsichtigte Veranstaltung den guten Sitten zuwiderläuft (§ 33a II Nr. 2 GewO. Sittenwidrigkeit von „Peep-Shows", vgl. dazu VGH BW, NVwZ 1988, 640; BVerwGE 84, 314). – Ein VA, dessen Erlass maßgeblich darauf beruht, dass sich der Amtswalter hat bestechen lassen (VG Berlin, NVwZ 1988, 757 – allerdings für eine dienstliche Anordnung).

3. Nichtigkeitsirrelevante Fehler (Negativkatalog)

Absatz 3 des § 44 LVwVfG (§ 40 SGB X) nennt mehrere Fehlerarten, deren Vorliegen allein **nicht** zur Nichtigkeit führt. Im Einzelnen handelt es sich um folgende Fehler: **406**

Nr. 1: Verletzung der **örtlichen Zuständigkeit,** es sei denn, die Zuständigkeit bestimmt sich nach der Belegenheit der Sache (s. Rn. 402). Nr. 1 SGB X geht weiter; es werden alle Verstöße gegen die örtliche Zuständigkeit erfasst. **407**

Beispiel: Eine Fahrerlaubnis wird statt von der nach § 68 II StVZO örtlich zuständigen Behörde von einem örtlich nicht zuständigen Landratsamt erteilt. Kein Nichtigkeitsgrund!

Nr. 2: Mitwirkung **ausgeschlossener Personen**, mit Ausnahme des Handelns in eigener Sache. Hinsichtlich der Einzelheiten dieses Verfahrensfehlers siehe Rn. 763 ff. **408**

Beispiel: Der Sachbearbeiter des Baurechtsamtes erteilt zunächst sich selbst und später seinem Bruder eine Baugenehmigung für ein Bauvorhaben. Die sich selbst erteilte Baugenehmigung kann nach § 44 I LVwVfG nichtig sein. Sie erlangt dann keinerlei Rechtswirkung; das dennoch errichtete Gebäude wäre ohne Baugenehmigung erstellt. Dies kann bedeutsam werden, wenn in der Zukunft die Voraussetzungen einer Abbruchsanordnung nach § 65 LBO geprüft werden. – Die Baugenehmigung des Bruders hingegen ist nur schlicht rechtswidrig und ist damit wirksam, solange sie nicht aufgehoben wird.

Nr. 3: Fehlende oder fehlerhafte Beschlussfassung eines zur **Mitwirkung berufenen Ausschusses.** Erfasst werden nur Ausschüsse, die nicht selbst Behördeneigenschaft besitzen, da diese unter Nr. 4 gesondert erwähnt sind. Auf die Art der Mitwirkung kommt es nicht an; in Frage kommt also Zustimmung, Anhörung, Einvernehmen usw. **409**

Beispiel: Entgegen § 75 II Nr. 1 LPVG wird ein Beamter nach § 24 LBG versetzt, ohne dass der Personalrat dazu gehört wurde. Nach BVerwGE 68, 189, 193 ist der Personalrat allerdings kein Ausschuss i. S. d. LVwVfG. Als Ausdruck eines allgemeinen Rechtsgrundsatzes lässt sich § 44 III LVwVfG aber dennoch heranziehen (so wohl BVerwG, NVwZ 1987, 230).

Nr. 4: Fehlende **Mitwirkung einer anderen Behörde.** Diese Ziffer umfasst die Fälle des mehrstufigen VA (zum Begriff vgl. Rn. 230; zu den einzelnen Mitwir- **410**

kungsarten vgl. Rn. 834 ff.). Auf die Art der Mitwirkung kommt es allerdings nicht an.

Beispiel: Eine untere Baurechtsbehörde erteilt die Abbruchsgenehmigung für ein Bauvorhaben, das denkmalgeschützt ist. Die gem. § 7 III DSchG erforderliche Zustimmung fehlt. Auch wenn der Fehler noch so offensichtlich ist, kann hier keine Nichtigkeit eintreten.

Schwer einzuordnen sind die Fälle, in denen die Entscheidungsbefugnis einem verselbstständigten Teil einer Behörde übertragen ist, die Entscheidung aber nicht von diesem Organ stammt.

Beispiele: Der Bürgermeister trifft eine Entscheidung, für die nach der Hauptsatzung und der GemO der Gemeinderat zuständig ist.

Hier dürfte ein Mangel der sachlichen (funktionellen) Zuständigkeit vorliegen, der nach Absatz 1 zu prüfen ist (so wohl auch OLG Stuttgart, VBlBW 1986, 33 und VGH BW, NVwZ-RR 1998, 877; a. A. OVG M-V, Urt. v. 21.3.2007).

411 Die in Absatz 3 genannten Fehler werden jedoch für die Nichtigkeit relevant, wenn sie zusammen mit anderen Fehlern auftreten. Da es sich um Verfahrens- und Zuständigkeitsfehler handelt, muss bei einer Fallbearbeitung außerdem stets die Möglichkeit der Heilung (s. Rn. 422 ff.) bzw. der Unbeachtlichkeit nach § 46 LVwVfG (§ 42 SGB X; Rn. 436 ff.) in Erwägung gezogen werden.

4. Die evidenzabhängigen (relativen) Nichtigkeitsgründe (Generalklausel)

412 Sofern ein zur Rechtswidrigkeit führender Fehler nicht absolut nichtig i. S. d. § 44 II LVwVfG (§ 40 II SGB X) oder nicht „nicht nichtig" i. S. d. § 44 III LVwVfG (§ 40 III SGB X) ist, entscheidet sich die Nichtigkeit nach § 44 I LVwVfG (§ 40 I SGB X). Danach führt ein Fehler dann zur Nichtigkeit des VA, wenn er **besonders schwerwiegend** und **offenkundig** ist. Damit hat die schon früher von der h. M. vertretene „Evidenztheorie" Eingang in das LVwVfG (SGB X) gefunden. Die unterschiedliche Wortwahl im VwVfG („offensichtlich") und im LVwVfG („offenkundig") ist rechtlich unerheblich (wegen eventueller Auswirkungen auf die Revisibilität gem. § 137 I Nr. 2 VwGO vgl. aber Roth, NVwZ 1999, 388).
Wann ein Fehler **besonders schwer** ist, lässt sich nicht zweifelsfrei konkretisieren. Anhaltspunkte geben Absatz 2 und 3: Es muss sich um Fehler handeln, die an Schwere und Tragweite mit den in Absatz 2 genannten Fehlern vergleichbar sind, und es müssen solche Fehler sein, die schwerer wiegen als die in Absatz 3 genannten Mängel. Nach der Rspr. des BVerwG sind solche Fehler besonders schwerwiegend, die den davon betroffenen VA schlechterdings unerträglich, d. h. „mit tragenden Verfassungsprinzipien oder der Rechtsordnung immanenten wesentlichen Wertvorstellungen unvereinbar" erscheinen lassen (BVerwG, NVwZ 2000, 1039).
Bei der Frage, ob der besonders schwere Fehler auch **offenkundig** (evident) ist, kommt es nach dem LVwVfG (SGB X) auf die „verständige Würdigung aller in Betracht kommenden Umstände" an. Damit sollte wohl zum Ausdruck gebracht werden, dass nach Lage der Dinge dem unvoreingenommenen, urteilsfähigen, nicht notwendig sachkundigen, aber aufgeschlossenen Betrachter (dem Durchschnittsbetrachter) kein ernsthafter Zweifel entstehen darf, dass der VA doch

Kapitel 9 Fehlerfolgen

rechtmäßig sein könnte. Formelhaft wird dies allgemein so ausgedrückt: Dem VA muss der Fehler **auf die Stirn geschrieben** sein.

Zur Veranschaulichung der evidenzabhängigen Nichtigkeit seien einige **Beispiele** aus der Rechtsprechung genannt: **413**

- Die Nichtigkeit einer Beitragssatzung führt zur Rechtswidrigkeit (nicht Nichtigkeit) des Heranziehungsbescheids (BVerwG, NJW 1974, 818).
- Eine Diplomprüfung ist nichtig, wenn die Diplomarbeit offenkundig gegen die Form wissenschaftlicher Arbeit verstößt (Wörter wie: „Schnauze voll", Götzzitat wurde benutzt). Eine Baugenehmigung, die von einer Gemeinde als Baurechtsbehörde erteilt wird, obwohl gem. § 48 II LBO die nächsthöhere Baurechtsbehörde sachlich zuständig gewesen wäre, ist nichtig (VGH BW, VBlBW 1983, 25). Nichtig ist weiter eine in Kenntnis der Rechtswidrigkeit erlassene Widmungsverfügung, die den privaten Eigentümer eines Wegstücks unter Missbrauch der Bestimmungen über die Bestandskraft von Verwaltungsakten und Umgehung der gesetzlichen Bestimmungen des Straßengesetzes faktisch enteignet (NdsOVG, NVwZ-RR 2013, 129).
- Ein Gebührenbescheid, der gegen eine wichtige Rechtsvorschrift verstößt, aber von erfahrenen Adressaten i. d. R. nicht beanstandet wurde, ist nicht offensichtlich fehlerhaft. Dies gilt auch, wenn Recht der EG verletzt wurde (BVerwG, GewA 1978, 22, 23).
- Der einer Schankerlaubnis für den Betrieb einer Milchbar beigefügte Zusatz: „Milchmischgetränken darf Alkohol nur in Form geringer aromatischer Zusätze (Spritzer), die lediglich der Geschmacksverbesserung dienen, beigemischt werden" – sog. Spritzerkonzession – ist wegen fehlender Bestimmtheit nichtig (OVG Münster, OVGE 13, 182 ff.).
- Der Genehmigungsbescheid nach § 8 II S. 2 GemO ist nichtig, wenn die ihm zugrunde liegende Vereinbarung nichtig ist (VGH BW, ESVGH 27, 150).
- Die Pflegesatzfestsetzung nach der PflegesatzVO ist ein VA. Ein Verstoß gegen § 17 II KHG macht ihn nicht nichtig (BGH, NJW 1979, 355).
- Die Weisung eines Polizeivollzugsbeamten, durch einen Glassplitterhaufen zu fahren, ist für jedermann erkennbar rechtswidrig und damit nichtig (OLG Köln, NJW 1979, 2161; krit. dazu Stelkens, NJW 1980, 2174).
- Ein von der staatlichen Forstverwaltung angebrachtes verkehrsrechtliches Verbotszeichen ist nichtig (BayObLG, NVwZ 1984, 399).
- Eine widersprüchliche Baugenehmigung ist nichtig (OVG NRW, NVwZ-RR 1989, 344; zur widersprüchlichen Fahrbahnmarkierung vgl. BVerwG, DVBl. 1993, 611).
- Eine Baugenehmigung, mit der ein Gebäude als Ganzes sowohl als Mehrfamilienhaus als auch als Übergangsheim für Asylbewerber genehmigt wird, ist wegen Unbestimmtheit nichtig (OVG NRW, NVwZ-RR 1993, 234).
- Unterbleibt die nach § 20 I S. 2 LVwVG vorgesehene Fristsetzung, ist die Zwangsgeldandrohung nicht nichtig (VGH BW, VBlBW 1991, 299).
- Ein Verkehrszeichen, das von privatem Unternehmer geringfügig abweichend vom behördlich genehmigten Plan aufgestellt wird, ist nicht nich-

tig (OVG NW, NVwZ 2001, 935). Nicht nichtig ist auch eine unter Verwendung falscher Personalien erschlichene Einbürgerung (VGH BW, VBlBW 2014, 269). Der Geltungsvorrang des Unionsrechts führt nicht dazu, dass jede Normkollision zur Nichtigkeit führt (BVerwG, NVwZ 2000, 1039 = DÖV 2000, 1004). Die Grundsätze der Nichtigkeit gelten auch für VA der ehemaligen DDR (BVerwG, Buchholz 111, Art. 19 EV Nr. 6). Die Besorgnis der Befangenheit ist kein Nichtigkeitsgrund (LSG BW, Beschl. v. 21.12.2007).

III. Die Teilnichtigkeit

414 Nach § 44 IV LVwVfG (§ 40 IV SGB X) hat die teilweise Nichtigkeit nicht notwendig die Nichtigkeit des gesamten VA zur Folge. Die Nichtigkeit erfasst nur dann den gesamten VA, wenn der nichtige Teil so wesentlich ist, dass die Behörde den VA ohne den nichtigen Teil nicht erlassen hätte. Als wesentlich ist der nichtige Teil dann anzusehen, wenn der VA nicht trennbar ist. Nicht trennbar ist er dann, wenn der verbleibende Teil keine selbstständige Bedeutung mehr hat oder durch die Nichtigkeit des anderen Teils einen anderen Sinn erhalten und dadurch den Zweck verfehlen würde. Das Problem stellt sich insbesondere bei Nebenbestimmungen, vgl. Rn. 301 ff. (vgl. aber zur Teilnichtigkeit einer Schutzbereichsanordnung: BVerwG, Buchholz 406.34, § 2 SchBG Nr. 3).

IV. Umdeutung eines nichtigen Verwaltungsakts

415 Ob auch nichtige VAs umgedeutet werden können, ist umstritten. Als h. M. wird man die Auffassung bezeichnen können, die eine Umdeutung nichtiger VAs nach § 47 LVwVfG (§ 43 SGB X) zulässt. Im Einzelnen gilt dasselbe wie bei der Umdeutung schlicht rechtswidriger VAs (vgl. dort Rn. 442 ff.).

V. Die Feststellung der Nichtigkeit

1. Feststellungsbedürfnis

416 Auch wenn ein nichtiger VA keine Rechtswirkung erzielt (Rn. 397), kann das Bedürfnis bestehen, die Unwirksamkeit verbindlich festlegen zu lassen, weil die Nichtigkeit zweifelhaft sein kann. Der Bürger darf nicht im Ungewissen über die Rechtserheblichkeit des VA bleiben. Deshalb gibt es mehrere Möglichkeiten, um den Rechtsschein des VA zu beseitigen.

2. Feststellungsklage nach § 43 VwGO (§ 55 I Nr. 4 SGG)

417 Wer ein berechtigtes Interesse an der baldigen Feststellung der Nichtigkeit hat, kann eine Feststellungsklage (s. Rn. 1035) erheben. Sie ist an keine Fristen gebunden. Einzelheiten bei Büchner/Schlotterbeck, Rn. 164 ff.

3. Antrag nach § 44 V LVwVfG (§ 40 V SGB X)

418 Bei der Behörde, die den VA erlassen hat, kann ein Antrag auf Feststellung der Nichtigkeit gestellt werden. Hat der Beteiligte ein berechtigtes Interesse (vgl.

dazu VGH BW, VBlBW 2006, 386) an der Feststellung und lehnt die Behörde die Feststellung ab, so kann der Beteiligte Verpflichtungswiderspruch auf Erlass des feststellenden VA erheben. Bei Erfolglosigkeit kann er seinen Antrag im Wege der Verpflichtungsklage verfolgen. Die Möglichkeit, Feststellungsklage nach § 43 VwGO (§ 55 SGG) zu erheben, steht diesem Weg nicht entgegen (vgl. § 43 II VwGO; Gleiches gilt nach st. Rspr. im Anwendungsbereich des SGG, vgl. BSG, NVwZ 1989, 902)

4. Anfechtungswiderspruch und Anfechtungsklage nach §§ 68 und 42 VwGO (§§ 78 und 54 SGG)

§ 43 II S. 2 VwGO ist zu entnehmen, dass auch gegen nichtige VAs Anfechtungswiderspruch und Anfechtungsklage möglich sind. Insoweit gelten dann dieselben Vorschriften wie für den Rechtsbehelf gegen einen schlicht rechtswidrigen VA. Einzelheiten bei Büchner/Schlotterbeck, Rn. 137, 253. Obwohl nicht ausdrücklich geregelt, gilt Gleiches im Anwendungsbereich des SGG.

Beispiel: Die Anordnung einer Ortspolizeibehörde, Gerümpel zu verbrennen, ist wegen § 44 II Nr. 5 LVwVfG nichtig. Der Betroffene hat die Möglichkeit, gleich beim Verwaltungsgericht eine Klage auf Feststellung der Nichtigkeit zu erheben (§ 43 I VwGO). Stattdessen kann er aber auch zunächst beim Bürgermeister beantragen, die Nichtigkeit ausdrücklich festzustellen (§ 44 V LVwVfG). Außerdem kann beim Bürgermeister Widerspruch (§§ 68, 69 VwGO) gegen die Anordnung eingelegt werden, über den dann letztlich die nächsthöhere Behörde entscheidet (§ 73 I VwGO).

E. Schlicht rechtswidriger Verwaltungsakt

I. Begriff und Folgen

Einen rechtswidrigen VA, der nicht zur Nichtigkeit führt, bezeichnet man als schlicht rechtswidrig. Vielfach nennt man ihn auch „anfechtbar"/„aufhebbar". Der schlicht rechtswidrige VA wird wirksam, d. h. er entfaltet seine Rechtswirkungen, bis er von der Behörde zurückgenommen oder auf Veranlassung eines Beteiligten im Rechtsbehelfsverfahren aufgehoben wird. Er wird insbesondere bestandskräftig (Rn. 450), wenn er nicht innerhalb der Rechtsbehelfsfristen (vgl. §§ 70, 74, 58 II VwGO; §§ 84, 87, 66 II SGG) angefochten wird und kann dann vollstreckt werden (Rn. 946). Vgl. § 43 II LVwVfG (§ 39 II SGB X).

II. Bedeutung

Wie schon oben unter Rn. 383 ff. gezeigt, hat die schlichte Rechtswidrigkeit Bedeutung für die Rücknahme, für die Kontrolle im Rahmen der Fach- und Rechtsaufsicht und für das Rechtsbehelfsverfahren. Dieser Abschnitt geht nur auf das Rechtsbehelfsverfahren ein. Dort wird ein VA aufgehoben, wenn er schlicht rechtswidrig ist und den Widersprechenden bzw. Kläger in seinen Rechten verletzt. Ein Anspruch auf Aufhebung scheidet jedoch dann aus, wenn der Fehler geheilt ist (Rn. 422), die Voraussetzungen des § 46 LVwVfG (§ 42 SGB X) erfüllt sind (Rn. 436) oder der VA umgedeutet wird (Rn. 442).

III. Die Heilbarkeit nach § 45 LVwVfG (§ 41 SGB X)

1. Begriff und Bedeutung

422 Die in § 45 I Nr. 1 bis 5 LVwVfG (§ 41 Nr. 1 bis 6 SGB X) genannten Verfahrens- und Formfehler machen den VA rechtswidrig. Allerdings führt diese Rechtswidrigkeit im Regelfall nicht zur Nichtigkeit, sondern zur schlichten Rechtswidrigkeit. In diesem Fall kann der Verfahrens- oder Formfehler in der Weise geheilt werden, dass die unterlassene Handlung nachgeholt wird. Wird sie zulässigerweise nachgeholt, bleibt einem Widerspruch der Erfolg versagt, weil die Rechtswidrigkeit beseitigt ist.

Bis auf § 41 I Nr. 6 SGB X, wo ein weiterer heilbarer Fehler aufgezählt wird, stimmt die Regelung über die Heilbarkeit im SGB X mit der des LVwVfG wörtlich überein. Zu beachten sind die unionsrechtlich bedingten Sonderregelungen in § 4 des Umwelt-Rechtsbehelfsgesetzes (UmwRG), mit denen der Rechtsprechung des EuGH Rechnung getragen werden soll (vgl. hierzu Külpmann, jurisPR-BVerwG 12/2016 Anm. 6).

Als Heilung ist auch der Fall anzusehen, bei dem die Rechtswidrigkeit eines **„gesetzlosen" VA** nachträglich durch eine Satzung beseitigt wird (vgl. BVerwG, DVBl. 1982, 544; NJW 1980, 2209; NVwZ 1991, 360: Heilung eines Erschließungsbeitragsbescheids durch nachträgliche Beitragssatzung; NJW 1987, 1346: Heilung einer Abbruchsanordnung durch rückwirkende Inkraftsetzung eines Bebauungsplanes). Er wird jedoch von den Heilungsregeln der Verfahrensgesetze nicht erfasst und bleibt im Folgenden unerörtert (vgl. dazu aber Hermann, LKV 2006, 155).

Eine Heilung findet auch statt, wenn die Widerspruchsbehörde im Widerspruchsverfahren eigene Ermessenserwägungen anstellt und dadurch **Ermessensfehler der Ausgangsbehörde** beseitigt. Rechtsgrundlage für diese „materielle Heilung" ist nicht § 45 LVwVfG, sondern § 68 VwGO (vgl. Büchner/Schlotterbeck, Rn. 235). Dadurch werden auch evtl. Befangenheitsmängel der Ausgangsentscheidung geheilt (vgl. BVerwG, Buchholz 316 § 46 Nr. 15 = DVBl. 1992, 1241 – LS Nr. 18).

2. Die heilbaren Fehler

Als heilbar sind in § 45 I LVwVfG (§ 41 I SGB X) genannt:

423 **Nr. 1: Fehlender Antrag.** Wann ein Antrag erforderlich ist, ergibt sich nicht aus dem LVwVfG (SGB X), sondern aus speziellen Rechtsvorschriften (vgl. Rn. 821). Fehlt ein erforderlicher Antrag, führt dies i. d. R. nicht zur Nichtigkeit, sondern zur schlichten Rechtswidrigkeit. In diesem Fall kann der Antrag auch noch nach Erlass des VA gestellt werden. Allerdings ist dann zu beachten, dass eine etwaige Fristversäumnis nicht mitgeheilt wird.

Beispiel: Ein Bauherr beantragt eine Baugenehmigung für ein dreigeschossiges Gebäude. In der Genehmigung ist das dritte Geschoss gestrichen. Der Bauherr besitzt nun eine Genehmigung, die er nicht beantragt hat (vgl. modifiz. Genehmigung Rn. 273). Dieser Fehler wird durch nachträgliche – zumindest konkludente – Stellung des Bauantrages geheilt.

Nr. 2: Fehlende Begründung: Wann eine Begründung erforderlich ist, ergibt **424**
sich aus § 39 LVwVfG (§ 35 SGB X) oder aus Spezialvorschriften (dazu Rn. 803).
Ein Verstoß gegen die Begründungspflicht macht den VA im Regelfall schlicht
rechtswidrig und damit heilbar.

> **Beispiel:** Heilung eines Begründungsmangels bei der Entscheidung eines
> Arbeitsamtes, die Kündigung einer schwangeren Arbeitnehmerin nach § 9 III
> S. 1 MuSchG für zulässig zu erklären (BVerwGE 54, 276, 280). Nachträgliche
> Begründung beamtenrechtlicher Auswahlentscheidung (OVG SH, NVwZ-
> RR 2002, 289).

Nr. 3: Fehlende Anhörung von Beteiligten. Die Anhörungspflicht ergibt sich **425**
aus § 28 LVwVfG (§ 24 SGB X) oder aus Spezialvorschriften (dazu Rn. 793). Auch
hier wird nur in seltenen Fällen ein evidenter Fehler vorliegen, so dass im Regelfall schlichte Rechtswidrigkeit und damit die Möglichkeit zur Heilung eintritt.

> **Beispiel:** Fehlende Anhörung einer Gemeinde bei Genehmigung einer Mülldeponie kann heilend nachgeholt werden (HessVGH, NJW 1979, 178, 180).
> Fehlende Anhörung vor beamtenrechtlicher Versetzung (Sächs. OVG, NVwZ 2002, 53).

Der Rechtsgedanke des § 45 I Nr. 3 LVwVfG lässt sich auf den Bereich der dienstlichen Beurteilung und dort insbesondere auf den Fall, dass ein Beurteilungsvorgespräch nicht geführt wurde, analog anwenden, obgleich die dienstliche Beurteilung keinen VA darstellt (OVG Koblenz, NVwZ-RR 1992, 370).

Nr. 4: Fehlende Beschlussfassung eines Ausschusses. Nach § 44 III Nr. 3 **426**
LVwVfG (§ 40 III Nr. 3 SGB X) führt die fehlende Mitwirkung eines Ausschusses
allein nie zur Nichtigkeit (Rn. 410). Damit ist der Weg zur Heilung eröffnet.

Nr. 5: Fehlende Beteiligung einer anderen Behörde. Diese Ziffer erfasst die in **427**
§ 44 III Nr. 4 LVwVfG (§ 40 III Nr. 4 SGB X) genannten Fälle (vgl. die Beispiele
Rn. 834).

Nr. 6 SGB X: Fehlende Hinzuziehung eines Beteiligten. Eine entsprechende **428**
Regelung fehlt im LVwVfG. Wer Beteiligter ist, ergibt sich aus § 12 SGB X (bzw.
Spezialgesetzen); ob die Hinzuziehung erforderlich ist, muss den Spezialgesetzen
entnommen werden.

3. Form und Zeitpunkt der Heilung

a) Form. Die Heilung erfolgt durch die Nachholung der unterlassenen Hand- **429**
lung. In welcher Form sie zu geschehen hat, ist nicht geregelt. Deshalb ist strittig, ob in der Erhebung des Widerspruchs bzw. in der Belehrung über die Möglichkeit, Widerspruch zu erheben, bereits eine Nachholung der Anhörung zu
sehen ist (so die wohl h. M., vgl. BVerwG, DÖV 1983, 246, 286, 337; NJW 1987,
143; a. A. OVG NRW, DVBl. 1981, 689). Dies setzt jedenfalls voraus, dass der
Ausgangsbescheid ordnungsgemäß begründet war und der Adressat ihm daher
die entscheidungserheblichen Tatsachen entnehmen konnte. Hat die Ausgangsbehörde bei ihrer Entscheidung jedoch eine entscheidungserhebliche Tatsache
übersehen und hat sich der Beteiligte dazu auch nicht geäußert, muss er besonders darauf hingewiesen werden, dass er nunmehr dazu die Gelegenheit hat

(BVerwG, DÖV 1983, 337; OVG Münster, NVwZ 1983, 617). Eine Heilung kommt weiter nicht mehr in Betracht, wenn die Anhörung ihre Funktion für den Entscheidungsprozess nicht mehr erfüllen kann, z. B. weil sich der VA infolge Zeitablaufs erledigt hat (BVerwGE 142, 205: Erledigung eines Schulbetretungsverbots durch Zeitablauf).

Bei einem Widerspruch in Selbstverwaltungsangelegenheiten einer bad.-württ. Gemeinde tritt die heilende Wirkung nicht ein, wenn das zur Überprüfung der Zweckmäßigkeit zuständige Organ der Gemeinde die Widerspruchsschrift nicht zur Kenntnis nimmt, sondern nur das Landratsamt bei der Überprüfung der Rechtmäßigkeit (BVerwG, NVwZ-RR 1991, 337; zum besseren Verständnis § 17 AGVwGO lesen!).

430 **b) Zeitpunkt.** Die Nachholung der unterlassenen Handlung ist nach § 45 II LVwVfG bis zum **Abschluss der letzten Tatsacheninstanz** eines **verwaltungsgerichtlichen Verfahrens** (in der Regel bis zum OVG als Berufungsgericht) möglich.

431 **c) Nachschieben von Gründen.** Die Heilung eines Begründungsmangels kommt nur in Betracht, wenn die Begründung **vollständig fehlt.** Der **inhaltliche Fehler** einer Begründung stellt keinen Verstoß gegen die Begründungspflicht dar (Rn. 806). Deshalb erfasst § 45 II LVwVfG die nachträgliche Korrektur der Begründung nicht. Nach § 114 S. 2 VwGO kann die Verwaltungsbehörde ihre **Ermessenserwägungen** hinsichtlich des VA auch noch im verwaltungsgerichtlichen Verfahren ergänzen (vgl. hierzu BVerwGE 147, 81). Erst recht kann sie es bei **gebundenen VAs.**

Beispiel: Hat eine Baurechtsbehörde die Erteilung einer Baugenehmigung mit der falschen Begründung versagt, die Voraussetzungen für eine Ausnahme von bauordnungsrechtlichen Vorschriften (§ 56 III oder IV LBO) seien nicht erfüllt, kann sie im Rahmen der Verpflichtungsklage auf Erteilung der Baugenehmigung Ermessensüberlegungen nachschieben, mit denen sich die Ablehnung einer Ausnahme rechtfertigen lässt (VGH BW, VBlBW 1986, 24).

432 Beachtet werden muss darüber hinaus, dass u. U. materiell-rechtliche Vorschriften die Nachholung der Handlung überhaupt verbieten.

Beispiel: Die unterbliebene Anhörung des Personalrats *vor* einer fristlosen Entlassung eines Beamten auf Probe kann nicht im Widerspruchsverfahren nachgeholt werden (BVerwG, NJW 1983, 2516). Das BVerwG hat allerdings später klargestellt, dass die Beteiligung der Personalvertretung insgesamt nicht den Regeln der Verwaltungsverfahrensgesetze unterfällt (BVerwGE, 68, 189, 193; DVBl. 1985, 1236).

4. Heilung und Rechtsbehelfsfristen

433 Für den Fall, dass die erforderliche Anhörung oder Begründung unterblieben ist, enthält § 45 III LVwVfG (§ 41 III SGB X) eine Regelung, die für die Wiedereinsetzung in den vorigen Stand von Bedeutung ist. Beruht die Versäumung einer Rechtsbehelfsfrist auf der unterbliebenen Anhörung oder Begründung, so ist diese Versäumung als unverschuldet zu behandeln und damit die Wiedereinsetzung in den vorigen Stand nach § 60 VwGO (§ 67 SGG) möglich. Obgleich der Wortlaut des § 45 III LVwVfG (§ 41 III SGB X) nur auf die Vorschrift des § 32 II LVwVfG (§ 27 SGB X) bezogen erscheint, ergibt sich aus dem Sinn und Zweck der Vorschrift eindeutig, dass sie die Wiedereinsetzung nach § 60 VwGO (§ 67 SGG) und nicht nach § 32 LVwVfG (§ 27 SGB X) betrifft.

5. Heilung und Kostenfolge im Widerspruchsverfahren

Bleibt ein Widerspruch nur deshalb erfolglos, weil ein ursprünglich vorhandener Fehler geheilt wurde, so hat dies Auswirkungen auf die Kostenerstattung. Nach § 80 I S. 2 LVwVfG (§ 63 I S. 2 SGB X) wird der Widersprechende bei der Kostenerstattung so behandelt, als ob sein Widerspruch erfolgreich gewesen wäre (vgl. Büchner/Joerger/Trockels/Vondung, Fall 17, Rn. 507 f.; Büchner/Schlotterbeck, Rn. 325). **434**

6. Folgen unterbliebener Heilung

Wird ein heilbarer Fehler nicht geheilt, d.h. die unterlassene Handlung nicht nachgeholt, bleibt es bei der schlichten Rechtswidrigkeit des VA. Daraus folgt jedoch nicht zwangsläufig die Aufhebbarkeit. Da es sich um Verfahrens- und Formfehler handelt, ist § 46 LVwVfG (§ 42 SGB X) zu beachten. **435**

IV. Die Unbeachtlichkeit nach § 46 LVwVfG (§ 42 SGB X)

1. Begriff und Bedeutung

Nach § 46 LVwVfG (§ 42 SGB X) kann die Aufhebung eines – allein wegen eines dort genannten Fehlers – schlicht rechtswidrigen VA nicht verlangt werden, wenn offensichtlich ist, dass die Verletzung (der Fehler) die Entscheidung in der Sache nicht beeinflusst hat. Dies bedeutet, dass einem Betroffenen trotz Berufung auf die schlichte Rechtswidrigkeit eines VA der Erfolg eines Widerspruchs versagt bleibt. Diese besondere Folge der schlichten Rechtswidrigkeit bei bestimmten Form-, Verfahrens- oder Zuständigkeitsfehlern wird häufig durch den Begriff „Unbeachtlichkeit des Fehlers" gekennzeichnet. Zu beachten sind hier die unionsrechtlich bedingten Sonderregelungen in § 4 des Umwelt-Rechtsbehelfsgesetzes (UmwRG), die für dessen Anwendungsbereich einen Rückgriff auf § 46 VwVfG teilweise ausschließen (vgl. hierzu z.B. BVerwG, NVwZ 2016, 308). **436**

2. Voraussetzungen

a) Fehlerart. Unbeachtlichkeit kann nur eintreten, wenn der VA unter Verletzung von Vorschriften über das **Verfahren**, die **Form** oder die **örtliche Zuständigkeit** zustande gekommen ist. Zu beachten ist, dass § 46 LVwVfG (§ 42 SGB X) die örtliche, nicht aber die sachliche Zuständigkeit erwähnt. Ein Verstoß gegen die sachliche Zuständigkeit ist also stets beachtlich. § 42 SGB X enthält eine Abweichung gegenüber § 46 LVwVfG. Im Anwendungsbereich des SGB X ist gem. § 42 S. 2 ein Verstoß gegen die Anhörungspflicht – sofern er nicht geheilt wird – nicht unbeachtlich. § 46 LVwVfG beschreibt eine bereits vor seinem Inkrafttreten für gebundene VA bestehende allgemeine Rechtsüberzeugung, weshalb sein Inhalt auch für Rechtsgebiete gilt, die vom Anwendungsbereich des **437**

LVwVfG/VwVfG ausgenommen sind (BVerwG, Beschl. v. 1.10.2007 – 3 B 2/07 – zum Lastenausgleichsrecht).

438 **b) Offensichtlich fehlende Kausalität.** Eine Verletzung einer Verfahrensvorschrift ist nach § 46 LVwVfG (§ 42 SGB X) nur dann unbeachtlich, wenn offensichtlich ist, dass die Verletzung die Entscheidung in der Sache nicht beeinflusst hat. Dies kommt vor allem in Betracht, wenn der Behörde ein Entscheidungsspielraum eröffnet ist, insbesondere also bei **Ermessensentscheidungen** und Entscheidungen mit **Beurteilungsspielraum**.

Beispiele: Ein Verstoß gegen den Grundsatz der Nichtöffentlichkeit bei einem Erörterungstermin in einem straßenrechtlichen Planfeststellungsverfahren hat dann i. S. v. § 4 Abs. 1a UmwRG i. V. m. § 46 LVwVfG offensichtlich keinen Einfluss auf die Entscheidung in der Sache gehabt, wenn die Belange des Widersprechenden jedenfalls in den öffentlichen Teilen des Erörterungstermins umfassend zur Sprache gekommen sind (BVerwG NVwZ 2016, 1641).

Ein bei einer Prüfung unterlaufener Verfahrensfehler führt grundsätzlich nur dann zur Aufhebung der Prüfungsentscheidung, wenn er wesentlich ist und sein Einfluss auf das Prüfungsergebnis nicht ausgeschlossen werden kann (BVerwG, Buchholz 421.0, Prüfungswesen Nr. 379).

439 Die Kausalität fehlt regelmäßig bei **gebundenen** VAs, soweit bei der Subsumtion keine **unbestimmten Rechtsbegriffe mit Beurteilungsspielraum** anzuwenden sind. Ausnahmsweise kann sich ein formeller Fehler aber auch auf den Inhalt solcher gebundener VAs auswirken. Fehlt z. B. ein erforderlicher **Antrag**, muss die Entscheidung unterbleiben (vgl. Rn. 821); hat ein Ausschuss oder eine Drittbehörde nicht mitgewirkt und steht die **Mitwirkungshandlung** im Ermessen der Behörde oder des Ausschusses, wirkt sich der formelle Fehler stets auf den Inhalt der Entscheidung aus, wenn zwischen der mitwirkungsberechtigten Stelle und der Entscheidungsbehörde Willensübereinstimmung (Einvernehmen, Zustimmung) bestehen muss.

Beispiele: Wurde eine Genehmigung nach dem GrdstVG erteilt, ohne dass die nach Landesrecht erforderliche Zustimmung der Rechtsaufsichtsbehörde vorlag, ist der VA nicht lediglich „unter Verletzung von Vorschriften über das Verfahren, die Form oder die örtliche Zuständigkeit zustande gekommen". Es ist vielmehr eine zur Mitentscheidung sachlich zuständige Behörde übergangen worden (BGH, NJW 1984, 2577). – Das soll auch gelten, wenn trotz fehlenden Einvernehmens der Gemeinde (vgl. § 36 I BauGB) eine Baugenehmigung erteilt wird. Die Gemeinde kann wegen des Verstoßes gegen ihr Mitwirkungsrecht die Aufhebung der Baugenehmigung auch dann verlangen, wenn sie wegen § 36 II BauGB ihr Einvernehmen hätte erteilen müssen (ständige Rspr. des BVerwG, vgl. NVwZ-RR 1992, 529; aber bedenklich, weil in diesem Fall keine Entscheidungsalternative besteht und die Planungshoheit durch eine Veränderungssperre gesichert werden kann, vgl. BVerwG, NVwZ 1985, 563; zur Einvernehmensersetzungsbefugnis vgl. § 36 II S. 3 BauGB).

3. Folgen der Unbeachtlichkeit

440 Ist der Fehler unbeachtlich (Hauptanwendungsfall: gebundene Entscheidungen), kann keine Aufhebung des VA verlangt werden; der VA bleibt aber rechtswidrig. Die Vorschrift geht davon aus, dass der sachlich richtige VA, auch wenn er unter Verstoß gegen Verfahrensvorschriften zustande gekommen ist, den Bürger nicht in seinen Rechten i. S. v. § 113 VwGO verletzt (Schemmer, in: BeckOK VwVfG, § 46 Rn. 44). Leidet der VA aber an weiteren Fehlern, die nicht unbeachtlich sind, ist eine Aufhebung des Bescheides wegen dieser Fehler nicht ausgeschlossen.

4. Anwendungsbereich

441 Die Vorschrift erlangt Bedeutung im **Widerspruchsverfahren**. Die Widerspruchsbehörde kann – muss aber nicht – die Aufhebung eines gebundenen VA ablehnen, wenn offensichtlich keine andere Entscheidung in der Sache getroffen worden wäre und ein in § 46 LVwVfG (§ 42 SGB X) genannter Fehler gerügt wird. In erster Linie ist sie jedoch für das **gerichtliche Verfahren** relevant. Die Verwaltungsgerichte/Sozialgerichte können einen VA nicht allein deshalb aufheben, weil er unter Verstoß gegen Vorschriften über Verfahren, Form oder örtliche Zuständigkeit zustande gekommen ist, wenn dessen Einfluss auf die Entscheidung ausgeschlossen werden kann. Insoweit relativiert § 46 LVwVfG (§ 42 SGB X) den § 113 I VwGO (ebenso BVerwG, DVBl. 1981, 683).

Beispiel: Fehlt die nach § 35 IV GewO vorgesehene Anhörung der Handwerkskammer, kann die Untersagungsverfügung allein deshalb wegen § 46 LVwVfG nicht aufgehoben werden (OVG Münster, GewA 1979, 331).

Die Vorschrift bringt für den Bereich des Verpflichtungswiderspruchs und der Verpflichtungsklage keine Neuerungen. Verfahrensgegenstand ist in diesen Fällen der zu erlassende VA und nicht die ablehnende Entscheidung, die allerdings selbstständigen VA-Charakter haben kann. Der Verpflichtungswiderspruch und die Verpflichtungsklage bleiben erfolglos, wenn zwar bei der Ablehnung ein Verfahrens-, Form- oder Zuständigkeitsfehler unterlaufen ist, die Ablehnung inhaltlich jedoch gerechtfertigt ist.

Beispiel: Beim Landratsamt als zuständiger Baurechtsbehörde wird eine Baugenehmigung beantragt. Dort wird der Antrag aus materiell-rechtlichen Gründen abgelehnt, ohne vorher die Gemeinde einzuschalten (§ 53 IV LBO) oder die Angrenzer zu benachrichtigen (§ 55 I LBO). Da Gegenstand einer Verpflichtungsklage nicht die Ablehnung, sondern der zu erlassende VA ist, wirken sich die formellen Fehler auf den Erfolg der Klage nicht aus.

V. Die Umdeutung

1. Grundlegendes

442 Die Aufhebung eines schlicht rechtswidrigen VA, dessen Fehler (materieller oder formeller Art) weder nach § 45 LVwVfG (§ 41 SGB X) geheilt werden kann, noch nach § 46 LVwVfG (§ 42 SGB X) unbeachtlich ist, kann auch dann nicht im Rechtsbehelfsverfahren durchgesetzt werden, wenn der VA in einen rechtmäßigen VA gem. § 47 LVwVfG umgedeutet werden kann. Durch die Umdeutung

(Konversion) wird der rechtswidrige VA in einen rechtmäßigen modifiziert. Zur Umdeutung gelangt man jedoch erst dann, wenn alle Möglichkeiten der Auslegung erschöpft sind. Ob ein Fall schlichter Rechtsanwendung oder ein Fall der Umdeutung vorliegt, hängt davon ab, welche Art von Mangel zu beheben, genauer: welcher Teil des angefochtenen VA von dem Mangel betroffen ist. Bei der Umdeutung wird die von dem VA getroffene **Regelung** durch eine andere, zielgleiche Regelung **ersetzt;** bei der Berücksichtigung anderer (Rechtfertigungs-)Gründe (Auswechseln der Ermächtigungsgrundlage, vgl. Rn. 363, Nachschieben von Gründen, vgl. Rn. 431) bleibt dagegen die Regelung als solche unangetastet (BVerwG, DVBl. 1988, 1161; 1990, 490).

Zur Umdeutung berechtigt sind die Ausgangsbehörde, die Widerspruchsbehörde und auch das Gericht (BVerwG, NVwZ 1999, 302; 2000, 575 und NVwZ 2007, 210).

2. Voraussetzungen

443 Eine Umdeutung ist nur unter folgenden Voraussetzungen möglich:
- Gleichheit des Zieles (§ 47 I LVwVfG, § 43 I SGB X). – Der VA, in den umgedeutet wird, muss im Wesentlichen die gleichen Wirkungen und denselben Erfolg haben wie der umzudeutende VA.
- Gleiches Verfahren und gleiche Form (Absatz 1). – Der umgedeutete VA muss nach Verfahren und Form die gleichen Anforderungen wie der umzudeutende VA zu erfüllen haben. Strittig ist, ob eine Umdeutung auch dann möglich ist, wenn evtl. Form- oder Verfahrensfehler heilbar oder nach § 46 LVwVfG (§ 42 SGB X) unbeachtlich sind.
- Vorhandensein der Erlassvoraussetzungen für den umgedeuteten VA (Absatz 1). – Da bei Fehlen der Voraussetzungen der umgedeutete VA ebenfalls rechtswidrig wäre, ist diese Voraussetzung eine Selbstverständlichkeit.
- Kein Widerspruch zur erkennbaren Absicht der Behörde (Absatz 2). – Bei gebundenen VAs dürfte diese Voraussetzung identisch mit dem Erfordernis der Gleichheit des Zieles sein. Selbständige Bedeutung erlangt die Voraussetzung jedoch bei Ermessensentscheidungen.
- Keine ungünstigere Rechtsfolge für den Betroffenen (Absatz 2). – Ungünstiger sind alle Rechtsfolgen, die den Adressaten oder einen Drittbetroffenen stärker belasten oder ihm weniger gewähren.
- Möglichkeit der Rücknahme des VA (Absatz 2). – Ist der VA als solcher nicht rücknehmbar (vgl. § 48 I S. 2 LVwVfG, § 45 II SGB X; dazu Rn. 490 ff.), scheidet auch eine Umdeutung aus.
- **Keine Umdeutung einer gebundenen Entscheidung in eine Ermessensentscheidung!** Eine Ermessensentscheidung ist nur dann fehlerfrei, wenn sich die Behörde bewusst ist, dass ein Ermessensspielraum eingeräumt ist (vgl. Rn. 181). Der umgedeutete VA würde an dem Fehler der Ermessensunterschreitung leiden und wäre daher rechtswidrig. Aus diesem Grund verbietet sich eine derartige Umdeutung. Eine Ausnahme kann nur dort zugelassen werden, wo das Ermessen auf Null reduziert ist (dazu Rn. 201).
- Vorherige Anhörung der Betroffenen (Absatz 4). – Die Anhörung hat sich nur auf die Zulässigkeit der Umdeutung zu erstrecken, nicht aber auf den Regelungsgehalt des alten VA.

Beispiele:
- Ein Abhilfebescheid gem. § 72 VwGO kann nicht in einen Rücknahmebescheid gem. § 48 LVwVfG umgedeutet werden (BVerwG, NVwZ 2000, 196 – gebundene Entscheidung würde zur Ermessensentscheidung).
- Die Umdeutung eines Vorauszahlungsbescheides in einen Beitragsbescheid ist unzulässig (BayVGH, BayVBl. 1992, 401).
- Eine rechtswidrige fristlose Entlassung eines Beamten auf Probe kann auch noch im Laufe des verwaltungsgerichtlichen Verfahrens in eine rechtmäßige fristgerechte Entlassung umgedeutet werden (BVerwGE 91, 73).
- Der fehlerhafte Widerruf der Feststellung eines Abschiebungshindernisses kann in eine neuerliche Feststellung umgedeutet werden, ein Abschiebungshindernis nach § 53 AuslG liege nicht mehr vor (BVerwG, NVwZ 2000, 1525).
- Umdeutung der Entziehung einer EU-Fahrerlaubnis in einen feststellenden VA, dass die Erlaubnis im Bundesgebiet keine rechtliche Wirkung entfaltet (VGH BW, VBlBW 2008, 660).

3. Rechtsschutz

Der Rechtsschutz gegen eine Umdeutung hängt davon ab, ob man in ihr einen VA sieht (dann Anfechtungsklage) oder eine allen Betroffenen zustehende Willenserklärung bzw. eine kraft Gesetzes eintretende Folge (dann Feststellungsklage). Die h. M. geht zu Recht von Letzterem aus (vgl. z. B. Schemmer, in: BeckOK VwVfG, § 47 Rn. 47 sowie Rn. 442).

VI. Teilweise schlichte Rechtswidrigkeit

Das LVwVfG (SGB X) enthält keine ausdrückliche Regelung, welche Folgen bei teilweiser schlichter Rechtswidrigkeit eintreten. Hier gilt jedoch als Gewohnheitsrecht bzw. als allgemeiner Rechtsgrundsatz dasselbe wie bei der Teilnichtigkeit, vgl. hierzu Rn. 414.

F. Vertiefungshinweise und Wiederholungsfragen

I. Vertiefungshinweise

Schladebach, Der nichtige Verwaltungsakt, VerwArch 2013, 188; Wahl, Das Verhältnis von Verwaltungsverfahren und Verwaltungsprozessrecht in europäischer Sicht, DVBl. 2003, 1285; Kahl, Grundrechtsschutz durch Verfahren in Deutschland und in der EU, VerwArch 95 (2004), 1; Leopold, Die Umdeutung fehlerhafter Verwaltungsakte, Jura 2006, 895; Schenke, Die Heilung von Verfahrensfehlern, VerwArch 2006, 592; ders., Rechtmäßigwerden rechtswidrig erlassener Verwaltungsakte, NVwZ 2015, 1341 ff; Durner, Die behördliche Befugnis zur Nachbesserung fehlerhafter Verwaltungsakte, VerwArch 2006, 345; Schoch, Die Heilung von Anhörungsmängeln im Verwaltungsverfahren (§ 45 I Nr. 3, II VwVfG), Jura 2007, 28; Kraus, Die Berichtigung von Verwaltungsakten wegen offenbarer Unrichtigkeiten gem. § 42 VwVfG und

§ 129 AO, ThürVBl. 2007, 1; Leisner, Nichtigkeit eines Verwaltungsaktes (nur) bei Offensichtlichkeit der besonders schweren Fehlerhaftigkeit?, DÖV 2007, 669; Fremuth, Formelle Fehler des Verwaltungsakts und ihre Folgen, JA 2012, 844; Weber, Die Folgen der Nichtbeachtung des Bestimmtheitsprinzips, VR 2008, 217; Pünder, Die Folgen von Fehlern im Verwaltungsverfahren, Jura 2015, 1307; Lindner/Jahr, Der unzureichend begründete Verwaltungsakt, JuS 2013, 673.

II. Wiederholungsfragen

1. Welche Rechtsfolgen können sich an die Fehlerhaftigkeit eines VA knüpfen? – Rn. 382 ff.
2. Worin besteht der Unterschied zwischen einem Nichtakt und einem nichtigen VA? – Rn. 390
3. Welche Fehler führen zur bloßen Unrichtigkeit? – Rn. 392 ff.
4. Wie lassen sich Fehler nach ihrer Bedeutung für die Nichtigkeit einteilen? – Rn. 398 ff.
5. Wie lässt sich die Rechtsfolge der Nichtigkeit beschreiben? – Rn. 397
6. Führt die schlichte Rechtswidrigkeit stets zur Aufhebbarkeit des VA? – Rn. 421
7. Welche Bedeutung hat die Heilung eines Fehlers für die Kostentragung im Widerspruchsverfahren? – Rn. 433
8. Was versteht man unter dem Begriff der „Unbeachtlichkeit"? – Rn. 436
9. Für welche Art von Entscheidungen erlangt § 46 LVwVfG in erster Linie Bedeutung? – Rn. 438 f.

Kapitel 10 Bestandskraft des Verwaltungsakts

A. Einführung

Im Kapitel 8 ging es um die Vermeidung von Fehlern, die einem VA anhaften können und in Kapitel 9 um die Beantwortung der Frage, inwieweit ein Betroffener die Aufhebung eines fehlerhaften VA im Rechtsbehelfsverfahren durchsetzen kann. Nun ist noch zu klären, inwieweit die Behörde selbst in der Lage oder verpflichtet ist, unabhängig (außerhalb) vom Rechtsbehelfsverfahren einen erlassenen VA aufzuheben oder abzuändern. Solange und soweit die Möglichkeit der Aufhebung im Rechtsbehelfsverfahren besteht, steht dieses Verfahren im Vordergrund. Die Aufhebungsmöglichkeiten außerhalb des Rechtsbehelfsverfahrens erlangen vor allem dann Bedeutung, wenn der Weg des Rechtsbehelfsverfahrens verschlossen ist. Entscheidungen im Rechtsbehelfsverfahren, z. B. Abhilfeentscheidungen gem. § 72 VwGO, lassen sich im Regelfall nicht in eine Rücknahme oder einen Widerruf umdeuten (BVerwG, NVwZ 2000, 195).

448

B. Bestandskraft

I. Begriff und Wesen

Die Bedeutung des Begriffes Bestandskraft wird in Literatur und Rechtsprechung unterschiedlich gesehen. Im Folgenden verstehen wir unter Bestandskraft die Unanfechtbarkeit eines VA (**formelle Bestandskraft**) sowie die Bindung der Behörde und der Beteiligten an die im VA getroffene Regelung (**materielle Bestandskraft**).

449

Der vom gerichtlichen Urteil her bekannte Begriff der **Rechtskraft** wird also im Zusammenhang mit dem VA nicht gebraucht. Dies rührt daher, dass zwar die formelle Bestandskraft gleiche Wirkungen hat wie die formelle Rechtskraft, dass jedoch die Bindung an die im VA getroffene Regelung nicht vergleichbar ist mit der Bindung, die von einem gerichtlichen Urteil ausgeht (zu den Ursachen hierfür vgl. Rn. 737).

1. Formelle Bestandskraft (Unanfechtbarkeit)

Ein VA wird dann formell bestandskräftig, wenn es keine Rechtsbehelfe gegen ihn mehr gibt. Dies kann dadurch geschehen, dass auf die Rechtsbehelfe verzichtet wird, dass an sich vorhandene Fristen für die Rechtsbehelfe verstrichen sind oder dass eine letztinstanzliche Entscheidung im Rechtsbehelfsverfahren ergangen ist. Bei VAs, für die der Rechtsweg zu den Sozialgerichten offensteht, ergibt sich dies aus § 77 SGG. Die formelle Bestandskraft ist eine alternative Tatbestandsvoraussetzung für die Verwaltungsvollstreckung (vgl. § 2 LVwVG; dazu Rn. 946).

450

2. Materielle Bestandskraft

451 Gleichzeitig mit der formellen tritt die materielle Bestandskraft ein. Sie besagt, dass die Behörde und die Beteiligten grundsätzlich abschließend an die getroffene Regelung gebunden sind. Eine Aufhebung oder Änderung des VA ist nur nach Maßgabe besonderer gesetzlicher Bestimmungen (insb. der §§ 48–51 LVwVfG, §§ 41 ff. SGB X) möglich. Materielle Bestandskraft kann es bei nichtigen VAs naturgemäß nicht geben.

Für VAs im Anwendungsbereich des SGG lässt sich auch die materielle Bestandskraft aus der Formulierung des § 77 SGG („in der Sache bindend") ableiten (BSGE 15, 121 und 18, 26).

Beachten Sie: Bereits mit dem Wirksamwerden des VA (§ 43 I, III LVwVfG; § 39 I, III SGB X) sind Behörde und Beteiligte an die Regelung des VA gebunden. Diese Bindungswirkung ist jedoch schwächer als die materielle Bestandskraft, weil sie noch durch Rechtsbehelfe beseitigt werden kann (vgl. § 43 II LVwVfG, § 39 II SGB X).

II. Gegenstand und rechtliche Tragweite der materiellen Bestandskraft

1. Allgemeines

452 Ebenso wie der Begriff der Bestandskraft selbst, sind auch Gegenstand und rechtliche Tragweite der Bestandskraft recht umstritten. Sie kann jedenfalls nicht weiterreichen als der Regelungsgehalt des VA selbst. Es handelt sich deshalb nicht um ein Problem der Durchbrechung der Bestandskraft, wenn ein neuer VA ergeht, nachdem sich die Sach- oder Rechtslage geändert hatte und der frühere VA seine Geltungswirkung erkennbar auf die frühere Sach- und Rechtslage beschränkt hatte.

> **Beispiele:** Die Untersagung eines Gewerbes; die Entziehung der Fahrerlaubnis; siehe auch die instruktiven Fälle des BVerwG zur Anerkennung als Kriegsdienstverweigerer DÖV 1984, 679 und zum asylrechtlichen Anerkennungsverfahren NVwZ 1985, 899 und zur Ausnahme vom aktienrechtlichen Verbot der Mehrstimmrechte NJW 1998, 173.

Wird in diesen Fällen eine neue positive Entscheidung getroffen (Wiedergestattung der Gewerbeausübung, Wiedererteilung der Fahrerlaubnis), so liegt darin keine Durchbrechung der Bestandskraft. Ebenso verhält es sich allgemein bei der Ablehnung von Leistungs- und Genehmigungsbegehren.

453 In einer umstrittenen Entscheidung hat das BVerwG (NJW 1976, 340) festgestellt, dass die formell bestandskräftige Ablehnung eines **Baugenehmigungsantrags** einem späteren, gleichartigen Antrag nicht entgegengehalten werden könne und insbesondere keine Bindungen für ein späteres Abbruchverfahren nach sich ziehen könne (im Unterschied zur Rechtskraft eines ablehnenden Urteils).

Ähnlich ist es mit der Bindungswirkung bestandskräftiger VAs im **Amtshaftungsprozess.** Der Zivilrichter prüft die Rechtmäßigkeit des VA, auch wenn der Geschädigte es unterlassen hat, den VA anzufechten, dieser also bestandskräftig wurde (BGH, DVBl. 1991, 379; Jeromin, NVwZ 1991, 543). Nur die Rechtskraft eines abweisenden Urteils setzt sich auch im Amtshaftungsprozess durch. Andererseits sind rechtswirksame VAs von allen Staatsorganen, auch von den Gerichten, zu beachten und ihren Entscheidungen als gegeben zugrunde zu legen (**Tatbestandswirkung** einer Zielabweichungsentscheidung für § 1 IV BauGB, BVerwG, ZfBR 2007, 683; einer Ausnahmegenehmigung beim Verstoß gegen eine Landschaftsschutzverordnung, BVerwG, ZfBR 2003, 471).

Der **vorläufige Verwaltungsakt** ist ein Rechtsinstitut, das die Bindungswirkung eines bestandskräftigen VA ebenfalls in Frage stellt. Er soll der Behörde die Möglichkeit einräumen, ohne vollständige Prüfung der Sach- und Rechtslage eine vorläufige Entscheidung zu treffen, ohne an deren materielle Bestandskraft gebunden zu sein. Das behördliche Recht, etwas vorläufig regeln zu dürfen, bedarf jedoch der gesetzlichen Ermächtigung (wie etwa § 11 I GastG, § 20 I PBefG, § 74 III VwVfG, § 164 AO). Fehlt eine solche Ermächtigungsgrundlage, können vorläufige Regelungen nur im Rahmen zulässiger Nebenbestimmungen getroffen werden (vgl. dazu Eschenbach, DVBl. 2002, 1247).

2. Besonderheiten des Sozialrechts

Im Geltungsbereich des **SGB X** muss berücksichtigt werden, dass besonders häufig **Verwaltungsakte mit Dauerwirkung** erlassen werden, deren Geltungsrichtung sich gerade nicht nur auf die Sach- und Rechtslage im Zeitpunkt ihres Erlasses, sondern auf die Zukunft erstreckt. In diesen Fällen wird das Bedürfnis nach Durchbrechung der Bestandskraft besonders aktuell.

Beispiel: Gewährung einer Versorgungsleistung nach einer MdE um 70 v. H. gem. §§ 1 ff., 30 ff. BVG. Nach einigen Jahren treten erhebliche Verschlechterungen im Gesundheitszustand des Leistungsempfängers ein.

Die Besonderheiten des SGB X werden in diesem Kapitel unter E. im Einzelnen dargestellt.

III. Durchbrechung der formellen und materiellen Bestandskraft

Um eine Durchbrechung der **formellen** Bestandskraft handelt es sich, wenn über einen Rechtsbehelf gegen einen VA entschieden wird, obwohl der Weg zu diesem Rechtsbehelf eigentlich schon verschlossen war. Dazu kommt es, wenn die Widerspruchsbehörde über einen Widerspruch entscheidet, obwohl die Widerspruchsfrist bereits abgelaufen war (Einzelheiten bei Büchner/Schlotterbeck, Rn. 242). Die Durchbrechung der formellen Bestandskraft kommt in der Praxis selten vor. Die Widerspruchsbehörde handelt grundsätzlich nicht ermessensfehlerhaft, wenn sie sich auf den Fristablauf beruft (BVerwG, GewA 1978, 22).

Um eine Durchbrechung der **materiellen** Bestandskraft handelt es sich, wenn trotz eines unanfechtbaren VA über den gleichen Gegenstand ein neuer VA ergeht. Dieser neue VA kann inhaltlich dieselbe Regelung treffen wie der frühere oder aber die alte Regelung abändern. In beiden Fällen wird die Regelung des alten VA durch eine neue Regelung ersetzt und auf diese Weise die Bindungswirkung des alten VA durchbrochen. Bevor es zu dieser neuen Sachentscheidung kommt, muss die Behörde u. U. zuerst Ermittlungen anstellen, die alten Akten studieren, die Rechtslage überprüfen, genauer: sie muss ein neues Verwaltungsverfahren in die Wege leiten. Diesen Vorgang bezeichnet man als das Wiederaufgreifen des Verfahrens.

C. Wiederaufgreifen des Verfahrens nach dem LVwVfG

I. Einführung

1. Bedeutung

457 Das Verwaltungsverfahren will und kann im Regelfall nicht den gleichen Richtigkeitsanspruch erheben wie ein gerichtliches Verfahren (Rn. 737). Deshalb wäre es mit dem Rechtsstaatsprinzip schwerlich zu vereinbaren, wenn man unanfechtbare VAs ohne Ausnahme nicht mehr in Frage stellen und notfalls ändern könnte. Die Lehre vom Wiederaufgreifen des Verfahrens gibt Auskunft darüber, ob und unter welchen Voraussetzungen trotz eines bestandskräftig abgeschlossenen Verfahrens in derselben Angelegenheit ein neues Verfahren eingeleitet werden kann oder muss, an dessen Ende eine neue Sachentscheidung steht, die den bestandskräftigen alten VA ersetzen kann. Die Lehre vom Wiederaufgreifen des Verfahrens ist noch immer umstritten. Im Folgenden wird versucht, ein „in sich stimmiges" Verständnis dieses Rechtsinstituts auf der Basis der neueren höchstrichterlichen Rechtsprechung darzustellen.

2. Systematik

458 Das LVwVfG befasst sich in § 51 mit dem Wiederaufgreifen des Verfahrens. In **§ 51 I bis III LVwVfG** sind die Voraussetzungen genannt, unter denen die Verwaltung verpflichtet ist, ein Verwaltungsverfahren wiederaufzugreifen. Der Pflicht korrespondiert ein Anspruch des Antragstellers: **Wiederaufgreifen im engeren Sinn.**
Liegen die Voraussetzungen des § 51 I bis III LVwVfG nicht vor, steht es im pflichtgemäßen Ermessen der Behörde, ob sie das Verfahren wiederaufgreifen oder sich auf die Bestandskraft der früheren Entscheidung berufen will: **Wiederaufgreifen im weiteren Sinn** (zur Zulässigkeit vgl.: BVerwG, NVwZ 2010, 656). Diese Möglichkeit des Wiederaufgreifens findet ihre Rechtsgrundlage in **§ 51 V i. V. m. §§ 48 und 49 LVwVfG.** Einen Anspruch auf Wiederaufgreifen (auf der Grundlage von § 51 V i. V. m. § 48 LVwVfG) kann es in diesem Fall nur bei einer Ermessensreduzierung auf Null geben, insbesondere dann, wenn die Aufrechterhaltung des VA „schlechthin unerträglich" wäre (BVerwG, NVwZ 2007, 709).
Ein Wiederaufgreifen ist auch dann möglich, wenn der ursprüngliche VA bereits durch ein gerichtliches Urteil bestätigt ist, die Rechtskraftbindung des Urteils aber aufgrund Gesetzes überwunden wird, weil der Betroffene einen Anspruch auf Wiederaufgreifen hat – Wiederaufgreifen i. e. S., § 51 I bis III LVwVfG – oder die Behörde das Verfahren im Ermessenswege wieder aufgreift – Wiederaufgreifen i. w. S. auf der Grundlage von § 51 V i. V. m. §§ 48, 49 LVwVfG (BVerwG NVwZ 2010, 656; für das Wiederaufgreifen i. w. S. krit. hierzu: Sachs, in: Stelkens/Bonk/Sachs, VwVfG, § 51 Rn. 81).

Das BVerwG geht in seiner neueren Rechtsprechung (NVwZ 2010, 656) von einem zweistufigen Verfahren aus: Danach erfordert das Wiederaufgreifen zunächst eine sog. **Positiventscheidung der Behörde zum Wiederaufgreifen (Stufe 1)**, sei es, weil ein zwingender Wiederaufnahmegrund (nach § 51 I bis III LVwVfG) vorliegt, sei es, weil die Behörde sich im Wege ihres Wiederaufgreifensermessens nach § 51 V LVwVfG hierzu entscheidet. Erst wenn eine solche Positiventscheidung getroffen ist, wird der Weg für eine **erneute Sachentscheidung** eröffnet (**Stufe 2**).

3. Anwendungsbereich

Die Anwendung des § 51 LVwVfG kann durch Rechtsvorschrift ausgeschlossen sein, wie z. B. im Planfeststellungsverfahren, § 72 I LVwVfG. Da § 51 LVwVfG nach dieser Vorschrift insgesamt nicht anzuwenden ist, scheidet auch ein Wiederaufgreifen im weiteren Sinn über § 51 V LVwVfG aus (vgl. BVerwG NVwZ 2016, 1325; VGH BW, VBlBW 2013, 101). Auch stehen etwa die abschließenden Regelungen des Beamtenrechts einem Rückgriff auf § 51 LVwVfG hinsichtlich der Versetzung in den Ruhestand entgegen, weil es sich hierbei um einen statusverändernden VA handelt, der nach dem Ruhestandsbeginn nicht mehr korrigierbar ist (BVerwG, NVwZ-RR 2014, 653).

Praktisch bedeutsame spezialgesetzliche Regelungen finden sich auch in §§ 71, 71a AsylG (Folgeantrag, Zweitantrag) sowie in § 35 VI GewO über die – frühestens nach Ablauf eines Jahres mögliche – Gestattung der Ausübung eines Gewerbes nach dem vorangegangenen Erlass einer Gewerbeuntersagung.

4. Folgen des Wiederaufgreifens

Entscheidet sich die Behörde für das Wiederaufgreifen des Verfahrens (nach pflichtgemäßem Ermessen oder weil sie muss – Stufe 1), dann führt sie ein neues Verwaltungsverfahren durch, an dessen Schluss eine neue Sachentscheidung steht (Stufe 2). Diese neue Sachentscheidung ist ein VA; man nennt ihn **Zweitbescheid**. Er bestätigt die bestandskräftige Entscheidung nochmals ausdrücklich bzw. lehnt ihre Aufhebung ab, er hebt sie auf oder ändert sie ab. Häufig wird der Begriff auch nur verwandt, um das Ergebnis des Wiederaufgreifens i. e. S. zu kennzeichnen.

Die neue Sachentscheidung hat das Prinzip des **Vorrangs des Gesetzes** (Rn. 153) zu beachten, d. h. sie muss mit dem geltenden Recht in Einklang stehen. Das heißt für die Fälle des § 51 LVwVfG (**Wiederaufgreifen i. e. S.**), dass sich die neue Sachentscheidung ausschließlich nach dem jetzt anzuwendenden materiellen Recht zu richten hat. Die Regelungen über Rücknahme und Widerruf (§§ 48 ff. LVwVfG) finden in diesem Zusammenhang keine Anwendung (BVerwG NVwZ 2010, 656). In dem wiederaufgegriffenen Verfahren wird das Erstverfahren gewissermaßen so fortgesetzt, als ob noch kein Erstbescheid erlassen worden wäre (vgl. BVerwG, NJW 1982, 2204; 1985, 280; NVwZ 1993, 476; VGH BW, DVBl. 1989, 884. Sehr strittig; a. A. Maurer/Waldhoff, § 11 Rn. 61).

Nach der neueren Rechtsprechung des BVerwG (NVwZ 2010, 656) soll die Behörde auch in Fällen des Wiederaufgreifens i. w. S. nicht an die in §§ 48 I, 49 I

LVwVfG normierten Möglichkeiten der Aufhebung von VAs ex nunc oder ex tunc gebunden sein. Sie habe vielmehr zu entscheiden, „ob der Verwaltungsakt zurückgenommen, geändert oder im Wege eines Zweitbescheides bestätigt werden soll". Hiergegen wird zu Recht eingewandt, dass eine neue Sachentscheidung allein nach Maßgabe des materiellen Rechts die Qualifikation des § 51 V LVwVfG als gesetzliche Grundlage der Durchbrechung der Bestandskraft hinfällig machen und überdies die Systematik des § 51 I Nr. 1 bis 3 LVwVfG unterlaufen würde (Suerbaum, in: Mann/Sennekamp/Uechtritz, VwVfG, § 51 Rn. 18).

463 Für den vom alten VA Betroffenen wirkt sich das Wiederaufgreifen in der Weise aus, dass ihm erneut die Möglichkeit eingeräumt wird, die Sachentscheidung im **Rechtsbehelfsverfahren,** das bisher verschlossen war, überprüfen zu lassen.

5. Folgen des „Nicht-Wiederaufgreifens"

464 Entscheidet sich die Behörde gegen das Wiederaufgreifen, so trifft sie keine neue Sachentscheidung. Sofern sie die Frage des Wiederaufgreifens von Amts wegen geprüft hat, bleibt dieses Ergebnis behördenintern. Wurde die Frage des Wiederaufgreifens auf Antrag hin überprüft, so wird das Ergebnis der Überprüfung dem Antragsteller mitgeteilt. Diese Mitteilung beinhaltet stets zweierlei:
- Die Behörde beruft sich damit auf die Regelung des alten VA. Deshalb wird die auf Antrag erfolgende Ablehnung des Wiederaufgreifens auch als **„wiederholende Verfügung"** bezeichnet; sie ist **kein VA** (vgl. Rn. 226).
- Außerdem beinhaltet die Mitteilung die **Ablehnung des Wiederaufgreifens** mit dem Anspruch auf rechtliche Verbindlichkeit. Insoweit regelt sie und ist sie ein **VA** (vgl. BVerwG, NVwZ 2002, 482; BVerwGE 44, 333, 335).

465 Für den **Rechtsschutz** des Antragstellers ist von Bedeutung, dass er zumindest einen Anspruch auf fehlerfreie Ausübung des Ermessens hat. Er kann deshalb Verpflichtungswiderspruch und Verpflichtungsklage auf Erlass eines Zweitbescheides erheben (BVerwG, NVwZ 2000, 447; BVerwGE 57, 342, 345; VGH BW, VBlBW 2001, 23).

6. Schematische Übersicht

Auf der Grundlage der neueren Rechtsprechung stellt sich der Ablauf wie folgt dar:

Übersicht 1: Überblick über den Verfahrensablauf **466**

Verwaltungsverfahren (Sachprüfung)
↓
Verfahrensergebnis: VA (Erstbescheid)
↓
(Formelle) Unanfechtbarkeit und (materielle) Bestandskraft
↓
Antrag auf Wiederaufgreifen des Verwaltungsverfahrens oder Befassung von **Amts wegen**
↓
Stufe 1: Entscheidung über das Wiederaufgreifen
↓
Nur bei Positiventscheidung hinsichtlich Stufe 1:
Stufe 2: erneute Sachentscheidung

467 Übersicht 2: Prüfung des Wiederaufgreifens

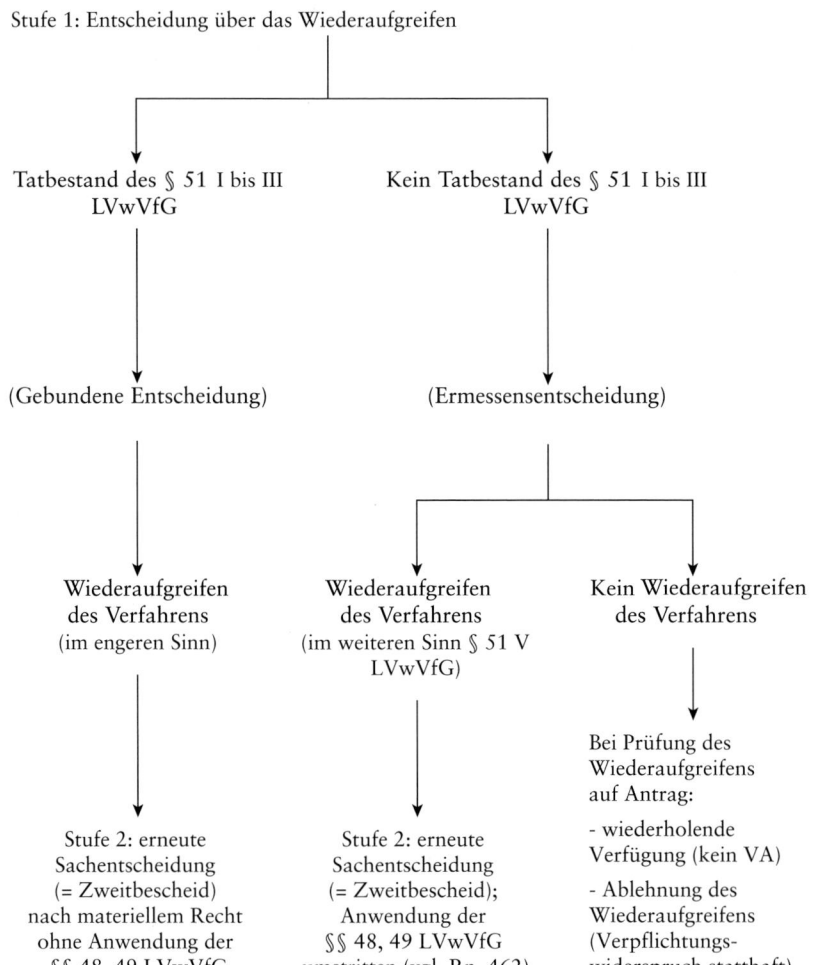

II. Der Anspruch auf Wiederaufgreifen des Verfahrens (Wiederaufgreifen i. e. S.)

1. Zulässigkeit des Antrags nach § 51 I bis III LVwVfG

a) Antragsbedürfnis. Die Pflicht zum Wiederaufgreifen des Verfahrens (i. e. S.) nach § 51 I bis III LVwVfG setzt – anders als das Wiederaufgreifen des Verfahrens i. w. S. – einen Antrag voraus.

b) Zuständige Stelle. Der Antrag muss bei der zuständigen Behörde eingebracht werden (Abs. 4). Dies muss nicht unbedingt die Behörde sein, die den alten VA erlassen hat. Die örtliche (wohl auch die sachliche) Zuständigkeit bestimmt sich vielmehr nach dem Gegenstand des neuen Verfahrens.

> **Beispiel:** Eine örtlich unzuständige Ortspolizeibehörde hat eine Polizeiverfügung erlassen. Diese Anordnung wurde bestandskräftig. Beantragt der Betroffene nunmehr das Wiederaufgreifen, so ist der Antrag bei der für die Anordnung örtlich und sachlich zuständigen Ortspolizeibehörde zu stellen.

c) Frist. Der Antrag muss innerhalb von 3 Monaten, seitdem der Betroffene vom Wiederaufgreifensgrund positiv Kenntnis erlangt hat, eingehen (Abs. 3). Die Fristberechnung erfolgt nach § 31 LVwVfG (vgl. Rn. 814). Für jeden Wiederaufgreifensgrund läuft die Frist gesondert (BVerwG, NVwZ 1990, 359). Aus der Systematik der Vorschrift folgt, dass sich die Dreimonatsfrist ausschließlich auf die Wiederaufnahmegründe des § 51 I LVwVfG (und damit auf das Wiederaufgreifen i. e. S.) bezieht, nicht aber auf das Wiederaufgreifen im Ermessenswege nach § 51 V LVwVfG (BVerwG NVwZ 2010, 656).

d) Kein grob verschuldetes Unterbleiben. War der Wiederaufgreifensgrund schon während des ursprünglichen Verfahrens (einschließlich des Rechtsbehelfsverfahrens) vorhanden, so ist der Antrag auf Wiederaufgreifen nur dann zulässig, wenn das frühere Geltendmachen ohne „grobes Verschulden" unterblieben ist. Grobes Verschulden ist dann anzunehmen, wenn dem Betroffenen das Bestehen eines Grundes (etwa das Vorhandensein einer Urkunde) bekannt war oder sich doch den ihm bekannten Umständen nach aufdrängen musste und er trotzdem unter Verletzung der einem ordentlichen Verfahrensbeteiligten zumutbaren Sorgfaltspflicht sich nicht weiter darum kümmerte, insbesondere die Behörde nicht auf das Vorhandensein oder doch möglicherweise beschaffbare Beweismittel hinwies (BVerwG, Urt. v. 11.9.2013 – 8 C 4/12; VGH BW, VBlBW 1986, 467).

e) Wiederaufgreifensgründe. § 51 I Nr. 1 bis 3 LVwVfG nennt Gründe, die zum Wiederaufgreifen verpflichten, wenn die übrigen Voraussetzungen auch noch erfüllt sind. Sie werden abschließend aufgezählt. Ob ein solcher Grund vorliegt, ist bei der Zulässigkeit, nicht bei der Begründetheit des Antrags zu prüfen. Im Einzelnen handelt es sich um folgende Wiederaufgreifensgründe:

(1) **Änderung der Sach- oder Rechtslage** zugunsten des Betroffenen (§ 51 I Nr. 1 LVwVfG)
Diese Voraussetzung greift nur ein, wenn sich die Sach- oder Rechtslage *nach* Erlass des VA geändert hat. Es ist der häufigste Wiederaufgreifensgrund. Er erlangt vor allem Bedeutung für Dauer-VAs und VAs mit einmaliger Wirkung, die

noch nicht vollzogen sind. Dabei ist zu beachten, dass Gegenstand und rechtliche Tragweite der Bestandskraft einer ablehnenden Entscheidung über ein Leistungs- oder Genehmigungsbegehren umstritten sind (Rn. 453). Nur wenn in irgendeiner Weise die Bestandskraft zu durchbrechen ist, stellt sich das Problem des Wiederaufgreifens des Verfahrens.

Beispiele: Wegen einer Erkrankung, die sich auf die Fahreignung auswirkt, wird eine Fahrerlaubnis bestandskräftig entzogen. Nach einiger Zeit wird unter Vorlage ärztlicher Atteste, die die Heilung bestätigen, eine neue Fahrerlaubnis beantragt. Keine Frage des Wiederaufgreifens!

Eine Abbruchsanordnung nach § 65 LBO wird bestandskräftig. Nunmehr wird eine für den Betroffenen günstige Gesetzesänderung beschlossen. Dies gehört zum Problemkreis des Wiederaufgreifens!

Weiter ist zu beachten, dass eine Änderung der Rechtslage nicht zum Wiederaufgreifen führt, wenn der bestandskräftige Bescheid auch auf einen anderen Grund gestützt worden ist, zu dem der Betroffene keinen Wiederaufgreifensgrund geltend gemacht hat (BVerwG, Urt. v. 20.11.2018, BVerwGE 163, 370).

474 Die Gewinnung neuer naturwissenschaftlicher Erkenntnisse ist eine Änderung der Sachlage (BVerwG, NVwZ 2002, 718). Eine Änderung der höchstrichterlichen Rechtsprechung stellt hingegen keine Änderung der Rechtslage dar (h. M., vgl. BVerwG, NVwZ 2010, 656; DVBl. 1992, 917; DÖV 1993, 532; vgl. auch BVerwG Buchholz 316 § 51 VwVfG Nr. 32, wonach die gegenläufige Rechtsprechung des BVerfG zu § 14 AsylVfG a. F. nicht verallgemeinerungsfähig sei).

Beispiel: Eine bestandskräftige Abbruchsanordnung nach § 65 LBO stützt sich auf § 35 II BauGB. Bevor diese Anordnung vollzogen wird, ergeht ein Grundsatzurteil des BVerwG, das den Begriff der öffentlichen Belange neu (für den Betroffenen günstiger) auslegt. Keine Änderung der Rechtslage!

475 (2) **Neue Beweismittel** (§ 51 I Nr. 2 LVwVfG)
Es muss sich um neue Beweismittel handeln, die eine für den Betroffenen günstigere Entscheidung herbeigeführt hätten. Maßgeblich ist die den bestandskräftigen Bescheid tragende Rechtsauffassung (BVerwG, DVBl. 2001, 305). Wegen des Begriffs der Beweismittel vgl. § 26 LVwVfG (Rn. 848) und BVerwG NJW 1990, 199. Die Voraussetzungen der Nr. 2 unterscheiden sich von denen der Nr. 1 dadurch, dass sich bei Nr. 1 Tatsachen ändern, während bei Nr. 2 die Tatsachen dieselben geblieben sind, sie sich aber wegen der neuen Beweismittel anders – günstiger – darstellen. Nr. 2 regelt also den Fall, dass frühere Beweisschwierigkeiten beseitigt werden. Die Beweismittel sind auch dann neu, wenn sie schon vor Erlass des VA bestanden haben, aber vom Betroffenen ohne Verschulden nicht oder nicht rechtzeitig vorgelegt werden konnten (BVerwG, NJW 1982, 2204). Der Grad des Verschuldens bestimmt sich nach § 51 II LVwVfG (VGH BW, NVwZ 1986, 225).

Beispiel: Bei gleichem Ausgangsfall wie im Beispiel Rn. 474 findet sich eine alte, in Vergessenheit geratene Genehmigung des Gebäudes. Siehe auch den instruktiven Fall VGH BW, VBlBW 1986, 467.

(3) **Restitutionsgründe** des § 580 ZPO (§ 51 I Nr. 3 LVwVfG) 476
Dieser Wiederaufgreifensgrund betrifft Fälle, in denen das Verfahrensergebnis durch strafbare Handlungen beeinflusst wurde, eine bestimmte Verfahrensgrundlage weggefallen ist oder im Widerspruch zu bestimmten Beweismitteln steht. Die Vorschrift hat neben den in Nr. 1 und 2 enthaltenen Gründen kaum praktische Bedeutung.

f) Schlüssige Erfolgsaussicht. Der Antragsteller muss schlüssig darlegen, dass 477
der Wiederaufgreifensgrund (Rn. 472–476) geeignet ist, eine ihm günstigere Entscheidung herbeizuführen. Für die Zulässigkeit des Antrags reicht also die Schlüssigkeit des Vortrags aus; seine Richtigkeit wird dann bei der Begründetheit geprüft.

2. **Begründetheit des Antrags gem. § 51 LVwVfG**

Der zulässige Antrag ist begründet, d. h. es besteht ein Anspruch auf Wiederauf- 478
greifen besteht, wenn feststeht, dass der Wiederaufgreifensgrund tatsächlich eine für den Antragsteller günstigere Entscheidung herbeigeführt hätte (BVerwG NVwZ-RR 2015, 357).
Ist das Verfahren wieder aufgegriffen, trifft die Behörde die neue Sachentscheidung, deren Inhalt sich nach dem jetzt anzuwendenden materiellen Recht richtet.

III. Der Anspruch auf Wiederaufgreifen des Verfahrens wegen Ermessensreduzierung auf Null (Wiederaufgreifen i. w. S.)

Liegt keiner der in § 51 I LVwVfG genannten Gründe vor oder sind sonstige 479
Voraussetzungen des § 51 I bis III LVwVfG nicht erfüllt, liegt das Wiederaufgreifen im Ermessen der Behörde. Ein Anspruch auf Wiederaufgreifen besteht nur dann, wenn dieses Ermessen **auf Null** geschrumpft ist (dazu Rn. 201). Die Umstände, die ausnahmsweise eine erneute Sachentscheidung gebieten, müssen in ihrer Bedeutung und ihrem Gewicht mit einem der in § 51 I Nr. 1 bis 3 LVwVfG geregelten zwingenden Wiederaufgreifensgründe vergleichbar sein. Allein der Umstand, dass der bestandskräftige VA nicht rechtmäßig verfügt werden durfte, genügt nicht (VGH BW, Urt. v. 30.11.2016, 1 S 472/16). Es lassen sich folgende – nicht abschließend aufgezählte – Fallgruppen herausbilden, in denen eine Ermessensreduzierung naheliegt:

- Die Aufrechterhaltung des VA ist **schlechthin unerträglich** (BVerwG, NVwZ 2010, 656; NVwZ 2007, 709 sowie VGH BW, Urt. v. 30.11.2016 – 1 S 472/16 – zur Löschung personenbezogener Daten aus polizeilichen Auskunftssystemen, Anspruch auf Wiederaufgreifen nach bestandskräftiger Ablehnung hier verneint).
- Die Berufung auf die Unanfechtbarkeit wäre ein Verstoß gegen die guten Sitten oder den Grundsatz von Treu und Glauben. Vgl. dazu den instruktiven Fall BVerwG, NVwZ 2000, 202 (Korrektur einer beamtenrechtlichen Disziplinarentscheidung nach erwiesener Dienstunfähigkeit).
- Die Berufung auf die Unanfechtbarkeit wäre ein Verstoß gegen Art. 3 GG (BVerwGE 28, 127; DÖV 1966, 866).

IV. Verhältnis zu Rücknahme und Widerruf

480 Stellt ein Betroffener einen **Antrag** auf Rücknahme oder Widerruf eines bestandskräftigen VA, so ist darin gleichzeitig ein Antrag auf Wiederaufgreifen des Verfahrens enthalten. Die Behörde muss dann genauso vorgehen, wie sie es bei einem Antrag auf Wiederaufgreifen des Verfahrens zu tun hätte. Der Entscheidungsvorgang stellt sich für Bürger und Verwaltung genauso dar, wie bei einem Antrag auf Wiederaufgreifen des Verfahrens. Tritt die Behörde **von Amts wegen** in die Prüfung ein, ob sie einen bestandskräftigen VA zurücknehmen will, so muss sie zumindest gedanklich ebenfalls zunächst eine Entscheidung über das Wiederaufgreifen des Verfahrens treffen. Solche Überlegungen sind jedoch theoretischer Natur, da sie erst dann nach außen in Erscheinung treten, wenn tatsächlich eine Rücknahme oder ein Widerruf des VA ausgesprochen wird. Dadurch gibt die Behörde zu erkennen, dass sie auch die verfahrensrechtliche Entscheidung des Wiederaufgreifens positiv getroffen hat.

> **Beispiel:** Stellt die Behörde fest, dass die Bewilligung einer Subvention aufgrund unrichtiger Angaben i. S. d. § 48 II S. 3 Nr. 2 LVwVfG erfolgte und nimmt sie daraufhin den Bewilligungsbescheid zurück, so kommt darin gleichzeitig die Entscheidung über das Wiederaufgreifen zum Ausdruck. – siehe auch Büchner/Joerger/Tockels/Vondung, Fall 13 Rn. 421.

D. Rücknahme und Widerruf von Verwaltungsakten nach dem LVwVfG

I. Einführung

481 Die Rechtsinstitute der Rücknahme und des Widerrufs betreffen die Aufhebung eines VA außerhalb eines Rechtsbehelfsverfahrens. Sie ermöglichen unter den in §§ 48, 49 LVwVfG genannten Voraussetzungen die Aufhebung trotz Unanfechtbarkeit (formeller Bestandskraft). Ziel dieser Regelungen ist es, den Grundsatz der **Gesetzmäßigkeit der Verwaltung** (der für die Korrektur fehlerhafter Entscheidungen spricht) im Einzelfall mit dem Grundsatz des **Vertrauensschutzes** (der u. U. für den Fortbestand der Entscheidung spricht) in Ausgleich zu bringen. Daraus erklärt sich, dass der Gesetzgeber die Aufhebung rechtswidriger (§ 48 LVwVfG) und rechtmäßiger (§ 49 LVwVfG) VAs an jeweils unterschiedliche Voraussetzungen knüpft; auch die Unterscheidung zwischen belastenden und begünstigenden VAs (bei denen der Vertrauensschutz eine wichtige Rolle spielt), ist Folge dieses Grundgedankens.

Rücknahme und Widerruf sind – da sie zur Aufhebung eines VA führen – ihrerseits VAs, die in einem neuen Verwaltungsverfahren ergehen. §§ 48 und 49 LVwVfG enthalten die insofern erforderlichen Befugnisnormen. Auch die Rücknahme und der Widerruf können daher durch Widerspruch bzw. nachfolgende Klage angefochten werden. Wird die Rücknahme oder der Widerruf aufgehoben, so lebt der ursprüngliche VA wieder auf, ohne dass es eines erneuten Erlasses bedarf. Während die Rücknahme eine Aufhebung des ursprünglichen VA mit Wirkung für die Zukunft oder für die Vergangenheit ermöglicht, ist ein Widerruf grundsätzlich nur mit Wirkung für die Zukunft möglich (Ausnahme: § 49

III LVwVfG). Ist ein VA unanfechtbar widerrufen oder zurückgenommen, regelt § 52 LVwVfG die Verpflichtung zur Herausgabe von Urkunden oder zum Nachweis erlangter Sachen (z. B. Baufreigabeschein, § 59 LBO).

1. Begriffe

Rücknahme und Widerruf sind Formen der Aufhebung eines VA. Sie beseitigen dessen Wirksamkeit (§ 43 II LVwVfG). Unter **Rücknahme** versteht man die Aufhebung eines schlicht **rechtswidrigen** (begünstigenden oder belastenden) VA (vgl. § 48 I LVwVfG). Mit dem Begriff der Rücknahme wird ausgedrückt, dass ein beim Erlass des VA vorhandener Fehler korrigiert werden soll.

Unter **Widerruf** (§ 49 LVwVfG) ist die Aufhebung eines **rechtmäßigen** (begünstigenden oder belastenden) VA zu verstehen. Mit dem Begriff des Widerrufs wird ausgedrückt, dass ein ursprünglich rechtmäßiger VA geänderten Verhältnissen angepasst werden soll (zur entsprechenden Anwendbarkeit des § 49 II LVwVfG bei ursprünglich rechtswidrigen VAs vgl. Rn. 513). Um klarzustellen, dass es sich um eine Aufhebung außerhalb des Rechtsbehelfsverfahrens handelt, sollten die Begriffe der Rücknahme und des Widerrufs im Rechtsbehelfsverfahren vermieden werden.

2. Rechtmäßigkeit – Rechtswidrigkeit des aufzuhebenden VA

Da es für die Abgrenzung zwischen Rücknahme und Widerruf somit darauf ankommt, ob der aufzuhebende VA rechtmäßig oder rechtswidrig ist, stellt sich die Frage, auf welchen Zeitpunkt für die Beurteilung der Rechtmäßigkeit abzustellen ist. Dies ist grundsätzlich der **Zeitpunkt seines Erlasses** (BVerwG, NVwZ 2005, 99; VGH BW, VBlBW 2002, 208; Suerbaum, in: Mann/Sennekamp/Uechtritz, VwVfG, § 48 Rn. 48). Eine Abweichung hiervon wird in der verwaltungsgerichtlichen Rechtsprechung allerdings häufig für Dauer-VAs (z. B.: Auflage zu einer Baugenehmigung bezüglich einer Sporthalle) angenommen, für die – anders als im Sozialrecht, vgl. § 48 SGB X – eine Sonderregelung fehlt und bei denen für die gerichtliche Beurteilung der Rechtmäßigkeit anerkanntermaßen die Sach- und Rechtslage zum Zeitpunkt der letzten mündlichen Verhandlung im verwaltungsgerichtlichen Verfahren maßgeblich ist; hier soll eine Rücknahme nicht nur unter den engen Voraussetzungen des § 49 II LVwVfG und nicht nur für die Zukunft möglich sein (VGH BW, VBlBW 2002, 208; OVG Berlin-Brandenburg, Urt. v. 26.10.2011 – OVG 6 B 8.09; vgl. auch BVerwG, NVwZ-RR 2012, 933; krit. demgegenüber mit Blick auf die Systematik der §§ 48, 49 LVwVfG Kastner, in: Fehling/Kastner/Störmer, Verwaltungsrecht, VwVfG § 48 Rn. 30; Suerbaum, in: Mann/Sennekamp/Uechtritz, VwVfG, § 48 Rn. 48 ff.).

> Auch ein nichtiger VA kann zurückgenommen werden (Erst-Recht-Schluss, vgl. OVG NRW, NVwZ-RR 2010, 411). Werden formelle Fehler nach § 45 LVwVfG geheilt, dann wird der VA nachträglich mit Wirkung auf den Zeitpunkt des Erlasses rechtmäßig (vgl. OVG, NRW NVwZ 1988, 740), so dass keine Rücknahme in Betracht kommt. Ein Fehler, der nach § 46 LVwVfG unbeachtlich ist (Rn. 436 ff.), vermag auch im Rahmen der Rücknahme und des Widerrufs keinen Aufhebungsanspruch zu begründen.

Die Umdeutungsmöglichkeit des § 47 LVwVfG (Rn. 442 ff.) wird insoweit relevant, als nicht rücknehmbare VAs auch nicht umgedeutet werden können, andererseits aber eine zulässige Umdeutung die Rechtswidrigkeit beseitigt.

3. Belastende – begünstigende Verwaltungsakte

485 Sowohl § 48 als auch § 49 LVwVfG unterscheiden zwischen begünstigenden und belastenden VAs. Da beim begünstigenden VA dem Umstand Rechnung zu tragen ist, dass der Bürger ggf. auf den Bestand des für ihn positiven VA Vertrauen durfte, ist dessen Aufhebung sowohl bei der Rücknahme (§ 48 LVwVfG) als auch beim Widerruf (§ 49 LVwVfG) von zusätzlichen Voraussetzungen abhängig (vgl. Rn. 490 ff., 513 ff.).

Kapitel 10 Bestandskraft des Verwaltungsakts **485**

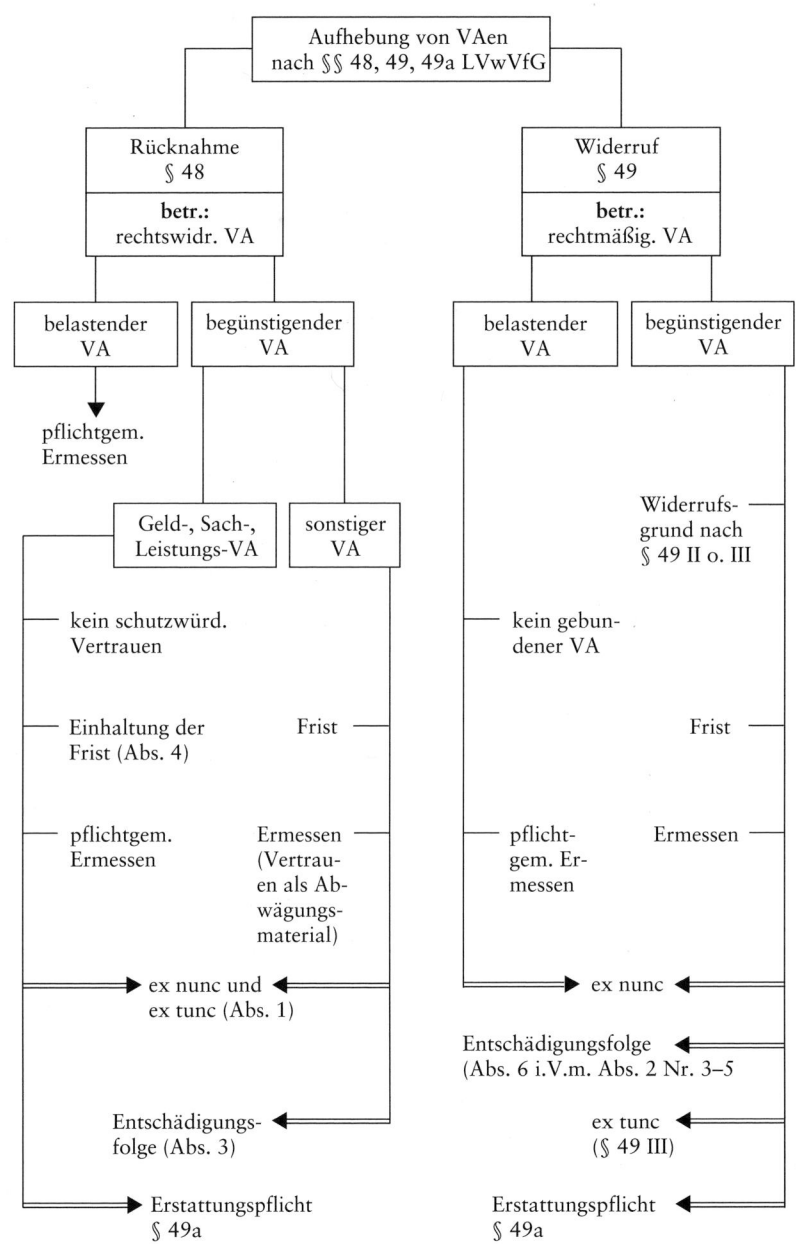

4. Spezialgesetzliche Vorschriften

486 Da für viele Verwaltungsbereiche **spezialgesetzliche Vorschriften** über Rücknahme und Widerruf von VAs vorhanden sind, ist zu betonen, dass auch für Rücknahme und Widerruf die Subsidiarität des LVwVfG und die Lex-specialis-Regel gilt. Bei der Fallbearbeitung ist daher stets zu prüfen, ob sich aus einer spezialgesetzlichen Vorschrift Regelungen über Rücknahme und Widerruf ergeben, sodann ist durch Auslegung festzustellen, ob die Regelungen abschließend sind. Nur wenn das Ergebnis negativ ist, gelangt man zu den Vorschriften des LVwVfG – sofern es sich um einen VA aus dem Anwendungsbereich des LVwVfG handelt.

Beispiele: § 15 I GastG (i. V. m. § 1 LGastG) sieht vor, dass die Gaststättenerlaubnis zurückzunehmen *ist* (gebundene Entscheidung und damit „Verschärfung" gegenüber § 48 LVwVfG), wenn bereits bei Erteilung der Erlaubnis Versagungsgründe nach § 4 I Nr. 1 GastG vorlagen; § 48 LVwVfG ist insoweit nicht anwendbar. Ist die Erlaubnis dagegen aus anderen Gründen rechtswidrig (weil bereits bei Erteilung der Erlaubnis Versagungsgründe nach § 4 I Nr. 2 oder 3 GastG vorlagen), findet § 48 LVwVfG ergänzende Anwendung; eine Rücknahme ist in diesem Fall nach Ermessen möglich. Die Vorschriften über den Widerruf der Gaststättenerlaubnis in § 15 II (gebundene Entscheidung) und III (Ermessensentscheidung) GastG sind dagegen stets abschließend und verdrängen § 49 LVwVfG vollständig (BVerwG NVwZ 1989, 453; Schoberth, JuS 2011, 730, 731). – Seit der Einführung der spezialgesetzlichen Regelung in § 35 StAG über die Rücknahme einer rechtswidrigen Einbürgerung ist ein Rückgriff auf § 48 LVwVfG insoweit nicht mehr möglich (Hofmann, Ausländerrecht, StAG, § 35 Rn. 1, 9); die Rücknahme der Ernennung eines Beamten ist in § 12 BeamtStG abschließend geregelt.

Für den Bereich des **Sozialverwaltungsrechts** gelten die Regelungen der §§ **44 ff.** SGB X, die für den Bürger günstiger ausgestaltet sind und unter E. näher erläutert werden.

II. Formelle Voraussetzungen für Rücknahme und Widerruf

487 § 48 V und § 49 V LVwVfG regeln nur die **örtliche Zuständigkeit**. Für die **sachliche Zuständigkeit** sind in erster Linie die Zuständigkeitsregeln des jeweils anzuwendenden Fachrechts maßgebend. Ergänzend sind die allgemeinen verwaltungsverfahrensrechtlichen Grundsätze heranzuziehen, wonach diejenige Behörde über die Rücknahme zu befinden hat, die zum Zeitpunkt der Aufhebungsentscheidung für den Erlass des aufzuhebenden VA sachlich zuständig wäre (vgl. BVerwG, NJW 2000, 1512).
Im Übrigen gelten die allgemeinen formellen Rechtmäßigkeitsvoraussetzungen für den Erlass von VAs auch für Rücknahme und Widerruf. Insbesondere muss vor der Rücknahme oder dem Widerruf eines begünstigenden VA eine Anhörung nach § 28 LVwVfG erfolgen. Für schriftliche oder elektronische bzw. schriftlich oder elektronisch bestätigte Rücknahme- oder Widerrufsbescheide gilt zudem das Begründungserfordernis des § 39 Abs. 1 LVwVfG, der regelmäßig auch die Darlegung der wesentlichen Ermessenserwägungen verlangt (zu den Beson-

derheiten im Fall des „intendierten Ermessens" bei der Rücknahme von Geld- und Sachleistungs-VAs nach § 48 II S. 3 LVwVfG mit Wirkung für die Vergangenheit vgl. Rn. 497).

III. Rücknahme (rechtswidriger) belastender Verwaltungsakte

1. Voraussetzungen

Die Grundregel des § 48 I S. 1 LVwVfG sieht eine Rücknehmbarkeit rechtswidriger VAs vor. Da § 48 I S. 2 LVwVfG nur für begünstigende VAs weitere Einschränkungen (insb. mit Blick auf den Vertrauensschutz) nennt, ist bei **belastenden** VAs auf der Tatbestandsseite lediglich die Rechtswidrigkeit des VA zu prüfen (zum maßgeblichen Zeitpunkt für die Beurteilung der Rechtswidrigkeit vgl. Rn. 483). Die Rücknahme belastender VAs ist auch an keine Fristen gebunden.

2. Ermessen

Die Rücknahme (rechtswidriger) belastender VAs ist nach Ermessen stets zulässig. Es liegt auch im Ermessen der Behörde, ob sie die Rechtsfolgen der Rücknahme mit dem Wirksamwerden des Rücknahmebescheids oder noch später (Rücknahme mit Wirkung ex nunc) oder ob sie diese Rechtsfolgen auf die Vergangenheit zurückwirken lassen will (Rücknahme mit Wirkung ex tunc). Bei der Ausübung des Ermessens sind die allgemeinen Schranken des Ermessens (Rn. 180 ff.) zu beachten. Ein Anspruch auf Rücknahme (Reduzierung des Ermessens) besteht, wenn die Aufrechterhaltung des VA „schlechthin unerträglich" wäre (BVerwG, NVwZ 2007, 709; NVwZ 2010, 656) oder wenn der ursprünglich rechtswidrige VA durch eine Änderung der Sach- oder Rechtslage zwischenzeitlich rechtmäßig wurde und eine gebundene Entscheidung zu treffen war. In diesem Fall greift der Rechtsgedanke des § 49 I LVwVfG ein. Eine Rücknahme des VA wäre rechtsmissbräuchlich und ist daher ausgeschlossen (BVerwG, NVwZ 1984, 715).

> **Beispiel:** Einem Gewerbetreibenden wird eine Auflage erteilt, obwohl die dafür erforderliche Rechtsgrundlage fehlt. Wird später eine Rechtsverordnung erlassen, die den Erlass einer derartigen Auflage vorschreibt, so kann danach die Auflage nicht mehr zurückgenommen werden.

Zu den Besonderheiten des Rücknahmeermessens bei unionsrechtswidrigen VAs vgl. ausführlich Suerbaum, in: Mann/Sennekamp/Uechtritz, VwVfG, § 48 Rn. 89 ff.

IV. Rücknahme (rechtswidriger) begünstigender Verwaltungsakte

Bei der Rücknahme (rechtswidriger) **begünstigender** VAs hat der Gesetzgeber berücksichtigt, dass der Bürger ggf. auf den Bestand des für ihn positiven VA vertrauen durfte. § 48 I S. 2 LVwVfG bestimmt daher, dass ein begünstigender VA **nur unter den Einschränkungen der Absätze 2 bis 4** zurückgenommen werden darf. Dabei ist zwischen begünstigenden VAs, die eine einmalige oder laufende Geldleistung oder teilbare Sachleistung gewähren oder hierfür Voraus-

setzung sind (etwas ungenau: **Geld- oder Sachleistungs-Verwaltungsakte, Abs. 2**), und **„sonstigen"** **Verwaltungsakten (Abs. 3)** zu unterscheiden.
Beispiele: Bewilligung von Ausbildungsförderung, von Subventionen; Festsetzung von Versorgungsbezügen = Geldleistungs-VAs.
Erteilung einer Fahrerlaubnis; Zurückstellung vom Wehrdienst; Genehmigung einer Stiftung; Feststellung der deutschen Staatsangehörigkeit; Gewährung von Sonderurlaub unter Fortzahlung der Dienstbezüge; Erteilung einer Baugenehmigung = sonstige VAs.

491 Das Vertrauen des Bürgers in die Fortgeltung des VA wird bei beiden Arten unterschiedlich geschützt. Die Geld- und Sachleistungs-VAs genießen – sofern das Vertrauen des Bürgers schutzwürdig ist – weitgehend **Bestandsschutz**, d. h. sie können nicht ohne Weiteres zurückgenommen werden (§ 48 II LVwVfG). Die „sonstigen" VAs sind dagegen grundsätzlich rücknehmbar, d. h. sie genießen keinen Bestandsschutz (§ 48 I S. 1 LVwVfG); einem schutzwürdigen Vertrauen des Bürgers wird hier vielmehr durch einen Anspruch auf Ersatz des Vertrauensschadens (§ 48 III LVwVfG) Rechnung getragen (**Vermögensschutz**). Inwieweit Vertrauensschutzgesichtspunkte bei diesen VAs im Rahmen der Ermessensentscheidung über die Rücknahme ausnahmsweise (etwa bei nicht durch den Ausgleichsanspruch ausgleichbaren immateriellen Schäden) in Betracht kommt, ist umstritten (vgl. hierzu Rn. 501).

492 Auch nach Erlass eines Widerspruchsbescheids kommt die Rücknahme des Ausgangsbescheids (nunmehr in Gestalt des Widerspruchsbescheids) in Betracht. Dies setzt allerdings voraus, dass die Ausgangsbehörde neue tatsächliche oder rechtliche Erkenntnisse für eine solche Rücknahme anführen kann. Zu einer isolierten Rücknahme des Widerspruchsbescheids ist die Ausgangsbehörde nicht befugt (BVerwG NVwZ 2002, 1252).

1. Rücknahme von Geld- und Sachleistungsverwaltungsakten (Abs. 2)

493 § 48 II LVwVfG enthält die zentrale Regelung für die Rücknahme von Geld- und Sachleistungs-VAs. Auf den ersten Blick scheint sich sein Anwendungsbereich in erster Linie auf die zahlreichen Fälle der Sozialleistungen zu erstrecken. Die Verfahren nach dem Sozialgesetzbuch – und damit die praktisch bedeutsamsten – Sozialleistungen sind jedoch aus dem Anwendungsbereich des LVwVfG ausgenommen (§ 2 II Nr. 3 LVwVfG; s. dazu Rn. 523). Bedeutung erlangt § 48 II LVwVfG jedoch u. a. für die wichtigen Sachgebiete der Subventionen, der beamtenrechtlichen Leistungen und der Gebührenfestsetzung. Hinsichtlich dieser VAs enthält § 48 II S. 1 LVwVfG ein Rücknahmeverbot, soweit der Betroffene auf den Bestand des VA vertraut hat und sein Vertrauen unter Abwägung mit dem öffentlichen Interesse an einer Rücknahme schutzwürdig ist. Im Einzelnen gilt Folgendes:

494 Voraussetzung für die Rücknahme von Geld- und Sachleistungs-VAs ist – über die Rechtswidrigkeit des VA hinaus –, dass der Rücknahme kein schutzwürdiges Vertrauen entgegensteht. Die in § 48 II LVwVfG im Einzelnen vorgesehene Abwägung ist gerichtlich voll überprüfbar; es besteht für die Verwaltung weder ein Beurteilungs- noch ein Ermessensspielraum. Dem Grundgedanken des **§ 48 II S. 1 LVwVfG** ist zu entnehmen, dass die Rücknahme unzulässig ist,

- soweit der Begünstigte auf den Bestand des VA vertraut hat und
- sein Vertrauen unter Abwägung mit dem öffentlichen Interesse an einer Rücknahme schutzwürdig ist.

Die erste – subjektive – Voraussetzung wird regelmäßig erfüllt sein, weil es dem Adressaten des begünstigenden Verwaltungsakts leichtfallen wird, sich darauf zu berufen, er habe auf den Verwaltungsakt vertraut. Hinsichtlich der Frage, ob dieses Vertrauen schutzwürdig war, ist Folgendes zu beachten:

a) **Ausschluss der Berufung auf Vertrauen** (§ 48 II S. 3 LVwVfG). § 48 II S. 3 LVwVfG hebt zunächst die Fälle hervor, bei denen das **Vertrauen** des Begünstigten **nie schutzwürdig** ist. In diesen Fällen ist die Rücknahme des Geld- oder Sachleistungs-VA nach Ermessen möglich. Dabei handelt es sich um VAs,
- Nr. 1) die der Begünstigte durch arglistige Täuschung, Drohung oder Bestechung oder
- Nr. 2) durch im Wesentlichen unrichtige oder unvollständige Angaben erwirkt hat (Der Begünstigte muss objektiv eine Mitursache für den Erlass des rechtswidrigen VA gesetzt haben. Auf Verschulden kommt es nicht an. Das Unterlassen von Angaben steht unrichtigen Angaben gleich, wenn eine Mitteilungspflicht besteht, BVerwG, NVwZ-RR 2012, 933); oder
- Nr. 3) deren Rechtswidrigkeit er kannte oder grob fahrlässig nicht kannte. Grob fahrlässig bedeutet, dass die im Verkehr erforderliche Sorgfalt in besonders schwerem Maße verletzt wurde (BVerwG, Buchholz 316 § 48 Nr. 120); bei Beamten kann sich nach der Rechtsprechung aus dem Dienst- und Treueverhältnis eine Pflicht zur Überprüfung von Geldleistungsbescheiden ergeben (BVerwG NVwZ 1987, 500; OVG MV, Beschl. v. 4.7.2016 – 2 L 209/12).

Beispiel: Ein Antragsteller erhält Subventionen für die Instandsetzung seines Gebäudes, nachdem er vorgetäuscht hatte, der Schaden sei durch Hochwasser eingetreten. Rücknahme möglich; s. auch VGH BW, VBlBW 1986, 221, 223 zu Nr. 2. Unklare und konkretisierungsbedürftige, aber nicht irreführende Angaben führen nicht zum Verlust der Schutzwürdigkeit (OVG Münster, NVwZ-RR 1997, 585).

Auf einige für die Verwaltungspraxis wichtige Fragen des Vertrauensschutzes kann an dieser Stelle nur kurz eingegangen werden:
Gemeinden bzw. sonstige Träger öffentlicher Gewalt können sich (bei der Rückforderung staatlicher Zuwendungen) nicht auf ein nach § 48 II LVwVfG schutzwürdiges Vertrauen berufen, weil sie an den Grundsatz der Gesetzmäßigkeit der Verwaltung gebunden sind (BVerwG, Beschl. v. 29.4.1999 – 8 B 87.99; NdsOVG NVwZ-RR 2013, 584; offengelassen: VGH BW, VBlBW 1986, 221).
Bei **unionsrechtswidrigen Beihilfen** ist zu beachten, dass die Anwendung nationaler Vorschriften – hier: § 48 II bis IV LVwVfG – im Rahmen des Vollzugs des EU-Beihilfenrechts durch die mitgliedstaatlichen Behörden die Rückforderung der Beihilfe nicht praktisch unmöglich machen darf (sog. effet utile, vgl. Art. 4 III AEUV). Nach der Rechtsprechung des EuGH besteht daher kein Ermessensspielraum bezüglich der Rücknahme eines Bewilligungsbescheids, wenn die Kommission mit bestandskräftiger Entscheidung die Rückforderung zu Unrecht gezahlter Beträge angeordnet hat (EuGH NJW 1998, 47 – Alcan). Diesem Gedanken wurde im nationalen Recht auch in § 10 I S. 1 MOG (kein Ermessen) Rech-

nung getragen (vgl. hierzu auch J. Müller, in: BeckOK VwVfG, § 48 Rn. 141 ff.). Bei der Berücksichtigung des Vertrauensschutzes ist zu beachten, dass auch das sekundäre Unionsrecht (abschließende) Regelungen über die Schutzwürdigkeit des Vertrauens enthalten kann, die § 48 II bis IV LVwVfG vorgehen; vom BVerwG wird dies inzwischen für den praxisrelevanten Bereich der Rückforderung landwirtschaftlicher Prämienzahlungen angenommen, was insoweit einen Rückgriff auf § 10 I S. 1 Halbs. 2 MOG i. V. m. § 48 II LVwVfG ausschließt (BVerwG, Buchholz 316 § 48 Nr. 112; vgl. auch VGH BW, RdL 2015, 103 sowie zur Problematik insgesamt J. Müller, in: BeckOK VwVfG, § 48 Rn. 138 ff.; Suerbaum, in: Mann/Sennekamp/Uechtritz, VwVfG, § 48 Rn. 150 ff.; zu den unionsrechtlichen Grenzen der Berücksichtigung von Vertrauensschutz bei der Rückforderung von EU-Beihilfen vgl. auch BVerwG, NVwZ-RR 2015, 21).

Ist das Vertrauen bereits nach § 48 II S. 3 LVwVfG nicht schutzwürdig, ist Vertrauensschutz – ohne Abwägung nach Abs. 2 Sätze 1 und 2 – zu verneinen. Das entbindet die Behörde zwar nicht von der nach Abs. 1 S. 1 noch erforderlichen Ermessensausübung, diese wird aber bei Vorliegen eines Ausschlusstatbestands nur in seltenen Fällen zu einem Absehen von der Rücknahme führen (J. Müller, in: BeckOK VwVfG, § 48 Rn. 68). Ist die Berufung auf Vertrauensschutz nach § 48 II S. 3 LVwVfG ausgeschlossen, wird der VA nach **§ 48 II S. 4 LVwVfG** i. d. R. mit Wirkung **für die Vergangenheit** zurückgenommen.

495a b) **Regelbeispiele schutzwürdigen Vertrauens (§ 48 II S. 2 LVwVfG).** Ist die Berufung auf Vertrauensschutz nicht bereits nach § 48 II S. 3 LVwVfG ausgeschlossen, so bestimmt **§ 48 II S. 2 LVwVfG** (nicht abschließend!), dass das **Vertrauen in der Regel schutzwürdig** ist, wenn der Begünstigte **gewährte Leistungen verbraucht** oder eine **Vermögensdisposition** getroffen hat, die er nicht mehr oder nur unter unzumutbaren Nachteilen rückgängig machen kann. Das Vertrauen des Betroffenen geht in diesen Fällen „in der Regel" vor und schließt für diese Sachverhalte eine Rücknahme aus, sofern nicht ausnahmsweise eine abweichende Gewichtung geboten ist (vgl. hierzu BVerwG DVBl. 1993, 727).

> **Beispiele:** Auf Grund eines positiven Bescheids über die Erteilung einer Subvention investiert der Begünstigte und geht Abzahlungsverpflichtungen ein (s. auch OVG Hamburg, NVwZ 1988, 73). – Kein „Verbrauch", wenn das Geld zur Schuldentilgung oder für Anschaffungen verwendet wird, die wertmäßig im Vermögen des Begünstigten noch vorhanden sind (BVerwG, NVwZ-RR 1994, 32).

496 c) **Frist.** Die Rücknahme ist nur zulässig **innerhalb eines Jahres,** seitdem die Behörde Kenntnis von den Tatsachen erlangt hat, die die Rücknahme rechtfertigen (§ 48 IV S. 1 LVwVfG).

Die Frist beginnt nach der Rechtsprechung erst dann zu laufen, wenn der Behörde (abzustellen ist auf den behördenintern zuständigen Amtswalter) sämtliche für die Rücknahmeentscheidung erheblichen Tatsachen vollständig bekannt sind. Zu diesen gehören neben der Rechtswidrigkeit des VA auch alle Tatsachen, die im Falle des § 48 II LVwVfG ein Vertrauen des Begünstigten in den Bestand des VA entweder nicht rechtfertigen oder ein bestehendes Vertrauen als nicht schutzwürdig erscheinen lassen, sowie die für die Ermessensausübung wesentlichen Umstände. Erst wenn diese Umstände vollständig und zweifelsfrei festgestellt sind, beginnt die Jahresfrist. Es handelt sich daher um eine Entscheidungs- und keine Bearbeitungsfrist (vgl. BVerwGE 70, 356; BVerwG, Beschl. v. 29.8.2014 – 4 B 1/14). Da auch die Anhörung des Betroffenen zur beabsichtigten Rücknahme zur Herstellung der Entscheidungsreife gehört (BVerwG, Beschl. v. 4.12.2008 – 2 B 60/08), wird die Jahresfrist i. d. R. nicht vor der Anhörung beginnen. Unterlässt die Behörde die Anhörung, so läuft die Frist nicht; verzögert die Behörde die Anhörung, kann aber die Befugnis zur Rücknahme des VA verwirkt sein (BVerwG, Urt. v. 23.1.2019, BVerwGE 164, 237; allgemein zur Verwirkung einer Rücknahme- oder Widerrufsbefugnis, die neben dem Zeitablauf auch das Setzen eines Vertrauenstatbestands durch die Behörde voraussetzt, vgl. auch BVerwG, Beschl. v. 11.7.2018 – 8 B 45/17). Die Anhörung selbst setzt die Frist noch nicht in Lauf; erst mit der Stellungnahme des Betroffenen erhält die Behörde Kenntnis von den Umständen, die gegebenenfalls bei ihrer Ermessensausübung zu berücksichtigen sind. Äußert sich der Betroffene auf eine von der Behörde gesetzte Frist nicht, so beginnt die Jahresfrist mit dem Ablauf der Äußerungsfrist zu laufen. Veranlasst die Stellungnahme des Betroffenen die Behörde zu weiterer Sachaufklärung, so läuft die Frist erst mit deren Abschluss und gegebenenfalls einer erneuten Anhörung; zweckmäßigerweise weist die Behörde den Betroffenen darauf hin (BVerwG, Urt. v. 23.1.2019, BVerwGE 164, 237).

Beispiel: Nachdem ein Unfallruhegehalt festgesetzt worden war, wird im Rahmen eines Verfahrens zur Genehmigung einer Heilkur bekannt, dass die Erkrankungen nicht durch die anerkannten Dienstunfälle verursacht wurden, sondern auf eine degenerative Veränderung der Halswirbelsäule zurückzuführen sind. Maßgeblich für den Beginn der Rücknahmefrist ist vorliegend nicht bereits die Kenntnis der fehlenden Kausalität der Unfälle für die Erkrankung, sondern erst die Stellungnahme des Betroffenen im Rahmen des Anhörungsverfahrens nach § 28 LVwVfG (BayVGH, Beschl. v. 25.2.2016 – 14 ZB 14.874).

Keine zeitlichen Grenzen gelten, sofern der VA wegen arglistiger Täuschung, Drohung oder Bestechung rechtswidrig ist (§ 48 IV S. 2 LVwVfG). Konsequent erscheint im Übrigen die Auffassung des HessVGH (NVwZ 1984, 382), ein VA, der wegen Zeitablaufs nicht mehr zurückgenommen werden könne, müsse unter den Voraussetzungen des § 49 LVwVfG widerrufbar sein. Sonst wäre der durch einen rechtswidrigen VA Begünstigte bessergestellt, als der durch einen rechtmäßigen VA Begünstigte.

Beispiel: Eine Gemeinde erhält vom Regierungspräsidium einen rechtswidrigen Bewilligungsbescheid über Zuschüsse. Die Jahresfrist des § 48 IV LVwVfG ist verstrichen. Erfüllt die Gemeinde jetzt Auflagen nicht, die in dem Bescheid enthalten sind, kann die Bewilligung analog § 49 II Nr. 2 LVwVfG widerrufen werden.

Auch bei der Jahresfrist nach § 48 IV LVwVfG sind mögliche Überlagerungen durch das Unionsrecht zu beachten. Zum einen können vorrangige Regelungen in EU-Verordnungen bestehen, die der Anwendung des nationalen Rechts entgegenstehen. Obwohl im Bereich des Agrarrechts § 10 MOG ausdrücklich auch auf § 48 IV VwVfG verweist, kann daher EU-Verordnungsrecht die Anwendung dieser Bestimmung verdrängen (BVerwG, Buchholz 451.90 Sonstiges Europ. Recht Nr. 207; J. Müller, BeckOK VwVfG, § 48 Rn. 146; s. auch oben Rn. 495).

Für die Rücknahme von Beihilfen, die von der Kommission gem. Art. 107 AEUV für mit dem Gemeinsamen Markt unvereinbar erklärt worden sind, gilt die Jahresfrist grundsätzlich nicht (zu den Fällen, in denen ausnahmsweise eine Berufung auf ein Verstreichen der Jahresfrist in Betracht kommt, vgl. J. Müller, in: BeckOK VwVfG, § 48 Rn. 159 f.).

497 **d) Zeitpunkt des Wirksamwerdens.** Für die Frage, von welchem **Zeitpunkt** an die Rücknahme wirksam werden soll, ist ebenfalls die Schutzwürdigkeit des Vertrauens von entscheidender Bedeutung. Dies ergibt sich aus der Formulierung in § 48 II S. 1 LVwVfG: „... *soweit* der Begünstigte auf den Bestand vertraut hat und sein Vertrauen ... schutzwürdig ist". Soweit (zeitlich verstanden) das schutzwürdige Vertrauen des Begünstigten also reicht, ist eine Rücknahme nicht möglich. Obgleich auch die Frage des Zeitpunktes der Rücknahmewirkung im pflichtgemäßen Ermessen der Behörde steht, wird daher im Regelfall nur eine Rücknahme ex nunc in Frage kommen. Zu beachten ist, dass die Wirkung auch für die spätere Zukunft eintreten kann. Fehlt es an einem schutzwürdigen Vertrauen (z. B. in den Fällen des § 48 II S. 3 LVwVfG), so wird im Regelfall die Rücknahme ex tunc erfolgen (§ 48 II S. 4 LVwVfG). Es handelt sich um einen Fall der sog. gelenkten („**intendierten**") Ermessensausübung, die keiner besonderen Begründung i. S. d. § 39 I S. 3 LVwVfG bedarf (vgl. BVerwG, NJW 1998, 2233; VGH München, NVwZ 2001, 931 m. krit. Anm. v. Erbguth, JuS 2002, 333).

498 **e) Öffentlich-rechtlicher Erstattungsanspruch (§ 49a LVwVfG).** Soweit ein VA mit Wirkung für die Vergangenheit zurückgenommen wurde, erhält die Behörde einen **öffentlich-rechtlichen Erstattungsanspruch** (§ 49a I–III LVwVfG). Die Rücknahme des VA ex tunc entzieht den bisherigen Leistungen der Behörde an den Begünstigten die Rechtsgrundlage. Dabei ist zu beachten, dass nach der Rspr. des BVerwG (NVwZ 1984, 518; BayVBl. 1985, 373) mit der Rückforderung einer zu Unrecht gewährten Subvention i. d. R. die Rücknahme des begünstigenden Bewilligungsbescheides verbunden ist. Soweit die Rücknahme reicht, sind die bereits gewährten Leistungen daher zu erstatten (§ 49a I LVwVfG). Der Umfang der Erstattung bestimmt sich nach den §§ 812 ff. BGB. Auch § 818 III BGB (Wegfall der Bereicherung) kommt zur Anwendung (vgl. BVerwG, NJW 1992, 328 und 703), läuft allerdings wegen § 49a II S. 2 LVwVfG meist leer, wenn kein schutzwürdiges Vertrauen vorhanden war. Es entfällt schon dann – anders als bei § 48 II S. 3 Nr. 3 LVwVfG – wenn der Erstattungsverpflichtete nur die tatsächlichen Voraussetzungen (Umstände der Rechtswidrigkeit, nicht aber die Rechtswidrigkeit selbst) kannte oder kennen musste, vgl. BVerwG, Buchholz 316, § 48 Nr. 64). Der Erstattungsbetrag ist nach den Regeln des § 49a III LVwVfG zu verzinsen.

499 Das Verfahren für die **Geltendmachung** des Erstattungsanspruches ist in § 49a I S. 2 LVwVfG geregelt. Der Erstattungsanspruch ist durch VA (**Leistungsbescheid**) geltend zu machen. Einer Klage bedarf es also nicht. Für Streitigkeiten über Grund und Höhe des Erstattungsanspruches sind die Verwaltungsgerichte zuständig (vgl. § 40 II S. 2 VwGO). Die beamtenrechtlichen Vorschriften über die Rückgewähr zu viel gezahlter Bezüge gehen als Spezialgesetze der allgemeinen Regelung des § 49a LVwVfG vor (vgl. BVerwG, NVwZ 2000, 443).

Beispiel: Die Rückforderung einer zu Unrecht erfolgten Urlaubsabgeltungszahlung an einen hauptamtlichen Bürgermeister erfolgt auf der Grundlage der spezialgesetzlichen Regelung in § 15 II LBesG (VG Stuttgart, Urt. v. 28.9.2016 – 7 K 3965/14).

2. Die Rücknahme „sonstiger" Verwaltungsakte (Abs. 3)

a) Voraussetzungen. Ein rechtswidriger VA, der nicht auf eine Geldleistung oder Sachleistung im Sinne des § 48 II S. 1 LVwVfG gerichtet oder hierfür Voraussetzung ist, kann von der Behörde nach pflichtgemäßem Ermessen ex nunc oder ex tunc aufgehoben werden. Die Ermächtigungsgrundlage kennt keine weiteren Tatbestandsvoraussetzungen.

Beispiele: Vgl. Rn. 490. – Zur Rücknahme eines Aufenthaltstitels: NdsOVG, InfAuslR 2012, 360; zur Rücknahme eines Prüfungsbescheids: VGH BW, DVBl. 1989, 884; BVerwG, DVBl. 1989, 1196; zur Entziehung eines Doktorgrades: VGH BW, DVBl. 2000, 1007; zur Entziehung eines Vertriebenenausweises: BVerwG, NVwZ-RR 1998, 400.

b) Bedeutung der Schutzwürdigkeit des Vertrauens. Anders als bei den Geld- und Sachleistungs-VAs stellt die **Schutzwürdigkeit** des **Vertrauens** bei den sonstigen VAs keinen tatbestandlichen Ausschlussgrund dar, sondern ist (allenfalls) als ein Gesichtspunkt bei der nach § 48 I S. 1 LVwVfG zu treffenden Ermessensentscheidung zu berücksichtigen (NdsOVG, InfAuslR 2012, 360 m. w. N.). Inwieweit Vertrauensschutz im Rahmen der Ermessensentscheidung über die Rücknahme nach § 48 I S. 1 LVwVfG berücksichtigt werden kann, ist umstritten. Aus der Systematik des Gesetzes folgt zunächst, dass der Gesetzgeber es grundsätzlich für ausreichend erachtet hat, dem Vertrauensschutz bei einem nicht auf eine Geld- oder Sachleistung gerichteten VA durch Vermögensschutz (und nicht Bestandsschutz) Rechnung zu tragen. Eine Berücksichtigung von Vertrauensschutzgesichtspunkten kann etwa in Betracht kommen, wenn durch die Rücknahme ein immaterieller Schaden entsteht, der durch den vermögensrechtlichen Ausgleichsanspruch nicht kompensiert werden kann (vgl. zum Stand der Rechtsprechung des BVerwG Struzina/Lindner, NVwZ 2016, 1295). Zu beachten ist, dass auf die Rücknahme einer Einbürgerung (bei der ein solcher immaterieller Schaden in Betracht kommt) inzwischen die vorrangige Spezialvorschrift in § 35 StAG anzuwenden ist. Im Übrigen gelten die allgemeinen Schranken für die Ausübung des Ermessens (Rn. 180 ff.).

c) Rücknahmefrist. Auch die Rücknahme sonstiger VAs ist nach § 48 IV S. 2 LVwVfG nur innerhalb eines Jahres zulässig, seitdem die Behörde Kenntnis von den Tatsachen erlangt hat, die eine Rücknahme rechtfertigen, erfolgen. Es gilt insoweit dasselbe wie bei den Geld- und Sachleistungs-VAs (Rn. 496). Auch der Ausschluss der Befristung für die Rücknahme von VAs, die wegen arglistiger Täuschung, Drohung oder Bestechung rechtswidrig sind, findet für die „sonstigen" VAs Anwendung.

d) Wirkung. Die Rücknahme beendet die Wirksamkeit des VA ex nunc oder ex tunc. Auch insoweit kann auf die Ausführungen zu den Geld- und Sachleistungs-VAs verwiesen werden (vgl. Rn. 497).

504 e) **Ausgleichsanspruch (§ 48 III LVwVfG).** Als Folgewirkung der Rücknahme sieht § 48 III LVwVfG einen **Ausgleichsanspruch** für den bisher Begünstigten vor. Das Entstehen des Anspruchs setzt voraus (Abs. 3 S. 1):
- Rücknahme eines rechtswidrigen VA, der nicht unter Abs. 2 fällt,
- Vermögensnachteil infolge schutzwürdigen Vertrauens,
- Antragstellung.

Der **Antrag** ist bei der Behörde zu stellen, die den VA zurückgenommen hat. Er ist nur innerhalb eines Jahres zulässig (Satz 5). Die Frist beginnt allerdings nur, wenn die Behörde den Begünstigten ausdrücklich auf sie hingewiesen hat. Es muss sich um einen **Vermögensnachteil** handeln, der **ursächlich** auf die Rücknahme des VA zurückzuführen ist. Die Vorschrift ist auf die (klarstellende) Rücknahme nichtiger VAs nicht – auch nicht entsprechend – anwendbar (BGH, ZBR 1990, 92). Zu ersetzen sind Aufwendungen im Vertrauen auf eine erteilte Erlaubnis, die nunmehr nutzlos sind, wie anderweitig nicht verwertbare Anschaffungen oder Planungskosten. Auch der Schaden, der dadurch entstanden ist, dass im Vertrauen auf den Bestand des VA eine anderweitige Gewinnmöglichkeit nicht genutzt worden ist, ist erstattungsfähig. Nicht dazu gehört der entgangene Gewinn, den ein Unternehmer aufgrund einer rechtswidrig erteilten Erlaubnis voraussichtlich hätte erzielen können.

Beispiel: Wird im Vertrauen auf den Bestand einer teilweise fehlerhaften und später zurückgenommenen Baugenehmigung für ein Hotelgebäude zunächst ein zu hoher Kaufpreis gezahlt, der im Folgenden aber durch Einnahmen aus Verpachtung oder Verkauf ausgeglichen wird, fehlt es an einem Vermögensnachteil i. S. v. § 48 III LVwVfG (OVG NRW, NVwZ-RR 2012, 953).

505 Das **Vertrauen** auf den Bestand des VA muss unter Abwägung des öffentlichen Interesses **schutzwürdig** sein. Aus dem Verweis in § 48 III S. 2 LVwVfG auf Abs. 2 S. 3 folgt, dass bei Vorliegen eines unter Abs. 2 S. 3 Nr. 1 bis 3 fallenden Sachverhalts ein Ausgleichsanspruch mangels schutzwürdigen Vertrauens ausscheidet. Liegt kein Ausschlussgrund nach § 48 II S. 3 LVwVfG vor, kommt es für die Beurteilung der Schutzwürdigkeit des Vertrauens – ebenso wie in den Fällen des § 48 II LVwVfG – auf eine wertende Abwägung des öffentlichen Interesses mit den Belangen des Betroffenen an. Hat der Betroffene im Vertrauen auf den Bestand des VA Vermögensdispositionen getroffen, die er nicht mehr oder nur unter unzumutbaren Nachteilen rückgängig machen kann, ist sein Vertrauen – vergleichbar mit der Wertung in § 48 II S. 2 LVwVfG – in der Regel schutzwürdig (vgl. BVerwG, NVwZ-RR 2010, 801; krit. mit Blick auf die Aufnahme der Wertung des § 48 II S. 2 LVwVfG wohl Sachs, in: Stelkens/Bonk/Sachs, VwVfG, § 48 Rn. 185 f.). Ein eventuelles Mitverschulden des Betroffenen ist im Rahmen der Schutzwürdigkeit des Vertrauens zu berücksichtigen.

Beispiel: Die nicht rechtzeitige Geltendmachung eines ursprünglich bestehenden zivilrechtlichen Wandlungsanspruchs wegen mangelnder Bebaubarkeit eines erworbenen Grundstücks nach Rücknahme einer noch dem Verkäufer erteilten Baugenehmigung kann vorwerfbar sein und die Schutzwürdigkeit des Vertrauens auf den Bestand der Baugenehmigung entfallen lassen, auch wenn der Ausgleichsanspruch nach § 48 III LVwVfG grundsätzlich nicht subsidiär gegenüber zivilrechtlichen Gewährleistungsansprüchen ist. Eine Anspruchsminderung kann sich aus einem Mitverschulden aber nicht ergeben (vgl. J. Müller, in: BeckOK VwVfG, § 48 Rn. 98; BVerwG, BauR 2007, 1392).

Der **Umfang** des Ausgleichsanspruchs ist gesetzlich begrenzt. Zu ersetzen ist das Vertrauensinteresse (Abs. 3 S. 2) und nicht das sog. positive oder Erfüllungsinteresse (entgangener Gewinn; vgl. VGH BW, VBlBW 1997, 18), das allerdings die Obergrenze bildet (Abs. 3 S. 3).

Beispiel: Ein Verkaufsgewinn, der durch die Rücknahme wieder entfällt, weil der Käufer den Kaufvertrag zivilrechtlich rückabwickelt, wird nicht nach § 48 III LVwVfG ersetzt (BVerwG, BauR 2007, 1392).

Die Regelung orientiert sich an privatrechtlichen Vorbildern (§§ 122 I, 179 II BGB). Auf die dazu ergangene Rechtsprechung und Kommentierung kann Bezug genommen werden.

Das **Verfahren** ergibt sich aus § 48 III S. 1 und 4 LVwVfG sowie §§ 40 und 42 I VwGO. Nach einem zulässigen Antrag setzt die Behörde durch Festsetzungsbescheid den Ausgleichsanspruch nach Grund und Höhe fest. Dies kann gleichzeitig mit der Rücknahme erfolgen. Nach § 48 III S. 5 LVwVfG kann der Anspruch nur innerhalb eines Jahres (beginnend mit dem Zeitpunkt, in dem die Mitteilung der Behörde über die Jahresfrist dem Betroffenen zugegangen ist) geltend gemacht werden. Für Streitigkeiten über Grund und Höhe des Ausgleichsanspruchs sind die Verwaltungsgerichte zuständig. Der Anspruch ist mit einem Verpflichtungswiderspruch und einer Verpflichtungsklage zu verfolgen.

Beispiele: Nach der Rücknahme einer Baugenehmigung kann der Bauherr den Ersatz des Vertrauensschadens bei der Behörde, ggf. nachfolgend beim Verwaltungsgericht geltend machen, wenn sein Vertrauen schutzwürdig ist. Ein daneben bestehender (beim Landgericht geltend zu machender) Anspruch aus Amtshaftung steht dem nicht entgegen.
Ein Antragsteller erhält dadurch eine Ausnahmegenehmigung nach § 46 I Nr. 5 StVO, dass er dem zuständigen Sachbearbeiter ein empfindliches Übel androht. Eineinhalb Jahre später wird der Vorgang bekannt und die Genehmigung soll zurückgenommen werden. Sie ist rechtswidrig, weil von sachfremden Motiven beeinflusst. Die Jahresfrist ist unschädlich, weil auch in diesem Fall § 48 IV S. 2 LVwVfG gilt. Der VA kann also zurückgenommen werden. Ein Ausgleichsanspruch entsteht nicht. Ein entsprechender Antrag hätte keinen Erfolg; er könnte aber vor den Verwaltungsgerichten nach Durchführung des Vorverfahrens (§ 68 VwGO) verfolgt werden.
Vgl. auch den interessanten Fall BVerwG, DVBl. 1976, 220: Ermessensbindung bei der Rücknahme einer Baugenehmigung durch eine dem Nachbarn erteilte Zusage.

V. Rücknahme rechtswidriger Verwaltungsakte mit Doppelwirkung

1. Begriff

508 Wegen des Begriffs der Doppelwirkung kann auf das Kapitel über den Begriff und die Arten des VA verwiesen werden (Rn. 245).

2. Problemstellung

509 Ergeht ein VA mit Doppelwirkung, so ist fraglich, ob er nach den Grundsätzen des begünstigenden oder belastenden VA zurückgenommen werden kann. Um kein Problem der Doppelwirkung handelt es sich, wenn ein VA zwar belastet, aber die Belastungsmöglichkeit nicht in vollem Umfang ausschöpft.

Beispiel: Gebührenbescheid nach dem LGebG von 300 Euro. Das Gebührenverzeichnis sieht für diesen Fall jedoch 500 Euro vor. Die „Nacherhebung" betrifft einen ausschließlich belastenden VA, bei dessen Rücknahme jedoch die Grundsätze des Vertrauensschutzes zu beachten sind (BVerwG, DVBl. 1988, 899 – zum Erschließungsbeitragsrecht).

3. Problemlösung

510 Betreffen Begünstigung und Belastung dieselbe Person, so ist der VA insgesamt als begünstigender VA zu behandeln.

Beispiel: Die Ernennung zum Beamten ruft sowohl Rechte als auch Pflichten hervor (§§ 33 ff. BeamtStG, §§ 47 ff. LBG).

Betreffen Begünstigung und Belastung verschiedene Personen, so ist der VA insgesamt als begünstigender VA im Sinne des § 48 I S. 2 LVwVfG zu behandeln. Soweit jedoch ein zulässiges (vgl. BVerwG, DÖV 1982, 940) Vorverfahren oder ein zulässiges verwaltungsgerichtliches Verfahren anhängig ist, unterliegt die Rücknahme der **Sonderregelung des § 50 LVwVfG.** Danach ist die Möglichkeit zur Rücknahme und zum Widerruf im Fall der Anfechtung durch einen Drittbetroffenen nicht durch die Vertrauensschutzregelung beschränkt. Der Vorschrift liegt der Gedanke zugrunde, dass der Begünstigte bei einem solchen VA mit der Einlegung von Rechtsbehelfen durch andere – durch den VA belastete – Personen und im Falle einer Verletzung der Rechte dieser Personen mit der gerichtlichen Aufhebung des VA von vornherein rechnen muss und deshalb keinen Vertrauensschutz verdient; unter diesen Umständen soll die Behörde nicht gezwungen sein, im Verwaltungsprozess untätig eine zu befürchtende gerichtliche Aufhebung des Verwaltungsakts abzuwarten, sondern soll sie gewissermaßen vorwegnehmen dürfen (vgl. BT-Drs. 7/910 S. 74). Die Behörde muss dennoch die Umstände des Einzelfalls im Rahmen ihrer Ermessensentscheidung berücksichtigen (BVerwG, NVwZ 1994, 896). Die Erleichterung des § 50 LVwVfG entfällt, wenn der Rechtsbehelf unzulässig oder offensichtlich unbegründet ist (VGH BW, VBlBW 1996, 380; offengelassen: BayVGH, NVwZ 1997, 701). Ist der Rechtsbehelf erkennbar zulässig und begründet, reduziert sich das Rücknahmeermessen auf Null (BVerwG, NVwZ 2002, 730). Der Rücknahmebescheid ist unzulässig, wenn er nur den Zweck hat, die sich aus einer Abhilfeentscheidung nach § 80 I S. 1 LVwVfG ergebende Kostenfolge zu umgehen (BVerwG, NVwZ 1997, 272).

Beispiele: Wird auf Antrag eines Nachbarn eine gaststättenrechtliche Auflage erteilt, so kann während des Widerspruchsverfahrens, das vom Inhaber der Gaststätte betrieben wird, die Auflage ohne Weiteres beseitigt werden (s. auch VGH BW, BWVP 1987, 89; OVG Münster, NVwZ 1989, 72). Verletzt eine mit Nachbarwiderspruch angefochtene Baugenehmigung nachbarschützende Festsetzungen eines Bebauungsplans und wird die Baugenehmigung daraufhin während des Widerspruchsverfahrens zurückgenommen, ist das behördliche Ermessen auf Null reduziert, weil der in seinen Rechten verletzte Nachbar einen ermessensunabhängigen Anspruch auf Aufhebung der Baugenehmigung hat (BVerwG NVwZ 2002, 730).

VI. Widerruf (rechtmäßiger) belastender Verwaltungsakte

1. Voraussetzungen

§ 49 I LVwVfG lässt den Widerruf nicht begünstigender (regelmäßig also belastender) VAs – ähnlich wie § 48 I S. 1 LVwVfG die Rücknahme belastender VAs – ohne weitere Voraussetzungen nach pflichtgemäßem Ermessen zu. (Zu den in § 49 I Halbs. 2 LVwVfG normierten – seltenen – Ausnahmefällen vgl. z. B. Sachs, in: Stelkens/Bonk/Sachs, VwVfG, § 49 Rn. 22 ff. sowie BayVGH, BayVBl. 2006, 408).

2. Ermessen

Rechtmäßige belastende VAs können nach pflichtgemäßem Ermessen ganz oder teilweise widerrufen werden, im Unterschied zur Rücknahme allerdings nur mit Wirkung für die Zukunft. Der Anspruch des Adressaten des belastenden VA auf ermessensfehlerfreie Entscheidung kann sich im Fall einer Ermessensreduzierung auf Null ausnahmsweise zu einem Anspruch auf Widerruf verdichten. Dies kommt v. a. bei Dauer-VAs in Betracht, wenn sich die Sach- und Rechtslage zugunsten des Betroffenen ändert (sofern diese Fälle nicht ohnehin der Rücknahme zugeordnet werden, vgl. Rn. 483).

Beispiele: Einem Niederlassungserlaubnisberechtigten kann nach Ablauf eines längeren Zeitraums ein Anspruch auf Widerruf einer auf § 23 II S. 4 AufenthG gestützten Wohnsitzauflage im Wege der Ermessensreduzierung auf Null zustehen, wenn Leistungen nach dem SGB II nur noch ergänzend in Anspruch genommen werden und von Art. 6 GG geschützte familiäre Bindungen bestehen, die für einen Wechsel des Wohnsitzes sprechen und die Wohnsitzauflage nunmehr unverhältnismäßig erscheinen lassen (vgl. HessVGH, Beschl. v. 29.12.2015 – 3 A 948/14).

VII. Widerruf (rechtmäßiger) begünstigender Verwaltungsakte

1. Voraussetzung: Widerrufsgrund

Die Voraussetzungen für den Widerruf eines begünstigenden VA sind in § 49 II, III LVwVfG abschließend aufgezählt. Zu denken ist jedoch stets an spezialgesetzliche Regeln (s. Rn. 486) und an die Rechtsprechung und Literatur zu den rechtswidrig gewordenen VAs (s. Rn. 483). Ein begünstigender VA kann gem.

§ 49 II LVwVfG nur widerrufen werden, wenn ein dort genannter **Widerrufsgrund** vorliegt. § 49 II und III LVwVfG sind im Übrigen auch auf ursprünglich rechtswidrige VAs entsprechend anwendbar, wenn ein Widerrufsgrund vorliegt. Unter den Bedingungen, unter denen ein begünstigender rechtmäßiger Verwaltungsakt widerrufen werden kann, darf er – erst recht – bei ursprünglicher Rechtswidrigkeit widerrufen werden; denn das Vertrauen des Betroffenen ist in diesem Fall nicht schutzwürdiger als bei ursprünglicher Rechtmäßigkeit der Begünstigung (BVerwG, Urt. v. 19.9.2018, BVerwGE 163, 102).

513a a) **Widerrufsgründe nach § 49 II LVwVfG.** Die Widerrufsgründe des § 49 II LVwVfG sind auf alle begünstigenden VAs anwendbar. Sie ermöglichen den Widerruf auch für Sach- und Geldleistungs-VAs, für die § 49 III LVwVfG zusätzlich weitergehende Widerrufsmöglichkeiten vorsieht.

514 aa) **Widerrufsvorbehalt (Nr. 1).** Der Vorbehalt kann durch Rechtsvorschrift oder durch Nebenbestimmung erfolgen. Hinsichtlich der in Rechtsvorschriften enthaltenen Widerrufsvorbehalte ist zunächst zu beachten, dass sich hier häufig auch spezialgesetzliche Vorschriften über den Widerruf finden, die der Anwendung von § 49 LVwVfG vorgehen (vgl. z. B. §§ 12, 18 WHG). Zur Zulässigkeit dieser Nebenbestimmungen vgl. Rn. 266 f. Auch ein rechtswidriger Vorbehalt kann Widerrufsgrund sein, die Rechtswidrigkeit kann dann aber bei der Ausübung des Ermessens Bedeutung erlangen (str. vgl. Kopp/Ramsauer, § 49 Rn. 37). Selbst der einem bei seinem Erlass rechtswidrigen VA beigefügte Widerrufsvorbehalt kann nach § 49 II Nr. 1 LVwVfG ausgeübt werden. Könnte der VA nur nach § 48 LVwVfG zurückgenommen werden, müsste die Behörde nach § 48 III LVwVfG entschädigen. Der Inhaber eines rechtswidrigen VA wäre also bessergestellt als der eines rechtmäßigen – ein widersinniges Ergebnis (vgl. VGH BW, NVwZ-RR 1992, 126; VGH Kassel, NVwZ-RR 1999, 798). Mit dem Widerrufsvorbehalt allein lässt sich ein Widerruf freilich nicht rechtfertigen (Rn. 267).
Von einem unbeschränkten Widerrufsvorbehalt darf auch aus anderen Gründen Gebrauch gemacht werden als denen, die in der Begründung des Vorbehaltes als möglicher Anlass für einen Widerruf aufgeführt wurden. Auch darf der Widerruf im Falle eines Widerrufsvorbehalts wegen einer Rechtsänderung erklärt werden, ohne dass die Voraussetzungen der Nr. 4 vorliegen müssten. Denn die Widerrufsgründe des § 49 II LVwVfG stehen selbstständig nebeneinander (BVerwG, Urt. v. 12.9.2019, GewA 2020, 66).

515 bb) **Nichterfüllen einer Auflage (Nr. 2).** Zum Begriff und zur Zulässigkeit von Auflagen vgl. Rn. 268 ff. Handelt es sich um eine rechtswidrige Auflage oder ist die Auflage einem rechtswidrigen VA beigefügt, so gilt dasselbe wie beim rechtswidrigen Widerrufsvorbehalt (Rn. 514). Liegen die Voraussetzungen der Nr. 2 vor, so ist bei der Ausübung des Ermessens insbesondere der Grundsatz der Verhältnismäßigkeit von Bedeutung (Rn. 187). Aus ihm folgt schon die Pflicht, dem Betroffenen eine angemessene Frist zur Erfüllung der Auflage zu setzen. Diese Verpflichtung wird jedoch nochmals ausdrücklich in § 49 II Nr. 2 LVwVfG erwähnt. Vor der Erklärung des Widerrufs sind auch Überlegungen über die Mittel-Zweck-Relation im Rahmen des Grundsatzes der Verhältnismäßigkeit anzustellen. Das BVerwG geht in einem umstrittenen Urteil davon aus, Nr. 2 sei auch dann anwendbar, wenn die Auflage in einem gerichtlichen Verfahren aufgehoben wurde und deshalb nicht mehr erfüllt zu werden braucht (BVerwGE 65, 139; ihm folgend: VGH BW, VBlBW 1984, 84, 85).

Beispiel: Widerruf eines Zuwendungsbescheids wegen eines Verstoßes gegen die laut einer Auflage zu beachtenden Vergabevorschriften der VOB (BayVGH, NJW 1997, 2255).

cc) **Nachträgliche Änderung der maßgeblichen Tatsachen (Nr. 3).** Es muss sich um entscheidungserhebliche Tatsachen (nicht Rechtserkenntnisse) handeln und der Widerruf muss zur Beseitigung oder Verhinderung eines sonst unmittelbar drohenden Schadens für wichtige Gemeinschaftsgüter erforderlich sein („Gefährdung des öffentlichen Interesses" vgl. VGH BW, GewA 1989, 94 und 263; BVerwG, NVwZ 1992, 565).
Bei diesem Widerrufsgrund ist zu beachten, dass ein Widerruf dann nicht erforderlich wird, wenn sich die Geltungswirkung des zu widerrufenden VA gar nicht in die Zukunft erstreckt, bzw. ein Widerruf nicht möglich ist, wenn sich aus dem Sinn und Zweck der Vorschrift ergibt, dass die Voraussetzungen nur im Zeitpunkt des Erlasses vorliegen müssen.

516

Beispiele: Einem Straßenanlieger wird eine Ausnahmegenehmigung gem. § 46 I Nr. 3 StVO für das Parken in der zweiten Reihe vor seinem Geschäft erteilt. Durch eine spätere Änderung der Verkehrsführung nimmt der Verkehr an dieser Stelle so zu, dass es zu gefährlichen Situationen wegen des Parkens kommt. Hier ist ein Widerruf nach § 49 II Nr. 3 LVwVfG möglich und erforderlich. Kein Fall des § 49 LVwVfG liegt dagegen vor, wenn eine Ausnahmebewilligung nach § 8 HwO erteilt wird und deren Inhaber später seinen Pflichten gegenüber seinen Lehrlingen nicht nachkommt. Hier greift die Regelung des § 35 GewO ein (vgl. jedoch zum Widerruf einer Maklererlaubnis wegen Verstoßes gegen Aufzeichnungspflichten: VGH Kassel, GewA 1997, 67). Die Genehmigung (Zulassung) eines Schulbuches darf bei nachträglicher Änderung der Lerninhalte durch den Erlass neuer Rahmenrichtlinien gem. § 49 II Nr. 3 LVwVfG widerrufen werden (BVerwG, DVBl. 1982, 1004).

dd) **Änderung der Rechtslage (Nr. 4).** Dieser Widerrufsgrund setzt voraus, dass sich die Rechtslage seit Erlass des VA geändert hat und die Behörde nunmehr berechtigt wäre, den VA nicht mehr zu erlassen. Eine Änderung der Rechtsprechung ist keine Änderung der Rechtslage (Rn. 474). Weiter wird vorausgesetzt, dass von der Begünstigung noch kein Gebrauch gemacht wurde (vgl. dazu BVerwG, NVwZ 1992, 565) bzw. noch keine Leistungen empfangen wurden. Außerdem muss ohne Widerruf das öffentliche Interesse gefährdet sein, d.h. es muss ein Schaden für wichtige Gemeinschaftsgüter drohen (vgl. OVG Lüneburg, GewA 1991, 384 – Widerruf der Bestellung eines Sachverständigen wegen strafbarer Handlungen –; VGH BW, DÖV 1993, 624 – Widerruf der Aufstellerlaubnis für Geldspielgeräte wegen wirksamen Jugendschutzes –; VGH BW, DÖV 1994, 219 – Widerruf der Reisegewerbekarte wegen Unzuverlässigkeit beim Bungee-Springen; VGH Kassel, NVwZ-RR 1999, 798 – Widerruf eines Bewilligungsbescheids für Schülerbeförderungskosten). Zu beachten ist, dass ein Widerruf nur dann in Frage kommt, wenn die Geltungswirkung des VA noch in die Zukunft ausstrahlt (vgl. Rn. 454).

517

518 ee) **Schwere Nachteile für das Gemeinwohl (Nr. 5).** In dieser sehr weiten Formulierung wird teilweise ein „allgemeines Notrecht" der Behörde gesehen. Ein solches unbestimmtes Notrecht ist rechtsstaatlich bedenklich. Es muss eine konkrete Gefahr für Rechtsgüter bestehen, die mit den polizeilichen Instrumentarien als nicht beherrschbar erscheint.

Beispiel: Widerruf einer Betriebsgenehmigung für ein Endlager für radioaktive Abfälle (BVerwG, NVwZ 1998, 281).

518a b) **Widerrufsgründe nach § 49 III LVwVfG.** Zusätzliche Widerrufsgründe sieht § 49 III LVwVfG für zweckgebundene Geld- und Sachleistungsverwaltungsakte vor (für die daneben auch die Widerrufsgründe des § 49 II LVwVfG anwendbar bleiben, vgl. Sachs, in: Stelkens/Bonk/Sachs, VwVfG, § 39 Rn. 107; auf der Rechtsfolgenseite eröffnet die Vorschrift im Vergleich zu § 49 II LVwVfG durch die Möglichkeit des Widerrufs für die Vergangenheit aber die weitergehende Rechtsfolge, s. Rn. 520). Die Zweckbestimmung muss dabei im Bescheid selbst mit hinreichender Bestimmtheit zum Ausdruck kommen. Die Vorschrift hat besondere Bedeutung für die Rückabwicklung von (insb. nicht zweckmäßig verwendeten) Subventionen sowie Zuwendungen von Kommunen.

§ 49 III Nr. 1 LVwVfG sieht einen Widerrufsgrund für Fälle vor, in denen die Leistung nicht, nicht alsbald nach der Erbringung oder nicht mehr für den in dem VA bestimmten Zweck verwendet wird.

Der Widerrufstatbestand des § 49 III Nr. 2 LVwVfG betrifft den Verstoß gegen eine Auflage; ein Rückgriff auf den (nur einen Widerruf für die Zukunft ermöglichenden) § 49 II Nr. 2 LVwVfG ist in diesen Fällen entbehrlich.

2. Ermessen

519 Ist ein Widerrufsgrund gegeben, bedeutet dies nicht, dass widerrufen werden muss; es steht vielmehr im **Ermessen** der Behörde, ob sie den VA ganz oder teilweise widerrufen will – es sei denn, in Spezialgesetzen ist eine Pflicht zum Widerruf enthalten.

Bei der Ausübung des Ermessens sind die allgemeinen Schranken zu berücksichtigen (s. Rn. 180 ff.). **Vertrauensgesichtspunkte** können das Ermessen allerdings nur selten einschränken, weil das öffentliche Interesse in den Widerrufsfällen der Nr. 1–5 regelmäßig schwerer wiegt und der Gesichtspunkt des Vertrauensschutzes vom Gesetzgeber in den Nr. 3–5 i. V. m. Abs. 6 schon „eingearbeitet" wurde (BVerwG, NVwZ 1992, 565). Insbesondere ist aber zu beachten, dass der Widerruf nur innerhalb **Jahresfrist** zulässig ist (§ 49 II, letzter Satz i. V. m. § 48 IV LVwVfG – s. oben Rn. 496). **§ 49 III LVwVfG** ermöglicht, den begünstigenden Geld- und Sachleistungs-VA für die **Vergangenheit** zu widerrufen, wenn die Leistung nicht, nicht alsbald nach der Erbringung oder nicht mehr für den in dem Verwaltungsakt bestimmten Zweck verwendet wird (§ 49 III S. 1 Nr. 1 LVwVfG) und wenn mit dem Verwaltungsakt eine Auflage verbunden ist und der Begünstigte diese nicht oder nicht innerhalb einer ihm gesetzten Frist erfüllt hat (§ 49 III S. 1 Nr. 2 LVwVfG). Dadurch entstehen Erstattungsansprüche, die in § 49a LVwVfG geregelt sind.

Im Bereich staatlicher **Subventionen** ist zu beachten, dass diese bei Vorliegen der tatbestandlichen Voraussetzungen aufgrund der haushaltsrechtlichen Grundsätze der Wirtschaftlichkeit und Sparsamkeit in der Regel zu widerrufen sind.

Liegt ein Sachverhalt vor, der nicht vom Regelfall abweicht, versteht sich das Ergebnis von selbst und bedarf diesbezüglich keiner Begründung (BVerwG, Urt. v. 26.6.2002, NVwZ 2003, 221, sog. „**intendiertes Ermessen**"; zum intendierten Ermessen im Zuwendungsrecht – auch im Zusammenhang mit Zuwendungen im Rahmen der Bekämpfung der Folgen der Covid-19-Pandemie – vgl. auch Folnovic/Hellziegel, DVBl. 2020, 1571).

3. Folgewirkungen des Widerrufs

a) Entschädigungsanspruch (§ 49 VI LVwVfG). Für die Fälle des Widerrufs nach § 49 II Nr. 3 bis 5 LVwVfG sieht Abs. 6 weitere Folgen vor. Keine Folgewirkungen gibt es also in den Fällen des Widerrufs nach § 49 II Nr. 1 und 2 LVwVfG. Nach Abs. 6 entsteht ein **Entschädigungsanspruch** des zuvor Begünstigten. Für Voraussetzungen und Umfang des Entschädigungsanspruchs sowie für das Verfahren gilt nach § 49 VI LVwVfG dasselbe wie für den Ausgleichsanspruch bei der Rücknahme begünstigender „sonstiger" VAs nach § 48 III LVwVfG (Rn. 504). Allerdings verweist § 49 VI LVwVfG gerichtliche Streitigkeiten wegen des Entschädigungsanspruchs – anders als Streitigkeiten um den Ausgleichsanspruch nach § 48 III LVwVfG – auf den ordentlichen Rechtsweg. Dies kommt daher, dass es sich bei dem Anspruch nach § 49 VI LVwVfG um einen Anspruch aus Enteignung oder Aufopferung handeln könnte, für den nach Art. 14 III S. 4 GG der ordentliche Rechtsweg eröffnet ist. An dieser Rechtswegregelung wollte das VwVfG/LVwVfG nichts ändern.

520

Beispiel: Einem Abfallbeseitigungsunternehmer soll die Transportgenehmigung widerrufen werden. Der Widerruf ist nur innerhalb eines Jahres seit Kenntnis der Widerrufsgründe zulässig. Er kann auf einen bestimmten Zeitpunkt in der Zukunft erfolgen. Hat der Unternehmer bereits Aufwendungen gemacht (z. B. Anschaffung von Spezialfahrzeugen), kann er einen Entschädigungsanspruch nach § 49 VI S. 1 LVwVfG geltend machen. Wird einem entsprechenden Antrag nicht stattgegeben, können Zivilgerichte angerufen werden.

b) Öffentlich-rechtlicher Erstattungsanspruch. Wird der Geld- oder Sachleistungs-VA mit Wirkung für die Vergangenheit widerrufen (§ 49 III LVwVfG) entsteht ein **öffentlich-rechtlicher Erstattungsanspruch** (§ 49a I–III LVwVfG). Der Widerruf und die Rücknahme sind insoweit gleichgestellt, sodass auf die Ausführungen bei Rn. 498, 499 verwiesen werden kann.

521

VIII. Widerruf von Verwaltungsakten mit Doppelwirkung

Wegen des Widerrufs von VAs mit Doppelwirkung kann auf die Ausführungen zur Rücknahme verwiesen werden (Rn. 508 ff.). Sie gelten sinngemäß auch für den Widerruf.

522

E. Wiederaufgreifen des Verfahrens und Aufhebung von Verwaltungsakten nach dem SGB X

I. Einführung

523 Das SGB X gilt gemäß seinem § 1 für die Verwaltungstätigkeit, die nach dem SGB ausgeübt wird. Es schließt die Lücke, die § 2 II Nr. 3 LVwVfG für „Verfahren nach dem Sozialgesetzbuch" geschaffen hat. Die Vorschriften der beiden Gesetze stimmen teilweise wörtlich überein, es gibt aber auch Unterschiede (ohne die ein eigenes „Verfahrensbuch" des SGB auch nicht zu rechtfertigen wäre), deren Ausprägungen von geringfügig bis fundamental reichen. Im Vergleich der Vorschriften über das Wiederaufgreifen des Verfahrens und die Aufhebung von VAs (§§ 48–52 LVwVfG/§§ 44–51 SGB X) **überwiegen** die **Unterschiede**, und das nicht nur in Aufbau und Inhalt, sondern auch in der Regelungstendenz. So sind die Möglichkeiten der Behörde, begünstigende VAs zurückzunehmen oder zu widerrufen, im SGB X gegenüber dem LVwVfG limitiert. Dies ist Folge der Einsicht des Gesetzgebers, dass die zugesprochene Sozialleistung meist die einzige oder jedenfalls überwiegende Existenzgrundlage des Betroffenen bildet. Der **Vertrauensschutz** des Bürgers ist im SGB X gegenüber dem allgemeinen Verfahrensrecht also **verstärkt** (Waltermann, SozR, Rn. 655). Ferner würdigen die §§ 44 ff. SGB X, dass im Sozial(versicherungs-)recht, sei es bei der Grundsicherung für Arbeitsuchende (SGB II), der gesetzlichen Rente (SGB VI) oder der Sozialhilfe (SGB XII), nicht selten **Verwaltungsakte mit Dauerwirkung** ausgesprochen werden (Rn. 530), deren Relevanz sowohl die Vergangenheit als auch die Zukunft tangiert. Zudem bedürfen diese häufig der kurzfristigen Anpassung, weil sich die zugrunde liegenden Verhältnisse ändern.

524 Das SGB X ist (wie auch das SGB I) gegenüber den „übrigen" Büchern des SGB subsidiär (§ 37 I SGB I). Deshalb ist vorab zu sondieren, ob nicht Spezialvorschriften die Aufhebung von VAs und/oder die daraus resultierenden Folgen regeln, die den §§ 44 ff. SGB X vorgehen.

525 **Beispiele:** Vorschriften über die Aufhebung von VAs enthalten §§ 20, 53 BAföG oder §§ 44 III S. 2, 45 VII S. 1 SGB VIII. Modifikationen der §§ 44 ff. SGB X finden sich in § 40 I S. 2, II Nr. 3 (i. V. m. § 330 II, III S. 1 SGB III), III SGB II, § 116a SGB XII und § 3 I WoGG.

526 Im Folgenden werden nicht alle Einzelheiten, sondern lediglich Grundzüge der §§ 44–51 SGB X vermittelt. Soweit möglich, liegen die Schwerpunkte des materiellen Rechts auf den besonders ausbildungsrelevanten Gebieten der Grundsicherung für Arbeitsuchende (SGB II), Kinder- und Jugendhilfe (SGB VIII) und Sozialhilfe (SGB XII).

II. Wiederaufgreifen des Verfahrens nach dem SGB X

527 Wie an anderer Stelle erörtert (Rn. 457 ff.), verfügt das LVwVfG mit § 51 über eine Norm, die erklärt, unter welchen Voraussetzungen ein durch bestandskräftigen VA abgeschlossenes Verfahren wiederaufgegriffen werden muss. Eine solch explizite Regelung fehlt im SGB X, ist dort aber entbehrlich, weil §§ 44, 48 SGB X – bei Vorliegen ihrer Tatbestandsvoraussetzungen – eine **Rechtspflicht der Behörde** zur Rücknahme bzw. Aufhebung des VA begründen (Ausnahme: § 44 II S. 2 SGB X). Heißt: Der **Behörde obliegt** das **Wiederaufgreifen des Verwaltungsverfahrens**, wenn hinreichende (rechtsrelevante) Anhaltspunkte erkennbar werden, dass bei Erlass des VA ein Rechtsfehler gemacht oder von einem unrichtigen Sachverhalt ausgegangen worden ist (§ 44 I S. 1 SGB X); Gleiches gilt, wenn in Verhältnissen, die einem Dauer-VA zugrunde gelegen haben, eine wesentliche Änderung eintritt (§ 48 I S. 1 SGB X). Es bedarf zum Tätigwerden der Behörde – anders als bei § 51 LVwVfG – keines Antrags, vielmehr muss sie **von Amts wegen** eine Prüfung vornehmen. Art und Ausmaß der dem Wiederaufgreifen des Verfahrens folgenden Entscheidung, sprich: des Zweitbescheids, bestimmen sich nach den Regeln des SGB X, die eine weitergehende Pflicht zur Anpassung enthalten als die des LVwVfG (s. Rn. 458).

III. Übersicht über die Aufhebung von Verwaltungsakten nach dem SGB X

1. Grundlegendes

Mit der Aufhebung eines VA gehen rechtliche Konsequenzen einher, die gerade finanziell erhebliche Auswirkungen haben können. Ein begünstigender VA (s. § 45 I Halbs. 1 SGB X) bildet den Rechtsgrund dafür, dass der Betroffene die Leistungen, die er zwecks „Erfüllung" der Regelung erhalten hat, behalten darf. Wird der VA aufgehoben, entfallen seine Rechtsfolgen und es entsteht eine Erstattungsforderung der Sozialverwaltung in Höhe des Geleisteten (s. § 50 I SGB X). Umgekehrt bildet ein ablehnender VA die Voraussetzung dafür, dass die Sozialverwaltung die Leistung verweigern darf. Seine Beseitigung führt zu einem Nachzahlungsanspruch des Betroffenen (s. § 44 IV S. 1 SGB X).

Die Aufhebung von VAs seitens der Behörde regelt das SGB X in sechs Vorschriften. Bei rechtswidrigen VAs spricht es von „Rücknahme" (§§ 44, 45 SGB X), bei rechtmäßigen von „Widerruf" (§§ 46, 47 SGB X). Es folgt somit der Terminologie des LVwVfG (s. dort §§ 48, 49), differenziert aber in jeweils eigenen Regelungen danach, ob der VA für den Betroffenen begünstigend oder nicht begünstigend (= belastend) wirkt. Überdies regelt § 48 SGB X die Aufhebung von VAs mit Dauerwirkung (Rn. 530), soweit sich die zugrunde liegenden Verhältnisse nach ihrem Erlass ändern, und bezieht sowohl anfänglich rechtmäßige als auch rechtswidrige begünstigende und belastende VAs ein. Schließlich erfasst § 49 SGB X die Aufhebung begünstigender VAs, die von Dritten angefochten worden sind, und entspricht § 50 LVwVfG.

Ein Anliegen der §§ 44 ff. SGB X besteht in der Unterscheidung der **Aufhebung** des VA **für die Vergangenheit** und **für die Zukunft**. Letztere ist natürlich nur erforderlich, wenn der VA in die Zukunft wirkt. Dies gilt bei sog. **Dauer-VAs**, die sich nicht in einem einmaligen Ge- oder Verbot oder einer einmaligen Gestaltung erschöpfen, sondern „ein auf Dauer berechnetes oder in seinem Bestand von ihm abhängiges Rechtsverhältnis begründen […]" (BT-Drs. 8/2034, S. 34; st.

Rspr.). Hier bedarf es der Betrachtung des jeweiligen VA und der ihm zugrunde liegenden Rechtsvorschriften: Im Recht der Grundsicherung für Arbeitsuchende (SGB II) und der Sozialhilfe (SGB XII) gilt grundsätzlich das **„Gegenwärtigkeitsprinzip"**, nach dem die Hilfe nur der Behebung einer gegenwärtigen Notlage dient, keine rentengleiche Dauerleistung darstellt und deshalb nur zeitaktuell zu regeln ist (s. BVerfG, NJW 2005, 2982; BSGE 104, 213). Gleichwohl ist nicht zweifelhaft, dass die Bewilligung von Leistungen zur Sicherung des Lebensunterhalts (§§ 19 ff. SGB II) einen VA mit Dauerwirkung darstellt, denn über den Anspruch ist laut § 41 III S. 1 SGB II „in der Regel für ein Jahr zu entscheiden". Gleiches gilt für die gewöhnlich zwölf Kalendermonate lang geltende Bewilligung der Grundsicherung im Alter und bei Erwerbsminderung (§§ 41, 44 III S. 1 SGB XII), die Gewährung von Eingliederungshilfe (§§ 90, 109 ff. SGB IX) und von Pflegegeld (§§ 63, 64a SGB XII). Auch die Hilfe zum Lebensunterhalt (§§ 27 ff. SGB XII) kann ausnahmsweise in Form des Dauer-VA erbracht werden; entscheidend ist, wie ein verständiger Empfänger die von der Sozialverwaltung getroffene Regelung verstehen kann (Sächs. LSG, Urt. v. 20.3.2020 – L 8 SO 22/15; LSG Nds.-Bremen, Beschl. v. 16.10.2008 – L 8 SO 70/08 ER –). In der Kinder- und Jugendhilfe sind VAs mit Dauerwirkung z. B. denkbar bei der Hilfe zur Erziehung gem. §§ 27 ff. SGB VIII (s. OVG NRW, Beschl. v. 27.2.2007 – 12 B 72/07; Kunkel/Kepert, in: Kunkel/Kepert/Pattar, SGB VIII, § 27 Rn. 17 m. w. N.). Liegt **kein Dauer-VA** vor und ändern sich die dem Bescheid zugrunde liegenden Verhältnisse, braucht die Behörde den VA für die Zukunft nicht aufzuheben, vielmehr erledigt sich der Bescheid durch Zeitablauf.

2. Rücknahme belastender Verwaltungsakte (§ 44 SGB X)

531 **Ausgangsfall:** Der 45-jährige A, der in Ludwigsburg wohnt, ist wegen einer Rückenerkrankung dauerhaft voll erwerbsgemindert. Weil auch mittellos, beantragt er am 4.2.2021 Grundsicherung wegen Erwerbsminderung gem. §§ 41 I, III SGB XII. Sein Antrag enthält korrekte und vollständige Angaben. Sozialamtsmitarbeiter M unterläuft bei der Bearbeitung allerdings ein Datenfehler, weshalb er irrig annimmt, A sei wegen einer kurz vor Antragstellung erzielten hohen Erbschaft nicht anspruchsberechtigt. Es ergeht ein Ablehnungsbescheid, der rechtskräftig wird. Am 15.4.2021 bemerkt M den Fehler und überlegt, wie er dem immer noch bedürftigen A gerecht werden kann.
Abwandlung: Wie wäre es, wenn der Irrtum des M darauf beruht, dass A eine in Wahrheit nicht angefallene Erbschaft im Antrag zum Scherz als Vermögen angibt?

532 a) **Anwendungsbereich.** § 44 SGB X regelt die Rücknahme von VAs, die (im Zeitpunkt ihres Erlasses) rechtswidrig (Rn. 483) und belastend sind. Soweit nicht gem. § 37 SGB I subsidiär, ist die **Regelung im gesamten Sozialleistungsrecht anwendbar.** Dies bedarf der Erwähnung, denn das vor dem 1.1.2005 für Sozialhilfe zuständige BVerwG lehnte in ständiger Rspr. – abweichend etwa vom Bereich des BAföG (BVerwG, NVwZ 1991, 572) – die Anwendung des § 44 SGB X im Leistungsrecht des SGB XII ab. Dies folge, so das Gericht, aus dem Gegenwärtigkeitsprinzip (Rn. 530) und § 18 SGB XII, der den Sozialhilfeanspruch an den Zeitpunkt der Kenntnis der Sozialbehörden binde und somit die Vergangenheit "ausblende". Damit sei § 44 SGB X mitsamt dem Abs. 4 nicht zu vereinbaren (s. etwa BVerwGE 68, 285, 289). Diese Auffassung ist seit Inkrafttreten des § 116a SGB XII am 1.4.2011 nicht mehr vertretbar, denn die Vorschrift setzt die Geltung des § 44 SGB X im Rahmen des SGB XII voraus (parallele Argumentationen folgen aus § 40 I SGB II und § 9 IV S. 1 Nr. 1 AsylbLG, s. LSG BW, NZS 2009, 684; BSG, NVwZ-RR 2012, 204). Bereits vor Etablierung der Regelung hatte das jetzt zuständige BSG dem BVerwG widersprochen und judiziert, dass § 44 SGB X im Recht der Grundsicherung im Alter und bei Erwerbsminderung Anwendung findet (BSG, NZS 2008, 558); später hat es diese Ansicht – jedenfalls im Grundsatz – auf die Hilfe zum Lebensunterhalt ausgeweitet (BSG, NVwZ-RR 2010, 362). Probleme stellen sich nun bei der rückwirkenden Erbringung der Sozialleistungen gem. § 44 IV SGB X, die das BSG aufgrund des Gegenwärtigkeitsprinzips eingeschränkt sieht (Rn. 530).

b) Verwaltungsakte im Leistungs- und Beitragsbereich (§ 44 I SGB X). Ergibt sich, dass dem Erlass eines VA ein Rechtsfehler oder ein unrichtiger Sachverhalt zugrunde lag und deshalb zu Unrecht Sozialleistungen verweigert oder – speziell in der Sozialversicherung (s. § 20 SGB IV) – Beiträge erhoben worden sind, ist der **Leistungsträger verpflichtet**, den VA, soweit er rechtswidrig ist, zurückzunehmen. Dies gilt mit Wirkung für die **Vergangenheit und** – falls der VA Dauerwirkung hat – für die **Zukunft**, die dann der Neuregelung bedarf. Zurückgehaltene Leistungen sind grundsätzlich für einen Zeitraum bis zu vier Jahren vor der Rücknahme zu erbringen (§ 44 IV S. 1 SGB X, Rn. 538). Eine Ausnahme des § 44 I S. 1 SGB X ist in S. 2 für den Fall normiert, dass der VA auf vorsätzlich falschen oder unvollständigen Angaben des Betroffenen beruht – ein in der Praxis kaum vorkommender Fall.

533

c) Die „übrigen" rechtswidrigen belastenden Verwaltungsakte (§ 44 II SGB X). „Im Übrigen", also in Fällen, die von § 44 I S. 1 SGB X nicht erfasst sind, ist der Leistungsträger gem. § 44 II S. 1 SGB X verpflichtet, den VA, falls er Dauerwirkung hat, mit Wirkung für die Zukunft zurückzunehmen. Zudem ist nach **pflichtgemäßem Ermessen** zu entscheiden, ob und inwieweit er den VA (mit oder ohne Dauerwirkung) für die **Vergangenheit** zurücknimmt (§ 44 II S. 2 SGB X). „Übrige Fälle" sind vor allem belastende VAs, die nicht die Gewährung von Leistungen oder Beiträge im Rahmen der Sozialversicherung zum Inhalt haben, aber auch die Ausnahmekonstellation des § 44 I S. 2 SGB X fällt darunter.

534

Beispiele: Rechtswidriger Kostenbeitragsbescheid gem. § 92 II SGB VIII; rechtswidriger Kostenersatzbescheid gem. § 103 SGB XII.

d) Rechtsprechungsänderung. Aus § 330 I SGB III folgt, dass ein belastender VA auch dann rechtswidrig i. S. d. § 44 SGB X ist, wenn sich nach seinem Erlass die Rspr. des zuständigen obersten Gerichtshofes des Bundes (im SozR: BSG oder BVerwG) erstmalig gesichert herausgebildet oder geändert hat, er somit bei Erlass nicht zu dieser Rechtsprechung passte. Er ist dann mit Wirkung für die Vergangenheit – nicht nur für die Zukunft – zurückzunehmen (s. Rn. 558 zum Verhältnis zu § 48 II SGB X).

535

536 e) **Besondere Rücknahmefristen.** Beachtlich sind § 40 I S. 2 Nr. 1 SGB II, § 116a Nr. 1 SGB XII und § 9 IV S. 2 Nr. 1 AsylbLG: Diese binden die Rücknahme nach § 44 I und II SGB X an eine Frist von vier Jahren nach Ablauf des Jahres, in dem der VA bekannt gegeben wurde. Ausreichend ist, wenn die Rücknahme innerhalb dieses Zeitraums beantragt wird.

537 f) **Zuständigkeit.** Zur Zuständigkeit äußert sich § 44 III SGB X: Nach Unanfechtbarkeit des VA entscheidet die sachlich und örtlich zuständige Behörde auch dann, wenn der Ausgangs-VA von einer anderen Behörde erlassen worden ist. Vor Unanfechtbarkeit ist die erlassende Behörde zuständig. Die Regelung gilt über Verweisungen auch im Rahmen der weiteren Aufhebungsvorschriften (s. §§ 45 V, 46 II, 47 III, 48 IV SGB X).

538 g) **Rückwirkende Erbringung der Sozialleistungen nach Aufhebung.** Soweit ein VA wegen rechtswidriger Versagung einer Sozialleistung nach § 44 I S. 1 SGB X (Rn. 533) oder ausnahmsweise nach § 44 II S. 2 SGB X (Rn. 534) für die Vergangenheit zurückgenommen wird, ist der Leistungsträger verpflichtet, die Sozialleistung rückwirkend zu erbringen, dies allerdings gem. § 44 IV S. 1 SGB X längstens für einen Zeitraum von vier Kalenderjahren vor der Rücknahme.

Für die Bereiche der Grundsicherung für Arbeitsuchende, Sozialhilfe und Leistungen für Asylbewerber normieren **§ 40 I S. 2 Nr. 2 SGB II, § 116a Nr. 2 SGB XII** und **§ 9 IV S. 2 Nr. 2 AsylbLG** etwas Abweichendes, nämlich einen **Zeitraum von bis zu einem Jahr vor der Rücknahme.** Die Berechnung der Frist richtet sich nach § 44 IV S. 2 und 3 SGB X: Der Zeitpunkt der Rücknahme wird von Beginn des Jahres an gerechnet, in dem der VA zurückgenommen wird (S. 2), es sei denn, die Rücknahme erfolgt auf Antrag des Betroffenen, der dann an die Stelle der Rücknahme des VA tritt (S. 3).

Beispiel: Ein ablehnender Bescheid wird von Amts wegen am 12.1.2021 zurückgenommen. Dann wird vom 1.1.2021 an vier Jahre (bzw. in den Sonderfällen: ein Jahr) zurückgerechnet zum 1.1.2017 (bzw. 1.1.2020), der den Fristbeginn markiert. Erfolgt die Aufhebung am 12.1.2021 auf Antrag des Betroffenen, den dieser am 15.12.2020 gestellt hat, wird vom 1.1.2020 an vier Jahre (bzw. ein Jahr) zurückgerechnet auf den 1.1.2016 (bzw. 1.1.2019).

539 Weitere Besonderheiten ergeben sich laut dem BSG (s. SGb 2010, 608) aus dem **Gegenwärtigkeitsprinzip** (Rn. 530), infolge dessen Leistungen des SGB II und SGB XII für einen zurückliegenden Zeitraum nur zu erbringen sind, wenn die Notlage im Zeitpunkt der beanspruchten Hilfeleistung noch besteht, sie den Bedarf des Hilfebedürftigen also noch decken kann. Danach gilt: Hat sich ein „einmaliger" Bedarf erledigt, dann gibt es keinen zu deckenden Bedarf mehr. Leistungen sind trotz rechtswidriger Leistungsablehnung nicht nachträglich zu erbringen, weil der bezweckte Erfolg nicht eintreten kann.

Beispiel: Ein Schüler nimmt wegen der rechtswidrigen Ablehnung der Leistung nicht an einer Klassenfahrt teil (§ 28 II S. 1 Nr. 2 SGB II, § 34 II S. 1 Nr. 2 SGB XII).

Wurden Leistungen rechtswidrig abgelehnt und hat der Betroffene den (nicht entfallenen) Bedarf in der Folgezeit im Wege der Selbsthilfe (etwa durch Rückgriff auf Schonvermögen, Aufnahme von Schulden) oder Hilfe Dritter gedeckt, ist zu unterscheiden: Bei fortbestehender Bedürftigkeit sind die Leistungen nachträglich zu erbringen, bei Wegfall des Bedarfs (etwa, weil der Betroffene mittlerweile Erwerbseinkommen erzielt) in der Regel nicht.

Beispiel: Das Jobcenter verweigert dem Z auf dessen Antrag hin am 6.7.2020 rechtswidrig Leistungen zur Sicherung des Lebensunterhalts (§§ 19 ff. SGB II). Deshalb muss er einen guten Freund um ein großzügiges Darlehen bitten. Am 15.9.2020 fällt die Fehlerhaftigkeit des VA auf. Wenn Z sich am 15.9.2020 in derselben Situation befindet, insbesondere weiterhin bedürftig ist, sind die verweigerten Leistungen in rechtmäßiger Höhe nachzuzahlen, besteht die Bedürftigkeit nicht mehr, weil Z wieder „in Arbeit" ist, braucht nicht nachgeleistet zu werden.

Das BSG vertritt in dem zitierten Urteil die Auffassung, dass ein Betroffener, der nach den genannten Grundsätzen Leistungen nicht rückwirkend verlangen kann, keinen Anspruch auf Rücknahme des VA nach § 44 I SGB X habe, weil sein „rechtliches Interesse an der Rücknahme" entfalle. Das mag so sein – an der in § 44 I S. 1 SGB X normierten Pflicht der Behörde, den VA von Amts wegen aufzuheben, ändert dies indes nichts.

Lösung Ausgangsfall: Im Ausgangsfall ist Sachbearbeiter M wegen des Datenfehlers von einem unrichtigen Sachverhalt ausgegangen und hat A, der alle Voraussetzungen des Anspruchs auf Grundsicherung bei Erwerbsminderung (§ 41 I, III SGB XII) erfüllt, als nicht bedürftig angesehen. Deshalb wurden Sozialleistungen nicht erbracht. Die Behörde ist gem. § 44 I S. 1 SGB X verpflichtet, den VA mit Wirkung für die Vergangenheit zurückzunehmen und für die Zukunft eine rechtmäßige Neuregelung zu schaffen. Die vorenthaltenen Grundsicherungsleistungen sind gem. § 44 IV S. 1 SGB X nachzuzahlen, und zwar vom 1.2.2021 an: Der Antrag des A vom 4.2.2021 wirkt gem. § 44 II S. 1 SGB XII auf den Ersten des Monats zurück. Dass § 116a Nr. 2 SGB XII den Zeitraum des § 44 IV S. 1 SGB X auf ein Jahr verkürzt, spielt keine Rolle.

In der **Abwandlung** beruht der Irrtum des M nicht auf einem Datenfehler, sondern auf dem Umstand, dass A im Antrag vorsätzlich unrichtige Angaben gemacht hat. Hier hat die Behörde den VA für die Zukunft zurückzunehmen. Bezogen auf die Vergangenheit steht die Rücknahme in ihrem Ermessen (§ 44 II SGB X).

3. Rücknahme begünstigender Verwaltungsakte (§ 45 SGB X)

Ausgangsfall: Obgleich sein Onkel ihm 100.000 EUR in bar zum Geburtstag geschenkt hat, beantragt B beim zuständigen Sozialträger drei Tage später Leistungen für die Erstausstattung seiner Wohnung gem. § 31 I Nr. 1 SGB XII. Die Schenkung gibt er nicht an. Die zuständige Behörde hatte ihn schriftlich darüber belehrt, dass er gem. § 60 I S. 1 Nr. 1 SGB I verpflichtet ist, alle für die Leistung erheblichen Angaben zu machen. Der Antrag wird positiv beschieden und B der entsprechende Betrag überwiesen. Er richtet davon seine Wohnung ein. Ein Jahr später erlangt die Behörde Kenntnis von dem gesamten Sachverhalt. Kann sie den VA zurücknehmen?

542 **a) Allgemeines.** Fälle des § 45 SGB X kommen bei der Aufhebung von VAs im Rahmen der Grundsicherung für Arbeitsuchende und der Sozialhilfe häufig vor. Es geht dabei regelmäßig um ganz oder teilweise zu Unrecht erbrachte Sozialleistungen.

> **Beispiel:** Gewährung von Hilfe zum Lebensunterhalt (§§ 27 ff. SGB XII) oder Arbeitslosengeld II (§§ 19 I S. 1 SGB II) ohne Berücksichtigung von Einnahmen aus einer Untervermietung.

543 **b) Voraussetzungen des Abs. 1 und Abs. 2.** Eine (Ermessens-)Rücknahme nach § 45 SGB X setzt nach Abs. 1 einen (im Zeitpunkt seines Erlasses) rechtswidrigen begünstigenden VA voraus. Abs. 2, auf den sich die Abs. 3 und 4 zum Teil beziehen, macht das Spannungsfeld des § 45 SGB X deutlich: einerseits **Schutz des Vertrauens** des Begünstigten, andererseits **öffentliches Interesse** insbesondere an einer rechtmäßig handelnden Verwaltung (Art. 20 III GG). Unverzichtbare Voraussetzung für den Schutz des Vertrauens des Betroffenen ist dabei, dass er auch tatsächlich auf den Bestand des VA vertraut hat.

Die Prüfung der **Schutzwürdigkeit** des Vertrauens sollte bei § 45 II S. 3 SGB X beginnen, nach dem der Begünstigte sich auf Vertrauen nicht berufen kann, wenn wenigstens eine der in Nr. 1–3 beschriebenen Verfehlungen vorliegt. Die Regelung entspricht im Wesentlichen § 48 II S. 3 LVwVfG (s. Rn. 495 ff.), enthält allerdings feine Abweichungen: So normiert § 45 II S. 3 Nr. 2 SGB X zusätzlich, dass die Angaben „vorsätzlich oder grob fahrlässig" gemacht sein müssen, während Nr. 3 eine Definition der „groben Fahrlässigkeit" enthält, die mit der entsprechenden Deutung der Rechtsprechung übereinstimmt (Rn. 495). Ist dem Sachverhalt keine unredliche Verhaltensweise des § 45 II S. 3 SGB X zu entnehmen, ist S. 2 in Betracht zu ziehen. Dieser stellt darauf ab, dass der Betroffene sich in der Regel eines schutzwürdigen Vertrauens „rühmen" kann, wenn er die erbrachten Leistungen verbraucht oder eine Vermögensdisposition getroffen hat, die nicht oder nur unter unzumutbaren Nachteilen rückgängig zu machen ist (Rn. 495). Ist auch das Vorliegen solcher Umstände nichts ersichtlich, gilt die allgemeine Abwägungsformel des S. 1.

544 **c) Rücknahme mit Wirkung für die Vergangenheit und Fristen.** Gem. § 45 IV S. 1 SGB X darf der VA, ob auf Dauer ausgerichtet oder nicht, nur in zwei Fällen mit Wirkung für die Vergangenheit zurückgenommen werden: bei Vorliegen eines vorwerfbaren Verhaltens gem. § 45 II S. 3 SGB X (Rn. 543) oder unter den Voraussetzungen des § 580 ZPO (etwa bei Vorlegen einer gefälschten Urkunde durch den Begünstigten). Umgekehrt kommt bei Nichtvorliegen dieser Voraussetzungen eine Rücknahme für die Vergangenheit (und damit auch ein Erstattungsanspruch der Sozialverwaltung gem. § 50 I SGB X) nicht in Betracht, dies etwa bei schuldlos unrichtig gemachten Angaben, einfacher Fahrlässigkeit des Begünstigten oder Verursachung der Rechtswidrigkeit des VA durch die Behörde selber. Der Begünstigte darf das bisher Geleistete dann behalten.

> **Beispiel:** Keine Rücknahme der Bewilligung von Pflegegeld gem. §§ 63, 64a SGB XII für die Vergangenheit, wenn die Leistung aufgrund eines Rechenfehlers des Sachbearbeiters zu hoch ist, der Leistungsempfänger die Rechtswidrigkeit nicht erkennt und sie sich ihm auch nicht aufdrängen muss (§ 45 II S. 3 Nr. 3 SGB X).

§ 45 IV S. 2 SGB X normiert eine Ausschlussfrist von einem Jahr, innerhalb deren die Rücknahme des VA für die Vergangenheit erfolgen muss (s. auch § 48 IV LVwVfG). Sie berechnet sich nach § 26 I SGB X i. V. m. §§ 187 ff. BGB. Auslöser für den Lauf ist die Kenntnis der Behörde von den Tatsachen, die die Rücknahme ermöglichen, d. h. der für § 45 II S. 3/III S. 2 SGB X und die Ermessensabwägung heranzuziehenden Gegebenheiten (BeckOK SozR/Heße SGB X § 45 Rn. 49 m. w. N. aus der Rspr.).

d) Rücknahme mit Wirkung für die Zukunft und Fristen. Eine Rücknahme für die Zukunft nach § 45 SGB X kommt nur bei **Verwaltungsakten mit Dauerwirkung** in Betracht (s. Rn. 530). Es kann sich das Problem der Abgrenzung zu § 48 SGB X stellen, der die Aufhebung unter dem Aspekt der Änderung der Verhältnisse regelt. Das BSG hat zur Differenzierung ausgeführt: „Erlässt die Verwaltung einen endgültigen Bescheid auf Grundlage eines nicht endgültig aufgeklärten Sachverhalts und stellt sich später – nach weiteren Ermittlungen – heraus, dass der Bescheid **bereits im Zeitpunkt des Erlasses objektiv rechtswidrig** war, ist ein Fall des § 45 SGB X gegeben" (BSG SGb 2011, 455). Die Rücknehmbarkeit von Dauer-VAs für die Zukunft ist gem. § 45 III SGB X an zeitliche Grenzen gekoppelt:
– Grundsätzlich besteht eine Rücknahmefrist von zwei Jahren ab Bekanntgabe (§ 45 III S. 1 SGB X).
– Sie beträgt zehn Jahre bei Vorliegen der Voraussetzungen des Abs. 2 S. 3 Nr. 2 oder 3 bzw. eines Widerrufsgrundes (§ 45 III S. 3 Nr. 1 und 2 SGB X).
– Sie ist (insbesondere) unbefristet bei Wiederaufnahmegründen entsprechend § 580 ZPO, von denen der in Abs. 3 nicht angesprochene § 45 II S. 3 Nr. 1 SGB X erfasst sein soll (s. BT-Drs. 8/4022, S. 83).

545

e) Bestandsschutz nicht rücknehmbarer Verwaltungsakte. Ist die Rücknahme eines VA nach § 45 SGB X nicht oder wegen Fristablaufs nicht mehr zulässig, bleibt die Bestandskraft (Bindungswirkung) des VA bestehen (Rn. 448 ff.). Handelt es sich um einen Dauer-VA, ist bei künftiger Änderung der tatsächlichen oder rechtlichen Verhältnisse allerdings § 48 III SGB X zu beachten (Rn. 559).

546

f) Ermessen und gebundene Entscheidungen im SGB II. Liegen die Tatbestandsvoraussetzungen vor, steht es im Ermessen der Behörde, ob sie den rechtswidrigen begünstigenden VA zurücknimmt oder nicht (s. Rn. 175 ff.). Zu beachten ist aber eine erhebliche Abweichung bei der Grundsicherung für Arbeitsuchende: Gem. § 40 II Nr. 3 i. V. m. § 330 II SGB III „ist" ein rechtswidriger begünstigender VA „auch mit Wirkung für die Vergangenheit zurückzunehmen", wenn die Voraussetzungen des § 45 II S. 3 SGB X (Rn. 543) vorliegen. Die Behörde wird bei Vorliegen der entsprechenden Voraussetzungen also ihres Ermessens entkleidet, und dies sowohl bezüglich der Rücknahme für die Vergangenheit als auch für die Zukunft (BSG, FEVS 60, 546).

547

Lösung Ausgangsfall: Es handelt sich bei der Bewilligung der Erstausstattung um einen begünstigenden VA. Dieser war von Anfang an rechtswidrig, weil der Sozialträger das Vermögen des B in Höhe von 100.000 EUR, das den Anspruch entfallen lassen hätte (§§ 19 I, 31 I Nr. 1, II, 90 SGB XII), nicht angesetzt hat. Weil es sich um keinen Dauer-VA handelt, kommt nur eine

548

Rücknahme für die Vergangenheit gem. § 45 IV SGB X in Betracht, die u. a. möglich ist, wenn die Voraussetzungen des § 45 II S. 3 SGB X vorliegen; B erfüllt die Nr. 1, weil er den VA durch Täuschung (Unterlassen der gebotenen Angaben) erwirkt hat, die Nr. 2, weil er vorsätzlich unvollständige Angaben gemacht hat und die Nr. 3, weil er – das ist lebensnah zu unterstellen – die Rechtswidrigkeit des VA kannte. Die Jahresfrist des § 45 IV S. 2 SGB X ist nicht abgelaufen, denn die gilt erst ab Kenntnis der die Rücknahme rechtfertigenden Tatsachen. Folglich kann die Behörde den VA zurücknehmen und muss dabei ihr Ermessen ordnungsgemäß ausüben.

4. Widerruf belastender Verwaltungsakte (§ 46 SGB X)

549 **Ausgangsfall:** Der BA steht gegen Z ein Erstattungsanspruch gem. § 50 I SGB X zu, weil sie ihm über mehrere Monate ein zu hohes Arbeitslosengeld (§§ 136 ff. SGB III) ausbezahlt hat. Mit diesem Anspruch rechnet sie gem. § 51 II SGB I in Höhe des halben laufenden Betrags gegenüber Z auf, um den Fehlbetrag zügig auszugleichen. Nach sechs Wochen beantragt Z Minderung der „Tilgungsrate", weil, so trägt er wahrheitsgemäß vor, er wegen des momentan verringerten Auszahlungsbetrages nur knapp über der Grenze zur Hilfebedürftigkeit nach dem SGB II liege und sich erheblichen finanziellen Nöten ausgesetzt sehe.

550 § 46 SGB X befasst sich mit (im Zeitpunkt ihres Erlasses) rechtmäßigen belastenden VAs, die nach pflichtgemäßem **Ermessen** widerrufen werden können. Die Vorschrift entspricht § 49 I LVwVfG (Rn. 511 ff.). § 46 I SGB X ermöglicht den Widerruf für die Zukunft, nicht die Vergangenheit, und das ist nur konsequent, denn den Anspruch des Bürgers auf Erlass eines rechtmäßigen VA hat die Behörde erfüllt. Weil § 46 I SGB X auf die Zukunft abzielt, passt er nur zu Dauer-VAs (Rn. 530). Ein Widerruf scheidet aus, „wenn ein VA gleichen Inhalts erneut erlassen werden müsste" oder er „aus anderen Gründen [...] unzulässig", d. h. wegen einer gebundenen Entscheidung oder eines anderen Aspekts, etwa des Gleichbehandlungsgebots (Art. 3 I GG), keine andere als die Ausgangsentscheidung in Betracht kommt. Der Anwendungsbereich des § 46 SGB X ist also grds. beschränkt auf (im SozR seltene) Ermessensentscheidungen (etwa der Anerkennung als freier Träger nach § 75 SGB VIII), soweit keine Ermessensreduzierung auf Null vorliegt. Er verkleinert sich weiter, wenn man bedenkt, dass die Änderung der Verhältnisse nach Erlass des VA abschließend in § 48 SGB X geregelt ist. Damit verbleiben bei § 46 I SGB X im Wesentlichen nur Fälle, bei denen die Aufhebung eines rechtmäßigen VA aus *Zweckmäßigkeitsgründen* geboten sein kann (zutreffend Schütze, in: Schütze, SGB X, § 46 Rn. 7 m. w. N.).

Mögliche Anwendungsbeispiele: Vorläufige Entziehung der Rente, weil der Versicherte seiner Mitwirkungspflicht nach den §§ 60 ff. SGB I nicht nachkommt (§ 66 I SGB I); Ablehnung der Versorgung nach dem OEG, weil der Geschädigte nicht unverzüglich Strafanzeige erstattet hat (§ 2 II OEG).

551 Im **Ausgangsfall** erließ die BA mit der Erklärung der Aufrechnung in der hier von § 51 II SGB I gestatteten Höhe einen rechtmäßigen belastenden VA, an dessen Zweckmäßigkeit indes Zweifel bestehen. Denn bei der Ausübung des Ermessens wäre es angezeigt gewesen, neben dem Ausgleich des Defizits auch die persönliche Situation des Z in den Fokus zu rücken. Deshalb bestand für die BA die Möglichkeit, die ursprüngliche Aufrechnungserklärung in Höhe des halben laufenden Betrages gem. § 46 I SGB X zu widerrufen und die Aufrechnungsrate zu senken. Als maßgebender Zeitpunkt ist entsprechend § 44 IV S. 3 SGB X die Antragstellung des Z maßgebend (Kass-Komm/Steinwedel SGB X § 46 Rn. 5).

5. Widerruf begünstigender Verwaltungsakte (§ 47 SGB X)

a) Widerruf gem. § 47 I SGB X. Gem. § 47 I SGB X dürfen (im Zeitpunkt ihres Erlasses) rechtmäßige begünstigende (Dauer-)VAs nach pflichtgemäßem Ermessen mit Wirkung **für die Zukunft** widerrufen werden, wenn der Widerruf durch Rechtsvorschrift zugelassen oder im VA vorbehalten ist (Nr. 1) oder mit dem VA eine Auflage verbunden ist und der Begünstigte diese nicht oder nicht innerhalb einer ihm gesetzten Frist erfüllt hat (Nr. 2). § 47 I SGB X ist insoweit wortgleich mit § 49 II Nr. 1 und Nr. 2 LVwVfG (Rn. 514 f.). Auf die Übernahme der Widerrufsgründe des § 49 II Nr. 3 und Nr. 4 LVwVfG konnte im Hinblick auf § 48 SGB X verzichtet werden. Im Sozialrecht treten Fälle dieser Art wegen der eng begrenzten Zulässigkeit von Nebenbestimmungen (§ 32 SGB X, s. auch Rn. 259 ff.) eher selten auf.

Beispiele: Widerruf der Erlaubnis zur Vollzeitpflege gem. § 44 III S. 2 SGB VIII; Widerruf einer Pflegegeldbewilligung (§ 39 SGB VIII) aufgrund eines dem Bescheid beigefügten Widerrufsvorbehalts (VG Arnsberg JAmt 2007, 101); Widerruf der Bewilligung eines Darlehens gem. § 24 I, IV SGB II (VA!), weil der Leistungsberechtigte der Auflage nicht nachkommt, die beiliegende Darlehensurkunde bis zu einem bestimmten Zeitpunkt unterzeichnet an das Jobcenter zurückzusenden.

b) Widerruf gem. § 47 II SGB X. § 47 II SGB X (s. auch § 49 III LVwVfG, s. Rn. 519) ermöglicht den Widerruf rechtmäßiger begünstigender VAs, die eine Geld- oder Sachleistung zu einem bestimmten Zweck zuerkennen oder hierfür Voraussetzung sind, auch **für die Vergangenheit**. Es handelt sich um eine Ermessensvorschrift. Es genügt nicht, dass der den Widerruf rechtfertigende Zweck aus der Zweckbestimmung der Rechtsgrundlage folgt; vielmehr muss er im VA eindeutig genannt oder bestimmt werden (BSG, NZS 2001, 279). Ein vom Betroffenen erwartetes Tun, Dulden oder Unterlassen ist als Auflage mit dem Bescheid zu verbinden (Schütze, in: Schütze, SGB X, § 47 Rn. 14).

Beispiel: Widerruf der Bewilligung einer Brennstoffhilfe für den Zeitraum der Heizperiode (§ 22 I S. 1 SGB II) seitens des Jobcenters, weil der Leistungsberechtigte die Auflage, entsprechende Rechnungen vorzulegen, nicht erfüllt.

Gesetzliche Vorgaben, wie erbrachte Geldleistungen zu verwenden sind, gibt es weder bei Lohnersatzleistungen wie dem Arbeitslosengeld (§§ 136 ff. SGB III) noch den Leistungen nach dem UhVorschG oder BEEG, ebenso wenig beim Arbeitslosengeld II (§ 19 I S. 1 SGB II), Sozialgeld (§ 19 I S. 2 SGB II), bei der Hilfe zum Lebensunterhalt (§§ 27 ff. SGB XII) oder der Grundsicherung im Alter und bei Erwerbsminderung (§§ 41 ff. SGB XII). Anderes gilt z. B. bei den Leistungen zur Teilhabe am Arbeitsleben in Form der Kraftfahrzeughilfe (§ 49 VIII S. 1 Nr. 1 SGB IX i. V. m. der KfzHV).

6. Aufhebung eines Verwaltungsaktes mit Dauerwirkung wegen nachträglicher Änderung der Verhältnisse (§ 48 SGB X)

554 **Ausgangsfall:** G erhält laut Bewilligungsbescheid des Jobcenters Leistungen zur Sicherung des Lebensunterhalts gem. §§ 19 ff. SGB II vom 1.1.2021 bis 31.12.2021. Am 27.4.2021 wird bekannt, dass er seit dem 1.3.2021 Erwerbseinkommen bezieht, das er trotz Belehrung nicht angegeben hat und dessen Anrechnung eine Reduzierung der Leistung zur Folge hätte. Muss das Jobcenter den VA für die Zukunft und/oder die Vergangenheit aufheben?

555 a) **Allgemeines.** § 48 SGB X bezieht sich auf **Dauer-Verwaltungsakte** (Rn. 530), bei denen die Verhältnisse sich **nachträglich,** d. h. nach Erlass des VA ändern (zur Abgrenzung zu § 45 SGB X s. Rn. 545). Die Verwendung des Begriffs „Aufhebung" ergibt sich daraus, dass die Vorschrift nicht zwischen anfänglich rechtmäßigen und rechtswidrigen VAs unterscheidet. Es ist somit unerheblich, ob die Änderungen bei einem ursprünglich rechtmäßigen oder rechtswidrigen, einem begünstigenden oder belastenden VA vorliegen. Zu beachten ist, dass § 48 SGB X von einer Vielzahl Vorschriften der besonderen Teile des SGB verdrängt oder modifiziert wird, insbesondere bezogen auf den Zeitpunkt der Aufhebung (s. dazu BeckOK SozR/Heße SGB X § 48 Rn. 6 f. m. w. N.).

556 b) **Voraussetzungen.** § 48 I S. 1 SGB X knüpft die Aufhebung an drei Voraussetzungen:
- Es bedarf eines VA mit Dauerwirkung,
- einer nachträglichen (d. h. nach Erlass des VA eingetretenen) Änderung der rechtlichen oder tatsächlichen Verhältnisse, die der Entscheidung über den Erlass des VA zugrunde lagen,
- einer Wesentlichkeit der Änderung.

„Wesentlich" bedeutet „rechtserheblich" (BSG, FEVS 62, 104); es kommt darauf an, ob die Behörde bei den nunmehr objektiv vorliegenden Verhältnissen den VA hätte erlassen dürfen oder nicht. Nur „soweit" eine wesentliche Änderung eingetreten ist, wird aufgehoben. Dies ist zeitlich und inhaltlich (betragsmäßig) zu verstehen (BSG, DVBl. 1987, 242).

Beispiele: Wesentliche Änderungen tatsächlicher Verhältnisse sind die Erhöhung oder Verringerung des Einkommens der leistungsberechtigten Person, der Eintritt eines Mehrbedarfs (durch Schwangerschaft oder Bedarf an kostenaufwändiger Ernährung) oder die Änderung des gewöhnlichen Aufenthalts (§ 30 III S. 2 SGB I). Wesentliche Änderungen rechtlicher Verhältnisse sind z. B. die Auswirkungen des „PSG II" im SGB XI, das zum 1.1.2017 die „Pflegestufen" durch „Pflegegrade" ersetzt und die Leistungen der sozialen Pflegeversicherung neu geregelt hat. Verzichtet ein Leistungsberechtigter schriftlich auf Arbeitslosengeld II (s. § 46 SGB I), bewirkt dies eine wesentliche Veränderung in den tatsächlichen und rechtlichen Verhältnissen, die bei Erlass eines Bewilligungsbescheides über Arbeitslosengeld II vorgelegen haben, da mit dem Verzicht der Anspruch wegfällt (BayLSG, FEVS 59, 191).

c) **Wirkung der Aufhebung für die Zukunft und die Vergangenheit; Sondervorschriften.** Grundsätzlich erfolgt die Aufhebung mit Wirkung für die **Zukunft**, d. h. ab Bekanntgabe des Korrekturbescheids. Für bestimmte Sachverhalte, insb. Einkommensanrechnungen, regeln aber *besondere materiell-rechtliche* Vorschriften den Zeitpunkt, zu dem die Korrektur wirksam wird (s. etwa § 18d SGB IV, § 100 III SGB VI, § 73 I SGB VII). Eine Aufhebung mit Wirkung vom Zeitpunkt der Änderung an – also eine **rückwirkende** – ist nur unter den Voraussetzungen des § 48 I S. 2 Nr. 1–4 SGB X zulässig. 557

> **Beispiele:** Verlust einer geringfügigen Beschäftigung, sodass dem Leistungsberechtigten höheres Arbeitslosengeld II zusteht; Geburt des Kindes einer Witwe, sodass nach § 46 II S. 1 Nr. 1 SGB VI die große Witwenrente zu gewähren ist (Nr. 1). Pflichtwidrige (s. § 60 I SGB I) Nichtmitteilung eines Umzugs gegenüber dem Jobcenter (Nr. 2).

§ 48 I S. 2 SGB X ist eine **Soll-Vorschrift**, was bedeutet, dass der Leistungsträger in der Regel den VA aufheben muss, er jedoch in atypischen Fällen nach seinem Ermessen hiervon abweichen kann (BSGE 59, 111, 115; BVerwGE 78, 101, 105). Hiervon macht § 40 II Nr. 3 SGB II i. V. m. § 330 III S. 1 SGB III bei der Grundsicherung für Arbeitsuchende eine **Ausnahme:** Liegen die in § 48 I S. 2 SGB X genannten Voraussetzungen für die Aufhebung des Dauer-VA vor, „ist" dieser mit Wirkung vom Zeitpunkt der Änderung der Verhältnisse aufzuheben, das Jobcenter in seiner Entscheidung also gebunden.

d) **Rechtsprechungsänderung (§ 48 II SGB X).** Zur Aufhebung berechtigt gem. § 48 II SGB X im Einzelfall auch der Umstand, dass der zuständige oberste Gerichtshof des Bundes (im SozR: BSG oder BVerwG) in ständiger Rechtsprechung nachträglich das Recht anders auslegt als die Behörde bei Erlass des VA und sich dies zugunsten des Berechtigten auswirkt. Dieses Element fehlt in § 51 I Nr. 1 LVwVfG (Rn. 472). Es können hier Abgrenzungsprobleme gegenüber § 44 SGB X entstehen, da sich auch bei diesem Recht Rechtswidrigkeit aus einer Rechtsprechungsänderung ergeben kann (s. Rn. 535). § 48 II Halbs. 2 SGB X bemerkt dazu, dass § 44 SGB X „unberührt" bleibt, d. h. § 44 SGB X so auszulegen und anzuwenden ist, als ob es § 48 SGB X nicht gäbe. Im Gegensatz zu § 44 SGB X, der eine rückwirkende Aufhebung mitsamt rückwirkender Leistung ermöglicht (Rn. 538 f.), ist bei der Anwendung des § 48 II SGB X lediglich die Aufhebung für die Zukunft möglich. 558

e) **Bestandsschutz und nachträgliche Änderung der Verhältnisse.** § 48 III SGB X enthält eine **Sondervorschrift** zur Bestandskraft (Rn. 448 ff.) von rechtswidrigen begünstigenden **Verwaltungsakte mit Dauerwirkung**, die eine sozialrechtliche Leistung betreffen. Kann ein solcher VA (wegen Vertrauensschutzes oder Fristablaufs) nicht gem. § 45 SGB X aufgehoben werden und ist aufgrund geänderter Verhältnisse eine Neufestsetzung erforderlich, dann darf der rechtmäßig zustehende Betrag der Sozialleistung nicht überschritten werden. Es entfällt trotz geänderter Verhältnisse die Neufestsetzung, wenn der rechtmäßige Betrag der Sozialleistung den vor Änderung der Verhältnisse rechtswidrig festgestellten Betrag der Sozialleistung nicht übersteigt (sog. **Abschmelzung**). Sinn des § 48 III SGB X ist es zu verhindern, dass die schon zu hohe Leistung durch 559

560 **f) Fristen und Nacherbringung von Leistungen.** In § 48 IV SGB X steht „übersetzt" Folgendes: Die Aufhebung von VAs nach § 48 I S. 1 SGB X mit Wirkung für die Zukunft ist grundsätzlich an keine Frist gebunden. Dasselbe gilt für die Aufhebung ab Änderung der Verhältnisse zugunsten des Betroffenen (§ 48 I S. 2 Nr. 1 SGB X). Im letztgenannten Fall sind Sozialleistungen nachzuzahlen, wobei im SGB II, SGB XII und AsylbLG nicht die Vierjahresfrist des § 44 IV S. 1 SGB X, sondern die Einjahresfrist gilt (Rn. 538). Ändern sich die Verhältnisse zuungunsten des Betroffenen (§ 48 I S. 2 Nr. 2–4 SGB X), darf der Dauer-VA mit Wirkung für die Vergangenheit grundsätzlich nur innerhalb von zehn Jahren nach Bekanntgabe aufgehoben werden (§ 48 IV S. 1 SGB X i. V. m. § 45 III S. 3 SGB X); dies aber nur innerhalb eines Jahres seit Kenntnis der Behörde von den zur Aufhebung berechtigenden Tatsachen (§ 48 IV S. 2 SGB X i. V. m. § 45 IV S. 2 SGB X).

561 **Lösung Ausgangsfall:** Das Jobcenter ist gem. § 48 I S. 1 SGB X verpflichtet, den Bewilligungsbescheid für die Zukunft aufzuheben und abzuändern, weil sich wegen des Erwerbseinkommens, das G seit dem 1.3.2021 erzielt, die tatsächlichen Verhältnisse wesentlich geändert haben. Zudem muss es gem. § 48 I S. 2 Nr. 3 SGB X auch eine Aufhebung für die Vergangenheit veranlassen. Maßgebender Zeitpunkt ist hier gem. § 48 I S. 3 SGB X der 1.3.2021, der den Beginn des Anrechnungszeitraums markiert. Ein Ermessen hat das Jobcenter nach den genannten Vorschriften nicht (§ 40 II Nr. 3 SGB II i. V. m. § 330 III S. 1 SGB III).

7. Erstattung zu Unrecht erbrachter Leistungen (§ 50 SGB X)

562 § 50 SGB X enthält eine Vorschrift über die Erstattung der vom Sozialleistungsträger zu Unrecht erbrachten Leistungen. Er gilt für alle Bereiche des Sozialrechts, soweit nicht Sonderregelungen bestehen (§ 37 SGB I). Die Norm stimmt teilweise mit § 49a LVwVfG überein, geht aber über diesen hinaus, weil sie in Abs. 2 Leistungen, die ohne VA zu Unrecht erbracht worden sind, regelt. Anders als bei § 50 I S. 1 SGB X und entgegen dem Wortlaut steht die Rückforderung nach § 50 II S. 1 SGB X im Ermessen der Behörde (s. BSG, Urt. v. 22.8.2012 – B 14 AS 165/11 R). Verzinsung ist nur in Ausnahmefällen vorgesehen (§ 50 IIa SGB X). Überzahlungen aufgrund offenbarer Unrichtigkeiten (§ 38 SGB X) sind auch erstattungsfähig (§ 50 V SGB X). § 50 III SGB X schreibt vor, dass die Erstattungsforderung durch **schriftlichen Verwaltungsakt** festzusetzen ist, der mit dem Aufhebungsbescheid verbunden werden soll.

> **Beispiele:** Rückwirkende Teilrücknahme eines rechtswidrigen begünstigenden Bescheids über die Gewährung von Arbeitslosengeld II (§ 19 I S. 1 SGB II) mit gleichzeitiger Geltendmachung der Erstattungsforderung in Höhe der Überzahlung im selben Bescheid (§ 50 I S. 1 SGB X); Rückforderung einer Überzahlung, die darauf beruht, dass trotz Rücknahme eines Bewilligungsbescheids Arbeitslosengeld II weitergezahlt wurde (§ 50 II SGB X); rückwirkende Korrektur einer offenbaren Unrichtigkeit (§ 38 SGB X) in ei-

nem Bescheid unter Verminderung des Bewilligungsbetrags und Rückforderung des Überzahlten (§ 50 V i. V. m. I SGB X).

8. Die Rückgabe von Urkunden und Sachen
§ 51 SGB X stimmt wörtlich mit § 52 LVwVfG überein (Rn. 481).

F. Einflüsse des Unionsrechts
I. Indirekter Vollzug durch die Exekutive der Mitgliedstaaten
1. Anwendungsgrundsatz
Bei der Durchführung des Unionsrechts durch die nationalen Verwaltungen (**indirekter Vollzug**) sind vorrangig die speziellen Regelungen des Unionsrechts anzuwenden, soweit solche vorhanden sind. Im Übrigen kommen die formellen und materiellen Bestimmungen des nationalen Rechts zur Anwendung (BVerwG, NVwZ 2000, 1039). Das Unionsrecht kennt keine ausdrücklichen Regelungen über Rücknahme und Widerruf. Die deutschen Behörden haben deshalb grundsätzlich die Vorschriften des LVwVfG /VwVfG bzw. vorrangige nationale Vorschriften in Spezialgesetzen (z. B. § 10 MOG) anzuwenden. Bei der Berücksichtigung von Vertrauensschutzgesichtspunkten können jedoch zum einen (abschließende) Regelungen im sekundären Unionsrecht zu beachten sein, die dem nationalen Recht vorgehen, zum anderen sind bei der Anwendung des nationalen Rechts der Äquivalenzgrundsatz und das Effizienzgebot zu beachten.

2. Äquivalenzgrundsatz und Effizienzgebot
Nach dem **Äquivalenzgrundsatz** darf das Verfahren, das dem Schutz der dem Bürger aus dem Unionsrecht erwachsenden Rechte dient, nicht weniger günstig gestaltet sein als bei entsprechenden Klagen, die nur innerstaatliches Recht betreffen (EuGH, NVwZ 2008, 870 – Kempter). Darüber hinaus hat der EuGH für den Vollzug des Unionsrechts das **Effizienzgebot** entwickelt. Es verlangt, dass der Vollzug des Unionsrechts so wirksam gestaltet wird (effet utile), dass die unionsrechtlichen Zielvorgaben nicht praktisch unmöglich gemacht oder unnötig erschwert werden. (EUGH, NVwZ 1998, 45 – Alcan II; NVwZ 2008, 870 – Kempter m. w. N.). Auf diesem Hintergrund wirkt sich die Rechtsprechung des EuGH auf die Handhabung des nationalen Rechts aus.

II. Bestandskraft unionsrechtswidriger Verwaltungsakte
1. Rechtsprechung des EuGH
Der EuGH hat sich mit dem Problem der Bestandskraft in zahlreichen Verfahren unter unterschiedlichen Aspekten befasst. Er entschied, dass ein Bescheid nicht bestandskräftig werden kann, solange eine für den Fall relevante Richtlinie noch nicht umgesetzt ist (Emmot'sche Fristhemmung, EuGH Slg. 1991, I, 4269). Er entschied außerdem, dass ein bestandskräftiger Bescheid einer nationalen Behörde, der gegen eine Grundfreiheit der Union verstoße, nicht mehr angewendet werden dürfe (EuGH, EuR 1999, – Erich Ciola). Den Entscheidungen lagen spezielle Sachverhalte zugrunde, die es nicht zulassen, die nationalen Rechtsins-

titute der Bestandskraft und des Wiederaufgreifens des Verfahrens in Frage zu stellen (vgl. dazu Kuntze, VBlBW 2001, 5, 13 f.).

2. Umsetzung in nationales Recht

Das Bundesverwaltungsgericht geht davon aus, der Verstoß gegen das Unionsrecht stelle nicht ohne Weiteres einen Nichtigkeitsgrund im Sinne des § 44 I VwVfG dar (BVerwG, NVwZ 2000, 1039). Die Regelung des § 51 LVwVfG (Wiederaufgreifen des Verfahrens) stellt im Übrigen sicher, dass bei nachträglicher Erkenntnis der Europarechtswidrigkeit eines Bescheides dem Effizienzgebot entsprochen wird. Der EuGH benennt Voraussetzungen, bei deren Vorliegen die nationalen Behörden verpflichtet sind, die bestandskräftige Entscheidung zu überprüfen (Entscheidung „Kühne und Heitz", DVBl. 2004, 373; vgl. auch BVerwG, NVwZ 2007, 709).

III. Rücknahme unionsrechtswidriger Verwaltungsakte

1. Grund der Unionsrechtswidrigkeit

567 Nach Art. 107 AEUV sind staatliche oder aus staatlichen Mitteln gewährte Beihilfen an Privatunternehmen, die den Wettbewerb verfälschen oder verfälschen können und den Handel zwischen Mitgliedstaaten beeinträchtigen, mit dem gemeinsamen Markt unvereinbar und daher verboten, sofern kein in Art. 107 II, III AEUV näher bezeichneter Ausnahmefall vorliegt (**materielle Unionsrechtswidrigkeit**). Art. 108 III AEUV bestimmt, dass beabsichtigte Beihilfen durch die nationalen Behörden bei der europäischen Kommission angemeldet werden müssen und erst dann vergeben werden dürfen, wenn deren Zulässigkeit von der Kommission in einem Notifizierungsverfahren festgestellt worden ist (**formelle Unionsrechtswidrigkeit**).

2. Europarechtliche Korrektur der Rücknahmebestimmungen

568 Das Unionsrecht kennt keine speziellen Rücknahmebestimmungen, die von den nationalen Behörden vorrangig anzuwenden sind. In Deutschland gelten deshalb die Rücknahmeregeln des § 48 VwVfG/LVwVfG. Danach sind grundsätzlich die **Schranken des Ermessens,** die sich aus dem Vertrauensschutz (Rn. 491 ff.), der Jahresfrist (Rn. 496) und dem Entreicherungseinwand (Rn. 495) ergeben, zu berücksichtigen. Hinsichtlich der unionsrechtlichen Überlagerungen ist allerdings etwa bei der Berücksichtigung des Vertrauensschutzes zu beachten, dass auch das sekundäre Unionsrecht (abschließende) Regelungen über die Schutzwürdigkeit des Vertrauens enthalten kann, die § 48 II bis IV LVwVfG vorgehen; vom BVerwG wird dies inzwischen für den praxisrelevanten Bereich der Rückforderung landwirtschaftlicher Prämienzahlungen angenommen, was insoweit einen Rückgriff auf § 10 I S. 1 Halbs. 2 MOG i. V. m. § 48 II LVwVfG ausschließt (vgl. Rn. 495). Auch kann EU-Verordnungsrecht im Bereich des Agrarrechts die Anwendung von § 10 MOG, der ausdrücklich auf § 48 IV VwVfG verweist, verdrängen (vgl. Rn. 495). Für die Rücknahme von Beihilfen, die von der Kommission gem. Art. 107 AEUV für mit dem Gemeinsamen Markt unvereinbar erklärt worden sind, gilt die Jahresfrist grundsätzlich nicht (zu den Fällen, in denen ausnahmsweise eine Berufung auf ein Verstreichen der Jahresfrist in Betracht kommt, vgl. J. Müller, in: BeckOK VwVfG, § 48 Rn. 159 f.).

G. Vertiefungshinweise und Wiederholungsfragen

I. Vertiefungshinweise

Neumann, Bestandskraft von Verwaltungsakten und Wiederaufgreifen bestandskräftig abgeschlossener Verwaltungsverfahren, jurisPR-BVerwG 10/2009 Anm. 4; Traulsen, Aktuelle Rechtsfragen des Wiederaufgreifens von Verwaltungsverfahren, VerwArch 2012, 337; Martini, Die Aufhebung von Verwaltungsakten nach §§ 48 ff. VwVfG, JA 2012, 762; JA 2013, 442 sowie JA 2016, 830; Voßkuhle/Kaufhold, Grundwissen – Öffentliches Recht: Rücknahme und Widerruf von Verwaltungsakten, JuS 2014, 695; Koehl, Die Rücknahme der Rücknahme eines nichtigen Verwaltungsakts, JuS 2016, 902; Waldhoff, Allgemeines Verwaltungsrecht: Rücknahme eines rechtswidrigen Verwaltungsakts, JuS 2014, 93; Martin-Ehlers, Die Rückforderung von Zuwendungen wegen der Nichteinhaltung von vergaberechtlichen Auflagen, NVwZ 2007, 289; Wehr, Der Verwaltungsakt mit Dauerwirkung, BayVBl. 2007, 385; Weiß, Bestandskraft nationaler belastender Verwaltungsakte und EG-Recht, DÖV 2008, 477; Ludwigs, Der Anspruch auf Rücknahme rechtswidriger belastender Verwaltungsakte, DVBl. 2008, 1164; ders., Zur Frage der Voraussetzungen für eine behördliche Pflicht zur Überprüfung gemeinschaftswidriger belastender Verwaltungsentscheidungen nach Eintritt der Rechtskraft, JZ 2008, 466; Kanitz/Wendel, Referendar-Examensklausur – Öffentliches Recht: Europarechtlich induzierte Durchbrechung der Bestandskraft, JuS 2008, 58; Struzina/Lindner, Vertrauensschutz bei der Rücknahme von Verwaltungsakten nach § 48 III VwVfG, NVwZ 2016, 1295; Struzina, Die Prüfung von Rücknahme und Widerruf, DÖV 2017, 906; Weidemann, § 49 Abs. 2 S. 1 Nr. 3 VwVfG – (und die) Gefährdung des öffentlichen Interesses, DVP 2019, 469; Windoffer, Die Umdeutung fehlerhafter Verwaltungsakte gem. § 47 VwVfG, Jura 2020, 791; ders., Die Bestandskraft von Verwaltungsakten und ihre Überwindung durch Betroffene, Jura 2017, 1274; Heinz, Die Aufhebung von Verwaltungsakten nach dem Sozialgesetzbuch X unter besonderer Berücksichtigung der Rechtsentwicklung im Bereich der Existenzsicherung, WzS 2008, 105; Udschink/Link, Aufhebung von Leistungsbescheiden im SGB II, SGb. 2008, 513.

II. Wiederholungsfragen

1. Erklären Sie die Begriffe formelle und materielle Bestandskraft! – Rn. 450, 451
2. Kann der Adressat einer bestandskräftigen Abbruchsanordnung damit rechnen, dass bei einer für ihn günstigen Änderung der Rechtslage die Abbruchsanordnung beseitigt wird? – Rn. 473
3. Wann besteht ein Anspruch auf Wiederaufgreifen? – Rn. 468 ff.
4. Was versteht man unter Rücknahme, was unter Widerruf? – Rn. 482

5. Welches ist bei der Rücknahme der für die Rechtswidrigkeit maßgebende Zeitpunkt? – Rn. 483
6. Zwischen welchen Arten von VAs ist bei der Rücknahme zu unterscheiden? – Rn. 485
7. Nach welchen Regeln ist über die Rücknahme einer Gaststättenerlaubnis zu entscheiden? – Rn. 486
8. Gibt es für die Rücknahme von „sonstigen" VAs einen Bestandsschutz? – Rn. 501
9. Ist ein Widerruf für die Vergangenheit möglich? – Rn. 512, 519
10. Kann ein Bescheid des Sozialhilfeträgers über die Gewährung von Hilfe zum Lebensunterhalt nach § 48 LVwVfG zurückgenommen werden? – Rn. 486
11. Welche Bedeutung hat das Europarecht für die Rücknahmeregeln? – Rn. 567 ff.

Kapitel 11 Bescheidtechnik und Bescheid-Qualitäts-Management

A. Begriff und Bedeutung der Bescheidtechnik – Erweiterung zum Bescheid-Qualitäts-Management

I. Begriffe Bescheidtechnik und Bescheid-Qualitäts-Management

1. Einführung

Die Begriffe „Bescheidtechnik" und „Bescheid" sind – anders als der „Verwaltungsakt" – nicht in Vorschriften definiert. Rechtsexperten denken in der Regel beim **Begriff „Bescheid"** an einen (meist) schriftlichen VA, der zudem auch noch in typischer Bescheidform verfasst ist, also einen Tenor (die Betonung liegt auf der ersten Silbe), Gründe für die Entscheidung und meist auch eine Rechtsbehelfsbelehrung enthält. Wenn Behörden Bürger mündlich oder – was meist der Fall ist – schriftlich oder zunehmend auch elektronisch etwas mitteilen, so geschieht dies oft in der Form des VA. Die umgangssprachliche Formulierung, „jemand habe von einer Behörde Bescheid bekommen", bedeutet nicht zwingend, dass ein rechtswirksamer VA vorliegt. Es kann sich um einen, verwaltungsrechtlich gesehen, verbindlichen Bescheid handeln, muss es aber nicht. Einfache Auskünfte und Hinweise, die nichts regeln, sind keine Bescheide im Sinne des Verwaltungsrechts.

571

Es gibt unzählig viele Formen von Bescheiden. Um nur die besonders wichtigen zu nennen: Ausgangsbescheide (Ge- und Verbote; Genehmigungen, Erlaubnisse, Gestattungen; Abgabenbescheide; Leistungsbescheide; Vollstreckungsbescheide), Abhilfebescheide, Widerspruchsbescheide, Vorbescheide, Änderungsbescheide, Zweitbescheide, Kostenbescheide.

Um den Bürgern Kosten und sich Arbeit zu ersparen, geben Verwaltungspraktiker bei belastenden Entscheidungen manchmal zunächst mündlich oder schriftlich über die Rechtslage und die voraussichtliche Entscheidung „Bescheid" und fragen an, ob der Bürger auf einem förmlichen kostenpflichtigen Bescheid besteht.

Wird der Begriff des „Bescheids" eingeengt auf den „VA", lässt sich „Bescheidtechnik" als das Geschick beschreiben, VAs gut zu formulieren. Bescheide sind dann gelungen, wenn sie den Sachverhalt zutreffend, knapp, aber vollständig und anschaulich wiedergeben, die zu regelnden Rechtsfragen richtig lösen, ablauforganisatorisch in Ordnung sind (z. B. interne Bearbeitungsvermerke enthalten) und geeignet sind, verständige Empfänger davon überzeugen, dass fehlerfrei entschieden wurde und wenn auf die Erwartungen (z. B. auch, was die äußere Form und Höflichkeit angeht) und Interessen der Bürger im höchstmöglichen Maße Rücksicht genommen worden ist.

Durch die juristische Brille gesehen, ist ein Bescheid „gut", wenn er juristisch korrekt ist und einer Prüfung durch Widerspruchsbehörden und Gerichte standhält. Wer die Verwaltung weniger „hoheitlich", sondern aus gesellschaftlicher und politischer Sicht als Dienstleisterin sieht, fordert von „guten" Bescheiden auch, dass sie inhaltlich und in ihrer Form – soweit wie mit dem Recht vereinbar – kunden- und bürgerorientiert sind. „Gute" Bescheide aus dem betriebswirtschaftlichen Blickwinkel sind solche, die möglichst wirtschaftlich zustande kommen. IT-Experten wiederum finden, dass von guten Bescheiden nur gesprochen werden kann, wenn bei ihrer Entstehung und Übermittlung moderne IT optimal genutzt wird. Sozialwissenschaftler betrachten eher die Interaktion zwischen Behörde und Bürger: Wird die Entscheidung vom Empfänger nachvollzogen und akzeptiert, dann verdient sie das Prädikat „gut".

Sofern im Folgenden von „Bescheid" die Rede ist, sind damit schriftliche und elektronisch übermittelte VAs gemeint.

2. Empfehlung: Einbettung der Bescheidtechnik in ein umfassendes Bescheid-Qualitäts-Management

572 Bescheidtechnik zielt in **erster Linie** auf **Ergebnisqualität**. Die Ergebnisse – die Bescheide – sollen bestimmten **Qualitätskriterien** entsprechen. Diese werden durch die Erwartungen der Adressaten von Bescheiden ebenso definiert wie durch Normen sowie durch die Verfasser, die Vorgesetzten und interne und externe Qualitäts-Kontrolleure. Die Qualitätserwartungen dieser Personen an Bescheide sind nicht immer identisch. Orientiert sich eine Behörde an den Maßstäben von Qualitätsmanagement, wird sie beim Verfassen von Bescheiden auch auf Prozessqualität achten. **Prozessqualität** bedeutet in der Praxis vor allem, dass die Behörden Sachverhalte vollständig und richtig erfassen, Bürger anhören, sie achten, ihre Anträge zügig bearbeiten und die Entscheidungen sorgfältig abwägen. Die Entscheidungsprozesse sollen für die Betroffenen nachvollziehbar und transparent sein.

Bescheid-Qualitäts-Management achtet auch auf **Strukturqualität**. Die Behörden, die Bescheide erlassen, sollen z. B. leicht und möglichst lang erreichbar sein. Schnelle Informations- und Kommunikationstechniken wie Anrufbeantworter, Internet und E-Mail sollen von Bürgern und Verwaltung benutzt werden.

Die Bescheidzuständigkeiten sollen „gebündelt" sein. Der Bürger möchte in seiner Angelegenheit möglichst nur einen Ansprechpartner haben (immer häufiger realisierte Idee der one-stop-agency für häufige Lebenslagen).

Im Sinne eines Bescheid-Qualitäts-Managements muss auch **Potenzialqualität** garantiert sein. Das Personal soll gut ausgewählt und motiviert, verantwortungsbereit und entscheidungsfreudig sein. Es soll qualifiziert sein und qualifiziert werden, um auf dem Weg zum Bescheid, beim Beraten, Suchen nach angemessenen Lösungen und Alternativen und beim Abfassen des Bescheids und dessen Übermittlung Qualität zeigen.

Schließlich ist auf dem Weg zum Bescheid und seiner Übermittlung auch eine hohe **Interaktionsqualität** gefragt: Möglichst adressatenorientierte verständliche Sprache, Höflichkeit, Freundlichkeit, – soweit vertretbar – Ausdrücken von Verständnis für das Anliegen der Bürger, offenes und glaubwürdiges Auftreten, erkennbares Einfühlungsvermögen (emotionale Intelligenz), Diskretion, angemessenes Verhalten, Unterstützung, Hilfsbereitschaft und partizipativer Umgang sind hier die Qualitätskriterien.

Qualitätsmanagement bedeutet auch, **Wirkungsqualität** anzustreben. Wer einen Bescheid vorbereitet und formuliert, muss im Auge behalten, dass die mit den Bescheiden bezweckten Effekte (das Outcome) wirklich erreicht werden. Der Begriff des „Bescheidmanagements" hat sich bisher in der Literatur noch nicht durchgesetzt, so dass auch hier weiter der eingeführte Begriff der Bescheidtechnik verwendet wird.

3. Bescheidtechnik und Informationstechnologie

Bescheide werden heutzutage nahezu ausnahmslos mit Hilfe von Computern vorbereitet, entworfen, behördenintern oder zwischen Behörden abgestimmt, überarbeitet, ausgedruckt und digital gespeichert. Manchmal stößt ein bereits digital verfasster und übersendeter Antrag von Bürgern ein Bescheidverfahren an. Die zur Entscheidung erforderlichen Angaben werden heutzutage teilweise schon digital auf Formularen gemacht, die über das Internet von Behörde zu beziehen sind. Technisch gesehen läge es nahe, die Bescheide schnell und papierlos an die Adressaten zu schicken, sofern die E-Mail-Adressen bekannt sind. Bereits 87 % der Bevölkerung zwischen 16 und 87 Jahren waren Ende 2020 in der Bundesrepublik digital erreichbar (Quelle: Statista, aufgerufen am 25.2.2021). Es wird angenommen, dass die Zahl noch weiter steigen wird. Kaum ein amtlicher Bescheid wird jedoch bisher in digitaler Form versandt. Der Grund dafür ist, dass die Zuleitung von gedruckten Bescheiden per Briefpost als sicherer gilt als die Versendung von digitalen Bescheiden, sofern diese unverschlüsselt sind. Die nicht besonders gesicherte einfache Mail läuft Gefahr, dass Unbefugte auf sie zugreifen und die so gewonnenen Daten des Bescheids missbrauchen. Eine Verschlüsselung von Bescheiden ist heute in Deutschland noch wenig verbreitet. Nur wenige Bescheid-Adressaten sind in der Lage, verschlüsselte Bescheide zu entschlüsseln.

Zwischen Verwaltungsbehörden und Rechtsanwälten werden Bescheide in wachsendem Umfang bereits verschlüsselt ausgetauscht. Die Zustellung von verschlüsselten Bescheiden per Mail an die Adressaten ist nicht üblich. Die Praxis im Jahr 2021 ist, dass die Bescheide ausgedruckt mit der Post an die Adressaten geschickt werden. Wird gegen Bescheide geklagt, werden vereinzelt die Klageerwiderungen über das datengesicherte Behördenkonto abgewickelt.

Behörden sollen möglichst wirtschaftlich handeln. Zum Schreiben von Bescheiden kann man Spracherkennungs-Software benutzen. Der gewünschte Bescheidtext wird gesprochen und digital umgesetzt, er erscheint auf dem Bildschirm, kann korrigiert werden und wird gespeichert. Die Anbieter von Spracherkennungsprogrammen betonen, dass diese Arbeitstechnik wirtschaftlicher und schneller sei als das Selbsttippen oder das Tippen in einem Schreibsekretariat nach einem Diktat. Viele Behörden zögern, solche Spracherkennungsprogramme zu installieren. Es ist sehr zeitaufwendig und teuer, an allen einzelnen Arbeitsplätzen die erforderlichen Programme zu installieren. 2021 scheinen nach Informationen aus dem Internet bisher nur wenige, meist höhere Behörden und Gerichte Spracherkennungssysteme einzusetzen. Als Gründe werden angeführt, dass viele PCs von Behörden für die Installation anspruchsvoller Software ungeeignet seien. Die Anschaffung neuer Hardware scheitere an den hohen Kosten. Größere Anwenderpools zu bilden, bringe eine erhebliche Arbeitsbelastung für die IT-Abteilungen mit sich.

Es ist wahrscheinlich, dass Spracherkennungssysteme auch in Behörden zum Schreiben von Bescheiden künftig immer häufiger genutzt werden, besonders wenn sie lernfähig sind und sich auf die Sprecheigenheiten der Diktierenden einstellen und ihr Repertoire sich erweitern lässt, damit juristische oder technische oder sonstige Fachbegriffe sofort fehlerfrei digital geschrieben werden. Mit guten Diktiersystemen und trainierten Diktierenden soll bereits eine Fehlerfreiheits-Quote von 95 bis sogar 99 Prozent erreicht werden.

573a Der im Februar 2021 im Zuge der Anpassung der Landesverwaltungsverfahrensgesetze **neu geschaffene § 35a LVwVfG** stellt klar, dass ein VA vollständig durch automatische Einrichtungen erlassen werden kann. Ein **vollständig automatisierter Erlass setzt voraus**, dass er durch Rechtsvorschrift zugelassen ist und weder ein Ermessen noch ein Beurteilungsspielraum besteht. Bedeutsame tatsächliche Angaben des Beteiligten müssen im Einzelfall weiterhin Berücksichtigung finden, da der Untersuchungsgrundsatz auch beim Einsatz automatischer Einrichtungen gilt, vgl. § 24 I LVwVfG. Der ebenfalls **neu geschaffene § 41 II a LVwVfG** gestattet eine **Bekanntgabe elektronischer Verwaltungsakte durch Datenabruf**, d. h. ein elektronischer VA kann dadurch bekannt gegeben werden, dass er vom Beteiligten oder von seinem Bevollmächtigten über öffentlich zugängliche Netze abgerufen wird. Dies ist jedoch **nur** möglich, **wenn der Beteiligte einwilligt**. Der Einsatz automatischer Einrichtungen beim Erlass von VAs dient der Verfahrensbeschleunigung und Kostenreduzierung, weil vor allem einfach strukturierte Verfahren mit geringerem Aufwand schnell erledigt werden können (vgl. insgesamt LT-Drs. 16/9489).

II. Die große Bedeutung der Kommunikation von und in Behörden

574 Es wird geschätzt, dass ca. 80 % der Arbeit in Behörden der sogenannten „nichttechnischen Verwaltung" aus Kommunikation besteht. Ein öffentlicher Dienst, der gute Dienstleistungen erbringen will, muss nach innen und außen gut kommunizieren wollen und können. Man muss in Behörden „Bescheid wissen", aber auch „Bescheid geben" können. Das verlangt außer fachlicher Kompetenz (vor allem juristischer Fachkenntnis) auch soziale, kommunikative und methodische Kompetenz.

In Deutschland haben durch Zuwanderung immer mehr Menschen aus anderen Kulturen auch Kontakt mit Behörden. Die Kommunikation mit diesem Personenkreis ist teilweise sehr schwierig bis unmöglich, wenn keine Dolmetscher oder Übersetzer helfen. Flüchtlinge können sich nicht oder nur schlecht auf Deutsch verständlich ausdrücken. Hinzu kommt, dass sie sich wegen ihrer kulturellen Prägung manchmal gegenüber Verwaltungspersonal anders verhalten als Deutsche. Auch deswegen kann es zu Missverständnissen kommen. Wer z. B. in einem Ausländeramt, Sozialamt oder Einwohnermeldeamt „Kundenkontakt" mit Menschen ohne ausreichende Deutschkenntnisse hat, braucht heute zusätzlich Fremdsprachenkenntnisse und **interkulturelle Kommunikationsfähigkeit**. Bescheide in deutscher Sprache sind für viele zugewanderte Adressaten unverständlich.

Sensible, kooperativ führende Vorgesetzte überlassen die Verantwortung für Inhalt und Stil der Schreiben denjenigen, die sie unterzeichnen. Sie tolerieren vertretbare Formulierungs-Alternativen ihrer Mitarbeiter/innen, auch wenn sie selbst sich anders ausdrücken würden.

Eine volksnahe Sprache wird leider auch heute noch von manchen Autoren und Autorinnen von Verwaltungstexten und auch von Widerspruchsbehörden und Gerichten als unangebracht, nicht fachkundig, zu persönlich und zu emotional abgelehnt. Wer Bürgern schreibt, denkt manchmal weniger an sie als ersten Adressaten als daran, sich möglichst so auszudrücken, dass die weiteren, nicht ausdrücklich genannten Adressaten wie Übergeordnete, Widerspruchsbehörden und Gerichte nichts zu beanstanden haben.

Wer Bescheide verfasst, muss sich im Klaren sein, dass **Kommunikation immer auf vier Ebenen** abläuft.

Das folgende **Beispiel** zeigt dies:
Der Bescheid, „Sie haben ein Fahrtenbuch von ... bis ... für ... zu führen"; enthält vordergründig ausschließlich eine **Sachinformation.** Doch es ist auch ein **Appell** enthalten: Er besteht in der Aufforderung zu handeln, also ein Fahrtenbuch in bestimmter Weise zu führen. Auch zu den **Beziehungen** wird eine Aussage gemacht: „Ich bestimme, du hast zu gehorchen, sonst ...". Es wird nicht nur gebeten, sondern angeordnet! Die Machtverhältnisse sind klargestellt. Wenn sich Behörden und ihr Personal wirklich als Dienstleistende für Bürgerinnen und Bürger verhalten wollen, müssen sie weniger „von oben herab" formulieren, Ausdrücke wie „gewähren" oder „belehren" vermeiden und – soweit vertretbar – partnerschaftlicher schreiben.

Bei den Entscheidungen, die Bürger betreffen, geht es nicht nur um die Sache, sondern auch um Beziehungen. An einer möglichst **konfliktarmen** Gestaltung dieser Beziehung – bevor entschieden wird, wenn entschieden wird und nachdem Bescheide ergangen sind – sollte allen Beteiligten gelegen sein. Um die Spannungen nicht durch aggressive Worte anzuheizen, wird neuerdings z. B. vorgeschlagen, gegenüber den Adressaten hoheitlicher Verfügungen das Wort „drohen" möglichst zu vermeiden und durch weichere, aber noch genügend bestimmte und klare Formulierungen zu ersetzen wie „Wenn Sie nicht ..., haben Sie zu erwarten" oder „Für den Fall, dass ..., kündige ich Ihnen an, dass ..." (so Hofmann, in: Hofmann/Gerke, Rn. 349).

In dem Bescheid ist auch eine **Selbstkundgabe** der den Bescheid erlassenden Person enthalten. Sie beschreibt, wie man sich selbst, seine Rolle gegenüber anderen sieht. In der Verfügung: „Sie haben ein Fahrtenbuch zu führen", steckt also, ohne es ausdrücklich zu sagen, auch die Aussage: „Ich bin meiner Sache sicher, ich habe die Macht, dir zu befehlen, dass du ein Fahrtenbuch zu führen hast". (Näheres bei Wippermann, Mit Argumenten überzeugen, Friedrich Ebert Stiftung, Hrsg., 3. Aufl. 2000, S. 42–44).

Sensible Kommunikatoren sind sich über die **Mehrdimensionalität aller Kommunikation** im Klaren. Wer sich bewusst ist, dass **es bei Bescheiden nicht nur um die Sache geht,** wird auch die anderen Aspekte der Kommunikation berücksichtigen, ihr Konfliktpotenzial sehen und auf Empfindlichkeiten bei den Empfängern Rücksicht nehmen. Dort, wo auch ein eher partnerschaftlicher Umgangston mit dem Bürger in einem Bescheid vertretbar ist, sollte man den obrigkeitlichen Ton vermeiden, um Bürger nicht unnötig gegen Behörden und sich selbst aufzubringen. So hilft die Verwendung üblicher Höflichkeitsformeln und persönlicher Anreden auch bei Bescheiden – was lange in Praxis und Literatur abgelehnt worden ist –, dass Spannungen gar nicht erst entstehen. Wer um gute Beziehungen bemüht ist, verzichtet möglichst auf belehrende, drohende, vorwurfsvolle, ironische und gönnerhafte Formulierungen. Statt „starke Befehle" einzusetzen fordert man schlicht nur auf, um die gespannte Beziehung nicht noch durch einen barschen Ton anzuheizen. Man wird auch auf Amtsgehabe und gestelzten Kanzleistil verzichten, um sich nicht lächerlich zu machen und als verknöcherter Bürokrat dazustehen. Sehr gute Empfehlungen und Übungen, wie man sich bürgernah ausdrückt, enthält das BBB-Arbeitshandbuch des Bundesverwaltungsamts (BBB Köln, 4. Aufl. 2002, jetzt nur noch online verfügbar).

B. Aufbau und Inhalt von Bescheiden
I. Beispiel
Beispielsbescheid

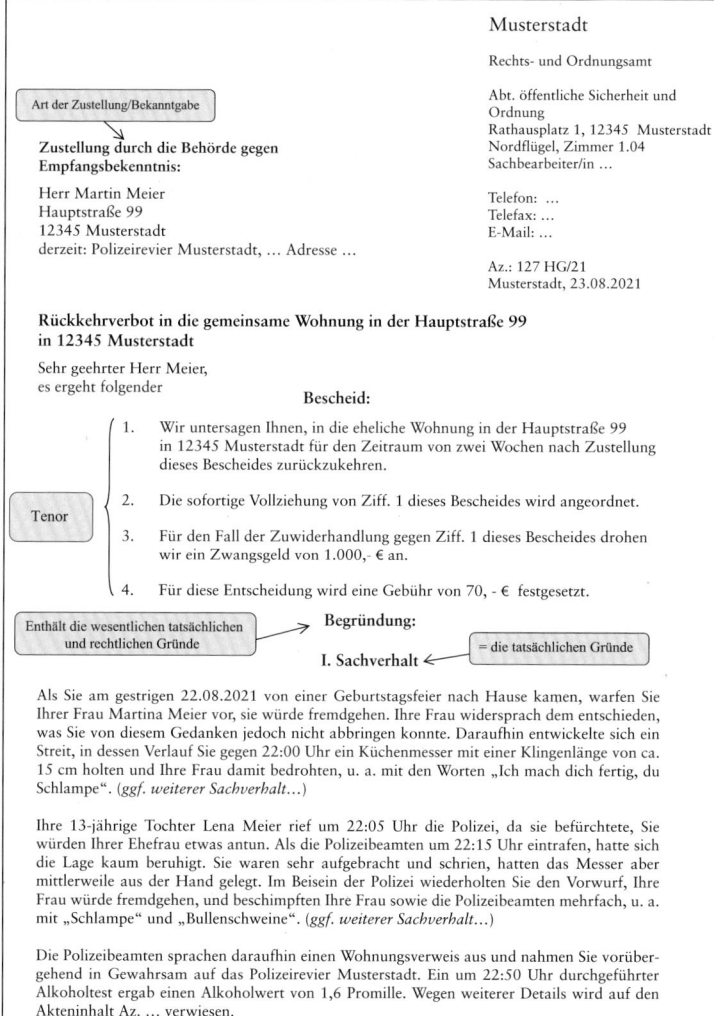

Am Morgen des 23.08.2021 gaben wir Ihnen auf dem Polizeirevier die Gelegenheit, sich zu dem Vorfall zu äußern. Hiervon machten Sie keinen Gebrauch. Nach Angaben der Polizei kam es bereits am 24.07.2021 zu einem ähnlichen Vorfall. In alkoholisiertem Zustand bedrohten Sie Ihre Frau und schlugen mehrfach mit der flachen Hand auf sie ein (*ggf. weiterer Sachverhalt…*). Die eintreffende Polizei sprach damals einen Wohnungsverweis und ein Rückkehrverbot für zwei Tage aus.

> Hier empfiehlt es sich, der Nummerierung des Tenors zu folgen

II. Rechtliche Gründe

1. Rechtsgrundlage des Rückkehrverbotes ist § 30 Absatz 3 Satz 2 Polizeigesetz Baden-Württemberg (abgekürzt: PolG). Hiernach können wir als zuständige Polizeibehörde einer aus der Wohnung verwiesenen Person verbieten, in die Wohnung zurückzukehren, wenn Tatsachen die Annahme rechtfertigen, dass nach Verlassen der Wohnung die erhebliche Gefahr für eine andere Bewohnerin oder einen anderen Bewohner fortbesteht. Eine Gefahr besteht, wenn hinreichend wahrscheinlich ist, dass ein Schaden an dem geschützten Rechtsgut eintreten wird. Eine Gefahr ist erheblich, wenn ein Schaden an wichtigen Rechtsgütern wie Leben oder Gesundheit droht.

> Rechtsgrdl. benennen u. ggf. Begriffe definieren

Das ist hier der Fall. Auch nachdem Sie die Wohnung verlassen haben, geht von Ihnen weiterhin eine erhebliche Gefahr für Ihre Frau aus. Sie haben Ihre Ehefrau im Beisein Ihrer Tochter mit einem Messer bedroht und ihre Gesundheit unmittelbar gefährdet. Vor ca. einem Monat sind Sie bereits gegenüber Ihrer Frau gewalttätig geworden, sodass ein Wohnungsverweis ausgesprochen werden musste. Sie haben damit erneut gezeigt, dass Sie nicht gewillt oder in der Lage sind, in jeder Situation die Gesundheit Ihrer Ehefrau zu wahren. Aufgrund der bisherigen Vorkommnisse müssen wir von einer Wiederholungsgefahr ausgehen. Ihr besonders aggressives Verhalten macht es wahrscheinlich, dass Sie, wenn Sie in Ihre Wohnung zurückkehren, erneut gegenüber Ihrer Frau gewalttätig werden. Es besteht somit eine erhebliche Gefahr für die Gesundheit und das Leben Ihrer Frau.

> konkreten SV der Rechtsgrdl. zuordnen (=Subsumtion)

Die Gefahr geht von Ihnen aus, sodass wir Ihnen für zwei Wochen untersagen, in Ihre Wohnung zurück zukehren. Die Alternative, dass Ihre Ehefrau die gemeinsame Wohnung verlässt, kommt nicht in Betracht. Sie ist Opfer Ihrer Aggression und bedarf besonderen Schutzes.

> Auswahl des Pflichtigen begründen

Unser Ermessen haben wir nach § 40 LVwVfG entsprechend dem Zweck der Ermächtigung und unter Beachtung der gesetzlichen Ermessensgrenzen ausgeübt. Nach § 30 Absatz 4 Satz 1 PolG war das Rückkehrverbot auf höchstens zwei Wochen zu befristen.

> Ermessensgründe …

Das Rückkehrverbot für die gemeinsame Wohnung ist verhältnismäßig. Es ist geeignet, die bestehende Gefahr für Ihre Frau abzuwenden, und auch erforderlich, da eine weniger belastende, aber gleich geeignete Maßnahme nicht ersichtlich ist. Insbesondere erachten wir eine kürzere Frist als nicht gleich geeignet. Der Vorfall vor ca. einem Monat hat gezeigt, dass der Wohnungsverweis mit einer kürzeren Rückkehrverbot Sie nicht von der erneuten Bedrohung abgehalten hat. Außerdem handelte es sich um eine massive Bedrohung mit einem Messer, sodass es erforderlich ist, die gesetzliche Frist von zwei Wochen auszuschöpfen. Das Rückkehrverbot ist zudem angemessen. Bei der Abwägung haben wir die gegensätzlichen Rechte ausreichend berücksichtigt. Ihr Besitzrecht an der Wohnung (Artikel 14 GG) sowie Ihr Recht, an jedem Ort wohnen zu dürfen (Recht auf Freizügigkeit nach Artikel 11 GG) erachten wir in diesem Fall weniger schützenswert als das Recht Ihrer Frau auf körperliche Unversehrtheit (Artikel 2 Absatz 2 GG). Außerdem wiegt das allgemeine Interesse, Straftaten zu verhindern, schwerer als Ihr Recht, in die Wohnung zurückkehren zu dürfen.

> … insbes. die Verhältnismäßigkeit des VA darlegen

Kapitel 11 Bescheidtechnik und Bescheid-Qualitäts-Management

Es ist Ihnen für zwei Wochen zuzumuten, vorübergehend an einem anderen Ort, etwa bei Bekannten, Verwandten, in einem Fremdenzimmer oder in der Obdachlosenunterkunft, zu wohnen.

2. Die Anordnung der sofortigen Vollziehung beruht auf § 80 Absatz 2 Satz 1 Nr. 4 Verwaltungsgerichtsordnung (VwGO). Hiernach kann die sofortige Vollziehung einer Verfügung angeordnet werden, wenn ein besonderes öffentliches oder privates Interesse an ihrer umgehenden Beachtung bzw. Umsetzung besteht, welches schwerer wiegt als Ihr Interesse, vor Beachtung der Verfügung zunächst den Ausgang eines Rechtsbehelfsverfahrens abzuwarten (sog. Interesse an der aufschiebenden Wirkung eines Rechtsbehelfs).

Es besteht vorliegend ein besonderes öffentliches Interesse, die Gesundheit Ihrer Frau sofort zu schützen, sodass das Rückkehrverbot sofort zu beachten ist. Aufgrund der drohenden Gefahr für Ihre Frau kann nicht hingenommen werden, zunächst den Ausgang eines Rechtsbehelfsverfahrens abzuwarten. Ein zweiwöchiges Rückkehrverbot liefe ins Leere, wenn es erst nach einem unter Umständen monatelangen Rechtsbehelfsverfahren beachtet werden müsste. Demgegenüber ist Ihnen ohne gravierende Einschränkungen zuzumuten, das auf zwei Wochen befristete Rückkehrverbot sofort zu befolgen und eine rechtliche Prüfung nachträglich vornehmen zu lassen.

3. Die Androhung des Zwangsgeldes beruht auf §§ 20, 23 i. V. m. § 2 Landesverwaltungsvollstreckungsgesetz (LVwVG). Nach § 23 LVwVG kann ein Zwangsgeld in Höhe von 10 bis 50.000 € festgesetzt werden. Nach § 20 LVwVG ist es vorher schriftlich anzudrohen. Ein Zwangsgeld kann auch wiederholt festgesetzt werden, § 19 Absatz 4 LVwVG.

Das Rückkehrverbot ist vollstreckbar und sofort zu beachten, da wir unter Ziff. 2 die sofortige Vollziehung angeordnet haben. Ein von Ihnen eingelegter Rechtsbehelf entfaltet keine aufschiebende Wirkung, § 2 Nr. 2 LVwVG.

Die Androhung eines Zwangsgeldes in Höhe von 1.000 € ist verhältnismäßig. Sie ist geeignet und erforderlich, um Sie dazu zu bewegen, den Zweck dieser Anordnung zu beachten und eine Rückkehr in die gemeinsame Wohnung zu unterlassen. Mit Zwangsgeld drohen wir vorliegend das mildeste Zwangsmittel an (§ 19 Absatz 2 LVwVG). Unter Beachtung Ihrer finanziellen Verhältnisse sowie der bedrohten Rechtsgüter ist die Androhung eines Zwangsgeldes in Höhe von 1.000 € auch angemessen (§ 19 Absatz 3 LVwVG).

4. Die Gebührenfestsetzung beruht auf § 4 Abs. 3 S. 3 Landesgebührengesetz i. V. m. § 11 Kommunalabgabengesetz i. V. m. §§ ... der Satzung von Musterstadt über die Erhebung von Verwaltungsgebühren (Verwaltungsgebührensatzung) vom 18.5.2010 i. d. F. vom 9.12.2019 i.V. m. Ziffer ... des Gebührenverzeichnisses als Anlage zu dieser Satzung.

> Fehlt diese Belehrung oder ist sie fehlerhaft, ist der Bescheid grds. ein Jahr lang angreifbar.

> alternativ: **Ihre Rechte**

Rechtsbehelfsbelehrung:

Gegen diesen Bescheid können Sie innerhalb eines Monats nach Bekanntgabe Widerspruch bei der Stadt Musterstadt, Rathausplatz 1, 12345 Musterstadt, einlegen.

Gegen die Anordnung der sofortigen Vollziehung können Sie beim Verwaltungsgericht ... *Adresse* ... einen Antrag auf Wiederherstellung der aufschiebenden Wirkung Ihres Widerspruchs stellen.

Mit freundlichen Grüßen

... *Unterschrift Sachbearbeiter* ...

> Fehlt diese Belehrung oder ist sie fehlerhaft, hat dies keine rechtlichen Auswirkungen.

II. Gliederung

576 Es ist üblich, schriftliche Bescheide **nach folgendem Schema** aufzubauen:
- Einleitung
- Tenor
- Begründung
- Rechtsbehelfsbelehrung
- Grußformel und Unterschrift

Ggf. können abschließend ergänzende Hinweise, Ratschläge und Empfehlungen aufgenommen werden.

Die in der Behördenakte verbleibende Abschrift des Bescheids enthält zusätzlich noch Bearbeitungsvermerke, wie Wiedervorlagetermin und geplante weitere Schritte.

III. Einleitung

577 Die Einleitung besteht aus
- dem vorgedruckten Briefkopf, ergänzt um die individuellen Angaben: Adresse, Aktenzeichen, Durchwahltelefonnummer, Fax, E-Mail, evtl. Name des Sachbearbeiters, Betreff, Bezug, Anlagen,
- eventuell einem Hinweis auf eine besondere Zustellungsart (z. B. „Gegen Postzustellungsurkunde"),
- einer freundlichen Anrede,
- der Kennzeichnung als Bescheid (rechtlich nicht unbedingt erforderlich, aber zur Klarstellung nützlich).

Zum Hinweis auf eine besondere Zustellungsart:
Ein VA wird erst mit Bekanntgabe wirksam, § 43 I LVwVfG. Wird ein Bescheid durch die Post als einfacher Brief übermittelt, muss im Zweifel die Behörde nachweisen, dass er dem Empfänger zugegangen ist, § 41 II S. 3 LVwVfG. Bestreitet der Empfänger, den Bescheid erhalten zu haben, kann die Behörde diesen Nachweis kaum erbringen. Bei belastenden VA empfiehlt sich daher eine förmliche Bekanntgabe mittels Zustellung nach dem LVwZG (im Regelfall mittels Postzustellungsurkunde nach § 3 LVwZG). Mit Zustellung ist der Nachweis erbracht, dass der Empfänger den Bescheid erhalten hat und er ihm gegenüber bekannt gegeben wurde.

Im **obigen Beispielsfall** darf der Bescheid nicht an die Wohnanschrift übermittelt werden, da die Behörde eine Rückkehr in die Wohnung gerade verhindern will. Außerdem muss schnell gehandelt werden. Hier bietet sich eine persönliche Übergabe durch die Behörde nach § 5 LVwZG auf dem Polizeirevier an.

578 Unglaubwürdige Mitleidsbekundungen – „Wir bedauern, dass keine andere Entscheidung ergehen konnte …" – werden möglicherweise vom Bürger als Ironie, Hohn oder Lüge empfunden. In solchen Fällen wird vielfach eine nüchterne, sachliche Einleitung wie „Es ergeht folgender Bescheid" vorgezogen. Hat der Mitarbeiter Verständnis für die Erwartungen des Bürgers und fällt es ihm ehrlich schwer, sie zu enttäuschen, kann je nach Lage des Falles nach der Anrede (oder am Ende vor der Grußformel) auch ausnahmsweise Mitgefühl bekundet werden.

Gerade, wenn dem Bürger belastende Entscheidungen mitgeteilt werden, und selbst wenn der Bürger seinerseits sich ungehörig verhalten hat, ist es geboten, die allgemein üblichen **Regeln der Höflichkeit** einzuhalten. Eine höfliche Anrede und eine Grußformel am Schluss sollten selbstverständlich sein. Höflichkeit und persönliche Formulierungen sind kein Hinweis darauf, dass der Bescheid subjektiv statt „ohne Ansehen der Person" gefällt worden ist. Höflichkeit heißt aber nicht Anbiedern. Höflichkeit zeigt, dass der Bürger für die Verwaltung keine Nummer ist und sie ihn achtet.

IV. Tenor

Der Tenor ist der **verfügende Teil des Bescheides** (vgl. auch § 41 Abs. 4 LVwVfG). In der Fachsprache wird er auch Entscheidungsformel genannt. Er besteht aus
- dem sog. Entscheidungssatz = Hauptentscheidung (oder ggf. mehreren)
- eventuell: Nebenbestimmungen bei begünstigenden VA
- eventuell: der Anordnung der sofortigen Vollziehung
- eventuell: der Androhung von Zwangsmitteln
- der Gebührenentscheidung

1. Tenorierung des Entscheidungssatzes

Die **Hauptentscheidung** kann je nach Art des VA ein Ge- oder Verbot (bei befehlenden VA), die Begründung, Ablehnung, Änderung oder Aufhebung eines Rechtsverhältnisses (bei rechtsgestaltenden VA) oder eine Feststellung (bei feststellenden VA) enthalten. Der Tenor kann selbstverständlich – insbesondere bei komplexeren Sachverhalten – auch aus **mehreren Hauptentscheidungen bzw. Entscheidungssätzen** bestehen. Bei natürlichen Personen empfiehlt sich die direkte Ansprache „Sie haben ... zu ..." oder „Sie werden verpflichtet, ...". Juristische Personen oder sonstige beteiligungsfähige Vereinigungen (vgl. § 11 LVwVfG) sind im Tenor zu benennen, z. B. „Die X-GmbH hat ..." oder „Die X-GmbH wird verpflichtet, ...".

Beispiele:
für Ge- und Verbote (sie verpflichten zu einer Handlung, einem Dulden oder Unterlassen)
- Sie haben die Hütte auf dem Grundstück Flurstück-Nr. ..., *Adresse* ... zu beseitigen.
- Die Fa. ... AG hat für das Grundstück Flurstück-Nr. ..., *Adresse* ... einen Erschließungsbeitrag von ... zu bezahlen.
- Sie haben die Obdachlosenunterkunft in der ... *Adresse* ... zu räumen und das von Ihnen bewohnte Zimmer zu reinigen.
- Sie haben die auf dem Anwesen ... *Adresse* ... abgelagerten Abfallstoffe (Zeitungen, Kartonagen, Flaschen, Glasscherben, Kot u. a.) zu entfernen und fachgerecht zu entsorgen.
- Die Benutzung der Bundesautobahn A 5 als Versammlungsstrecke wird untersagt.
- Ihnen wird die Ausübung des Gewerbes „Handel mit Körperpflegeprodukten und Nahrungsergänzungsmitteln" untersagt.

– Sie werden verpflichtet, die Beseitigung der Hütte auf dem Grundstück Flurstück-Nr. ..., *Adresse* ... zu dulden.

für die Begründung, Ablehnung, Änderung oder Aufhebung eines Rechtsverhältnisses:
– Ihnen wird die Erlaubnis zum Betrieb einer Schank- und Speisewirtschaft in den Räumen ... des Anwesens ... *Adresse*... erteilt.
– Ihr Antrag auf Erteilung einer gaststättenrechtlichen Erlaubnis wird abgelehnt.
– Die mit Bescheid des Landratsamtes Ortenaukreis vom ... erteilte gaststättenrechtliche Erlaubnis wird zurückgenommen.

für feststellende VA:
– Es wird festgestellt, dass Sie die deutsche Staatsangehörigkeit besitzen.

2. Tenorierung von Nebenbestimmungen

581 Sind Nebenbestimmungen sehr umfangreich, wie z. B. bei Baugenehmigungen, können sie dem eigentlichen Bescheid angefügt werden, wobei zu vermerken ist, dass sie Bestandteil des VA sind. Ist die Anzahl an Nebenbestimmungen überschaubar, sollten sie nach Erteilung der Erlaubnis in einer eigenen Ziffer zusammenfassend aufgeführt werden.

Beispiel:
1. Ihnen wird die Erlaubnis zum Betrieb einer Schank- und Speisewirtschaft in den Räumen ... des Anwesens ... *Adresse* ... erteilt.
2. Hierzu ergehen folgende Nebenbestimmungen:
   a. Sie haben ab 22 Uhr die Fenster und Außentüren Ihrer Gaststätte geschlossen zu halten (Auflage).
   b. Die Schank- und Speisewirtschaft darf erst in Betrieb genommen werden, wenn Sie durch eine Bescheinigung der Industrie- und Handelskammer Freiburg den Nachweis erbracht haben, dass Sie über die Grundzüge der für Ihren Betrieb notwendigen lebensmittelrechtlichen Kenntnisse unterrichtet worden sind und mit ihnen als vertraut gelten (aufschiebende Bedingung).
   c. ...

3. Tenorierung der Anordnung der sofortigen Vollziehung

582 Widerspruch und Anfechtungsklage haben nach § 80 I VwGO aufschiebende Wirkung. Der Adressat braucht den VA vorerst nicht zu beachten und die Behörde darf ihn nicht vollstrecken. Die Wirkungen des VA werden quasi „aufgeschoben". Mit Anordnung der sofortigen Vollziehung nach § 80 II S. 1 Nr. 4 VwGO entfällt die aufschiebende Wirkung. Der VA ist sofort zu beachten und nach § 2 Nr. 2 LVwVG vollstreckbar. Die Anordnung der sofortigen Vollziehung ist selbst kein VA. Sie enthält keine eigene Regelung, sondern erklärt eine andere Regelung für sofort vollziehbar. Sie wird daher oft als **Annexentscheidung** bezeichnet.

Beispiel:
Ohne die Anordnung der sofortigen Vollziehung könnte Herr Meier **im obigen Beispielsfall** Widerspruch einlegen und noch am selben Tag in die gemeinsame Wohnung zurückkehren. Sinn und Zweck des Rückkehrverbotes

liefen ins Leere. Zu den Voraussetzungen, unter denen die sofortige Vollziehung angeordnet werden kann, s. Rn. 602. Es empfiehlt sich, bei der Tenorierung ausdrücklich auf die Ziffer zu verweisen, deren Inhalt für sofort vollziehbar erklärt wird, im Beispielsfall oben: „Die sofortige Vollziehung von Ziff. 1 dieses Bescheides wird angeordnet". Bei mehreren Hauptentscheidungen ist aus Gründen der Bestimmtheit zwingend auf die jeweilige Ziffer Bezug zu nehmen.

4. Tenorierung der Androhung von Zwangsmitteln

Zwangsmittel sind vor ihrer Anwendung anzudrohen, § 20 LVwG. Ausnahmen bestehen lediglich bei Gefahr im Verzug, § 21 LVwG. Die Androhung kann wie im **obigen Beispielsfall** mit dem VA, der vollstreckt werden soll, verbunden werden, § 20 II LVwG. Es muss klar erkennbar sein, auf welche Hauptentscheidung bzw. Ziffer im Tenor sich die Androhung bezieht. VA, die zu einer Handlung (ausgenommen einer Geldleistung), einem Dulden oder Unterlassen verpflichten, können nur mit den in § 19 I LVwG genannten **Zwangsmitteln** (Zwangsgeld, Ersatzvornahme, unmittelbarer Zwang, Zwangshaft) vollstreckt werden. Die Androhung muss sich auf ein bestimmtes Zwangsmittel beziehen, § 20 III LVwG. Es ist unzulässig, mehrere Zwangsmittel alternativ anzudrohen. Zulässig ist es aber, Zwangsmittel gestaffelt anzudrohen, wenn die Reihenfolge ihrer Anwendung erkennbar ist.

Beispiel:
1. ... *Hauptentscheidung* ...
2. ... *Anordnung der sofortigen Vollziehung* ...
3. Für den Fall, dass die in Ziff. 1 bezeichnete Maßnahme nicht bis zum 31.3.2021 ausgeführt wird, drohen wir ein Zwangsgeld in Höhe von 1.500,- € an.
4. Für den Fall, dass trotz der Androhung des Zwangsgeldes die in Ziff. 1 bezeichnete Maßnahme nicht bis zum 14.4.2021 ausgeführt wird, drohen wir ihre Ausführung durch ein von uns beauftragtes Unternehmen auf Ihre Kosten an. Die Kosten einschließlich Gebühren werden in diesem Fall voraussichtlich 10.000,- € betragen.

Zwangsmittel dürfen wiederholt und solange angedroht und angewandt werden, bis der VA vollzogen oder auf andere Weise erledigt ist, § 19 IV LVwG. **Zwangsgeld** ist in einer **bestimmten Höhe** anzudrohen, § 20 IV LVwG. Unzulässig wäre somit die Angabe eines Rahmens „wird von ... bis ... € angedroht". Bei Androhung einer **Ersatzvornahme** sollen die **voraussichtlichen Kosten** angegeben werden, § 20 V LVwG. Nach der LVwGKO setzen sich diese aus den Gebühren für das Tätigwerden der Behörde (§ 6 LVwGKO) und den Auslagen (§ 8 LVwGKO) zusammen. Zu den weiteren **allgemeinen Vollstreckungsvoraussetzungen** siehe unten 605.

Beispiel:
Im **obigen Beispielsfall** bezieht sich die Androhung auf ein bestimmtes Zwangsmittel (§ 20 III LVwG), nämlich Zwangsgeld, welches in einer bestimmten Höhe (§ 20 IV LVwG) angedroht wurde.

Wird in dem Bescheid eine **Handlung** gefordert, ist dem Pflichtigen zu deren Ausführung eine **angemessene Frist** zu setzen; bei einem **Dulden oder Unterlassen** ist eine **Frist entbehrlich**, § 20 I S. 2 LVwVG.

Beispiel:
Im **obigen Beispielsfall** wird von Herrn Meier ein **Unterlassen** gefordert. Eine Frist ist somit entbehrlich. Herr Meier hat es ab sofort zu unterlassen, in die Wohnung zurückzukehren. Während für die Ausführung einer Handlung oft eine gewisse Vorbereitungszeit nötig ist (z. B. bei Abbruch einer Hütte), kann der Pflichtige ohne Weiteres ab sofort etwas unterlassen oder dulden. Ein Zwangsgeld kann hier für jeden Fall der Zuwiderhandlung angedroht werden, wie im Beispielsfall:
„Für jeden Fall der Zuwiderhandlung gegen Ziff. 1 dieses Bescheides drohen wir ein Zwangsgeld in Höhe von 1.500,- € an."
Die Androhung einer Ersatzvornahme scheidet hier von vorneherein aus. Ein **Unterlassen** ist etwas Höchstpersönliches und keine „vertretbare Handlung", die von Dritten ausgeführt werden kann, vgl. § 25 LVwVG.

Die **Frist** kann sich auf den **Beginn** oder das **Ende der geforderten Handlung** beziehen.

Beispiele:
für die **Androhung von Zwangsgeld**
– Für den Fall, dass die in Ziff. ... bezeichnete Maßnahme nicht innerhalb von vier Wochen nach Bekanntgabe dieses Bescheides (*alternativ: bis zum ... Datum ...*) ausgeführt wird, drohen wir ein Zwangsgeld in Höhe von 1.500,- € an.
– Für den Fall, dass mit der in Ziff. ... bezeichneten Maßnahme nicht innerhalb von vier Wochen nach Bekanntgabe dieses Bescheides (*alternativ: bis zum ... Datum ...*) begonnen wird, drohen wir ein Zwangsgeld in Höhe von 1.500,- € an.
für die **Androhung einer Ersatzvornahme**
– Für den Fall, dass die in Ziff. ... bezeichnete Maßnahme nicht innerhalb von vier Wochen nach Bekanntgabe dieses Bescheides (*alternativ: bis zum ... Datum ...*) ausgeführt wird, drohen wir ihre Ausführung durch ein von uns beauftragtes Unternehmen auf Ihre Kosten an. Die Kosten einschließlich Gebühren werden voraussichtlich 10.000,- € betragen.

5. Gebührenentscheidung

Die **Höhe der im Bescheid festgesetzten Gebühren** orientiert sich grundsätzlich an den Vorschriften der jeweiligen Behörde. So setzen z. B. Landratsämter, Verwaltungsgemeinschaften und Gemeinden, sofern sie Aufgaben der unteren Verwaltungsbehörde oder der unteren Baurechtsbehörde wahrnehmen, die gebührenpflichtigen Tatbestände und die Höhe der Gebühren selbst fest. Landratsämter erlassen eine Rechtsverordnung, Verwaltungsgemeinschaften und Gemeinden eine Satzung, vgl. § 4 III LGebG. Für Verwaltungsgemeinschaften und Gemeinden gilt das Kommunalabgabengesetz, insb. § 11 KAG. Bei der konkreten Gebührenbemessung sind die Verwaltungskosten sowie die wirtschaftliche und sonstige Bedeutung der öffentlichen Leistung zu berücksichtigen, vgl. § 7 LGebG und § 11 KAG.

6. Hinreichende Bestimmtheit

Der Tenor muss so **bestimmt** sein, dass Bürger und etwaige Vollstreckungsbeamte genau wissen, was sie zu tun haben.

Beispiele:
- Soweit Grundstücke, Wohnungen, Räume etc. betroffen sind, ist deren genaue Lage mit Flurstücknummer, Adresse, Stockwerk etc. anzugeben. Gleiches gilt natürlich für Zäune, Bäume oder bewegliche Sachen wie Autos, Gerüste. Auch bei Abfallstoffen sollten – soweit möglich – deren „Hauptbestandteile" benannt werden, z. B. Elektrogeräte, Reifen, Bauschutt etc.
- Bei einer Erlaubnis/Genehmigung ist genau darauf zu achten, was deren (Mindest-) Inhalt ist. Die gaststättenrechtliche Erlaubnis ist z. b. nach § 3 GastG für eine bestimmte Betriebsart und für bestimmte Räume zu erteilen. Beides muss im Tenor hinreichend bestimmt zum Ausdruck kommen (s. o. 580). Eine Baugenehmigung wird i. d. R. für eine bauliche Substanz und deren bauliche Nutzung erteilt, z. B. für ein zweigeschossiges Wohnhaus. Eine wasserrechtliche Erlaubnis gewährt die Befugnis, die wasserrechtliche Bewilligung das Recht, ein Gewässer zu einem bestimmten Zweck in einer nach Art und Maß bestimmten Weise zu benutzen, § 10 WHG. Zweck, Art und Maß sind hinreichend konkret anzugeben.
- Im **obigen Beispielsfall** enthält § 30 I bis III mehrere Ermächtigungsgrundlagen, die unterschiedliche polizeiliche Maßnahmen ermöglichen (Platzverweis, Aufenthaltsverbot, Wohnungsverweis, Rückkehr- und Annäherungsverbot). Aus dem Tenor muss klar hervorgehen, welches Verhalten von Herrn Meier gefordert wird (eine Rückkehr in die gemeinsame Wohnung zu unterlassen) und für wie lange (für den Zeitraum von zwei Wochen nach Zustellung des Bescheides). Bei der Wohnung ist die Adresse konkret zu benennen.

V. Begründung

1. Allgemeine Überlegungen

a) **Begründungspflicht.** Ein belastender schriftlicher oder elektronischer VA ist zu begründen. **Soweit** die Behörde einem Antrag entspricht und einen begünstigenden VA erteilt, ist eine Begründung entbehrlich, vgl. § 39 I und II Nr. 1 LVwVfG. Die Begründung muss nach § 39 I S. 2 LVwVfG die **wesentlichen tatsächlichen und rechtlichen Gründe** enthalten, die die Behörde zu ihrer Entscheidung bewogen haben. Sie sollte sich deshalb in zwei Teile gliedern, in die wesentlichen tatsächlichen Gründe – **den Sachverhalt** – und die wesentlichen **rechtlichen Gründe** (im **obigen Beispielsfall** mit römischen Ziffern nummeriert). Auf diese Weise erkennt auch der Sachbearbeiter im Wege der Selbstkontrolle, welchen Sachverhalt er als erwiesen zugrunde legt und welche rechtlichen Schlüsse er daraus zieht. Diese klare Trennung erleichtert auch die Anwendung von Textbausteinen in wiederkehrenden Fällen. Die Begründung von Ermessensentscheidungen soll auch die Gesichtspunkte erkennen lassen, von denen die Behörde bei Ausübung ihres Ermessens ausgegangen ist, § 39 I S. 3 LVwVfG.

587 **b) Selbstkontrolle der Verwaltung.** Die Begründungspflicht **zwingt die Behörden, ihr Handeln sorgfältig zu bedenken.** Sie bewahrt sie vor voreiligen und falschen Entscheidungen und schützt den Bürger vor Willkür und die Behörde vor dem Verdacht der Willkür und der Geheimniskrämerei. Sorgfältige Begründungen liegen daher auch im öffentlichen Interesse; sie tragen dazu bei, das Vertrauen in die Verwaltung und in den Rechtsstaat zu festigen.

Die Begründungspflicht dient auch der **Eigenkontrolle** der Verwaltung; sie vermindert die Zahl der zu erwartenden Rechtsbehelfe; sie macht den **Rechtsschutz** wirksamer, weil der Bürger eher überprüfen kann, ob seine Rechte gewahrt werden, und sie **erleichtert Widerspruchsbehörden und Gerichten**, ebenfalls zu kontrollieren, ob die Verwaltungsentscheidung rechtmäßig ergangen ist. Ein VA kann im Ergebnis richtig, jedoch nicht oder nicht richtig begründet sein. Ein VA kann aber auch zwar sorgfältig begründet, jedoch sachlich falsch sein, weil von unzutreffenden Tatsachen ausgegangen oder das Recht nicht richtig angewendet worden ist.

588 **c) Den Bürger überzeugen.** Von einer modernen demokratischen, rechtsstaatlichen, bürger- und kundenorientierten Verwaltung wird heute erwartet, dass sie ihre Entscheidungen auch für Verwaltungs- und Rechtslaien leicht verständlich und überzeugend kommuniziert. Ob dies gelingt, hängt wesentlich, aber nicht nur von den Entscheidern ab. Die Rahmenbedingungen müssen für Überzeugungsprozesse günstig sein. So braucht man für einen komplizierten schriftlichen Bescheid ausreichend Zeit, um ihn optimal zu formulieren. Man muss auch als Verantwortlicher für einen Bescheid fachkompetent sein, also vor allem die erforderlichen rechtlichen, technischen und organisatorischen Kenntnisse besitzen. Erforderlich ist ferner eine hohe Sprachkompetenz. Man soll einerseits juristische, technische, wirtschaftliche, psychologische Fachsprachen beherrschen und unter Fachleuten auch praktizieren. Es wird aber auch erwartet, dass man sich in der Allgemeinsprache gut ausdrücken kann und soweit erforderlich und möglich, den Fachjargon für Laienadressaten in eine einfache Sprache übersetzen kann. Mangelnde oder vorbildliche Bürgernähe zeigt sich auch darin, ob Behörden sich bemühen, ihre Bescheide so zu verfassen, dass sie möglichst leicht verständlich sind. Um die Bemühungen der Behörden zu unterstützen, sich gegenüber ihren „Kunden" möglichst einfach und dadurch leicht verständlich auszudrücken, hat der Normenkontrollrat des Bundeslandes Baden-Württemberg in enger Zusammenarbeit mit dem „Leibniz-Institut für Deutsche Sprache" 2019 einen Leitfaden für Behörden mit dem Titel „Wie kann die Verständlichkeit behördlicher Texte verbessert werden?" herausgebracht. Der Leitfaden beschreibt die vielen Ansätze und Möglichkeiten, möglichst leichtverständlich mit der Bevölkerung zu kommunizieren. Er fasst zahlreiche praktische, von Kommunikationsspezialisten entwickelte Ratschläge aus älteren Veröffentlichungen gut zusammen. Vor allem auch für Trainingsveranstaltungen zum Thema „Verständlich schreiben" ist die neue Schrift für Trainer als Lehrmaterial und für die Behördenpraxis als Nachschlagewerk nützlich.

Dass Verwaltungs-Bescheide möglichst verständlich verfasst werden, wird durch die Lektüre von Anleitungen für eine leicht verständliche Sprache in Lehrbüchern und „Handreichungen" wie die obige allein nicht erreicht. Verständlich zu schreiben (und zu reden) kann und muss praxisnah trainiert werden. Im

Studium und in Aus- und Fortbildungs-Seminaren in Behörden sollte nicht nur theoretisch gelehrt werden, was Verwaltungstexte für Verwaltungs-Laien schwer verständlich und was sie leicht/er verständlich macht. Es hat sich bewährt, möglichst anhand von ergangenen (anonymisierten) Bescheiden gemeinsam Stärken und Schwächen zu analysieren und zu diskutieren, was sich und wie sich die Bescheide (und Vorschriften) verständlicher hätten schreiben lassen. Das Erstaunen in solchen Fortbildungen in Behörden ist oft groß, wenn zum Beispiel Fachleute aus dem Fachbereich Baurecht eines Rathauses bestimmte Teile eines Bescheids aus dem Sozialbereich nicht verstehen und umgekehrt. Die Trainer können dabei die zahlreichen in der Literatur angeführten „Tipps und Tricks" für das Verfassen leicht verständlicher Texte im Detail vorstellen. Wenn am Ende der Fortbildung deutlich verbesserte Bescheide gemeinsam erarbeitet sind, ist das Lehrziel „Verständliche Bescheide verfassen wollen und können" erreicht.
Gute Argumente und eine einfühlende Sprache erhöhen die Chance, dass Bescheide die Empfänger überzeugen und von ihnen akzeptiert werden. Sie garantieren aber nicht, dass ein Überzeugungsbemühen gelingt. Nicht alle Adressaten von Bescheiden lassen sich von einer objektiv überzeugend abgefassten, zweck- und rechtmäßigen Entscheidung überzeugen. Mancher Empfänger eines Bescheids ist nicht überzeugungsfähig oder überzeugungswillig. Manche Adressaten verstehen die deutsche Umgangssprache nicht oder nicht ausreichend und erst recht nicht die im Bescheid verwendeten juristischen oder technischen Fachausdrücke. Wieder andere Adressaten haben von den Entscheidenden abweichende vorgefasste, feste Meinungen zur Sach- und Rechtslage und wie zu entscheiden sei. Auch vorgetäuschtes Nichtverstehen kommt gelegentlich in der Verwaltungspraxis vor.
Die folgenden Ausführungen beziehen sich in erster Linie auf schriftliche Überzeugungsprozesse. Bei komplizierteren Entscheidungen ist es nicht selten, dass zur Ermittlung von Sachverhalten und zur Erörterung von Rechtsfragen auch Gespräche stattfinden. Sie haben den Vorteil, dass man auf Erwartungen, Vorstellungen, Meinungen der künftigen Bescheid-Adressaten gezielt eingehen kann. Im Gespräch lassen sich auch einfacher als in Briefen oder Bescheiden gezeigte Emotionen ansprechen und Gefühlsargumente und Appelle einbringen (z. B. an das Verantwortungsbewusstsein eines älteren Führerscheinbesitzers, auf seine Fahrerlaubnis zu verzichten). Stark sachorientiertes Verwaltungspersonal unterschätzt manchmal die Bedeutung der Beziehungsebene für das Gelingen oder Scheitern von Überzeugungsprozessen. Hinderlich ist gelegentlich auch für das Überzeugen, dass sich bei belastenden Entscheidungen die obrigkeitliche Sprache nicht ganz vermeiden lässt. Leicht provozierende Formulierungen wie „Sie müssen …", „Sie werden verpflichtet", „Sie haben … zu …" können Aggressionen auslösen. Um diesen auszuweichen, ist die in Bescheiden gebrauchte Sprache oft sehr stark nüchtern-sachlich und signalisiert damit Objektivität, Entscheidung „ohne Ansehen der Person". Die Verfasser von Bescheiden gehen zuweilen bewusst auf emotionale Distanz, drücken weder Bedauern noch Verständnis für die Betroffenen aus.
Die Chance, dass ein belastender Bescheid überzeugt, ist größer, wenn er
- freundlich und persönlich gehalten ist (z. B. in Anrede, Gruß, Ich- und Wir-Stil),
- sachlich ist,

- sich nicht nur auf Vorschriften beruft, sondern deren Sinn und Berechtigung einleuchtend erklärt,
- verständlich, anschaulich, dem Erfahrungsbereich des Bürgers angepasst ist,
- auf die Interessen des Bürgers eingeht,
- dem Bürger auch Vorteile bringt und sie aufzeigt,
- mit Wertvorstellungen, Einstellungen und Überzeugungen des Bürgers weitgehend übereinstimmt,
- vernünftig, zweckmäßig, angemessen erscheint,
- dem Bürger erlaubt, sich mit einem positiven Vorbild (z. B. einem besonders verantwortungsbewussten Bürger) zu identifizieren,
- ausweist, dass der Verfasser des Bescheids sachkundig ist,
- auf Bürgereinwände eingeht und sie, wenn möglich und nötig, schlüssig widerlegt,
- sich auf Autoritäten beruft, die auch vom Bürger in der Regel anerkannt werden (z. B. auf Gerichtsentscheidungen, Kommentatoren, Untersuchungsergebnisse, Forschungsergebnisse, Statistiken etc.),
- das Selbstwertgefühl des Bürgers nicht verletzt,
- den Bürger anerkennt (z. B. durch persönliche Anrede, Eingehen auf seine Argumente, Anwendung der Ja-Aber-Taktik und behutsamen Angriff auf die bisherige Einstellung),
- dem Bürger den Wechsel von Standpunkten erleichtert (indem z. B. die Nachteile einer vorhandenen Einstellung betont oder auf die Besonderheiten des vorliegenden Sachverhalts abgehoben wird, für die andere Argumente gelten).

Bedenklich erscheint, wenn Fachsprache taktisch gegenüber Laien bewusst eingesetzt wird, obwohl sie für Laien bedeutet, dass ein Bescheid schwer oder gar unverständlich wird. Dafür mag sprechen: Fachsprache suggeriert Kompetenz und intellektuelle Überlegenheit. Laien bekommen den Eindruck, dass ein Experte oder eine Expertin entschieden hat. Mit dem leichtverständlichen Text dagegen kann sich der Adressat inhaltlich auseinandersetzen, beim unverständlichen Text zieht sich der Laie manchmal auf die Hoffnung zurück, dass schon alles seine Richtigkeit habe.

Auch ein weiteres Problem sei noch abschließend angesprochen. Soll man in Bescheiden differenziert argumentieren, sich mit Alternativen und Gegenargumenten auseinandersetzen? Pro und Contra darzustellen erweckt unter Umständen den Eindruck der Unsicherheit und des Selbstzweifels. Sie wirkt bei solchen Adressaten nicht überzeugend, die einfache und eindeutige Antworten erwarten. Andererseits löst eine vereinfachte Begründung bei kritischen und fachkundigen Adressaten von Bescheiden Misstrauen, weil die Begründung zu wenig oder gar nicht Pro und Contra abwägt.

589 d) **Bürgernahe Sprache.** Um Bürger zu überzeugen, dass ein Bescheid richtig ist, ist eine von mehreren Voraussetzungen, dass der Bescheid vom Empfänger leicht und richtig verstanden wird. Viele Bescheide enthalten schwer verständliche oder für Laien unverständliche Begriffe oder Passagen. Es kommt vor, dass selbst Verwaltungsexperten, die einen Text von Kollegen aus der gleichen Behörde bekommen, nicht alle in den Bescheiden angeführten rechtlichen oder technischen Details verstehen. Das haben gemeinsame Sprachanalysen von (anonymisierten) Originaltexten durch Personal aus verschiedenen Fachbereichen einer Stadtverwaltung ergeben. Inzwischen scheint sich die Überzeugung in Behörden durchzusetzen, dass Fachsprache unter Fachleuten erlaubt, ja wünschenswert ist. Denn sie ermöglicht, sich schnell, eindeutig, kurz und ökonomisch zu verständigen. Gegenüber Laien soll die Fachsprache dagegen auf das unbedingt nötige Maß beschränkt werden. Deutsch ist Amtssprache. Bescheide sind deswegen in deutscher Sprache verfasst. Die deutsche Amtssprache wird aber selbst von manchen Deutschen nicht oder nur in Teilen verstanden. Es kursieren inzwischen viele Empfehlungen, wie Behörden sich leicht verständlich ausdrücken sollen und können. Eine Beilage zur Wochenzeitung „Das Parlament" vom 24. Februar 2014 enthält zahlreiche nützliche Anregungen, wie leichte und einfache Sprache in Behörden, in der Politik und Gesellschaft erreichbar ist. Es ist einzuräumen, dass inhaltlich komplizierte Texte (z. B. rechtliche, technische oder medizinische Texte) sich nur schwierig oder auch gar nicht in „leichte Sprache" umformulieren lassen. Oft ist zum vollen Verständnis eines Textes einfach auch spezielles Fachwissen erforderlich.

> Hier finden Sie einige **Tipps für eine bürgernahe Sprache**:
> 1. Kurze Sätze bilden (maximal 13–15 Wörter pro Satz als Regel)
> 2. Schachtelsätze mit vielen Nebensätzen vermeiden
> 3. Schachtelwörter (Lohnsteuerjahresausgleichsformular) zerlegen
> 4. Fachausdrücke nur verwenden, wenn sie zur rechtlichen Klarheit unverzichtbar sind, dann aber in Allgemeinsprache erläutern (Die Anordnung der „Sofortigen Vollziehung" bedeutet, dass …)
> 5. Keine ungewöhnlichen Abkürzungen benutzen (i. d. R. = in der Regel, i. V. m. = in Verbindung mit)
> 6. Hauptwörter nicht häufen (also bitte nicht: „Unterlassung der Verwendung des Nominalstils")
> 7. Möglichst viel verbal ausdrücken (Statt Rechtsbehelfsbelehrung „Sie können gegen diese Entscheidung Widerspruch einlegen" oder „Sie haben folgendes Recht: …")
> 8. Mehr Aktiv als Passiv benutzen („Wir ordnen an" besser als „Es wird angeordnet")
> 9. Adressaten persönlich ansprechen (Sie, Ich, Wir)
> 10. Namen richtig schreiben
> 11. Bürger höflich und respektvoll ansprechen und grüßen
> 12. Texte gut formal und inhaltlich gliedern
> 13. mit Beispielen, Fotos, leicht lesbaren Plänen etc. Texte verständlicher machen

Die Mühe, die es bereitet, möglichst einfach, verständlich und überzeugend zu formulieren, wird manchmal belohnt: Bürger verzichten auf Rückfragen oder Widersprüche.

e) **Fehlerfreiheit**. Die **äußere Form** muss einwandfrei sein. Grammatische Fehler, Mängel in der Zeichensetzung und Rechtschreibung, schwacher Ausdruck und Behördendeutsch stellen zwar keine rechtlichen Fehler dar, sie veranlassen aber gebildete Bürger zu dem nicht ganz unberechtigten Schluss, dass Bescheide möglicherweise auch juristisch nicht sachkundig und fehlerfrei zustande gekommen sind, wenn sie schon äußerlich mangelhaft sind.

2. Der Sachverhalt

591 Die Begründung beginnt mit der Schilderung des tatsächlichen Sachverhalts (der tatsächlichen Gründe), von dem die Behörde ausgeht. Der Sachverhalt soll **knapp und klar Tatsachen beschreiben**, ohne sie schon rechtlich zu würdigen. Es empfiehlt sich, den Sachverhalt **chronologisch** zu schildern. Um ihn kurz zu halten, kann auf Auskünfte, Berichte, Stellungnahmen oder schon ergangene Bescheide verwiesen werden, wenn sie Bestandteil der Akte sind und der Betroffene sie kennt oder sie leicht erlangen kann. Auch im Sachverhalt ist auf die **persönliche Anrede** zu achten („Als Sie am …").

592 Es ist sehr wichtig, den Sachverhalt **richtig zu ermitteln und darzustellen**, und zwar auch in Kleinigkeiten. Werden – und das kommt erstaunlich oft vor – z. B. Namen falsch geschrieben, vermutet ein Leser leicht, der Verfasser sei möglicherweise auch fachlich nicht kompetent, wenn er schon beim Schreiben des Namens Fehler macht. Im Gegensatz zur rechtlichen Beurteilung kann auch der juristisch Ungebildete hier kontrollieren, ob die Behörde sorgfältig gearbeitet hat. Ist der Sachverhalt nicht korrekt dargestellt, zweifelt der Bürger leicht auch daran, dass richtig entschieden worden ist. Er wird eher geneigt sein, Rechtsbehelfe zu ergreifen. Eine fehlerhafte Sachverhaltsermittlung kann zur Rechtswidrigkeit des Bescheids führen, für die der Staat haften muss.

Ist **umstritten, von welchen Tatsachen** auszugehen ist, sollen die nach Ansicht der Behörde falschen Tatsachenbehauptungen angeführt und widerlegt werden. Es sollen das Ergebnis der Amts-Ermittlung und die Beweise angegeben werden, die die Sachverhaltsdarstellung der Behörde stützen, z. B. schriftliche und mündliche Angaben anderer, die Ergebnisse eines Augenscheins, beschlagnahmte Beweisstücke, Feststellungen der Polizei etc.

593 Bringt ein Bürger **Einwände** vor, sollte hierauf eingegangen werden, auch wenn diese rechtlich unerheblich sind. Praktiker lassen unerhebliche Einwände in ihren Begründungen zwar gerne „unter den Tisch fallen", weil dadurch der Bescheid kürzer wird, doch bietet dieses Vorgehen neue Angriffsflächen. Der Bürger glaubt eventuell, sein Anliegen sei nicht sorgfältig geprüft, seine für wesentlich gehaltenen Argumente seien möglicherweise übersehen worden. Im Sachverhalt ist auch anzuführen, wenn dem Pflichtigen die Gelegenheit gegeben wurde, sich zu äußern, und er hiervon keinen Gebrauch gemacht hat (so im **Beispielsbescheid**, Rn. 575).

3. Die rechtlichen Gründe

594 Der Tenor kann aus mehreren **Hauptentscheidungen** (Entscheidungssätzen) sowie **Nebenentscheidungen** (Anordnung der sofortigen Vollziehung, Androhung von Zwangsmitteln, Gebührenentscheidung) bestehen. Jede Entscheidung ist grundsätzlich einzeln zu begründen. Um die rechtlichen Gründe der jeweiligen Entscheidung zuordnen zu können, empfiehlt es sich, **die Nummerierung des Tenors zu übernehmen**. Auf diese Weise gewinnt der Leser, aber auch der Bescheid-Verfasser einen besseren Überblick.

Beispiel:
Im **obigen Beispielsfall** ist das Rückkehrverbot die Ziff. 1 des Tenors. Es wird dementsprechend auch unter Ziff. 1 rechtlich begründet. Gleiches gilt für die weiteren Ziffern, wie die Anordnung der sofortigen Vollziehung unter Ziff. 2 etc.

a) Begründung der Hauptentscheidung(en). Die rechtliche Begründung jeder einzelnen Entscheidung sollte in sich gegliedert und keine bloße Ansammlung von rechtlichen Argumenten sein. Einmal angeeignet, gibt eine Gliederung Sicherheit beim Erstellen von Bescheiden wie auch bei der Rechtsanwendung insgesamt, auch wenn Bescheide je nach Rechtsgebiet und Komplexität des Falles sehr variieren können. Die folgende Gliederung ist keine strikte Vorgabe. Sie entspricht den Grundsätzen der Rechtsanwendung und kann ggf. mit Änderungen auf komplexe und umfangreiche wie auch auf einfach gelagerte Sachverhalte angewandt werden:
- **Rechtsgrundlage** und deren einschlägige **Tatbestandsvoraussetzungen** benennen; ggf. die dort genannten Rechtsbegriffe definieren,
- Zuordnung des konkreten Sachverhalts zu den Tatbestandsvoraussetzungen (sog. **Subsumtion**),
- Begründung, warum sich die Entscheidung an den **Adressaten** richtet (und nicht an eine andere in Betracht kommende Person),
- **Ermessenserwägungen** darlegen, insbesondere auf den **Verhältnismäßigkeitsgrundsatz** als Ermessensgrenze eingehen.

Beispiele:
Im **obigen Beispielsfall** ist die Gliederung stichwortartig bei dem Rückkehrverbot unter Ziff. 1 am Rand erläutert. Dieser Aufbau gilt z. T. verkürzt auch für die Nebenentscheidungen. So beginnt auch die Begründung der Anordnung der sofortigen Vollziehung unter Ziff. 2 mit der Benennung der Rechtsgrundlage und ihren Tatbestandsvoraussetzungen, woran sich die konkrete Zuordnung des Sachverhalts (Subsumtion) mit Interessenabwägung anschließt. Die nochmalige Erwähnung, dass Herr Meier Pflichtiger und damit Adressat der Anordnung ist, ist überflüssig und wegzulassen. Eine Ermessensprüfung findet nicht statt, da bei § 80 II S. 1 Nr. 4 VwGO bereits im Tatbestand eine umfassende Interessenabwägung vorzunehmen ist.

Im Folgenden wird auf die einzelnen Punkte näher eingegangen.

Zu Beginn der rechtlichen Begründung ist die **Rechtsgrundlage** zu nennen, auf die sich die Entscheidung stützt. Aus Gründen der Bürgerfreundlichkeit sind die Gesetze zunächst vollständig auszuschreiben und erst anschließend in ihrer üblichen Abkürzung anzugeben. Die Rechtsgrundlage ist **genau** zu benennen, also mit Absatz und Satz; auch insoweit sind Abkürzungen (z. B. „Abs.") möglichst zu vermeiden.

Im obigen Beispielsfall:
„Rechtsgrundlage des Rückkehrverbotes ist § 30 Absatz 3 Satz 2 Polizeigesetz Baden-Württemberg (abgekürzt: PolG)."
In § 30 I bis III PolG sind mehrere Ermächtigungsgrundlagen enthalten, die unterschiedliche polizeiliche Maßnahmen ermöglichen (Platzverweis, Auf-

enthaltsverbot, Wohnungsverweis, Rückkehr- und Annäherungsverbot). Aus dem Bescheid muss klar hervorgehen, auf welche Rechtsgrundlage die Verfügung gestützt wird – hier das Rückkehrverbot auf § 30 III S. 2 PolG. Bleibt dies unklar, kann ein Verstoß gegen den Bestimmtheitsgrundsatz vorliegen, vgl. VG Stuttgart, Beschl. v. 5.3.2009 – 5 K 756/09, juris. Das ebenfalls in § 30 III S. 2 PolG geregelte Annäherungsverbot wurde (in unserem Beispielsfall aus Gründen der Übersichtlichkeit) nicht erlassen, sodass es auch in der Begründung gänzlich unerwähnt bleibt.

597 Nach der Rechtsgrundlage sind ihre **Tatbestandsvoraussetzungen** wiederzugeben, wobei es genügt und übersichtlicher ist, nur diejenigen zu erwähnen, die in dem konkreten Fall eine Rolle spielen und das Einschreiten rechtfertigen. Es sollte nicht einfach gedankenlos der ganze Paragraf oder Absatz abgeschrieben werden. (Unbestimmte) Rechtsbegriffe sind – soweit möglich – zu definieren bzw. zu erläutern.

Im **obigen Beispielfall**:
„Hiernach können wir als zuständige Polizeibehörde einer aus der Wohnung verwiesenen Person verbieten, in die Wohnung zurückzukehren, wenn Tatsachen die Annahme rechtfertigen, dass nach Verlassen der Wohnung die erhebliche Gefahr für eine andere Bewohnerin oder einen anderen Bewohner fortbesteht." (vgl. Wortlaut des § 30 III S. 2 PolG)
Der polizeiliche Grundbegriff „Gefahr" bzw. „erhebliche Gefahr" wurde mit der gängigen Definition erläutert.

598 Anschließend ist ausführlich zu begründen, warum der festgestellte Sachverhalt die genannten Tatbestandsvoraussetzungen erfüllt (**Subsumtion**).

Im **obigen Beispiel** rechtfertigen die Aggressivität von Herrn Meier, die massive Bedrohung mit einem Messer (vor den Augen der Tochter), die hohe Bedeutung der Schutzgüter Gesundheit und Leben sowie der Vorfall vor ca. einem Monat die Annahme, dass für die Ehefrau als „anderer Bewohnerin" die erhebliche Gefahr fortbesteht.

Bei der Subsumtion ist möglichst **sorgfältig und genau** zu **argumentieren**. Zum einen gilt auch hier der Bestimmtheitsgrundsatz, zum anderen hat der Adressat des Bescheides oftmals eine andere Sicht der Dinge und es gilt hier besonders, ihn mit Argumenten zu überzeugen.

Im **obigen Beispielsfall** sind alle Aspekte, die die erhebliche Gefahr begründen, **konkret** zu benennen (Aggressivität, Messer, Vorfall vor einem Monat etc.). Gleiches gilt hinsichtlich der bedrohten Person. Pauschale Hinweise auf „Vorfälle aus der Vergangenheit" oder „die geschädigten Personen" reichen nicht, vgl. hierzu insgesamt VG Stuttgart, Beschl. v. 5.3.2009 – 5 K 756/09, juris.

599 Die Begründung soll an die **Vernunft des Bürgers** appellieren, darf daneben aber auch – zurückhaltend – seine Gefühle ansprechen, wobei negativ argumentiert werden kann (z. B. Hinweis darauf, dass es für sich und andere gefährlich ist, in sehr hohem Alter noch selbst Autos zu lenken) oder positiv (z. B. das Verantwortungs-Bewusstsein herausstellen, das jemand zeigt, der altersbedingt seine Fahrerlaubnis freiwillig zurückgibt). Begründungen können auch mit **Erfahrungen** untermauert werden.

Im **obigen Beispielsfall** wären derartige Appelle angesichts der Vorgeschichte eher unangebracht und würden dem Bescheid etwas von der hier nötigen „Schärfe" nehmen.

Die Behörde darf nicht gegenüber jedermann einschreiten, sondern nur gegenüber demjenigen, der nach dem Gesetz als **Adressat** in Betracht kommt. Fehlt in den Spezialgesetzen eine derartige Regelung, kann im Bereich der Gefahrenabwehr auf die Normen über die Störer nach §§ 6 ff. PolG zurückgegriffen werden. Kommen mehrere Adressaten in Betracht, hat die Behörde ein Auswahlermessen. **600**

Im **obigen Beispielsfall** richtet sich das Rückkehrverbot eindeutig gegen die aus „der Wohnung verwiesene Person", von der auch nach Verlassen der Wohnung noch eine erhebliche Gefahr für Mitbewohner ausgeht. Aufgrund dieser Eindeutigkeit hätte es eigentlich keiner Ausführungen bedurft. Herrn Meier wird dadurch aber nochmals vor Augen geführt, dass er der Täter und seine Ehefrau das Opfer ist und sich der Bescheid deshalb gegen ihn richtet.

Ist der Verwaltung **Ermessen eingeräumt** (ob und wie sie entscheidet), sollen nach § 39 I S. 3 LVwVfG in der Begründung die Ermessenserwägungen zum Ausdruck kommen. Nach § 40 LVwVfG ist Ermessen wie folgt auszuüben (ausführlich Kap. 4 Rn. 175 ff.): **601**

– Im Bescheid muss erkennbar sein, **dass die Behörde** den Ermessensspielraum erkannt und **Ermessen ausgeübt hat**. Andernfalls ist die Entscheidung wegen des Ermessensfehlers in Form des „**Ermessensnichtgebrauchs**" rechtswidrig. Die Behörde darf keinesfalls den Eindruck vermitteln, sie musste (in dieser Weise) handeln.

– Das Ermessen muss **entsprechend dem Zweck der Ermächtigung** ausgeübt werden. Andernfalls ist die Entscheidung wegen „**Ermessensfehlgebrauchs**" rechtswidrig.

Im **obigen Beispielsfall** darf sich die Behörde nur von dem Zweck des § 30 PolG, nämlich Abwehr von Gefahren für andere Bewohner, leiten lassen. Würde sich das Rückkehrverbot ausschließlich darauf stützen, dass Herr Meier ein stadtbekannter Trinker und Schläger sei, entspräche dies nicht mehr dem Zweck der Ermächtigung.

– Die **gesetzlichen Grenzen des Ermessens** sind einzuhalten, andernfalls ist die Entscheidung wegen „**Ermessensüberschreitung**" rechtswidrig. Die wichtigsten Ermessensgrenzen sind die Grundrechte und Grundfreiheiten sowie der Verhältnismäßigkeitsgrundsatz. Zu Letzterem sollten in jedem Fall Ausführungen gemacht werden. Eine Maßnahme ist verhältnismäßig, wenn sie zur Erreichung des Zwecks geeignet, erforderlich und angemessen ist (vgl. ausführlich Kap. 4 Rn. 187 ff.). Insbesondere in der Angemessenheitsprüfung sind die Vor- und Nachteile der Maßnahme darzustellen und die eigentliche Abwägung vorzunehmen.

Im **obigen Beispielsfall** stellt das Rückkehrverbot einen massiven Eingriff in die (Grund)Rechte des Herrn Meier dar. Es ist sorgfältig darzulegen, weshalb das Verbot verhältnismäßig ist. In der Angemessenheitsprüfung sind die Vor- und Nachteile zu erwähnen. Zudem bot es sich an, die jeweils betroffenen Grundrechte in die anschließende Abwägung einfließen zu lassen mit dem Ergebnis, dass der Schutz von Leib und Leben schwerer wiegt als das Recht, in die Wohnung zurückzukehren.

Aus rechtlicher Sicht reicht es aus, sich mit den **entscheidungserheblichen Argumenten** und Einwänden der Bürger auseinanderzusetzen. Will man **überzeugend** begründen, empfiehlt es sich aber eventuell auch, auf ernsthaftes, aber nicht entscheidungserhebliches Vorbringen kurz einzugehen und dem Adressaten zu erklären, dass und warum sein Vorbringen rechtlich nicht bedeutsam ist.

602 b) **Begründung der sofortigen Vollziehung.** Bei der Anordnung der sofortigen Vollziehung muss ein besonderes öffentliches oder privates **Interesse an der umgehenden Beachtung** des VA bestehen, welches schwerer wiegt als das **Interesse des Adressaten an der aufschiebenden Wirkung** eines möglicherweise von ihm eingelegten Rechtsbehelfs. Das Interesse des Adressaten an der aufschiebenden Wirkung besteht darin, dass er den VA während der Überprüfung durch die Widerspruchsbehörde oder ein Gericht nicht beachten muss und er auch nicht vollstreckt werden darf. Die „sofortige Vollziehung" muss also nicht deshalb erfolgen, weil *sofort* „etwas passieren" muss. Sie soll vielmehr verhindern, dass nach Einlegung eines Widerspruchs oder einer Anfechtungsklage der Adressat **für die Dauer des Rechtsbehelfsverfahrens** den VA nicht beachten muss und er nicht durchgesetzt werden kann. Fehlt die Anordnung der sofortigen Vollziehung, kann es in der Praxis häufig eineinhalb bis zwei Jahre oder noch länger dauern, bis die Verfügung bestandskräftig und somit vollstreckbar ist. Für die Anordnung der sofortigen Vollziehung ist nicht entscheidend, ob ein Widerspruch oder eine Anfechtungsklage bereits eingelegt wurde. Es reicht die Möglichkeit, dass der Adressat einen solchen Rechtsbehelf einlegen kann. Wenn die Voraussetzungen vorliegen, sollte die Behörde die sofortige Vollziehung – wie im **obigen Beispielsfall** – in einem Bescheid zusammen mit dem VA anordnen, der für sofort vollziehbar erklärt wird. Die Anordnung kann aber auch nachträglich mit gesondertem Schreiben ergehen.

603 Nach § 80 III S. 1 VwGO ist das **besondere Interesse** an der sofortigen Vollziehung des VA **schriftlich zu begründen.** Gemeint ist damit das **überwiegende Interesse,** d. h. in der Begründung ist die **Interessenabwägung nachvollziehbar zu schildern.** Es ist ausführlich darzulegen, weshalb ein öffentliches Interesse an der sofortigen Vollziehung besteht *und* dieses schwerer wiegt als das Interesse des Adressaten an der aufschiebenden Wirkung eines möglicherweise von ihm eingelegten Rechtsbehelfs. Mit anderen Worten: Es ist zu begründen, **warum** die Verfügung **sofort/umgehend beachtet werden muss** und ein **Rechtsbehelfsverfahren nicht abgewartet werden kann.** Die Begründung hat eine Warn- und Schutzfunktion. Es dürfen keine allgemeinen Formeln verwendet und erst recht nicht nur der Gesetzestext wiedergegeben werden. Falsch ist auch, einfach nur die Begründung der Hauptregelung zu wiederholen, vgl. VGH BW, Beschl. v. 17.7.1990 – 10 S 1121/90, juris; Beschl. v. 25.8.1976 – X 1318/76, NJW 1977, 165 f.

Im **obigen Beispielsfall** begründet die erhebliche Gefahr, die von Herrn Meier ausgeht, das Rückkehrverbot in Ziff. 1 des Bescheides. Bei Begründung der sofortigen Vollziehung in Ziff. 2 wäre es allerdings nicht ausreichend, nur auf diese Begründung in Ziff. 1 zu verweisen oder sie zu wiederholen (Aggressivität, massive Bedrohung mit einem Messer, Vorfall vor ca. 1 Monat etc.). Es muss in der Interessenabwägung zum Ausdruck kommen, warum das Rückkehrverbot **sofort beachtet werden muss** und **nicht erst ein Rechtsbehelfsverfahren abgewartet werden kann**. Die Gründe sind im Ergebnis zwar die gleichen (Aggressivität, massive Bedrohung mit einem Messer, Vorfall vor ca. 1 Monat etc.), sie sind hier jedoch daraufhin zu überprüfen, ob sie **wirklich so schwer wiegen**, dass sie eine sofortige Beachtung und Vollstreckbarkeit des VA rechtfertigen. In der Begründung muss dies deutlich werden, wie z. B. **im obigen Beispielsfall** durch die Worte „sofort zu schützen", „sofort zu beachten", „kann nicht hingenommen werden, zunächst den Ausgang eines Rechtsbehelfsverfahrens abzuwarten". Vgl. als **weiteres Beispiel** für die Anordnung der sofortigen Vollziehung bei einer Ausweisungsverfügung Büchner/Joerger/Trockels/Vondung, Rn. 442.

Ein **gegenteiliges Beispiel** ist die Abbruchverfügung. Ist ein Gartenhäuschen rechtswidrig im Außenbereich errichtet worden, rechtfertigt dies seinen Abbruch, i. d. R. aber nicht dessen sofortige Vollziehung. Weil keine besondere Dringlichkeit besteht und dem Adressaten schwere Nachteile drohen (die Folgen eines Abbruchs sind nicht wieder rückgängig zu machen), kann hier der Ausgang eines Rechtsbehelfsverfahrens in der Regel abgewartet werden. Ausnahmen sind allerdings auch hier denkbar, z. B. um einen Nachahmungseffekt auszuschließen, vgl. VG Freiburg (i. Br.), Beschl. v. 8.12.2011 – 4 K 2157/11, BauR 2012, 684 f.

Eine **fehlerhafte Begründung** führt **automatisch zur Unwirksamkeit** der Anordnung. Ein Gericht kann – ohne weitere Prüfung – die aufschiebende Wirkung wiederherstellen, VGH BW, Beschl. v. 17.7.1990 – 10 S 1121/90, juris.

c) Begründung der Androhung von Zwangsmitteln. Die **Androhung von Zwangsmitteln** ist **allgemein nur zulässig**, wenn der VA, dessen Vollstreckung angedroht werden soll,
- zu einer Handlung (ausgenommen einer Geldleistung), einem Dulden oder Unterlassen auffordert, § 18 LVwVG,
- vollstreckbar, d. h. bestandskräftig oder sofort vollziehbar ist, § 2 LVwVG,
- ermessensfehlerfrei erlassen wurde, insbesondere verhältnismäßig ist, vgl. § 19 II und III LVwVG.

Insbesondere die letzten beiden **allgemeinen Voraussetzungen** sind kurz zu begründen. Bei der Androhung von Zwangsgeld empfiehlt es sich, in der Begründung den nach § 23 LVwVG zulässigen Rahmen von 10 bis 50.000 € aufzuzeigen, um das konkret angedrohte Zwangsgeld damit ins Verhältnis zu setzen (im Tenor hat dieser Rahmen nichts verloren (!), hier ist eine bestimmte Höhe anzudrohen, s. o. Rn. 583). Die Behörde erhöht den Druck auf den Pflichtigen weiter, indem sie ihm vor Augen führt, dass Zwangsmittel wiederholt angewandt werden können, vgl. § 19 IV LVwVG. Ggf. sind noch **besondere Vollstreckungsvoraussetzungen** zu erwähnen (z. B. die „vertretbare Handlung" bei der Ersatzvornahme oder die Voraussetzungen nach §§ 26 ff. LVwVG oder §§ 64 ff. PolG bei dem unmittelbaren Zwang).

Im **obigen Beispielsfall** waren als Rechtsgrundlage § 20 LVwVG (Androhung), § 23 LVwVG (Zwangsgeld) und § 2 LVwVG (allgemeine Vollstreckungsvoraussetzung „Vollstreckbarkeit") anzugeben.

Darüber hinaus finden sich Ausführungen zu
- dem nach § 23 LVwVG zulässigen Rahmen 10 bis 50.000 €,
- der Möglichkeit einer wiederholten Zwangsgeldfestsetzung, § 19 IV LVwVG,
- der Vollstreckbarkeit des Rückkehrverbots nach § 2 Nr. 2 LVwVG aufgrund der Anordnung der sofortigen Vollziehung,
- der Verhältnismäßigkeit.

Eine Frist war entbehrlich, da von Herrn Meier ein Unterlassen gefordert wird, vgl. § 20 I S. 2 LVwVG.

VI. Rechtsbehelfsbelehrung

606 Nach dem 2015 neu eingefügten § 37 VI LVwVfG hat die Behörde einem schriftlichen oder elektronischen VA eine **Rechtsbehelfsbelehrung** beizufügen. Ein Verstoß führt aufgrund der bundesgesetzlichen Regelung in § 58 II VwGO weiterhin dazu, dass der VA ein Jahr lang mit Rechtsbehelfen angegriffen werden kann. Sowohl nach § 37 VI LVwVfG als auch nach § 58 I VwGO muss eine Rechtsbehelfsbelehrung **mindestens Angaben** enthalten über:
- den Rechtsbehelf (z. B. Widerspruch, Klage),
- die Behörde oder das Gericht, bei denen der Rechtsbehelf einzulegen ist (z. B. Regierungspräsidium, Verwaltungsgericht),
- deren Sitz (z. B. Freiburg),
- die einzuhaltende Frist (einen Monat bei einem Widerspruch nach § 70 I VwGO und einen Monat bei einer Klage nach § 74 I VwGO).

Will die Behörde mehr als diesen zwingend vorgeschriebenen Inhalt in die Belehrung aufnehmen, dürfen diese **Zusätze weder falsch noch irreführend** sein. Eine falsche Adresse macht die Rechtsbehelfsbelehrung fehlerhaft und unwirksam, ebenso wie der unvollständige und damit irreführende Zusatz, der Widerspruch sei „schriftlich" einzulegen. Diese Angabe ist unvollständig, da nach § 70 I VwGO ein Widerspruch „schriftlich, in elektronischer Form nach § 3a Absatz 2 des Verwaltungsverfahrensgesetzes oder zur Niederschrift bei der Behörde" eingelegt werden kann, vgl. BVerwG, Urt. v. 13.12.1978 – 6 C 77/78 –, NJW 1979, 1670. Nach § 70 I S. 2 VwGO besteht ferner die Möglichkeit, den Widerspruch innerhalb der Monatsfrist (in der gleichen Form) auch bei der Widerspruchsbehörde einzulegen, worauf in der Rechtsbehelfsbelehrung hingewiesen werden kann, aber keinesfalls muss. Schließlich ist es nach § 37 VI LVwVfG zwar ausreichend, den Sitz der Behörde – also die Gemeinde/Stadt – zu benennen; bürgerfreundlicher ist es hingegen die gesamte Adresse anzugeben (dann aber natürlich die richtige).

Beispiel – Formulierungsvorschlag bei einem Widerspruch als zulässigem Rechtsbehelf:
„Gegen diesen Bescheid können Sie innerhalb eines Monats nach Bekanntgabe Widerspruch bei ... *Behörde, Sitz (besser: Adresse)* ... einlegen."
Vgl. auch **obigen Beispielsfall**.
Bürgerfreundlich erscheint es auch, statt „Rechtsbehelfsbelehrung" einfach **„Ihre Rechte"** zu schreiben.

Die **Anordnung der sofortigen Vollziehung** ist kein VA, sondern eine unselbstständige Annexentscheidung (s. o. Rn. 582). Der richtige Rechtsbehelf ist hier ein Antrag beim Verwaltungsgericht auf Wiederherstellung der aufschiebenden Wirkung eines Rechtsbehelfs nach § 80 V VwGO (denkbar, aber i. d. R. wenig erfolgversprechend, ist auch ein Antrag auf Aussetzung der Vollstreckung nach § 80 IV VwGO bei der Behörde). Der Antrag zielt auf „Wiederherstellung", weil kraft Gesetzes die aufschiebende Wirkung anfangs bestand, von der Behörde durch Anordnung der sofortigen Vollziehung beseitigt wurde und nun vom Gericht wiederhergestellt werden soll. Eine fehlende oder fehlerhafte Belehrung bewirkt nach § 58 II VwGO die Verlängerung der Rechtsbehelfsfrist von einem Monat auf ein Jahr. Ist ein Rechtsbehelf an gar keine Frist gebunden – so wie der Antrag nach § 80 V VwGO –, kann eine fehlerhafte Belehrung auch keine Fristverlängerung bewirken. Fehlt die Belehrung über den „§ 80 V VwGO-Antrag" oder ist sie fehlerhaft, hat dies folglich keine rechtlichen Auswirkungen. Als Ausdruck von Bürgerfreundlichkeit sollte die Behörde den Adressaten aber auch über diesen Rechtsbehelf aufklären, da eine drohende Vollstreckung für ihn erhebliche Folgen haben kann. Die Rechtsbehelfsbelehrung erleichtert dem Bürger, seine Rechte wahrzunehmen (vgl. auch **obigen Beispielsfall**).

VII. Grußformel und Unterschrift

Die Bescheide enden mit einer **Grußformel** und der **Unterschrift** des Sachbearbeiters. Statt einer eigenhändigen Unterschrift ist nach § 37 III LVwVfG auch die **Namenswiedergabe** zulässig, wenn spezialgesetzlich nichts anderes vorgeschrieben ist. Es unterschreibt i. d. R. derjenige, der verantwortlich entscheidet. Zusätze wie i.A. oder i.V. (im Auftrag, in Vertretung) sind grundsätzlich überflüssig, ebenso wie die Amtsbezeichnung. Sinn von Unterschrift/Namenswiedergabe ist es, den für den Erlass rechtlich Verantwortlichen nachzuweisen (sog. **Garantiefunktion**) und beim Empfänger sicherzustellen, dass nicht nur ein Entwurf vorliegt (**Beweisfunktion**). Nicht ausreichend ist es, den Namen des Sachbearbeiters nur in dem Briefkopf und nicht in der Unterschriftszeile aufzuführen. Fehlen die Unterschrift oder die Namenswiedergabe, ist der Bescheid rechtswidrig. Eine Heilung nach § 45 LVwVfG scheidet aus. Der Fehler ist jedoch i. d. R. unbeachtlich nach § 46 LVwVfG.

VIII. Interne Bearbeitungsvermerke

Auf die Abschrift für die eigenen Akten, manchmal auch auf Mehrfertigungen für zu benachrichtigende Bürger und andere Stellen in der eigenen Behörde oder in anderen Verwaltungen, werden oft **interne** Verfügungen gesetzt. Dabei ist es üblich, die Abschrift des Bescheides mit „I." zu kennzeichnen und die sich anschließenden Bearbeitungsvermerke fortlaufend mit II. III. etc.

Beispiel:
II. Nachricht hiervon an ...
III. Zustellungsvermerk (z. B. „PZU ausfüllen und Bescheid hinzufügen")
IV. Wiedervorlagetermin (Wv.: ...)

C. Widerspruchsbescheide

I. Das Widerspruchsverfahren im Überblick

610 Das Widerspruchsverfahren ist das verwaltungsgerichtliche **Vorverfahren**, das vor Erhebung einer Anfechtungs- und Verpflichtungsklage durchzuführen ist, vgl. § 68 VwGO und insgesamt Rn. 1002 ff. Es beginnt mit der Erhebung des Widerspruchs (§ 69 VwGO), der entweder die Aufhebung eines VA (**Anfechtungswiderspruch**) oder die Erteilung eines zuvor abgelehnten VA (**Verpflichtungswiderspruch**) zum Ziel hat. Der Widerspruch ist nach § 70 I VwGO innerhalb eines Monats nach Bekanntgabe des VA schriftlich oder mündlich zur Niederschrift bei der Behörde, die den VA erlassen hat (**Ausgangsbehörde**), oder bei der Behörde, die über den Widerspruch zu entscheiden hat (**Widerspruchsbehörde**), einzulegen. Fehlt die Rechtsbehelfsbelehrung oder ist sie fehlerhaft, verlängert sich die Widerspruchsfrist auf ein Jahr, § 58 II VwGO.
Ein Anfechtungswiderspruch hat grundsätzlich **aufschiebende Wirkung** (sog. **Suspensiveffekt**, vgl. § 80 I VwGO). Das bedeutet: Für die Dauer des Widerspruchsverfahrens muss der Adressat den angegriffenen VA nicht beachten und die Behörde darf ihn nicht vollstrecken. Eine aufschiebende Wirkung entfällt in den Fällen des § 80 II VwGO, insbesondere wenn die Behörde nach § 80 II S. 1 Nr. 4 VwGO die sofortige Vollziehung angeordnet hat (s.o. Rn. 582 zur Tenorierung und Rn. 602 ff. zur Begründung).
Ein Widerspruch führt grundsätzlich zu einer Überprüfung des VA bzw. seiner Ablehnung durch die nächsthöhere Behörde (sog. **Devolutiveffekt**, vgl. § 73 I S. 2 Nr. 1 VwGO). Lediglich in Selbstverwaltungsangelegenheiten (weisungsfreien Angelegenheiten) oder, wenn die nächsthöhere Behörde eine oberste Landes- oder Bundesbehörde ist, entscheidet die Ausgangsbehörde über den Widerspruch (§ 73 I S. 2 Nr. 2 und Nr. 3 VwGO).

611 Bevor die Widerspruchsbehörde den VA überprüft, erhält die Ausgangsbehörde die Gelegenheit, ihre Entscheidung nochmals zu kontrollieren. Dies gilt auch, wenn der Widerspruch direkt bei der Widerspruchsbehörde eingegangen ist. In diesen Fällen leitet die Widerspruchsbehörde ihn an die Ausgangsbehörde weiter. Kommt die Ausgangsbehörde zu dem Ergebnis, dass ihre Entscheidung fehlerhaft und der Widerspruch begründet ist, erlässt sie einen **Abhilfebescheid**. In dem Abhilfebescheid hebt sie den angegriffenen VA auf bzw. erlässt den abgelehnten VA und entscheidet über die Kosten, § 72 VwGO. Der Abhilfebescheid ist nur dann zu begründen, soweit er in die Rechte eines anderen eingreift (§ 39 II Nr. 1 LVwVfG).

Hilft die Ausgangsbehörde dem Widerspruch **nicht ab**, gibt sie den Vorgang mit den Akten und einer Stellungnahme zu dem Widerspruch (sog. Vorlagebericht) an die Widerspruchsbehörde ab. Ein förmlicher „Nichtabhilfebeschluss" ist nicht erforderlich. Die Widerspruchsbehörde prüft die zugrunde liegende Sach- und Rechtslage. Sie ist nicht – wie die Gerichte – auf eine Überprüfung der Rechtmäßigkeit beschränkt. Nach § 68 I VwGO prüft sie **auch die Zweckmäßigkeit** des VA bzw. der Ablehnung eines VA. Sie trifft damit eine eigene Ermessensentscheidung und prüft nicht nur wie die Gerichte (vgl. § 114 VwGO), ob ein Ermessensfehler vorliegt. Zur Prüfung der Zulässigkeit und Begründetheit eines Widerspruchs siehe Kap. 18 Rn. 1007 ff. Abschließend ergeht ein **Widerspruchsbescheid**, vgl. § 73 III VwGO.

Vor Erlass eines Widerspruchsbescheides kann die Behörde erwägen, ob sie dem Widerspruchsführer nicht **empfiehlt, den Widerspruch zurückzunehmen**, insbesondere, wenn er offensichtlich aussichtslos ist. Eine Rücknahme erspart dem Widerspruchsführer Kosten, da eine ermäßigte Verwaltungsgebühr festgesetzt werden kann. Vor einer solchen Empfehlung sind die Rechtslage und die schlechten Erfolgsaussichten eingehend darzustellen. Eine ausführliche Begründung bewegt den Widerspruchsführer (ggf. nach rechtlicher Beratung) eher zu einer Rücknahme als der pauschale Hinweis, der Widerspruch werde voraussichtlich keinen Erfolg haben. Außerdem wird der Eindruck vermieden, man wolle sich oder einer anderen Behörde nur Arbeit ersparen. Andererseits ist klarzustellen, dass ein Widerspruchsbescheid die Voraussetzung für eine verwaltungsgerichtliche Überprüfung ist.

Beispiel – Auszug aus dem Bescheid eines Regierungspräsidiums, nachdem die Rechtslage dargestellt worden ist:
„Wir empfehlen Ihnen, Ihren Widerspruch nochmals zu überdenken. Falls Sie sich zu einer Rücknahme Ihres Widerspruchs entschließen, können wir das Widerspruchsverfahren mit einer stark ermäßigten Verwaltungsgebühr abschließen. Bitte teilen Sie uns Ihre Entscheidung, ob Sie Ihren Widerspruch zurücknehmen, innerhalb von zwei Wochen nach Zugang dieses Schreibens mit. Wenn wir innerhalb dieser Frist nichts anderes von Ihnen hören, gehen wir davon aus, dass Sie eine formelle Widerspruchsentscheidung als Voraussetzung für eine Anrufung des Verwaltungsgerichts wünschen."

II. Der Widerspruchsbescheid

Der Widerspruchsbescheid ist nach § 73 III VwGO zu **begründen**, mit einer **Rechtsbehelfsbelehrung** zu versehen und **zuzustellen**. Wird der Widerspruchsbescheid nicht förmlich nach dem VwZG (des Bundes) zugestellt, sondern lediglich formlos bekannt gegeben (z. B. durch einfachen Postbrief), fehlt es an dem rechtswirksamen Abschluss des Widerspruchsverfahrens; die Klagefrist beginnt nicht zu laufen (BVerwG, Urt. v. 10.2.1978, NJW 1978, 2308). Der Widerspruchsbescheid bestimmt auch, wer die Kosten trägt. Die Kostenentscheidung richtet sich nach § 80 LVwVfG.

1. Tenor

614 Der Tenor enthält eine Entscheidung
- über das Ergebnis des Rechtsbehelfsverfahrens, also den Erfolg des Widerspruchs,
- wer die Kosten des Widerspruchsverfahrens trägt,
- ggf. ob die Zuziehung eines Rechtsanwalts oder sonstigen Bevollmächtigten notwendig war,
- über die Gebühr des Widerspruchsbescheids.

615 a) **Der Widerspruch hat keinen Erfolg.** Bleibt der Widerspruch erfolglos, weil er unzulässig und/oder unbegründet ist, hat die Widerspruchsbehörde den **Widerspruch zurückzuweisen.** Die Kosten des Widerspruchsverfahrens trägt nach § 80 I S. 3 LVwVfG der Widerspruchsführer. Für den Widerspruchsbescheid ist im Regelfall eine Gebühr zu erheben.

Beispiel:
1. Ihr Widerspruch wird zurückgewiesen.
2. Sie haben die Kosten des Widerspruchsverfahrens zu tragen.
3. Für diesen Bescheid wird eine Gebühr von ... € festgesetzt.

Hat der Widerspruch nur deshalb keinen Erfolg, weil **Verfahrens- oder Formfehler** nach § 45 LVwVfG geheilt wurden, trägt – trotz der Erfolglosigkeit des Widerspruchs – der Rechtsträger der Ausgangsbehörde die Kosten des Widerspruchsverfahrens, § 80 I S. 2 LVwVfG.

Beispiel:
Enthält ein belastender schriftlicher VA keine Begründung, liegt wegen eines Verstoßes gegen § 39 I LVwVfG ein Formfehler vor. Der VA ist formell rechtswidrig, ein Widerspruch hiergegen begründet. Nach § 45 I Nr. 2 LVwVfG kann dieser Fehler geheilt und die Begründung sogar noch in einem verwaltungsgerichtlichen Verfahren nachgeholt werden, § 45 II LVwVfG. Mit der Heilung ist der VA als rechtmäßig anzusehen. Der Widerspruch ist *nun* unbegründet und bleibt erfolglos. Es erscheint in diesen Fällen unbillig, dem Widerspruchsführer die Kosten aufzuerlegen, vgl. § 80 I S. 2 LVwVfG.

616 b) **Der Widerspruch hat in vollem Umfang Erfolg.** Ist der Widerspruch erfolgreich, muss der angegriffene **VA aufgehoben** (Anfechtungswiderspruch) bzw. der **abgelehnte VA erteilt** werden (Verpflichtungswiderspruch). In letzterem Fall kann die Widerspruchsbehörde die Ausgangsbehörde auch verpflichten, den abgelehnten VA zu erteilen. **Im Tenor muss diese Aufhebung bzw. Begründung eines Rechtsverhältnisses zum Ausdruck kommen.** Es ist daher **falsch**, zu tenorieren: „Dem Widerspruch wird stattgegeben." Dadurch wird weder der angegriffene VA aufgehoben und aus der Welt geschafft noch der abgelehnte VA erteilt.

Die Kosten des Widerspruchsverfahrens trägt der Rechtsträger der Ausgangsbehörde, § 80 I S. 1 LVwVfG. Bei dem Bescheid einer Gemeinde/Stadt ist dies die Gemeinde/Stadt selbst, bei dem Bescheid eines Landratsamtes ist dies bei weisungsfreien Angelegenheiten der Landkreis und bei Weisungsaufgaben, insbesondere Aufgaben der unteren Verwaltungsbehörde, das Land. Nach § 80 III S. 2 LVwVfG bestimmt die Kostenentscheidung auch, ob die Zuziehung eines

Rechtsanwalts oder eines sonstigen Bevollmächtigten notwendig war. Deren Gebühren und Auslagen sind nur erstattungsfähig, wenn die Zuziehung für notwendig *erklärt* wurde, § 80 II LVwVfG. Die Zuziehung eines Rechtsanwalts ist notwendig, wenn es dem Widerspruchsführer nach seinen persönlichen Verhältnissen und wegen der Schwierigkeit der Sache nicht zuzumuten war, das Widerspruchsverfahren selbst zu führen (BVerwG, Beschl. v. 21.12.2011 – 1 WB 51/11, juris m. w. N.).

Beispiel – Anfechtungswiderspruch:
1. Der Bescheid der Stadt Offenburg vom 24.4.2021 wird aufgehoben.
2. Die Stadt Offenburg trägt die Kosten des Widerspruchsverfahrens.
3. *Ggf.*: Die Zuziehung eines Rechtsanwalts für das Widerspruchsverfahren war notwendig.
4. Dieser Bescheid ergeht gebührenfrei.

Beispiel – Verpflichtungswiderspruch:
1. Der Bescheid der Stadt Offenburg vom 24.4.2021 wird aufgehoben. Die Stadt Offenburg wird verpflichtet, die beantragte ... *Genehmigung/Erlaubnis/Befreiung* ... zu erteilen.
2. Die Stadt Offenburg trägt die Kosten des Widerspruchsverfahrens.
3. *Ggf.*: Die Zuziehung eines Rechtsanwalts für das Widerspruchsverfahren war notwendig.
4. Dieser Bescheid ergeht gebührenfrei.

c) **Der Widerspruch hat teilweise Erfolg.** In dieser Konstellation sind die beiden bisher aufgeführten Varianten zu kombinieren: **Soweit** der Widerspruch **erfolgreich** war, muss der angegriffene VA aufgehoben (Anfechtungswiderspruch) bzw. der abgelehnte VA erteilt werden (Verpflichtungswiderspruch). **Soweit** er **erfolglos** geblieben ist, hat ihn die Widerspruchsbehörde zurückzuweisen. Die teilweise Aufhebung eines VA kann in der Weise erfolgen, dass die Widerspruchsbehörde den Entscheidungssatz abändert und neu formuliert oder – sofern möglich – einzelne Ziffern aufhebt. Bei einem Verpflichtungswiderspruch ist zusätzlich die abgelehnte Erlaubnis zu erteilen bzw. die Ausgangsbehörde entsprechend zu verpflichten.

Beispiel – Anfechtungswiderspruch:
1. In Abänderung des Bescheides der Stadt Offenburg vom 24.4.2021 wird ...*Tenor neu formulieren* ...
2. Im Übrigen wird Ihr Widerspruch zurückgewiesen.
3. ...

oder:
1. Der Bescheid der Stadt Offenburg vom 24.4.2021 wird insoweit aufgehoben, als darin mehr als ... gefordert wird.
2. Im Übrigen wird Ihr Widerspruch zurückgewiesen.
3. ...

oder:
1. Ziff. 1 des Bescheides der Stadt Offenburg vom 24.4.2021 wird aufgehoben.
2. Im Übrigen wird Ihr Widerspruch zurückgewiesen.
3. ...

Beispiel – Verpflichtungswiderspruch:
In der Regel wird hier die Ziffer des Ausgangsbescheids aufgehoben, mit der der beantragte VA abgelehnt wurde:
1. Ziff. 1 des Bescheides der Stadt Offenburg vom 24.4.2021 wird aufgehoben. Die Stadt Offenburg wird verpflichtet, die beantragte ... *Genehmigung/Erlaubnis/Befreiung* ... zu erteilen.
2. Im Übrigen wird Ihr Widerspruch zurückgewiesen.
3. ...

Soweit der Widerspruch **erfolgreich** war, trägt der Rechtsträger der Ausgangsbehörde die Verfahrenskosten (vgl. den Wortlaut des § 80 I S. 1 LVwVfG). **Soweit** er **erfolglos** war, trägt der Widerspruchsführer die Kosten (§ 80 I S. 3 LVwVfG). Die Kosten sind also entsprechend einer Quote zu teilen.

Bei der **Gebühr für den Widerspruchsbescheid** scheidet eine Quotelung aus, da die Behörde für ihren Widerspruchsbescheid nicht gebührenpflichtig ist, auch nicht anteilig. Die Gebühr ist einfach entsprechend der Quote zu kürzen.

Beispiel:
1. ...
2. Im Übrigen wird Ihr Widerspruch zurückgewiesen.
3. Von den Kosten des Widerspruchsverfahrens haben Sie zwei Drittel und die Stadt Offenburg ein Drittel zu tragen.
4. *Ggf.:* Die Zuziehung eines Rechtsanwalts für das Widerspruchsverfahren war notwendig.
5. Soweit Sie unterlegen sind, wird für diesen Bescheid eine Gebühr von 140 € festgesetzt. Im Übrigen ergeht dieser Bescheid gebührenfrei.

Bei der **Kostenentscheidung** richtet sich die **Quote** nach den „Anteilen", mit denen der Widerspruchsführer Erfolg hatte bzw. unterlegen ist. Sofern in dem Bescheid kein teilbarer Geldbetrag festgesetzt ist, kann sich die Quote insbesondere an der Bedeutung der Angelegenheit orientieren.

Beispiele:
– Der Widerspruchsführer wendet sich gegen einen Bescheid, mit dem der Erschließungsbeitrag für sein Grundstück auf 12.000 € festgesetzt wird. Die Widerspruchsbehörde stellt fest, dass das Grundstück zwar beitragspflichtig ist, der Betrag jedoch falsch errechnet wurde. Die Ausgangsbehörde hätte nur 6.000 € festsetzen dürfen. Der Widerspruch hat somit zur Hälfte Erfolg, zur Hälfte bleibt er erfolglos. Die Kosten des Widerspruchsverfahrens sind folglich hälftig zu teilen.
– Der Widerspruchsführer wendet sich gegen eine Abbruchsanordnung mit Zwangsgeldandrohung. Die Widerspruchsbehörde stellt fest, dass die Abbruchsanordnung rechtmäßig und der Widerspruch *insoweit erfolglos* ist. Die Zwangsgeldandrohung ist hingegen rechtswidrig, da die Abbruchsanordnung nicht vollstreckbar war und es an der allgemeinen Vollstreckungsvoraussetzung nach § 2 LVwVG fehlte. Der Widerspruch hat *insoweit Erfolg*. Die Kostenquote kann sich hier an der Bedeutung der einzelnen Entscheidungen orientieren: Der Hauptentscheidung „Abbruchsanordnung" kommt eine größere Bedeutung zu als der Nebenentscheidung „Zwangsgeldandrohung". Von den Kosten des Widerspruchsverfahrens kann dem Widerspruchsführer zwei Drittel (er verliert

hinsichtlich der bedeutsameren Abbruchsanordnung) und dem Rechtsträger der Ausgangsbehörde ein Drittel (er verliert hinsichtlich der weniger gewichtigen Zwangsgeldandrohung) zugesprochen werden.

2. Begründung

Widerspruchsbescheide sind nach § 73 III VwGO stets zu begründen. Die Begründung gliedert sich wiederum in den **Sachverhalt** (I.) und die **rechtlichen Gründe** (II.). Die Gliederungsziffern der rechtlichen Gründe (1., 2., 3. etc.) sollten auch hier – wenn möglich – denjenigen im Tenor entsprechen.

Im **Sachverhalt** sind neben dem zugrunde zu legenden Geschehen auch die für das Widerspruchsverfahren wichtigen Handlungen und Erklärungen zu schildern, wie z. B. der Eingang des Widerspruchs und die wesentlichen Argumente des Widerspruchsführers. Auf den Inhalt der Akten kann ergänzend verwiesen werden.

Die **rechtlichen Gründe** beginnen üblicherweise mit dem Ergebnis, z. B.: „Ihr Widerspruch ist sowohl unzulässig als auch unbegründet" oder „Ihr Widerspruch ist zulässig, aber unbegründet" oder „Ihr Widerspruch ist zulässig und begründet". Ist der **Widerspruch zulässig**, erübrigen sich weitere Ausführungen zur Zulässigkeit, es sei denn eine Zulässigkeitsvoraussetzung ist strittig. Ist er hingegen **unzulässig**, ist dies zu begründen.

Zur **Begründetheit** bzw. **Unbegründetheit** sind in jedem Fall Ausführungen zu machen. Der Verfasser kann sich hierbei an dem Aufbau eines Rechtsgutachtens orientieren, hat aber natürlich auf den **Bescheidstil** zu achten (Feststellungen statt Fragen aufwerfen, also: „Es besteht eine Gefahr für die öffentliche Sicherheit, da …" statt „Es müsste eine Gefahr für die öffentliche Sicherheit bestehen …").

Der Widerspruchsbescheid schließt mit einer **Rechtsbehelfsbelehrung**, die sich an die Vorgaben der §§ 58 II, 74 VwGO hält.

Beispiel – Aufbau der Begründung eines Widerspruchsbescheides

---

Begründung:

I. Sachverhalt
…

II. Rechtliche Gründe
1.
Ihr Widerspruch ist zulässig, aber unbegründet.

…. *Ausführungen zur Unbegründetheit, die dem Aufbau eines Rechtsgutachtens folgen (bei der Formulierung ist auf den Bescheidstil zu achten), z. B.:*

Der angegriffene Bescheid ist recht- sowie zweckmäßig und verletzt Sie nicht in Ihren Rechten.

Rechtsgrundlage ist … Hiernach kann die Behörde …
Die Tatbestandsvoraussetzungen liegen vor. So ist …

> § ... räumt Ermessen ein. Die Ausgangsbehörde hat ihr Ermessen ordnungsgemäß und insbesondere in verhältnismäßiger Weise ausgeübt. Die angeordnete Maßnahme ist geeignet ...
> Wir haben als Widerspruchsbehörde eine eigene Ermessensentscheidung zu treffen, schließen uns aber den Ausführungen der Ausgangsbehörde an, da wir keine Rechtsfehler im Ausgangsbescheid feststellen konnten. ....
>
> 2.
> *... Ausführungen zur Kostenentscheidung, ggf. Begründung der Kostenquote ...*
>
> 3.
> *... ggf. Ausführungen zur Zuziehung eines Rechtsanwalts ...*
>
> 4.
> *... Ausführungen zur Gebühr ...*
>
> **Rechtsbehelfsbelehrung**
> Gegen den Bescheid des/r ... *Ausgangsbehörde*... in Gestalt dieses Widerspruchsbescheides kann innerhalb eines Monats nach Zustellung schriftlich oder zur Niederschrift Klage beim Verwaltungsgericht ... *Adresse* ... erhoben werden.

D. Vertiefungshinweise und Wiederholungsfragen

I. Vertiefungshinweise

619 Büchner/Joerger/Trockels/Vondung, Übungen zum Verwaltungsrecht und zur Bescheidtechnik. Ein Übungsbuch zur Methodik der Fallbearbeitung, Stuttgart, 5. Aufl. 2010; Eichhoff-Cyrus/Antos, Hrsg., Verständlichkeit als Bürgerrecht? Die Rechts- und Verwaltungssprache in der öffentlichen Diskussion, Mannheim, Leipzig, Wien, Zürich 2008, Neuauflage 2014; Hofmann/Gerke/Hildebrandt, Allgemeines Verwaltungsrecht mit Bescheidtechnik, Verwaltungsvollstreckung und Rechtsschutz, Köln, 11. überarbeitete Aufl., 2016; Joerger, Text-Qualitätsmanagement verbessert Verwaltungsprodukte und steigert Kundenzufriedenheit, Controlling in der öffentlichen Verwaltung, Freiburg 2004, S. 591–611; Linhart, Der Bescheid. Form, Aufbau und Inhalt, Heidelberg, München, Landsberg, Berlin, 5. Aufl. 2017; Stein, Bescheidtechnik, Lehrbuch mit Übungen, Wiederholungs- und Vertiefungsfragen, Aufbau- und Prüfungsschemata, Hamburg 2007. Blaha, Nur für Eingeweihte? Das Amt und seine Sprache, APuZ, Zeitschrift der Bundeszentrale für politische Bildung, Beilage zur Wochenzeitung Das Parlament, 67. Jahrgang, 14–15, 3. April 2017, S. 29–35; APuZ, Aus Politik und Zeitgeschichte, Seitz, Leichte Sprache, keine einfache Sprache; Kellermann, Leichte und einfache Sprache – Versuch einer Definition; Stefanowitsch, Leichte Sprache, komplexe Wirklichkeit; Aichele, Leichte Sprache – Ein Schlüssel zur „Enthinderung" und Inklusion; Nickel, Funktionaler Analphabetismus; Fackelmann,

Sprache in Politik und Wissenschaft, 64. Jahrgang, 9–11/2014, 24. Februar 2014, Beilage zur Wochenzeitung Das Parlament.

II. Wiederholungsfragen

1. Was ist unter Bescheidtechnik und was unter Bescheid-Qualitäts-Management zu verstehen? – Rn. 571 ff.
2. Welche Arten von Qualitäten strebt ein umfassendes Bescheid-Qualitäts-Management an? – Rn. 572–574
3. In welche Teile gliedert sich ein Bescheid üblicherweise? – Rn. 576
4. Was enthält der Tenor? – Rn. 579
5. Was ist bei Tenorierung einer Zwangsmittelandrohung zu beachten? – Rn. 583
6. Wann sind Bescheide zu begründen? – Rn. 586
7. Welche Vorteile hat es für wen, belastende Entscheidungen überzeugend zu begründen? – Rn. 588
8. Wodurch wird der schriftliche Überzeugungsprozess erschwert? – Rn. 588 f.
9. Wann hat ein Bescheid gute Aussichten zu überzeugen? – Rn. 588
10. Womit wird erreicht, dass Bescheide für Laien möglichst verständlich und bürgernah formuliert sind? – Rn. 589
11. Worauf ist bei der Formulierung des Sachverhalts zu achten? – Rn. 591 ff.
12. Wie sollte die „rechtliche Begründung" gegliedert werden? – Rn. 594
13. Wie ist die Begründung der einzelnen (Haupt-)Entscheidungen aufzubauen? – Rn. 595
14. Worauf ist bei der Begründung von Ermessensentscheidungen zu achten? – Rn. 601
15. Was ist bei Begründung der sofortigen Vollziehung besonders zu beachten und warum? – Rn. 602 ff.
16. Was sollte die Begründung der Zwangsmittelandrohung enthalten? – Rn. 605
17. Wie ist eine richtige Rechtsbehelfsbelehrung zu formulieren? – Rn. 606
18. Müssen Bescheide handschriftlich unterschrieben werden? – Rn. 608
19. Wie läuft ein Widerspruchsverfahren ab? – Rn. 610 ff.
20. Was enthält der Tenor eines Widerspruchsbescheids üblicherweise? – Rn. 614
21. Wie lautet der Tenor, wenn der Widerspruch keinen Erfolg hatte? – Rn. 615
22. Wie lautet der Tenor, wenn der Widerspruch in vollem Umfang Erfolg hatte? – Rn. 616
23. Was ist zu beachten, wenn der Widerspruch nur teilweise Erfolg hatte? – Rn. 617
24. Wie ist die Begründung eines Widerspruchsbescheids aufgebaut? – Rn. 618

Zweiter Abschnitt Besondere Handlungsformen

Kapitel 12 Der öffentlich-rechtliche Vertrag

A. Einführung

621 Der öffentlich-rechtliche Vertrag ist eine neben dem VA stehende, diesem grundsätzlich gleichwertige, aber flexiblere Handlungsform der Verwaltung zur Regelung öffentlich-rechtlicher Rechtsverhältnisse. Er hat zunehmend an **Bedeutung** gewonnen und sich in vielen Bereichen des öffentlichen Rechts bewährt. Dies gilt etwa für das **Baurecht** (z. B. städtebauliche Verträge nach § 11 BauGB und Ablösungsverträge über Erschließungsbeiträge nach § 133 III S. 5 BauGB) und das **Umwelt- und Naturschutzrecht** (z. B. Sanierungsverträge, vgl. § 13 IV BBodSchG). Im **Sozialrecht** spielen die Eingliederungsvereinbarungen nach § 15 SGB II (§ 2 I S. 2 SGB II) eine bedeutsame Rolle (vgl. § 75 III SGB XII). Schließlich gibt es öffentlich-rechtliche Verträge u. a. auch im **Wirtschaftsverwaltungsrecht** (z. B. Subventionsverträge, in denen sich der Hoheitsträger verpflichtet, eine Beihilfe zu gewähren), im **Recht des öffentlichen Dienstes** (z. B. Verträge über die Rückzahlung von Ausbildungskosten) und im **Denkmalschutzrecht** (z. B. sog. Investorenverträge zwischen Denkmalbehörden und privaten Investoren, deren Gegenstand die Kosten einer archäologischen Prospektion sind). Mediale Aufmerksamkeit hat zuletzt der auf der Grundlage des § 49 KVBG am 10.2.2021 unterzeichnete öffentlich-rechtliche Vertrag zur Reduzierung und Beendigung der Braunkohleverstromung in Deutschland (**„Kohleausstieg"**) erhalten, der eine Milliardenentschädigung für zwei Anlagenbetreiber vorsieht (vgl. § 44 I KVBG und § 10 des Vertrages). Die Beispiele sind zugleich Ausdruck eines Verhältnisses von Staat und Bürger, in dem der Staat nicht nur einseitig durch VA befiehlt, sondern der Bürger mittels öffentlich-rechtlicher Verträge zum mitgestaltenden **Partner** wird. Dies dient dem Rechtsfrieden und fördert die Akzeptanz. Allerdings sind die gesetzlichen Spielräume enger als bei zivilrechtlichen Verträgen. Auch als Partei eines Vertrages unterliegen die Behörden dem Grundsatz der Gesetzmäßigkeit der Verwaltung (Art. 20 III GG) und sind also an Gesetz und Recht gebunden.

B. Rechtsgrundlagen

622 Allgemeine Bestimmungen über den öffentlich-rechtlichen Vertrag enthalten das LVwVfG (§§ 54 bis 62) sowie – nahezu gleichlautend – das VwVfG des Bundes (§§ 54 bis 62) und – mit wenigen Abweichungen – das SGB X (§§ 53 bis 61). Sie gelten allerdings unmittelbar nur im jeweiligen Anwendungsbereich dieser Gesetze (s. dazu Rn. 732 ff.), beschränken sich auf einige wesentliche Grundsätze und stellen keine vollständige Regelung des öffentlich-rechtlichen Vertrages dar.

Nach § 62 S. 1 LVwVfG sowie § 62 S. 1 VwVfG und § 61 S. 1 SGB X gelten subsidiär die übrigen Vorschriften des LVwVfG sowie des VwVfG und des SGB X. Ergänzend gelten nach § 62 S. 2 LVwVfG sowie § 62 S. 2 VwVfG und § 61 S. 2 SGB X die Vorschriften des BGB entsprechend.

C. Begriff des öffentlich-rechtlichen Vertrages i. S. d. §§ 54 LVwVfG (§§ 53 ff. SGB X)

Der öffentlich-rechtliche Vertrag ist ein Vertrag, durch den ein Rechtsverhältnis auf dem Gebiet des öffentlichen Rechts begründet, geändert oder aufgehoben wird (vgl. § 54 S. 1 LVwVfG; § 53 I S. 1 SGB X). Für den öffentlich-rechtlichen Vertrag sind damit die Begriffe „Vertrag", „auf dem Gebiet des öffentlichen Rechts" und „Begründung, Änderung oder Aufhebung eines Rechtsverhältnisses" konstitutiv.

623

I. Vertrag

1. Allgemeines

Ein Vertrag ist die **Einigung** von zwei oder mehreren i. S. d. § 12 LVwVfG handlungsfähigen Rechtssubjekten über die **Herbeiführung bestimmter Rechtsfolgen**. Er kommt zustande, wenn zwei übereinstimmende Willenserklärungen (Angebot und Annahme) der Vertragspartner vorliegen (vgl. Maurer/Waldhoff, § 14 Rn. 7 und Fehling, in: Fehling/Kastner/Störmer, § 54 Rn. 29 f.). Für das Zustandekommen finden über § 62 S. 2 LVwVfG und § 61 S. 2 SGB X ergänzend die §§ 145 ff. BGB entsprechende Anwendung (ausgenommen § 151 BGB, der mit Blick auf das Schriftformgebot des § 57 LVwVfG und des § 56 SGB X unanwendbar ist). Weiterhin ergänzend gelten beispielsweise die Vorschriften über die Anfechtung wegen Irrtums, Täuschung oder Drohung nach §§ 119, 120, 123 BGB einschließlich der §§ 121, 124 BGB (Anfechtungsfristen), § 143 BGB (Anfechtungserklärung) sowie § 122 BGB (Schadensersatzpflicht) und § 142 BGB (Wirkung der Anfechtung), wobei die entsprechende Anwendung von §§ 123 II und 124 BGB im Einzelnen umstritten ist (zu den entsprechend anwendbaren Vorschriften über das Zustandekommen eines Vertrages vgl. Fehling, in: Fehling/Kastner/Störmer, § 62 Rn. 11 f. und Bonk/Neumann/Siegel, in: Stelkens/Bonk/Sachs, § 62 Rn. 25 ff.) Für die Auslegung der Erklärungen gelten §§ 133, 157 BGB.

624

Fraglich ist, ob ein öffentlich-rechtlicher Vertrag in unmittelbarer Anwendung nach §§ 54 ff. LVwVfG (§§ 53 ff. SGB X) auch dann vorliegen kann, wenn beide Vertragsparteien Private sind. Das ist nur zu bejahen, wenn wenigstens eine Vertragspartei durch **Beleihung** hoheitliche Befugnisse übertragen erhalten hat und damit als Behörde i. S. d. § 1 II LVwVfG (§ 1 II SGB X) agiert (vgl. Rn. 26). Im Übrigen finden die Vorschriften *keine unmittelbare Anwendung*, selbst dann nicht, wenn die Verträge öffentlich-rechtlicher Natur sind, weil der öffentlich-rechtliche Vertrag nach § 1 I LVwVfG (§ 1 I SGB X) die Tätigkeit einer Behörde voraussetzt (vgl. BVerwG, NJW 1992, 2908, 2908). Dennoch sind öffentlich-rechtliche Verträge zwischen Privaten zulässig. Es bedarf hierfür aber einer spezialgesetzli-

625

chen Ermächtigung. Die Spezialvorschriften können dabei ausdrücklich oder konkludent auf die §§ 54 ff. LVwVfG (§§ 53 ff. SGB X) verweisen, sodass sie zumindest *mittelbar Anwendung* finden. Fehlt ein Verweis, wird die Möglichkeit einer Analogie in Betracht gezogen (bejaht z. B. von Brüning/Bosesky, in: Mann/Sennekamp/Uechtritz, VwVfG, § 54 Rn. 83).

Beispiel: Öffentlich-rechtlicher Vertrag zwischen Privaten über die Ausübung von Wasserbenutzungsrechten nach § 19 I S. 1 WG in der bis zum 31.12.2013 geltenden Fassung vom 20.1.2005. („Die Inhaber von Wasserbenutzungsrechten und -befugnissen können sich über Art, Maß und Zeiten der Ausübung ihrer Wasserbenutzungsrechte und -befugnisse mit öffentlich-rechtlicher Wirkung einigen.") Kein öffentlich-rechtlicher Vertrag dagegen, wenn Grundstückseigentümer unter Abweichung von öffentlich-rechtlichen Abstandsvorschriften eine Grenzbebauung vereinbaren (BGH, NJW 1978, 695).

2. Abgrenzung von anderen Kooperationsformen

626 a) **Mitwirkungsbedürftiger VA.** Abzugrenzen ist der öffentlich-rechtliche Vertrag zunächst einmal von einem mitwirkungsbedürftigen VA. Mitwirkungsbedürftige VAs sind Regelungen, die vom Wollen des Bürgers abhängen; ohne seine Zustimmung ist der VA rechtswidrig. Die Mitwirkung kann in einem Antrag, einer Einwilligung oder Genehmigung liegen. Die Rechtsfolge wird im Gegensatz zu einem Vertrag jedoch nicht gemeinsam, sondern einseitig-hoheitlich bestimmt.

Beispiele: Baugenehmigung (vgl. das Antragserfordernis in § 53 I S. 2 LBO); Einbürgerung (vgl. z. B. das Antragserfordernis in § 8 I StAG) und Beamtenernennung (§§ 10 ff. BBG, §§ 8 ff. BeamtStG).

627 Mitunter ist die Unterscheidung zwischen öffentlich-rechtlichen Verträgen und mitwirkungsbedürftigen VAs schwierig, sodass darauf abzustellen ist, ob dem Bürger ein inhaltliches Mitspracherecht eingeräumt worden ist. Indiz ist, ob der Bürger auf den Inhalt Einfluss nehmen konnte, was für den öffentlich-rechtlichen Vertrag spricht, oder nicht, was einen VA nahelegt (vgl. Fehling, in: Fehling/Kastner/Störmer, § 54 Rn. 31 m. w. N.). Im Zweifel sind weitere Indizien heranzuziehen (Bezeichnung als „Vereinbarung" [dann eher Vertrag] oder „Verfügung" bzw. „Bescheid" [dann eher VA]. Rechtsbehelfsbelehrung enthalten [dann eher VA]. Beiderseitig unterschriebenes Schriftstück [dann eher Vertrag].)

628 b) **Nichtförmliches Verwaltungshandeln.** Abzugrenzen ist der öffentlich-rechtliche Vertrag weiterhin von nichtförmlichen Maßnahmen der Verwaltung, wobei hier nicht die öffentlichen Hinweise und Warnungen etc. gemeint sind, sondern sog. **Absprachen** zwischen der Verwaltung und Privaten. Die Bezeichnungen variieren: Formlose und informelle Verständigungen, Agreements, faktische Absprachen, informell-kooperatives Verwaltungshandeln, Verwaltungsarrangements. Hierbei handelt es sich um Handeln im Vorfeld eines öffentlich-rechtlichen Vertrages bzw. unterhalb der Schwelle eines Vertragsschlusses. Im Gegensatz zu einem Vertrag fehlt der Rechtsbindungswille.

Beispiele: Abstimmung zwischen Behörde und Bürger in einem Baugenehmigungsverfahren, welche Unterlagen beigebracht werden müssen. Verständigung in einem Verwaltungsverfahren, wie die einschlägigen gesetzlichen Bestimmungen auszulegen sind.

II. Auf dem Gebiet des öffentlichen Rechts

1. Verwaltungsrechtliche Verträge

Die §§ 54 ff. LVwVfG (§§ 53 ff. SGB X) gelten nach § 54 S. 1 LVwVfG (§ 53 I S. 1 SGB X) dem Wortlaut folgend für Verträge auf dem Gebiet des öffentlichen Rechts. Allerdings geht der Wortlaut hier zu weit. Erfasst sind nicht jegliche öffentlich-rechtliche Verträge, sondern nur **verwaltungsrechtliche Verträge** (auch als Verwaltungsverträge oder öffentlich-rechtliche Verwaltungsverträge bezeichnet). § 1 I LVwVfG (§ 1 I SGB X) begrenzt den Anwendungsbereich der Vorschriften zum öffentlich-rechtlichen Vertrag nämlich auf die öffentlich-rechtliche *Verwaltungstätigkeit* der Behörden. Ausgenommen sind daher völkerrechtliche Verträge (z. B. zwischenstaatliche Auslieferungsverträge, vgl. BVerfG, NJW 1979, 1285), Verträge, die das Verfassungsrecht betreffen (insb. Staatsverträge zwischen Bund und Ländern sowie zwischen Bundesländern untereinander) und kirchenrechtliche Verträge. Verwaltungsabkommen und Verwaltungsvereinbarungen zwischen Bundesländern oder Behörden verschiedener Rechtsträger sind jedenfalls dann ausgenommen, wenn sie Regierungstätigkeit (und nicht Verwaltungstätigkeit) zum Gegenstand haben. **629**

2. Abgrenzung von privatrechtlichen Verträgen

Die Abgrenzung zum privatrechtlichen Vertrag erfolgt nach objektiven Kriterien; die subjektiven Vorstellungen der Parteien sind unerheblich. Maßgeblich ist, ob der Vertragsgegenstand, also der Inhalt des Vertrages, öffentlich-rechtlicher Natur ist. Das ist der Fall, wenn er sich auf einen Sachverhalt bezieht, der nach öffentlich-rechtlichen Vorschriften zu beurteilen ist (zur Abgrenzung des öffentlichen Rechts vom privaten Recht vgl. Rn. 42 ff.). **630**

> **Beispiel:** Die Baurechtsbehörde und eine GmbH, die ein Kino in der Innenstadt errichten möchte, aber nicht die notwendigen Kfz-Stellplätze in ausreichender Zahl herstellen kann, vereinbaren zur Erfüllung der Stellplatzverpflichtung, dass die GmbH einen Geldbetrag an die Gemeinde zahlt. – Dieser sog. (Stellplatz-)Ablösungsvertrag bezieht sich auf einen Sachverhalt, der das öffentliche Baurecht betrifft und konkret durch § 37 VI LBO – einen Rechtssatz des öffentlichen Rechts – geregelt ist.

Bezieht sich der Vertrag auf einen privatrechtlich geregelten Sachverhalt, handelt es sich um einen privatrechtlichen Vertrag. Unbeachtlich ist, wie die Vertragspartner selbst den Vertrag bezeichnet haben (vgl. VGH Kassel, NJW 1983, 2831, 2832: fälschliche Bezeichnung als „privatrechtliche Vereinbarung" im Vertragstext). Ihnen ist es verwehrt, einen Vertrag dem öffentlichen Recht oder Privatrecht zuzuordnen; sie haben kein Wahlrecht. **631**

Ein Zusammenhang mit der Erfüllung öffentlicher Aufgaben ist nicht ausreichend, um einen öffentlich-rechtlichen Vertrag anzunehmen, da sich der Staat **632**

3. Gemischte und zusammengesetzte Verträge

633 Sog. **gemischte Verträge** liegen vor, wenn der Vertrag Sachverhalte beinhaltet, die sowohl von öffentlich-rechtlichen als auch privatrechtlichen Vorschriften erfasst sind. Für diese stellt sich die Frage, ob eine Aufteilung in einen öffentlich-rechtlichen und in einen privatrechtlichen Teil erfolgen muss. Die h. M. lehnt es ab, gemischte Verträge nach beiden Rechtsordnungen zu behandeln und klassifiziert sie *einheitlich* entweder als öffentlich-rechtlich *oder* privatrechtlich. Insoweit ist die Bezeichnung als gemischter Vertrag zumindest missverständlich, weil die §§ 54 ff. LVwVfG (§§ 53 SGB X) mit der h. M. auf die Einheitlichkeit der Rechtsnatur ausgerichtet sind und es daher keine gemischte Rechtsnatur geben kann. Die Zuordnung in das öffentliche oder private Recht erfolgt danach, ob das öffentliche oder private Recht den Gesamtcharakter des Vertrages bestimmt. Abzustellen ist also auf den Schwerpunkt des Vertrages, der dem Gesamtinhalt des Vertrages sein Gepräge gibt (vgl. Bonk/Neumann/Siegel, in: Stelkens/Bonk/Sachs, § 54 Rn. 60 f.).

634 Sind *mehrere selbstständige Vereinbarungen*, teils öffentlich-rechtlichen, teils privatrechtlichen Inhalts, die sich *nicht aufeinander beziehen*, in einer Vertragsurkunde zusammengefasst, liegt ein **zusammengesetzter Vertrag** vor. Hier sind die Vereinbarungen nicht einheitlich zu behandeln, sondern teilweise dem öffentlichen Recht und teilweise dem Zivilrecht zuzuordnen. Für den öffentlich-rechtlichen Teil sind dann die §§ 54 ff. LVwVfG (§§ 53 ff. SGB X) einschlägig; Streitigkeiten um die Vereinbarung entscheiden die Verwaltungsgerichte.

III. Begründung, Änderung oder Aufhebung eines Rechtsverhältnisses

635 Gegenstand eines öffentlich-rechtlichen Vertrages kann die Begründung (also das Zustandekommen), die Änderung (also die inhaltliche Umgestaltung) und die Aufhebung (also die Beseitigung) eines Rechtsverhältnisses sein. Unter einem Rechtsverhältnis sind – ähnlich wie in § 43 VwGO – die rechtlichen Beziehungen zu verstehen, die sich aus einem **konkreten Sachverhalt** aufgrund einer öffentlich-rechtlichen Norm für das Verhältnis von Rechtssubjekten untereinander oder eines Rechtssubjektes zu einer Sache ergeben (vgl. BVerwG, NJW 1996, 2046 zu § 43 I VwGO). Rechtsverhältnis kann danach nur ein konkreter Einzelfall sein. Abstraktes Verwaltungshandeln für eine unbestimmte und nicht bestimmbare Vielzahl von Personen mit einer unbestimmten Art und Anzahl von Rechten und Pflichten fällt nicht hierunter (Bonk/Neumann/Siegel, in: Stelkens/Bonk/Sachs, § 68 Rn. 84 ff.).

636 Rechtsverhältnisse erfassen materielle Rechte und Pflichten ebenso wie verwaltungsverfahrensrechtliche und prozessrechtliche Sachverhalte (z. B. Vereinbarung, durch die sich der Kläger zur Rücknahme einer Klage verpflichtet, vgl. OVG Hamburg, NJW 1989, 604).

Das Rechtsverhältnis wird in der Regel *gegenwärtig* sein. *Vergangene* Sachverhalte können in einem öffentlich-rechtlichen Vertrag erfasst werden, sofern aus ihnen noch Rechte und Pflichten herrühren können. *Zukünftige*, nur möglicherweise eintretende Sachverhalte oder Rechtsbeziehungen können ebenfalls vertraglich geregelt werden. Gefordert ist dann aber ein „greifbarer Tatbestand". Theoretische, abstrakte Rechtsfragen oder reine Hypothesen können nicht Vertragsgegenstand sein (Peine/Siegel, Allgemeines Verwaltungsrecht, Rn. 738; Bonk/Neumann/Siegel, in: Stelkens/Bonk/Sachs, § 54 Rn. 73). **637**

D. Arten öffentlich-rechtlicher Verträge

Das LVwVfG enthält ebenso wie das SGB X keinen abschließenden Katalog der möglichen Vertragsarten und -inhalte. In der Regel werden die Verträge in koordinations- und subordinationsrechtliche Verträge eingeteilt, wobei zu letzteren die besonders geregelten Vergleichs- (§ 55 LVwVfG; § 54 SGB X) und Austauschverträge (§ 56 LVwVfG; § 55 SGB X) zählen. Weitere Einteilungen sind den §§ 54 ff. LVwVfG (§§ 53 ff. SGB X) nicht zu entnehmen. Sie sind mit Blick auf § 62 S. 2 LVwVfG (§ 61 S. 2 SGB X) möglich (z. B. Verpflichtungs- und Verfügungsverträge, abstrakte und kausale Verträge etc.), aber innerhalb des LVwVfG oder SGB X nicht rechtserheblich. **638**

I. Koordinations- und subordinationsrechtliche Verträge

Einen **koordinationsrechtlichen** Vertrag kennzeichnet typischerweise, dass die Vertragspartner gleichgeordnet sind („horizontaler Vertrag"). Erfasst sind insbesondere Vereinbarungen zwischen Hoheitsträgern. **639**

> **Beispiele:** Vereinbarung zweier Gemeinden über die Änderung von Gemeindegrenzen nach § 8 II S. 1 GemO. Vertrag zwischen dem Landkreis und einer Gemeinde über die Übertragung der Straßenbaulast für eine Kreisstraße nach § 45 I StrG. Vertrag zweier oder mehrerer Gemeinden oder Landkreise über die gemeinsame Aufgabenerfüllung im Bereich Abfallentsorgung, Öffentlicher Personennahverkehr (ÖPNV) etc. (kommunale Zusammenarbeit, vgl. § 1 GKZ [Gesetz über kommunale Zusammenarbeit]).

Möglich sind auch koordinationsrechtliche Verträge zwischen Hoheitsträgern und Privaten (z. B. als **Public Private Partnership**). Hierfür wird teilweise der Begriff des **kooperationsrechtlichen** Vertrages herangezogen, mit der Konsequenz, dass koordinationsrechtlich nur solche Verträge sind, an denen Stellen der öffentlichen Verwaltung gleichgeordnet beteiligt sind.

Subordinationsrechtlich ist ein Vertrag zwischen Vertragspartnern auf einem Gebiet, auf dem ein Verhältnis der Über- und Unterordnung besteht und generell die Möglichkeit gegeben ist, durch VA zu handeln („vertikaler Vertrag"). Es kommt nicht darauf an, ob der konkrete Gegenstand der vertraglichen Vereinbarung „sonst" durch Verwaltungsakt geregelt werden könnte (VGH BW, NJOZ 2015, 1344, 1345; str.). Vereinbarungen zwischen Bürger und Behörde sind in der Regel subordinationsrechtlicher Natur. Dabei wird das vor Vertragsschluss **640**

bestehende Verhältnis der Über- und Unterordnung bezogen auf den Vertragsgegenstand aufgelöst.

Beispiel: Vertrag zwischen Baurechtsbehörde und Bauantragsteller, in dem die Baurechtsbehörde, anstatt eine Baugenehmigung durch VA zu erteilen, die Errichtung eines Gebäudes gestattet.

Von einem subordinationsrechtlichen Vertrag wird man auch dann sprechen können, wenn Hoheitsträger untereinander in einem Verhältnis der Über- und Unterordnung stehen, also hierarchische Abhängigkeiten bestehen, die durch Weisung oder VA geregelt werden können.

Beispiel: Weisungen der Aufsichtsbehörde an die Gemeinde.

641 § 54 S. 1 LVwVfG (§ 53 I S. 1 SGB X) bezieht sich auf alle verwaltungsrechtlichen Verträge, also sowohl auf koordinationsrechtliche Verträge als auch auf subordinationsrechtliche Verträge. § 54 S. 2 LVwVfG (§ 53 I S. 2 SGB X) spricht von einem Vertrag, den die Behörde, anstatt einen VA zu erlassen, mit demjenigen schließt, an den sie sonst den VA richten würde, und bezieht sich auf die subordinationsrechtlichen Verträge. Die Unterscheidung zwischen beiden Vertragsarten ist von Bedeutung, da die §§ 55, 56, 59 II und 61 LVwVfG (§§ 54, 55, 58 II, 60 SGB X) ausschließlich für Verträge i. S. d. § 54 S. 2 LVwVfG (§ 53 I S. 2 SGB X), also subordinationsrechtliche Verträge, gelten.

II. Verpflichtungs- und Verfügungsverträge

642 Nach den Wirkungen eines Vertrages sind Verpflichtungs- und Verfügungsverträge zu unterscheiden. In einem **Verpflichtungsvertrag** verpflichtet sich ein Partner zu einer noch zu erbringenden Leistung.

Beispiele: Die Behörde verpflichtet sich zum Erlass eines Bewilligungsbescheides (vgl. BVerwG, NVwZ 1986, 554), einer Geldzahlung oder einem sonstigen Verwaltungshandeln. Der Bürger verpflichtet sich zu einer Geldzahlung.

643 Ein **Verfügungsvertrag** führt die Rechtsänderung unmittelbar herbei; er enthält nicht nur eine Verpflichtung zur künftigen Leistung, sondern dient dazu, eine Verpflichtung zu erfüllen.

Beispiel: Die Behörde setzt im Vertrag den an den Bürger auszukehrenden Erlös aus einem Grundstücksverkauf auf 100.000 € nebst Zinsen fest (vgl. BVerwG, NVwZ 2013, 209, 212). – Hier ist Bestandteil des Vertrages nicht die Verpflichtung der Behörde, einen VA zu erlassen (Verpflichtungsvertrag). Stattdessen wird der VA, nämlich die Festsetzung des Erlöses, sogleich mit der Vertragserklärung erlassen (Verfügungsvertrag).

III. Vergleichs- und Austauschverträge

644 Als besondere Arten des subordinationsrechtlichen Vertrages nach § 54 S. 2 LVwVfG (§ 53 I S. 2 SGB X) sind der Vergleichs- (§ 55 LVwVfG; § 54 SGB X) und der Austauschvertrag (§ 56 LVwVfG; § 55 SGB X) geregelt. Sie schließen sich nicht aus; ein Vertrag kann sowohl ein Vergleichsvertrag als auch ein Austauschvertrag sein.

Es handelt sich um einen **Vergleichsvertrag**, wenn eine bei verständiger Würdigung des Sachverhalts oder der Rechtslage bestehende Ungewissheit durch gegenseitiges Nachgeben beseitigt wird (s. auch Rn. 665). **645**

Beispiel: Bei einem Bauvorhaben im unbeplanten Innenbereich (§ 34 BauGB) besteht rechtliche Ungewissheit darüber, ob in einem Grenzbereich eher die 2- oder die 4-geschossige vorhandene Bauweise das Stadtbild prägt. Die Baurechtsbehörde und der Bauwillige schließen einen Vergleichsvertrag über die Zulässigkeit eines Gebäudes mit drei Vollgeschossen.

Inhaltlich ist ein Vergleichsvertrag in der Regel zugleich ein Verpflichtungsvertrag. Vergleiche sind auch im Widerspruchsverfahren möglich und ebenso vor dem Verwaltungsgericht zulässig (vgl. § 106 VwGO). Der gerichtliche Vergleich (**Prozessvergleich**) hat eine **Doppelnatur**. Er ist sowohl Prozesshandlung, deren Wirksamkeit sich nach den Grundsätzen des Prozessrechts richtet, als auch öffentlich-rechtlicher Vertrag, für den die materiell-rechtlichen Vorschriften der §§ 54 ff. LVwVfG (§§ 53 ff. SGB X) gelten (vgl. BVerwG, NJW 2010, 3048, 3048 und BVerwG, NVwZ 2013, 209, 212 zum VwVfG). **646**

Bei einem **Austauschvertrag** verpflichtet sich der Vertragspartner der Behörde zu einer Gegenleistung. Der Austauschvertrag ist inhaltlich ein Verpflichtungsvertrag (s. auch Rn. 666 ff.). **647**

Beispiel: Ausbildungsvertrag, in dem sich der Dienstherr verpflichtet, einen Bewerber zu einer Laufbahnausbildung zuzulassen und ihm Anwärterbezüge für die Dauer des Vorbereitungsdienstes zu bezahlen, während sich der Anwärter verpflichtet, sich nach Bestehen der Laufbahnprüfung um eine Beamtenstelle zu bewerben und anschließend mindestens 5 Jahre im öffentlichen Dienst tätig zu sein (vgl. BVerwG, NJW 1986, 2589 zu einem Studienförderungsvertrag, in dem sich ein Student der Zahnmedizin zum späteren Eintritt in den öffentlichen Gesundheitsdienst verpflichtet; vgl. auch BVerwG, NJW 1995, 1104 zur Koppelung der Einbürgerung an die Rückzahlung von Ausbildungsbeihilfen und OVG Bautzen, BeckRS 2016, 45360 zur Rückzahlungsvereinbarung von Kosten berufsbegleitender Fortbildungsmaßnahmen, nachdem der Betroffene auf eigenen Wunsch aus dem Beamtenverhältnis entlassen worden ist). Ein weiteres Beispiel für einen Austauschvertrag findet sich in Rn. 630.

Von einem „**hinkenden**" **Austauschvertrag** spricht man dann, wenn in einem öffentlich-rechtlichen Vertrag nur die Verpflichtung zur Gegenleistung des Bürgers geregelt ist, die Leistung der Behörde dagegen nicht ausdrücklich erwähnt, sondern außerhalb des Vertrages als Bedingung oder Geschäftsgrundlage vorausgesetzt wird. Gleichwohl findet § 56 LVwVfG (§ 55 I SGB X) zumindest entsprechende Anwendung (vgl. BVerwG, NVwZ-RR 2003, 874, 875). **648**

E. Die Rechtmäßigkeit eines öffentlich-rechtlichen Vertrages

I. Ermächtigungsgrundlage; Vertragsformverbote

649 Eine Ermächtigungsgrundlage für die Handlungsform des Vertrages ist grundsätzlich nicht erforderlich, was § 54 S. 1 LVwVfG (§ 53 I S. 1 SGB X) klarstellt. Danach ist vertragliches Handeln zulässig, soweit Rechtsvorschriften nicht entgegenstehen. Das gilt auch dann, wenn der Vertrag eine Belastung des Bürgers zur Folge hat. Denn der Bürger geht die vertragliche Bindung und die damit verbundene Belastung freiwillig ein. Selten stehen Rechtsvorschriften ausdrücklich entgegen und verbieten, dass eine Behörde bestimmte Fragen durch Vertrag regelt.

Beispiel: Verbot der Vereinbarung einer höheren Beamtenbesoldung (§ 2 II BBesG).

650 Oft sind solche sog. **Handlungsformverbote** oder **Vertragsformverbote** auf den ersten Blick nicht zu erkennen, sondern durch Auslegung zu ermitteln. Die Verbote können sich sinngemäß aus dem Gesamtinhalt eines Gesetzes oder einer zusammenhängenden gesetzlichen Regelung ergeben (vgl. Begr. BT-Drs. 7/910, S. 79), etwa im Wege des Umkehrschlusses oder durch bewusste Ausklammerung der Vorschriften zum öffentlich-rechtlichen Vertrag.

Beispiele: Prüfungsentscheidungen der Behörden (Leistungs-, Eignungs- und ähnliche Prüfungen von Personen) sowie Versetzungs- und andere Entscheidungen der Schulen, die auf einer Leistungsbeurteilung beruhen. – Hier ergibt sich das Vertragsformverbot aus § 2 III Nr. 2 LVwVfG, indem geregelt ist, welche Vorschriften des LVwVfG Anwendung finden, wobei die §§ 54 ff. LVwVfG ausgeklammert sind.

651 Ein Verbot wird in der Regel nicht schon dann anzunehmen sein, wenn ein Gesetz das Verwaltungshandeln durch VA regelt (z. B. durch Gebrauch der Begriffe „Genehmigung", „Erlaubnis", „Bescheid", „Bewilligung"). Hier ist im Wege der Auslegung zu fragen, ob das Gesetz die Handlungsform VA zwingend vorschreibt (dann Verbot) oder nicht (dann kein Verbot). Im Zweifel wird wegen der grundsätzlichen Gleichrangigkeit der beiden Handlungsformen Vertrag und VA nicht von einem Vertragsformverbot auszugehen sein.

Beispiele: Die Sondernutzung einer Straße bedarf nach § 16 StrG der Erlaubnis (= VA). Hier liegen keine hinreichenden Anhaltspunkte (Auslegung!) für ein Vertragsformverbot vor. Eine vertraglich vereinbarte Sondernutzung (etwa Werbenutzungsverträge, in denen z. B. bestimmte Anforderungen für die Werbung an Bushaltestellen, Plakatsäulen [„Litfaßsäule"], Werbevitrinen etc. geregelt werden) ist damit zulässig unter der Voraussetzung, dass der Vertrag mit Blick auf § 16 I S. 2 StrG befristet oder kündbar abgeschlossen wird (zur Zulässigkeit von Werbenutzungsverträgen vgl. VGH BW, NVwZ 1993, 903). Dagegen ist aus § 16 StAG, der für eine Einbürgerung die Aushändigung einer Urkunde vorschreibt, wie i. d. R. auch aus anderen Status begründenden und ändernden Vorschriften (z. B. § 8 II BeamtStG für die Beamtenernennung), ein Vertragsformverbot abzuleiten.

Im Sozialrecht kann nach § 53 II SGB X ein Vertrag über Sozialleistungen (vgl. § 11 SGB I) nur geschlossen werden, soweit die Erbringung der Leistungen im Ermessen des Leistungsträgers steht. (Das LVwVfG weist keine Parallelvorschrift zu § 53 II SGB X auf.) Das bedeutet im Umkehrschluss, dass Sozialleistungen, auf die der Bürger einen Anspruch hat, nicht durch Vertrag geregelt werden dürfen. Da auf Sozialleistungen grundsätzlich ein Anspruch besteht und nur ausnahmsweise nach Ermessen entschieden wird (§ 38 SGB I), unterliegen weite Bereiche der Sozialleistungen nicht der Regelung durch öffentlich-rechtlichen Vertrag. § 53 II SGB X gilt nicht beim Abschluss von Vergleichs- und Austauschverträgen (vgl. § 54 II und § 55 III SGB X). **652**

Rechtsvorschriften stehen der Zulässigkeit des vertraglichen Handelns *nicht* entgegen, wenn sich aus einer Regelung ergibt, dass es erlaubt ist, durch Vertrag zu handeln. **653**

Beispiele: § 124 BauGB stellt klar, dass ein Erschließungsvertrag, § 13 IV BBodSchG, dass ein Sanierungsvertrag mit öffentlich-rechtlicher Wirkung geschlossen werden kann.

II. Formelle Rechtmäßigkeit des öffentlich-rechtlichen Vertrages

In formeller Hinsicht sind beim öffentlich-rechtlichen Vertrag **654**
- die **Zuständigkeit** der vertragsschließenden Behörde,
- die Einhaltung der Verfahrensvorschriften, insbesondere etwaige **Mitwirkungserfordernisse** des § 58 LVwVfG (§ 57 SGB X) und
- die **Schriftform** gem. § 57 LVwVfG (§ 56 SGB X) zu beachten.

1. Zuständigkeit

Die Behörde gibt eine Willenserklärung ab, um einen Vertragsschluss herbeizuführen. Hierfür muss die Behörde sachlich (einschließlich instanziell) und örtlich **zuständig** sein. Dies bestimmt sich nach den allgemeinen Grundsätzen (vgl. Rn. 753 ff.): Die sachliche Zuständigkeit wird nach dem Gegenstand der mit dem öffentlich-rechtlichen Vertrag zu erledigenden Verwaltungsaufgaben abgegrenzt; die instanzielle Zuständigkeit betrifft die Zuweisung zu den verschiedenen Verwaltungsstufen. Bei subordinationsrechtlichen Verträgen (s. oben Rn. 640) bietet sich die Kontrollüberlegung an, ob die vertragsschließende Behörde zuständig wäre, wenn sie – anstatt einen Vertrag zu schließen – einen VA erlassen hätte. Ist das zu bejahen, ist auch von der Zuständigkeit für den Abschluss des Vertrages auszugehen. Die örtliche Zuständigkeit bezieht sich auf die räumliche Abgrenzung zu anderen Behörden; existiert keine spezialgesetzliche Vorschrift, ist § 3 LVwVfG (§ 2 SGB X) heranzuziehen. **655**

2. Mitwirkungserfordernisse

Aus § 58 LVwVfG (§ 57 SGB X) ergeben sich etwaige **Mitwirkungserfordernisse**. Absatz 1 gilt für alle öffentlich-rechtlichen Verträge im Anwendungsbereich des LVwVfG. Hiernach bedarf es der Zustimmung des Dritten, wenn der Vertrag in seine Rechte eingreift. „Dritter" ist jedes beteiligungsfähige Privatrechtssubjekt (vgl. § 11 Nr. 1 und 2 LVwVfG; § 10 Nr. 1 und 2 SGB X), das nicht **656**

Vertragspartei ist. Ein Eingriff in Rechte des Dritten liegt vor, wenn seine Rechtsposition durch den Vertragsabschluss verschlechtert oder beeinträchtigt wird.

Beispiel: In einem Vertrag erteilt die Baurechtsbehörde dem Bauherrn eine Befreiung von nachbarschützenden Vorschriften nach § 31 II BauGB. (Hier handelt es sich um einen **Verfügungsvertrag** [s. oben Rn. 643]). – Der Vertrag wird erst wirksam, wenn der betroffene Nachbar schriftlich zustimmt.

657 Absatz 2 normiert die Mitwirkung einer anderen Behörde („dritte" Behörde) und bezieht sich dem Wortlaut nach („anstatt eines Verwaltungsaktes") nur auf Verträge, die einen VA ersetzen. Über den Wortlaut hinaus wird der Anwendungsbereich mit Blick auf den Schutzzweck der Norm auch auf andere öffentlich-rechtliche Verträge erstreckt (vgl. Bonk/Neumann/Siegel, in: Stelkens/Bonk/Sachs, § 58 Rn. 6 ff.). Zu beachten ist, dass die Fälle der Genehmigung, Zustimmung und des Einvernehmens, nicht aber die Fälle des Benehmens und der Anhörung einer anderen Behörde erfasst sind (zu den Mitwirkungsarten vgl. Rn. 833 ff.).

Beispiele: Die Baurechtsbehörde und der Bauherr schließen einen Vertrag, in dem ein Vorhaben i. S. d. § 34 II BauGB zugelassen wird. – Über die Zulässigkeit von Vorhaben nach § 34 BauGB wird gem. § 36 BauGB im bauaufsichtlichen Verfahren von der Baugenehmigungsbehörde (in BW: Baurechtsbehörde) im Einvernehmen mit der Gemeinde entschieden. Da anstatt eines VA ein Vertrag geschlossen wurde, wird der Vertrag erst wirksam, wenn die Gemeinde ihr Einvernehmen erteilt.
Statt die Ablösung der Stellplatzpflicht durch einen VA zuzulassen, regeln die Baurechtsbehörde und eine GmbH die Ablösung in einem Vertrag (s. Bsp. oben in Rn. 630). – Ob eine Ablösung zugelassen wird, entscheidet die Baurechtsbehörde nach § 37 VI LBO mit Zustimmung der Gemeinde durch VA. Wird statt eines VA ein Vertrag geschlossen, ist die Zustimmung der Gemeinde Voraussetzung für die Wirksamkeit eines solchen Vertrages.

658 Nach h. M. findet § 58 I, II LVwVfG (§ 57 I, II SGB X) auch für **Verpflichtungsverträge** (s. oben Rn. 642) Anwendung, was in dieser Allgemeinheit zweifelhaft ist (krit. im Zusammenhang mit § 58 I LVwVfG z. B. Spieth, in: BeckOK VwVfG, § 58 Rn. 7 ff.).

Beispiele: Im Unterschied zum Bsp. in Rn. 656 erteilt die Baurechtsbehörde keine Befreiung, sondern verpflichtet sich (nur) zur Erteilung. Die Baurechtsbehörde verpflichtet sich gegenüber dem Bauherrn vertraglich zum Erlass einer Baugenehmigung, die in Rechte des Nachbarn eingreift. – Nach h. M. bedarf es der Zustimmung der Nachbarn. (Auch wenn die [Verpflichtungs-]Verträge mangels unmittelbarer Rechtsänderung wohl keine Wirkungen gegenüber den Nachbarn entfalten.)
Im Unterschied zum ersten Bsp. in Rn. 657 verpflichtet sich die Behörde (nur) zur Zulassung des Vorhabens. – Nach h. M. bedarf es der Mitwirkung der Gemeinde. (Auch wenn hier kein VA ersetzt wird: Der Vertrag muss noch in Form eines VA umgesetzt werden.)

3. Form

659 Nach § 57 LVwVfG (§ 56 SGB X) ist ein öffentlich-rechtlicher Vertrag grundsätzlich **schriftlich** zu schließen. (Kein Schriftformerfordernis besteht allerdings nach der Rspr. des BSG für den Vertrag über die Übertragung eines Anspruchs auf Geldleistung nach § 53 SGB I; vgl. BSG, BeckRS 2010, 72723). Die Schriftform verlangt – anders als beim VA (vgl. Rn. 744) – eine eigenhändige Unterzeichnung durch Namensunterschrift oder mittels notariell beglaubigten Handzeichens; die Unterschriften beider Vertragsparteien müssen auf *derselben* Vertragsurkunde (sog. Grundsatz der **Urkundeneinheit**, an dem das BVerwG nach wie vor festhält, vgl. BVerwG, NJOZ 2011, 988) geleistet werden (§ 62 S. 2 LVwVfG bzw. § 61 S. 2 SGB X i. V. m. § 126 I, II S. 1 BGB).

660 Ausnahmen vom Grundsatz der Urkundeneinheit hat das BVerwG bisher bei einseitig verpflichtenden Verträgen und bei Verwaltungsvereinbarungen zwischen zwei Bundesländern zugelassen (vgl. BVerwG, NJW 1995, 1104 [hierauf Bezug nehmend VG Stuttgart, NVwZ-RR 2010, 977, 978] und NVwZ 2005, 1083). Auch nach der Rechtsprechung des BSG kann bei – koordinationsrechtlichen – öffentlich-rechtlichen Verträgen zwischen Leistungsträgern von dem Erfordernis der Urkundeneinheit abgesehen werden (vgl. BSG, BeckRS 2012, 68681). Zudem verlangt der Grundsatz nicht, dass ein komplexes Rechtsgeschäft, das aus mehreren miteinander zusammenhängenden Verträgen besteht und bei dem sich die Unterschriften der Vertragspartner jeweils auf derselben Urkunde befinden, in einer einzigen Urkunde gegenständlich zusammengefasst werden muss (BVerwG, NJOZ 2011, 988). Letztlich führt auch die **Ausstellung mehrerer gleichlautender Urkunden** nach der entsprechend anwendbaren Regelung in § 126 II S. 2 BGB zu einer Lockerung des Grundsatzes: Es genügt, wenn jede Partei die für die andere Partei bestimmte Urkunde unterzeichnet.

661 Die schriftliche Form wird durch die **notarielle Beurkundung** und diese wiederum wird bei einem **gerichtlichen Vergleich** durch die Aufnahme der Erklärungen in ein nach den Vorschriften der ZPO errichtetes Protokoll **ersetzt** (§ 126 IV und § 127a BGB; jeweils i. V. m. § 62 S. 2 LVwVfG bzw. § 61 S. 2 SGB X). Ersetzt werden kann die Schriftform zudem durch die **elektronische Form**. Maßgeblich hierfür ist § 3a II LVwVfG (i. V. m. § 62 S. *1* LVwVfG); für den Anwendungsbereich des SGB X enthält § 36a II SGB I eine nahezu identische Regelung. Für eine entsprechende Anwendung der §§ 126 III, 126a BGB (über § 62 S. 2 LVwVfG bzw. § 61 S. 2 SGB X) bleibt daher kein Raum. Der Grundsatz der Urkundeneinheit wird bei Verwendung der elektronischen Form damit zurückgedrängt (vgl. Schmitz/Schlatmann, NVwZ 2002, 1281, 1289; Fehling, in: Fehling/Kastner/Störmer, § 57 Rn. 24, der von einer „Abkehr von der Urkundeneinheit" spricht) oder aber beim öffentlich-rechtlichen Vertrag ohnehin als nicht erforderlich angesehen (vgl. Mann, in: Mann/Sennekamp/Uechtritz, VwVfG, § 57 Rn. 26 m. w. N.).

662 Mit Blick auf die derzeitige Rechtsprechung empfiehlt es sich für die Praxis allerdings, den Grundsatz der Urkundeneinheit weiterhin im Rahmen des Schriftformerfordernisses zu beachten. Anderenfalls besteht das Risiko der Nichtigkeit des Vertrages (s. Rn. 679).

662a Keine Anwendung findet das Schriftformerfordernis nach § 57 LVwVfG (§ 56 SGB X), soweit „durch Rechtsvorschrift eine **andere Form vorgeschrieben** ist". Unter eine „andere Form" fallen mit Blick auf die Gesetzesmaterialien jedenfalls *strengere Formen* (vgl. Begr. BT-Drs. 7/910, S. 81: „andere, weitergehende Form"), wie z. B. die notarielle Beurkundung von Grundstücksgeschäften (§ 62 S. 2 LVwVfG bzw. § 61 S. 2 SGB X i. V. m. § 311b BGB), etwa im Rahmen eines städtebaulichen Vertrages. Eine vorgeschriebene notarielle Beurkundung kann durch die gerichtliche Protokollierung nach § 127a BGB (i. V. m. § 62 S. 2 LVwVfG bzw. § 61 S. 2 SGB X) ersetzt werden (vgl. Rn. 661). Umstritten ist, ob § 57 LVwVfG (§ 56 SGB X) auch *Formerleichterungen* zulässt, was mit teleologischen Erwägungen zunehmend bejaht wird, wobei die praktische Relevanz wohl eher gering ist, weil es explizite Formerleichterungen kaum gibt. Als Beispiel einer Formerleichterung dient in der Literatur die Aushändigung einer Eintrittskarte, die durch kommunale Satzung für einen Vertrag über die Benutzung eines kommunalen Schwimmbades als ausreichend festgeschrieben ist (vgl. Mann, in: Mann/Sennekamp/Uechtritz, VwVfG, § 57 Rn. 32).

III. Materielle Rechtmäßigkeit des öffentlich-rechtlichen Vertrages

1. Allgemeines

663 Die Regelung in § 54 S. 1 LVwVfG (§ 53 I S. 1 SGB X), dass dem öffentlich-rechtlichen Vertrag „Rechtsvorschriften nicht entgegenstehen" dürfen, bezieht sich nicht auf die Vertragsform, sondern auch auf den Inhalt des Vertrages (vgl. BVerwG, NJW 1980, 1294, 1294). Ob Rechtsvorschriften entgegenstehen, ist dort (s. oben Rn. 650 f.) wie hier oft Auslegungsfrage.

> **Beispiel:** § 35 II BauGB steht einem öffentlich-rechtlichen Vertrag, in dem ein Vorhaben im Widerspruch zu § 35 II BauGB zugelassen oder seine Zulassung versprochen wird, entgegen (vgl. BVerwG, NJW 1976, 686).

664 Entgegenstehende Rechtsvorschriften ergeben sich aus dem GG, einschließlich der aus ihm abgeleiteten Rechtsgrundsätze (z. B. Bestimmtheitsgrundsatz, Verhältnismäßigkeitsprinzip, Willkürverbot), aus dem Unionsrecht sowie den formellen und materiellen Gesetzen (einschließlich Rechtsverordnungen) von Bund und Ländern. Verwaltungsvorschriften oder Satzungen (mit Ausnahme von Satzungen der Gemeinden in Selbstverwaltungsangelegenheiten) scheiden als entgegenstehende Rechtsvorschriften aus (vgl. Bonk/Neumann/Siegel, in: Stelkens/Bonk/Sachs, § 54 Rn. 95 f.).

2. Vergleichsvertrag

665 Eine besondere Regelung enthält § 55 LVwVfG (§ 54 SGB X) für den **Vergleichsvertrag** (s. oben Rn. 644 ff. und Rn. 652). Er ist zulässig, wenn eine Situation tatsächlicher oder rechtlicher Ungewissheit besteht. Mit Blick auf die in der Vorschrift zum Ausdruck kommende Ermessensentscheidung inklusive Zweckmäßigkeit ist klargestellt, dass die Behörde nicht verpflichtet ist, sich durch unverhältnismäßigen Aufwand, etwa unverhältnismäßiger Sachaufklärung oder langwieriger Prozesse, Gewissheit zu verschaffen. Allein die subjektive Ungewissheit genügt für den Abschluss eines Vergleichsvertrages aber nicht. Die Ungewissheit knüpft nach § 55 LVwVfG (§ 54 SGB X) an eine „verständige Würdigung" an, sodass sie objektiv vorliegen muss (vgl. hierzu Peine/Siegel, Allgemeines Verwaltungsrecht, Rn. 769 f.). Weiterhin fordert § 55 LVwVfG (§ 54 SGB X) ein *gegenseitiges* Nachgeben der Vertragsparteien, das den ungewissen Zustand beseitigt.

3. Austauschvertrag

Ebenfalls eine besondere Regelung enthält § 56 LVwVfG (§ 55 SGB X) für den **Austauschvertrag** (s. oben Rn. 644, 647 f. und Rn. 652). Zulässig ist der Austauschvertrag, wenn die Gegenleistung des Vertragspartners der Behörde rechtmäßig ist. Hierbei sind zwei Fallkonstellationen zu unterscheiden: Der Vertragspartner hat entweder keinen Anspruch (Absatz 1) oder er hat einen Anspruch auf die Leistung der Behörde (Absatz 2).

Die erste Fallkonstellation (Absatz 1) setzt voraus, dass die Gegenleistung, zu der sich der Vertragspartner gegenüber der Behörde verpflichtet,
- für einen bestimmten Zweck vereinbart ist,
- der Behörde zur Erfüllung ihrer öffentlichen Aufgaben dient,
- den gesamten Umständen nach angemessen ist und
- im sachlichen Zusammenhang mit der Leistung der Behörde steht.

Die *erste Voraussetzung* dient der Kontrolle der übrigen Voraussetzungen. Nur wenn der Zweck hinreichend konkret festgelegt ist, kann beurteilt werden, ob die Gegenleistung der Behörde zur Erfüllung ihrer öffentlichen Aufgaben dient, ob sie angemessen ist und in sachlichem Zusammenhang mit der Leistung der Behörde steht. Der Zweck, für den die Gegenleistung bestimmt ist, muss „im Vertrag" vereinbart sein. Er muss dafür aber nicht zwingend im Text des Vertrages ausdrücklich bezeichnet werden. Es genügt, wenn sich im Text der Vertragsurkunde ein Anhaltspunkt findet, aufgrund dessen im Zusammenhang mit den Umständen des Vertragsschlusses die Gegenleistung und ihr Zweck durch Auslegung ermittelt werden können (VGH BW, NJOZ 2015, 1344, 1346 m. w. N.). Der Begriff der öffentlichen Aufgaben der *zweiten Voraussetzung* ist weit zu verstehen. Er umfasst auch solche Aufgaben, die zum Verwaltungsprivatrecht gehören (z. B. Betrieb von öffentlichen Verkehrsmitteln; vgl. Rn. 16 f.). Keine Erfüllung öffentlicher Aufgaben liegt demgegenüber in der erwerbswirtschaftlichen Betätigung (z. B. kommunale Wohnungsvermittlung; vgl. Rn. 15). Die *dritte Voraussetzung* ist Ausdruck des Übermaßverbotes. Eine Gegenleistung ist angemessen, wenn sie im Verhältnis zur Leistung der Behörde wirtschaftlich ausgewogen ist und auch sonst keine Anhaltspunkte dafür gegeben sind, dass die Gegenleistung eine unzumutbare Belastung für den Vertragspartner darstellt (vgl. VGH BW, NJOZ 2015, 1344, 1347 m. w. N., dort auch zur objektiven und subjektiven Komponente der Angemessenheit).

§ 56 I LVwVfG (§ 55 I SGB X) enthält das **Koppelungsverbot**, das insbesondere in der *vierten Voraussetzung* zum Ausdruck kommt. Eine abstrakt-generelle Umschreibung der Fälle, in denen der sachliche Zusammenhang zwischen Leistung und Gegenleistung zu bejahen ist, ist nicht möglich. Entscheidend sind Inhalt und Begleitumstände des konkreten Vertrages. Die Rechtsprechung greift als Ausgangspunkt auf die schon vor Inkrafttreten des § 56 VwVfG entwickelte Formel zum Koppelungsverbot zurück. Danach darf zum einen nichts miteinander verknüpft werden, was nicht ohnehin in einem *inneren Zusammenhang* steht. Zum anderen dürfen hoheitliche Entscheidungen ohne entsprechende gesetzliche Ermächtigung nicht von wirtschaftlichen Gegenleistungen abhängig gemacht werden, es sei denn, erst die Gegenleistung würde ein der Entscheidung entgegenstehendes rechtliches Hindernis beseitigen (vgl. VGH BW, NJOZ 2015, 1344, 1346; zur Kritik der Literatur am Koppelungsverbot vgl. Spieth, in: BeckOK VwVfG, § 56 Rn. 60a).

Beispiele: Ein Verstoß gegen das Koppelungsverbot wäre gegeben, wenn die Gewährung eines Baudispenses von der rechtlichen Einrichtung der Einkommensteuer abhängig gemacht würde oder wenn ein Bürger als Gegenleistung für einen Baudispens verspräche, ein Rechtsmittel zurückzunehmen, das er gegen eine Ordnungsverfügung ganz anderen Inhalts eingelegt hat (vgl. BVerwG, NJW 1980, 1294, 1295).

668 Liegt die zweite Fallkonstellation (Absatz 2) vor, sind die nach Absatz 1 bestehenden Möglichkeiten der Vertragsparteien zur Vereinbarung von Gegenleistungen des Vertragspartners eingeschränkt. Es kann nur eine Gegenleistung vereinbart werden, die auch Gegenstand einer Nebenbestimmung nach § 36 LVwVfG (§ 32 SGB X) sein könnte. Nach § 36 I LVwVfG (§ 32 I SGB X) darf ein VA, auf den ein Anspruch besteht, mit einer Nebenbestimmung nur versehen werden, wenn sie durch Rechtsvorschrift zugelassen ist oder wenn sie sicherstellen soll, dass die gesetzlichen Voraussetzungen des VA erfüllt werden. Ein Anspruch des Vertragspartners besteht dann, wenn sich die Erbringung der Leistung der Behörde aufgrund einer Rechtsnorm (Gesetz, Rechtsverordnung oder Satzung) zwingend ergibt und diese Norm dem Vertragspartner ein subjektiv-öffentliches Recht einräumt (sog. gebundene Verwaltung; zu den subjektiven öffentlichen Rechten vgl. Rn. 84 ff.) Gleichgestellt ist der Fall einer Ermessensreduzierung auf Null (vgl. Rn. 201 ff.).

F. Der fehlerhafte öffentlich-rechtliche Vertrag

I. Allgemeines

669 Der verfassungsrechtlich garantierte Grundsatz der Gesetzmäßigkeit der Verwaltung (Art. 20 III GG) ist auch für das vertragliche Handeln der Verwaltung zu beachten. Daher gelten *beim Abschluss* eines öffentlich-rechtlichen Vertrages dieselben Rechtmäßigkeitsanforderungen wie bei sonstigem Verwaltungshandeln (vgl. zuvor E, Rn. 649 ff.).

670 Werden allerdings Ansprüche aus einem *bereits geschlossenen* öffentlich-rechtlichen Vertrag geltend gemacht (beispielsweise wenn der Bürger eine Geldzahlung auf der Grundlage des Vertrages verlangt), kommt es wie bei einem VA nicht auf die Rechtmäßigkeit, sondern allein auf seine Wirksamkeit an. Dies lässt sich – auch wenn keine dem § 43 II und III LVwVfG (§ 39 II und III SGB X) entsprechende Vorschrift für die öffentlich-rechtlichen Verträge existiert – aus §§ 58 f. LVwVfG (§§ 57 f. SGB X) ableiten. Hieraus kann geschlossen werden, dass Verträge, die an einem rechtserheblichen Fehler leiden, der von diesen Vorschriften

nicht erfasst wird, trotz Rechtswidrigkeit wirksam sind. Unwirksam ist der Vertrag nur, wenn einer der in § 59 LVwVfG (§ 58 SGB X) aufgeführten Nichtigkeitsgründe vorliegt oder die Zustimmung oder Mitwirkung i. S. d. § 58 LVwVfG (§ 57 SGB X) fehlt.
Damit sind Verträge bei bestimmten Gesetzesverstößen (also solchen, die nicht zur Nichtigkeit, sondern nur zur schlichten Rechtswidrigkeit führen) wirksam und rechtsverbindlich, ohne dass der einzelne Vertragspartner sich einseitig vom Vertrag lösen kann, was bedenklich erscheint. Jegliche Bedenken, auch verfassungsrechtlicher Art (Art. 19 IV und Art. 20 III GG), greifen nach h. M. jedoch nicht durch (vgl. Bonk/Neumann/Siegel, in: Stelkens/Bonk/Sachs, § 59 Rn. 5 m. w. N.). Die Bedenken lassen sich wohl u. a. dadurch ausräumen, dass § 59 I LVwVfG (§ 58 I SGB X) so interpretiert wird, dass alle wesentlichen Verstöße zur Nichtigkeit führen und die Rechtswirksamkeit auf nebensächliche Verstöße beschränkt bleibt (vgl. Maurer/Waldhoff, § 14 Rn. 52 ff., insb. Rn. 55). Auch ist zu beachten, dass die Nichtigkeitsfolge beim fehlerhaften Vertrag häufiger angeordnet ist als beim fehlerhaften VA (§ 59 LVwVfG bzw. § 58 SGB X sind jeweils strenger als § 44 LVwVfG) und dem Bürger ein öffentlich-rechtlicher Vertrag im Gegensatz zum VA nicht aufgezwungen werden kann. Das Schriftformerfordernis (§ 57 LVwVfG; § 56 SGB X) schützt ihn vor Übereilung, die Anfechtungsmöglichkeit (§ 62 S. 2 LVwVfG bzw. § 61 S. 2 SGB X i. V. m. §§ 119 ff. BGB) vor etwaigen Irrtumsfolgen. Die Fälle, in denen weiterhin Bedenken bestehen, sind wohl mit Blick auf die Gesichtspunkte der Rechtssicherheit und des Vertrauensschutzes hinzunehmen.

II. Nichtigkeitsgründe (§ 59 LVwVfG; § 58 SGB X)

1. Prüfungsreihenfolge

§ 59 LVwVfG (§ 58 SGB X) unterscheidet zwischen koordinationsrechtlichem und subordinationsrechtlichem Vertrag. Absatz 1 enthält eine Generalklausel und umfasst beide Vertragsarten (vgl. VGH BW, NVwZ 1991, 583, 585). Absatz 2 regelt spezielle Nichtigkeitsgründe für subordinationsrechtliche Verträge. Bei Vorliegen eines subordinationsrechtlichen Vertrages ist daher Absatz 2 vor Absatz 1 zu prüfen. Bei Vorliegen eines koordinationsrechtlichen Vertrages ist dem Wortlaut nach allein Absatz 1 anwendbar. (Eine *analoge Anwendung* auf diese Verträge wird teilweise für möglich gehalten: Bonk/Neumann/Siegel, in: Stelkens/Bonk/Sachs, § 59 Rn. 27; Spieth, in: BeckOK VwVfG, § 59 Rn. 25.)

2. Nichtigkeitsgründe nach § 59 II LVwVfG (§ 58 II SGB X)

a) Nichtigkeit eines inhaltsgleichen VA. Nach Nr. 1 ist ein öffentlich-rechtlicher Vertrag nichtig, wenn ein VA mit entsprechendem Inhalt nichtig wäre (§ 44 LVwVfG; § 40 SGB X; vgl. Rn. 397 ff.). Hiermit soll der Bürger bei schwerwiegenden Fehlern im Falle eines Vertrages nicht schlechter gestellt sein als bei einseitigem Handeln der Verwaltung durch VA.

Beispiel: Ein Vertrag, den ein Sachbearbeiter der Behörde entgegen § 20 I S. 1 Nr. 1 LVwVfG mit sich selbst schließt, ist nach Nr. 1 nichtig (vgl. VGH München, BeckRS 2011, 46040).

673 **b) Rechtswidrigkeit eines inhaltsgleichen VA und Kenntnis der Vertragschließenden.** Nach Nr. 2 ist ein öffentlich-rechtlicher Vertrag nichtig, wenn ein VA mit entsprechendem Inhalt nicht nur wegen eines Verfahrens- oder Formfehlers im Sinne des § 46 LVwVfG (§ 42 SGB X) rechtswidrig wäre und dies den Vertragschließenden bekannt war (zur Unbeachtlichkeit nach § 46 LVwVfG und § 42 SGB X vgl. Rn. 436 ff.). Hiermit soll insbesondere verhindert werden, dass Behörde und Bürger durch bewusstes und gewolltes Zusammenwirken gesetzliche Vorschriften umgehen (sog. **Kollusion**; vgl. Begr. BT-Drs. 7/910, S. 82). Der Nichtigkeitsgrund nach Nr. 2 greift aber auch dann ein, wenn die Parteien nicht kollusiv zusammenwirken, sondern unabhängig voneinander die Rechtswidrigkeit kennen.

674 **c) Fehlende Voraussetzung beim Vergleichsvertrag.** Nach Nr. 3 ist ein öffentlich-rechtlicher Vertrag nichtig, wenn die Voraussetzungen zum Abschluss eines Vergleichsvertrages nicht vorlagen und ein Verwaltungsakt mit entsprechendem Inhalt nicht nur wegen eines Verfahrens- oder Formfehlers im Sinne des § 46 LVwVfG (§ 42 SGB X) rechtswidrig wäre (zur Unbeachtlichkeit nach § 46 LVwVfG und § 42 SGB X vgl. Rn. 436 ff.). Hiermit soll die Herbeiführung eines rechtlich missbilligten Erfolges verhindert werden (vgl. Begr. BT-Drs. 7/910, S. 82). Auf eine Kenntnis der Vertragsparteien von der Rechtswidrigkeit kommt es – anders als bei Nr. 2 – nicht an.

Beispiel: Ein Vergleichsvertrag, dem weder eine Ungewissheit über den Sachverhalt noch über die Rechtslage zugrunde liegt, ist nach Nr. 3 nichtig. – Der Anwendungsbereich der Vorschrift in Nr. 3 ist allerdings umstritten. Teilweise wird vertreten, dass nur das Ermessen und nicht etwa auch die Ungewissheit bezüglich der Sach- und Rechtslage zu den „Voraussetzungen zum Abschluss eines Vergleichsvertrages" zählen (vgl. Spieth, in: BeckOK VwVfG, § 59 Rn. 34 ff.; a.A. VGH BW, BeckRS 2015, 48874, der dort in Rn. 118 ff. keine Zweifel äußert; vgl. vorhergehend VG Freiburg, BeckRS 2014, 46563 und auch Begr. BT-Drs. 7/910, S. 82).

675 **d) Unzulässige Gegenleistung beim Austauschvertrag.** Nach Nr. 4 ist ein öffentlich-rechtlicher Vertrag nichtig, wenn sich die Behörde eine nach § 56 LVwVfG (§ 55 SGB X) unzulässige (= rechtswidrige) Gegenleistung versprechen lässt (s. oben Rn. 666 ff. zu den Voraussetzungen einer rechtmäßigen Gegenleistung). Mit dieser Schutzbestimmung zugunsten des Bürgers soll sichergestellt werden, dass die Behörde ihre überlegene Position nicht dazu ausnutzt, unzulässige Leistungen zu erlangen; zugleich soll ein „Ausverkauf" von Hoheitsrechten verhindert werden (vgl. Begr. BT-Drs. 7/910, S. 79, 80, 82).

Beispiel: Ein Austauschvertrag, durch den sich das Land von einem Angestellten eine monatliche Zahlung als Gegenleistung für die Zusage der späteren Ernennung des Angestellten zum Beamten versprechen lässt, ist nach Nr. 4 nichtig. – Die Vereinbarung verletzt das Koppelungsverbot (in BW: § 56 I S. 2 LVwVfG), weil die vereinbarte Zahlungspflicht des Angestellten nicht „im sachlichen Zusammenhang" mit der von dem Land zugesicherten Ernennung des Angestellten zum Beamten steht (vgl. BVerwG, NVwZ-RR 2003, 874).

3. Nichtigkeitsgründe nach § 59 I LVwVfG (§ 58 I SGB X)

Nach § 59 I LVwVfG (§ 58 I SGB X) ist ein öffentlich-rechtlicher Vertrag nichtig, wenn sich die Nichtigkeit aus der entsprechenden Anwendung von Vorschriften des BGB ergibt. **676**

a) Verstoß gegen ein gesetzliches Verbot (§ 134 BGB).
Aus § 134 BGB lässt sich die Nichtigkeit eines öffentlich-rechtlichen Vertrages entnehmen, wenn gegen ein gesetzliches Verbot verstoßen wird. Bei weiter Auslegung des § 134 BGB würde jeder Verstoß zur Nichtigkeit führen; alle rechtswidrigen Verträge wären also nichtig. Dies hätte aber zur Folge, dass die differenzierende Regelung in § 59 II LVwVfG (§ 58 II SGB X) unterlaufen würde und dortige Aufzählung der Nichtigkeitsgründe wohl überflüssig wäre. Daher ist ein öffentlich-rechtlicher Vertrag mit Blick auf § 59 II LVwVfG (§ 58 II SGB X) nicht bei jedem Gesetzesverstoß nichtig, sondern nur bei Vorliegen eines qualifizierten Falles der Rechtswidrigkeit („**qualifizierter**" **Verstoß**; vgl. BVerwG, NJW 1992, 1642, 1643; NJW 1996, 608, 609; VGH BW, Urt. v. 29.6.2015 – 9 S 280/14, juris, Rn. 151). Ob ein solcher qualifizierter Fall gegeben ist, ist durch Auslegung der Verbotsnorm zu ermitteln. Hierbei ist Folgendes zu beachten (vgl. Spieth, in: BeckOK VwVfG, § 59 Rn. 11 ff.; Fehling, in: Fehling/Kastner/Störmer, § 59 Rn. 14; VGH BW, NJOZ 2005, 108, 110): **677**

– Ein qualifizierter Verstoß kann nur bei einem **Verstoß gegen eine zwingende Norm** vorliegen. In Betracht kommen Vorschriften des Verfassungsrechts, Gesetze, Rechtsverordnungen und Satzungen, auch das EU-Recht (z. B. Art. 107, 108 AEUV). Nicht ausreichend sind Regelungen mit Soll- oder Kann-Bestimmungen sowie Gewohnheitsrecht und allgemeine Rechtsgrundsätze, wie z. B. der Grundsatz der Gesetzmäßigkeit der Verwaltung aus Art. 20 III GG. Ebenfalls nicht ausreichend sind Verwaltungsvorschriften als bloßes Innenrecht.

– Die als Verbotsgesetz in Betracht kommende Rechtsnorm muss die **Herbeiführung des vertraglich vereinbarten Erfolges strikt und ausnahmslos untersagen**. Nicht erforderlich ist, dass das Verbot ausdrücklich angeordnet ist; es genügt, wenn es sich aus dem Zusammenhang oder dem Zweck der Vorschrift ergibt. Das Verbot kann sich dabei sowohl auf den Vertragsinhalt als auch auf die Vertragsform beziehen (zu den Vertragsformverboten s. oben Rn. 649 ff.).

– Es müssen **öffentliche Belange oder Interessen von einigem Gewicht** durch die Verbotsnorm geschützt und **durch den Vertrag verletzt** werden. Es dürfen keine bloßen Bagatellfehler vorliegen. Es kommt auf der einen Seite auf die Intensität der Rechtsverletzung und die davon berührten öffentlichen Belange oder Interessen an. Auf der anderen Seite stehen der Grundsatz der Vertragsverbindlichkeit und das Vertrauen in den bzw. das Interesse am Bestand des Vertrages. Beide Seiten sind gegeneinander abzuwägen. Ein qualifizierter Verstoß ist letztlich nur anzunehmen, wenn sich bei der **Abwägung** der verschiedenen Gesichtspunkte ergibt, dass die Gültigkeit des Vertrages nicht hinnehmbar ist.

Beispiele:
Verstöße gegen das **Vertragsformverbot** (s. oben Rn. 649 ff.) führen nach überwiegender Auffassung zur Nichtigkeit des Vertrages gem. § 59 I LVwVfG (§ 58 I SGB X) i. V. m. § 134 BGB (vgl. Fehling, in: Fehling/Kastner/Störmer, § 59 Rn. 16 m. w. N., auch zur Gegenansicht, nach der sich die Nichtigkeit unmittelbar aus § 54 S. 1 LVwVfG [§ 53 I S. 1 SGB X] ergeben soll [„soweit Rechtsvorschriften nicht entgegenstehen"]).
Verbotsgesetze, die sich auf einen bestimmten **Vertragsinhalt** beziehen, sind beispielsweise § 1 III und § 1 VII BauGB (Abwägungsgebot) sowie § 35 II BauGB. Ein Vertrag, in dem sich die Gemeinde unter Vorwegnahme des Abwägungsvorgangs entgegen § 1 III und § 1 VII BauGB verpflichtet, einen bestimmten Bebauungsplan aufzustellen (vgl. Bonk/Neumann/Siegel, in: Stelkens/Bonk/Sachs, § 59 Rn. 17 [vgl. auch Bonk/Neumann in der Vorauflage, dort § 59 Rn. 58a]), oder in dem ein nicht privilegiertes Vorhaben entgegen § 35 II BauGB im Außenbereich zugelassen wird, wäre nach § 59 I LVwVfG i. V. m. § 134 BGB nichtig. Die Vorschrift des § 71 LBO ist dagegen keine Verbotsnorm im Sinne des § 134 BGB (vgl. VGH BW, NJOZ 2005, 108).

678 b) **Sittenwidrigkeit (§ 138 BGB).** Auch ein sittenwidriger öffentlich-rechtlicher Vertrag ist gem. § 59 I LVwVfG (§ 58 I SGB X) i. V. m. § 138 BGB nichtig. Die Sittenwidrigkeit kann sich aus dem Inhalt des Vertrages ergeben (z. B. wenn er strafbares Verhalten fördert), aber auch aus seinem Gesamtcharakter (z. B. wenn er durch Bestechung oder Missbrauch hoheitlicher Macht unter Ausnutzung einer Zwangslage des Privaten zustande kommt) hergeleitet werden (vgl. Fehling, in: Fehling/Kastner/Störmer, § 59 Rn. 18).

679 c) **Nichtigkeit wegen Formmangels.** Nichtig ist ein öffentlich-rechtlicher Vertrag, wenn die Schriftform des § 57 LVwVfG (§ 56 SGB X) oder eine sonstige spezialgesetzliche Formvorschrift nicht eingehalten wurde, **§ 125 S. 1 BGB.** Ausnahmsweise ist ein Verstoß gegen Formvorschriften allerdings unbeachtlich, beispielsweise wenn die Behörde dem unerfahrenen Vertragspartner vorgespiegelt hat, der Vertrag sei nicht formbedürftig oder wenn die Behörde eine besondere Fürsorgepflicht verletzt hat und die Nichtigkeit des öffentlich-rechtlichen Vertrages für den Bürger existenzgefährdende Nachteile mit sich brächte (Fehling, in: Fehling/Kastner/Störmer, § 57 Rn. 32; vgl. auch LSG BW, BeckRS 2010, 72731, dort unter II.3.4.).

680 d) **Sonstige Nichtigkeitsgründe.** Nach **§ 105 BGB** ist die Willenserklärung eines Geschäftsunfähigen (§ 104 BGB) sowie die im Zustand der Bewusstlosigkeit oder vorübergehenden Störung der Geistestätigkeit abgegebene Willenserklärung nichtig. Eine Willenserklärung, die gegenüber einem anderen abzugeben ist, ist nach **§ 116 S. 2 BGB** nichtig, wenn sich der Erklärende insgeheim vorbehält, das Erklärte nicht zu wollen, und der andere den Vorbehalt kennt. Nichtig ist ein Vertrag, wenn ein Scheingeschäft i. S. d. **§ 117 I BGB** oder ein Fall mangelnder Ernstlichkeit i. S. d. **§ 118 BGB** vorliegt. Ferner ist ein Vertrag in Folge einer Anfechtung wegen Irrtums, arglistiger Täuschung oder Drohung gem. **§§ 119 ff., 142 BGB** nichtig. Schließlich ist ein öffentlich-rechtlicher Vertrag in

Form eines Vergleichsvertrages nichtig, wenn sich eine Vertragspartei über die Vergleichsgrundlage geirrt hat, § 779 **BGB**.

III. Teilnichtigkeit

681 Betrifft die Nichtigkeit nur einen Teil des Vertrages, greift mit § 59 III LVwVfG (§ 58 III SGB X) eine Regelung, welche den Rechtsgedanken des § 139 BGB übernimmt. Grundsätzlich führt die Teilnichtigkeit des öffentlich-rechtlichen Vertrages zur Nichtigkeit des ganzen öffentlich-rechtlichen Vertrages. Ausnahmsweise ist der von der Nichtigkeit nicht erfasste Teil des öffentlich-rechtlichen Vertrages verbindlich, nämlich dann, wenn anzunehmen ist, dass der Vertrag auch ohne den von der Nichtigkeit erfassten Teil geschlossen worden wäre. Maßgebend ist dabei allein der Wille, der zur Zeit des Vertragsabschlusses bestanden hat bzw. bestanden hätte, wenn den Parteien die Teilnichtigkeit bekannt gewesen wäre (VGH BW, NJW 1986, 2452, 2453).

682 Teilnichtigkeit setzt voraus, dass der Vertragsinhalt überhaupt teilbar ist, also nach Abtrennung des von einem Nichtigkeitsgrund betroffenen Teils ein Rest zurückbleibt, der selbstständig für sich bestehen kann. Fehlt es daran, scheidet die Anwendung des § 59 III LVwVfG (§ 58 III SGB X) von vornherein aus (vgl. VGH BW, VBlBW 2004, 224, 225 f. und LS). Nicht anwendbar ist § 59 III LVwVfG (§ 58 III SGB X) ferner, wenn mehrere inhaltlich voneinander unabhängige öffentlich-rechtliche Verträge nur äußerlich zu einem Gesamtvertrag verbunden sind, es sich also nicht um ein einheitliches Rechtsgeschäft handelt (Spieth, in: BeckOK VwVfG, § 59 Rn. 46).

G. Vertragsabwicklung und Leistungsstörungen

I. Anwendung zivilrechtlicher Vorschriften

683 Abgesehen von § 60 LVwVfG (§ 59 SGB X) enthält das LVwVfG (SGB X) keine Regelungen zur Vertragsabwicklung und zu Leistungsstörungen. Auch hier gelten über § 62 S. 2 LVwVfG (§ 61 S. 2 SGB X) die Vorschriften des BGB entsprechend (zu § 62 S. 2 LVwVfG [§ 61 S. 2 SGB X] vgl. insb. Rn. 622, 624, 659, 661). Die Besonderheiten des öffentlichen Rechts bei Verträgen (insb. Grundsatz der Gesetzmäßigkeit der Verwaltung gem. Art. 20 III GG) gegenüber dem Privatrecht (insb. Grundsatz der Privatautonomie) sind dabei stets im Blick zu behalten. Zudem ist zu beachten, dass § 62 S. 2 LVwVfG (§ 61 S. 2 SGB X) als dynamische Verweisung die BGB-Vorschriften in der jeweils geltenden Fassung für anwendbar erklärt und sich diese immer wieder ändern können. Vor diesem Hintergrund ist bei jeder einzelnen Vorschrift des BGB zu prüfen, ob auf sie tatsächlich uneingeschränkt zurückgegriffen oder diese nicht oder nur modifiziert anzuwenden ist.

684 Praktisch bedeutsame Verweisungen finden sich **zum Beispiel** in folgenden Bereichen (vgl. Geis, NVwZ 2002, 385, 387 ff.; zur entsprechenden Anwendung der §§ 305 ff. BGB vgl. darüber hinaus Bonk/Neumann/Siegel, in: Stelkens/Bonk/Sachs, § 62 Rn. 30 ff.):

- **Schadensersatz wegen Pflichtverletzung:**
  - **Begriff der Pflichtverletzung:** Der Tatbestand der Pflichtverletzung nach § 280 BGB umfasst sämtliche Fälle von Nichterfüllung, Schlechtleistung, verzögerter Leistung (Verzug) und sonstige Leistungsstörungen, einschließlich der Fälle der Unmöglichkeit (§§ 275, 311a I BGB) sowie der Verletzung von Nebenpflichten (§ 241 II BGB) und der Verletzung vorvertraglicher Pflichten (§ 311 II BGB). Eine Schadensersatz auslösende Pflichtverletzung kann allerdings bei *gesetzlichen Pflichten* (im Gegensatz zu vertraglichen Pflichten) nicht bei jedem Rechtsverstoß angenommen werden, sondern nur dann, wenn ein subjektives-öffentliches Recht des Vertragspartners auf Einhaltung gerade dieser Pflicht bestand (zu den subjektiven öffentlichen Rechten vgl. Rn. 84 ff., insb. Rn. 91).
  - **Verzug und Verzugszinsen:** Für den Schuldnerverzug gelten die §§ 286 ff. BGB. Verzugszinsen werden dem Gläubiger nach §§ 280 II, 286, 288 BGB als Verzögerungsschaden gewährt. Entsprechend anwendbar ist die Vorschrift über die Verzugszinsen auf öffentlich-rechtliche Verträge nach der Rechtsprechung des BVerwG allerdings – ausnahmsweise – nur dann, wenn die Geldleistungspflicht eine vertragliche Hauptpflicht ist, die in einem Gegenseitigkeitsverhältnis zur Leistungspflicht des anderen Vertragspartners steht (vgl. BVerwG, NVwZ 1989, 876, 878).
  - **Unmöglichkeit:** Im Falle der *anfänglichen objektiven* Unmöglichkeit ist zwischen dem koordinationsrechtlichen und subordinationsrechtlichen Vertrag (s. oben Rn. 639 ff.) zu unterscheiden. Ein koordinationsrechtlicher Vertrag, der auf eine anfänglich objektiv unmögliche Leistung gerichtet ist, ist wirksam (§ 62 S. 2 LVwVfG bzw. § 61 S. 2 SGB X i. V. m. §§ 311 I BGB) mit der Folge eines Schadensersatz- oder Aufwendungsersatzanspruchs des Gläubigers nach Maßgabe des § 311a II BGB. Bei einem subordinationsrechtlichen Vertrag führt die anfängliche objektive Unmöglichkeit dagegen nach § 59 II Nr. 1 LVwVfG i. V. m. § 44 II Nr. 4 LVwVfG (§ 58 II Nr. 1 SGB X i. V. m. § 40 II Nr. 3 SGB X) zur Nichtigkeit des Vertrages mit der Folge, dass der Schuldner allenfalls auf Ersatz des Vertrauensschadens haftet (vgl. Bonk/Neumann/Siegel, in: Stelkens/Bonk/Sachs, § 62 Rn. 39). Im Übrigen sind objektive und subjektive, anfängliche und nachträgliche Unmöglichkeit gleichgestellt (§ 275 I BGB). Für die *nachträgliche* Unmöglichkeit ergibt sich der Schadensersatzanspruch aus §§ 283 S. 1 i. V. m. 280 I, 275 BGB.
  - **Rücktritt und Rückabwicklung:** Die Rückabwicklung eines öffentlichrechtlichen Vertrages erfolgt im Fall eines vertraglich oder eines gesetzlich geregelten Rücktrittsrechts nach den §§ 346 ff. BGB. Ein gesetzlicher Rücktrittstatbestand findet sich z. B. in § 323 I BGB.
  - **Bereicherungsrecht und Rückabwicklung:** Hat einer der Vertragspartner Leistungen ohne rechtlichen Grund – insbesondere in den Fällen, in denen der Vertrag nichtig ist – erlangt, so richtet sich die Rückabwicklung nach dem **öffentlich-rechtlichen Erstattungsanspruch**. Das schließt die entsprechende Anwendung zivilrechtlicher Bereicherungsvorschriften nicht aus, soweit in ihnen ein allgemeiner Rechtsgedanke zum Ausdruck kommt, der sich in das öffentliche Recht übertragen lässt (vgl. VGH BW, NVwZ 1991, 583, 587; nicht entsprechend anwendbar: § 814 BGB, § 817 S. 2 BGB, §§ 818

III, IV, 819 I BGB; zum Meinungsstand vgl. Mann, in: Mann/Sennekamp/ Uechtritz, VwVfG, § 62 Rn. 62).
- **Verjährung:** Ansprüche aus einem öffentlich-rechtlichen Vertrag unterliegen der Verjährung (§ 214 I BGB), die wie im Zivilrecht auch in einem Verwaltungsprozess im Wege der Einrede geltend zu machen und nicht von Amts wegen zu berücksichtigen ist. Die regelmäßige Verjährungsfrist beträgt 3 Jahre (§ 195 BGB). Für bereits vor dem 1.1.2002 abgeschlossene Verträge ist die Überleitungsvorschrift des Art. 229 § 6 EGBGB zu beachten.

II. Anpassung und Kündigung in besonderen Fällen

§ 60 LVwVfG (§ 59 SGB X) ermöglicht die **Anpassung** des Vertragsinhalts an geänderte rechtliche oder tatsächliche Verhältnisse und die **Kündigung** des Vertrages. Die Vorschrift stellt eine öffentlich-rechtliche Ausprägung des Rechtsinstituts der „Störung der Geschäftsgrundlage" dar und verdrängt als lex specialis die Regelung in § 313 BGB. (§ 313 BGB ist auch nicht über § 62 S. 2 LVwVfG [§ 61 S. 2 SGB X] anwendbar.) Die Kündigung des Vertrages ist gegenüber der Anpassung nachrangig. Sie kommt nach § 60 I S. 1 LVwVfG (§ 59 I SGB X) nur in Betracht, wenn eine Anpassung nicht möglich oder einer Vertragspartei nicht zuzumuten ist. § 60 I S. 2 LVwVfG (§ 59 I S. 2 SGB X) räumt zudem (nur) der Behörde ein besonderes Kündigungsrecht ein, „um schwere Nachteile für das Gemeinwohl zu verhüten oder zu beseitigen", das mit dem für VAs geltenden Widerrufsgrund des § 49 II Nr. 5 LVwVfG wörtlich übereinstimmt. Ein öffentlich-rechtlicher Vertrag, der sich als Dauerschuldverhältnis darstellt, kann darüber hinaus von beiden Vertragsparteien aus wichtigem Grund nach § 62 S. 2 LVwVfG (§ 61 S. 2 SGB X) i. V. m. § 314 BGB gekündigt werden. Die Kündigung nach § 60 I LVwVfG (§ 59 I SGB X) bedarf nach § 60 II LVwVfG (§ 59 II SGB X) grundsätzlich der Schriftform und soll begründet werden. Bei Vorliegen der Voraussetzungen des § 3a II LVwVfG bzw. § 36a II SGB I kann die Kündigung in elektronischer Form erfolgen.

H. Die Durchsetzung von Ansprüchen aus einem öffentlich-rechtlichen Vertrag

I. Rechtsweg

Kommt eine Vertragspartei ihren vertraglichen Pflichten nicht nach, steht der anderen Partei die **Klage vor dem Verwaltungsgericht** zur Verfügung. Das gilt für Erfüllungsansprüche ebenso wie für auf einem öffentlich-rechtlichen Vertrag *beruhende* Schadensersatzansprüche. Schadensersatzansprüche aus der Verletzung öffentlich-rechtlicher Pflichten, die *nicht* auf einem öffentlich-rechtlichen Vertrag *beruhen*, weist § 40 II S. 1 Halbs. 1 Var. 3 VwGO dagegen den ordentlichen Gerichten zu. Hierbei ist umstritten, ob auch der Schadensersatzanspruch wegen Verschuldens bei Anbahnung oder Abschluss eines öffentlich-rechtlichen Vertrages (§§ 280 I, 282 i. V. m. 311 II, III, 241 II BGB), also ein Anspruch wegen vorvertraglicher Pflichtverletzung, auf einem öffentlich-rechtlichen Vertrag beruht und somit der Verwaltungsrechtsweg eröffnet ist. Nach der Rspr. des

BVerwG ist nach dem Sachzusammenhang zu differenzieren: Wenn der Anspruch in einem Sachzusammenhang mit einem Amtshaftungsanspruch steht, sei der Zivilrechtsweg gegeben; soweit der Anspruch neben Ansprüchen aus einem öffentlich-rechtlichen Vertrag geltend gemacht wird, fordere der Sachzusammenhang den Rechtsweg vor den Verwaltungsgerichten (vgl. BVerwG, NJW 2002, 2894, 2895; NVwZ 2003, 1383; vgl. auch VGH BW, NJW 2005, 2636, 2637; zum Meinungsstand vgl. Ehlers/Schneider, in: Schoch/Schneider, VwGO, § 40 Rn. 543 ff.).

II. Statthafte Klageart

687 Mit welcher **Klageart** die Ansprüche durchgesetzt werden können, ist von der jeweiligen Sachverhaltskonstellation abhängig. Schuldet die Behörde den Erlass eines VA, muss der Bürger eine **Verpflichtungsklage** (vgl. Rn. 1032) erheben. Hat sich die Behörde zu einer sonstigen Leistung verpflichtet, also zu einer Leistung, die *nicht* in dem Erlass eines VA liegt (z. B. Geldzahlung), und weigert sich die Behörde, ihre vertraglichen Pflichten zu erfüllen (etwa mit dem Hinweis auf die Nichtigkeit des Vertrages), ist die **allgemeine Leistungsklage** (vgl. Rn. 1034) statthaft. Weigert sich der Bürger, seine vertraglichen Pflichten zu erfüllen, muss auch die Behörde ihre Ansprüche mit einer **allgemeinen Leistungsklage** geltend machen. Sie darf ihre Ansprüche *nicht durch* VA durchsetzen, weil sie sich bei Abschluss des Vertrages auf die Ebene der Gleichordnung mit dem Bürger begeben hat und konsequenterweise bei der Durchsetzung vertraglicher Leistungsansprüche wie der Bürger auf eine Klage vor dem Verwaltungsgericht zu verweisen ist (vgl. Maurer/Waldhoff, § 10 Rn. 33 und § 14 Rn. 59). Etwas anderes gilt dann, wenn ein Gesetz die Durchsetzung vertraglich übernommener Pflichten durch VA ausdrücklich zulässt (vgl. BVerwG, NJW 1976, 1516, 1517 und 3. LS; NVwZ 1992, 769, 770 f. und 1. LS). Ob der Erlass eines VA als weitere Ausnahme auch dann möglich ist, wenn die Verpflichtung des Bürgers ihren primären und maßgeblichen Rechtsgrund direkt im Gesetz und nicht im Vertrag findet (so Fehling, in: Fehling/Kastner/Störmer, § 61 Rn. 30 m. w. N.), ist umstritten (dagegen: Kämmerer, in: BeckOK VwVfG, § 61 Rn. 43; vgl. auch Mann, in: Mann/Sennekamp/Uechtritz, VwVfG, § 61 Rn. 53, der im Falle der Durchsetzung vertraglicher Pflichten durch Erlass eines VA wohl generell von der Nichtigkeit des VA ausgeht).

Beispiel:
Wird ein öffentlich-rechtlicher Vertrag über den Teilabbruch eines rechtswidrig errichteten Gebäudes bei gleichzeitiger Duldung des anderen Gebäudeteils geschlossen, so kann die Behörde im Falle der Nichterfüllung des Vertrages durch den Grundstückseigentümer weder den vollständigen noch den teilweisen Abbruch des Gebäudes durch VA (§ 65 I S. 1 LBO) anordnen. Sie muss vielmehr beim VG allgemeine Leistungsklage (Rn. 1034) auf Abbruch des nicht beseitigten Gebäudeteils erheben.

688 Eine **allgemeine Leistungsklage** ist ferner dann statthaft, wenn einer Vertragspartei das Festhalten an der ursprünglichen vertraglichen Regelung nicht zuzumuten ist und sie Anpassung an die geänderten Verhältnisse verlangen kann

(s. o. Rn. 685). Begehrt eine Vertragspartei die Feststellung, dass eine vertragliche Leistungspflicht nicht besteht (z. B. weil der Vertrag für unwirksam gehalten wird), kommt eine (negative) **Feststellungsklage** (vgl. Rn. 1035) in Betracht. Schließlich ist es möglich, dass ein öffentlich-rechtlicher Vertrag in die Rechte eines Dritten eingreift und dieser Dritte mittels der (negativen) **Feststellungsklage** die Unwirksamkeit des Vertrages geltend macht.

Beispiel: E ist Eigentümer eines Hotels in S. Er meint, der zwischen der Stadt S und einem Hotelkonzern geschlossene öffentlich-rechtliche Vertrag über die Gewährung einer Subvention sei unwirksam und rügt u. a. einen Eingriff in die Wettbewerbsfreiheit (Art. 12 GG). – Hier macht E als Dritter die Unwirksamkeit des Vertrages geltend; ihm steht die Feststellungsklage zur Verfügung (vgl. OVG Münster, NVwZ 1984, 522).

III. Unterwerfung unter die sofortige Vollstreckung

Nach § 61 I S. 1 LVwVfG (§ 60 I S. 1 SGB X) kann sich jeder Vertragpartner eines subordinationsrechtlichen Vertrages (§ 54 S. 2 LVwVfG [§ 53 I S. 2 SGB X]; s. oben Rn. 640) der sofortigen Vollstreckung unterwerfen. Der mit einer Unterwerfungsklausel versehene Vertrag stellt dann einen Vollstreckungstitel dar (vgl. Rn. 931, 943 ff.). Die Unterwerfungserklärung kann im Vertrag selbst, sie kann aber auch vom Vertrag getrennt nachträglich abgegeben werden.
Unterwirft sich der Bürger der sofortigen Vollstreckung, kann die Behörde im Anwendungsbereich des LVwVfG unmittelbar aus dem Vertrag nach dem LVwVG vorgehen (vgl. § 61 II S. 1 LVwVfG). Gleiches gilt im Anwendungsbereich des SGB X für die Behörden des Landes Baden-Württemberg (vgl. §§ 60 II S. 1, 66 III SGB X); für Bundesbehörden gilt das Verwaltungsvollstreckungsgesetz des Bundes (VwVG; vgl. § 66 I SGB X). In vielen Fällen, insbesondere wenn ein Widerspruch gegen einen VA nach § 80 II S. 1 VwGO keine aufschiebende Wirkung hätte oder bei klarer Rechtslage, wird sich die Behörde auf den Abschluss eines öffentlich-rechtlichen Vertrages nur einlassen, wenn sich der Bürger der sofortigen Vollstreckung unterwirft. Der Bürger kann die Vollstreckungsmaßnahmen der Vollstreckungsbehörde mit Widerspruch und Anfechtungsklage (vgl. Rn. 1032) angreifen; die Rechtsbehelfe haben allerdings keine aufschiebende Wirkung (vgl. § 80 II S. 1 Nr. 3 VwGO i. V. m. § 12 S. 1 LVwVG).
Unterwirft sich die Behörde der sofortigen Vollstreckung, was denkbar ist, aber der Ausnahmefall sein dürfte, richtet sich die Vollstreckung nach §§ 170 I bis III, 172 VwGO (vgl. § 61 II S. 2 und 3 LVwVfG [§ 60 II S. 2 und 3 SGB X]).

IV. Beispiel eines öffentlich-rechtlichen Vertrages

690

**Verwaltungsrechtlicher Vertrag
über die Nutzung des Grundstücks
Flurstück Nr. 2849/5
auf Gemarkung der Gemeinde Kleinhausen**

zwischen Herrn Friedrich Müller
und Frau Regina Müller, geb. Hauser,
als Eigentümer des Grundstücks
und der Gemeinde Kleinhausen,
vertreten durch Herrn Bürgermeister Großmann

Vorbemerkung: Die Gemeinde Kleinhausen – untere Baurechtsbehörde – hat am [Datum] festgestellt, dass auf dem o. g. Grundstück im Außenbereich auf einer Länge von 65 Metern ein Maschendrahtzaun (1,50 m hoch, Metallpfosten auf Betonsockel) ohne die erforderliche Baugenehmigung errichtet wurde. Die untere Baurechtsbehörde ist verpflichtet, für die Herstellung rechtmäßiger Zustände auf dem Gebiet des Bauwesens zu sorgen. Dies kann erforderlichenfalls durch eine Beseitigungsanordnung geschehen.

Anstelle einer Beseitigungsanordnung
wird vereinbart:

1. Die Eigentümer verpflichten sich gegenüber der Gemeinde Kleinhausen, den oben beschriebenen Maschendrahtzaun zu beseitigen und das Abbruchmaterial vom Grundstück zu entfernen.
2. Für die Durchführung dieser Maßnahmen wird eine Frist bis zum [Datum] vereinbart.
3. Die Gemeinde Kleinhausen verpflichtet sich, vor Ablauf der vereinbarten Frist keine Vollstreckungsmaßnahmen einzuleiten.
4. Die Eigentümer unterwerfen sich der sofortigen Vollstreckung aus diesem Vertrag.
5. Die getroffenen Vereinbarungen gelten auch für eventuelle Rechtsnachfolger.

Kleinhausen, den [Datum]

(Unterschriften)   (Unterschrift)
Friedrich Müller/Regina Müller   Großmann, Bürgermeister

I. Vertiefungshinweise und Wiederholungsfragen

I. Vertiefungshinweise

Dombert, Der öffentlich-rechtliche Vertrag und die Bestimmung der Kreisumlage, KommJur 2020, 361; Junge, Verhängung von Vertragsstrafen aus öffentlich-rechtlichen Verträgen durch Verwaltungsakt?, NVwZ 2021, 198; Mayer/Schorn, Strafrechtliche Risiken des unwirksamen öffentlich-rechtlichen Vertrags, KommJur 2015, 86; Payandeh, Verwaltungsvertrag und Verwaltungsaktbefugnis, DÖV 2012, 590; Sanden, Die Anpassung und Kündigung öffentlich-rechtlicher Verträge am Beispiel des Altlastensanierungsvertrags, NVwZ 2009, 491; Schlemminger, Schriftformrisiken beim Abschluss öffentlich-rechtlicher Verträge, NVwZ 2009, 223; Siegel/Eisentraut, Der Vertrag im Öffentlichen Wirtschaftsrecht, VerwArch 2018, 454; Voßkuhle/Kaiser, Grundwissen – Öffentliches Recht: Der öffentlich-rechtliche Vertrag, JuS 2013, 687; Zepf, Vertragsdenkmalschutz, DÖV 2015, 518.

II. Wiederholungsfragen

1. Welche Begriffsmerkmale weist der öffentlich-rechtliche Vertrag i. S. d. §§ 54 ff. LVwVfG (§§ 53 ff. SGB X) auf? – Rn. 623
2. Von welchen anderen Kooperationsformen ist der öffentlich-rechtliche Vertrag i. S. d. §§ 54 ff. LVwVfG (§§ 53 ff. SGB X) abzugrenzen? – Rn. 626–628
3. Erfasst der öffentlich-rechtliche Vertrag i. S. d. §§ 54 ff. LVwVfG (§§ 53 ff. SGB X) generell Verträge auf dem Gebiet des öffentlichen Rechts? – Rn. 629
4. Was ist ein koordinationsrechtlicher Vertrag? – Rn. 639
5. Was ist ein subordinationsrechtlicher Vertrag? – Rn. 640
6. Wie unterscheiden sich Verpflichtungs- und Verfügungsverträge voneinander? – Rn. 642, 643
7. Wo und wie sind der Vergleichsvertrag und der Austauschvertrag definiert? – Rn. 644–648
8. Wann ist vertragliches Handeln unzulässig? – Rn. 649–652
9. In welchen Fällen wird ein öffentlich-rechtlicher Vertrag i. S. d. §§ 54 ff. LVwVfG (§§ 53 ff. SGB X) erst durch die Mitwirkung eines Dritten oder einer anderen Behörde wirksam? – Rn. 656–658
10. Ist ein rechtswidriger öffentlich-rechtlicher Vertrag i. S. d. §§ 54 ff. LVwVfG (§§ 53 ff. SGB X) stets oder zumindest grundsätzlich nichtig? – Rn. 669–680
11. Wo und wie sind die Auswirkungen der Teilnichtigkeit des öffentlich-rechtlichen Vertrages i. S. d. §§ 54 ff. LVwVfG (§§ 53 ff. SGB X) geregelt? – Rn. 681, 682
12. Unter welchen Voraussetzungen kann ein öffentlich-rechtlicher Vertrag i. S. d. §§ 54 ff. LVwVfG (§§ 53 ff. SGB X) gekündigt werden? – Rn. 685
13. Muss die Behörde Klage erheben oder darf sie auch einen VA erlassen, um Ansprüche aus einem öffentlich-rechtlichen Vertrag i. S. d. §§ 54 ff. LVwVfG (§§ 53 ff. SGB X) durchzusetzen? – Rn. 687

Kapitel 13   Planung und Plan

A. Einführung

693 Verwaltungsrechtliche Gesetze verwenden sehr häufig die Begriffe „Planung" und „Plan". Das planungsrechtliche Instrumentarium soll die Verwaltung in den Stand versetzen, komplexe Situationen mit einem Bündel von Zielen und vielen Betroffenen rechtlich zu steuern. Kennzeichnend für jeden Plan ist ein besonderes Maß an Zukunftsorientierung. Von der Bindungswirkung her unterscheidet man indikative, influenzierende und imperative Pläne. **Indikative Pläne** sollen der Verwaltung oder auch den Bürgern bzw. Unternehmen Daten als Grundlage für ihre Entscheidungen übermitteln. **Influenzierende Pläne** wollen die Adressaten zu einem bestimmten Verhalten veranlassen, ohne verbindliche Regelungen auszusprechen. **Imperative Pläne** treffen hingegen treffen ebensolche Regelungen, insbesondere durch Ge- und Verbote (näher Wolff/Bachof/Stober/Kluth, § 56 Rn. 11 ff.).

B. Planungsarten

I. Allgemeine staatliche Planung

694 Planung spielt in vielen Bereichen des staatlichen Handelns eine Rolle. Ob Leistungs-, Ordnungs-, Finanz- oder Fiskalverwaltung, überall wird geplant und mit Plänen gearbeitet.

Beispiele: Haushaltspläne, Finanzpläne, Verkehrsentwicklungspläne, Krankenhausbedarfspläne, Bildungsgesamtpläne, Struktur- und Entwicklungspläne für Hochschulen.

II. Raumplanung

695 Im Vordergrund auch der rechtswissenschaftlichen Diskussion steht indessen die Raumplanung. Von den Planungsarten her muss hier zwischen räumlicher Gesamtplanung und räumlicher Fachplanung unterschieden werden. Dabei will die räumliche Gesamtplanung den Planungsraum vollständig erfassen, während sich die räumliche Fachplanung nur auf ein spezielles Ziel im Gesamtplanungsraum bezieht (Beckmann, Rn. 6; Peters/Hesselbarth/Peters, Rn. 107).

1. Räumliche Gesamtplanung

696 Unter der räumlichen Gesamtplanung kann die überfachliche Planung der strukturellen Gesamtverhältnisse eines Gebiets verstanden werden, wobei die Ziele der Planung mit Entwicklung, Siedlung, Infrastruktur oder Umweltschutz vielfältig sind. So sieht etwa § 2 II ROG für die Gesamtplanung des Bundes und der Länder u. a. die Verbesserung der wirtschaftlichen und sozialen Verhältnisse in „zurückgebliebenen Gebieten", die Reinhaltung von Wasser und Luft, den Schutz des Bodens sowie die Verteidigungserfordernisse als planerische Grundsätze vor. Dem Staatsaufbau folgend wird die räumliche Gesamtplanung weiter in die **überörtliche** und **örtliche Planung** unterteilt. Die überörtliche Gesamtplanung ist Sache des Bundes und vor allem der Länder, die örtliche Sache der Gemeinden (Koch/Hendler, § 1 Rn. 5).

a) Bundesplanung. Da die räumliche Gesamtplanung im Wesentlichen den Ländern obliegt (vgl. § 13 I ROG), beschränkt sich die Raumplanung des Bundes nach §§ 17 ff. ROG auf wenige Bereiche. Hierzu zählen nach § 17 I i. V. m. § 1 IV ROG die sog. deutsche ausschließliche Wirtschaftszone (AWZ), womit das Meeresgebiet in der Nord- und Ostsee bis zu 200 Seemeilen jenseits des Küstenmeeres (12-Seemeilen-Zone) gemeint ist (Spannowsky/Runkel/Goppel, ROG-Kommentar, 2. Aufl. 2018, § 1 Rn. 116), ferner Raumplanungen zum Hochwasserschutz und Standortkonzepten für Häfen und Flughäfen (§ 17 II ROG). Um dem Planungsbedürfnis für den Gesamtraum des Bundesgebiets im Übrigen entgegenzukommen, wurde 1993 im Zuge der Wiedervereinigung der sog. **Raumordnungspolitische Orientierungsrahmen** erlassen, der 2006 durch die **Leitbilder und Handlungsstrategien für die Raumentwicklung in Deutschland** abgelöst wurde (zuletzt aktualisiert 2016; zur Entwicklung näher Aring/Sinz, RuR 2006, 451).

697

b) Landesplanung. Nach § 13 I S. 1 Nr. 1 ROG müssen die Flächenländer räumliche Gesamtpläne oder -programme aufstellen. Sie haben diesen Auftrag erfüllt und hierfür entsprechend ihren Landesplanungsgesetzen unterschiedliche Bezeichnungen wie „Landesentwicklungsplan", „Landesentwicklungsprogramm", „Landesraumordnungsplan" oder „Landesraumordnungsprogramm" gewählt (z. B. in BW Landesentwicklungsplan gem. § 6 I Nr. 1, II und § 7 LplG BW).

698

c) Regionalplanung. § 13 I S. 1 Nr. 2 ROG verpflichtet die Länder in gewissem Umfang zu einer Regionalplanung und damit zu einer Gesamtplanung für Teilräume des Landes. Die Flächenstaaten haben derartige Regionalplanungen geschaffen (z. B. in BW § 11 ff. LplG BW).

699

d) Kommunalplanung. Örtliche Gesamtplanung ist die Bauleitplanung nach dem BauGB, wobei Planungsträger die Gemeinden sind (vgl. § 1 III BauGB). Die kommunale Bauleitplanung zählt zu den Angelegenheiten der örtlichen Gemeinschaft und konkretisiert die **gemeindliche Planungshoheit** als Ausfluss der durch Art. 28 II S. 1 GG geschützten kommunalen Selbstverwaltungsgarantie (Beckmann, Rn. 6). Kommunale Flächennutzungspläne (§ 5 ff. BauGB) und Bebauungspläne (§ 8 ff. BauGB) haben großes praktisches Gewicht. Vor allem Bebauungspläne sind geeignet, die städtebauliche Gestaltung in einer Gemeinde zu steuern. So können im Bebauungsplan insbesondere durch Festsetzungen zur Art der baulichen Nutzung (§ 9 I Nr. 1 BauGB) je nach Baugebietsart Vorhaben gem. §§ 2 ff. BauNVO zugelassen, ausgeschlossen oder beschränkt werden.

700

2. Räumliche Fachplanung

Auch die Fachplanung ist raumbezogen bzw. raumbedeutsam, aber nur insoweit, als sie ein spezielles Ziel in einem Raum betrifft. Es handelt sich daher um eine fachbezogene Raumplanung unter bestimmten Sachgesichtspunkten, etwa des Straßenbaus, Natur- oder Gewässerschutzes (Beckmann, Rn. 7). Im Gegensatz

701

zum **zweistufigen** Zulassungsmodell der Bauleitplanung, bei dem nach der getroffenen Planungsentscheidung über die konkrete Vorhabenzulassung erst in einem Genehmigungsverfahren entschieden wird, ist die Fachplanung **einstufig** ausgestaltet, d. h. in einem einzigen Verfahren wird über das „ob" und „wie" des Vorhabens entschieden (näher Stüer, Rn. 3630). Dementsprechend sind bei der Fachplanung die Arten von Plänen sehr mannigfaltig.

702 a) **Gebietsfestsetzungen.** Im BNatSchG, WHG, BImSchG oder BBodSchG findet sich als fachplanerisches Instrument die Gebietsfestsetzung. Hier sind etwa zu nennen Naturschutzgebiete, Nationalparke, Landschaftsschutzgebiete, Naturparke, Wasserschutzgebiete, Belastungsgebiete mit Luftreinhalteplan, Smog-Gebiete oder Bodenbelastungsgebiete zu nennen.

703 b) **Entsorgungspläne.** Eine weitere Spezies, die im KrWG sowie im AtG zu finden ist, ist die Entsorgungsplanung. Hier gibt es überörtliche Abfallwirtschaftspläne, Deponiepläne und Pläne zur Endlagerung radioaktiver Abfälle.

704 c) **Wasserwirtschaftspläne.** Das WHG kennt im Übrigen noch eine Wasserwirtschaftsplanung hinsichtlich des Umweltgutes Wasser. Dazu gehören wasserwirtschaftliche Maßnahmenprogramme, Bewirtschaftungspläne sowie Risikomanagementpläne.

705 d) **Wegepläne.** Als Fachplanung ist schließlich auch die Wegeplanung nach dem FStrG, AEG, WStrG und LuftVG mit der Straßenplanung, Eisenbahnplanung, Wasserwegeplanung sowie Luftverkehrsplanung zu nennen.

C. Planungsprozess

706 Pläne entstehen in einem Prozess der Planaufstellung mit Zielbildung, Problemanalyse, Alternativsuche, Prognose, Bewertung und der Entscheidung, dem Planbeschluss (vgl. Beckmann, Rn. 213 ff.). Der Planbeschluss beendet das Aufstellungsverfahren, er macht den Plan existent und damit für die Adressaten verbindlich. Adressaten, Grad der Verbindlichkeit und Rechtsschutz richten sich nach dem Rechtscharakter der Pläne(nachfolgend I.), ihren materiellen Anforderungen (nachfolgend II.) und ihren Planaufstellungsverfahren (nachfolgend III.).

I. Rechtscharakter

707 Für den Plan hat sich bisher keine eigene Rechtsform herausgebildet; eine selbstständige verwaltungsrechtliche Handlungsform „Plan" gibt es nicht. Pläne können vielmehr in allen Formen staatlichen Handelns einschließlich daraus entstehender Mischformen auftreten, also z. B. formelle Gesetze, Rechtsverordnungen, Satzungen, Verwaltungsvorschriften oder auch VAs (Wolff/Bachof/Stober/Kluth, § 56 Rn. 14 ff.).

Beispiele: Haushaltspläne haben durch entsprechende Haushaltsgesetze den Charakter formeller Gesetze, Gebietsfestsetzungen sind zumeist Rechtsverordnungen, Bebauungspläne ergehen als Satzung, wasserrechtliche Bewirtschaftungspläne als Verwaltungsvorschriften, Planfeststellungsbeschlüsse stellen hingegen VAs dar. In manchen Fällen ist eine Zuordnung zu den klassischen Handlungsformen gar nicht möglich, z. B. bei Flächennutzungsplänen, die mangels Außenwirkung als hoheitliche Maßnahmen eigener Art („sui generis") angesehen werden (Dürr/Leven/Speckmaier, Rn. 32).

II. Inhaltliche Anforderungen

Planung ist ein auf die Zukunft bezogener Prozess, da in den Plänen Prognoseentscheidungen niedergelegt werden. Planungsrecht muss infolgedessen Raum für derartige Entscheidungen lassen und kann Verwaltungshandeln nicht detailliert beschreiben. Andererseits muss ein Mindestmaß an rechtlichen Vorgaben eingehalten werden, wenn Planung rechtsstaatlichen Ansprüchen genügen soll; denn auch die planende Verwaltung unterliegt dem Prinzip der Gesetzmäßigkeit (Art. 20 III GG). Der Gesetzgeber versucht, das sich aus den beiden Anforderungen ergebende Spannungsverhältnis dadurch zu lösen, dass er Planungsnormen zumeist **final** strukturiert. Den Planern werden Ziele und Zwecke vorgegeben, die sie mittels eines relativ großen Spielraums realisieren können. Dieser Spielraum – **Planungsermessen** bzw. **planerische Gestaltungsfreiheit** genannt – ist aber nicht schrankenlos, sondern wird vor allem durch die folgenden Vorgaben begrenzt (vgl. Steinberg/Wickel/Müller, § 3 Rn. 1 ff.).

708

1. Planrechtfertigung

Zunächst einmal muss ein Plan, gemessen an den Zielen, erforderlich sein. Die Planungsbehörden sind nicht befugt, ohne Bedarf Pläne aufzustellen (BVerwGE 48, 56, 60). Ein kommunaler Bauleitplan ist in diesem Sinn gerechtfertigt, wenn er der städtebaulichen Entwicklung und Ordnung i. S. v. § 1 III S. 1 BauGB dient. Wo dies nicht der Fall ist, spricht man von **Verhinderungs-** oder **Negativplanung** bzw. **Gefälligkeitsplanung** (näher Dürr/Leven/Speckmaier, Rn. 16).

709

2. Planungsleitsätze

Ferner wird die planerische Gestaltungsfreiheit durch Planungsleitsätze, auch zwingende Anforderungen genannt, beschränkt. Sie sind für die planende Verwaltung zwingender Natur, d. h. deren Anforderungen können nicht durch Abwägung überwunden oder beschränkt werden (BVerwGE 71, 163, 165). Hier muss zwischen internen und externen Planungsleitsätzen unterschieden werden. Die **internen** Planungsleitsätze ergeben sich aus dem Gesetz, das die Grundlagen des jeweiligen Plans regelt. **Externe** Planungsleitsätze sind planbeschränkende Normen außerhalb des spezifischen Planungsgesetzes, die über ihr eigenes Gesetz hinaus Geltung auch in anderen Planungen beanspruchen.

710

3. Abwägung

Die planerische Gestaltungsfreiheit wird weiterhin begrenzt durch das Abwägungsgebot, das in einigen Gesetzen ausdrücklich geregelt ist. So schreiben z. B. § 7 II S. 1 ROG, § 3 II LplG BW, § 1 VII i. V. m. § 2 III BauGB oder § 2 III BNatSchG auf unterschiedliche Art eine Abwägung vor. Aber auch dort, wo das Abwägungsgebot nicht ausdrücklich normiert ist, kann es als Konkretisierung des Verhältnismäßigkeitsprinzips Geltung beanspruchen. Stets müssen alle öf-

711

fentlichen und privaten Belange abgewogen werden (Steinberg/Wickel/Müller, § 3 Rn. 107 ff.; Beckmann, Rn. 173). Aus der Abwägungspflicht resultiert schließlich auch die Notwendigkeit der Einbeziehung sich anbietender bzw. aufdrängender Alternativen (BVerwGE 71, 166, 171).

712 a) **Optimierungsgebote.** Die planerische Abwägung ist aber nicht frei, sondern wird durch sog. Optimierungsgebote gesteuert. Diese Gebote sind ebenfalls zu beachten, wenngleich die in ihnen verkörperten Belange im Einzelfall durch Abwägung überwunden werden können (BVerwGE 71, 163, 165). Auch hier muss zwischen **internen** und **externen** Optimierungsgeboten unterschieden werden (vgl. Rn. 710).

Beispiel: Das Trennungsgebot des § 50 BImSchG ist ein externes Optimierungsgebot für die wegerechtliche Planung, aber auch für die Bauleitplanung.

713 b) **Abwägungsvorgang.** Der Abwägung muss zunächst ein Zusammenstellen des Abwägungsmaterials vorausgehen, d. h. die den abzuwägenden Interessen zugrunde liegenden Tatsachen müssen ermittelt werden (vgl. für die Bauleitplanung § 2 III BauGB). Was an Interessen in eine konkrete Planung einzubeziehen ist, ist zunächst mit Hilfe der internen und externen Optimierungsgebote des jeweiligen Normgefüges herauszufinden. Darüber hinaus sind auch alle übrigen Belange und natürlich verfassungsrechtliche Vorgaben, wie z. B. der Eigentumsschutz (Art. 14 GG), abwägungserheblich. Das anhand der Optimierungsgebote zusammengestellte Material bzw. die relevanten Interessen sind schließlich untereinander und gegeneinander abzuwägen (vgl. für die Bauleitplanung § 1 VII BauGB).

714 Eine richtige Ausübung des **Planungsermessens** muss verhältnismäßig sein, wobei eine Verletzung dieses Grundsatzes in seiner spezifischen Ausprägung für das Planungsrecht aufgrund folgender **Fehler** möglich ist, die insbesondere durch die Rechtsprechung des BVerwG herausgearbeitet wurden (BVerwGE 34, 301; 45, 309).

– **Abwägungsausfall.** Zunächst muss eine sachgerechte Abwägung überhaupt stattfinden. Macht die Behörde von ihrem Planungsermessen gar keinen Gebrauch, liegt ein Abwägungsausfall vor (vgl. auch Rn. 181).

Beispiel: Glaubt die zuständige Behörde, bei der Standortfestsetzung für Windkraftanlagen an die Vorgaben eines bestimmten Unternehmens gebunden zu sein, hat sie das ihr zukommende Planungsermessen nicht erkannt und ist demnach gar nicht in die Abwägung eingetreten.

– **Abwägungsdefizit/-überschuss.** Ferner muss das Abwägungsmaterial vollständig sein. Es müssen alle Belange in die Abwägung eingebracht werden, die insbesondere von den Planungsleitsätzen vorgegeben werden; fehlt es daran, ergibt sich ein Abwägungsdefizit. Andererseits dürfen auch keine planfremden Ziele und Belange in die Abwägung eingebracht werden; kommt es dazu, besteht ein Abwägungsüberschuss (vgl. auch Rn. 191).

Beispiel: Sollen in einem Bebauungsplan Brennstoffverbote gem. § 9 I Nr. 23 BauGB festgesetzt werden, um einem kommunalen Gasversorger wirtschaft-

liche Vorteile zu verschaffen, so ist das sachfremd und führt zur Nichtigkeit der Festsetzung (Abwägungsüberschuss).
- **Abwägungsfehleinschätzung.** Wichtigster Vorgang bei der Abwägung ist die Gewichtung der Belange. Wird die Bedeutung eines Belanges verkannt, so liegt eine Abwägungsfehleinschätzung vor. Die Bedeutung eines Belangs ergibt sich aus seinem quantitativen und qualitativen Gewicht in tatsächlicher Hinsicht sowie aus seinem in der Rechtsordnung verankerten Gewicht. Für die Gewichtung in tatsächlicher Hinsicht müssen zumeist fachwissenschaftliche Methoden verwandt werden. Für die rechtliche Gewichtung ist nicht zuletzt von Bedeutung, ob ein Belang nur einfachgesetzlich oder sogar verfassungsrechtlich verankert ist.

Beispiel: Der Gemeinderat „verharmlost" in seiner Begründung zum Bebauungsplan für ein Wohngebiet die Gesundheitsgefahren durch eine Schwermetallverunreinigung des Erdbodens, so dass sich hier wegen Verkennung der Bedeutung von Art. 2 II S. 1 GG und Art. 20a GG eine Abwägungsfehleinschätzung ergibt.

- **Abwägungsdisproportionalität.** Planungen mit divergierenden Zielen tragen Zielkonflikte in sich. Es ist daher geboten, zwischen divergierenden Belangen einen Ausgleich herzustellen, sie zu optimieren. Dabei darf der Ausgleich nicht zum Gewicht des Belangs außer Verhältnis stehen, sonst entsteht eine Abwägungsdisproportionalität. Beim Ausgleich zwischen den Belangen sind die Gebote der Rücksichtnahme, des möglichen Lastenausgleichs und der optimalen Interessenbefriedigung zu berücksichtigen.

Beispiel: Der Gemeinderat beschließt entgegen § 50 BImSchG einen Bebauungsplan, der unmittelbar neben einem großen Wohngebiet ein Industriegebiet vorsieht, obwohl für die Industrieansiedlung auch ein anderes Gelände zur Verfügung steht. Die Abwägungsdisproportionalität resultiert hier aus der mangelhaften planerischen Konfliktbewältigung (vgl. BVerwGE 45, 309).

4. Abstimmungsgebot

Angesichts der Vielfalt der Pläne kommt es zwangsläufig zu Kollisionen. Das gilt für die Gesamtpläne und Fachpläne untereinander, aber besonders auch in ihrem Verhältnis zueinander. Insoweit besteht also ein Abstimmungsgebot, das in vielen Planungsnormen niedergelegt ist, aber als allgemeiner Rechtsgedanke auch dort gilt, wo es nicht ausdrücklich normiert ist. Nach § 31 I KrWG sollen z. B. die Abfallwirtschaftspläne der Länder aufeinander abgestimmt werden. Demgegenüber enthält z. B. § 83 WHG vom Wortlaut kein Abstimmungsgebot, gleichwohl sind auch die Bewirtschaftungspläne der Länder aufeinander abzustimmen. Dass eine wechselseitige Abstimmung erfolgen muss, erscheint somit klar. Ungeklärt ist jedoch, wie sie materiell zu erfolgen hat. Problematisch sind insbesondere Überschneidungen und Widersprüche, so dass sich aus den vorhandenen gesetzlichen Regelungen nur im Ansatz Lösungen ableiten lassen.

a) **Abstimmung innerhalb der Gesamtplanung.** Für die Gesamtplanung ergibt sich aus § 4 I ROG und § 1 IV BauGB, dass nachrangige Planungen nicht im Widerspruch zu den in der Planungshierarchie höher angesiedelten Plänen stehen dürfen. Dazu tritt das **Gegenstromprinzip** aus § 1 III ROG, wonach sich die Ordnung der Einzelpläne in die des Gesamtraums einfügen, diese aber die Gegebenheiten und Erfordernisse der Einzelräume berücksichtigen muss. Bei Nachbarplanungen gilt das Abstimmungsgebot sowohl im Verhältnis der Länder bzw. Regionen (§ 7 II S. 3 ROG, § 12 V LplG BW) als auch der Kommunen (§ 2 II BauGB) untereinander. Als Konkretisierung der Abstimmungspflicht kann schließlich auch das sog. **Entwicklungsgebot** verstanden werden, welches für das Verhältnis von Regionalplänen zu Landes-Raumordnungsplänen (§ 13 II S. 1 ROG) bzw. von Flächennutzungsplänen zu Bebauungsplänen (§ 8 II S. 1 BauGB) gilt.

717 b) **Abstimmung innerhalb der Fachplanung.** Das Abstimmungsgebot gilt allgemein auch für benachbarte Fachplanungen. Fällt im Übrigen ein Vorhaben aufgrund seiner materiellen Betroffenheit unter mehrere Fachgesetze und ist in diesen Gesetzen jeweils eine Planfeststellung vorgeschrieben, besteht eine Parallelität und damit eine Konkurrenz der Verfahren. Berührt der Bau einer neuen Bundesstraße etwa ein oberirdisches Gewässer derart, dass es umgestaltet werden muss, bedarf es für die Straße einer Planfeststellung nach § 17 FStrG, für das Gewässer nach § 68 WHG. Für ein solches echtes Zusammentreffen mehrerer selbstständiger Verfahren hält § 78 LVwVfG eine Kollisionsregel bereit: Nach § 78 I LVwVfG findet nur *ein* Planfeststellungsverfahren statt, das dann zur entsprechenden Abstimmung führt. Welches der vorgesehenen Verfahren zum Zuge kommt, richtet sich gem. § 78 II LVwVfG danach, welches Vorhaben den größeren Kreis öffentlich-rechtlicher Beziehungen berührt (sog. Schwerpunktprinzip).

718 c) **Abstimmung zwischen Gesamt- und Fachplanung.** Das Verhältnis von Gesamt- und Fachplanung ist noch komplizierter. Zunächst gilt, dass nach § 4 I ROG die Ziele der Raumordnung Vorrang vor der Fachplanung haben und Grundsätze bzw. sonstige Erfordernisse der Raumordnung bei der Abwägung zu berücksichtigen sind. Die gesetzlichen Regelungen, die den Inhalten der Raumordnung im Rahmen der Fachplanung Geltung verschaffen sollen, werden als **Raumordnungsklauseln** bezeichnet (näher Stüer, Rn. 3656 ff.). Neben dem ROG finden sich solche Raumordnungsklauseln auch in Planungsnormen des Fachrechts, wenn z. B. nach § 10 I und § 11 I BNatSchG die Ziele und Grundsätze der Raumordnung bei der Landschaftsplanung beachtet werden müssen. Dieser grundsätzliche Vorrang der Raumordnung wird bei Verkehrsvorhaben des Bundes jedoch durch ein Beteiligungs-, Konsultations- und Widerspruchsrecht gem. § 5 ROG weitgehend relativiert (näher Stüer, Rn. 3660). Für das Verhältnis von kommunaler Bauleitplanung und Fachplanung gelten die besonderen Abstimmungsregeln der §§ 7 und 38 BauGB.

5. Rechtsformen für die Planungsinhalte

719 Schließlich wird das Planungsermessen auch dadurch beschränkt, dass die Planungsgesetze für die Aufnahme der Planungsinhalte der Abwägung in den jeweiligen Plan bestimmte Rechtsformen vorschreiben. Bei der überörtlichen Gesamtplanung geschieht das in Form von **Zielen**, **Grundsätzen** und **sonstigen Erfordernissen** der Raumordnung (§ 3 I ROG). Bei Planfeststellungen wird das Ergebnis durch sog. **Feststellungen** niedergelegt (vgl. § 74 I LVwVfG). Ansonsten wird bei Plänen häufig von **Festsetzungen** gesprochen, so bei Gebietsfestsetzungen (z. B. §§ 23 ff. BNatSchG) und Bebauungsplänen (§ 8 I BauGB). In Flächennutzungsplänen ist demgegenüber von **Darstellungen** (§ 5 BauGB), in Abfallwirtschaftsplänen von **Ausweisungen** und **Festlegungen** die Rede (§ 30 KrWG; §§ 15, 16 LKreiWiG BW).

III. Planaufstellungsverfahren

Die Ergebnisse der Planung werden im Aufstellungsverfahren herbeigeführt. Je nach Rechtscharakter des Plans ist das Verfahren sehr unterschiedlich. Bei einigen Plänen ist nach §§ 5 ff. bzw. § 34 ff. UVPG oder Fachrecht als integrierter Verfahrensteil eine Umweltverträglichkeitsprüfung (UVP) oder strategische Umweltprüfung (SUP) vorgesehen (zu den Einzelheiten Peters/Balla/Hesselbarth, § 5 Rn. 1 ff.; § 34 Rn. 1 ff.) **720**

1. Überörtliche Gesamtplanung

Die Verfahren für die Aufstellung der räumlichen Gesamtpläne auf Landes- und Regionalebene sind je nach Bundesland verschieden ausgestaltet (für BW s. §§ 9 ff. LplG BW). Zentraler Punkt ist meist die Beteiligung anderer Planungsträger, da ihre Information wegen der Behördenverbindlichkeit geboten ist. Dabei steht die Beteiligung der Gemeinden im Vordergrund. Eine Öffentlichkeitsbeteiligung ist im Rahmen der durchzuführenden Umweltprüfung vorgesehen (§§ 8 ff. ROG). **721**

2. Bauleitplanung

Die kommunale Bauleitplanung als örtliche Gesamtplanung unterteilt sich in das Verfahren zur Aufstellung des Flächennutzungsplans und das des Bebauungsplans. Die grundlegenden Verfahrensregeln für beide Planarten finden sich in §§ 2 ff. BauGB. Dabei sieht § 3 BauGB eine zweistufige Öffentlichkeitsbeteiligung, § 4 BauGB eine zweistufige Behördenbeteiligung vor. § 2 IV BauGB schreibt darüber hinaus eine formalisierte Umweltprüfung einschließlich der Erstellung eines Umweltberichts nach § 2a BauGB vor. Spezielle Verfahrensregelungen für den Flächennutzungsplan finden sich in §§ 6 ff. BauGB, für den Bebauungsplan in §§ 10 f. BauGB. **722**

3. Schutzgebietsfestsetzungen

Die Festsetzung von Schutzgebieten erfolgt im Wege der Rechtsverordnung. Die Verfahrensbeteiligung betroffener Gemeinden ergibt sich letztlich immer aus Art. 28 II S. 1 GG. Im Übrigen ist das Verfahren sehr unterschiedlich. Es reicht vom einfachen Verordnungsverfahren bei der Festsetzung von Belastungsgebieten nach § 44 BImSchG sowie besonderer Schutzgebiete nach § 49 BImSchG über die weitgehende Mitwirkung anerkannter Verbände i. S. v. § 63 BNatSchG bei Schutzgebieten nach dem Naturschutzrecht bis hin zum förmlichen Verfahren bei Wasserschutzgebieten nach §§ 51 f. WHG (z. B. § 114 II SaarlWG). **723**

4. Planfeststellungsverfahren

Soweit eine Planfeststellung erfolgt, gilt als Verfahrensordnung das Planfeststellungsverfahren. Rechtliche Grundlagen hierfür sind §§ 72 bis 78 VwVfG bzw. **724** die entsprechenden Vorschriften der Verwaltungsverfahrensgesetze der Länder. Zumeist muss für das Verfahren das Anforderungsprofil der Umweltverträglichkeitsprüfung nach dem UVPG erfüllt werden (Einzelheiten zum Planfeststellungsverfahren bei Rn. 883 ff.).

5. Plangenehmigungsverfahren

725 Neben dem Planfeststellungsverfahren gibt es seit einiger Zeit noch das Plangenehmigungsverfahren. In Fällen, in denen Rechte Dritter nicht beeinträchtigt werden, soll mit diesem Verfahren eine Verkürzung des Genehmigungsprozesses erreicht werden. Das Plangenehmigungsverfahren ist grundsätzlich in § 74 VI VwVfG bzw. der entsprechenden Vorschrift der Verwaltungsverfahrensgesetze der Länder, zum Teil aber auch spezialgesetzlich geregelt. Das Verwaltungsverfahren ist hier in der Regel das allgemeine Verfahren, einer Umweltverträglichkeitsprüfung bedarf es nicht (näher Steinberg/Wickel/Müller, § 5 Rn. 55 ff., zur Harmonisierung mit dem Europarecht bes. Rn. 64).

IV. Plansicherungsmaßnahmen

726 Neben den Planaufstellungsverfahren sind für die überörtliche Gesamtplanung noch spezielle Maßnahmen zur Sicherung der Ziele und Grundsätze der Raumordnung zu erwähnen. Diese Maßnahmen wenden sich ausschließlich an Behörden und Verwaltungsträger und kennen keine unmittelbare Wirkung gegenüber Privatpersonen, sodass diese auch in der Regel nicht beteiligt sein können.

1. Raumordnungsverfahren

727 Als wichtigste Plansicherungsmaßnahme ist das Raumordnungsverfahren nach § 15 ROG i. V. m. dem jeweiligen Landesplanungsrecht (z. B. §§ 18 f. LplG BW) zu nennen. Das Raumordnungsverfahren stellt eine Art vorklärendes Gutachten zur Beurteilung der Raumverträglichkeit raumbedeutsamer Einzelvorhaben mit überörtlicher Bedeutung dar. Die Raumordnungsbehörden werden ermächtigt, festzustellen, ob raumbedeutsame Planungen und Maßnahmen mit den Zielen der Raumordnung und Landesplanung übereinstimmen und die Grundsätze der Raumordnung sachgemäß abgewogen wurden. Dieses Verfahren kann für den Umweltschutz große Bedeutung erlangen, da mit ihm die Umweltbelange der Raumordnung gesichert und die Abstimmung verschiedenster Planungen gerade mit Blick auf diese Belange gefördert werden können. Nach § 49 UVPG kann es im Raumordnungsverfahren auch schon zu einer Umweltverträglichkeitsprüfung kommen (Peters/Balla/Hesselbarth, § 49 Rn. 2 ff.).

2. Planerische Untersagung

728 Eine weitere Maßnahme der Plansicherung ist die planerische Untersagung nach § 12 ROG. Neben der unbefristeten Untersagung nach § 12 I ROG können bei der Aufstellung oder Änderung von Raumordnungsplänen raumbedeutsame Planungen und Maßnahmen anderer öffentlicher Stellen gem. § 12 II ROG zeitweise untersagt werden, wenn zu befürchten ist, dass die Durchführung der Ziele der Raumordnung unmöglich gemacht oder wesentlich erschwert würde (näher Beckmann, Rn. 280 ff.). Auch hierdurch kann der Umweltschutz an Bedeutung in der Planung gewinnen, wenn zu den Zielen bei der Untersagung Umweltschutzgesichtspunkte hinzutreten. Im Ergebnis kommt der planerischen Untersagung nach § 12 II ROG eine Funktion zu, die mit einer Veränderungssperre (§ 14 BauGB) oder Zurückstellung von Baugesuchen (§ 15 BauGB) zur Sicherung der Bauleitplanung vergleichbar ist.

D. Vertiefungshinweise und Wiederholungsfragen

I. Vertiefungshinweise

Beckmann, Raumordnungsrecht, in: Hoppenberg/de Witt, Handbuch des öffentlichen Baurechts, Band 3, Kap. N, Stand: Januar 2019; Koch/Hendler, Baurecht, Raumordnungs- und Landesplanungsrecht, 6. Aufl. 2015; Steinberg/Wickel/Müller, Fachplanung, 4. Aufl. 2012; Stüer, Bau- und Fachplanungsrecht, 5. Aufl. 2015.

II. Wiederholungsfragen

1. Welche allgemeine Funktion hat die staatliche Planung? – Rn. 693
2. Wodurch unterscheiden sich indikative, influenzierende und imperative Pläne? – Rn. 693
3. Was ist der Unterschied zwischen räumlicher Gesamt- und räumlicher Fachplanung? – Rn. 695 ff., 701 ff.
4. Welchen Rechtscharakter können Pläne haben? – Rn. 707
5. Was ist mit Planrechtfertigung gemeint? – Rn. 709
6. Welche Bedeutung haben Planungsleitsätze? – Rn. 710
7. Was bedeutet planerische Abwägung? – Rn. 711 ff.
8. Welche Abwägungsfehler können auftreten? – Rn. 714
9. Welche Inhalte hat das Abstimmungsgebot? – Rn. 715 ff.
10. In welchen Verfahren werden die Pläne aufgestellt? – Rn. 720 ff.
11. Wozu dient das Raumordnungsverfahren? – Rn. 727
12. Was versteht man unter planerischer Untersagung? – Rn. 728

Teil III Verwaltungsverfahren

Kapitel 14 Allgemeines Verwaltungsverfahren

A. Einführung

I. Anwendungsbereich der Verwaltungsverfahrensgesetze

1. Warum Verwaltungsverfahrensgesetze?

Wenn man von Verfahrensgesetzen spricht, denkt man gemeinhin an die Gerichte, deren Verfahrensweise durch die VwGO, FGO, das SGG usw. sehr formstreng vorgeschrieben ist. Mit gutem Grund: Der Rechtsstaat lebt nicht nur von materiell „gerechten" Urteilen, sondern auch von der Fairness des Verfahrens, das jene erst hervorbringen kann. Für die Arbeitsweise der *Behörden*, das Verwaltungsverfahren, wollen die Verwaltungsverfahrensgesetze des Bundes und der Länder Rechtsklarheit und Rechtssicherheit erzielen. In einem **Rechtsstaat** muss gerade auch das **Verfahren bei Behörden**, wenngleich weniger streng als die Gerichtsverfahren, rechtlich geordnet sein und ein Mindestmaß an Verfahrensgarantien und Transparenz aufweisen. Nicht umsonst führt auch das BVerfG Verfahrensvorschriften teilweise auf den „Grundrechtsschutz durch Verwaltungsverfahren" zurück (vgl. BVerfG, NVwZ 1988, 427, 429).

731

2. Anwendungsbereich

Das **LVwVfG** gilt für jegliche öffentlich-rechtliche Verwaltungstätigkeit der Behörden des Landes, der Gemeinden und Gemeindeverbände sowie der sonstigen der Aufsicht des Landes unterstehenden juristischen Personen des öffentlichen Rechts, auch wenn sie Bundesrecht ausführen; das entsprechende Bundesgesetz ist verdrängt (§ 1 III VwVfG, § 1 I LVwVfG). Bundesbehörden wenden ihrerseits das VwVfG an. Von diesem Grundsatz gibt es wichtige Ausnahmen:

732

a) **Lex-specialis-Regel.** Das LVwVfG ist unanwendbar, soweit landesrechtliche Vorschriften inhaltsgleiche oder entgegenstehende Bestimmungen enthalten (§ 1 I LVwVfG). Spezialgesetzliche Normen gehen vor, die über etliche Gesetze verstreuten Teilregelungen des Verwaltungsverfahrensrechts verdrängen Regelungen des LVwVfG (z. B. §§ 53 ff. LBO, §§ 86 ff. WG, §§ 1 ff. GastVO u. a. m.). Das **LVwVfG hat nur lückenausfüllende Funktion.** Dies bedeutet: Soweit die Spezialgesetze keine abschließende Regelung getroffen haben, kommt das LVwVfG ergänzend zur Anwendung.

733

> **Beispiele:** Die Amtshilferegeln der §§ 4–8 LVwVfG ergänzen die lückenhaften Amtshilfevorschriften, die man in manchen Gesetzen findet.
> Die Vorschriften des LVwVfG gelten ergänzend für das Widerspruchsverfahren (Rn. 1002) und für das Verwaltungsvollstreckungsverfahren (Rn. 931).

b) **Bundesrecht bricht Landesrecht.** Desgleichen gehen spezialgesetzliche Verfahrensregeln des Bundes dem LVwVfG vor und führen zu dessen Unanwendbarkeit. Dies folgt aus dem Grundsatz „Bundesrecht bricht Landesrecht" (Art. 31 GG).

734

Beispiele: Nach § 38 I KrWG richtet sich das Planfeststellungsverfahren für Abfalldeponien nach §§ 72–78 VwVfG, also nach Bundesrecht, obwohl das Verfahren von Landesbehörden durchgeführt wird.
Wird in Fachgesetzen des Bundes ein schriftlicher Antrag verlangt, wie im immissionsschutzrechtlichen Genehmigungsverfahren nach § 10 BImSchG, richtet sich die Ersetzung der Schriftform durch die elektronische Form nach § 3a VwVfG (des Bundes). Es steht dem Bund frei, die Ersetzung der Schriftform durch die elektronische Form einheitlich in einem Bundesgesetz (dem VwVfG) zu regeln, anstatt in sämtlichen Bundesgesetzen, die ein Schriftformerfordernis enthalten. Der – freilich mittlerweile inhaltsgleiche – § 3a LVwVfG darf in dieser Konstellation nicht angewandt werden (PdK/Dürig, § 1 LVwVfG Nr. 4).

735 c) **Totalausnahmen.** § 2 I und II LVwVfG machen vom Anwendungsbereich des Gesetzes ausdrücklich einige Totalausnahmen. Ein wichtiger Anwendungsfall dieser Ausklammerung ist das Kommunalabgabenrecht. Dass § 3 I KAG weitgehend auf die Verfahrensvorschriften der AO verweist, hat zur Folge, dass das LVwVfG für die Erhebung von Kommunalabgaben nicht gilt – auch nicht etwa ergänzend (§ 2 II Nr. 1 LVwVfG).
Eine weitere wichtige Ausklammerung haben wir bereits kennen gelernt (Rn. 493, 523): Für das Verwaltungsverfahren in den Bereichen des Sozialrechts gilt nicht das LVwVfG (§ 2 II Nr. 3 LVwVfG). Dort sind das SGB I und das SGB X anzuwenden. Auch hier gilt der Vorbehalt abweichender Spezialregelungen (§ 37 S. 1 SGB I). Interessanterweise gilt aber dieser Vorbehalt nicht für die §§ 1 bis 17, 31 bis 36 SGB X (§ 37 S. 2 SGB I), so dass insoweit die Regelungen des SGB X den Vorschriften in den einzelnen Sozialleistungsbereichen vorgehen.
Auch andere Bereiche (§ 2 III und IV LVwVfG) sind von der Anwendbarkeit des LVwVfG teilweise ausgenommen.
Der Einfachheit halber wird im Folgenden, soweit das VwVfG und das LVwVfG wörtlich übereinstimmen, nur das LVwVfG zitiert.

II. Begriff des Verwaltungsverfahrens

736 Ist das Widerspruchsverfahren nach §§ 68 ff. VwGO ein Verwaltungsverfahren oder ein Teil des Gerichtsverfahrens? Ist das Verfahren des Rechnungshofes bei der Prüfung von Behörden nach §§ 88 ff. LHO ein Verwaltungsverfahren?

1. Tätigkeit von Behörden

737 Zwischen dem **Verwaltungsverfahren,** dessen Rechtsnormen die Tätigkeit der Behörden lenken und ordnen (§§ 9, 1 II LVwVfG; §§ 8, 1 II SGB X) und dem **Gerichtsverfahren** bestehen wesentliche Unterschiede:
– Der im Gerichtsverfahren zur Entscheidung berufene Richter ist sachlich unabhängig, d. h. nicht weisungsgebunden (Art. 97 I GG); er ist auch persönlich unabhängig, d. h. grundsätzlich nicht absetzbar und nicht versetzbar (Art. 97 II GG). Er entscheidet folglich als unbeteiligte und neutrale Instanz.
– Im Verwaltungsverfahren dagegen entscheidet ein weisungsgebundener

und persönlich abhängiger Beamter (§ 35 BeamtStG, § 24 LBG, § 15 BeamtStG), die Behörde ist selbst beteiligt, häufig sogar am Ausgang des Verfahrens in einem bestimmten Sinne interessiert (z. B. in einem straßenrechtlichen Planfeststellungsverfahren nach §§ 17 ff. FStrG). Dass eine Behörde in eigener Sache entscheidet, ist der Normalfall; sie ist, pointiert gesprochen, „Richter und Vollstrecker in eigener Sache" (BVerwG, NJW 1973, 261).
- Das Gericht hat, um Fehlerquellen auf dem Wege zur Urteilsfindung weitgehend auszuschalten, ein formstrenges Verfahren nach einer Prozessordnung einzuhalten. Die Aufgabe des Gerichts, aufgekommene Rechtsstreitigkeiten endgültig zu schlichten, zwingt auch zur Formstrenge. – Das Verfahren vor Behörden geht normalerweise formlos vonstatten und weist auch, wo es förmlich geregelt ist, bei weitem nicht die Formstrenge eines gerichtlichen Verfahrens auf. Das Korsett eines formstrengen Verfahrens würde der Aufgabe der Behörden, schnell und fallangepasst zu entscheiden und zu reagieren, nicht gerecht.

Diese Unterschiede sind auch der maßgebliche Grund dafür, warum der Entscheidung des Richters größeres Gewicht zukommt als derjenigen des Beamten: Das gerichtliche Urteil entfaltet „materielle Rechtskraft", der behördliche VA dagegen nur „materielle Bestandskraft" (dazu oben Rn. 449 ff.).

2. Externe Wirkung

Zum Verwaltungsverfahren im Sinne des § 9 LVwVfG (§ 8 SGB X) zählt nur die nach außen wirkende Tätigkeit von Behörden, d. h. diejenige, bei der die Behörden nach außen handelnd in Erscheinung treten. Alle verwaltungsinternen Verfahren und Vorgänge werden grundsätzlich ausgeklammert.

Beispiele: Rechnungsprüfung durch den Rechnungshof; interne Beratungen oder Dienstbesprechungen; die Abstimmung mit vorgesetzten Behörden.

Das LVwVfG und das SGB X regeln freilich auch einige verwaltungsinterne Angelegenheiten, z. B. die Amtshilfe. Dass die Mitwirkung einer anderen Behörde nicht nur von interner Bedeutung ist, folgt aus § 45 I Nr. 5 LVwVfG (§ 41 I Nr. 5 SGB X).

3. Verfahrensergebnis

Das Verwaltungsverfahren im Sinne des § 9 LVwVfG (§ 8 SGB X) dient allein dem Ziel, einen VA oder einen öffentlich-rechtlichen (verwaltungsrechtlichen) Vertrag hervorzubringen. Verwaltungstätigkeit, die nicht darauf, sondern auf ein anderes Ziel (z. B. auf den Erlass einer Rechtsverordnung oder auf einen Realakt) gerichtet ist, ist kein Verwaltungsverfahren im Sinne des § 9 LVwVfG (§ 8 SGB X) mit der Folge, dass auf ein solches „Verfahren" die Verfahrensvorschriften der §§ 9 bis 34 LVwVfG (§§ 8 bis 30 SGB X) nicht anwendbar sind. Die Endprodukte selbst – VA und verwaltungsrechtlicher Vertrag – gehören noch zum Verwaltungsverfahren; ihr Inhalt richtet sich allerdings nach materiellem, nicht nach Verfahrensrecht.

4. Das allgemeine Verwaltungsverfahren

Neben den allgemeinen Vorschriften über das Verwaltungsverfahren regelt das LVwVfG besondere Verfahrensarten, nämlich das förmliche Verwaltungsverfahren

(§§ 63 ff.) und das Planfeststellungsverfahren (§§ 72 ff.); sie werden in Kapitel 15 behandelt. Zur besseren Unterscheidung von diesen besonderen Verfahrensarten nennen wir das hier zu besprechende allgemeine Verwaltungsverfahren.

III. Nichtförmlichkeit des Verwaltungsverfahrens

1. Einführung

741 Im Gegensatz zum Gerichtsverfahren ist das Verwaltungsverfahren grundsätzlich an bestimmte Formen nicht gebunden – § 10 LVwVfG (§ 9 SGB X). Nach dieser Vorschrift ist das Verwaltungsverfahren **formlos**, soweit durch Rechtsvorschriften nichts anderes bestimmt ist; dieser Vorbehalt bezieht sich auf spezialgesetzliche Formvorschriften, aber auch auf diejenigen des LVwVfG selbst. Das Verwaltungsverfahren ist ferner **einfach, zweckmäßig** und **zügig** durchzuführen. Die §§ 71a–e LVwVfG enthalten Sonderregelungen zum **Verfahren über eine einheitliche Stelle**. Dieses Verfahren soll es einem Bürger ermöglichen, alle für ein Projekt erforderlichen Genehmigungsverfahren und Anzeigeverfahren sowie die Einholung von Informationen über eine Stelle abzuwickeln, anstatt sich an die zuständigen Behörden zu wenden. Die Geltung der Vorschriften muss durch Gesetz angeordnet sein.

Beispiele: § 43 IX LBO, § 70 IX LHG

Es steht dem Bürger in diesen Fällen frei, die Verfahrensabwicklung über die einheitliche Stelle zu wählen, die dann die Funktion eines Verfahrensmittlers hat (zur Ausgestaltung, u. a. mit der Folge, dass bei der Bearbeitungszeit der zuständigen Behörden die Zwischenschaltung der einheitlichen Stelle berücksichtigt werden muss, vgl. §§ 71b–e LVwVfG). Auch wenn der Bürger sich direkt an die zuständigen Behörden wendet gelten die wesentlichen Verfahrensvorschriften der §§ 71a–e LVwVfG (§ 71a II LVwVfG).

2. Form des Verwaltungsakts und Rechtsbehelfsbelehrung

742 a) **Einführung.** Der in § 10 LVwVfG (§ 9 SGB X) enthaltene **Grundsatz der Nichtförmlichkeit** des Verwaltungsverfahrens gilt auch für die Form des VA (s. zur Bekanntgabe des VA Rn. 311; zur Form des vV Rn. 659). Dies bedeutet, dass es grundsätzlich dem Ermessen der Behörde überlassen bleibt, in welche Form sie den VA kleidet. Soweit besondere Rechtsvorschriften über die Form des VA bestehen, gehen diese nach § 10 LVwVfG (§ 9 SGB X) vor.

Beispiel: Ein Planfeststellungsbeschluss muss nach §§ 74 I S. 2, 69 II LVwVfG schriftlich erlassen werden.

743 b) **Grundsatz: Freiheit der Form des Verwaltungsakts.** Wenn § 37 II S. 1 LVwVfG (§ 33 II S. 1 SGB X) bestimmt, dass ein VA schriftlich, elektronisch, mündlich oder in anderer Weise erlassen werden kann, ist dies Ausdruck des schon in § 10 LVwVfG (§ 9 SGB X) enthaltenen Grundsatzes der dem behördlichen Ermessen unterliegenden Formfreiheit des VA.

Diese Formfreiheit gilt auch für den **automatisiert erlassenen VA** nach § 35a LVwVfG (für das Sozialrecht: § 31a SGB X). Danach kann ein VA auch vollständig durch automatische Einrichtungen erlassen werden, sofern dies gesetzlich zugelassen wird. Gemeint ist ein VA, bei dem die Entscheidungsfindung durch IT vollständig automatisiert erfolgt – ohne jede personelle Bearbeitung (Schmitz/Prell NVwZ 2016, 1273, 1276; zur Abgrenzung zu einem „mithilfe automatischer Einrichtungen erlassenen" schriftlichen VA vgl. Rn. 744). § 35a LVwVfG betrifft damit das Zustandekommen des Inhalts eines VA (ebenso § 31a SGB X) und trifft zur Form des VA keine Aussage, sodass ein automatisiert erlassener VA auch ausgedruckt und per Post versandt werden kann.

Im Kontext der Frage nach der Form eines VA muss auch eine weitere begriffliche Abgrenzung vorgenommen werden. Sie betrifft den „elektronisch übermittelten" VA (§ 41 II S. 2 LVwVfG, § 37 II S. 2 SGB X). Auch dieser Begriff aus dem Recht der Bekanntgabe von VAs lässt die Form des VA offen: Der **Übermittlungsweg „elektronisch"** steht nicht nur für elektronische VAs zur Verfügung, sondern auch für das herkömmliche Telefax, welches schriftlich auf Papier gefasst ist.

c) **Schriftform.** Die Schriftform ist die derzeit praktisch wichtigste Form des VA. § 37 LVwVfG (§ 33 SGB X) enthält für die Schriftform des VA einige **Mindesterfordernisse**. Sie sind ohne Rücksicht darauf zu beachten, ob die Behörde auch eine andere Form hätte wählen können oder ob sie durch Rechtssatz an die Schriftform gebunden war.

744

> **Beispiele:** Schriftform verlangen u. a. § 69 II S. 1 LVwVfG, § 73 III S. 1 VwGO, 58 I S. 3 LBO, § 39 I S. 2 PolG.

Ein schriftlicher VA muss nach § 37 III LVwVfG (§ 33 III SGB X) die erlassende Behörde erkennen lassen. Die erlassende Behörde wird sich i. d. R. schon aus dem Briefkopf des VA ergeben; es genügt aber auch, wenn sie sonst aus dem VA selbst zu entnehmen ist, beispielsweise aus dem Text des VA oder einem Dienstsiegel auf dem VA. Hingegen reicht es nicht aus, wenn sich die erlassende Behörde allein aus dem Briefumschlag ergibt, da dieser nicht Bestandteil des VA ist.

Außerdem muss ein schriftlicher VA nach § 37 III LVwVfG (§ 33 III SGB X) die **Unterschrift** oder die Namenswiedergabe des Behördenleiters, seines Vertreters oder seines Beauftragten enthalten. Das Erfordernis der Unterschrift verlangt eigenhändige Unterzeichnung mit dem Namen; ein Namenszeichen (Handzeichen, Paraphe) genügt dafür nicht (BVerwGE 43, 113; BayVGH, BayVBl. 1987, 243). Statt der Unterschrift genügt aber die **Namenswiedergabe**, z. B. faksimiliert, gedruckt oder maschinenschriftlich.

Abweichend von § 37 III LVwVfG (§ 33 III SGB X) können nach § 37 IV S. 1 LVwVfG (§ 33 V S. 1 SGB X) bei einem schriftlichen VA, der **mit Hilfe automatischer Einrichtungen erlassen** wird, Unterschrift und Namenswiedergabe fehlen. Wann ein schriftlicher VA „mithilfe automatischer Einrichtungen erlassen" wird, ist umstritten. Teilweise wird angenommen, die Erleichterung sei nach ihrem Sinn und Zweck auf Fälle vollautomatischer Erstellung zu reduzieren (Bader/Ronellenfitsch/Tiedemann, § 37 Rn. 50). In Abgrenzung zur Begrifflichkeit in § 35a LVwVfG (§ 31a SGB X; vgl. Rn. 743) ist der Anwendungsbereich aber weiter zu fassen: Erfasst ist der Fall, dass die Subsumtion unter Tatbestandsmerkmale sowie die Prüfung der Rechtfolge durch den menschlichen Sachbearbeiter stattfinden; im Übrigen „hilft" aber die Programmierung, die den Inhalt des Bescheids erstellt, ohne dass eine nachträgliche Kontrolle oder Änderung durch den Sachbearbeiter stattfindet (Mann/Sennekamp/Uechtritz, VwVfG, § 37 Rn. 166). Für den mithilfe automatischer Einrichtungen erlassenen VA bestehen auch sonst besondere Verfahrensregeln (vgl. § 28 II Nr. 4 3. Alt. LVwVfG und § 39 II Nr. 3 2. Alt. LVwVfG sowie § 35 II Nr. 3 SGB X), die schon ihrem Wortlaut nach nicht auf den vollständig automatisiert erlassenen VA anwendbar sind. Nicht zu den Mindesterfordernissen eines schriftlichen VA gehört, dass er datiert wird. Dies hat seinen Grund in der untergeordneten Bedeutung einer solchen Angabe gegenüber dem Zeitpunkt, in dem der VA durch Bekanntgabe wirksam wird (vgl. § 43 I S. 1 LVwVfG, § 39 I S. 1 SGB X). Ferner gehört es nicht zu den Mindesterfordernissen eines schriftlichen VA, dass er mit Dienstsiegel versehen wird.

745 d) **Elektronischer VA und andere Formen.** Nach § 37 II S. 1 LVwVfG (§ 33 II S. 1 SGB X) kann ein VA auch in elektronischer Form erlassen werden („elektronischer Verwaltungsakt", so § 37 II S. 3 und III S. 1 LVwVfG sowie § 33 II S. 3 und III S. 1 SGB X). Es handelt sich um eine Form, bei der der Inhalt aus Schriftzeichen besteht und nur als elektronischer Speicherzustand oder auf elektronischen Medien bekannt gegeben werden soll (vgl. Stelkens/Bonk/Sachs, § 37 Rn. 64 f.). Das elektronische Dokument ist das maßgebliche Original des VA. Damit lassen § 37 LVwVfG und § 33 SGB X alle elektronischen Kommunikationsmöglichkeiten zu, die mit Schriftzeichen arbeiten.

> **Beispiele:** E-Mail; eingescannte Anlagen zu einer E-Mail, deren Versendung auf anderem Wege nicht vorgesehen ist; Short Message Service (SMS); Übersendung eines USB-Stick per Post.

Beschränkungen können sich jedoch aus anderen Regelungen ergeben: Nach § 2 II EGovG BW nutzen Behörden für die elektronische Kommunikation im Verwaltungsverfahren grundsätzlich einen Zugang mit angemessenen Sicherungsmaßnahmen gegen den unberechtigten Zugriff Dritter (das EGovG BW findet Anwendung auf Behörden des Landes, Gemeinden und Gemeindeverbände, sowie sonstige der Aufsicht des Landes unterstehende juristische Personen des Öffentlichen Rechts, soweit sie nicht Bundesrecht ausführen – bei Ausführung von Bundesrecht gilt das EGovG des Bundes –, § 1 II EGovG). Ein Schutz gegen unbefugtes Lesen, Kopieren, Verändern oder Löschen ist aber ohnehin aufgrund des Datenschutzrechts zu gewährleisten (vgl. Art. 5 DSGVO für den Anwendungsbereich der DSGVO). Im Übrigen hat der Bürger Anspruch auf schriftliche Bestätigung eines elektronischen Verwaltungsakts nach § 37 II S. 3 LVwVfG (§ 33 II S. 3 SGB X). Dazu muss er ein berechtigtes Interesse dartun und das Verlangen unverzüglich (vgl. § 121 BGB) stellen.
Die Übermittlung elektronischer Dokumente ist nur möglich, soweit der Empfänger hierfür einen **Zugang eröffnet** hat (§ 3a I LVwVfG, § 36a I SGB I). Während Behörden gesetzlich verpflichtet sind Zugänge zu eröffnen (§ 2 EGovG und § 2 EGovG BW, aber auch § 71e LVwVfG ergänzt durch § 4 EAG BW sowie § 1 OZG), steht es Bürgern frei, ob sie sich auf den Empfang elektronischer Erklärungen durch die einzelne Behörde einlassen. Teilweise wird angenommen, eine Erklärung des Bürgers über die Eröffnung eines Zugangs könne nur ausdrücklich abgegeben werden (so Bader/Ronellenfitsch/Müller, § 3a Rn. 6). Das Erfordernis einer ausdrücklichen Einwilligung lässt sich dem Gesetz aber nicht ent-

nehmen, sodass sich eine Eröffnung des Zugangs auch aus konkludentem Handeln des Bürgers ergeben kann, für dessen Auslegung die Auffassung des Rechtsverkehrs maßgeblich ist. Bei Firmen und Anwälten genügt die Angabe einer E-Mail-Adresse auf Briefköpfen oder auf einer Homepage für die konkludente Erklärung über die Eröffnung eines Zugangs, es sei denn, es wird das Gegenteil auf dem Briefkopf oder der Homepage deutlich gemacht (Kopp/Ramsauer, § 3a Rn. 12). Bei privaten Nutzern kann derzeit allein aus der Angabe einer E-Mail-Adresse nicht auf die Bereitschaft zur Entgegennahme elektronischer Kommunikation geschlossen werden (BT-Drucks. 14/9000); jedoch ist eine Zugangseröffnung anzunehmen, wenn die E-Mail-Adresse vom Bürger gezielt in dem betreffenden Verfahren mitgeteilt wurde und bereits in der Vergangenheit in diesem Verfahren zwischen der Behörde und dem Bürger auf diesem Weg korrespondiert wurde (OVG Münster, NVwZ-RR 2015, 172). Freilich ist die Verkehrsauffassung hinsichtlich der Nutzung elektronischer Kommunikationsmöglichkeiten teilweise einem rasanten Wandel unterworfen.

Für den elektronischen VA gelten dieselben Formerfordernisse wie für den schriftlichen VA: Auch er muss die erlassende Behörde erkennen lassen; eine handschriftliche Unterschrift wird allerdings nicht möglich sein, sodass nur eine Namenswiedergabe erfolgt.

Besondere Regeln gelten für **elektronische Verwaltungsakte in Fällen des Schriftformerfordernisses**: Fordert das Gesetz Schriftform kann stattdessen die elektronische Form im Sinne des § 3a II der Verwaltungsverfahrensgesetze gewählt werden (zum Anwendungsbereich des VwVfG und des LVwVfG hinsichtlich der Ersetzung der Schriftform vgl. Rn. 734). Für das Sozialrecht gilt § 36a II SGB I.

Beispiel: Nach § 70 VwGO kann ein Widerspruch „schriftlich oder zur Niederschrift" erhoben werden. Damit ist eine Erhebung durch E-Mail mit qualifizierter elektronischer Signatur möglich, §§ 3a II, 79 VwVfG, wenn die Behörde einen Zugang eröffnet hat, § 3 I VwVfG.

Allerdings kann die Möglichkeit der Ersetzung der gesetzlich geforderten Schriftform durch die elektronische Form nach § 3a II der Verwaltungsverfahrensgesetze durch Spezialgesetze ausgeschlossen sein.

Beispiele: § 5 S. 2 PBefG, § 38a StAG, § 17 I S. 1 AtomG

Der die Schriftform ersetzende elektronische Verwaltungsakt kann zum einen mit einer qualifizierten elektronischen Signatur nach dem SigG versehen sein (§ 3a II S. 2 der Verwaltungsverfahrensgesetze, § 36a II S. 2 SGB I). § 37 III S. 2 der Verwaltungsverfahrensgesetze (ebenso § 33 III S. 2 SGB X) verlangt in diesem Fall, dass das der Signatur zugrunde liegende Zertifikat (§ 5 II SigG), alternativ ein zugehöriges qualifiziertes Attributzertifikat (§ 7 II SigG), die erlassende Behörde erkennen lässt. So soll sichergestellt sein, dass sich die erlassende Behörde nicht nur aus dem Text des VA ergibt, sondern auch aus der Signatur bzw. dem der Signatur zugeordneten qualifizierten Zertifikat (Bader/Ronellenfitsch/Tiedemann, § 37 Rn. 59). Durch gesonderte Rechtsvorschrift kann die dauerhafte Überprüfbarkeit der erforderlichen Signatur vorgeschrieben werden (§ 37 IV der Verwaltungsverfahrensgesetze, § 33 IV SGB X).

Da die digitale Signatur bisher nicht die Verbreitung gefunden hat, die zunächst angenommen wurde, kann als weitere Möglichkeit für den die Schriftform erset-

zenden elektronischen Verwaltungsakt eine De-Mail in der Versandart „absenderbestätigt" versandt werden, wobei eine Bestätigung nach § 5 V des De-Mail-Gesetzes die erlassende Behörde als Nutzer des De-Mail-Kontos erkennen lassen muss (§ 37 III S. 3 der Verwaltungsverfahrensgesetze und § 33 III S. 3 SGB X, wobei diese Erfordernisse ohnehin schon aus § 3a II S. 4 Nr. 3 der Verwaltungsverfahrensgesetze und § 36a II S. 4 Nr. 3 SGB I folgen).
Neben dem schriftlichen und dem elektronischen VA ist in § 37 II S. 1 LVwVfG (§ 33 II S. 1 SGB X) der **mündliche VA** besonders hervorgehoben. Für den mündlichen VA bestimmt § 37 II S. 2 LVwVfG zusätzlich, dass er schriftlich (nach § 37 II S. 2 VwVfG sowie § 33 II S. 2 SGB X oder elektronisch) zu bestätigen ist, wenn hieran ein berechtigtes Interesse besteht und der Betroffene dies unverzüglich verlangt.
Als **weitere Möglichkeiten für die Form des VA** kommen insbesondere die Aushändigung einer Urkunde (vgl. § 44 II Nr. 2 LVwVfG), Handzeichen, Bildzeichen, Lichtzeichen und Sirenentöne in Betracht.

> **Beispiele:** Einbürgerung gem. § 16 I S. 1 StAG, Verkehrsregelung durch Polizeivollzugsdienst, Verkehrszeichen, Verkehrsampeln, Martinshorn mit dem Gebot auszuweichen.

746 **e) Beifügen der Rechtsbehelfsbelehrung.** Bei einem schriftlichen oder elektronischen VA verpflichtet § 37 VI LVwVfG zur Beifügung einer Rechtsbehelfsbelehrung. Das Belehrungsgebot gilt bei VAs, die der Anfechtung unterliegen. Gemeint sind VAs, die nicht ausschließlich begünstigenden Charakter haben. Deshalb bedarf eine Genehmigung einer Rechtsbehelfsbelehrung, wenn sie einem Drittbetroffenen nach § 41 I LVwVfG bekannt gegeben wird (Schmitz/Prell, NVwZ 2013, 745). Die Beifügungspflicht gilt nach § 37 VI S. 2 LVwVfG auch für die schriftliche oder elektronische Bestätigung eines VA, die selbst keine Verwaltungsaktqualität hat. § 36 SGB X schreibt die Rechtsbehelfsbelehrung dagegen nur bei schriftlichen oder schriftlich bestätigten VAs vor.
Die inhaltlichen Anforderungen an die Rechtsbehelfsbelehrung decken sich mit den Mindestanforderungen des § 58 I VwGO (§ 66 I SGB X), der ebenfalls Regelungen zur Rechtsbehelfsbelehrung vorsieht. Angaben zur erforderlichen Form für den Rechtsbehelf sind auch nach LVwVfG nicht vorgesehen (anders § 36 SGB X). Fehlende, unvollständige oder unrichtige Belehrungen führen nicht zur Rechtswidrigkeit: Die Rechtbehelfsbelehrung ist nicht Teil des Verwaltungsakts (bzw. der Bestätigungen), sie ist nur „beizufügen". Nach § 58 I VwGO (§ 66 I SGG) beginnt eine Rechtsbehelfsfrist jedoch nur zu laufen, wenn eine Rechtsbehelfsbelehrung mit dem in dieser Bestimmung genannten Inhalt erlassen wurde. Eine fehlende oder fehlerhafte Rechtsbehelfsbelehrung führt nach § 58 II VwGO (§ 66 II SGG) dazu, dass für Widerspruch und Klageerhebung anstelle der an sich vorgesehenen Monatsfrist die Jahresfrist tritt.

IV. Amtssprache

1. Einführung

747 § 23 LVwVfG (§ 19 SGB X) bestimmt die deutsche Sprache zur „Amtssprache", d. h. dass bei amtlichen Mitteilungen, Entscheidungen, Bescheiden usw. die

deutsche Sprache maßgeblich bleibt und gesetzliche oder amtliche Fristen durch den Gebrauch einer Fremdsprache weder in Lauf gesetzt noch gewahrt werden. Freilich ist es auch gestattet, ja unter dem Aspekt der Bürgernähe erwünscht, in der täglichen Verwaltungspraxis beim Umgang mit Ausländern sich deren Sprache zu bedienen, soweit die Bediensteten die Sprache beherrschen oder z. B. Merkblätter in fremder Sprache herauszugeben.
§ 19 SGB X regelt auch die Kommunikation in Gebärdensprache und mit anderen Kommunikationshilfen. Für den Anwendungsbereich des LVwVfG ergeben sich die Regelungen aus § 6 BGG (i. V. m. der Kommunikationshilfenverordnung) und § 8 III L-BGG.

§ 23 II LVwVfG (§ 19 II SGB X) ermächtigt die Behörde, von fremdsprachlichen Schriftstücken eine Übersetzung zu verlangen (Soll-Vorschrift) oder auf Kosten des Beteiligten, der die Übersetzung vorzulegen hatte, selbst eine Übersetzung zu beschaffen (Kann-Vorschrift). **748**

2. Das Fristenproblem

Die Absätze 3 und 4 des § 23 LVwVfG (§ 19 SGB X) ziehen die rechtlichen Konsequenzen aus dem Gebot des Absatzes 1: **749**
Soll durch eine Anzeige, einen Antrag oder dgl., die ein Beteiligter in fremder Sprache abgibt, eine Frist in Lauf gesetzt werden, innerhalb deren die Behörde in bestimmter Weise tätig werden muss, so beginnt die Frist erst ab dem Zeitpunkt zu laufen, in dem der Behörde eine Übersetzung vorliegt (§ 23 III LVwVfG; § 19 III SGB X).
Vgl. die **Beispiele** unter Rn. 813 (3. Gruppe).

Soll durch eine fremdsprachliche Anzeige, einen Antrag oder dgl. zugunsten eines Beteiligten eine Frist gegenüber der Behörde gewahrt werden, so gilt nach § 23 IV LVwVfG eine Erleichterung zugunsten des fremdsprachigen Antragstellers: Die Frist gilt als gewahrt, wenn auf Verlangen der Behörde innerhalb einer von dieser zu setzenden angemessenen Frist eine Übersetzung vorgelegt wird. Weitergehender ist § 19 IV SGB X formuliert. **750**
Vgl. die **Beispiele** unter Rn. 813 (1. und 2. Gruppe).

Wie wir aus Rn. 747 folgern können, hat ein Ausländer keinen Anspruch auf eine Rechtsbehelfsbelehrung in seiner Heimatsprache. Ist er jedoch der deutschen Sprache nicht hinreichend mächtig und versäumt er deshalb z. B. die Widerspruchsfrist, so liegt in der Regel ein Wiedereinsetzungsgrund vor (BVerwG, NJW 1976, 1021; dazu Rn. 816). **751**

B. Behörde

I. Begriff

Der Begriff der Behörde wird üblicherweise bei den Begriffsmerkmalen des VA dargelegt. Diese Systematik soll hier beibehalten werden (s. Rn. 216 ff.). **752**

II. Zuständigkeit

753 Bei jedem Tätigwerden hat sich die Behörde zuerst ihrer Zuständigkeit zu vergewissern. Ein Apparat von der Größe der öffentlichen Verwaltung kann nur funktionieren, wenn die zu erledigenden Aufgaben sinnvoll gegliedert und verteilt sind. Dies besorgen die Vorschriften über die behördlichen Zuständigkeiten.
Von der behördlichen Zuständigkeit ist die innerbehördliche **Geschäftsverteilung** zu unterscheiden. Ein Fall behördeninterner Kompetenzüberschreitung kann für den einzelnen Beamten dienstrechtliche Konsequenzen haben, stellt jedoch keinen solchen der Unzuständigkeit einer Behörde dar.
Die Zuständigkeit der Behörde richtet sich nach demjenigen Gesetz, das die zu erledigenden **Aufgaben** nennt bzw. die **Rechtsgrundlage** zur Verfügung stellt.

Beispiel: Die Zuständigkeit für Rechtsgrundlagen des PolG folgt aus §§ 104 ff. PolG.

1. Arten von Zuständigkeiten

Man unterscheidet generell zwei Arten von Zuständigkeiten:

754 **a) Sachliche Zuständigkeit.** Die sachliche Zuständigkeit wird abgegrenzt nach dem Gegenstand der zu erledigenden Verwaltungsaufgaben.

Beispiele: § 46 LBO – Baurechtsbehörden; § 44 I StVO – Straßenverkehrsbehörden.

Hierher gehören auch die Vorschriften über die instanzielle Zuständigkeit, die innerhalb der sachlichen Zuständigkeit die Aufgaben den verschiedenen Verwaltungsebenen zuweisen.

Beispiele: § 46 I Nr. 2 LBO – Höhere Baurechtsbehörde; § 44 III StVO – Höhere Verwaltungsbehörde; § 73 I VwGO – Widerspruchsbehörde.

755 **b) Örtliche Zuständigkeit.** Örtliche Zuständigkeit bedeutet, dass Behörden nur innerhalb eines räumlich abgegrenzten Verwaltungsbezirks kompetent sind.

Beispiele: §§ 113, 114 PolG, § 47 StVO, § 206 I S. 1 BauGB.

Örtliche und sachliche Zuständigkeiten sind in einer Vielzahl spezieller Vorschriften erfasst. Für die örtliche Zuständigkeit hält § 3 LVwVfG (§ 2 SGB X) eine generelle Regelung bereit.

756 **c) Fortdauer der Zuständigkeit.** Die für die Zuständigkeit maßgeblichen Umstände können sich im Lauf des Verwaltungsverfahrens ändern (z. B. durch Inkrafttreten einer neuen gesetzlichen Zuständigkeitsregelung oder indem der Bürger seinen Wohnsitz verlegt). Ändert sich die sachliche Zuständigkeit, ist das Verfahren an die nunmehr zuständige Behörde abzugeben (§ 3 III LVwVfG betrifft nur die örtliche Zuständigkeit). Ändert sich dagegen die örtliche Zuständigkeit, trifft § 3 III LVwVfG (§ 2 II und III SGB X) eine pragmatische Regelung, wonach die Zuständigkeit bei der bisherigen Behörde verbleiben kann, falls die nunmehr zuständige Behörde zustimmt.

2. Durchbrechung der Zuständigkeiten

Keine Behörde hat es in der Hand, eigene Kompetenzen abzugeben oder fremde an sich zu ziehen. Nur ausnahmsweise, wenn dies durch Rechtsvorschrift zugelassen ist, darf von den Zuständigkeiten abgewichen werden: 757

a) **Eilzuständigkeit.** Unterschiedliche gesetzliche Regelungen sehen eine Eilzuständigkeit einer anderen Behörde vor. Sie setzen voraus, dass ein rechtzeitiges Tätigwerden der zuständigen Behörde nicht erreichbar erscheint. 758

Beispiele: §§ 112 I, II, 113 II PolG; § 43 IV GemO; § 3 IV LVwVfG; § 2 IV SGB X.

b) **Selbsteintrittsrecht.** Das Selbsteintrittsrecht berechtigt die Aufsichtsbehörde, unter Durchbrechung der instanziellen Zuständigkeit anstelle der beaufsichtigten Behörde selbst zu handeln. 759

Beispiele: §§ 110 II, 112 I PolG.

c) **Delegation.** Delegation begründet unter Kompetenzverlust der alten Behörde die Übertragung der Zuständigkeit auf eine neue Behörde (Funke-Kaiser, in: BeckOK VwVfG, § 4 Rn. 32). Erforderlich ist eine dazu ermächtigende Rechtsnorm desjenigen Organs, das die Zuständigkeit begründet hat. 760

Beispiele: Art. 51 S. 2, 52 I S. 2 Verf. BW; § 24 I S. 2 GemO; § 44 III S. 3 StVO.

d) **Mandat.** Durch das Mandat beauftragt eine Behörde als Inhaberin einer Zuständigkeit in einzelnen Fällen oder generell eine nachgeordnete Behörde, die Kompetenzen der höheren Behörde (Mandantin) in deren Namen auszuüben (Horn, NVwZ 1986, 808). 761

Beispiel: § 51 IV StrG.

3. Verhalten bei Unzuständigkeit

Was unternimmt die Behörde, wenn sie erkennt, dass sie zur Bearbeitung und Entscheidung eines bei ihr gestellten Antrags nicht zuständig ist? In Betracht kommen: 762

(a) Der Antragsteller erhält einen abschlägigen Bescheid, der seinen Antrag allein wegen Unzuständigkeit der Behörde ablehnt.
(b) Der Antragsteller wird über die zuständige Behörde belehrt unter gleichzeitiger Rückgabe seines Antrags.
(c) Der Antrag wird unverzüglich an die zuständige Behörde weitergegeben unter gleichzeitiger Benachrichtigung des Antragstellers.

Besondere Relevanz erhält die Fragestellung dann, wenn mit dem Antrag eine Frist einzuhalten ist.

Nach § 94 III S. 1 LVwVfG haben die Gemeinden Erklärungen des Bürgers, die beim Landratsamt oder Regierungspräsidium einzureichen sind, entgegenzunehmen und unverzüglich an diese Behörden weiterzuleiten. Mit der Einreichung bei der Gemeinde gilt in diesen Fällen nach § 94 III S. 2 LVwVfG eine Frist als gewahrt. Allerdings kann diese Eingangsfiktion nur bei landesrechtlich geregelten Fristen gelten; zur Erweiterung auf bundesrechtlich geregelte Fristen ist der Landesgesetzgeber nicht befugt (PdK/Dürig, § 94 Nr. 3.2). Bei bundesgesetzlichen Fristen greift nur die Verpflichtung der Gemeinde, den Antrag unverzüglich an Landratsamt oder Regierungspräsidium weiterzuleiten. Für die Fristwahrung ist dann der Eingang bei diesen Behörden entscheidend. Für alle anderen Fälle, so z. B. für die Einreichung von Erklärungen beim unzuständigen Landratsamt, gilt: Die Alternativen a und b bergen Nachteile für den Antragsteller. Oft kann eine Fristversäumung durch die Verfahrensweise c vermieden werden. Der Beamte hat Helfer des Bürgers zu sein (dazu ausführlich Rn. 776). Folglich darf nach der Alternative a – siehe § 10 S. 2 LVwVfG (§ 9 S. 2 SGB X) – nur ausnahmsweise verfahren werden, z. B. wenn der Antragsteller trotz Belehrung auf einer Entscheidung durch die unzuständige Behörde beharrt. Es bleiben der Behörde die Verfahrensweisen b und c, bei Eilbedürftigkeit allein die Alternative c.

III. Ausgeschlossene Personen und Besorgnis der Befangenheit

763 Wesentlicher Bestandteil eines rechtsstaatlich geführten Verwaltungsverfahrens ist es, dass die Aufgaben der Behörden sachlich und unvoreingenommen erfüllt werden. Persönliche Interessen oder Beziehungen eines Beamten, Freundschaften oder Feindschaften dürfen keine Rolle spielen. Diesem rechtsstaatlichen Erfordernis dienen zum einen beamtenrechtliche Vorschriften, die den Beamten dienstrechtlich verpflichten, „seine Aufgaben unparteiisch und gerecht zu erfüllen" (§ 33 I S. 2 BeamtStG) sowie dem Dienstherren gebieten, den Beamten von solchen Amtshandlungen zu befreien, „die sich gegen ihn selbst (…) richten würden" (§ 52 I LBG). Zum andern muss auch verfahrensrechtlich sichergestellt sein, dass in einem Verwaltungsverfahren nur unbefangene und unparteiische Amtswalter tätig werden. Dies wollen einige Spezialvorschriften bewirken (vgl. z. B. §§ 16, 17 SGB X; § 18 GemO, § 48 II LBO), die grundlegende und generelle Regelung des Problems findet man in den §§ 20, 21 LVwVfG.

1. Ausgeschlossene Personen

764 Nach § 20 LVwVfG (§ 16 SGB X) sind verschiedene Personen automatisch kraft Gesetzes von der Mitwirkung in einem Verwaltungsverfahren ausgeschlossen. Bei dem dort genannten Personenkreis besteht die unwiderlegliche gesetzliche Vermutung der Befangenheit, gleichgültig ob diese im Einzelfall tatsächlich zutrifft oder nicht. Diesem gesetzlichen Ausschluss sind alle Personen unterworfen, die für die Behörde tätig werden: sowohl Beamte als auch Angestellte und Arbeiter. Der Kreis der ausgeschlossenen Personen ist im Gesetz abschließend bezeichnet. Einem Beteiligten (§ 13 LVwVfG) sind solche Personen gleichgestellt, die durch die Tätigkeit oder durch die Entscheidung einen unmittelbaren Vorteil oder Nachteil – gleich welcher Art – erlangen können (Abs. 1 S. 2).
Der Wortlaut des Gesetzes macht deutlich („tätig werden"), dass es dem betroffenen Personenkreis nicht nur untersagt ist, an Verwaltungsentscheidungen mitzuwirken, sondern jegliche Tätigkeit auch beratender oder vorbereitender Art, z. B. bei der Ermittlung des Sachverhalts oder der Erhebung von Beweisen, zu unterbleiben hat (vgl. dazu BVerwG, DÖV 1985, 358, 360).

2. Besorgnis der Befangenheit

765 Über den in § 20 LVwVfG (§ 16 SGB X) beschriebenen Personenkreis hinaus kann in einem Einzelfall die Besorgnis begründet sein, ein Amtswalter werde seine Tätigkeit nicht sachlich und unparteiisch wahrnehmen, z. B. weil er mit einem Beteiligten befreundet oder verfeindet ist. Dieser Besorgnis will § 21 LVwVfG (§ 17 SGB X) Rechnung tragen. Die bloße Vermutung eines Beteiligten, ein Amtswalter sei ihm gegenüber befangen, genügt nicht. Es müssen objektiv feststellbare Tatsachen gegeben sein, welche die Besorgnis der Befangenheit begründen; andererseits ist tatsächliche Befangenheit oder Voreingenommenheit nicht erforderlich (Stelkens/Bonk/Sachs/Schmitz, § 21 Rn. 9).
Der betroffene Amtswalter ist anders als im Falle des § 20 LVwVfG (§ 16 SGB X) nicht schon kraft Gesetzes von der Amtsausübung ausgeschlossen, sondern erst, wenn die Anordnung des Behördenleiters bzw. der Aufsichtsbehörde gem. § 21 LVwVfG (§ 17 SGB X) ergangen ist.

C. Verfahrensbeteiligte

I. Beteiligungsfähigkeit und Handlungsfähigkeit

766 Angenommen, eine „Bürgerinitiative zum Schutze der Umwelt", zu der sich mehrere Bürger zusammengeschlossen haben, stellt beim zuständigen Landratsamt den Antrag, einer Bleikristallätzerei gem. § 17 BImSchG aufzugeben, eine Säuredämpfe-Waschanlage einzurichten und in Betrieb zu nehmen. Falls dies nicht geschehe, müsse befürchtet werden, dass der an das Betriebsgelände angrenzende Buchenwald durch die beträchtlichen Emissionen zerstört werde. Das Landratsamt nimmt daraufhin seine Ermittlungen auf. Ist die Bürgerinitiative, deren „Mitglieder" alle entfernt vom Betriebsgelände wohnen und arbeiten (rechtlich) fähig, an den Verwaltungsverfahren beteiligt zu sein? Wenn ja, ist sie handlungsfähig?

767 Die Fragen lassen sich mit Hilfe der §§ 11, 12 LVwVfG (§§ 10, 11 SGB X) beantworten. § 11 LVwVfG (§ 10 SGB X) bestimmt, wer die Fähigkeit besitzt, an einem Verwaltungsverfahren beteiligt zu sein (**Beteiligungsfähigkeit**). Es sind dies erstens natürliche Personen sowie juristische Personen des Privatrechts oder des öffentlichen Rechts (zu letzteren vgl. Rn. 21 ff.)
Beispiele: e.V., AG, GmbH (juristische Personen des Privatrechts); Zweckverbände, Universitäten, Gemeinden (juristische Personen des öffentlichen Rechts).

Die Bürgerinitiative zählt nicht hierzu. Sie setzt sich zwar aus einer Vielzahl von Personen zusammen, ist selbst jedoch keine natürliche Person. Als juristische Person (des Privatrechts) ist die Bürgerinitiative nicht organisiert.
Zweitens besitzen Vereinigungen die Beteiligungsfähigkeit, soweit ihnen ein Recht zustehen kann. Gemeint sind damit Personenmehrheiten, die nicht als juristische Personen organisiert sind, denen aber dennoch irgendein Recht zustehen kann.

Beispiele: Politische Parteien und Gewerkschaften sowie ihre Ortsverbände (BVerwGE 32, 333); Fakultäten einer Hochschule (BVerwGE 45, 39, 42).

Der Bürgerinitiative als solcher kann kein Recht zustehen. Der Umstand, dass einzelne (vielleicht sogar alle) Mitglieder einer Gruppe als Träger eigener (subjektiver) privater oder öffentlicher Rechte berührt sind, hat außer Betracht zu bleiben. – Da die Bürgerinitiative selbstredend auch keine Behörde ist (§ 11 Nr. 3 LVwVfG; § 10 Nr. 3 SGB X), fehlt ihr die Beteiligungsfähigkeit.

768 Bis hierher sind wir der Frage nachgegangen, wer rechtlich Beteiligter eines Verwaltungsverfahrens sein kann. Hiervon ist die Frage zu unterscheiden, ob ein Beteiligter auch selbst Verfahrenshandlungen vornehmen, z. B. Anträge oder andere Erklärungen gegenüber der Behörde abgeben, kann. Dieses rechtliche Vermögen bezeichnet man als **Handlungsfähigkeit** (§ 12 LVwVfG, § 11 SGB X: Vornahme von Verfahrenshandlungen; beachte § 11 I Nr. 2 SGB X i. V. m. § 36 SGB I). Hätte die Bürgerinitiative im Ausgangsfall Rechtsfähigkeit erlangt, z. B. als e.V., besäße sie damit auch die Fähigkeit, Verfahrenshandlungen durch ihren Vereinsvorstand (§ 26 BGB) oder durch besonders Beauftragte vorzunehmen (§ 12 I Nr. 3 LVwVfG, § 11 I Nr. 3 SGB X).

II. Beteiligte

769 Ist die Bürgerinitiative (Rn. 766) Beteiligte an dem Verwaltungsverfahren? Die Beteiligtenstellung nach § 13 LVwVfG (§ 12 SGB X) ist grundlegend für das Verständnis des Verwaltungsrechts, weil mit ihr zahlreiche Rechte und Pflichten verknüpft sind (vgl. z. B. §§ 20, 26 II, 28, 29 LVwVfG bzw. §§ 16, 21 II, 24, 25 SGB X). Jedoch setzt die Beteiligtenstellung die Beteiligungsfähigkeit voraus. Schon aus diesem Grunde ist die Bürgerinitiative nicht Beteiligter. Besäße sie die Beteiligungsfähigkeit etwa als e.V., wäre § 13 LVwVfG heranzuziehen.

770 Beteiligte eines Verwaltungsverfahrens sind primär Antragsteller und Antragsgegner. Ein **Antragsteller** im echten Sinne ist nur vorhanden in Verwaltungsverfahren, welche die Behörde entweder auf Antrag durchführen muss oder nur auf Antrag durchführen darf (§ 22 S. 2 LVwVfG; § 18 S. 2 SGB X; dazu Rn. 819). Ein Antrag liegt vor bei Berufung auf Rechte oder rechtlich geschützte Interessen, nicht bei Stellung für die Allgemeinheit (Kopp/Ramsauer, § 13 Rn. 17; vgl. Rn. 820). Im Verwaltungsverfahren im Ausgangsfall, das zum Erlass einer nachträglichen Anordnung gem. § 17 BImSchG führen soll, können sich die Mitglieder der Bürgerinitiative schon mangels räumlicher Nähe nicht auf ein Recht oder rechtlich geschütztes Interesse berufen. Ein dennoch gestellter „Antrag" ist lediglich als Anregung aufzufassen, ein Verwaltungsverfahren von Amts wegen durchzuführen. Man erlangt auf diese Weise nicht die Stellung eines Beteiligten.

771 **Antragsgegner** und mithin Beteiligter ist eine dritte Person, zu deren Lasten die Behörde entscheiden soll. Auch hier kommt derjenige nicht als Beteiligter in Frage, gegen den die Behörde von Amts wegen einzuschreiten hat.

772 Beteiligte sind ferner die **Adressaten** des behördlichen Handelns, das sind diejenigen, an die die Behörde den VA richten will oder gerichtet hat oder mit denen sie einen öffentlich-rechtlichen Vertrag schließen will oder geschlossen hat (§ 13 I Nr. 2, 3 LVwVfG, § 12 I Nr. 2, 3 SGB X). Diese Formulierung macht deutlich, dass auch nach Erlass des VA oder nach dem Vertragsschluss der Adressat bzw. Vertragspartner Beteiligter bleibt.

Schließlich erlangen solche Personen oder Vereinigungen mit Beteiligungsfähigkeit die Rechtsstellung eines Beteiligten, welche die Behörde zu dem Verfahren **hinzuzieht** (§ 13 I Nr. 4, II LVwVfG; § 12 I Nr. 4, II SGB X). Sie sind nicht wie in den bisher besprochenen Fällen kraft Gesetzes Beteiligte, sondern werden es erst mit der Hinzuziehung durch die Behörde. Das Gesetz kennt zwei Arten der Hinzuziehung. In einem Fall muss die Hinzuziehung auf Antrag ausgesprochen werden (obligatorische Hinzuziehung – § 13 II S. 2 LVwVfG, § 12 II S. 2 SGB X), im anderen Fall kann eine Hinzuziehung im Ermessen der Behörde erfolgen (fakultative Hinzuziehung – § 13 II S. 1 LVwVfG, § 12 II S. 1 SGB X). Als Voraussetzung für die obligatorische Hinzuziehung nennt das Gesetz die „rechtsgestaltende Wirkung" für einen Dritten durch das Verfahrensergebnis, für die fakultative Hinzuziehung ist Voraussetzung, dass „rechtliche Interessen" berührt werden können. Aus dem Gesetzeswortlaut (**rechts**gestaltend, **rechtliche** Interessen) folgt, dass eine Hinzuziehung nur bei Bestehen eines subjektiv-öffentlichen Rechts eines Dritten in Betracht kommt. Im Falle der möglichen Berührung rechtlicher Interessen eines Dritten – er kann dann hinzugezogen werden – wird schlicht ein Rechtssatz, der ein subjektiv-öffentliches Recht vermittelt, angewandt.

773

Beispiel: Durchführung eines gaststättenrechtlichen Erlaubnisverfahrens (nach § 1 LGastG i. V. m. §§ 2 ff. GastG). § 4 I Nr. 3 GastG verlangt die Prüfung schädlicher Umwelteinwirkungen i. S. d. BImSchG. Damit wird auf § 3 BImSchG Bezug genommen, der ausdrücklich die Nachbarschaft in den Schutz einbezieht. Das heißt: Auch die gaststättenrechtliche Prüfung auf schädliche Umwelteinwirkungen dient nicht nur dem Schutz der Allgemeinheit, sondern auch dem Schutz der Nachbarn (Anwendung der Schutznormtheorie). Die möglicherweise lärmbetroffenen Nachbarn haben materiellrechtlich ein subjektiv-öffentliches Recht. Sie können damit nach § 13 II S. 1 LVwVfG zum Verfahren hinzugezogen werden – und sind dann nach § 28 I LVwVfG anzuhören.

Eine „rechtsgestaltende Wirkung" – Erfordernis für die obligatorische Hinzuziehung – ist anzunehmen, wenn ein subjektiv-öffentliches Recht durch den Verfahrensausgang möglicherweise begründet, aufgehoben oder geändert wird (vgl. Kopp/Ramsauer, § 13 Rn. 39).

Beispiel: Die Sperrzeit einer Gaststätte soll verkürzt werden (§ 1 LGastG, § 18 GastG, § 12 GastVO). Sperrzeitregelungen dienen u. a. dem Schutz der Nachbarschaft vor unzumutbaren Lärmbelästigungen und sind drittschützend. Hier soll eine Ausnahme von einer drittschützenden Norm gewährt werden. Alle Abweichungen, Ausnahmen und Befreiungen von drittschützenden Normen wirken rechtsgestaltend. Die möglicherweise betroffen Nachbarn müssen nach § 13 II S. 2 LVwVfG zum Verfahren hinzugezogen werden.

III. Bevollmächtigte und Beistände

Ein Beteiligter kann sich in jeder Phase des Verfahrens durch einen Bevollmächtigten, z. B. einen Rechtsanwalt oder durch den Ehepartner, vertreten lassen (§ 14

774

I LVwVfG; § 13 I SGB X) oder zu Verhandlungen und Besprechungen mit einem Beistand erscheinen (§ 14 IV LVwVfG; § 13 IV SGB X).
Ein Beteiligter ohne Wohnsitz oder gewöhnlichen Aufenthaltsort, Sitz oder Geschäftsleitung im Inland muss einen Empfangsbevollmächtigten benennen (§ 15 LVwVfG; § 14 SGB X). In besonderen Fällen hat das Betreuungsgericht auf Ersuchen der Behörde einen Vertreter zu bestellen (§ 16 LVwVfG; § 15 SGB X). Schließlich enthalten die §§ 17 bis 19 LVwVfG Bestimmungen über die Vertretung in sog. Massenverfahren; eine entsprechende Regelung fehlt im SGB X, weil sie dort bedeutungslos ist.
Die §§ 14 bis 19 LVwVfG sind für die Tätigkeit der Behörden bei Leistungs-, Eignungs- und ähnlichen Prüfungen, da es sich hierbei um höchst persönliche „Verfahren" der Beteiligten handelt, nicht anwendbar (§ 2 III Nr. 2 LVwVfG).

D. Verfahrensrechte

I. Das Recht auf Beratung und Auskunft

775 Wir wollen annehmen, die Witwe eines Beamten sei vor etwa zwei Jahren schwer krank gewesen und beantragt nun eine Beihilfe zu den ihr entstandenen Aufwendungen für stationäre Behandlung. Mit ihrem Antrag wendet sie sich irrtümlich an eine sachlich unzuständige Behörde. Der mit der Sache befasste Beamte legt den Antrag zu Seite, weil er – kurz vor Antritt seines Erholungsurlaubs – Dringenderes zu erledigen hat. Der Beihilfeantrag sei vermutlich ohnehin zu spät eingegangen, meint er. Hat der Beamte Rechtens gehandelt?

1. Vorrang des Gesetzes

Er hat rechtmäßig gehandelt, wenn er die für sein Verhalten maßgeblichen Rechtsnormen eingehalten hat.

776 a) **Der Beamte als Helfer des Staatsbürgers.** Niemand soll in einem Rechtsstaat aus Unkenntnis seiner Rechte verlustig gehen. Dies hat der BGH in Haftungsfällen immer wieder mit aller Deutlichkeit zum Ausdruck gebracht:

„Der Beamte hat Helfer des Staatsbürgers zu sein. Er darf nicht sehenden Auges zulassen, dass ein bei ihm vorsprechender Bürger einen Schaden erleidet, den der Beamte durch einen kurzen Hinweis oder eine entsprechende Aufklärung vermeiden kann, sondern soll von diesem Bürger einen – von dem Beamten erkannten oder ihm erkennbaren – vermeidbaren Schaden fernhalten. Den Beamten trifft eine entsprechende Aufklärungs- oder Belehrungspflicht..." (BGH, DÖV 1970, 784, 785). *„Der Beamte soll dem Staatsbürger, soweit er mit dessen Angelegenheiten befasst ist, zu erreichen helfen, was ihm zusteht oder er im Rahmen des Möglichen und Zulässigen zu erreichen wünscht. Auskünfte eines Beamten müssen deshalb richtig, eindeutig und vollständig sein, weil andernfalls bewirkt werden kann, dass der Bürger über seine Angelegenheiten oder Rechte in einer Weise disponiert, die ihn benachteiligt. Solche Folgen zu verhindern, ist aber Aufgabe und Amtspflicht des Beamten gegenüber dem ratsuchenden oder eine Auskunft erbittenden Bürger"* (BGH, DÖV 1970, 680, 681).

Diese Amtspflicht wird teils aus dem Rechts- und dem Sozialstaatsprinzip des GG, teils auch aus Art. 1 I GG hergeleitet.

b) § 25 LVwVfG – 71c LVwVfG. Dessen eingedenk hat der Gesetzgeber die Betreuungspflicht der Behörde gegenüber dem Bürger für einen Teilbereich in § 25 LVwVfG konkretisiert, die von der Rechtsprechung entwickelten weitergehenden Pflichten jedoch damit nicht ausgeschlossen. § 25 S. 1 LVwVfG gebietet die Betreuung des Bürgers in scheinbar geringem Maße nur durch eine Sollvorschrift. Solche Rechtssätze sind für die Verwaltung jedoch i.d.R. ebenso verbindlich wie Mussvorschriften (dazu Rn. 179). Für Gemeinden ist die Verpflichtung zur Betreuung gesetzlich weitergehender geregelt in § 94 LVwVfG, der auch bei Unzuständigkeit einer Gemeinde gilt. Schließlich wurden die gesetzlich niedergelegten Informations- und Betreuungspflichten durch eine Reihe neuerer Normen erweitert, nämlich durch § 3a III LVwVfG für den Fall der fehlenden Eignung elektronisch übermittelter Dokumente zur Bearbeitung und durch § 3 EGovG und § 3 EGovG BW durch die Verpflichtung zur Bereitstellung von Informationen in öffentlich zugänglichen Netzen (vgl. auch § 1 OZG). 777

Für das Verfahren über eine einheitliche Stelle gelten besondere Vorschriften auch hinsichtlich der Informations- und Betreuungspflichten, die sowohl die einheitliche Stelle (§ 71c I LVwVfG) als auch die zuständige Behörde treffen (§ 71c II LVwVfG). Für den Bereich des Sozialrechts siehe §§ 13 ff. SGB I (mit § 19 Ia SGB X, nach dem Informationen vermehrt in „Leichter Sprache" geschehen sollen, ebenso nach § 11 BGG).

2. Anwendung

Auf unseren Ausgangsfall angewandt, bedeutet dies: Der Beamte hat erkannt, dass der Antragstellerin ein finanzieller Nachteil bevorsteht, weil die mit dem Beihilfeantrag einzuhaltende Frist abzulaufen droht, möglicherweise schon verstrichen ist. Er ist, falls die Frist noch läuft, in der Lage, den Schaden von der Antragstellerin abzuwenden, indem er den Antrag sofort an die zuständige Behörde weiterleitet (vgl. Rn. 762). Hierzu ist er auch verpflichtet. Zwar sieht nicht § 25 LVwVfG diese Rechtsfolge vor, sie ergibt sich aber aus der Amtspflicht (Rn. 776), Helfer des Staatsbürgers zu sein (vgl. auch § 94 III LVwVfG). Der Beamte hat also nicht Rechtens gehandelt. 778

3. Folgen einer Zuwiderhandlung

Vor den ordentlichen Gerichten kann auf Schadensersatz wegen Amtspflichtverletzung (Art. 34 GG mit § 839 BGB) geklagt werden (vgl. Rn. 1096, 1107). 779

II. Das Recht auf Akteneinsicht

Einsicht in die Akten und das Recht auf Anhörung (Rn. 793) hängen eng miteinander zusammen. Ein Beteiligter ist nur dann in der Lage, sich zu einer bevorstehenden Verwaltungsentscheidung zu äußern, wenn er die für die Entscheidung erheblichen Tatsachen kennt. Diese erfährt er aus den Akten. Das deutsche Verwaltungsrecht ging traditionell vom Grundsatz des Aktengeheimnisses aus und kannte nur eine Reihe von Spezialvorschriften, die das Recht auf Akteneinsicht gewähren (vgl. § 25 SGB X, § 87 I LBG, § 21 III LDSG) sowie für das Verwaltungsverfahren § 29 der Verwaltungsverfahrensgesetze. Die Behörden des Landes führen die Akten grundsätzlich elektronisch (§ 6 I EGovG BW; zum Zeit- 780 punkt der Umsetzung: § 6 I S. 2 EGovG BW). Die Verpflichtung zur elektronischen Aktenführung gilt nicht für die Landratsämter als untere Verwaltungsbehörden (§ 1 II EGovG BW), da das Landratsamt in seiner Doppelfunktion hinsichtlich der Aktenführung nicht unterschiedlichen Rechtssystemen unterstellt werden soll.

1. Die Anspruchsvoraussetzungen des § 29 I LVwVfG

781 **a) Verwaltungsverfahren.** Aus der Überschrift zu Teil II des LVwVfG wird deutlich, dass § 29 LVwVfG ein Verfahrensrecht beinhaltet, das nur innerhalb eines laufenden Verwaltungsverfahrens besteht. Das Einsichtsrecht beginnt daher frühestens mit der Einleitung des Verwaltungsverfahrens (Rn. 819 ff.) und endet spätestens mit dem Abschluss (Rn. 856) des Verfahrens.

782 **b) Gegenstand.** Gegenstand des Einsichtsrechts sind alle „das Verfahren betreffenden Akten" (§ 29 I S. 1 LVwVfG). Gemeint sind damit diejenigen Akten oder deren Bestandteile, die im Laufe des konkreten Verwaltungsverfahrens angelegt oder zum Verfahren von der Behörde beigezogen worden sind. Sie unterliegen vollständig der Einsicht durch die Beteiligten, also auch soweit sie handschriftliche Eintragungen, Aktenvermerke o. Ä. enthalten. Mittelbar folgt aus § 29 LVwVfG die Pflicht, Akten zu führen, insbesondere vollständig zu führen, also sämtliche wesentlichen Vorgänge zu dokumentieren (Kopp/Ramsauer, § 29 Rn. 1c). Bei vollständig automatisiert erlassenen VAs, nach § 35a LVwVfG bedeutet dies, dass alle wesentlichen Verfahrensschritte nachvollziehbar gemacht werden müssen (Schmitz/Prell, NVwZ 2016, 1273, 1277) und zwar in gleichwertiger Qualität wie bei anderen VAs. Denn ansonsten würde das Recht auf Akteneinsicht verkürzt, genauso wie die verwaltungsgerichtliche Kontrolle. Ausgeschlossen von der Akteneinsicht sind lediglich die in § 29 I S. 2 LVwVfG genannten vorläufigen oder vorbereitenden Schriftstücke.

783 **c) Rechtliches Interesse.** Derjenige, der die Akteneinsicht begehrt, muss ein rechtliches Interesse an der Aktenkenntnis haben (§ 29 I S. 1 LVwVfG). Es genügt nicht – wie z. B. in § 43 VwGO – ein „berechtigtes Interesse", das jedes schutzwürdige Interesse rechtlicher, wirtschaftlicher oder ideeller Art einschließt. Verlangt wird einzig und ausschließlich ein Bezug zur rechtlichen Stellung der Person, welche die Akteneinsicht beantragt. Ein solches rechtliches Interesse kann nach Lage des Falles auch nur bezüglich einzelner Aktenteile, z. B. einzelner Urkunden, bestehen („soweit"). Es ist zu bejahen, wenn die Akteneinsicht zum Ziel hat
- eine tatsächliche Unsicherheit über ein Rechtsverhältnis zu klären,
- ein rechtlich bedeutsames Verhalten nach dem Ergebnis der Akteneinsicht zu richten oder
- eine gesicherte Grundlage für die Verfolgung eines Anspruches zu erhalten.

Die Hürde des rechtlichen Hindernisses ist damit bei weitem nicht so hoch, wie es zunächst den Anschein hatte. Ein an einem Verwaltungsverfahren Beteiligter (§ 13 LVwVfG) wird in den meisten Fällen ein rechtliches Interesse im obigen Sinne vorweisen können. Nicht selten wird aus dem Anhörungsrecht des § 28 LVwVfG zugleich ein rechtliches Interesse i. S. von § 29 LVwVfG zu folgern sein.

Die Anspruchsvoraussetzungen des § 25 I SGB X stimmen mit denjenigen des § 29 I LVwVfG überein.

2. Die Anspruchshindernisse des § 29 II LVwVfG

Der Einzelne hat, obwohl die Voraussetzungen des § 29 I LVwVfG vorliegen, kein Recht auf Akteneinsicht, soweit ihr bestimmte – vom Gesetzgeber höher bewertete – öffentliche oder private Interessen entgegenstehen. Besteht das Hindernis nur hinsichtlich einzelner Aktenteile, bleibt das Akteneinsichtsrecht im Übrigen unberührt („soweit").

Akteneinsicht muss nicht gestattet werden, soweit durch sie die ordnungsgemäße Erfüllung der Aufgaben der Behörde beeinträchtigt würde.

Beispiele: Hin und wieder sind Behörden in besonderem Maße auf Mitteilungen und Hinweise aus der Bevölkerung angewiesen (etwa Jugendämter zum Schutze der Pflegekinder). Müssten hier die Informanten befürchten, dass durch Einsicht in die Akten ihr Name und der Inhalt ihrer Mitteilungen Dritten zugänglich gemacht werden, dann würde die Mitwirkung der Bevölkerung weitgehend erlahmen (HessVGH, VwRspr. Bd. 17 S. 141), die ordnungsgemäße Erfüllung der behördlichen Aufgaben wäre sehr erschwert. Ähnliches gilt bei polizeilichen Ermittlungen, die dem „Schutz höherwertiger Rechtsgüter" dienen. Bisweilen erhält die Polizei Hinweise nur gegen die Zusicherung vertraulicher Behandlung. Auch in diesem Falle darf der Informant nicht preisgegeben werden (BVerwG, DÖV 1965, 488, 489).

Die Ausnahmen sind eng auszulegen. Allein der Umstand, dass das Gewähren der Akteneinsicht als lästig empfunden wird oder Mehrarbeit verursacht (die Akten müssen herbeigeschafft werden, die Einsicht findet unter Aufsicht der Behörde statt), reicht für das Verweigern der Akteneinsicht nicht aus.

Akteneinsicht muss nicht gestattet werden, soweit das Bekanntwerden des Inhalts der Akten dem Wohle des Bundes oder eines Landes Nachteile bereiten würde.

Beispiele: Die Polizei eines Bundeslandes ist Terroristen auf die Spur gekommen. Die polizeilichen Ermittlungsakten müssen geheim gehalten werden, um den Erfolg der Fahndung nicht zu gefährden. Ein Fehlschlagen der Polizeiaktion wäre zum Nachteil für die innere Sicherheit in Deutschland. Entsprechendes gilt für die äußere Sicherheit Deutschlands, z. B. müssen Staatsgeheimnisse i. S. von § 93 StGB gewahrt bleiben.

Nicht unter diese Schutzbestimmung zugunsten des Staatswohls fallen etwa: das Anliegen einer Landesbehörde, eine lückenhafte oder inhaltlich unrichtige Aktenführung zu verbergen, um so das Ansehen des Landes zu wahren; die Verminderung späterer Prozesschancen für den Staat durch das Bekanntwerden des Akteninhalts.

Akteneinsicht muss nicht gestattet werden, soweit die Vorgänge nach einem Gesetz oder **ihrem Wesen nach,** namentlich wegen der berechtigten Interessen der Beteiligten oder dritter Personen, **geheim gehalten** werden müssen. Die Beantwortung der Frage, wann Akteninhalte „ihrem Wesen nach" geheim seien, bereitet immer wieder Schwierigkeiten. Der Gesetzgeber hat in erster Linie an den Schutz der Privat- und Intimsphäre Beteiligter oder unbeteiligter Dritter gedacht, deren Einkommensverhältnisse, familiäre Zustände, Geschäftsgeheimnisse, Gesundheitszeugnisse etc. geheim zu halten sind. Das Problem hat mithin einen verfassungsrechtlichen Kern, denn die Persönlichkeits- und Intimsphäre des Einzelnen ist durch Art. 1 I, 2 I GG geschützt und darf deshalb nicht den Einblicken Dritter freigegeben werden. Das allgemeine Persönlichkeitsrecht (Art. 2 I i. V. m. Art. 1 I GG) gewährleistet die Befugnis des Einzelnen, grundsätzlich selbst über die Preisgabe und Verwendung seiner persönlichen Daten zu bestimmen (vgl. auch Rn. 898). Dieses Grundrecht auf „informationelle Selbstbestimmung" ist jedoch nicht schrankenlos; als gemeinschaftsbezogene und gemeinschaftsgebundene Person muss der Einzelne Einschränkungen seines Rechts auf informationelle Selbstbestimmung im überwiegenden Allgemeininteresse hinnehmen. Solche Einschränkungen bedürfen allerdings einer gesetzlichen Grundlage, die ihrerseits verfassungsgemäß sein, d. h. insbesondere dem rechtsstaatlichen Gebot der Normenklarheit und dem Grundsatz der Verhältnismäßigkeit entsprechen muss (BVerfGE 65, 1; vgl. Rn. 187 ff.). Unter Beachtung dieser Grundsätze dürfen Akteninhalte offenbart werden.

788 **Beispiele: Personalakten** eines Beamten sind grundsätzlich ihrem Wesen nach geheim zu halten. Sie dürfen ohne Einwilligung des Beamten grundsätzlich nur von einem eng begrenzten Personenkreis mit besonderer dienstlicher Verantwortung (Personalreferent, Behördenleiter) eingesehen werden (BVerwG, DÖV 1964, 820, 821). Die Geheimhaltung gilt jedoch nicht absolut, ihr kann im Einzelfall ein überwiegendes schutzwürdiges Interesse der Allgemeinheit oder eines Dritten entgegenstehen, das den Diensthaftern berechtigt, eine Auskunft aus den Personalakten, ggf. auch Einsicht in die Akten zu gewähren (BVerwG, DÖV 1971, 58, 59). Hat eine Behörde unter der Zusicherung vertraulicher Behandlung Mitteilungen erhalten, darf sie die Person des Informanten nur ausnahmsweise preisgeben, wenn die Preisgabe zum Schutze höherwertiger Rechtsgüter geboten ist (BVerwG, DÖV 1965, 488, 489). Nach früherer Auffassung wurden **Prüfungsakten**, „um die innere Unabhängigkeit der Prüfer zu gewährleisten", „ihrem Wesen nach" als geheim angesehen (so noch BVerwG, DÖV 1964, 638). Diese Auffassung beschneidet den in Prüfungsangelegenheiten ohnehin eingeschränkten Rechtsschutz (dazu Rn. 165, 166). Wie, wenn nicht durch Einsicht in die vollständigen Prüfungsakten, kann der Prüfling einen Beurteilungsfehler des Prüfers aufzeigen und seinen Anspruch auf Überdenken der Prüfungsbewertung geltend machen? Nicht die Persönlichkeitssphäre des Prüfers, sondern die Rechtsstellung des Geprüften bedarf hier des Schutzes durch die Verfassung. Daher hat jeder Prüfling ein Recht auf Einsicht in seine Prüfungsakten (h. M., vgl. z. B. BVerwG, DÖV 1995, 108, 112 und DÖV 1995, 114).

Die Anspruchshindernisse sind in § 25 II und III SGB X für den Bereich des Sozialrechts teilweise anders gefasst. „Ihrem Wesen nach geheime" Akten kennt § 25 SGB X nicht.

3. Art der Akteneinsicht

789 Ort der Akteneinsicht sind grundsätzlich die Diensträume der aktenführenden Behörde (§ 29 III S. 1 LVwVfG; § 25 IV S. 1 SGB X), d. h. derjenigen Behörde, die das konkrete Verwaltungsverfahren durchführt. Auch beigezogene Akten sind bei ihr einzusehen. Hiervon Abweichendes, etwa die Mitnahme von Akten durch einen bevollmächtigten Rechtsanwalt in seine Kanzlei, kann die Behörde nach ihrem pflichtgemäßen Ermessen ausnahmsweise gestatten (§ 29 III S. 2 LVwVfG; § 25 IV S. 2 SGB X). Speziellere Vorschriften gelten bei **elektronisch geführten Akten** – ob auf freiwilliger Basis oder aufgrund gesetzlicher Verpflichtung (vgl. Rn. 780): Nach § 8 EGovG BW entscheidet die Behörde im Ermessen, wie sie die Akteneinsicht gewährt, ob durch Zur-Verfügung-Stellung eines Aktenausdrucks, durch Übermittlung der elektronischen Dokumente oder durch elektronisch lesenden Zugriff auf den Akteninhalt. Bei der Ermessensentscheidung ist zu berücksichtigen, dass das Akteneinsichtsrecht weniger technikaffinen Bevölkerungsgruppen nicht erschwert werden darf. Insbesondere im Fall der elektronischen Übermittlung sind datenschutzrechtliche Anforderungen zu berücksichtigen (vgl. die Ausführungen zum elektronischen VA Rn. 745).

4. Exkurs: Das Akteneinsichtsrecht im Verfahren vor Verwaltungsgerichten und Sozialgerichten

Die Prozessbeteiligten haben das Recht, sämtliche Akten – die Gerichtsakten und die dem Gericht vorgelegten Akten – einzusehen (§ 100 I VwGO; 120 I SGG). Das heißt: Liegen dem Gericht erst einmal Akten vor, dann gibt es keine Möglichkeit, die Einsicht in diese Akten zu versagen. Behörden sind zur Vorlage der Akten an das Gericht verpflichtet. Nur ausnahmsweise, wenn die sehr engen Voraussetzungen des § 99 I VwGO (§ 119 I SGG) gegeben sind, kann die Aktenvorlage verweigert werden. Dies hat zur Folge, dass nur dann und insoweit das Akteneinsichtsrecht nach § 100 I VwGO (§ 120 I SGG) entfällt.

5. Informationsfreiheitsgesetze

Der Bund sowie die meisten Bundesländer haben ein über das Akteneinsichtsrecht nach § 29 LVwVfG hinausgehendes Recht des Einzelnen auf Information eingeführt. Die sog. **Informationsfreiheitsgesetze** bedeuten einen Paradigmenwechsel im deutschen Verwaltungsrecht. Sie machen im Grundsatz jede Akte öffentlich und ermöglichen, wie das LIFG, das auf Stellen des Landes und Gemeinden sowie Gemeindeverbände Anwendung findet (§ 2 I LIFG), den Informationszugang zu amtlichen Informationen (§ 1 II LIFG) unabhängig von einem laufenden Verwaltungsverfahren und von einer subjektiven Berechtigung. Unter „amtliche Informationen" fallen alle Dokumente, die nach den Regeln ordnungsgemäßer Aktenführung zu den Akten zu nehmen sind (VGH BW, Beschl. v. 11.10.2016 – 1 S 1722/16). Die Anspruchsgrenzen ergeben sich zunächst aus dem Schutz öffentlicher Belange nach § 4 LIFG, für die keine nachteiligen Auswirkungen entstehen dürfen. Aufgrund des allgemeinen und zunächst unbegrenzten Zugangsrechts des LIFG wird die Prüfung des Grundrechts auf informationelle Selbstbestimmung (vgl. Rn. 787) im Einzelfall erforderlich. Sie erfolgt durch die bereichsspezifische datenschutzrechtliche Regelung des § 5 LIFG (zur ergänzenden Anwendung allgemeiner datenschutzrechtlicher Grundsätze vgl. VGH Mannheim NVwZ-RR 2015, 169). Schließlich wird der Informationsanspruch begrenzt durch den Schutz geistigen Eigentums und von Betriebs- und Geschäftsgeheimnissen (§ 6 LIFG), bei denen anders als beim Grundrecht

auf informationelle Selbstbestimmung keine Abwägung mit dem Informationsinteresse erfolgt. Der Schutz der Grundrechte Dritter schlägt durch auf das Verfahren: Dritte, die ein schutzwürdiges Interesse am Ausschluss des Informationszugangs haben können, sind anzuhören (§ 8 LIFG).
Ferner ergibt sich aus Vorschriften des Europäischen Unionsrechts, dass jeder Unionsbürger sowie jede natürliche und juristische Person mit Wohnsitz oder Sitz in einem Mitgliedsstaat grundsätzlich ein Recht auf Zugang zu Dokumenten des Europäischen Parlaments, des Rates und der Kommission hat (Art. 42 GRCh; Art. 15 I, III AEUV; VO 1049/2001/EG, ABl. L 145/43).

6. Weitergehende Einflüsse des Europarechts

792 Auf europäischem Recht und völkerrechtlicher Vereinbarung in der sog. Aarhus-Konvention basieren die Regelungen zum Zugang zu Informationen über die Umwelt im UIG sowie – für Stellen des Landes, der Gemeinden und der Landkreise – die Regelungen im dritten Teil des UVwG. Die §§ 22–35 UVwG bestimmen spezialgesetzlich den Zugang zu amtlichen Umweltinformationen und verdrängen das allgemeinere LIFG (§ 1 III LIFG). Der Begriff der Umweltinformation (§ 23 III UVwG) ist weit auszulegen (VGH BW, NVwZ-RR 2015, 169). Dabei kann auf die europarechtlichen Vorgaben der RL 2003/4/EG zurückgegriffen werden (ABl. L Nr. 41/26). Beim Informationsanspruch, der sich aus § 24 I S. 1 UVwG ergibt, bestehen teilweise erhebliche Unterschiede zum LIFG. So hat z. B. bei der Prüfung des Schutzes geistigen Eigentums und von Betriebs- und Geschäftsgeheimnissen eine Abwägung des Interesses an der Geheimhaltung mit dem Interesse an der Information zu erfolgen (§ 29 I S. 1 Nr. 2 und 3 UVwG). Gleiches gilt bei der Prüfung des – gegenüber dem LIFG kürzeren – Katalogs öffentlicher Belange (§ 28 UVwG).

III. Das Recht auf Anhörung

793 Das Recht angehört zu werden, ist im Verwaltungsverfahren seit langem anerkannt. Wenn auch die Verfassung ein solches Recht nicht ausdrücklich einräumt – Art. 103 I GG bezieht sich nur auf gerichtliche Verfahren –, so gebieten doch das Rechtsstaatsprinzip und der Schutz der Menschenwürde (Art. 1 I GG), dass die Behörde vor Erlass eines VA dem Betroffenen Gelegenheit gibt, sich zu äußern. Besonders augenfällig wird dies dort, wo die Verwaltung Rechtsnormen anzuwenden hat, die ihr Ermessen einräumen.

„Eine Ermessensentscheidung ist sachlich einwandfrei ohne Anhörung der von ihr Betroffenen schlechthin nicht denkbar; denn ein wahres Abwägen ist nur möglich, wenn die Beteiligten Gelegenheit hatten, der Behörde das gesamte Für und Wider zu unterbreiten. Es ist folglich nicht nur zweckdienlich, denjenigen anzuhören, der von einer Verwaltungsentscheidung betroffen wird oder werden kann, sondern notwendig" (BVerwG, DVBl. 1965, 26, 28).

Etliche Spezialvorschriften räumen darum dem Betroffenen ein Anhörungsrecht ein (z. B. § 24 SGB X; § 71 VwGO; § 55 LBO). Für das allgemeine Verwaltungsverfahren regelt § 28 LVwVfG das Recht auf Anhörung generell.

1. Die Anspruchsvoraussetzungen des § 28 I LVwVfG

Maßgebliches Kriterium für die Anhörung eines Beteiligten ist, dass der zu erlassende VA in seine Rechte **eingreift**. Damit sind, wie aus § 28 II Nr. 3 LVwVfG geschlossen werden kann, alle belastenden VAs gemeint, auch solche, durch die eine Begünstigung abgelehnt wird (Ule/Laubinger, § 24 I S. 2; Kopp/Ramsauer, § 28 Rn. 27 m. w. N.; a. A. BVerwGE 66, 184, 186, Stelkens/Bonk/Sachs/Kallerhoff, § 28 Rn. 27). Das Merkmal des Eingriffs ist jedoch in der Praxis nicht immer eindeutig zu bestimmen. So hat die Begünstigung des Einen häufig untrennbar die Belastung eines Anderen zur Folge (vgl. auch Rn. 245).

Beispiele: Eine Auflage nach § 5 GastG begünstigt dritte Personen, belastet aber den Gastwirt. Die Subventionierung eines Unternehmens kann zugleich einen Eingriff in die durch Art. 2 GG geschützte Wettbewerbsfreiheit des nichtsubventionierten Konkurrenzunternehmens darstellen (BVerwG, DÖV 1969, 392).

Angesichts dieser Abgrenzungsschwierigkeit sollte mit dem Gewähren des Anhörungsrechts nicht restriktiv verfahren werden.

Wesentlich für das Anhörungsrecht ist es, dass der Betroffene **vor Erlass** des eingreifenden VA Gelegenheit erhält, auf diesen Einfluss zu nehmen. Dieser Wesenszug des Anhörungsrechts verpflichtet die Behörde, dem Betroffenen so rechtzeitig die Gelegenheit zur Äußerung zu geben, dass die Möglichkeit der Einflussnahme auf den beabsichtigten VA effektiv gegeben ist (Schoch, Jura 2006, 833). Dabei muss ihm eine dem Umfang und der Kompliziertheit des Sachverhalts angemessene Frist zur Äußerung eingeräumt werden.

Auch der **Umfang des Anhörungsrechts** kann aus § 28 I LVwVfG erschlossen werden. – Der Berechtigte ist darauf beschränkt, sich zu „den für die Entscheidung erheblichen Tatsachen" zu äußern, ihm ist nicht Gelegenheit zu geben, zu einschlägigen Rechtsfragen Stellung zu beziehen. Eine scharfe Grenzziehung ist hier indessen kaum möglich. Welche Tatsachen „für die Entscheidung erheblich" sind, beurteilt sich nach den jeweils anzuwendenden Rechtsnormen. Insofern birgt eine Äußerung zum entscheidungserheblichen Tatsachenkomplex häufig eine – zulässige – Stellungnahme auch zu Rechtsfragen. Im Übrigen bleibt es dem Betroffenen unbenommen, ob er sich zu den entscheidungserheblichen Tatsachen in tatsächlicher Hinsicht (z. B. durch eine Gegendarstellung) oder in rechtlicher Beziehung (z. B. durch Bezweifeln ihrer Entscheidungserheblichkeit) äußern will.

Das Anhörungsrecht setzt jedoch stets voraus, dass der Betroffene den für die Entscheidung erheblichen Sachverhalt ausreichend kennt. Die Behörde ist deshalb verpflichtet, den Beteiligten spätestens mit dem Gewähren der Anhörung Kenntnis von den Tatsachen zu vermitteln, die sie ihrer Entscheidung zugrunde legen will, sowie von der beabsichtigten behördlichen Entscheidung.

Dem Betroffenen ist die **Gelegenheit zu geben, sich zu äußern**. Dieser Anforderung ist entsprochen, wenn er die Möglichkeit erhält, schriftlich Stellung zu nehmen. Lässt der Betroffene die so gewährte Gelegenheit ungenutzt verstreichen, so ist das seine Sache; die Behörde hat § 28 I LVwVfG Genüge getan. § 24 I SGB X stimmt mit § 28 I LVwVfG wörtlich überein.

2. Die Anspruchshindernisse

797 **a) § 28 II LVwVfG.** Unter der allgemein formulierten Voraussetzung, dass sie „nach den Umständen des Einzelfalles nicht geboten" ist, darf die Behörde von der Anhörung absehen. Das Gesetz nennt dafür beispielhaft fünf Tatbestände, nach denen eine Anhörung unterbleiben kann. In diesen Fällen fordert das Interesse des Betroffenen nicht unbedingt eine Anhörung (Nr. 3) oder ihr stehen höherrangige öffentliche Interessen, besondere Eilbedürftigkeit (Nr. 1 und 2) oder Gründe der Verwaltungseffizienz (Nr. 4 und 5) entgegen. Die Behörde hat auch bei Vorliegen der tatbestandlichen Voraussetzungen der Nr. 1 bis 5 im Einzelfall zu prüfen, ob sie eine Anhörung durchführt; ein einzelfallunabhängiger schematischer Verzicht ist unzulässig (Stelkens/Bonk/Sachs/Kallerhoff, § 28 Rn. 47).

Beispiel: Für das Absehen von der Anhörung im Fall der Erstellung belastender VAs mit Hilfe automatischer Einrichtungen (§ 28 II Nr. 4 LVwVfG) muss im Einzelfall geprüft werden, welche Gründe der Anhörung entgegenstehen. Diese müssen sich aus dem IT-Einsatz ergeben. Die Anhörungspflicht des § 28 I LVwVfG wäre sonst für die auf diese Weise erstellten VAs weitgehend entwertet (Mann/Sennekamp/Uechtritz, VwVfG, § 28 Rn. 81; zum Anwendungsbereich der Vorschrift vgl. Rn. 744).

Im Unterschied zu § 28 II LVwVfG enthält § 24 II SGB X eine abschließende Aufzählung, jedoch ebenfalls als Kann-Vorschrift.

798 **b) § 28 III LVwVfG.** Während § 28 II LVwVfG der Behörde ein Ermessen einräumt – sie kann von der Anhörung absehen –, stellt Absatz 3 sogar ein Verbot auf: hier muss die Anhörung unterbleiben, wenn ihr ein „zwingendes öffentliches Interesse" entgegensteht. Das SGB X kennt eine solche Regelung nicht.

Beispiel: Verbot einer verfassungsfeindlichen oder kriminellen Vereinigung samt Einziehung ihres Vermögens nach den Vorschriften des Vereinsgesetzes. Würde der Vorstand des Vereins vorher angehört, könnte er dessen Vermögen in Sicherheit bringen und so das Verbotsverfahren unterlaufen.

IV. Das Recht auf Schutz personenbezogener Daten

799 Nach § 3b LVwVfG darf die Behörde personenbezogene Daten nicht unbefugt verarbeiten, Betriebs- und Geschäftsgeheimnisse nicht unbefugt offenbaren (weitergehend hinsichtlich der Betriebs- und Geschäftsgeheimnisse § 35 I, IV SGB I). Daraus folgt ein subjektives öffentliches Recht des Betroffenen auf Schutz dieser Daten. Dieser Schutz wird im Kapitel „Datenschutzrecht" (Rn. 898 ff.) und beim Akteneinsichtsrecht behandelt (Rn. 780 f.; vgl. auch Rn. 745 zum Erlass elektronischer VAs). Dort ist dargestellt, dass die Persönlichkeitssphäre des Einzelnen durch Art. 1 I, 2 I GG verfassungsrechtlich geschützt ist. Diesem verfassungsrechtlichen Gebot will § 3b LVwVfG für das allgemeine Verwaltungsverfahren Rechnung tragen. Ein Verstoß gegen § 3b LVwVfG führt bei Verwaltungsverfahren, die mit einem VA enden, zur Rechtswidrigkeit des VA (vgl. zu § 30 VwVfG Stelkens/Bonk/Kallerhoff, § 30 Rn. 27); allerdings wird in vielen Fällen wegen § 46 LVwVfG die Aufhebung des VA nicht verlangt werden können.

1. Geschützte Rechtsgüter

§ 3b LVwVfG schützt zum einen „personenbezogene Daten". Dieser Begriff ist heute inhaltlich deckungsgleich mit dem des Art. 4 Nr. 1 DSGVO (vgl. auch § 35 SGB I, § 67 I SGB X). Darunter fallen nicht nur persönliche Geheimnisse, sondern sämtliche Angaben, die einen Bezug zu einer Person haben, auch soweit die Angaben (z. B. aus dem Telefonbuch) allgemein zugänglich sind. Geschützt sind auch personenbeziehbare Daten, also Daten, bei denen der Personenbezug ohne unverhältnismäßigen Aufwand hergestellt werden kann.

800

Beispiele: Persönlichen Daten eines Beamten wie dienstliche Beurteilungen, Zeugnisse, Geburtsdatum, Privatanschrift; Daten über abgelegte Prüfungen.

Geschützt sind außerdem – weitergehend als dies durch die DSGVO und das LDSG geschehen ist, die nur auf den Schutz der Daten von natürlichen Personen abstellen – Betriebs- und Geschäftsgeheimnisse (s. aber § 35 IV SGB I).

2. Schutz wovor?

„**Personenbezogene Daten**" darf die Behörde nicht unbefugt verarbeiten. Den Begriff der Verarbeitung ist heute deckungsgleich mit Art. 4 Nr. 2 DSGVO: hierher gehört das Erheben, Speichern, Verändern, Übermitteln, Nutzen, Sperren und Löschen personenbezogener Daten.

801

„**Betriebs- und Geschäftsgeheimnisse**" darf die Behörde nicht unbefugt offenbaren. Der Begriff des Offenbarens bedeutet Übermitteln von Daten. Andere Verarbeitungstatbestände werden bei Betriebs- und Geschäftsgeheimnissen nicht geprüft. Betriebs- und Geschäftsgeheimnisse sind damit in geringerem Maße geschützt als personenbezogene Daten einer natürlichen Person.

3. Befugnis zum Verarbeiten/Offenbaren

Seinem ausdrücklichen Wortlaut nach will § 3b LVwVfG nur das „unbefugte" Verarbeiten personenbezogener Daten bzw. Offenbaren von Betriebs- und Geschäftsgeheimnissen verhindern. Wann aber hat die Behörde eine Befugnis zum Verarbeiten/Offenbaren? Dies ist der Fall, wenn ein **Gesetz** der Behörde Weise die Befugnis zum Verarbeiten/Offenbaren gibt (vgl. Art. 6 I S. 1 e) und Art. 6 II, III DSGVO).

802

Beispiele: § 4 LDSG.

In anderen Fällen dann, wenn die durch § 3b LVwVfG geschützte Person ihr **Einverständnis** erklärt hat (vgl. Art. 6 I S. 1 a) DSGVO).

V. Das Recht auf Begründung eines Verwaltungsakts

Das Gebot, einen VA zu begründen, zwingt die Behörde zu **gedanklicher Genauigkeit**. Sie gibt mit der Begründung sich selbst und dem Betroffenen Rechenschaft darüber, dass die tatsächlichen und rechtlichen Voraussetzungen für ihren VA vorliegen und dass gerade diese und keine andere Rechtsfolge angeordnet wurde. Nicht selten treten bei der schriftlichen Ausarbeitung einer Begründung neue Aspekte der Sache zu Tage, welche die Behörde veranlassen, die entworfene Entscheidung noch einmal zu überdenken und die zu einem ganz anderen Ergebnis führen können. Der von einem VA Betroffene (und ebenso

803

das Verwaltungsgericht) wird durch die Begründung in die Lage versetzt, die Überlegungen der Behörde **nachzuprüfen** (vgl. Rn. 586).

„Der Staatsbürger, in dessen Rechte eingegriffen wird, hat einen Anspruch darauf, die dafür maßgeblichen Gründe zu erfahren, weil er nur dann seine Rechte sachgemäß verteidigen kann" (BVerfGE 6, 32, 44).

Die Begründungspflicht stellt demnach ein **wesentliches Erfordernis jedes rechtsstaatlichen Verwaltungsverfahrens** dar (Kopp/Ramsauer, § 39 Rn. 5a m. w. N.). Die Begründung von VAs ist, dieser rechtsstaatlichen Forderung folgend, teilweise speziell geregelt (z. B. § 35 SGB X; §§ 73 III S. 1, 80 III VwGO; § 69 II S. 1 LVwVfG). Der allgemeine Begründungszwang geht aus § 39 LVwVfG hervor. Diesem verfahrensrechtlichen Begründungsgebot für VAs entspricht das **Verfahrensrecht** des Betroffenen, die Gründe zu erfahren, die zum Erlass eines bestimmten VA geführt haben.

1. Die Anspruchsvoraussetzungen des § 39 I LVwVfG

804 a) **Schriftlichkeit.** Das Recht auf Begründung bezieht sich auf jeden schriftlichen oder elektronischen VA. Andere VAs brauchen nicht begründet zu werden. Unter den Voraussetzungen des § 37 II S. 2 und 3 LVwVfG ist ein mündlich erlassener VA schriftlich oder elektronisch zu bestätigen sowie ein elektronischer VA schriftlich zu bestätigen. Damit unterliegen auch diese VAs der Begründungspflicht (§ 39 I S. 1 LVwVfG).

805 b) **Wesentliche tatsächliche und rechtliche Gründe.** Der Betroffene kann verlangen, dass ihm die wesentlichen tatsächlichen und rechtlichen Gründe mitgeteilt werden, die die Behörde zu ihrer Entscheidung bewogen haben (§ 39 I S. 2 LVwVfG). Unter „tatsächlichen Gründen" versteht man den ermittelten Sachverhalt, den die Behörde ihrer Entscheidung zugrunde legt, „rechtliche Gründe" umfassen Auslegung, Subsumtions- und Ermessenserwägungen. Stets muss die Begründung den Besonderheiten des konkreten Einzelfalles Rechnung tragen. Nicht jeder Satz beliebigen Inhalts – etwa die mehr oder weniger genaue Wiederholung eines Gesetzestextes – wird dadurch zur Begründung, dass er hinter das Wort „Begründung" gestellt wird (VGH BW, ESVGH 24, 90, 91). Die Begründung braucht sich nicht mit allen Einzelüberlegungen auseinanderzusetzen, nur die die Entscheidung maßgebend tragenden Erwägungen sind bekannt zu geben.

806 Die Frage, ob innerhalb der rechtlichen Gründe auch die einschlägigen Rechtsgrundlagen anzugeben sind, auf die sich der VA stützt (sog. **Zitiergebot**), wurde in älteren Gerichtsentscheidungen mitunter verneint. Hält man sich vor Augen, dass die Begründung dem Betroffenen dazu verhelfen soll, seine Rechte sachgemäß wahrzunehmen (Rn. 803), dann ist die Angabe der Rechtsgrundlage hierfür unerlässlich (Stelkens/Bonk/Sachs, § 39 Rn. 50). Sie ist zweifelsohne das Herzstück der „wesentlichen rechtlichen Gründe".

Zu beachten ist jedoch: Anzugeben sind diejenigen Gründe, „die die Behörde zu ihrer Entscheidung **bewogen** haben" (§ 39 I S. 2 LVwVfG). Das gesetzliche Begründungsgebot will die Behörde also lediglich dazu zwingen, ihre Motive offen zu legen. Geht die Behörde von einer **falschen Rechtsgrundlage** aus und nennt sie diese in ihrem Bescheid, so begeht sie **keinen Begründungsfehler**.

Der Bescheid ist dann – falls keine andere Rechtsgrundlage eingreift – materiell rechtswidrig (s. auch Rn. 363).

Einen Musterbescheid finden Sie unter Rn. 575; zu Aufbau und Inhalt der rechtlichen Begründung s. Rn. 586 ff.

Für die Begründung von **Ermessensentscheidungen** gilt grundsätzlich nichts anderes. Aus der Begründung muss hervorgehen, dass die Behörde die gesetzlichen Grenzen des Ermessens erkannt und nicht überschritten sowie von dem Ermessen in einer dem Zweck der Ermächtigung entsprechenden Weise Gebrauch gemacht hat (vgl. dazu Rn. 181 ff.). Dies will die Soll-Vorschrift des § 39 I S. 3 LVwVfG sicherstellen. Soll-Vorschriften sind, wie bereits erörtert, prinzipiell wie Muss-Vorschriften anzuwenden und erlauben nur ausnahmsweise ein Abweichen (Rn. 179). 807

Ein solcher besonders gelagerter **Ausnahmefall** kann eintreten und die Behörde von einer Begründung entbinden, wenn die anzuwendende Ermessensnorm nicht den Interessen des betroffenen Einzelnen zu dienen bestimmt ist und dieser folglich kein Recht auf fehlerfreien Ermessensgebrauch besitzt (vgl. dazu Rn. 90). 808

Oder auch dann, wenn eine ein Ermessen einräumende Vorschrift so auszulegen ist, dass sie für den Normalfall von einer Ermessensausübung in einem bestimmten Sinne ausgeht (z. B. Rücknahme eines begünstigenden Geld- oder Sachleistungs-VA, wenn die Voraussetzungen des § 48 II S. 3 Nr. 1 LVwVfG gegeben sind). In einem solchen Fall versteht sich das Ergebnis der Abwägung von selbst und bedarf daher nach § 39 I S. 3 LVwVfG auch keiner Begründung (BVerwG, DÖV 1997, 1007).

Ähnliches gilt bei der Festsetzung von Gebühren: Es ist weit verbreitete Behörden- und Gerichtspraxis, Gebührenentscheidungen derart zu begründen, dass lediglich die Rechtsgrundlage angegeben, indessen nichts zur **Höhe der Gebühr** ausgesagt wird. Wo die Rechtsgrundlage eine Fixgebühr festlegt, ist dies unbedenklich. Häufig sehen die Gebührenvorschriften jedoch einen Gebührenrahmen vor, innerhalb dessen es im Ermessen der Behörde liegt, die Höhe der Gebühr zu bestimmen. In diesen Fällen erscheint es angesichts des § 39 I S. 3 LVwVfG höchst bedenklich, Erwägungen zur Bemessung der Gebühr stets wegzulassen. Soweit für Verwaltungsangelegenheiten „mittleren" Aufwandes eine „mittlere" Gebühr festgesetzt wird, mag diese Verfahrensweise durchgehen und dem Grundgedanken der Soll-Vorschrift entsprechen.

Im Unterschied zu § 39 I S. 3 LVwVfG ist § 35 I S. 3 SGB X als Muss-Vorschrift gefasst, ansonsten stimmen § 39 I LVwVfG und § 35 I SGB X überein.

c) **Form.** Die Begründung ist wesentlicher Teil des VA: Ein schriftlicher VA ist demnach schriftlich zu begründen, ein elektronischer VA elektronisch. Wie man die tatsächlichen und rechtlichen Gründe in einem VA darstellt, können Sie aus den Rn. 586 ff. (mit Beispielen) ersehen. Einen Musterbescheid finden Sie unter Rn. 575. 809

2. Die Anspruchshindernisse des § 39 II LVwVfG

§ 39 II LVwVfG führt fünf Ausnahmen vom allgemeinen Begründungszwang auf, in denen eine Begründung nicht beansprucht werden kann. Wo der Bürger 810 seine Rechte nicht zu wahren braucht oder seine Rechtsverteidigung nicht leidet (vgl. Rn. 803), bedarf er auch keiner Begründung, daher die Nr. 1 (ähnlich § 58 I S. 5 LBO) und Nr. 2.

Beispiel: Die Behörde droht einem Ausländer die Abschiebung an und setzt ihm eine Frist zur Ausreise. Die Bemessung der Ausreisefrist ist eine Ermessensentscheidung und prinzipiell zu begründen (§ 39 I S. 3 LVwVfG; VGH BW, BWVP 1987, 60). Erscheint die Ausreisefrist nach der Lebenserfahrung regelmäßig als angemessen (ein Monat), so dass dies auch ohne schriftliche Begründung für den Betroffenen ohne Weiteres erkennbar ist, bedarf es keiner Begründung (§ 39 II Nr. 2 LVwVfG; VGH BW, BWVP 1987, 60).

Die Ausnahmen Nr. 3 bis 5 sind zur Entlastung der Behörden gedacht. Ein Beispiel für Nr. 4 finden Sie in § 2 III Nr. 2 LVwVfG. Alle Ausnahmen sind im Hinblick auf die Bedeutung der Begründungspflicht eng auszulegen. § 35 II SGB X deckt sich mit § 39 II LVwVfG, wird allerdings durch § 35 III SGB X (Begründungszwang auf Verlangen des Adressaten) wiederum eingeschränkt.

3. Folgen einer Zuwiderhandlung

811 Handelt die Behörde der Begründungspflicht zuwider, gibt sie also keine oder keine zureichende Begründung i. S. von Rn. 805–809, dann ist der erlassene VA bereits aus diesem formalen Grunde rechtswidrig. Zur Möglichkeit der Nachholung einer Begründung vgl. Rn. 424.

Aus fehlenden oder unzureichenden Ermessenserwägungen schließen die Verwaltungsgerichte außerdem auf den Ermessensfehler der Ermessensunterschreitung (dazu Rn. 180 ff.).

VI. Weitere Verfahrensrechte

812 Die unter I bis V (Rn. 775 ff.) dargelegten Rechte sind in vielen Verwaltungsverfahren die wichtigsten und durch das LVwVfG besonders ausgeprägt worden, sie sind aber beileibe nicht die einzigen. Jede Norm des Verwaltungsverfahrensrechts, die nicht nur im öffentlichen Interesse erlassen worden ist, sondern daneben auch Interessen eines Beteiligten schützen will, gibt diesem Beteiligten ein subjektives öffentliches Recht gegenüber der Behörde auf Einhaltung der betreffenden Rechtsnorm (vgl. Rn. 88 ff.). Dies trifft für die meisten Vorschriften des LVwVfG zu (Meyer/Borgs, § 46 Rn. 2; zurückhaltend die Rspr. in Bezug auf Drittbetroffene, vgl. Rn. 440).

Beispiele: Der Bürger hat ein Recht auf Hinzuziehung nach § 13 II S. 2 LVwVfG; ein Beteiligter ein Recht darauf, dass ausgeschlossene oder befangene Personen (§§ 20, 21 LVwVfG) nicht tätig werden. Die Beteiligten haben nach § 23 LVwVfG ein Recht darauf, dass in dem Verfahren die deutsche Sprache verwendet wird. § 32 LVwVfG gewährt ein Recht auf Wiedereinsetzung in den vorigen Stand.

E. Fristen, Termine, Wiedereinsetzung

I. Fristen und Termine

1. Begriffe

Begrifflich versteht man unter einer Frist eine bestimmte Zeitdauer, unter einem Termin einen bestimmten Zeitpunkt. Häufig hat der Bürger gesetzlich festgelegte Fristen 813

Beispiele: § 17 I BMG; § 55 II LBO; § 17 X BVO; § 18 LGebG; § 48 III S. 5 LVwVfG,

oder behördlich angeordnete Fristen oder Termine

Beispiele: Fristsetzung im Rahmen der Verwaltungsvollstreckung nach §§ 14 III, 20 I S. 2 LVwVG; Abbruchsanordnung nach § 65 I S. 1 LBO unter Setzung einer Abbruchsfrist; Bestimmung eines Augenscheintermins i. S. v. § 26 I Nr. 4 LVwVfG,

einzuhalten, weniger häufig sind auch die Behörden selbst Fristen unterworfen.

Beispiele: § 15 II S. 1 BlmSchG; § 15 I GewO; § 54 I S. 1 LBO

In all diesen Fällen ist eine einheitliche Handhabung sachgerecht.

2. Grundsätzliche Verweisung auf das BGB

§ 31 I LVwVfG (§ 26 I SGB X) erklärt grundsätzlich die §§ 187 bis 193 BGB auf das Verwaltungsverfahren für entsprechend anwendbar. 814

Beispiel: Am Mittwochvormittag erhält ein Angrenzer die Benachrichtigung über einen Bauantrag durch einen Gemeindebediensteten gegen Empfangsbekenntnis zugestellt. Innerhalb von vier Wochen nach dieser Zustellung hat er die Möglichkeit, Einwendungen zu erheben (§ 55 II LBO). Die Einwendungen des Angrenzers gehen 14 Tage später Mittwochabend beim Bürgermeisteramt ein. Dies ist rechtzeitig (§§ 187 I, 188 II 1. Alt. BGB).

Selbstverständlich kommt es für die Rechtzeitigkeit auf den Eingang bei der Behörde, nicht etwa auf das Absendedatum oder den Poststempel an. Der letzte Tag zählt voll zur Frist (§ 188 II BGB), nicht nur bis zum Ende der Dienstzeit der Behörde (BVerfG, NJW 1976, 1255). Die Behörden haben also entsprechende Vorkehrungen dafür zu treffen, dass Postsendungen sie auch noch nach Dienstschluss erreichen.

3. Besonderheiten des Verwaltungsverfahrens

Um Besonderheiten des Verwaltungsverfahrens Rechnung zu tragen, begründet § 31 LVwVfG (ebenso § 26 SGB X) in den Absätzen 2 bis 7 einige Abweichungen von den Regeln des BGB. 815
Zum Fristenlauf bei fremdsprachlichen Erklärungen siehe § 23 III, IV LVwVfG (§ 19 III, IV SGB X; vgl. dazu Rn. 749, 750).

II. Wiedereinsetzung in den vorigen Stand

Hat jemand ohne sein Verschulden eine gesetzliche Frist versäumt, so muss ihm Wiedereinsetzung in den vorigen Stand gewährt werden (§ 32 LVwVfG; § 27 816

SGB X): Der Betreffende wird in die Lage vor Ablauf der Frist zurückversetzt, also so gestellt, als ob er die Frist nicht versäumt hätte.

1. Voraussetzungen

817 Wiedereinsetzung kommt nur bei **gesetzlichen Fristen** in Frage. Ihre selbst gesetzten Fristen kann die Behörde – auch nach Fristablauf noch – verlängern (§ 31 VII LVwVfG; § 26 VII SGB X). Die entscheidende tatbestandliche Voraussetzung für die Wiedereinsetzung ist, dass die Frist **ohne Verschulden** versäumt worden ist. Dies ist anzunehmen, wenn „die Fristversäumnis bei Anwendung der äußersten, vernünftigerweise noch zu erwartenden Sorgfalt nicht abgewendet werden kann" (BVerwG, DÖV 1965, 350).

Beispiele: Es ist Sache des Bürgers, eine Frist richtig zu berechnen. Unterlaufen ihm hierbei Fehler und versäumt er infolgedessen die Frist, so hat er dies verschuldet (BVerwG, NJW 1970, 773). – Bei Abwesenheit von der Wohnung ist der Bürger verpflichtet, hinsichtlich zu erwartender amtlicher Schriftstücke für die Postnachsendung oder doch für die Zustellung Vorsorge zu treffen. Unterlässt er dies, dann hat er eine darauf beruhende Fristversäumnis verschuldet (BVerwG, NJW 1975, 1574, 1575). Andererseits: Bei nur vorübergehender Abwesenheit – Urlaub, Geschäftsreise o. Ä. – gilt dies nicht, eine dadurch bedingte Fristversäumnis ist nicht verschuldet (BVerfG, DÖV 1973, 277 und DVBl. 1976, 303 zum Bußgeld- und Strafbefehlsverfahren). – Im Falle des § 45 III LVwVfG (§ 41 III SGB X) ordnet das Gesetz selbst an, dass von der Schuldlosigkeit des Säumigen auszugehen ist (vgl. Rn. 433).

2. Verfahren

818 Die bei der Wiedereinsetzung zu beachtenden Verfahrenserfordernisse bestimmt § 32 LVwVfG (§ 27 SGB X) in seinen Absätzen 2 bis 5. Die Wiedereinsetzung wird **auf Antrag** gewährt, kann aber – unter den Gegebenheiten des § 32 II S. 4 LVwVfG (§ 27 II S. 4 SGB X) – auch **von Amts wegen** eingeräumt werden. Die Antragsfrist, innerhalb welcher auch die versäumte Handlung nachzuholen ist beträgt zwei Wochen. Die Tatsachen zur Begründung des Antrags (z. B. Postverzögerung, Erkrankung usw.) sind glaubhaft zu machen. Art und Weise der Glaubhaftmachung entnimmt man § 294 ZPO (analog). Die behördliche Entscheidung über den Wiedereinsetzungsantrag erfüllt die Begriffsmerkmale des VA.

F. Beginn, Durchführung und Ende des Verfahrens

I. Beginn des Verfahrens

1. Von Amtswegen/auf Antrag

819 Während das verwaltungsgerichtliche ebenso wie alle anderen Gerichtsverfahren stets durch eine Klage oder einen Antrag eingeleitet wird, kann ein Verwaltungsverfahren auf zweierlei Art in Gang kommen: durch Initiative der Behörde (von Amts wegen) oder durch Initiative eines Bürgers (auf Antrag). Beide Möglichkeiten stehen jedoch nicht wahlweise nebeneinander, sondern unterliegen der folgenden Anwendungsregel (§ 22 LVwVfG; § 18 SGB X).

a) **Grundsatz.** Ein Verwaltungsverfahren wird von Amts wegen eingeleitet. Ob und wann die Behörde es durchführt, entscheidet sie nach pflichtgemäßem Ermessen.

b) **Positive Ausnahme** (§ 22 S. 2 Nr. 1 LVwVfG, § 18 S. 2 Nr. 1 SGB X). Die (zuständige) Behörde ist verpflichtet, ein Verfahren durchzuführen, wenn durch Rechtsvorschrift bestimmt ist, dass sie – sei es von Amts wegen oder auf Antrag – tätig werden muss. Eine solche Rechtspflicht zur Einleitung eines Verwaltungsverfahrens ist unter folgenden Voraussetzungen gegeben:

820

- Eine Norm des Verwaltungsverfahrensrechts enthält eine diesbezügliche Rechtspflicht.
  Beispiel: § 22 II FeV.
- Oder: Aus einer Norm des materiellen Verwaltungsrechts ist eine solche Rechtspflicht zu folgern. Kommt als gesetzliche Eingriffsermächtigung für die Behörde eine Muss-Vorschrift in Betracht (sog. gebundene Verwaltung, vgl. vorne Rn. 152 ff.), dann muss die Behörde bei hinreichenden Anhaltspunkten dafür, dass die gesetzlichen Voraussetzungen dieser Muss-Vorschrift erfüllt sind, ein Verwaltungsverfahren einleiten.
  Beispiel: Ein Autofahrer hat innerhalb weniger Wochen zweimal eine Rot zeigende Verkehrsampel missachtet. Die zuständige Behörde erhält hiervon Kenntnis. Sie muss ein Verfahren eröffnen mit dem Ziel zu prüfen, ob dem Fahrer nach § 3 I StVG die Fahrerlaubnis zu entziehen ist.
- Oder: Das Einleitungsermessen (oben Rn. 819) ist auf Null geschrumpft (vgl. vorne Rn. 201).
  Beispiel: Der Polizeibehörde liegen erhebliche Anhaltspunkte dafür vor, dass zwei ihr bekannte Ganoven einen neuen Einbruchsdiebstahl planen. Sie ist nun verpflichtet zu prüfen, ob und wie sie einschreitet, den Einbruch zu verhindern.
- Oder: Ein Bürger stellt bei der Behörde einen Antrag (auf Erteilung einer Baugenehmigung, Gaststättenerlaubnis, polizeiliches Einschreiten o. Ä.). Auf diesen Antrag hin muss die Behörde das entsprechende Verwaltungsverfahren einleiten.
  Ein solches Antragsrecht des Bürgers, das die Behörde zur Einleitung des Verfahrens verpflichtet, kann sich entweder ausdrücklich aus einem Gesetz ergeben,
  Beispiel: § 10 I BImSchG, § 53 LBO, § 81 I AufenthG.
- oder aber aus dem Sinn eines Gesetzes. Letzteres ist anzunehmen, wenn die anzuwendende Norm des materiellen Rechts neben öffentlichen Interessen auch die Interessen einzelner Personen schützen will. In diesen Fällen haben die geschützten Personen ein subjektives öffentliches Recht auf fehlerfreie Anwendung dieser Rechtsnorm, gleichgültig, ob es sich dabei um eine Muss- oder eine Kann-Vorschrift handelt (vgl. vorne Rn. 88 ff.). Aus dieser materiellen Rechtsposition ist verfahrensrechtlich ein Antragsrecht der betr. Person abzuleiten.
  Beispiel: Der Nachbar einer Gaststätte fühlt sich durch den aus der Gaststätte dringenden Lärm in seiner Nachtruhe gestört. Er beantragt bei der

zuständigen Behörde, dem Gastwirt gem. § 1 LGastG i. V. m. § 5 I Nr. 3 GastG Auflagen zum Schutze seiner Nachtruhe zu erteilen. Der Nachbar besitzt materiell ein subjektiv-öffentliches Recht und damit ein entsprechendes Antragsrecht.

821 c) **Negative Ausnahme (§ 22 S. 2 Nr. 2 LVwVfG; § 18 S. 2 Nr. 2 SGB X).** Die Behörde ist verpflichtet, von einem Verwaltungsverfahren abzusehen, wenn durch Rechtsvorschrift bestimmt ist, dass sie nur auf Antrag tätig werden darf und ein Antrag nicht vorliegt. Gemeint sind damit die Beispielsfälle oben: § 10 I BImSchG, § 53 LBO, § 81 I AufenthG. In diesen Fällen darf die Behörde in der Regel ohne Antrag nicht tätig werden. Sie darf dies ausnahmsweise dann, wenn es lediglich darum geht, einen bereits geschaffenen Zustand nachträglich zu legalisieren.

Beispiel: Die Erteilung einer Baugenehmigung setzt einen Antrag des Bauherrn voraus (Ausnahme b). Hat dieser eine bauliche Anlage ohne die erforderliche Genehmigung bereits errichtet, dann darf die Behörde das Baugenehmigungsverfahren von Amts wegen einleiten. Sie muss es sogar, wenn die nachträgliche Genehmigung das im Verhältnis zu einer Abbruchsanordnung mildere Mittel darstellt (vgl. § 65 S. 1 LBO).

822 d) **Rolle des Bürgers.** Wann immer eine Behörde befugt ist, ein Verwaltungsverfahren von Amts wegen zu eröffnen, steht es dem Bürger frei, der Behörde seine **Anregungen** oder Bedenken vorzutragen, um sie zum Tätigwerden zu veranlassen (Grundrecht aus Art. 17 GG). Die Behörde ist zwar nicht verpflichtet, diesen Anregungen zu folgen und ein Verfahren von Amts wegen einzuleiten, sie muss jedoch aufgrund von Art. 17 GG die Eingabe des Bürgers entgegenzunehmen, diese auch sachlich prüfen und dem Bürger die Art der Erledigung mitteilen (BVerfGE 2, 225; Näheres Rn. 1001).

2. Form eines Antrags

823 a) **Grundsatz der Formfreiheit.** Das LVwVfG enthält bezüglich des Antrags, der ein allgemeines Verwaltungsverfahren einleitet, keinerlei Formvorschriften. Nicht einmal die Formulierung als „Antrag" ist nötig. Ggf. ist unter Heranziehung der Auslegungsgrundsätze des § 133 BGB herauszufinden, ob die Erklärung eines Bürgers als ein Antrag im Sinne von § 22 LVwVfG (§ 18 SGB X) gemeint ist. (BVerwGE 16, 198, 203). Formen – z. B. Schriftform, Formularzwang, Erklärung zur Niederschrift – sind nur dort einzuhalten, wo sie durch Spezialgesetz vorgesehen sind.

Beispiele: § 64 LVwVfG, § 70 VwGO, § 53 I S. 2, II LBO.

Der Antragsteller kann seinen Antrag i. d. R. bis zur Unanfechtbarkeit der behördlichen Entscheidung wieder zurücknehmen (BVerwG, DÖV 1997, 918, 919).

824 b) **Schriftform.** Schriftformerfordernisse bei Antragstellung wurden im Landesrecht in den letzten Jahren abgebaut. So genügt jetzt bei der Stellung eines Bauantrags nach § 53 II LBO die **Textform**, also auch die einfache E-Mail. Wo die Schriftform noch vorgeschrieben ist, gehört zu ihr wesentlich die eigenhändige Unterschrift des Antragstellers. Die Rechtsprechung ist in diesem Punkte allerdings nicht kleinlich. Das Fehlen der eigenhändigen Unterschrift ist dann un-

schädlich, wenn sich aus dem Antrag allein oder in Verbindung mit beigefügten Anlagen hinreichend sicher – ohne Rückfrage oder Beweiserhebung – ergibt, dass der Antrag von dem Antragsteller herrührt und mit dessen Willen in den Rechtsverkehr gelangt ist (BVerwG, DÖV 1974, 319). Soweit durch Rechtsvorschrift nichts anderes bestimmt ist, kann eine gesetzlich vorgeschriebene Schriftform jedoch **durch die elektronische Form ersetzt** werden (§ 3a II S. 1 LVwVfG). Zur Wahrung des Schriftformerfordernisses kann der Bürger demnach auch wie folgt vorgehen:
Erstens kann die Schriftform ersetzt werden durch ein elektronisches Dokument mit qualifizierter elektronischer Signatur (§ 3a II S. 2 der Verwaltungsverfahrensgesetze, § 36a II S. 2 SGB X).
Zweitens kann nach § 3a II S. 4 Nr. 1 der Verwaltungsverfahrensgesetze (§ 36a II S. 4 Nr. 1 SGB X) eine **Erklärung unmittelbar in einem elektronischen Formular** abgegeben werden, soweit ein solches zur Verfügung steht. Das Formular darf außerhalb der für Eintragungen vorgesehenen Felder nicht veränderbar sein (Prell, NVwZ 2013, 1514). Denn ein veränderbares Formular, auch ein Formular zum Herunterladen und Ausfüllen, wäre ein elektronisches Dokument, welches das Gesetz gesondert regelt (z. B. kann dann eine Versendung mit qualifizierter elektronischer Signatur erfolgen). Zum Nachweis der Identität ist bei Eingabe in das Formular über „öffentlich zugängliche Netze" (das Internet) ein Identitätsnachweis nach § 3a II S. 5 der Verwaltungsverfahrensgesetze (§ 36a II S. 5 SGB X) erforderlich.
Das OZG verpflichtet Bund und Länder (und mit Letzteren die Gemeinden) auf Grundlage des Art. 91c V GG bestimmte Verwaltungsanliegen zu digitalisieren, also Verwaltungsportale hierfür online bereit zu stellen. Die Umsetzung hat innerhalb von fünf Jahren nach Inkrafttreten des OZG, also bis Ende 2022, zu erfolgen. Für diese Umsetzung können u. a. elektronische Formulare genutzt werden.
Drittens ist zur Schriftformersetzung eine **Versendung als De-Mail-Nachricht mit der Versandart „absenderbestätigt"** an die Behörde denkbar (§ 3a II S. 4 Nr. 2 der Verwaltungsverfahrensgesetze, § 36a II S. 4 Nr. 2 SGB X). Verpflichtungen für Behörden, einen De-Mail-Zugang zu eröffnen ergeben sich aus § 2 EGovG für Behörden des Bundes und aus § 2 III EGovG BW für Behörden des Landes (mit Ausnahme u. a. für die Landratsämter als untere Verwaltungsbehörden, § 1 II Nr. 1 EGovG BW).
Viertens können **zukünftig noch weitere Möglichkeiten** über die Verordnungsermächtigung des § 3a II S. 4 Nr. 4 LVwVfG (§ 36a II S. 4 Nr. 4 SGB X) eingeführt werden.

c) **Formularzwang.** Häufig verlangen Behörden, dass Anträge unter Verwendung eines amtlichen Formulars gestellt werden. Das ist sicher sinnvoll: aus Gründen der Übersichtlichkeit, um vollständige Angaben zu erreichen, zur einfacheren, eventuell maschinellen Bearbeitung. Fraglich ist die rechtliche Zulässigkeit. Darf die Behörde z. B. einen nicht formularmäßig gestellten Antrag zurückweisen? – Die Verwaltung darf dem Bürger Einschränkungen nur auferlegen, wenn und soweit sie dazu durch eine Rechtsnorm ermächtigt ist (Vorbehalt des Gesetzes, vgl. Rn. 155). Übertragen auf unsere Fragestellung, bedeutet dies: Wo eine Rechtsnorm dies gestattet (vgl. HessVGH, DÖV 1965, 857, 858), darf die Behörde die Verwendung eines Formulars verlangen.

Beispiele: § 23 I BMG, § 60 II SGB I, § 17 I BVO.

826 d) **Erklärung zur Niederschrift.** Eine Erklärung zur Niederschrift bei der Behörde (wie z. B. in § 70 VwGO) setzt voraus, dass der Antragsteller persönlich bei der Behörde erscheint, mündlich seinen Widerspruch erklärt und darüber eine Niederschrift anfertigen lässt. Die Niederschrift ist dem Antragsteller vorzulesen und von diesem zu genehmigen (Sodan/Ziekow/Geis, VwGO, § 70 Rn. 15).

3. Antragsinteresse

827 Eine Genehmigung darf versagt werden, wenn es dem Antragsteller an einem schutzwürdigen Antrags- (oder Sachbescheidungs-)interesse fehlt. Das ist der Fall, wenn die beantragte Genehmigung für ihn ersichtlich nutzlos wäre. An einer Genehmigung, die sich – z. B. wegen privatrechtlicher Hindernisse – nicht verwirklichen lässt, hat ein Antragsteller kein schutzwürdiges Interesse. Die Behörde ist berechtigt, einen Genehmigungsantrag allein aus diesem Grunde abzulehnen (BVerwG, DÖV 1973, 714, 715). Das Erfordernis des Vorliegens des Antrags- (oder Sachbescheidungs-)interesse folgt aus dem Grundsatz von Treu und Glauben, der der gesamten Rechtsordnung zugrunde liegt, und in § 242 BGB nur seinen Ausfluss für das Zivilrecht gefunden hat.

Beispiel: B beantragt die Baugenehmigung für eine Schutzhütte auf einem Grundstück, das er von E gepachtet hat. Der Eigentümer E ist mit einer Bebauung seines Grundstücks nicht einverstanden. Dies steht zwar baurechtlich einer Genehmigung nicht entgegen (§ 58 I S. 1, III LBO). Verfahrensrechtlich kann die Baugenehmigung jedoch wegen des fehlenden Antragsinteresses abgelehnt werden, wenn der Behörde bekannt ist, dass die Baugenehmigung wegen des entgegenstehenden Willens des E nicht umgesetzt werden kann.

II. Der Untersuchungsgrundsatz

1. Wesen und Umfang

828 Wenn es den Verfahrensbeteiligten überlassen bliebe, die für die Behördenentscheidung erheblichen Tatsachen aufzuklären und zu beschaffen, wäre die Gefahr lückenhafter oder einseitiger Ermittlung und mithin das Risiko, eine Fehlentscheidung hervorzubringen, viel zu groß. Deshalb ist die **Ermittlung des Sachverhalts Aufgabe der Behörde (Untersuchungsgrundsatz).**

„Der Untersuchungsgrundsatz beruht darauf, dass das öffentliche Interesse an der Feststellung des wahren Sachverhalts Vorrang vor dem Privatinteresse der Beteiligten hat. Außerdem entspricht im Verwaltungsverfahren der Untersuchungsgrundsatz den rechtsstaatlichen Erfordernissen am besten, da die richtige Entscheidung eine vollständige und zutreffende Aufklärung des Sachverhalts voraussetzt" (Begr. S. 48).

Aus den gleichen Erwägungen gilt übrigens für das Verwaltungsgericht der Untersuchungsgrundsatz (§ 86 VwGO), während im Zivilprozess der sog. Beibringungsgrundsatz Anwendung findet (vgl. §§ 272, 282 ZPO); im Zivilprozess be-

steht kein öffentliches Interesse daran, die Wahrheit über private Rechtsbeziehungen ans Licht zu bringen.
Der Inhalt des Untersuchungsgrundsatzes ist in § 24 LVwVfG (§ 20 SGB X) niedergelegt. Absatz 2 stellt insbesondere klar, dass die Behörde stets alle für die Entscheidung des Einzelfalles belangvollen Umstände, auch die für den Bürger günstigen, zu berücksichtigen hat. Art und Umfang ihrer Ermittlungen bestimmt die Behörde selbst (§ 24 I S. 2 LVwVfG; § 20 I S. 2 SGB X) nach den Erfordernissen des einzelnen Falles.
Beim **vollständig automatisiert erlassenen VA** (§ 35a LVwVfG) ist § 24 I S. 3 LVwVfG zu beachten: Danach muss die Behörde, wenn sie automatische Einrichtungen zum Erlass von VAs einsetzt, für den Einzelfall bedeutsame tatsächliche Angaben des Beteiligten berücksichtigen, die im automatischen Verfahren nicht ermittelt würden. Das heißt: Bei Erlass dieser VAs müssen Angaben der Beteiligten nur berücksichtigt werden, wenn sie nicht durch den automatisierten Verfahrensablauf zugrunde gelegt werden. Bei relevantem Vortrag des Bürgers muss die weitere Bearbeitung außerhalb des automatisierten Verfahrens erfolgen (Schmitz/Prell, NVwZ 2016, 1273, 1278). Nach der Einzelfallprüfung ist eine weitere automatische Bearbeitung möglich – allerdings handelt es sich dann nicht mehr um einen vollständig automatisiert erlassenen VA.

2. Mitwirkungspflicht

Häufig wären die Behörden überfordert oder das Ergebnis ihrer Ermittlungen bliebe lückenhaft, wenn sie bei der Aufklärung des Sachverhalts auf sich allein gestellt ohne Mithilfe der Beteiligten auskommen müssten. Ebenso wie der Beamte als Helfer des Staatsbürgers diesem behilflich sein soll, zu erreichen, was er zu erreichen wünscht (Rn. 776), ist auch der Staatsbürger im Interesse eines gedeihlichen Zusammenlebens aller gehalten, das Seine zur Vermeidung von Schwierigkeiten beizutragen. Dementsprechend erlegt § 26 II LVwVfG den Beteiligten die Pflicht auf, bei der Ermittlung des Sachverhalts mitzuwirken (Soll-Vorschrift). Für die Bereiche des Sozialrechts gelten die §§ 60 bis 67 SGB I und § 21 II SGB X.

Lässt ein Beteiligter seine Mitwirkungspflicht außer Acht, so kann die Behörde ihn dazu auffordern, die ihm bekannten Tatsachen oder Beweismittel anzugeben. Eine solche Aufforderung stellt, weil sie keine über § 26 II LVwVfG (§ 21 II SGB X) hinausgehende selbstständige Rechtspflicht begründet, keinen VA dar (BVerwG, DÖV 1970, 570). Die Aufforderung zur Erfüllung dieser Pflicht kann demzufolge auch nicht mit den Mitteln des Verwaltungszwangs durchgesetzt werden. Die Behörde muss weiterhin alles ihr Mögliche zur Sachverhaltsaufklärung tun. Sind ihre Erkenntnisquellen erschöpft, dann **entscheidet** sie **nach Lage der Akten,** wobei sie aus dem Verhalten des Pflichtsäumigen zu seinem Nachteil Schlüsse ziehen kann (BVerwG, DÖV 1970, 570; vgl. §§ 66, 67 SGB I).

Beispiel: Dem Landratsamt ist bekannt geworden, dass ein Kraftfahrer innerhalb von zwei Jahren mehrfach in gleicher Weise gegen die StVO verstoßen hat. Es hat daher Bedenken, ob der Betreffende noch zum Führen von Fahrzeugen geeignet ist. Um Gewissheit zu erlangen, ordnet das Landratsamt gem. §§ 46 III, 11 III FeV an, dass der Kraftfahrer sich beim Medizinisch-Psychologischen Institut des TÜV auf seine geistige und körperliche Eignung untersuchen lässt. Der Kraftfahrer bleibt dem Untersuchungstermin unentschuldigt fern. Der Verdacht auf Ungeeignetheit kann sich dadurch bei der Behörde zu der Gewissheit verdichten, dass der Betreffende zum Führen von Kraftfahrzeugen ungeeignet ist und dass ihm deshalb die Fahrerlaubnis zu entziehen ist (§ 11 VIII FeV).

831 Die Verletzung der Mitwirkungspflicht kann im Einzelfall auch dazu führen, dass der Beteiligte eine darauf beruhende Fehlerhaftigkeit später nicht mehr geltend machen kann.

Beispiel: Ein Prüfling ist verpflichtet, Beeinträchtigungen des Prüfungsablaufs bei einer mehrstündigen schriftlichen Prüfung – z. B. durch Lärmstörungen – gegenüber den Aufsichtführenden unverzüglich geltend zu machen. Die Verletzung dieser Obliegenheit führt zur Unbeachtlichkeit der Beeinträchtigung (BVerwG, DVBl. 1984, 483).

832 Es ist teilweise Behördenbrauch, beteiligte **Personen „einzubestellen"** oder „vorzuladen". Eine Befugnis vorzuladen, verbunden mit der Pflicht des Geladenen zum Erscheinen oder zur Aussage, schränkt die persönliche Freiheit des Einzelnen ein und bedarf daher einer gesetzlichen Ermächtigung (Vorbehalt des Gesetzes; § 26 II S. 3 LVwVfG; § 21 II S. 3 SGB X).
Beispiele: § 28 PolG, § 21 I S. 2 FeV, § 25 BMG, § 208 S. 1 Nr. 1 BauGB, § 61 SGB I.

Befolgt ein Beteiligter eine solche durch Rechtsvorschrift vorgesehene Ladung nicht, so kann die Ladung nur zwangsweise durchgesetzt werden, soweit eine Rechtsvorschrift auch hierzu ermächtigt (Beispiele: § 28 III PolG, § 208 S. 2 BauGB). Im Übrigen kann die Behörde aus dem Nichterscheinen des Beteiligten im Wege der Beweiswürdigung Schlüsse ziehen (wie Rn. 830). In allen anderen Fällen, in denen eine Vorschrift wie in den obigen Beispielsfällen fehlt, darf die Behörde nur die rechtlich unverbindliche Bitte äußern, bei ihr vorzusprechen. Lässt ein Beteiligter diese Bitte unbeachtet, so dürfen Schlüsse im Sinne von Rn. 830 nicht gezogen werden. Noch weniger darf die Bitte erzwungen werden.

III. Mitwirkung anderer Behörden

833 Nur die zuständige Behörde ist befugt, das Verwaltungsverfahren durchzuführen und die das Verfahren abschließende Verwaltungsentscheidung zu treffen. Oft ist durch Rechtssatz vorgeschrieben, dass außer dieser „federführenden" Behörde andere Behörden in einem Verwaltungsverfahren mitzuwirken haben. Die Kompetenzen einer anderen Behörde werden in diesem Verfahren berührt oder ihre besondere Sachkunde soll einbezogen werden.

1. Mitwirkungsarten

834 Das deutsche Verwaltungsrecht kennt mehrere, in ihrer Intensität unterschiedliche Arten der Mitwirkung.
Die stärkste Beteiligungsform ist das Erfordernis der **Zustimmung** einer anderen Behörde. Die „federführende" Behörde darf den beabsichtigten VA nur erlassen, wenn die andere Behörde ihre Zustimmung erklärt hat. Die das Verfahren

durchführende Behörde ist also an die Versagung der Zustimmung gebunden; andererseits ist sie an die Zustimmung rechtlich nicht gebunden und der eigenen Prüfung nicht enthoben, ihre Entscheidung kann daher entgegen der Zustimmungserklärung ausfallen.

Beispiele: § 9 II FStrG; § 37 II BauGB.

Von gleichem sachlichem Gewicht ist es, wenn ein VA nur im **Einvernehmen** mit einer anderen Behörde erlassen werden darf. Der „federführenden" Behörde obliegt die verfahrensrechtliche Pflicht, die Willensübereinstimmung der anderen Behörde förmlich einzuholen (BVerwG, DÖV 1970, 349, 350). Wie im Falle eines Zustimmungserfordernisses ist die „federführende" Behörde an die Versagung des Einvernehmens rechtlich gebunden, nicht dagegen an die Erklärung des Einvernehmens. 835

Beispiele: §§ 14 II S. 2, 36 I, II BauGB.

Eine schwächere Form der Beteiligung drückt das Gesetz aus, wenn es lediglich vorschreibt, dass die Entscheidung **„im Benehmen"** mit einer anderen Behörde zu treffen sei. Hier hat die „federführende" Behörde der anderen Behörde Gelegenheit zur einer – letztlich unverbindlichen – Stellungnahme zu geben aber den ernsthaften Versuch zu machen, ein Einvernehmen herzustellen (StGH BW, DÖV 1974, 632, 634). 836

Beispiele: § 37 II S. 3 BauGB, § 42 V S. 1 LKrO.

Nicht selten ordnet das Gesetz die **Anhörung** weiterer Behörden an, eine Mitwirkungsart, die der anzuhörenden Behörde lediglich einen beratenden Einfluss einräumt (Hoffmann-Riem/Schmidt-Aßmann/Voßkuhle/Groß, § 13 Rn. 106). 837

Beispiele: § 37 II S. 2 BauGB, § 54 II Nr. 2 LBO, § 35 IV GewO; aber auch § 10 V BImSchG.

2. Rechtsnatur der Mitwirkungshandlung

Keine der genannten Mitwirkungshandlungen erfüllt den Begriff des VA (§ 35 LVwVfG; § 31 SGB X; s. Rn. 230). Selbst in Fällen, in denen die Mitwirkungshandlung die „federführende" Behörde rechtlich bindet (Versagung der Zustimmung oder des Einvernehmens), bleibt diese – regelnde – Wirkung stets verwaltungsintern, es fehlt ihr die unmittelbare Außenwirkung (BVerwG, DÖV 1969, 145). 838

Diese Erkenntnis ist wichtig, um den Grad der **Bindung** der mitwirkenden Behörde an ihre eigene Mitwirkungshandlung beurteilen zu können. Wären die Mitwirkungshandlungen VAs, könnte sich eine mitwirkende Behörde von ihrer Zustimmung oder Einvernehmenserklärung nur lossagen, wenn die Voraussetzungen des Widerrufs oder der Rücknahme von VAs gegeben sind (Rn. 481). Da Mitwirkungsakte keine VAs, sondern Verwaltungsinterna sind, sind sie auch nicht den strengen Regeln über den Widerruf oder die Rücknahme von VAs unterworfen. Die mitwirkende Behörde kann ihre Mitwirkungshandlung grundsätzlich nachträglich ändern oder von ihr abgehen bis zu dem Zeitpunkt, in dem die „federführende" Behörde den VA erlässt. Allerdings kann sich anderes aus den Regelungen über die Mitwirkungspflichten ergeben: So wird durch § 36 II S. 2 BauGB die Erteilung des Einvernehmens durch die Gemeinde nach einer bestimmten Frist fingiert – nach Ablauf der Frist soll also Klarheit über die Mitwirkungshandlung bestehen. Die Gemeinde ist nach Ablauf der Frist deshalb an das erteilte oder als erteilt geltende Einvernehmen für ein Baugenehmigungsverfahren gebunden (Schrödter, BauGB, § 36 Rn. 22).

IV. Amtshilfe

839 Die für die Durchführung eines Verwaltungsverfahrens zuständige Behörde ist häufig und aus den verschiedensten Gründen auf die Mithilfe anderer Behörden angewiesen. Solche Hilfeleistung herbeizuführen, ist die Absicht des Art. 35 I GG (Art. 35 III Verf. BW). Bereits nach diesem Verfassungsgrundsatz sind alle Behörden und Gerichte verpflichtet, sich gegenseitig Rechts- und Amtshilfe zu leisten. Die einzelnen Voraussetzungen, Umfang, Durchführung und Kosten der Amtshilfe hat die Verfassung offengelassen. Diese Lücken wollen die §§ 4 bis 8 LVwVfG (§§ 3 bis 7 SGB X) schließen.

1. Anwendungsbereich und Begriff

840 Da die Amtshilfevorschriften der §§ 4 bis 8 dem LVwVfG angehören, unterliegen mithin auch sie dem oben (Rn. 732 ff.) beschriebenen Anwendungsbereich dieses Gesetzes. Aus der Stellung der Amtshilferegeln im Gesetz, nämlich im Teil I vor den „Allgemeinen Vorschriften über das Verwaltungsverfahren", folgt ihre Anwendbarkeit auch außerhalb eines Verwaltungsverfahrens im Sinne von § 9 LVwVfG. Entsprechendes gilt für die §§ 3 bis 7 SGB X.

841 Die Anwendung der Amtshilferegeln setzt voraus, dass es sich bei einer Hilfeleistung tatsächlich um „Amtshilfe" handelt. Es ist daher notwendig, den **Begriff der Amtshilfe** (§ 4 LVwVfG; § 3 SGB X) zu kennen. Drei Begriffsmerkmale müssen erfüllt sein.
– Erstens: Amtshilfe ist nur die Hilfeleistung zwischen Behörden. Zum Begriff der Behörde siehe § 1 II LVwVfG (§ 1 II SGB X; vgl. Rn. 216 ff.). Dem Gesetz unterfällt damit nicht die – durch richterliche Handlungen gewährte – Rechtshilfe und auch nicht die Hilfeleistung von Behörden gegenüber Gerichten.
– Zweitens: Amtshilfe setzt stets ein Ersuchen einer anderen Behörde voraus (§ 4 I LVwVfG; § 3 I SGB X). Spontan geleistete Hilfe ist demnach keine Amtshilfe.
– Drittens: Amtshilfe ist immer nur ergänzende Hilfe (§ 4 I LVwVfG; § 3 I SGB X). Herrin des Verfahrens bleibt die ersuchende Behörde, daher ist keine Behörde verpflichtet, ein Verfahren als Ganzes zu übernehmen.

Das Gesetz nimmt nun noch eine negative Abgrenzung vor, wonach die Hilfe innerhalb eines bestehenden Weisungsverhältnisses keine Amtshilfe darstellt und ebenso wenig eine Handlung, die der ersuchten Behörde als eigene Aufgabe obliegt (§ 4 II LVwVfG; § 3 II SGB X).

Beispiele einer Amtshilfe: Übersendung von Akten, Erteilung von Auskünften, Vernehmung eines Zeugen, Vornahme von Vollstreckungshandlungen (vgl. Rn. 962).

2. Voraussetzungen und Grenzen

a) Voraussetzungen. Amtshilfe kann nicht schrankenlos gefordert werden. Der Grundgedanke des § 5 I LVwVfG (§ 4 I SGB X) ist es, Amtshilfeersuchen nur zuzulassen, wenn die an sich zuständige Behörde auf die Hilfe anderer Behörden angewiesen ist oder die eigene Erledigung weitaus aufwendiger wäre (Begr. S. 39). Die Vorschrift nennt – ohne abschließend zu sein („insbesondere") – alternativ einige Voraussetzungen, die erfüllt sein müssen:
- Rechtliche Hindernisse, die der Vornahme der Amtshandlung durch die ersuchende Behörde entgegenstehen (Abs. 1 Nr. 1).

  Beispiele: Sachliche oder örtliche Unzuständigkeit der ersuchenden Behörde; fehlende Befugnis zur Abnahme eidesstattlicher Versicherungen nach § 27 LVwVfG (§ 23 SGB X).
- Tatsächliche Hindernisse bei der ersuchenden Behörde, die Amtshandlung selbst vorzunehmen (Abs. 1 Nr. 2–4).
- Gründe der Verwaltungsökonomie. Um Amtshilfe darf ersucht werden, wenn durch sie eine wesentliche Vereinfachung oder Verbilligung erzielt wird (Abs. 1 Nr. 5).

b) Grenzen der Amtshilfe. Die Grenzen der Amtshilfe sind durch § 5 II und III LVwVfG (§ 4 II und III SGB X) gezogen. In den Fällen des Absatzes 2 muss die ersuchte Behörde eine Amtshilfe ablehnen. Hinsichtlich der Ablehnungsgründe (rechtliche Gründe, Wohl des Bundes oder eines Landes) vgl. Rn. 799 ff., 787, 788.
Wenn einer der Tatbestände des Absatzes 3 erfüllt ist, darf die ersuchte Behörde eine Amtshilfe verweigern. Die Entscheidung darüber liegt in ihrem pflichtgemäßen Ermessen.

3. Beginn, Durchführung, Kosten

Im Allgemeinen steht es der ersuchenden Behörde frei, von mehreren für die Hilfeleistung in Betracht kommenden und zuständigen Behörden eine auszusuchen. Eine Richtlinie für die Auswahl der Behörde gibt § 6 LVwVfG (§ 5 SGB X).

§ 7 I LVwVfG (§ 6 I SGB X) trifft Vorsorge für den Fall, dass für die ersuchende Behörde und für die ersuchte Behörde unterschiedliches Recht gilt. Die Zulässigkeit der Amtshandlung, die im Wege der Amtshilfe vorgenommen werden soll, beurteilt sich nach dem für die ersuchende Behörde geltenden Recht, denn sie trägt die Verantwortung für das Verfahren im Ganzen. Die Art und Weise der Durchführung der Amtshilfe richtet sich dagegen nach dem für die ersuchte Behörde anzuwendenden Recht. – Demgemäß ist die Verantwortung beider Behörden im Innenverhältnis, also im Verhältnis zueinander („gegenüber") abgegrenzt: § 7 II LVwVfG (§ 6 II SGB X). Mit „Verantwortung" ist hier die verwaltungsrechtliche und insbesondere haftungsrechtliche Verantwortung gemeint (Kopp/Ramsauer, § 7 Rn. 7), aber wie gesagt, nur das Innenverhältnis betreffend. Der betroffene Bürger kann sich stets nur an die Behörde halten, die ihm gegenüber gehandelt hat, z. B. einen VA erlassen oder eine Vollstreckungsmaßnahme getroffen hat usw. (Kopp/Ramsauer, § 7 Rn. 11).

846 Die Frage, wer die Kosten der Amtshilfe zu tragen hat, beantwortet § 8 LVwVfG (§ 7 SGB X): Es besteht der Grundsatz der Gebührenfreiheit, aber die Möglichkeit der Auslagenerstattung.

V. Beweiserhebung

847 Die Behörde hat alle für ihre Entscheidung erheblichen Tatsachen zu ermitteln, Art und Umfang ihrer Ermittlungen hat sie selbst zu bestimmen. An das Vorbringen und an etwaige Beweisanträge Verfahrensbeteiligter ist sie nicht gebunden (Rn. 828). Ziel dieser Ermittlungen ist es, Gewissheit über die entscheidungserheblichen Tatsachen zu erlangen, oder (wenigstens) einen so hohen Grad an Wahrscheinlichkeit, dass kein vernünftiger, die Lebensverhältnisse klar überschauender Mensch noch zweifelt (Kopp/Ramsauer, § 24 Rn. 15).
Beweise zu erheben, dient diesem Ziel – wohlgemerkt: dem Ziel, Gewissheit über das Vorhandensein oder Nichtvorhandensein von Tatsachen zu erhalten; Gegenstand des Beweises sind nicht Urteile über Tatsachen oder rechtliche Schlussfolgerungen. Tatsachen, die bei der Behörde offenkundig sind („amtsbekannt"), bedürfen keines Beweises (§ 291 ZPO analog).

1. Beweismittel

848 a) **Arten.** Der Behörde stehen alle denkbaren Beweismittel zur Verfügung. § 26 I LVwVfG (§ 21 I SGB X) nennt diejenigen Beweismittel, die auch in gerichtlichen Verfahren üblich sind, lässt daneben aber auch weitere Erkenntnismöglichkeiten zu („insbesondere"). Unter den ihr zu Gebote stehenden Beweismitteln hat die Behörde nach dem Willen des Gesetzes diejenigen auszuwählen, die sie nach pflichtgemäßem Ermessen für erforderlich hält. Wichtigstes Kriterium für den Gebrauch dieses Auswahlermessens wird die (voraussichtliche) Tauglichkeit eines Beweismittels für die Wahrheitsfindung sein, daneben aber auch der Grundsatz der Einfachheit und Zweckmäßigkeit (Rn. 741). So wird man beispielsweise zunächst Akten beiziehen und erst später – falls noch erforderlich – Zeugen vernehmen (Kostengesichtspunkt, s. §§ 26 III S. 2 LVwVfG, 21 III S. 4 SGB X). Unter „Augenschein" versteht man übrigens nicht nur die visuelle Beobachtung, sondern jede unmittelbare Sinneswahrnehmung über die Beschaffenheit von Tatsachen, also z.B. auch durch das Gehör oder durch den Geruchssinn (Kopp/Ramsauer, § 26 Rn. 37).

849 b) **Zulässigkeit.** Wenngleich der Behörde prinzipiell alle Beweismittel offenstehen, so hat sie doch im Einzelfall zu prüfen, ob das Gebrauchmachen von einem Beweismittel rechtlich zulässig ist.

Einige **Anwendungsfälle:** Heimliche Überwachungsmaßnahmen sind wegen der Grundrechtseingriffe (in Betracht kommen Art. 13 I GG, Art. 10 I GG, das allgemeine Persönlichkeitsrecht in seinen Ausprägungen als Recht auf informationelle Selbstbestimmung und als Recht zur Gewährleistung der Vertraulichkeit und Integrität informationstechnischer Systeme) unzulässig, es sei denn ein Gesetz erlaubt sie insbesondere unter Wahrung des Verhältnismäßigkeitsgrundsatzes (vgl. BVerfG NJW 2016, 4482¹). Das versteckte oder offene Fotografieren von Personen oder von Gegenständen der Privat-

sphäre bedeutet vor allem einen Eingriff in das Recht auf informationelle Selbstbestimmung, der nur aufgrund Gesetzes zulässig ist. Auch beim Einholen von „Auskünften jeder Art" (§ 26 I Nr. 1 LVwVfG, § 21 SGB X) ist die verfassungsrechtliche Schranke des Art. 1 I S. 2 GG zu beachten (vgl. Rn. 799, 898). Aus eben diesem Grunde dürfen bei der Anhörung Beteiligter weder List, Täuschung oder Drohung noch etwa chemische oder psychotechnische Mittel angewandt werden (BVerwG, DÖV 1964, 201, 202 „Lügendetektor"). Eine „Intimbefragung" ist unzulässig (BVerwG, DÖV 1969, 749; zur eheähnlichen Gemeinschaft im Sozialbereich BVerfGE 97, 234; BVerwG, NDV-RD 1996, 38). Zur Pflicht zum persönlichen Erscheinen oder zur Aussage siehe § 26 II S. 3 LVwVfG (§ 21 II S. 3 SGB X; Rn. 832).
Die Versicherung an Eides Statt, ein Mittel der Bestärkung (vgl. § 156 StGB), darf nur unter den Voraussetzungen des § 27 LVwVfG (§ 23 SGB X) abgenommen werden (gesetzliches Bsp.: § 9 II PStG). Einen Eid dürfen grundsätzlich nur die Gerichte abnehmen (vgl. § 22 II SGB X). Behörden dürfen ausnahmsweise dann einen Eid abnehmen, wenn sie hierzu durch besondere Rechtsvorschriften ermächtigt sind (gesetzliches Bsp.: § 9 II PStG). Bei der Beiziehung von Urkunden und Akten sind in der Regel die Amtshilfevorschriften (Rn. 839 ff.) zu beachten. Verfassungsrechtliche Schranke ist auch hier der Schutz der Persönlichkeit (BVerfG, DÖV 1972, 563 betr. ärztliche Karteikarten; Rn. 799 ff.). Ein Augenschein muss unter Respektierung des Grundrechts der Unverletzlichkeit der Wohnung eingenommen werden (s. Art. 13 III GG).

2. Mitwirkung der Beteiligten

Zur Mitwirkung der Beteiligten vgl. Rn. 829 ff. **850**

3. Beweiswürdigung

Hinsichtlich der Bewertung der erhobenen Beweise gilt der **Grundsatz der** **851**
freien Beweiswürdigung (Kopp/Ramsauer, § 24 Rn. 30). Er besagt, dass die Behörde bei der Würdigung und Abwägung des Gesamtergebnisses des Verfahrens an keine starren Regeln gebunden ist. So kann die Behörde, wenn sie von der Richtigkeit der Darstellung eines Beteiligten überzeugt ist, dieser größeres Gewicht beimessen als z. B. der Aussage eines (unbeteiligten) Zeugen, auch derjenigen eines „beamteten" Zeugen.

4. Materielle Beweislast

Wer trägt die Folgen, wenn bestimmte entscheidungserhebliche Tatsachen nach **852**
Ausschöpfung aller verfügbaren Beweismittel und Erkenntnisquellen unaufgeklärt bleiben: der Bürger oder die Behörde?
Für das Gebiet des Strafprozesses gilt: in dubio pro reo, d. h. im Zweifel zugunsten des Angeklagten – und mithin zu Lasten der Anklagebehörde. Für andere Rechtsbereiche und namentlich für das Verwaltungsverfahren kann die Frage nach dem Träger der materiellen Beweislast nicht so eindeutig beantwortet werden. Mitunter ist sie spezialgesetzlich entschieden (z. B. in: § 41 II LVwVfG; § 4 II S. 3 LVwZG).

853 Im Übrigen wendet man die folgenden **Faustregeln** an, die aber nur gelten, wenn durch alle verfügbaren Beweismittel und Erkenntnisquellen im Wege der Amtsermittlung keine Sachverhaltsaufklärung gelingt:
Regel 1: Die Unerweislichkeit von Tatsachen geht zu Lasten desjenigen, der aus ihnen eine für sich günstige Rechtsfolge herleitet (BVerwGE 14, 181; 21, 208; 34, 225).

Beispiele: Derjenige, der eine Subvention beantragt, trägt die Beweislast dafür, dass die Voraussetzungen für das Bestehen seines Anspruchs vorliegen (BVerwGE 20, 295). – Auch im Übrigen trägt der Bürger die Beweislast, wenn er Ansprüche gegen Behörden geltend macht (BVerwGE 21, 208; 44, 265; vgl. § 66 I SGB I). – Dem Fahrerlaubnisbewerber obliegt die Beweislast für seine Befähigung (OVG Bremen, NJW 1963, 1076). – Die Beweislast für eine Verletzung der Fürsorgepflicht trägt der Beamte, der daraus einen Anspruch herleitet (BVerwG, DÖV 1997, 690). – Die Beweislast für die Voraussetzungen eines belastenden VA (Eingriffs) liegt bei der Behörde (BVerwG, DÖV 1970, 136, 138; VGH BW, BWVBl. 1969, 107, 108). Letzteres gilt speziell für den Fall, dass ein begünstigender VA von der Behörde zurückgenommen wird (BVerwGE 18, 168; 34, 225); zur Beweislast bei Rücknahme eines VA mit Doppelwirkung: BVerwG, BWVP 1987, 285.

Regel 2 (Unterfall der Regel 1): Wer sich gegenüber einer gesetzlichen Normallage – Regel – auf einen Ausnahmetatbestand beruft, hat die Beweislast für dessen Vorliegen zu tragen (BVerwGE 13, 36, 41; 14, 5, 10; 44, 265).

Beispiel: Bleibt unaufklärbar, ob gegenüber einer Beseitigungsverfügung die Voraussetzungen des Bestandsschutzes gegeben sind, geht dies zu Lasten dessen, der Bestandsschutz (Art. 14 I GG) für sich in Anspruch nimmt (BVerwG, DÖV 1979, 601; bedenklich im Hinblick auf die grundrechtliche Gewährleistung, da Grundrechte in erster Linie Abwehrrechte gegenüber dem Staat sind).

854 Fassen wir zusammen: Wenn der Bürger einen Rechtsanspruch auf eine Leistung oder die Vornahme eines VA geltend macht, hat er die Beweislast für die anspruchsbegründenden, die Behörde dagegen für die dem Anspruch entgegenstehenden Umstände zu tragen. Greift andererseits die Behörde durch Verbote, Gebote und dgl. in die bestehende Rechtsposition des Bürgers ein, so trifft sie die Beweislast für die den Eingriff rechtfertigenden Umstände, den Bürger für die ausnahmsweise entgegenstehenden Umstände (vgl. Bauer/Heckmann/Ruge/Schallbruch/Luch, § 24 Rn. 28).

5. Formelle Beweislast

855 Eine formelle Beweislast (Beweisführungspflicht) kennt das Verwaltungsverfahren, in dem der Untersuchungsgrundsatz herrscht (§ 24 LVwVfG; § 20 SGB X), nicht (BVerwG, NJW 1975, 1135, 1137).

VI. Ende des Verfahrens

856 Die Begriffsbestimmung des Verwaltungsverfahrens (§ 9 LVwVfG; § 8 SGB X) macht augenfällig, dass das Verfahren mit dem Erlass (Wirksamwerden) eines

VA oder mit dem Abschluss eines öV endet. Es ist Amtspflicht der Behörde, dieses Ende mit der gebotenen Beschleunigung herbeizuführen (BGH, MDR 1959, 467).
Wird gegen den das Verfahren beendenden VA Widerspruch erhoben, dann schließt sich ein Widerspruchsverfahren nach §§ 68 ff. VwGO an, das mit dem bisherigen Verwaltungsverfahren eine Einheit bildet (BVerwG, DÖV 1964, 58, 59; DÖV 1990, 207). Für das Widerspruchsverfahren kommen die Vorschriften des LVwVfG ergänzend zur Anwendung (§ 79 LVwVfG), sofern – wie hinzugefügt werden muss – es sich um ein Verfahren innerhalb des Anwendungsbereichs des LVwVfG (s. Rn. 732 ff.) handelt. Vgl. auch § 62 SGB X.
An das ursprüngliche Verfahren können sich weitere Verwaltungsverfahren anschließen, z. B. das Verwaltungsvollstreckungsverfahren (Rn. 931 ff.) oder das Wiederaufgreifen des Verfahrens (Rn. 457 ff.).
Wenngleich das Verfahren in aller Regel durch den Erlass eines VA, weniger häufig durch den Abschluss eines öV, beendet wird, so kann es doch auch auf andere Weise sein Ende finden: Ein Antragsverfahren endet, wenn der Antragsteller seinen Antrag zurücknimmt (BVerwG, DÖV 1970, 783, 784; vgl. Rn. 823), ein von Amts wegen eingeleitetes Verfahren, wenn die Behörde es einstellt, ein auf den Abschluss eines öV gerichtetes Verfahren, wenn die Beteiligten die Vertragsverhandlungen endgültig abbrechen. Die Beteiligten sind zu benachrichtigen (§ 69 III LVwVfG analog), ggf. ist noch über die Kosten des Verfahrens zu entscheiden (§ 16 I LGebG).

G. Folgen eines Verstoßes gegen Verfahrensvorschriften

I. Rechtswidrigkeit

Da die Verfahrensnormen durch Rechtsvorschrift festgelegt sind, führt eine Zuwiderhandlung durch die Behörde grundsätzlich zur Rechtswidrigkeit des von ihr erlassenen VA. Fraglich kann nur sein, wie schwer eine Missachtung von Verfahrensnormen wiegt. Ist nur schlichte Rechtswidrigkeit die Folge oder ist der Verstoß so gravierend, dass er den VA nichtig (rechtsunwirksam) macht? Beide Fehlerkategorien werden ausführlich im Kapitel „Fehlerfreier (rechtmäßiger) Verwaltungsakt" (Rn. 350 ff.) besprochen.

II. Heilung

Das LVwVfG sieht vor, dass ein wegen eines Verfahrens- oder Formfehlers rechtswidriger VA geheilt werden kann. Ein nichtiger VA ist unheilbar (vgl. § 45 I LVwVfG; § 41 I SGB X). Die Heilung von Verfahrens- oder Formfehlern wird im Zusammenhang mit dem fehlerhaften VA behandelt; s. dazu Rn. 422 ff.

III. Unbeachtlichkeit

Steht fest, dass ein VA wegen eines Verfahrens- oder Formfehlers (schlicht) rechtswidrig ist und eine Heilung nicht in Betracht kommt, der VA also rechtswidrig bleibt, dann ist es dennoch denkbar, dass der Betroffene die Aufhebung dieses VA, sei es durch Widerspruch oder Anfechtungsklage, nicht verlangen kann. Verfahrens- oder Formvorschriften sind kein Selbstzweck. Die Aufhebung eines VA wegen eines Verfahrens- oder Formverstoßes kann der Bürger nur beanspruchen, wenn der Verstoß die Entscheidung in der Sache beeinflusst haben kann (§ 46 LVwVfG; § 42 SGB X). Näheres Rn. 436 ff.

IV. Klagemöglichkeit

860 Nach § 44a VwGO (§ 56a SGG) können Rechtsbehelfe gegen behördliche Verfahrenshandlungen (sofern diese nicht vollstreckt werden können oder gegen einen Nichtbeteiligten ergehen) nur gleichzeitig mit den gegen die Sachentscheidung zulässigen Rechtsbehelfen geltend gemacht werden. § 44a VwGO (§ 56a SGG) ist von der Befürchtung geleitet, die Verfahrensvorschriften könnten dazu missbraucht werden, die sachliche Entscheidung durch Anfechtung von Verfahrenshandlungen zu verzögern oder zu erschweren. Dieser an sich richtige Gedanke kann aber, wenn man ihn auch auf Verpflichtungsbegehren, z. B. auf Gewährung der Akteneinsicht, erstreckt (so BVerwG, NJW 1982, 120), im Ergebnis zu einer Vorenthaltung des Rechtsschutzes führen (vgl. Steinberg, DÖV 1982, 619, 629).

H. Verfahrenskosten

861 Ebenso wie ein Gerichtsverfahren verursacht auch ein Verwaltungsverfahren Kosten,
– einen von Fall zu Fall unterschiedlich großen Verwaltungsaufwand, der in den Verwaltungsgebühren seinen Ausdruck findet, sowie Auslagen der Behörde (Reisekosten, Telefongebühren u. a. m.),
– Aufwendungen, die den Beteiligten entstanden sind (Reisekosten, Rechtsanwaltsgebühren u. a. m.).
Diese Verfahrenskosten hat zunächst derjenige zu tragen, dem sie entstanden sind. Die Behörden dürfen Verwaltungsgebühren und ihre Auslagen vom Bürger nur erheben, wenn und soweit ein Gesetz oder eine auf Gesetz beruhende Rechtsvorschrift sie dazu ermächtigt (Vorbehalt des Gesetzes). Für das Verfahren bei den Behörden nach dem SGB werden keine Gebühren und Auslagen erhoben (§ 64 I SGB X). Andererseits kann ein Beteiligter seine Aufwendungen von der Behörde nur erstattet verlangen, wenn das geltende Recht ihm hierfür eine Anspruchsgrundlage gibt. Letzteres ist für das Widerspruchsverfahren durch § 80 LVwVfG (§ 63 SGB X) geschehen; im Übrigen bleibt er auf seinen Aufwendungen sitzen.
Nun zu den Verwaltungskosten – Gebühren und Auslagen:

I. Rechtsgrundlagen

862 Das LVwVfG enthält keine Rechtsgrundlage für die Erhebung von Gebühren und Auslagen. Da das **Bundesgebührengesetz** (**BGebG**) nur auf Behörden des Bundes sowie bundesunmittelbare Körperschaften, Anstalten und Stiftungen des

öffentlichen Rechts anwendbar ist (§ 2 I BGebG) werden in Baden-Württemberg Gebühren und Auslagen im Wesentlichen aufgrund folgender Gesetze erhoben:
Landesgebührengesetz (LGebG): Es handelt sich um ein Landesgesetz, das anzuwenden ist von den staatlichen Behörden einschließlich der Landratsämter als unterer staatlicher Verwaltungsbehörden (§§ 1, 2 I, 4 III LGebG).
Kommunalabgabengesetz (KAG): Es handelt sich um ein Landesgesetz, das anzuwenden ist von den Gemeinden und Landkreisen (§ 1 KAG). Gemeinden und Verwaltungsgemeinschaften wenden das KAG nach Maßgabe des § 4 III LGebG auch dann an, wenn sie Aufgaben der unteren Verwaltungsbehörde (§ 15 III S. 1 LVG) oder wenn sie Aufgaben der unteren Baurechtsbehörde (§ 47 IV S. 2 LBO) wahrnehmen.

II. Begriffliches

1. Gebühren

Gebühren, Beiträge und Steuern werden unter dem Oberbegriff der öffentlichen Abgaben zusammengefasst (vgl. § 1 KAG). Unter Gebühren versteht man öffentlich-rechtliche Geldleistungen, die aus Anlass individuell zurechenbarer öffentlicher Leistungen einem Gebührenschuldner auferlegt werden (§ 2 IV LGebG). Die frühere Unterscheidung zwischen Benutzungsgebühr und Verwaltungsgebühr hat das LGebG aufgegeben. Im KAG wird der Begriff der Benutzungsgebühr zwar weiterhin verwendet, aus der Überschrift zum Dritten Teil des Gesetzes („Gebühren für öffentliche Leistungen einschließlich Benutzungsgebühren") ist aber zu schließen, dass auch die Benutzungsgebühr als Unterfall einer Gebühr für eine öffentliche Leistung angesehen wird.
Unter öffentlicher Leistung versteht das LGebG jedes behördliche Handeln (§ 2 II) unabhängig davon, ob dieses durch aktives Tun, Dulden oder Unterlassen gekennzeichnet ist. Es sind grundsätzlich alle hoheitlichen Maßnahmen erfasst, „seien es aktive oder auch passive in Ansehung der Unterlassung möglicher Eingriffsmöglichkeiten durch die Behörde" (RegEntwurf). Somit kann eine Gebühr sogar dann erhoben werden, wenn ein VA aufgrund von Ermessenserwägungen unterlassen wird. Folgerichtig stellt § 2 II S. 2 LGebG klar, dass auch für gesetzlich geregelte Genehmigungsfiktionen bei behördlichem Schweigen eine Gebühr erhoben werden kann.

> **Beispiele:** Gebühr für die Zulassung der Änderung einer genehmigungsbedürftigen immissionsschutzrechtlichen Anlage durch behördliche Schweigen nach § 15 II S. 2 BImSchG; Gebühr für das Ausstellen eines Reisepasses, eines Führerscheins, einer Baugenehmigung oder einer Sondernutzungserlaubnis; Gebühr für Beurkundungen; Gebühr für die Einräumung eines Grabnutzungsrechts; Gebühr für die Benutzung des städtischen Hallenbads. Keine öffentlichen Leistungen sind dagegen vorbereitende Tätigkeiten wie z. B. Abgabe von Stellungnahmen (VG Freiburg, VBlBW 2008, 195), Einnahme eines Augenscheins etc.

Aufgrund grundrechtlicher Wertentscheidungen berechtigt allerdings nicht jede öffentliche Leistung zur Gebührenerhebung: So würde eine Gebührenpflicht für hoheitliche Maßnahmen aus Anlass einer verfassungsrechtlich geschützten

Versammlung mittelbar der Versammlungsfreiheit nach Art. 8 I GG widersprechen; möglich ist nur die Erhebung einer Verwaltungsgebühr für die Erteilung von Auflagen zur Abwehr konkreter Gefahren für die öffentliche Sicherheit oder Ordnung (VGH BW, NVwZ-RR 2009, 329).

2. Auslagen

864 Unter Auslagen versteht man Ausgaben, die die Verwaltung Dritten bezahlt, um die öffentliche Leistung erbringen zu können (§ 2 V LGebG; vgl. den Auslagen-Katalog in § 8 I LVwVGKO). Die der Behörde erwachsenen Auslagen sind üblicherweise in der Verwaltungsgebühr inbegriffen (§ 14 I LGebG, § 11 IV S. 1 KAG). Sie sind vom Schuldner zu ersetzen, soweit sie das übliche Maß erheblich übersteigen (§ 14 II LGebG, § 11 IV S. 2 Halbs. 1 KAG).

Beispiele: Entschädigung von Zeugen nach § 26 III S. 2 LVwVfG; Reisekosten für überörtliche Dienstreisen.

Auch im Fall der Gebührenfreiheit oder -ermäßigung kann Auslagenersatz verlangt werden (§ 14 III LGebG; § 11 IV S. 2 Halbs. 2 KAG).

III. Gebührengrundsätze

1. Entstehungsgrund

865 Für die Frage, ob überhaupt für eine öffentliche Leistung eine Gebühr erhoben wird, ist zu beachten, dass das Gebührenrecht in der Regel von einer strikten Bindung der Behörde ausgeht. Nach § 4 I LGebG und den kommunalen Abgabesatzungen setzen die Behörden Gebühren fest. Liegen die normativen Voraussetzungen vor, dann ist die Behörde also verpflichtet, eine Gebühr zu erheben, sofern nicht ein Ausnahmetatbestand (vgl. §§ 9, 10 LGebG) eingreift. Die Formulierungen in §§ 11 I und 12 I KAG, wonach die Kommunen Gebühren erheben „können", ist als gesetzliche Ermächtigung auszulegen. Denn ohne eine solche würden die kommunalen Abgabesatzungen gegen den Grundsatz des Vorbehalts des Gesetzes verstoßen. Ermessen eröffnet neben der Ermächtigung zur Gebührenerhebung lediglich § 13 I und II KAG, wonach die Kommunen die Wahl zwischen der Erhebung einer öffentlich-rechtlichen Benutzungsgebühr und einem privatrechtlichen Entgelt haben.

866 Gebührenschuldner ist nach § 5 I LGebG derjenige, dem die öffentliche Leistung zuzurechnen ist (Nr. 1), der die Gebührenschuld durch schriftliche oder elektronische Erklärung übernommen hat (Nr. 2) und der kraft Gesetzes für die Gebührenschuld eines anderen haftet (Nr. 3). Im Gegensatz zum KAG hat damit das LGebG den für die Gebührenerhebung früher geltenden Anknüpfungspunkt der „Veranlassung" zugunsten der „Zurechnung" aufgegeben. In der Sache hat sich hierdurch freilich nichts Entscheidendes geändert, die neue Begrifflichkeit macht nunmehr aber deutlich, dass nicht quasi mechanistisch ein „Impulsgeber" einer öffentlichen Leistung zur Zahlung herangezogen werden kann, sondern dass die Heranziehung zur Gebührenzahlung einer normativen Wertung unterliegt.

Beispiel: Dem Leiter einer Versammlung können nicht Gebührentatbestände zugerechnet werden, die durch Dritte (unter Einschluss von Versammlungsteilnehmern) geschaffen werden. Ebenso wenig genügen Anmeldung oder Durchführung der Versammlung für die Zurechnung (VGH BW, NVwZ-RR 2009, 329).

Im KAG liegt der Entstehungsgrund einer Gebühr für eine öffentliche Leistung nach wie vor in deren Veranlassung (§ 11 I KAG). Veranlasser ist in erster Linie, wer die Vornahme der Leistung ausdrücklich oder nach dem Sinn seines Verhaltens beantragt, aber auch derjenige, der durch sein rein tatsächliches Verhalten das Tätigwerden der Behörde auslöst (VGH BW, BWVBl. 1971, 90).

Beispiel: Wer illegal ein Gebäude errichtet hat, ist Veranlasser einer Abbruchsanordnung (Wenig, BWVBl. 1972, 183, 184).

Darf eine Behörde nur auf Antrag tätig werden, so ist, wenn ein **Antrag** gestellt wird, im Rechtssinn allein der Antragsteller Veranlasser der Amtshandlung (vgl. VG Karlsruhe, Urt. v. 26.7.2011 – 6 K 2797/10). Die Gebührenpflicht tritt prinzipiell unabhängig davon ein, ob das jeweilige Verwaltungsverfahren für den Antragsteller positiv oder negativ ausgeht.

Beispiele: Das Widerspruchsverfahren nach §§ 68 ff. VwGO wird nur durch die Erhebung des Widerspruchs eingeleitet (§ 69 VwGO). Endet das Widerspruchsverfahren für den Widersprechenden erfolgreich, weil der angefochtene VA ihn in einem Recht verletzt, ist nur der Widersprechende Veranlasser (Schlabach, BWVP 1993, 52, 55), nicht die Behörde, welche den rechtswidrigen VA erlassen hat. Der Widersprechende ist also gegenüber der Widerspruchsbehörde gebührenpflichtig (hat aber einen Erstattungsanspruch gegenüber dem Rechtsträger der Ausgangsbehörde gem. § 80 I S. 1 LVwVfG). Ein Landratsamt hat gegenüber einem Kraftfahrer gem. § 11 III FeV angeordnet, ein medizinisch-psychologisches Gutachten über seine Eignung zum Führen von Kfz beizubringen. Der Kraftfahrer – nicht die anordnende Behörde – ist Auftraggeber bzw. Veranlasser des Gutachtens und damit Kostenschuldner hinsichtlich der Gebühr für das Gutachten; auf die Rechtmäßigkeit der Anordnung des Landratsamts kommt es nicht an (VGH BW, BWVP 1988, 40).

Gebührenpflichtig sind aber auch öffentliche Leistungen, welche die Behörden „**im Interesse Einzelner**" vornehmen (§ 11 I KAG). Dies ist ein von der Veranlassung unabhängiger Gebührentatbestand, der nur vorliegt, wenn die Amtshandlung einen begrenzbaren Personenkreis betrifft; es kommt darauf an, wer von der Amtshandlung in rechtlicher Hinsicht unmittelbar betroffen wird, bloße Rechtsreflexe, die von der Amtshandlung ausgehen, genügen nicht (VGH BW, BWVBl. 1971, 90, 91). Das Interesse kann dabei an der öffentlichen Leistung selbst bestehen oder an dem Vorgang, der den Anlass zu der gebührenpflichtigen Amtshandlung gibt (BVerwG, DÖV 1973, 827).

Beispiele: Die Aufbewahrung sowie die Aushändigung von Fundsachen sind öffentliche Leistungen, die dem Verlierer, Eigentümer oder Finder individuell zurechenbar sind (VGH BW, NJW 2008, 2871).

Erst nachdem die Behörde eine Gebührenpflicht dem Grunde nach bejaht hat, darf sie sich der Höhe der Gebühr zuwenden. Für die Höhe (Bemessung) der Gebühr sind zwei Grundsätze allgemein anerkannt:

2. Bemessung

868 **Kostendeckungsgebot:** Dieser Grundsatz besagt, dass die Gebühr die mit der öffentlichen Leistung verbundenen Verwaltungskosten aller an der Leistung Beteiligten decken soll (§ 7 I LGebG, § 11 II S. 1 KAG). Ziel ist es also zu verhindern, dass die der Behörde entstandenen Kosten durch die Gebührenerhebung unterschritten werden. Dabei ist eine maßvolle Überschreitung, soweit sie nicht das unten zu behandelnde Äquivalenzprinzip verletzt, grundsätzlich hinzunehmen. Der Landesgesetzgeber hat somit das bis 2004 geltende „Kostendeckungsprinzip", das der Sache nach ein „Kostenüberdeckungsverbot" darstellte, in ein Kostendeckungsgebot umgewandelt.

869 **Äquivalenzprinzip:** Es ist der gebührenrechtliche Ausdruck des verfassungsrechtlichen Grundsatzes der Verhältnismäßigkeit und besagt, dass zwischen der Höhe der Gebühr und der Leistung der Verwaltung, d. h. ihrem Nutzen für den Gebührenschuldner, ein angemessenes Verhältnis bestehen muss (§ 7 II LGebG; § 11 II S. 2 KAG). Maßgeblich ist hier die Wertrelation bei der einzelnen öffentlichen Leistung (§ 7 III LGebG; § 11 II S. 4 KAG; BVerwGE 26, 305).

Beispiele: Das Äquivalenzprinzip ist verletzt und ein Gebührenbescheid damit rechtswidrig, wenn eine Gebühr so hoch festgesetzt ist, dass sie faktisch die Beantragung der Amtshandlung ausschließt (vgl. VGH BW, NVwZ-RR 2009, 329), wenn sie beim Bürger die Überlegung auslöst, ob er sich z. B. einen Pass überhaupt leisten kann oder wenn eine Gebühr „erdrosselnden" Charakter hat (BVerwGE 26, 305). Die „Gebühr für die Bearbeitung jeder Rückmeldung" eines Studenten bei einer Universität des Landes BW von 100,- DM (ca. 51,- €) steht in „grobem Missverhältnis" zum tatsächlichen Verwaltungsaufwand, der mit 8,33 DM (4,26 €) veranschlagt worden war (BVerfG, DVBl. 2003, 993).

870 Schließlich ist auch im Gebührenrecht der **Gleichheitssatz** zu beachten (dazu grundlegend BVerfG, DVBl. 1979, 774 m. Anm. v. Busch). Der Grundsatz der „individuellen Gleichmäßigkeit" darf jedoch hinter jenem der „generellen Gleichmäßigkeit" zurücktreten. So ist es zulässig, die Gebührenbemessung nach möglichst einfach zu handhabenden Maßstäben zu regeln (vgl. § 11 II S. 3 KAG; BVerfG, DVBl. 2003, 983).

IV. Die Kostenentscheidung

871 Die Entscheidung über die Kosten – Festsetzung der Gebühr und ggf. der Auslagen – ist von Amts wegen zu treffen und soll zusammen mit der Sachentscheidung ergehen (§ 16 I S. 1 LGebG). Zur Begründung der Kostenentscheidung vgl. Rn. 808.
Wird nur gegen die Kostenentscheidung Widerspruch erhoben, so entfaltet dieser keine aufschiebende Wirkung (§ 80 II Nr. 1 VwGO). Richtet sich der Widerspruch dagegen auch gegen die Sachentscheidung, dann erfasst die aufschiebende Wirkung des § 80 I VwGO auch den Kostenpunkt; die Beitreibung muss für die Dauer der aufschiebenden Wirkung unterbleiben (dazu: Beckmann, VR 2003, 181).

I. Vertiefungshinweise und Wiederholungsfragen

I. Vertiefungshinweise

Braun-Binder: Vollautomatisierte Verwaltungsverfahren im allgemeinen Verwaltungsverfahrensrecht?, NVwZ 2016, 960; Boehme-Neßler, Auf dem Weg zum „unscharfen" Verwaltungsrecht? – Portal-Denken und Netz-Logik im Verwaltungsrecht, NVwZ 2007, 650 ff.; Hong: Das Recht auf Informationszugang nach dem Informationsfreiheitsgesetz als Recht zur Mobilisierung der demokratischen Freiheit, NVwZ 2016, 953; Schmidt-Assmann, Verwaltungsverfahren und Verwaltungskultur, NVwZ 2007, 40 ff.; Schoch, Das rechtliche Gehör Beteiligter im Verwaltungsverfahren (§ 28 VwVfG), Jura 2006, 833 ff.

II. Wiederholungsfragen

1. Bleibt eine Behörde örtlich zuständig, wenn sich die für die Zuständigkeit maßgeblichen Umstände (z. B. der Wohnsitz des Antragstellers) während des Verwaltungsverfahrens ändern? – Rn. 756
2. Was verstehen Sie unter einer Wiedereinsetzung in den vorigen Stand? Was setzt sie voraus? – Rn. 816, 817
3. Darf die Behörde verlangen, dass für einen Antrag ein amtliches Formular benützt wird? – Rn. 825
4. Wodurch unterscheiden sich die Mitwirkungsarten des „Einvernehmens" und des „Benehmens"? – Rn. 835, 836
5. Was besagen die folgenden Gebührengrundsätze: Kostendeckungsgebot, Äquivalenzprinzip? – Rn. 868, 869
6. Darf ein Beamter, der am Erlass eines VA mitgewirkt hat, nachdem er zur Widerspruchsbehörde versetzt wurde, den Widerspruchsbescheid erlassen? – Rn. 764
7. Ein Antrag auf Bewilligung einer Subvention wird abgelehnt. Wer trägt die materielle Beweislast? – Rn. 853
8. Welchen Sinn sehen Sie darin, einen (schriftlichen) VA zu begründen? – Rn. 803

Kapitel 15 Besondere Verwaltungsverfahren

A. Einführung

874 Das LVwVfG kennt wie das VwVfG das nicht förmliche, allgemeine Verwaltungsverfahren und besondere Verwaltungsverfahrensarten. Das allgemeine Verwaltungsverfahren ist in den §§ 10 ff. LVwVfG geregelt, während die besonderen Verfahrensarten in den §§ 63 ff. LVwVfG oder auch in Gesetzen des besonderen Verwaltungsrechts normiert sind. Das allgemeine Verwaltungsverfahren ist gem. § 10 S. 2 LVwVfG einfach, zweckmäßig und zügig durchzuführen, wobei bestimmte Regelungen des LVwVfG beachtet werden müssen (s. dazu Rn. 741 ff.). Was die Zügigkeit angeht, so finden sich in den §§ 71a ff. LVwVfG für wirtschaftsnahe Verfahren Beschleunigungsvorschriften (Stelkens/Bonk/Sachs, VwVfG, § 71a Rn. 2 ff.; s. auch Rn. 741). Die besonderen Verfahrensarten zeichnen sich dadurch aus, dass sie justizförmig ausgestaltet sind, diese Verfahrensarten lehnen sich also in ihrer Ausgestaltung an das verwaltungsgerichtliche Verfahren an (s. Ule/Laubinger, S. 304). An besonderen Verwaltungsverfahrensarten gibt es im LVwVfG das förmliche Verwaltungsverfahren (§§ 63 bis 71 LVwVfG) und das Planfeststellungsverfahren (§§ 72 bis 78 LVwVfG).

B. Förmliches Verwaltungsverfahren

I. Anwendbarkeit der Regelungen des förmlichen Verwaltungsverfahrens

875 Das förmliche Verwaltungsverfahren nach den §§ 63 bis 71 LVwVfG findet nur statt, wenn es gem. § 63 I LVwVfG durch spezielle Rechtsvorschrift ausdrücklich als ein solches angeordnet ist, wie bspw. bundesrechtlich nach § 36 BBergG oder § 41 SaatG. Ansonsten kommt es in der Rechtspraxis kaum vor, so dass das förmliche Verfahren wenig Bedeutung hat.
Sind Verwaltungsverfahren spezialgesetzlich ohne Verweis auf die §§ 63 ff. LVwVfG förmlich ausgestaltet, wie etwa durch § 10 BImSchG i. V. m. der 9. BImSchV oder den §§ 1 ff. der Atomrechtlichen Verfahrensverordnung (AtVfV), so kommt insoweit nach dem allgemeinen Grundsatz vom Vorrang der spezielleren Regelungen das Verwaltungsverfahrensgesetz nicht zum Zuge. Gerade bei diesen umweltbezogenen Verfahren treten zudem häufig noch weitere Verfahrensschritte nach dem UVPG oder Spezialrecht hinzu (Peters/Balla/Hesselbarth, UVPG, § 2 Rn. 43 ff.). Es handelt sich dann aber nicht um förmliche Verfahren i. S. d. §§ 63 ff. LVwVfG, sondern schlicht um spezielle Verfahrensregeln, die den allgemeinen Regelungen des LVwVfG vorgehen.

II. Bestandteile des förmlichen Verwaltungsverfahrens

876 Gegenüber dem allgemeinen Verwaltungsverfahren ergeben sich im förmlichen Verwaltungsverfahren Besonderheiten aus § 64 LVwVfG über die Form des Antrages, aus § 65 LVwVfG über die Mitwirkung von Zeugen und Sachverständigen, aus § 66 LVwVfG über die Anhörung Beteiligter sowie ihre Mitwirkung bei der Beweisaufnahme, aus den §§ 67, 68 LVwVfG über die mündliche Verhandlung, aus § 69 II, III LVwVfG über die Form, Begründung und Zustellung der Entscheidung bzw. ihre öffentliche Bekanntmachung sowie aus § 70 LVwVfG über die Anfechtung der Entscheidung. Insoweit werden die Vorschriften des allgemeinen Verwaltungsverfahrens, also die §§ 26 III S. 1, 28 II, III, 26 II, 37 II, 41 und § 79 LVwVfG ausgeschlossen. Im Übrigen sind die Vorschriften der Teile I bis III des LVwVfG anwendbar.

III. Einzelne Verfahrensbesonderheiten

1. Verpflichtung zur Anhörung von Beteiligten

Nach § 66 I LVwVfG ist den Beteiligten im förmlichen Verfahren Gelegenheit zu geben, sich vor der Entscheidung zu äußern. Aus dieser Vorschrift ergeben sich zu der Anhörung nach § 28 LVwVfG im allgemeinen Verwaltungsverfahren ganz erhebliche Unterschiede. Zunächst einmal ist hier allen Beteiligten i. S. d. § 13 LVwVfG Gelegenheit zur Äußerung zu geben, auf einen Rechtseingriff kommt es nicht an. Außerdem bezieht sich die Anhörung nicht nur auf die rechtserheblichen Tatsachen, sondern zwingend auch auf alle anderen der Entscheidung zugrunde liegenden Umstände, also auch auf rechtliche Problematiken. Da § 66 LVwVfG keine Ausnahmen regelt, ist die Anhörung stets durchzuführen. Die Ausnahmeregelungen in § 28 II, III LVwVfG kommen hier nicht zum Zuge (Ule/Laubinger, S. 305).

2. Mündliche Verhandlung

Eines der ganz offensichtlich justizförmigen Elemente des förmlichen Verwaltungsverfahrens ist das Erfordernis der mündlichen Verhandlung nach § 67 I S. 1 LVwVfG. Nach den Maßgaben des § 67 II LVwVfG kann in den dort genannten Ausnahmefällen auch ohne mündliche Verhandlung entschieden werden.

a) Durchführung der mündlichen Verhandlung. Zu der mündlichen Verhandlung sind die Beteiligten mit angemessener Frist schriftlich gem. § 67 I S. 2 LVwVfG zu laden. In Massenverfahren, also bei mehr als 50 Ladungen, kann die Ladung durch öffentliche Bekanntmachung gem. § 67 I S. 4 LVwVfG ersetzt werden.
Nach § 68 I S. 1 LVwVfG ist die mündliche Verhandlung grundsätzlich nicht öffentlich. Nach Satz 2 dieser Vorschrift können jedoch Vertreter der Aufsichtsbehörde an der Verhandlung teilnehmen, nach Satz 3 kann der Verhandlungsleiter anderen Personen die Anwesenheit gestatten, wenn kein Beteiligter widerspricht. Wenn keiner der Beteiligten zur Verhandlung erscheint, so kann die Behörde gem. § 67 I S. 3 LVwVfG dennoch zur Sache verhandeln und letztlich auch entscheiden.

b) Ablauf der Verhandlung. Der Gang der mündlichen Verhandlung ergibt sich aus § 68 II LVwVfG. Danach hat der Verhandlungsleiter die Sache mit den Beteiligten zu erörtern. Er hat in diesem Zusammenhang darauf hinzuwirken, dass unklare Anträge erläutert, sachdienliche Anträge gestellt, ungenügende Angaben ergänzt sowie alle für die Feststellung des Sachverhalts wesentlichen Erklärungen abgegeben werden. Zur Aufrechterhaltung der Ordnung während der Verhandlung hat der Verhandlungsleiter die sitzungspolizeilichen Befugnisse aus § 68 III LVwVfG. Über die Sitzung ist nach § 68 IV LVwVfG eine Niederschrift zu fertigen (Ule/Laubinger, S. 314 ff.).

3. Formerfordernisse

881 VAs, die das förmliche Verfahren abschließen, sind nach § 69 II LVwVfG schriftlich zu erlassen, schriftlich zu begründen und den Beteiligten zuzustellen. Erst mit der Zustellung ist das förmliche Verwaltungsverfahren abgeschlossen. In Massenverfahren kann die Zustellung gem. § 69 III LVwVfG durch öffentliche Bekanntmachung erfolgen.

4. Rechtsbehelfe

882 Gem. § 70 LVwVfG bedarf es vor einer verwaltungsgerichtlichen Klage, deren Streitgegenstand ein im förmlichen Verwaltungsverfahren erlassener VA ist, keiner Nachprüfung durch ein Vorverfahren. Es ist daher ohne Durchführung eines Widerspruchsverfahrens direkt Klage vor einem Verwaltungsgericht zu erheben. Diese Vorschrift stellt eine gesetzliche Ausnahme i. S. von § 68 I S. 2 VwGO dar („„wenn ein Gesetz dies bestimmt").

C. Planfeststellungsverfahren

I. Anwendbarkeit der Regelungen des Planfeststellungsverfahrens

883 Die rechtlichen Grundlagen für das Planfeststellungsverfahren finden sich in den §§ 72 ff. LVwVfG. Das Verfahren ist insgesamt noch formstrenger als das förmliche Verwaltungsverfahren. Die Vorschriften der §§ 73 bis 78 LVwVfG kommen nur zur Anwendung, wenn eine Planfeststellung im speziellen Gesetz angeordnet ist (§ 72 LVwVfG), wobei dort vorgesehene spezielle Regelungen den allgemeinen Vorschriften vorgehen (z. B. § 18 FStrG).

Beispiele: §§ 17 ff. FStrG für Bundesfernstraßen; § 37 StrG für Landesstraßen; §§ 8 ff. LuftVG für Flughäfen und Landeplätze; §§ 28 ff. PBefG für Straßenbahnen; § 68 WHG für bestimmte Maßnahmen zur Herstellung, Umgestaltung oder Beseitigung von Gewässern; § 9b AtG für Anlagen zur Sicherstellung und Endablagerung radioaktiver Abfälle.

Soweit sich aus §§ 73 bis 78 LVwVfG nichts anderes ergibt, sind die Vorschriften des LVwVfG über den Anwendungsbereich, die örtliche Zuständigkeit, die Amtshilfe, das Verwaltungsverfahren, den VA und den verwaltungsrechtlichen Vertrag anwendbar. Von den Regelungen über das förmliche Verwaltungsverfahren werden im Planfeststellungsverfahren diejenigen angewandt, auf die §§ 73 VI S. 4, 74 I S. 2 LVwVfG Bezug nehmen, nämlich §§ 67 I S. 3, II Nr. 1 und 4, III, 68, 69, 70 LVwVfG. Da Planfeststellungsverfahren zumeist umweltrelevante Vorhaben betreffen und in diese dann nach Anlage 1 zu § 3 UVPG UVP-pflichtig sind, kommen häufig noch Verfahrensschritte nach den §§ 3a–12 UVPG dazu (Peters/

Balla, UVPG, § 3a–12), wobei diese gem. § 2 I UVPG ein unselbstständiger Teil des Planfeststellungsverfahrens sind.

II. Verfahrensgang

1. Beginn des Verfahrens

Das eigentliche Verfahren wird gem. § 73 I S. 1 LVwVfG dadurch eingeleitet, dass der Planungsträger den Plan bei der sog. Anhörungsbehörde einreicht. Damit setzt das Anhörungsverfahren ein.

2. Behördenbeteiligung

Nach § 73 II LVwVfG holt die Behörde von den Behörden, die in ihren Aufgabenbereichen betroffen werden, eine Stellungnahme ein. Zu diesen Behörden zählen alle diejenigen, deren materiellem Recht das Planvorhaben unterfällt. Wegen der Planungshoheit der Gemeinden gehören diese meist dazu.

3. Öffentlichkeitsbeteiligung

Die Anhörungsbehörde lässt den Plan gem. § 73 II LVwVfG in den Gemeinden, in denen sich das Vorhaben voraussichtlich auswirkt, für einen Monat aus. Das muss von der Gemeinde mindestens eine Woche vorher bekannt gemacht werden (§ 73 V LVwVfG). Gegen den Plan kann dann jeder, dessen Belange durch das Vorhaben berührt werden, bis zwei Wochen nach Ablauf der Auslegungsfrist Einwendungen erheben (§ 73 IV LVwVfG). Belange können rechtlicher, wirtschaftlicher, sozialer oder auch ideeller Art sein. Einwendung ist nicht jedes Entgegnen, sondern nur solches, das sachlich auf die Verhinderung oder Modifizierung des Vorhabens abzielt (Stelkens/Bonk/Sachs, § 73 Rn. 98).

4. Beteiligung anerkannter Verbände

Ferner müssen gem. § 63 BNatSchG anerkannte Naturschutzverbände am Verfahren beteiligt werden, wenn mit dem Vorhaben ein Eingriff in Natur und Landschaft verbunden ist.

5. Erörterungstermin

Nach Ablauf der Einwendungsfrist findet der Erörterungstermin i. S. v. § 73 VI LVwVfG statt. Hier werden die Einwendungen und Stellungnahmen von der Anhörungsbehörde mit dem Träger des Vorhabens, den beteiligten Behörden, den Betroffenen und den übrigen Einwendern erörtert (BVerfGE 53, 30). Zumeist findet eine kontradiktorische Verhandlung statt, wobei auch die Gutachter des Antragstellers und der Einwender mit einbezogen werden (zum Ablauf vgl. Rn. 878 f.).

6. Stellungnahme der Anhörungsbehörde

Zum Ergebnis der Anhörung verfasst die Anhörungsbehörde eine Stellungnahme nach § 73 IX LVwVfG. Sie soll nach Möglichkeit innerhalb eines Monats mit dem Plan, den Stellungnahmen der Behörden und den nicht erledigten Einwendungen der Planfeststellungsbehörde zugehen.

III. Planfeststellungsbeschluss

890 Die Planfeststellungsbehörde stellt den Plan durch VA fest (§ 74 I LVwVfG). Es handelt sich um einen begünstigenden VA mit belastender Drittwirkung, wobei er wegen der Vielzahl der Betroffenen eine Allgemeinverfügung darstellt (Rn. 236 ff.). Durch diesen Planfeststellungsbeschluss wird über die bisher noch nicht erledigten Einwendungen entschieden (§ 74 II LVwVfG). Durch die Planfeststellung werden die Beziehungen zwischen dem Träger des Vorhabens und den durch den Plan Betroffenen geregelt (§ 75 I LVwVfG). In dem Planfeststellungsbeschluss entscheidet die Planfeststellungsbehörde über die erforderlichen Schutzauflagen (§ 74 II S. 2 LVwVfG). Je nach Bedeutung sind sie inhaltliche Beschränkungen des Planfeststellungsbeschlusses vgl. Rn. 277 oder Nebenbestimmungen i. S. v. § 36 II LVwVfG. Adressat der Schutzauflage ist der Träger des Vorhabens.

891 Der Planfeststellungsbeschluss ist schriftlich zu erlassen und dem Träger des Vorhabens, den bekannten Betroffenen sowie denjenigen, über deren Einwendungen entschieden worden ist, **zuzustellen** (s. Rn. 327 ff.). Eine Ausfertigung des Beschlusses ist mit einer Rechtsbehelfsbelehrung und einer Ausfertigung des festgestellten Plans in den Gemeinden zwei Wochen zur Einsicht auszulegen. Sind außer an den Träger des Vorhabens mehr als 50 Zustellungen vorzunehmen, so können diese durch öffentliche Bekanntmachung ersetzt werden (§ 74 IV, V S. 1 LVwVfG).

IV. Rechtsbehelfe

892 Gem. §§ 74, 70 LVwVfG gibt es auch hier kein Widerspruchsverfahren (vgl. Rn. 882). Auf das Vorverfahren hat der Gesetzgeber insbesondere deshalb verzichtet, weil im Verwaltungsverfahren die Einwendungsmöglichkeit besteht.

V. Besondere Wirkungen der Planfeststellung

1. Konzentrations- und Ersetzungswirkung der Planfeststellung

893 Ist ein Vorhaben nach verschiedenen Fachgesetzen zulassungsbedürftig und ist eine der Zulassungen eine Planfeststellung, so ersetzt sie alle anderen. Das ergibt sich aus der allgemeinen Vorschrift des § 75 I S. 1 LVwVfG. Das Verfahren richtet sich dann nach den Planfeststellungsverfahrensvorschriften, es findet nur ein Verfahren statt. Zuständige Behörde ist nur die Anhörungs- bzw. Planfeststellungsbehörde, die anderen für die ersetzten Zulassungen an sich zuständigen Behörden werden im Wege der Mitwirkung beteiligt (Rn. 885). Es gelten nur noch die Verfahrensschritte des dominierenden Verfahrens, die der anderen Gesetze fallen weg (Stelkens/Bonk/Sachs, § 75 Rn. 18).

894 Das materielle Recht der Fachgesetze geht allerdings nicht verloren, es wird vielmehr durch die Konzentrationswirkung zum Prüfungsmaßstab im Planfeststellungsverfahren; das gilt für alle einschlägigen Gesetze. Erfolgt die Planfeststellung durch eine Bundesbehörde, so muss diese in Abweichung des Grundsatzes, dass der Bund kein Landesrecht ausführen kann, auch das materielle konzentrierte Landesrecht beachten. Die Konzentration wirkt sich so aus, dass die materiellen Vorschriften anderer Gesetze vollinhaltlich Eingang in das Verfahren finden, sie sind nicht nur Abwägungsbelange der Planung (BVerwGE 70, 242, 244; 71, 163, 164). Unterfällt das Vorhaben mehreren Planfeststellungen, so findet gem. § 78 I S. 1 LVwVfG ebenfalls nur ein Verfahren statt. Die Konzentrationswirkung kommt dabei gem. § 78 II LVwVfG dem Planfeststellungsverfahren zu, das den größeren Kreis öffentlich-rechtlicher Beziehungen berührt, ihm kommt auch die Ersetzungswirkung zu.

2. Präklusionswirkung

Die Planfeststellung ist mit weitgehenden Präklusionswirkungen ausgestattet. Der Planfeststellungsbeschluss schließt, sobald er unanfechtbar geworden ist, alle Ansprüche auf Unterlassung des Vorhabens, auf Beseitigung oder Änderung der Anlagen oder auf Unterlassung ihrer Benutzung aus (§ 75 II S. 1 LVwVfG). Hierunter fallen sowohl öffentlich-rechtliche als auch privatrechtliche Ansprüche.

Beispiele: Beseitigungs- und Unterlassungsanspruch nach § 1004 I und § 906 BGB; Naturalrestitution nach § 823 i. V. m. § 249 BGB.

Aus § 73 IV S. 3 LVwVfG ergibt sich im Übrigen, dass verspätet vorgebrachte Einwendungen vom Verfahren ausgeschlossen sind (zur Einwendungsfrist vgl. Rn. 886). Allerdings kann die Behörde diese Einwendungen aus eigener Initiative erörtern. Der Gegenstand der Einwendungen kann in einem eventuell nachfolgenden Klageverfahren nicht mehr geltend gemacht werden (sog. materielle Präklusion).

D. Vertiefungshinweise und Wiederholungsfragen

I. Vertiefungshinweise

Ule/Laubinger, Verwaltungsverfahrensrecht, 4. Aufl. 1995; Peters, Grundlagen des Rechts der Planfeststellung, Jura 1999, 237 ff.; Steinberg/Wickel/Müller, Fachplanung, 4. Aufl. 2012.

II. Wiederholungsfragen

1. Welche Verfahrensarten kennt das LVwVfG? – Rn. 874
2. Was zeichnet das förmliche Verwaltungsverfahren aus? – Rn. 875 ff.
3. Wann findet das förmliche Verwaltungsverfahren nach dem LVwVfG nur Anwendung? – Rn. 875
4. Wann kommt es zum Planfeststellungsverfahren? – Rn. 883
5. Welche Projekte unterfallen dem Planfeststellungsverfahren? – Rn. 883
6. Wie läuft ein Erörterungstermin ab? – Rn. 888
7. Welche besondere Wirkung hat die Planfeststellung? – Rn. 893 ff.

Kapitel 16 Datenschutzrecht

A. Einführung

898 Der Datenschutz ist eines der jüngeren Fachgebiete des Verwaltungsrechts. Fast 40 Jahre ist es her, dass das Bundesverfassungsgericht ihm erstmals Grundrechtsrang einräumte. 1983 gilt deshalb gemeinhin als das Geburtsjahr des Datenschutzes. Anlass war ein fast biblischer: eine Volkszählung. Da sich zum Datenschutz nichts im Grundgesetz fand, entnahmen die Richter das Datenschutzgrundrecht Art. 2 I i. V. m. Art. 1 I GG (bitte in dieser Reihenfolge zitieren) und nannten es auf den ersten Blick etwas nebulös und umständlich **„Recht auf informationelle Selbstbestimmung"** (BVerfGE 65, 1, 43). Diese Worte geben aber, das ist sehr hilfreich, den Inhalt sehr exakt wieder: „Jeder bestimmt selbst, was mit den seine Person betreffenden Informationen geschieht".
Wie bei der Prüfung jedes anderen grundrechtlichen Freiheitsrechts unterscheiden wir Schutz- und Schrankenbereich. Der Schutzbereich ist dann betroffen, wenn ein Eingriff in die „informationelle Selbstbestimmung" gegeben ist. Verletzt ist das Grundrecht insgesamt aber erst dann, wenn der Eingriff nicht durch eine Schranke gerechtfertigt ist. Diese Schranken ergeben sich entweder aus einer Einwilligung („Selbstbestimmung" über Informationen) des Betroffenen oder eine ausdrückliche gesetzliche Regelung erlaubt dem Staat diesen Eingriff. Schließlich muss wie auch sonst die Maßnahme verhältnismäßig sein. So gesehen haben wir eine klare Prüfungsaufbaustruktur. Sie soll diesem Beitrag zugrunde gelegt werden. Das Datenschutzrecht verliert damit vielleicht seinen Schrecken.

B. Gesetzliche Grundlagen

I. Allgemeines

899 Jeder Eingriff in die informationelle Selbstbestimmung bedarf, wie wir gesehen haben, zu seiner Rechtfertigung einer gesetzlichen Grundlage (sog. Gesetzesvorbehalt, s. Rn. 155). Diese Forderung des Bundesverfassungsgerichts ist eine bis heute spürbare wesentliche praktische Auswirkung des Volkszählungsurteils. Der Staat musste deshalb zur Rechtfertigung jedes Eingriffs in den Schutzbereich des Datenschutzgrundrechts die fehlenden (unter Umständen speziellen) gesetzlichen Regelungen erst schaffen. Dies ist in weiten Teilen geschehen.
Einen nach 1983 weiteren Einschnitt gab es 2016 auf der Gesetzgebungsebene. Die EU-Staaten einigten sich auf einen europaweit gültigen einheitlichen Datenschutzstandard: die DSGVO. Ausführlich heißt sie die „Verordnung (EU) 2016/679 des Europäischen Parlaments und des Rates vom 27. April 2016 zum Schutz natürlicher Personen bei der Verarbeitung personenbezogener Daten, zum freien Datenverkehr und zur Aufhebung der Richtlinie 95/46/EG (Datenschutz-Grundverordnung)". Sie trat im 25. Mai 2018 in Kraft.
Sie gilt in ihrem Anwendungsbereich direkt und unmittelbar in allen Mitgliedstaaten der EU (Art. 288 AEUV, s. oben Rn. 123), enthält allerdings gerade für

den öffentlichen Bereich keinen umfassenden, abschließenden Katalog von Datenschutzregelungen. So gibt es in der Verordnung neben den direkt und unmittelbar anwendbaren Regelungen eine Vielzahl von Öffnungsklauseln und Bereichsausnahmen. Diese lassen den Mitgliedsstaaten Spielräume für nationale Regelungen.

Dies gilt gerade für den hier interessierenden Bereich der **datenschutzrechtlichen Rechtsgrundlagen**. Für die Rechtmäßigkeit einer Datenverarbeitung muss zunächst einmal eine der Voraussetzungen des **Art. 6 I DSGVO** erfüllt sein. Abgesehen von Art. 6 I lit. a DSGVO (Datenverarbeitung aufgrund einer Einwilligung, s. unten Rn. 908) kommen für die öffentliche Verwaltung nur die Art. 6 I lit. c oder lit. e DSGVO in Betracht. In der Verwaltungspraxis ist in aller Regel schon Art. 6 I lit. e, 1. Alt. DSGVO erfüllt, wonach die Datenverarbeitung rechtmäßig ist, wenn die Verarbeitung für die Wahrnehmung einer Aufgabe erforderlich ist, die im öffentlichen Interesse liegt. Behördliches Verwaltungshandeln in Deutschland beruht fast immer auf der Wahrnehmung von Aufgaben im öffentlichen Interesse. Aufgabenwahrnehmung im rein privaten Bürgerinteresse spielt in der Praxis keine Rolle. Insoweit ist die rechtliche Prüfung relativ schnell abgeschlossen.

Neben der europarechtlichen Rechtsgrundlage aus Art. 6 I DSGVO benötigen Verwaltungsbehörden nach Abs. 2 und 3 für ihre Datenverarbeitung aber auch noch **ergänzend eine nationale Erlaubnisnorm**. Eine Ausnahme gilt nach Art. 6 I S. 1 lit. b DSGVO nur für die Fälle, in denen sich die Befugnis zur Datenverarbeitung neben der DSGVO zusätzlich unmittelbar aus einer Europarechtsnorm ergibt.

Daraus folgt für die datenschutzrechtliche **Rechtmäßigkeitsprüfung** ein **zweistufiger Aufbau**: Zunächst muss eine der Voraussetzungen des Art. 6 I DSGVO erfüllt sein. Daneben bedarf es auf nationaler Ebene eines weiteren ergänzenden Gesetzes, das als Rechtsgrundlage neben Art. 6 I DSGVO den Grundrechtseingriff rechtfertigt. Das hat Auswirkungen auf die Zitierweise einer datenschutzrechtlichen Rechtsgrundlage. Sie muss mindestens zwei Vorschriften enthalten:

> **Beispiel:** Art. 6 I lit. e DSGVO i. V. m. § 4 LDSG

Um einen datenschutzrechtlichen Fall lösen zu können, muss also auch nach Inkrafttreten der DSGVO ergänzend immer ein einschlägiges deutsches Gesetz für die Zulässigkeit der Datenverarbeitung ermittelt werden. Hier liegen schon die nächsten Schwierigkeiten: Denn davon gibt es sehr viele, jedenfalls für den hier nur zu behandelnden sog. öffentlichen Bereich im Verhältnis zwischen Staat und Bürger. Dieser Bereich ist zu unterscheiden vom sog. nicht-öffentlichen, privaten Bereich, wenn sich datenschutzrechtlich zwei Privatpersonen gegenüberstehen. Dies ist z. B. der Fall, wenn beim Einkauf vom Verkäufer Kundendaten erhoben und gespeichert werden.

Bei den verschiedenen Datenschutzgesetzen im öffentlichen Bereich gelten die allgemeinen Regeln „Bundesrecht bricht Landesrecht", „Spezielles Gesetz vor allgemeinem". Spezielle Gesetze wie beispielsweise das Bundesmeldegesetz heißen im Datenschutzrecht „bereichsspezifische Regelungen". Welches Gesetz im Einzelfall einschlägig ist, ergibt sich daraus, in welchem der verschiedenen (formellen) Anwendungsbereiche der Datenschutzgesetze die Behörde („verantwortliche Stelle") tätig wurde. Erst wenn es Überschneidungen der verschiedenen

Gesetze in ihrem definierten Anwendungsbereich gibt, gelten die genannten Konkurrenzregelungen.

Gleichzeitig mit der DSGVO hat der europäische Gesetzgeber noch eine **Datenschutzrichtlinie** erlassen (Richtlinie (EU) 2016/680 des Europäischen Parlaments und des Rates vom 27. April 2016 zum Schutz natürlicher Personen bei der Verarbeitung personenbezogener Daten durch die zuständigen Behörden zum Zwecke der Verhütung, Ermittlung, Aufdeckung oder Verfolgung von Straftaten oder der Strafvollstreckung sowie zum freien Datenverkehr und zur Aufhebung des Rahmenbeschlusses 2008/977/JI des Rates). Die Richtlinie regelt speziell auch die Datenverarbeitung von unter anderem den Polizeibehörden zum Zwecke insbesondere des „Schutzes vor und der Abwehr von Gefahren für die öffentliche Sicherheit" (Art. 1 I Richtlinie 2016/680). Die Richtlinie und die DSGVO schließen sich in ihrem Anwendungsbereich gegenseitig aus (Art. 2 II lit. d DSGVO). Das führte dazu, dass in das baden-württembergische Polizeigesetz 2021 umfassende Datenschutzregelungen aufgenommen werden mussten (§§ 11 bis 16, 70 bis 99 PolG BW).

Im Folgenden sollen hier beispielhaft vier wichtige gesetzliche Grundlagen, ihr jeweiliger Anwendungsbereich vorgestellt und der Prüfungsaufbau erläutert werden. Dies sind das Bundesdatenschutzgesetz (BDSG) als allgemeines Bundesgesetz, das Landesdatenschutzgesetz (LDSG) als allgemeines Landesgesetz, das Sozialgesetzbuch (SGB) und das Bundesmeldegesetz (BMG) als bereichsspezifische Bundesregelungen.

II. Allgemeine Datenschutzgesetze

1. Landesrechtliche Regelung – das Landesdatenschutzgesetz (LDSG)

Das in der Verwaltungspraxis Baden-Württembergs wichtigste Datenschutzgesetz ist das (allgemeine) LDSG. Es wird deshalb hier gleich am Anfang erläutert.

900 a) **Formeller Anwendungsbereich.** Nach § 2 I LDSG gilt das Gesetz für **alle baden-württembergischen öffentlichen Stellen**. Dazu zählen insbesondere Behörden der Städte, Gemeinden und die Landratsämter. Zu beachten ist, dass unter bestimmten Voraussetzungen auch privatrechtlich organisierte juristische Personen und Vereinigungen als öffentliche Stellen gelten, wenn sie Aufgaben der öffentlichen Verwaltung wahrnehmen (§ 2 II LDSG). Die „Grenze" zum Anwendungsbereich des BDSG findet sich für diese juristischen Personen des Privatrechts in § 2 IV LDSG: Öffentliche Stellen, die als Unternehmen mit eigener Rechtspersönlichkeit (z. B. AG, GmbH) am Wettbewerb teilnehmen (es also private Konkurrenzunternehmen gibt), fallen nicht unter das LDSG. Für sie gilt dann das BDSG:

> **Beispiel:** Im Landkreis gibt es neben der kreiseigenen Krankenhaus GmbH auch private Konkurrenzunternehmen.

901 b) **Materieller Anwendungsbereich.** Das LDSG gilt nur, soweit nicht eine inhaltlich speziellere datenschutzrechtliche Regelung des Bundes oder des Landes vorhanden ist (§ 2 III S. 1 LDSG), z. B. das (bereichsspezifische) Bundesmeldegesetz.

c) Geschützte Daten. Wenn das LDSG anwendbar ist, muss in einer ersten Stufe zunächst geprüft werden, ob ein **staatlicher Eingriff** in das Recht auf informationelle Selbstbestimmung, also eine sog. **Datenverarbeitung** (vgl. § 2 I LDSG) gegeben ist. Welche Daten geschützt sind, bestimmt allerdings nicht das LDSG, sondern europarechtlich einheitlich Art. 4 Nr. 1, 1. Halbs. DSGVO. Danach sind personenbezogene Daten alle Informationen, die sich auf eine identifizierte oder identifizierbare natürliche Person (im Folgenden „betroffene Person") beziehen. Damit ist wie bislang jegliche, auch offenkundige Angabe geschützt, ein Geheimhaltungsinteresse braucht nicht geltend gemacht werden, denn es gibt „unter den Bedingungen der automatischen Datenverarbeitung kein belangloses Datum mehr" (BVerfGE 65, 1, 45).

Beispiel: Das Geburtsdatum einer Person (Betroffener) ist ein geschütztes „personenbezogenes Datum".

d) Eingriffsart. Der „Eingriff" in das Recht auf informationelle Selbstbestimmung ist dann gegeben, wenn ein „Verarbeiten" durch die öffentliche Stelle gegeben ist. Welche Vorgänge ein solches „Verarbeiten" darstellen, definiert ebenfalls nicht mehr das nationale Recht, sondern die DSGVO in Art. 4 Nr. 2 und 3. Hier zählt das Gesetz verschiedene Formen der Verarbeitung auf. Die im Einzelfall vorliegende „Art" der Verarbeitung muss festgelegt werden, um im nächsten Schritt die einschlägige Rechtsgrundlage und entsprechende Verfahrensvorschriften im Zweiten Abschnitt des Landesdatenschutzgesetzes (§§ 4 bis 7) zu finden.

Beispiel: Die städtische Beamtin fragt mündlich im Rahmen eines subventionsrechtlichen Verfahrens den Antragsteller nach seinem Geburtsdatum. Damit „erhebt" die Beamtin personenbezogene Daten i. S. v. Art. 4 Nr. 2 DSGVO und verarbeitet Daten.

Problematisch ist bei den verschiedenen Verarbeitungsarten unter anderem die Definition des **sog. „Übermittelns"**. In einer Behörde stellt sich häufig die Frage, ob jegliche Weitergabe innerhalb der Behörde schon ein „Übermitteln" ist oder ein bloßes „Verwenden". Je nachdem sind unter Umständen unterschiedliche Vorschriften des LDSG einschlägig (vgl. z. B. § 6 LDSG). Beide Varianten unterscheiden sich dadurch, dass beim Übermitteln das Datum an einen „Dritten", bei einem „Verwenden" das Datum innerhalb der die Daten verarbeitenden „verantwortlichen Stelle" (vgl. § 2 II S. 2 LDSG) weitergegeben wird. Fraglich und zum Teil umstritten ist im nationalen Recht, ob mit „verantwortlicher Stelle" die gesamte Körperschaft (z. B. Stadt) oder nur die einzelne „Stelle" (z. B. Bauamt) gemeint ist. Für das LDSG gilt die gesamte Körperschaft als „verantwortliche Stelle". Damit ist die Weitergabe von Daten innerhalb derselben Körperschaft (also beispielsweise der Stadt) immer als Verwenden der „verantwortlichen Stelle" und nicht als Übermitteln zu verstehen. Anders ist dies nur im Sozialrecht (s. dazu unten Rn. 918).

e) Gesetzliche Rechtfertigungsgrundlagen. Ausgehend von der Art des Verarbeitungsvorgangs („Eingriffsart", also z. B. das Erheben eines Geburtsdatums einer Person) muss wie oben ausgeführt neben der europarechtlichen (Art. 6 I lit. e DSGVO, s. dazu oben Rn. 899) ergänzend auch eine nationale, diesen Vorgang rechtfertigende einschlägige Rechtsgrundlage gefunden werden. Wenn deren einzelne Tatbestandsmerkmale gegeben sind und auch die Verfahrensvorschriften eingehalten wurden, ist der Vorgang datenschutzrechtlich zulässig. Weder das LDSG noch das BDSG unterscheiden aber seit 2018 bei der den Eingriff rechtfertigenden Rechtsgrundlage anders als das BMG und SGB zwischen den verschiedenen Eingriffsarten. Es gibt mit § 4 LDSG nur eine einzige, alle Eingriffsarten (das „Verarbeiten") pauschal umfassende generelle Rechtsgrundlage: „Die Verarbeitung personenbezogener Daten ist unbeschadet sonstiger Bestimmungen zulässig, wenn sie zur Erfüllung der in der Zuständigkeit der öffentlichen Stelle liegenden Aufgabe oder in Ausübung öffentlicher Gewalt, die der öffentlichen Stelle übertragen wurde, erforderlich ist." Dieser § 4 LDSG dürfte aber als Rechtsgrundlage in der Praxis nur für „einfache Sachverhalte" mit verfassungsrechtlich geringer Eingriffstiefe ausreichend sein.

Beispiel: Die städtische Beamtin im obigen Beispiel erfüllt zwar bei ihrer Frage nach dem Geburtsdatum die europarechtliche Voraussetzung nach Art. 6 I lit. e DSGVO. Daneben müssen ergänzend noch alle Voraussetzungen des § 4 LDSG vorliegen.

Bei der Anwendung solcher nationalen Rechtsgrundlagen müssen verschiedene **europarechtliche Datenschutzgrundsätze** eingehalten werden. Diese finden sich in Art. 5 DSGVO. Zwei wichtige Grundsätze sollen im Folgenden etwas genauer vorgestellt werden. Sie alle haben letztendlich ihren Ursprung im verfassungsrechtlich (Art. 20 III GG) und unionsrechtlich (Art. 5 IV EUV) verankerten Verhältnismäßigkeitsgrundsatz.

906 Die größte Bedeutung im Datenschutzrecht hat der **Grundsatz der Erforderlichkeit.** Dieser deutsche Begriff entspricht dem Begriff „erheblich" in Art. 5 I lit. c DSGVO. Die Behörde darf bei der Datenverarbeitung nur den geringst möglichen Eingriff und das entsprechende Mittel wählen. Die Frage lautet also: Benötigt die Behörde die Informationen überhaupt zur Aufgabenerfüllung, sind sie dafür überhaupt notwendig?
Daraus leiten sich auch die weiteren **Grundsätze der Datenvermeidung und Datensparsamkeit** („Datenminimierung" im Sinne Art. 5 I lit. c DSGVO) und das grundsätzliche Verbot der Vorratsdatenspeicherung ab. Eine bedeutende Auswirkung hat der Grundsatz der Erforderlichkeit, indem er den Vorrang der sog. „Betroffenenerhebung" (Direkterhebung) vor der sog. „Dritterhebung" als milderes Mittel vorschreibt. Gemeint ist damit, dass staatliche Stellen sich ihre Informationen zuerst beim Betroffenen selbst, das heißt mit seiner Kenntnis einholen sollen, bevor sie sich an Dritte wenden. Das ist aus Sicht des Betroffenen das mildere Mittel, weil er von der Erhebung selbst Kenntnis erhält und kein Dritter von dem Erheben durch die Behörde erfährt.

Beispiel: Bevor die städtische Beamtin im obigen Beispiel sich bei Dritten, z. B. beim Meldeamt, nach dem Geburtsdatum erkundigt, muss sie die Antragstellerin selbst fragen.

907 Die dem Verhältnismäßigkeitsprinzip innewohnende Angemessenheitsprüfung findet sich im Datenschutzrecht unter anderem im wichtigen sog. **„Zweckbindungsgrundsatz"** (Art. 5 I lit. b DSGVO). Dieser Grundsatz bedeutet, dass vorhandene Daten nur für den ursprünglich bei der Erhebung geplanten Zweck verwendet werden dürfen und nicht für andere Zwecke. Ausnahmen davon finden sich sowohl in der DSGVO (Art. 6 III, IV) wie auch im LDSG (§§ 5, 6).

Beispiel: Die Baubehörde darf im Baugenehmigungsverfahren erhobene Daten grundsätzlich nicht dem Sozialamt zur Verfügung stellen.

f) Einwilligung als Rechtfertigungsgrundlage. Die Einwilligung nach Art. 6 I lit. a DSGVO als Rechtfertigung beziehungsweise als Erlaubnistatbestand wirft in der Verwaltungspraxis entgegen landläufiger Meinung erhebliche Probleme auf. Sie sollte nur in Betracht kommen, wenn eine Erlaubnisvorschrift nach nationalem Recht nicht vorhanden ist, denn diese ist mit ihren Grenzen vorrangig anzuwenden. 908

Man wird die Einwilligung, obwohl gesetzlich nicht vorgesehen, in aller Regel schriftlich einholen müssen. Ein entsprechender Nachweis ist sonst unter Umständen nur schwer zu erbringen (vgl. Art. 7 I DSGVO). Der Betroffene muss bei Abgabe der Einwilligung ausreichend informiert worden sein (vgl. Art. 4 Nr. 11, ErwG 42 DSGVO). Welche Informationen die Person vor der Einwilligung erhalten muss, ergibt sich aus Art. 13 DSGVO. Das größte Problem und Hindernis ist aber das **Merkmal der Freiwilligkeit** (Art. 4 Nr. 11 DSGVO). Die DSGVO geht von einer Unfreiwilligkeit aus, wenn zwischen der betroffenen Person und dem Verantwortlichen ein klares Ungleichgewicht besteht. Dies ist insbesondere der Fall, wenn es sich bei dem Verantwortlichen um eine Behörde handelt (ErwG 43 S. 1 DSGVO). Deshalb ist beispielsweise eine Einwilligung im Verhältnis zwischen Hochschulverwaltung und Studierenden in der Regel unfreiwillig. In solchen Fällen ist dann die Einwilligung und die darauf gestützte beispielsweise Datenerhebung unter Umständen unwirksam. Ein hohes Risiko für die Verwaltungsbehörde!

g) Rechte des Betroffenen. Die Rechte der Betroffenen im Bereich des Datenschutzes sind großzügiger und bürgerfreundlicher ausgestaltet als in anderen Bereichen des Verwaltungsrechts. Diese Situation hat sich durch die DSGVO aus Sicht des Bürgers noch verbessert. Diese Betroffenenrechte finden sich in Kapitel III der DSGVO. Dabei gibt es zunächst einmal die **Informationspflichten der Behörde** (Art. 13, 14 DSGVO), die entsprechenden Informationsrechten der von der Datenverarbeitung betroffenen Bürger gegenüber stehen. Die Verwaltungsbehörde hat danach unter anderem die Pflicht, über bestimmte Dinge im Zusammenhang mit der Datenverarbeitung schon im Zeitpunkt der Erhebung zu informieren (Art. 13 I, II DSGVO). Diese Hinweise nennt man Datenschutzhinweise, Datenschutzbestimmungen oder auch Datenschutzerklärung. Zu diesen behördlichen Informationspflichten gehört auch der Hinweis auf die verschiedenen **Betroffenenrechte im eigentlichen Sinne** (Art. 13 II lit. b, d und e DSGVO). Diese sind bei Datenverarbeitung durch Verwaltungsbehörden: 909
- Auskunftsanspruch zu allen bei der Behörde über den Betroffenen gespeicherten Daten (Art. 15 DSGVO, § 9 LDSG)
- Berichtigungsrecht bei Verarbeitung unrichtiger Daten (Art. 16 DSGVO)
- Löschungsanspruch (Art. 17 DSGVO, § 10 LDSG), Anspruch auf Einschränkung der Verarbeitung (Art. 18 DSGVO) sowie sogar ein Widerspruchsrecht bei rechtmäßiger Verarbeitung (Art. 21 DSGVO)

- Recht auf nicht-automatisierte Verarbeitung (Entscheidungsfindung) einschließlich Profiling (Art. 22 DSGVO)
- Beschwerderecht bei der Aufsichtsbehörde, nämlich dem Landesbeauftragten für Datenschutz und Informationsfreiheit, Stuttgart (Art. 57 I lit. f DSGVO, § 25 III LDSG).

Das eigentlich bestehende Recht auf Datenübertragbarkeit gilt gem. Art. 20 III S. 2 DSGVO nicht für Behörden. Hervorzuheben ist von diesen Rechten die in der Praxis sehr effektiv wirkende **Beschwerde bei der Aufsichtsbehörde**, beim Landesbeauftragten für den Datenschutz und Informationsfreiheit (LfDI) in Stuttgart (§§ 20 bis 27 LDSG). Dieser kann bei Datenschutzverstößen Verwaltungsbehörden unter anderem Hinweise geben (Art. 58 I lit. d DSGVO), diese „verwarnen" (Art. 58 II lit. b DSGVO) oder schließlich ihnen gegenüber sogar konkrete, bindende Anordnungen treffen (Art. 58 II lit. c bis g DSGVO). Er verhilft auf diesem Weg den Bürgern kostengünstig zu ihrem Recht. Bußgelder kann er aber Behörden gegenüber anders als gegenüber Privatpersonen nicht verhängen (§ 28 LDSG). Viele der in diesem Zusammenhang an den LfDI herangetragenen Sachverhalte und Prüfungen durch diese Aufsichtsbehörde finden sich in dem alle zwei Jahre erscheinenden sog. Tätigkeitsbericht des LfDI. Dieser ist für die Verwaltungspraxis sehr informativ und lehrreich (http://www.baden-wuerttemberg.datenschutz.de).

2. Bundesrechtliche Regelung – das Bundesdatenschutzgesetz (BDSG)

910 a) **Formeller Anwendungsbereich.** Das BDSG gilt bei öffentlichen Verwaltungen („Stellen") im Wesentlichen nur für **Bundesbehörden**. Auf Landesebene kommt das BDSG für öffentliche Stellen nur in Betracht für vom LDSG nicht erfasste **privatrechtlich organisierte kommunale „Wettbewerbsunternehmen"** mit eigener Rechtspersönlichkeit (s. oben Rn. 900).

911 b) **Materieller Anwendungsbereich.** Das BDSG unterscheidet die Datenverarbeitung öffentlicher und nicht-öffentlicher Stellen. Die eben erwähnten kommunalen „Wettbewerbsunternehmen" würden unter die nicht-öffentlichen Stellen fallen. Aber auch für öffentliche Stellen des Bundes hat das BDSG nur eine Auffangfunktion, wenn sich speziellere (bereichsspezifische) bundesrechtliche Regelungen nicht finden (§ 1 III S. 1 BDSG). Wenn in diesem eng begrenzten Bereich für öffentliche Verwaltungen das BDSG zur Anwendung kommt, gelten hier dem LDSG ähnelnde Vorschriften und insbesondere auch die oben ausgeführten datenschutzrechtlichen Grundsätze.

III. Bereichsspezifische Datenschutzregelungen

1. Beispiel: Sozialdatenschutz nach dem SGB

912 a) **Formeller Anwendungsbereich.** Hinsichtlich des Datenschutzes gilt das SGB gem. § 35 I S. 1 SBG I für alle „Leistungsträger" (§§ 12, 18–29 SGB I), also beispielsweise für den Landkreis (§ 28 II SGB I) bei der Gewährung von Hilfe zum Lebensunterhalt (§§ 19 I, 27 ff. SGB XII). Das SGB I ist der allgemeine Teil des SGB.

b) Materieller Anwendungsbereich. Das SGB geht mit seinen bereichsspezifischen Regelungen dem allgemeinen LDSG (und BDSG) vor (§ 35 II S. 1 SGB I). Der Programmsatz des § 35 I Satz 1 SGB I fasst die verfassungsrechtlichen Grundlagen des Datenschutzes und das daraus folgende Prüfungsschema zusammen: „Jeder hat Anspruch darauf, dass die ihn betreffenden Sozialdaten (§ 67 Absatz 2 Zehntes Buch) von den Leistungsträgern nicht unbefugt verarbeitet werden (Sozialgeheimnis)." Diese Befugnis muss sich aber seit 2018 wie oben erläutert sowohl aus der DSGVO wie auch dem SGB ergeben.

Vom Gesetzesaufbau und vom Inhalt her gibt es zu den allgemeinen Datenschutzgesetzen grundsätzliche Unterschiede. Denn im Sozialrecht hat der deutsche Gesetzgeber von der wohl europarechtlich bestehenden Möglichkeit Gebrauch gemacht, den Datenschutz trotz der unmittelbar geltenden DSGVO mehr oder weniger komplett und dem Schutzbedarf geschuldet sehr konkret und detailliert national selbst zu regeln.

c) Geschützte Daten. Auch im Sozialdatenschutzrecht ist zunächst zu prüfen, ob geschützte personenbezogene Daten, in welcher Art verarbeitet wurden. Geschützt sind danach alle **„Sozialdaten"**. Die einzelnen Datenschutzregelungen und die gesetzliche Definition der Sozialdaten finden sich im verfahrensrechtlichen Teil des Sozialgesetzbuchs, im Zehnten Buch des SGB (sog. SGB X, vergleichbar mit dem VwVfG). „Sozialdaten" sind danach personenbezogene Daten (Art. 4 Nr. 1 DSGVO), die von einer in § 35 SGB I genannten Stelle (Leistungsträger) in Hinblick auf ihre Aufgaben nach diesem Gesetzbuch verarbeitet werden ..." (vgl. § 67 II SGB X).

> **Beispiel:** Ein geschütztes Sozialdatum ist danach beispielsweise der Name einer identifizierten (bestimmten) oder identifizierbaren (bestimmbaren) Person, wenn sie Sozialhilfe bezieht.

d) Eingriffsart. Entscheidend für die Rechtfertigung eines Eingriffs in das Sozialgeheimnis ist im SGB die Art der Verarbeitung des Sozialdatums. Das Gesetz unterscheidet hier anders als die DSGVO insgesamt nur **sieben Arten der Datenverarbeitung**: das Erheben, Speichern, Verändern, Nutzen, Übermitteln, Einschränken der Verarbeitung und Löschen. Definitionen der verschiedenen Verarbeitungsarten finden sich anders als früher nicht mehr im SGB. Der Gesetzgeber sah sich darin offenbar durch die DSGVO und ihren abschließenden Charakter gehindert.

> **Beispiel:** X erhält Sozialhilfe. Bei dem Verwendungszweck auf dem Überweisungsträger an die Bank findet sich die Bezeichnung „Sozialhilfebescheid des Landratsamtes L vom 29.1.2021".

Durch diesen Hinweis des Landratsamtes auf der Überweisung erhält die Bank – ein sog. Dritter – Kenntnis von diesem Sozialdatum. Damit „übermittelt" die Sozialhilfebehörde das Datum an einen Dritten, hier die Bank.

e) Gesetzliche Rechtfertigungsgrundlagen. Ausgehend von der ermittelten Verarbeitungsart muss nun wie in allen Bereichen des Datenschutzes auch im SGB ergänzend zum Art. 6 I lit. e DSGVO für die spezielle Verarbeitungsart eine Rechtsgrundlage im SGB gefunden werden. Liegen die Tatbestandsvoraussetzungen vor und sind die Verfahrensvorschriften eingehalten, ist die Datenverarbeitung materiell rechtmäßig. Die Rechtfertigungsgrundlagen finden sich im Zweiten Kapitel des SGB X (§§ 67a–79 SGB X). Das SGB X enthält dazu abschließende Regelungen. Für die im obigen Beispiel gegebene Übermittlung der Daten („Sozialhilfebescheid v. 29.1.2021") an die Bank kommen deshalb gem. § 67d I SGB X die §§ 68 bis 77 SGB X in Betracht.

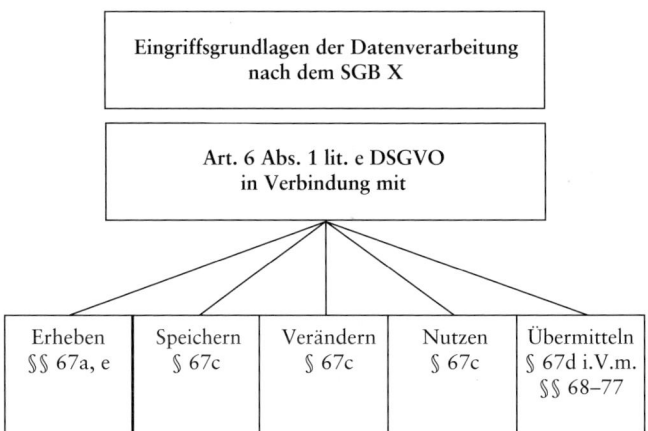

Wenn der Eingriff in das Sozialgeheimnis gerechtfertigt sein soll, müsste sich die Behörde für die Übermittlung im obigen Beispiel auf die spezielle Regelung des § 69 I Nr. 1 SGB X berufen können. Danach ist eine Übermittlung von Sozialdaten zulässig, soweit sie erforderlich ist, unter anderem für die Erfüllung einer gesetzlichen Aufgabe der übermittelnden Stelle nach diesem Gesetzbuch. Hier scheitert dies jedoch schon an der Erforderlichkeit der Übermittlung (s. dazu oben Rn. 906). Die Bank benötigt für die Ausführung der Überweisung nicht die Information, dass es sich um einen Sozialhilfebescheid handelt. Auch der Sozialhilfeempfänger benötigt diese Information nicht. Er könnte durch „mildere Mittel" über die Art und die Herkunft des Geldeingangs informiert werden. Es würde deshalb ausreichen, im Betreff des Überweisungsträgers „Bescheid des Landratsamts vom …" und/oder das Aktenzeichen anzugeben. Die Übermittlung im oben genannten Beispiel an die Bank war deshalb rechtswidrig.

917 Im Sozialdatenschutz bestehen die gleichen oben dargestellten Grundsätze wie im allgemeinen Datenschutzrecht. Besondere Bedeutung hat der nicht in allen Datenschutzbereichen geregelte **Vorrang der Betroffenenerhebung** (Grundsatz der Direkterhebung, s. oben Rn. 906). Er hat seinen ausdrücklichen gesetzlichen Niederschlag in der Vorschrift des § 67a II S. 1 SGB X gefunden. Danach sind Sozialdaten (zunächst) bei der betroffenen Person zu erheben.

918 Daneben gibt es eine weitere Besonderheit zu beachten. Die Frage, ob bei einer **Weitergabe von Daten innerhalb derselben Behörde** (bzw. Körperschaft) ein Übermitteln an Dritte oder ein Nutzen (Verwenden) innerhalb der verantwortlichen Stelle vorliegt (s. dazu oben Rn. 904), ist im Sozialrecht ausdrücklich gesetzlich geregelt (§ 67 IV SGB X). Ein Übermitteln liegt danach schon dann vor, wenn auch innerhalb derselben Behörde einer Gebietskörperschaft (z. B. Landratsamt) Daten von einer Stelle (Organisationseinheit) der Behörde (Sozialamt) zu einer mit einer anderen Aufgabe (nach einem der besonderen Teile des SGB) betrauten Stelle weitergeben werden.

Beispiel: Das Kreissozialamt unterrichtet das Ausländeramt im selben Landratsamt, dass Frau F Sozialhilfe bezieht.

Für die Zulässigkeit dieser Datenweitergabe („Übermitteln"), kann sich das Kreissozialamt nicht auf § 67c SGB X („Nutzen") stützen, sondern es müssen die spezielleren „Übermittlungsvoraussetzungen" der §§ 67d ff. SGB X erfüllt sein.

f) Rechte des Betroffenen. Die Rechte des Betroffenen finden sich wie oben ausgeführt in Kapitel III der DSGVO (s. dazu oben Rn. 909). Das SGB X regelt im 4. Kapitel (§§ 81 bis 84) einige Einschränkungen dieser Rechte. Dies erlaubt Art. 23 DSGVO. In Hinblick auf das Beschwerderecht bei der Aufsichtsbehörde (Art. 13 II lit. d DSGVO) verweist § 81 I Nr. 1 SGB X auch auf den Bundesbeauftragten für den Datenschutz und Informationsfreiheit Er ist aber nur zuständig, wenn Bundesbehörden tätig geworden sind (z. B. manche Jobcenter). In dem meisten Fällen werden aber im Sozialbereich Landesbehörden tätig, wofür der LfDI zuständig ist (§ 81 I Nr. 2 SGB X). **919**

2. Beispiel: Bundesmeldegesetz

a) Formeller Anwendungsbereich. In den Anwendungsbereich der Vorschrift fallen alle sog. **Meldebehörden.** Das sind in Baden-Württemberg nach §§ 1 II AG BMG, § 1 BMG die **Ortspolizeibehörden**, d. h. die Gemeinden (§ 107 IV S. 1 PolG). Das BMG kommt nur zur Anwendung, wenn die Gemeinde als Meldebehörde tätig wird, also aufgrund des BMG handelt. Das ist beispielsweise der Fall, wenn meldepflichtige Vorgänge erfasst oder Daten aus dem Melderegister an Dritte übermittelt werden. **920**

b) Materieller Anwendungsbereich. Die Erlaubnis zur Datenverarbeitung folgt auch hier zunächst aus Art. 6 I lit. e DSGVO. Ergänzend kommt das BMG mit seinen bereichsspezifischen Regelungen zur Anwendung, das dem allgemeinen LDSG vorgeht (§ 2 III S. 1 LDSG, dazu oben Rn. 901). **921**

c) Geschützte Daten. Es müssen zunächst einmal **personenbezogene Daten** verarbeitet werden. Das BMG definiert zwar in § 7 vergleichbar zum Sozialgeheimnis (§ 35 I S. 1 SGB I, s. oben Rn. 913) ein spezielles Meldegeheimnis. Welche Daten aber geschützt werden, ergibt sich abschließend und unmittelbar aus Art. 4 Nr. 1 DSGVO (s. oben Rn. 902). **922**

d) Verarbeitungsart. Danach muss wie auch sonst im Datenschutz die Art des Verarbeitungsvorgangs ermittelt werden, um die Art. 6 I lit. e DSGVO ergänzende nationale Rechtsgrundlage im BMG zu finden. Das BMG ist hier nicht so übersichtlich und systematisch geordnet wie beispielsweise das Sozialrecht. Aber auch das BMG unterscheidet prinzipiell die aus dem Sozialrecht bekannten „Verarbeitungsarten" (s. oben Rn. 916). Wie gleich näher zu erläutern sein wird, haben Sie aber im Melderecht häufig eine andere Bezeichnung. **923**

e) Gesetzliche Rechtfertigungsgrundlage

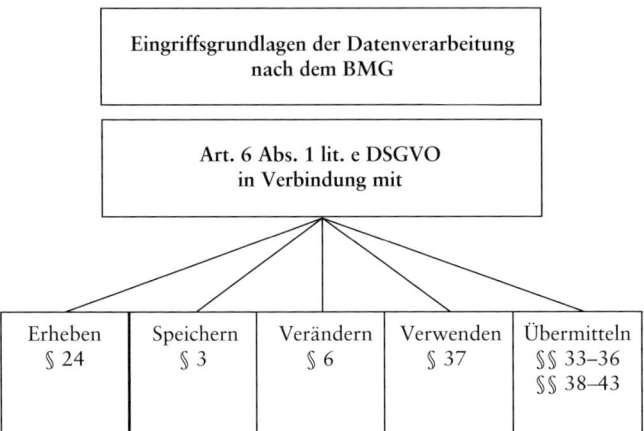

924 Die in der Praxis wichtige sog. **Meldepflicht** ist dem Grunde nach eine Datenerhebung. Die Rechtsgrundlage für die Erhebung ergibt sich aus Art. 6 I lit. e DSGVO, § 24 BMG, die korrespondierende Mitwirkungspflicht des Bürgers, die zunächst einmal nichts mit dem Datenschutzrecht zu tun hat, ergibt sich aus § 26 BMG. Ausschließlich die in § 3 BMG genannten Daten dürfen beim Meldepflichtigen erhoben werden. Auf die allgemeine Regelung nach § 4 LDSG (s. oben Rn. 905) kann also für weitere Daten nicht zurückgegriffen werden. Die Übermittlung von Daten an Dritte nennt das BMG teilweise Auskunft.

Beispiel: X möchte das Geburtsdatum seiner Nachbarin N von der Meldebehörde erfahren, um ihr zum Geburtstag eine Überraschung zu machen.

Die Meldebehörde unterfällt hinsichtlich der Bekanntgabe (Auskunft) des Geburtsdatums dem Anwendungsbereich des BMG. Das Geburtsdatum ist ein personenbezogenes Datum im Sinne Art. 4 Nr. 1 DSGVO. Bei der Bekanntgabe des Geburtsdatums würde es sich um ein Verarbeiten in Form des Übermittelns an einen Dritten, hier X, nach Art. 4 Nr. 2 DSGVO handeln. Als Rechtsgrundlage kommt hier ergänzend zu Art. 6 I lit. e DSGVO die bereichsspezifische Regelung nach § 45 I BMG, eine sog. „erweiterte Melderegisterauskunft" in Betracht. Während die „einfache" Auskunft voraussetzungslos erteilt wird (vgl. § 44 I BMG), bedarf es für das Übermitteln des Geburtsdatums (Auskunft) eines „berechtigten Interesses". Dies ist ein sog. unbestimmter Rechtsbegriff. Ein solches berechtigtes Interesse ist aber im vorliegenden Fall nicht gegeben, weil X die Nachbarin selbst fragen kann (Grundsatz der Erforderlichkeit, Art. 5 I lit. e DSGVO, hier in Form des melderechtlichen Grundsatzes des Vorrangs der Selbstbeschaffung). Wenn die Meldebehörde das Geburtsdatum dem X bekannt geben würde, hätte die „Betroffene" N das Recht und die Meldebehörde die Pflicht (s. oben Rn. 909, Betroffenenrechte), darüber informiert zu werden (Art. 13 III lit. c DSGVO).

Für das Verwenden der Meldedaten innerhalb der verantwortlichen Stelle (z. B. der Gemeinde) gilt § 37 BMG. Der spricht aber nicht von „Verwenden", sondern gleichbedeutend von „**Datenweitergabe**" innerhalb der Verwaltungseinheit. **925**

Wie in dem obigen Beispiel mit dem Geburtstagsdatum (Grundsatz der Erforderlichkeit) finden sich auch alle erläuterten datenschutzrechtlichen Grundsätze ergänzend zu Art. 5 DSGVO im BMG. So enthält beispielsweise § 5 und § 41 BMG den **Zweckbindungsgrundsatz** oder § 8 S. 2 BMG den **Verhältnismäßigkeitsgrundsatz**. **926**

f) Rechte des Betroffenen. Die nach der DSGVO bestehenden **Betroffenenrechte** (s. oben Rn. 909) können gem. Art. 23 DSGVO **unter bestimmten Voraussetzungen beschränkt** werden durch spezielle nationale Vorschriften, hier durch das BMG. So wird beispielsweise das sehr allgemein gehaltene datenschutzrechtliche Widerspruchsrecht in Art. 21 DSGVO durch „bedingte Sperrvermerke" (§ 52 BMG) oder gar komplette Auskunfts- und Übermittlungssperren (§§ 51, 36 II BMG) „konkretisiert". Ähnliches gilt für den Auskunftsanspruch (Art. 15 DSGVO, §§ 10, 11 BMG), den Berichtigungsanspruch (Art. 16 DSGVO, § 12 BMG), den Löschungsanspruch (Art. 17 DSGVO, §§ 14, 15 BMG) und den Anspruch auf Einschränkung der Verarbeitung (Art. 18 DSGVO, § 14 III BMG). Daneben haben die Betroffenen aber auch hier nach Art. 13 II lit. b DSGVO die Möglichkeit der Beschwerde bei der Aufsichtsbehörde, dem LfDI. **927**

C. Einfluss des Europarechts

Das europäische Recht hat auch den nationalen Datenschutz stark beeinflusst. Es begann mit der Datenschutz Konvention des Europarats 1985. Es folgte zehn Jahre später die sog. EG-Datenschutzrichtlinie (Richtlinie 95/46/EG des Europäischen Parlaments und des Rates v. 24. Oktober 1995 zum Schutz natürlicher Personen bei der Verarbeitung personenbezogener Daten und zum freien Warenverkehr, ABl. Nr. L 281 S. 31). Sie führte im Jahr 2000 zu einer Anpassung des baden-württembergischen Landesdatenschutzgesetzes (Gesetz v. 23.5.2000, GBl. S. 450), im Jahr 2001 zu wesentlichen Änderungen im Bundesdatenschutzgesetz (Gesetz v. 18.5.2001, BGBl. I S. 904) und zu Änderungen des § 35 SGB I sowie der §§ 67–85a SGB X. Seit 2018 regelt nun einheitlich die unmittelbar geltende EU-Verordnung den Datenschutz in der gesamten EU: ein neues Datenschutzzeitalter, eine neue Epoche beginnt. Es kommt damit nunmehr die vierte Generation der Datenschutzgesetze in Deutschland. Die ersten Gesetze entstanden in Deutschland in den siebziger Jahren des vergangenen Jahrhunderts. Die zweite Generation umfasst – wie oben ausgeführt – die Gesetze nach dem Volkszählungsurteil 1983. Ihnen folgte die dritte Generation aufgrund der EG-Richtlinie und jetzt als vierte Generation die DSGVO und die entsprechenden nationalen Ergänzungsgesetze.
Die Auswirkungen dieser Rechtsänderung kann man nur schwer abschätzen. Jedenfalls wächst die Bedeutung der **Europäischen Grundrechte Charta (GrCH)**. Diese enthält in Art. 8 GrCH ein spezielles Datenschutzgrundrecht. Auf Grundlage dieser GrCH entscheidet bindend auch für deutsche Gerichte **928**

und Behörden jetzt letztinstanzlich der EuGH (Rn. 104). Europa ist jetzt auch in der kleinsten Gemeinde angekommen.

D. Vertiefungshinweise und Wiederholungsfragen

I. Vertiefungshinweise

929 Allgemeines Lehrbuch: Reimer, Verwaltungsdatenschutzrecht, 2019; Zilkens, Datenschutz in der Kommunalverwaltung, 5. Aufl. 2019; Kommentar zum LDSG, BDSG, SGB und BMG: Bergmann/Möhrle/Herb, Datenschutzrecht (Loseblatts.); Kommentar zum BDSG: Gola, Kommentar zur DSGVO, 2. Aufl. 2018; Datenschutz im BMG: Süßmuth/Laier, Bundesmeldegesetz (Loseblatts.) und Breckwoldt, Melderechts-Kommentar, 3. Aufl., 2019; Lehrbuch zum SGB: Pattar, in: Berlit/Conradis/Pattar, Existenzsicherungsrecht, 3. Aufl. 2019, Kapitel 49.

II. Wiederholungsfragen

930
1. Wo findet sich im Grundgesetz das „Grundrecht auf Datenschutz"? – Rn. 898
2. Was sind sog. bereichsspezifische Regelungen? – Rn. 899
3. Was sind personenbezogene Daten? – Rn. 902
4. Woraus ergibt sich europarechtlich die Rechtsgrundlage der Datenverarbeitung für Behörden? – Rn. 899
5. Was bedeutet der Grundsatz der Erforderlichkeit im Datenschutz? – Rn. 906
6. Was ist der Inhalt des Grundsatzes der Zweckbindung? – Rn. 907
7. Welche Bedeutung hat die Einwilligung im Datenschutz? – Rn. 908
8. Welches ist das in der Praxis am effektivsten wirkende Recht des Betroffenen gegen Datenschutzverstöße? – Rn. 909
9. Wo finden sich Rechtfertigungsgrundlagen für das Übermitteln im SGB? – Rn. 916
10. Kann das LDSG zur Rechtfertigung von Eingriffen im Melderecht herangezogen werden? – Rn. 924

Kapitel 17 Verwaltungsvollstreckungsverfahren

A. Einführung

Begriff und Wesen der Verwaltungsvollstreckung

Unter „**Verwaltungsvollstreckung**" versteht man die zwangsweise Durchsetzung öffentlich-rechtlicher Ansprüche durch die Vollstreckungsbehörde. Privatrechtliche Ansprüche der juristischen Personen des öffentlichen Rechts sind im Wesentlichen nach den Vorschriften der ZPO unter Inanspruchnahme von Gerichten und Justizbehörden zu vollstrecken. Im Gegensatz zur Vollstreckung nach der ZPO wird im Verwaltungsvollstreckungsverfahren grundsätzlich kein Gericht oder sonstiges Justizorgan als neutrale Instanz zur Überprüfung der Vollstreckungsvoraussetzungen eingeschaltet. Bei der Durchführung der Verwaltungsvollstreckung ist die Beauftragung von Justizorganen (insb. der Gerichtsvollzieher) zwar möglich, in der Regel aber nicht zwingend erforderlich, weil die Vollstreckungsbehörden der Verwaltung zahlreiche Vollstreckungsmaßnahmen selbst vornehmen können. 931

Der für die Vollstreckung benötigte **Titel** wird – im Gegensatz zur Vollstreckung nach der ZPO – nicht bei der Justiz erwirkt, sondern in dem der Vollstreckung vorausgegangenen Verwaltungsverfahren durch Erlass eines **VA** oder durch Abschluss eines **vollstreckbaren öV** (s. dazu Rn. 687) geschaffen.

Bei der Verwaltungsvollstreckung handelt es sich um ein **spezielles Verwaltungsverfahren** im Sinne der §§ 9 VwVfG, 9 LVwVfG; die Regelungen der Verwaltungsverfahrensgesetze finden deshalb ergänzend auf die Verwaltungsvollstreckungsverfahren Anwendung, sofern die Vollstreckungsgesetze keine abweichenden Spezialnormen vorsehen. 932

Von der Verwaltungsvollstreckung ist die Vollstreckung öffentlich-rechtlicher Ansprüche aus verwaltungsgerichtlichen Titeln (z. B. aus rechtskräftigen und vorläufig vollstreckbaren Urteilen sowie aus Prozessvergleichen, vgl. §§ 167, 168 I VwGO) zu unterscheiden. Dieses Vollstreckungsverfahren ist in der VwGO geregelt. 933

> **Beispiel:** Wird die gegen eine Beseitigungsanordnung gerichtete Anfechtungsklage rechtskräftig abgewiesen, so sind das klageabweisende Urteil und der davon abhängige Kostenfestsetzungsbeschluss Grundlage und Titel für die (verwaltungsgerichtliche) Vollstreckung hinsichtlich der Kosten. Wegen der Hauptsache – Durchsetzung der Beseitigungspflicht – ist im Verwaltungsvollstreckungsverfahren die unanfechtbare Beseitigungsanordnung zu vollstrecken.
> Für die Vollstreckung durch Bundesbehörden sind das VwVG und UZwG maßgebend. Im Migrationsrecht bestehen Sonderregeln in §§ 34 ff. AsylG und §§ 57 ff. AufenthG, im Steuerrecht in §§ 249 ff. AO. Für Baden-Württemberg gelten §§ 63 ff. PolG und das LVwVG.

B. Anwendungsbereiche der Verwaltungsvollstreckungsgesetze von Bund und Land

I. Anwendungsbereich des Bundesverwaltungsvollstreckungsgesetzes (VwVG)

934 Das VwVG regelt in § 1 I, dass hiernach die öffentlich-rechtlichen Geldforderungen des Bundes und der bundesunmittelbaren juristischen Personen des öffentlichen Rechts vollstreckt werden. Nach § 5 I VwVG richten sich das Beitreibungsverfahren und der Vollstreckungsschutz dann nach den Vorschriften der AO. § 6 I VwVG sieht vor, dass sonstige Handlungs-, Duldungs- und Unterlassungspflichten mit den Zwangsmitteln des VwVG durchgesetzt werden können. Diese Vorschriften gelten allerdings nur für die Vollstreckung von Pflichten, die durch **Verwaltungsakt** festgelegt worden sind oder durch VA zu konkretisieren wären.

935 Die Vollstreckung aus dem öV ist im VwVG selbst nicht geregelt. Ihre Zulässigkeit ergibt sich aus § 61 I, II VwVfG, wonach in solchen Fällen (grundsätzlich) das VwVG entsprechend anzuwenden ist, wenn Vertragsschließender eine Behörde im Sinne des § 1 I Nr. 1 VwVfG (d. h. eine unmittelbare Bundesbehörde oder eine bundesunmittelbare juristische Person des öffentlichen Rechts) ist. Will eine natürliche oder eine nichtrechtsfähige Vereinigung des Privatrechts aus dem vollstreckbaren öV die Vollstreckung wegen einer Geldforderung gegen eine Behörde betreiben, so ist nach § 61 II S. 2 VwVfG die Vorschrift des § 170 (I–III) VwGO entsprechend anzuwenden. Richtet sich die Vollstreckung wegen der Erzwingung einer Handlung, Duldung oder Unterlassung gegen eine Behörde, so ist über § 61 II S. 3 VwVfG die Norm des § 172 VwGO entsprechend anzuwenden. Da in den Fällen der §§ 170, 172 VwGO das Verwaltungsgericht des ersten Rechtszugs die Vollstreckungsmaßnahmen bestimmt und die zuständigen Stellen um deren Durchführen ersucht, handelt es sich bei diesen vollstreckungsrechtlichen Vorschaltverfahren nicht um echte Verwaltungsvollstreckung, sondern um gerichtliche Vollstreckungsverfahren.

936 Ferner ist vom Anwendungsbereich des VwVG generell die Vollstreckung solcher Geldforderungen ausgenommen, die im Wege des Parteienstreits vor den Verwaltungsgerichten zu verfolgen sind oder für die ein anderer Rechtsweg als der Verwaltungsrechtsweg eröffnet ist (§ 1 II VwVG). § 1 III VwVG stellt schließlich klar, dass die vollstreckungsrechtlichen Vorschriften der AO, des Sozialversicherungsrechts einschließlich des Arbeitslosenrechts sowie der Justizbeitreibungsordnung „unberührt" bleiben. Die genannten Regelungen gehen dem VwVG als Spezialnormen vor.

II. Anwendungsbereich des Verwaltungsvollstreckungsgesetzes für Baden-Württemberg (LVwVG)

937 Das LVwVG gilt zunächst direkt für die Vollstreckung von **Verwaltungsakten** der unmittelbaren Landesbehörden und der landesunmittelbaren juristischen Personen des öffentlichen Rechts (§ 1 I LVwVG). Es gilt ferner entsprechend für die Vollstreckung aus **öffentlich-rechtlichen Verträgen**, in denen sich der

Pflichtige der sofortigen Vollstreckung unterworfen hat (§ 61 I, II LVwVfG). Will eine natürliche oder juristische Person des Privatrechts oder eine nichtrechtsfähige Vereinigung die Vollstreckung (gegen eine Behörde) wegen einer Geldforderung betreiben, so sind über § 61 II S. 2 LVwVfG die Vorschriften des § 170 I–III VwGO entsprechend anzuwenden. Soll eine durch öV festgelegte Handlungs-, Duldungs- oder Unterlassungspflicht gegen eine Behörde erzwungen werden, so ist § 172 VwGO entsprechend anzuwenden. Abgesehen von diesen (seltenen) Sonderfällen gilt das LVwVG ferner dann nicht, wenn die Vollstreckung durch Bundesrecht geregelt oder für die Vollstreckung Bundesrecht durch landesrechtliche Vorschriften für anwendbar erklärt wurde (§ 1 III LVwVG).

Beispiele: Die bad.-württ. Finanzämter vollstrecken die Steuerbescheide weder nach dem VwVG noch nach dem LVwVG, sondern nach den §§ 249–327 AO. Alle übrigen VAs vollstrecken sie nach den §§ 328–336 AO.
Die bad.-württ. Kommunalbehörden wenden bei der Vollstreckung von Kommunalabgabenbescheiden Vorschriften der AO nicht unmittelbar an, auch nicht bei der Vollstreckung von Realsteuern (vgl. §§ 1 II, III und 3 II AO). Zahlreiche AO-Vorschriften sind aber kraft der in § 15 I LVwVG enthaltenen Verweisung sinngemäß anzuwenden (vgl. § 3 KAG und § 15 I LVwVG).

C. Die Vollstreckungsverfahrensarten

Systematische Grundunterscheidung der Verfahrensarten nach der zu vollstreckenden Pflicht

Man unterscheidet sowohl nach dem VwVG als auch nach dem LVwVG zwei Grundarten der Vollstreckung, die sich an der Art der zu vollstreckenden Pflichten orientieren: Zum einen die in den §§ 1 bis 5 VwVG bzw. §§ 13 bis 17 LVwVG geregelte Beitreibung (d. h. die Vollstreckung öffentlich-rechtlicher Geldleistungspflichten) und zum anderen die zwangsweise Durchsetzung sonstiger Handlungs-, Duldungs- und Unterlassungspflichten, die man als Verwaltungszwang im engeren Sinne bezeichnen kann (§§ 18–28 LVwVG, §§ 6–18 VwVG).

1. Das Beitreibungsverfahren

Auf das Beitreibungsverfahren nach Bundesrecht sind nach § 5 I VwVG die Vollstreckungsvorschriften der AO anzuwenden. Nach dem LVwVG sind bestimmte (enumerativ aufgezählte) AO-Vorschriften dann anzuwenden, wenn die Beitreibungsmaßnahmen von der Vollstreckungsbehörde bzw. durch deren Vollstreckungsbeamten selbst durchgeführt werden (§ 15 I LVwVG). Wird hingegen von der Möglichkeit Gebrauch gemacht, den Gerichtsvollzieher mit der Beitreibung zu beauftragen (§ 15a I LVwVG), so finden die Vorschriften des 8. Buches der ZPO Anwendung (§ 15a III S. 1 LVwVG), wobei an die Stelle der vollstreckbaren Ausfertigung des Schuldtitels der schriftliche Vollstreckungsauftrag (§ 5 LVwVG) tritt. Innerhalb des Beitreibungsverfahrens ist hinsichtlich der Verfahrensgestaltung zwischen der Vollstreckung in das bewegliche und der Vollstreckung in das unbewegliche Vermögen zu unterscheiden.

940 Die **Vollstreckung in das bewegliche Vermögen** erfolgt durch die Pfändung und Verwertung von Sachen, Forderungen und anderen Rechten (§ 15 I LVwVG i. V. m. §§ 281–312, 318 AO oder § 15 II LVwVG i. V. m. §§ 803–863 ZPO).

Beispiel: Der Vollstreckungsbeamte einer Stadt pfändet wegen rückständiger Steuern nebst Säumniszuschlägen bei einem Gastwirt dessen Pkw (§ 15 I LVwVG i. V. m. § 281 AO).

Die Pfändung ist eine Beschlagnahme zum Zwecke der Gläubigersicherung. Durch die Pfändung geht die Verfügungsmacht am gepfändeten Gegenstand auf den Vollstreckungsgläubiger über. Mit der Pfändung erwirbt dieser ein öffentlich-rechtliches Pfändungspfandrecht (§ 282 I AO).

941 Die **Vollstreckung in das unbewegliche Vermögen** erfolgt durch Eintragung einer Sicherungshypothek, durch Zwangsverwaltung oder durch Zwangsversteigerung (§ 15 I LVwVG i. V. m. § 322 AO, §§ 864–871 ZPO).

Beispiel: Der Bauunternehmer U schuldet der Stadt H seit längerer Zeit rd. 7.700 € Gewerbesteuern nebst Säumniszuschlägen. Außer seinem Wohngrundstück in H besitzt U kein nennenswertes Vermögen mehr. Das Grundstück ist bereits mit einer erstrangigen Grundschuld für die V-Bank in H belastet. Die Beitreibungsstelle der Stadt H wird daher gem. § 15 I LVwVG i. V. m. § 322 III AO beim zuständigen Grundbuchamt die Eintragung einer Sicherungshypothek beantragen.

2. Der Verwaltungszwang im engeren Sinne

942 Der Verwaltungszwang im engeren Sinne kennt die folgenden Zwangsmittel: Die selbstständigen Zwangsmittel (§ 9 I VwVG, § 19 I LVwVG)
- Zwangsgeld (§ 11 VwVG, § 23 LVwVG),
- Ersatzvornahme (§ 10 VwVG, § 25 LVwVG),
- Unmittelbarer Zwang (§ 12 VwVG, §§ 26–28 LVwVG)

und das unselbstständige Zwangsmittel der Ersatzzwangshaft (§ 16 VwVG, § 24 LVwVG). Die Zwangshaft ist (nur) dem Zwangsgeld systematisch nachgeschaltet und diesem gegenüber akzessorisch.

D. Vollstreckungsvoraussetzungen

Vollstreckungstitel

1. Rechtssystematische Unterschiede zwischen Bundes- und Landesrecht

943 Die Vollstreckung nach dem LVwVG setzt ausnahmslos einen VA (bzw. über § 61 I, II LVwVfG einen vollstreckbaren öV, vgl. Rn. 689) als Vollstreckungsgrundlage (= Vollstreckungstitel) voraus.

Das VwVG setzt hingegen nur grundsätzlich einen VA (bzw. über § 61 I, II VwVfG einen vollstreckbaren öV) als Vollstreckungstitel voraus. Ausnahmsweise ist nach § 6 II VwVG „Verwaltungszwang" auch ohne vorausgegangenen VA zulässig, wenn der „sofortige Vollzug" (der nicht mit der Anordnung der sofortigen Vollziehung nach § 80 II S. 1 Nr. 4 VwGO gleichzusetzen ist) zur Verhinderung einer rechtswidrigen Tat, die einen Straf- oder Bußgeldtatbestand verwirklicht, oder zur Abwendung einer drohenden Gefahr notwendig ist. Dazu näher Detter-

beck, VerwR Rn. 1041 ff., 1049; Werner, JA 2000, 902, 906 f.; Ipsen, VerwR Rn. 891 f.; Brühl, VerwR Rn. 401, 418; Erbguth, VerwR § 19 Rn. 17 ff.; Gerke, in: Hofmann/Gerke/Hildebrandt, VerwR Rn. 1136 ff.; Haurand/Vahle, DVP 2000, 315 ff.; Erichsen/Rauschenberg, Jura 1998, 31, 40 f.; Sadler, Kommentar, § 6 Rn. 278 ff.).
Nach § 21 LVwVG ist zwar unter engen Voraussetzungen auch eine Vollstreckung im abgekürzten Verfahren „bei Gefahr im Verzug" zulässig. Unter den Voraussetzungen dieser Norm kann aber nicht vom zwingenden Erfordernis eines Vollstreckungstitels abgesehen werden. Lediglich von der Einhaltung sonst erforderlicher Verfahrensvoraussetzungen kann in diesen Fällen Abstand genommen werden.

2. Anforderungen an den Vollstreckungstitel

a) Der zur Vollstreckung vorgesehene Grund-VA (sog. Grundverfügung) oder öV muss **inhaltlich hinreichend bestimmt** sein (§ 37 I LVwVfG; dazu Brühl, JuS 1997, 1021, 1025; Weber, VR 2008, 181 ff.; ders., VR 2016, 299, 302 f., vgl. Rn. 372 und 373). Dazu hat der VGH BW (VBlBW 2013, 341 f. = NVwZ-RR 2013, 451 f.; Vahle, DVP 2014, 259 ff.; so auch VG Düsseldorf, NVwZ-RR 2013, 211) grundlegend ausgeführt: Ist ein Grund-VA wegen inhaltlicher Unbestimmtheit nicht vollstreckungsfähig, sind Maßnahmen in der Verwaltungsvollstreckung ausgeschlossen. Das gelte auch dann, wenn der Bestimmtheitsmangel „nur" zur Rechtswidrigkeit, nicht aber zur Unwirksamkeit des Grund-VA infolge Nichtigkeit (§ 43 III i. V. m. § 44 I LVwVfG) führt. Denn auch ein bestandskräftiger oder sofort vollziehbarer wirksamer, aber inhaltlich unbestimmter Grund-VA sei nicht vollstreckungsfähig. Die Unbestimmtheit der Grundverfügung „infiziere" eine zur Durchsetzung ergehende Vollstreckungsmaßnahme. Die mit einer bestandskräftigen Baugenehmigung für ein Gebäude (Melkhaus) verbundene Auflage, „die Außenwände in einem landschaftlich unauffälligen Farbton zu gestalten", sei mangels Bestimmtheit nicht vollstreckungsfähig, weil die Auswahl des konkreten Farbtones dem Bauherrn überlassen sei.

Auch ein inhaltlich bestimmter VA oder öV ist nur dann vollstreckungsfähig, wenn sich sein Inhalt nicht in einer Feststellung (z. B. Feststellung des Besoldungsdienstalters) oder in einer Rechtsgestaltung (z. B. Beamtenernennung, Einbürgerung, Rücknahme und Widerruf einer Gaststättenerlaubnis, § 15 GastG, oder einer waffenrechtlichen Erlaubnis, § 45 I, II WaffG) erschöpft, sondern zu einer Handlung, Duldung oder Unterlassung verpflichtet (§§ 1 I, 18 LVwVG).

Beispiele: Die Abbruchsanordnung und ein auf Gebäudeabbruch gerichteter öV sind vollstreckungsfähig, weil sie dem Bürger eine Handlungspflicht auferlegen; Gewerbeuntersagung, Baueinstellung.

b) Der als Vollstreckungstitel bestimmte Grund-VA (öV) muss **rechtswirksam** sein. Er muss ordnungsgemäß bekannt gegeben (§ 41 LVwVfG, LVwZG) und darf nicht nichtig sein (§§ 43 I, III, 44 I, II LVwVfG). Nichtige Grund-VAs und öV (vgl. §§ 44 I, II, 59 LVwVfG) sind als Vollstreckungstitel ausnahmslos ungeeignet. Es fehlt die inhaltliche Verbindlichkeit (innere Wirksamkeit). Die Vollstreckung ist rechtswidrig und verstößt gegen Art. 2 I GG. (Prüfung des Grund-VA anhand des Eingriffsschemas auf Rechtswidrigkeitsfehler). Schlicht rechtswidrige Handlungs-, Duldungs- und Unterlassungsgebote können hingegen Vollstreckungstitel sein (VGH BW, BWVP 1986, 202, 204: „Sitzblockade"). Auf die Rechtmäßigkeit des Grund-VA kommt es grundsätzlich nicht an (BVerfG, NVwZ 1999, 290, 292; BVerwGE 122, 293, 297; BVerwG, BayVBl. 2009, 184, 185 = NVwZ 2009, 122 = VBlBW 2009, 55; VGH BW, VBlBW 1996, 65, 66, 2008, 305, 2016, 335, 336; VGH BW, ESVGH 36, 217, 224; VGH Kassel, NVwZ-RR 2004, 524, 525; OVG Münster, NVwZ-RR 2001, 231; dass., DVP 2015, 259, 260; Werner, VR 1999, 73, 76; Poscher/Rusteberg, JuS 2012, 26, 28; Muckel, JA 2011, 239, ders., JA 2012, 272, 276; Erbguth, § 19 Rn. 13; Erichsen/Rauschenberg, Jura 1998, 323; Brühl, VerwR Rn. 371; Gerke, in: Hofmann/Gerke/Hilderbrandt, VerwR Rn. 1127, 1144; Weber, VR 2016, 299, 304 ff.; Schmidt, Polizei- und Ordnungsrecht, Rn. 934). Die Fehlerhaftigkeit des Grund-VA muss im Rechtsbehelfsverfahren gegen den Grund-VA geltend gemacht werden (BVerwG, BayVBl. 2009, 184, 185 = NVwZ 2009, 122 = BWVBl 2009, 55; BVerwGE 122, 293, 297; VGH BW, NVwZ-RR 1996, 541; VGH BW, ESVGH 24, 105, 108; 36, 217, 224; Erbguth, § 19 Rn. 13; Detterbeck, VerwR Rn. 1050; Erichsen/Rauschenberg, Jura 1998, 323; Brühl, VerwR Rn. 371; Gerke, in: Hofmann/Gerke/Hildebrandt, VerwR Rn. 1144 f.; Szechenyi, BayVBl. 2013, 9, 19; Weber, VR 2012, 270, 273; Weber, JA 2007, 536, 541; Sadler, Kommentar, § 13 Rn. 6, 17). Sonst könnten bei Bestandskraft des Grund-VA die Rechtsbehelfsfristen unterlaufen werden (vgl. Detterbeck a. a. O.; App, JuS 2004, 786, 788; Enders, NVwZ 2009, 958, 960: Sperrwirkung der Bestandskraft). Eine „Verdoppelung des Rechtsschutzes" solle ausgeschlossen werden (VGH BW, ESVGH 24, 105, 107; 36, 217, 225). Eine Ausnahme wird gemacht, wenn sich die Sach- und Rechtslage nach Unanfechtbarkeit geändert hat und der Grund-VA dadurch rechtswidrig geworden ist (vgl. Erichsen/Rauschenberg, a. a. O. m. w. N. in Fn. 8; BVerwGE 122, 293, 297; VGH BW, NVwZ-RR 1996, 541; VGH BW, ESVGH 24, 105, 108). Werden die Vollstreckungstitel aber aufgehoben, so verliert der Grund-VA mit Wirkung ex tunc seine Titelfunktion. Dazu eingehend Weiß, DÖV 2001, 275 ff.; Haurand/Vahle, DVP 2014, 291, 295.

946 c) Der wirksame Grund-VA muss nach § 6 I VwVG bzw. § 2 LVwVG entweder unanfechtbar geworden sein oder es muss die aufschiebende Wirkung eines Rechtsbehelfs gegen den VA entfallen.
Die **Unanfechtbarkeit** eines Grund-VA tritt mit Ablauf der Rechtsbehelfsfrist von 1 Monat (§§ 70 I, 74 VwGO), mit Rechtsmittelverzicht oder rechtskräftiger Entscheidung über den Rechtsbehelf ein (vgl. Brühl, JuS 1997, 1021, 1025; App, JuS 2004, 786, 788 f.). Im Tenor des Grund-VA kann auch aufschiebend bedingt formuliert werden: „Für den Fall der Nichtbefolgung innerhalb angemessener Frist (genaue Fristangabe!) nach Unanfechtbarkeit".
Die **aufschiebende Wirkung** eines Rechtsbehelfs (des Anfechtungswiderspruchs und der Anfechtungsklage) **entfällt** kraft Gesetzes nach § 80 II S. 1 Nr. 2 VwGO (unaufschiebbare Anordnungen und Maßnahmen von Polizeivollzugsbeamten und in analoger Anwendung bei gebietenden Verkehrszeichen und verkehrsregelnden Einrichtungen) und Nr. 3 VwGO (in anderen durch Bundes- oder Landesgesetz vorgeschriebenen Fällen, z. B. § 45 V WaffG, § 16 VIII IfSG, § 64 I S. 3 LBO BW, § 212a I BauGB, § 90 III S. 4 SchG BW, § 84 I AufenthG, § 12 S. 1 LVwVG).

Die aufschiebende Wirkung entfällt durch besondere behördliche Anordnung (§ 80 II S. 1 Nr. 4 VwGO), wenn die Ausgangs- oder Widerspruchsbehörde die sofortige Vollziehung des Grund-VA anordnet. Dabei muss das besondere Interesse an der sofortigen Vollziehung des Grund-VA grundsätzlich begründet werden (Eilfall, Vermeidung von Nachahmungseffekten oder Präzedenzwirkung (Berufungsfall) im Baurecht (§ 80 III VwGO). Das sog. besondere behördliche Anordnungs- und Vollzugsinteresse muss das sog. Suspensivinteresse (Aussetzungsinteresse) des Betroffenen überwiegen (vgl. Rn. 602 und 603). Ein Vorverfahren (Widerspruchsverfahren) entfällt z. B. nach § 68 I S. 2, II VwGO i. V. m. § 11 AsylG oder § 15 AGVwGO BW.

d) Der Grund-VA muss noch vollstreckungsbedürftig sein (vgl. §§ 11 LVwVG, 66 III PolG, s. Rn. 987 ff.). **947**

E. Zwangsmittel des Verwaltungszwangs im engeren Sinn nach dem LVwVG

I. Die Zwangsmittel im Einzelnen

§ 19 LVwVG führt die einzelnen Zwangsmittel namentlich auf (numerus clausus der Zwangsmittel). Grundbegriffe und Zulässigkeitsvoraussetzungen werden gesondert in den §§ 23 bis 28 LVwVG erwähnt. **948**

1. Zwangsgeld, Ersatzzwangshaft, Ersatzvornahme

Zwangsgeld (§ 23 LVwVG) wird auf mindestens 10 € und höchstens 50.000 € festgesetzt. Das Zwangsgeld ist ein reines **Beugemittel** ohne Strafcharakter zur Erzwingung eines künftigen Verhaltens durch psychischen Druck gegenüber uneinsichtigen Bürgerinnen und Bürgern (vgl. BVerwG, DVBl 1965, 768, 769; BVerwGE 117, 332, 342; VGH BW, DÖV 1996, 792, 793; NVwZ-RR 1996, 541, 542; OVG Magdeburg, NVwZ-RR 2011, 942, 2020, 577, 579; BayVGH, BayVBl. 2020, 776; OVG Lüneburg, DVP 2020, 36, 37). Mit diesem Zwangsmittel soll die Erfüllung **vertretbarer** und **nichtvertretbarer** (= **höchstpersönlicher**) öffentlich-rechtlicher **Verhaltenspflichten** erzwungen werden (vgl. VGH BW, DÖV 1996, 792, 793). Der Anwendungsbereich dieses Zwangsmittels ist sonach größer als der Anwendungsbereich der Ersatzvornahme, der auf die Erzwingung vertretbarer Verhaltenspflichten beschränkt ist. Höchstpersönlich sind insbesondere Duldungs- und Unterlassungspflichten. Das Zwangsgeld ist als Beugemittel verschuldensunabhängig. Ein Verstoß gegen das Verbot der Doppelbestrafung nach Art. 103 III GG liegt daher nicht vor (vgl. Suckow/Weidemann, VerwR Rn. 374). **948a**

(Ersatz-)Zwangshaft (§ 24 I LVwVG) ist ein unselbstständiges, subsidiäres Zwangsmittel und darf erst dann angeordnet werden, wenn Zwangsgeld uneinbringlich ist, z. B. weil der Pflichtige offenkundig vermögenslos ist oder wenn mindestens einmal fruchtlos versucht wurde, das festgesetzte Zwangsgeld beizutreiben (vgl. VG Düsseldorf, NVwZ-RR 2013, 211, 212: VGH München, NVwZ-RR 1998, 310: Durchsetzung eines Aufenthaltsverbots; VG Berlin, NVwZ-RR 1999, 349, 350: erfolglose Pfändungsversuche; BayVGH, BayVBl. 2018, 522: Beendigung zweckfremder Nutzung von Wohnraum; eingehend Weber, VR 2004,

363 ff.). Handelt es sich um einen mittellosen Sozialhilfeempfänger, bedarf es zum Nachweis der Uneinbringlichkeit keiner eidesstattlichen Versicherung (OVG Münster, NVwZ-RR 1999, 802; VG Meiningen, NVwZ-RR 2000, 477; zur eidesstattlichen Versicherung s. § 16 LVwVG). Hat sich die Androhung und Festsetzung eines Zwangsgeldes bei einer vertretbaren Handlung als wirkungslos erwiesen, ist nach VG Berlin (NVwZ-RR 1999, 349, 350) und OVG Münster (NJW 1976, 1284) in aller Regel Ersatzvornahme anzudrohen und anzuwenden und nicht Ersatzzwangshaft anzuordnen. Nach BayVGH, BayVBl. 2018, 522, 525 darf auch unmittelbarer Zwang keinen Erfolg versprechen. Die Ersatzzwangshaft hat ausschließlich die Funktion eines Beugemittels und soll der Androhung des Zwangsgeldes bei Uneinbringlichkeit Nachdruck verleihen (OVG Münster, NVwZ-RR 1997, 764; BayVGH, BayVBl. 2018, 522, 525 Rn. 24). Sie dient nicht dazu, die Zahlung des Zwangsgelds durchzusetzen (VG Düsseldorf, NVwZ-RR 2013, 211, 212). Mit der Vollstreckung der Zwangshaft erlischt der Anspruch auf Zwangsgeld (BayVGH, BayVBl. 2018, 522, 526 Rn. 27; Horn, Jura 2004, 447, 450). Bleibt der Pflichtige nach Ersatzzwangshaft weiter untätig, ist erneut Zwangsgeld anzudrohen (BayVGH, BayVBl. 2018, 522, 526 Rn. 30). Begleicht der Pflichtige unter dem (drohenden) Druck der Ersatzzwangshaft die Zwangsgeldforderung, so hindert dies den Beginn oder die Fortsetzung der Ersatzzwangshaft (BayVGH, BayVBl. 2018, 522, 525 Rn. 23).

Als Eingriff in die Freiheit der Person gem. Art. 2 II S. 2 GG kann die Ersatzzwangshaft nur das letzte Mittel sein (OVG Münster, NVwZ-RR 1999, 802; dass., NJW 1976, 1284; VG Meiningen, NVwZ-RR 2000, 477; s. aber auch OVG Magdeburg, NVwZ-RR 2017, 174: Zwang zum Abschluss eines Versicherungsvertrages; VG Stuttgart, NVwZ 1999, 323: Androhung von Zwangshaft zur Durchsetzung eines Prostitutionsausübungsverbotes ungeeignet, wenn keine Verhaltensänderung zu erwarten). Die besondere Androhung der Zwangshaft ist nicht erforderlich. Es genügt, wenn bei Androhung des Zwangsgeldes auf die Zulässigkeit von Zwangshaft hingewiesen worden ist. Die Zwangshaft wird auf Antrag der Vollstreckungsbehörde von der Justizverwaltung vollstreckt.

Für die Anordnung der Zwangshaft ist das Verwaltungsgericht zuständig, in dessen Bezirk die Vollstreckungsbehörde ihren Sitz hat. Den erforderlichen Haftbefehl erlässt das Verwaltungsgericht zugleich mit der Anordnung der Zwangshaft (§ 24 I S. 2 LVwVG). Die Verhaftung des Pflichtigen nimmt der Gerichtsvollzieher vor. Die Zwangshaft beträgt mindestens einen Tag und höchstens zwei Wochen (§ 24 II LVwVG).

Ersatzvornahme (§ 25 LVwVG) ist die Ausführung einer **vertretbaren** Handlung durch die Vollstreckungsbehörde (sog. Selbstvornahme) oder durch einen von ihr beauftragten Dritten (sog. Fremdvornahme) auf Kosten des Pflichtigen. Duldungen und Unterlassungen sind höchstpersönlicher Natur und können daher nur mit Zwangsgeld (Zwangshaft) oder mit unmittelbarem Zwang durchgesetzt werden. Der Dritte steht zu dem Pflichtigen in keinen vertraglichen oder quasivertraglichen Beziehungen. Vertragsbeziehungen bestehen nur zwischen der Vollstreckungsbehörde und dem Dritten, z. B. durch Werkvertrag gem. § 631 I BGB beim Abschleppen eines verkehrswidrig im Halteverbot parkenden PKWs.

2. Unmittelbarer Zwang (§§ 26 bis 28 LVwVG) und unmittelbare Ausführung

a) Begriffliche Abgrenzung. Unmittelbarer Zwang ist nach der Legaldefinition des § 26 I S. 1 LVwVG „jede Einwirkung auf Personen oder Sachen durch einfache körperliche Gewalt, Hilfsmittel der körperlichen Gewalt oder Waffengebrauch". Er ist das schärfste Zwangsmittel und kommt daher nur als ultima ratio in Betracht. Hilfsmittel sind z. B. elektronische Fußfessel (dazu Lindner und Bast, DVBl 2017, 290 ff.; jetzt geregelt in § 32 Abs. 1 PolG), Handschellen, Dienstpferde, Diensthunde, Wasserwerfereinsatz (dazu BVerfG, NVwZ 1999, 291, 292; VG Stuttgart, Urt. v. 18.11.2015 – 5 K 1265/14), Reizgas, Dienstfahrzeuge, Absperrgitter, Schlagstock, Nagelgurte zum zwangsweisen Aufhalten von KfZ, Reizstoffe. Unmittelbarer Zwang ist auch die Versiegelung eines Hauses (OVG Greifswald, NVwZ 1996, 488, 489; VGH BW, VBlBW 1982, 140, 141), die Schließung und Versiegelung von Betriebs- und Geschäftsräumen. Die Androhung der Versiegelung einer Baustelle ist speziell in § 64 Abs. 2 LBO als Anwendung unmittelbaren Zwangs geregelt (so VGH BW, NVwZ-RR 2011, 754, 757; dazu Examensfall in VBlBW 2006, 38, 75). Unmittelbarer Zwang ist auch die Sicherstellung von Waffen oder Munition, § 46 II S. 2 WaffG. In den Vorschriften der §§ 27 und 28 LVwVG sind weitere Sonderfälle der Anwendung unmittelbaren Zwangs geregelt.

Unmittelbarer Zwang muss deutlich von der **„unmittelbaren Ausführung"** nach § 8 I PolG **unterschieden** werden. Während die unmittelbare Ausführung erst dann zulässig ist, wenn die Gefahr durch geeignete Maßnahmen gegen den oder die Störer nicht beseitigt werden kann, weil er nicht oder nicht rechtzeitig erreicht werden kann, setzt die Anwendung unmittelbaren Zwangs voraus, dass zumindest kurze Zeit vor Beginn der Vollstreckungshandlung ein Grund-VA (Titel) – notfalls mündlich – ergangen ist. Die unmittelbare Ausführung ist dagegen als Realakt zu qualifizieren, (vgl. Kugelmann, DÖV 1997, 153, 155 m. w. N. in Fn. 24; Koehl, VR 2016, 95, 102; Hartmann, VBlBW 2012, 321, 323; Schenk, VBlBW 2018, 5, 9). Geprüft wird in der Klausur die Rechtmäßigkeit eines fiktiven Grund-VA, der auf eine vertretbare Handlung gerichtet sein muss (vgl. Hartmann, VBlBW 2012, 279, 321, 323 f.; Schenk, VBlBW 2018, 5, 9; Schmidt, Polizei- und Ordnungsrecht, Rn. 955, 962).

Beispiel: Ein abgestellter Pkw versperrt an enger Stelle der Altstadt die Durchfahrt. Der Fahrer des Wagens kann in zumutbarer Zeit nicht ermittelt werden. Steht der Wagen im Geltungsbereich eines Halteverbots, so kann das Fahrzeug im Wege der Ersatzvornahme abgeschleppt werden, weil das sofort vollziehbare Halteverbot (Allgemeinverfügung i. S. d. § 35 S. 2 Alt. 3 LVwVfG!) zugleich das Gebot zur Entfernung verbotswidrig abgestellter Fahrzeuge (sog. Wegfahrgebot) als Grund-VA enthält (vgl. BVerwG, NJW 1978, 656; NVwZ 1988, 623; NZV 2002, 285; BVerwGE 102, 316, 319 = NJW 1997, 1021, 1022; BVerwGE 162, 146, 149 Rn. 14 = NJW 2018, 2910 Rn. 14 = DVP 2019, 258; BVerwG, Urt. v. 6.4. 2016 – 3 C 10.15 Rn. 16; dass., NJW 2010, 1898, 1899; OVG Schleswig, NVwZ-RR 2003, 647; VGH Kassel NVwZ-RR 1999, 23, 24 f.; VGH BW, NVwZ-RR 1996, 149 f., 2003, 558 = BWGZ 2003, 331; NJW 1990, 2270, 2271; NJW 2003, 3363; NJW 2007, 2058; OVG

Hamburg, NJW 2005, 2247, 2251; DÖV 1995, 783; OVG Bautzen, NJW 2009, 2551).

Zur Bekanntgabe von Verkehrszeichen BVerwGE 154, 365 = NJW 2016, 2353 = JuS 2017, 91; VGH BW, NVwZ-RR 1996, 149, 150; dass., NJW 2010, 1898, 1899; Stelkens, NJW 2010, 1184; Weber, VR 2016, 299, 304; Milker, JA 2017, 271; Kümper, JuS 2017, 731, 734 ff; vgl. auch Rn. 323. Zur Erkennbarkeit eines Verkehrszeichens OVG Münster, NJW 2005, 1142, 1143; zur Nichtigkeit eines Verkehrszeichens OLG Karlsruhe, DVP 2019, 79.

Nach BVerwGE 90, 189, 193 (bestätigt durch BVerwG, DVBl 2002, 1560, 1561 = NJW 2002, 2122 f., BVerwGE 149, 254, 256, 260) ist das Abschleppen von verbotswidrig auf Gehwegen abgestellten PKW (Ordnungswidrigkeit nach § 12 IV S. 1 mit § 49 I Nr. 12 StVO) nur dann im Blick auf den Grundsatz der Verhältnismäßigkeit ermessensfehlerfrei, wenn andere Verkehrsteilnehmer behindert werden durch Verstellen des gesamten Bürgersteigs, Hineinragen des Fahrzeugs in die Fahrbahn, Beeinträchtigung einer Fußgängerzone in seiner Funktion, rechtswidrigem Parken auf einem Schwerbehindertenplatz, in Feuerwehrfahrzonen, beim Abschleppen zur Verhinderung einer Straftat oder Parken in zweiter Reihe. Das bedeutet, dass bei geringfügigen Ordnungswidrigkeiten regelmäßig nicht abgeschleppt werden kann. Die Behörde könne sich nicht auf die bloße negative Vorbildwirkung des fehlerhaften Verhaltens und den Gesichtspunkt der Generalprävention berufen (bestätigt durch BVerwGE 149, 254, 256, 264; dass., NJW 2002, 2122; ebenso OVG Hamburg, NJW 2001, 168, 169; NJW 2005, 2247, 2250; DVBl 2011, 1114 mit zust. Anm. Klüver, DVBl 2011, 1247 ff.; VGH BW NVwZ-RR 1996, 149, 150). Das BVerwG (NJW 1990, 931) hat generalpräventive Erwägungen (Nachahmungseffekt), die ein Abschleppen als verhältnismäßig rechtfertigen, zugelassen beim Parken im absoluten Haltverbot mit einer Dauer von knapp zwei Stunden; der VGH München (NVwZ 1990, 180 f.) und das OVG Greifswald (DVP 2017, 85 f.) für verbotswidriges Parken in der Fußgängerzone wegen Funktionsbeeinträchtigung (ungestörter Fußgängerverkehr); der VGH Kassel (NVwZ-RR 1999, 23 ff.) beim verbotswidrigen Parken von mehr als einer Stunde im Bereich eines Parkscheinautomaten (modifiziertes Haltverbot!) zur Vermeidung des Parksuchverkehrs bei knappem Parkraum. Das OVG Mecklenburg-Vorpommern (Beschl. v. 6.3.2015, 3 L 201/11 Rn. 4, 10) hat darauf hingewiesen, dass ein Abschleppen eines im Bereich eines absoluten Haltverbots verkehrswidrig geparkten Fahrzeuges mit dem Grundsatz der Verhältnismäßigkeit vereinbar sei, ohne dass es auf das Vorliegen einer konkreten Verkehrsbehinderung ankomme. Entsprechendes gelte auch für das Parken in einem Fußgängerbereich. Ausreichend sei die Funktionsbeeinträchtigung der Verkehrsfläche. Es bestehe ein generalpräventiv begründetes öffentliches Interesse daran, dass andere Kraftfahrer vom verbotswidrigen Parken im Fußgängerbereich abgehalten werden. Aus Fußgängerzonen dürfen regelmäßig auch Motorräder, Motorroller und Zweiräder abgeschleppt werden (VG Mainz, NVwZ-RR 2012, 887). Das OVG Münster (NJW 1998, 2465) hat ein Abschleppen als verhältnismäßig angesehen, wenn ein Fahrzeug eine für den Ladeverkehr durch eingeschränktes Haltverbot reservierte spezielle Haltebucht länger als eine halbe Stunde blockiert. Der VGH BW (NVwZ-RR 1996, 149 f.) hat ein Abschleppen eines auf einem Anwohnerparkplatz verbotswidrig abgestellten Kraftfahrzeuges im Wege der unmittelbaren Ausführung nach § 8 I PolG für verhältnismäßig gehalten, wenn „der Parkverstoß längere Zeit begangen wurde". Der Halter, der nicht Fahrer war, habe die Abschleppkosten zu tragen, obwohl er keine Kenntnis vom Verkehrszeichen hatte. Er hafte für die Abschleppkosten als Zustandsstörer nach § 7 PolG. Mangels Kenntnis des Verkehrszeichens treffe den Halter nicht das im Verkehrszeichen enthaltene sofort vollziehbare Wegfahrgebot, sodass die Abschleppkosten aus einer Ersatzvornahme nicht vom ihm angefordert werden könnten. Dazu Klenner, JuS 2020, 1040 (Fortgeschrittenenklausur).

Nach der Rechtsprechung ist im Blick auf den Grundsatz der Verhältnismäßigkeit bei verbotswidrig abgestelltem PKW eine Halteranfrage oder sonstige Erforschung des Aufenthaltsortes des Besitzers durch die Behörden grundsätzlich nicht geboten. Hinterlässt der Halter oder PKW-Fahrer aber an der Windschutzscheibe seine Visitenkarte mit Handynummer, muss er ohne Schwierigkeiten und ohne Verzögerungen in unmittelbarer Nähe zur Beseitigung des verbotswidrigen Parkens sofort erreichbar sein. Das bedeutet, dass der Fahrer konkrete Angaben zu seinem aktuellen Aufenthaltsort hinterlassen muss. Nur in einem solchen Ausnahmefall sei eine sofort eingeleitete Abschleppmaßnahme unverhältnismäßig, weil die Beseitigung der Störung durch Kontaktaufnahme schneller und effektiver bewirkt werden könne als durch die Beauftragung eines Abschleppunternehmens (vgl. BVerwGE 149, 254, 258, dass., NJW 1990, 931; OVG Schleswig, NVwZ-RR 2003, 647, 648; OVG Hamburg, NJW 2001, 168, 169; NVwZ-RR 1999, 23, 25; NJW 2005, 2246 ff.; 2249 f.; NVwZ-RR 2010, 263, 262: Hinweiszettel mit Datum, Uhrzeit, Telefonnummer, Name des Fahrers, genauer in unmittelbarer Nähe gelegener Aufenthaltsort, kein universell einsetzbarer Vordruck; VGH München, NJW 2001, 1960, 1961: Benachrichtigung des Halters, „wenn dieser geradezu in greifbarer Nähe erscheint"; OVG Koblenz, NVwZ-RR 2005, 577, 578: „umfangreiche, zeitraubende Suchmaßnahmen" können nicht verlangt werden). Das BVerwG hat eine Mindestwartezeit von 30 Minuten ab Feststellung des verbotswidrigen Parkens für die Beauftragung eines Abschleppunternehmens abgelehnt (BVerwGE 149, 254, 262 ff.), weil dadurch die effektive und wirtschaftliche Überwachung des ruhenden Verkehrs erheblich beeinträchtigt wäre. Außerdem könne durch ein zeitnahes Abschleppen der negativen Vorbildwirkung entgegengetreten und der Gedanke der Generalprävention ergänzend in die Gesamtabwägung einbezogen werden. Das OVG Hamburg (NJW 2001, 3647, 3648 m. Bspr. v. Schwabe, NJW 2002, 652 f.) gewährt fünf Minuten Zeit für das Erscheinen ab Anruf, wenn der Fahrer ausreichende Vorkehrungen getroffen hat, um leicht, kurzfristig und zuverlässig erreichbar zu sein. Der Hinweis „Bei Störung bitte anrufen, komme sofort" und hinterlegter Rufnummer sei allerdings zu unbestimmt und genüge nicht. Unter dem Gesichtspunkt der Verhältnismäßigkeit erscheine es auch nicht geboten, mehr als einen Anrufversuch zur Benachrichtigung des Störers zu unternehmen. Auch nach dem VGH Baden-Württemberg (VBlBW 2003, 74; NVwZ-RR 2003, 558) muss der Kraftfahrzeugführer selbst Vorkehrungen dafür getroffen haben, dass er leicht, kurzfristig und zuverlässig erreichbar ist. Auf der hinter der Windschutzscheibe seines Fahrzeuges ausgelegten Visitenkarte mit dienstlicher Adresse und Handynummer müsse auch der konkrete Situationsbezug mit dem Hinweis auf den Zeitpunkt seiner Rückkehr angegeben werden, bis wann die Störung zuverlässig beseitigt werden könne. Bei einem auswärtigen Kennzeichen sind nach Auffassung des BVerwG Bemühungen der Kontaktaufnahme wegen zu geringer Erfolgsaussichten nicht erforderlich (BVerwGE 102, 316, 319 f.; NJW 1997, 1021, 1022; NJW 2002, 2122, 2123; zust. OVG Hamburg, NJW 2001, 168, 169; VGH BW VBlBW 2003, 74; VGH München, NJW 2001, 1960, 1961). Anderer Auffassung noch das BVerwG (DVBl 1983, 1066, 1967; 2002, 1560, 1561 m. abl. Anm. Schwabe; ebenso VGH Kassel, NJW 1999, 3793, 3794; VG Gießen, NVwZ-RR 2003, 212, 213; VGH BW, NVwZ-RR 2003, 558), „wonach einem durch die hinter der Windschutzscheibe des Kraftfahrzeugs angebrachte Adresse und Telefonnummer veranlassten Nachforschungsversuch regelmäßig schon die ungewissen Erfolgsaussichten und nicht abzusehenden weiteren Verzögerungen entgegenstehen". Diese Entscheidungen sind vor dem Hintergrund des Mobilfunkverkehrs nicht mehr zeitgemäß.

So hat das VG Gießen (NJW 2001, 2346 f.) das Abschleppen eines verkehrsordnungswidrig im öffentlichen Verkehrsraum abgestellten Taxis nach dreistündigem Zuwarten für ermessensfehlerhaft und unverhältnismäßig erklärt, weil die eingetretene Störung der öffentlichen Sicherheit effektiv und schnell hätte beseitigt werden können: Am Armaturenbrett war der Name und Betriebssitz des Halters des Taxis von außen sichtbar angebracht. Zudem hätte der Halter in dieser langen Zeitspanne über das Kennzeichen durch ein Telefonat bei der Zulassungsstelle ausfindig gemacht werden können. Damit wäre der verkehrsordnungswidrige Zustand wesentlich schneller beseitigt worden. Anderer Auffassung ist das OVG Hamburg (NVwZ-RR 2010, 263, 264 f.), wonach eine Beauftragung eines Abschleppunternehmens erst zwei Stunden nach Ablauf der Parkuhr verhältnismäßig ist. Nach Auffassung des VG Hamburg, NVwZ-RR 2005, 37 f., ist ein hinter der Windschutzscheibe ausgelegter Anwohnerparkausweis ohne konkreten Hinweis für die Erreichbarkeit bei einem in der Halteverbotszone geparktem PKW nicht ausreichend.

Bei der Aufstellung sog. **mobiler Verkehrszeichen** (z. B. mobiles Haltverbot) verlangt die herrschende Rechtsprechung unter dem Aspekt der Verhältnismäßigkeit eine **Mindestvorlaufzeit** (Wartefrist) von **drei vollen Tagen**. Erst nach Ablauf von drei Tagen könne der zunächst ordnungsgemäß geparkte PKW auf Kosten des Halters abgeschleppt werden, da er dann verbotswidrig parke. Der Verkehrsteilnehmer müsse mit der Änderung bestehender Verkehrsregelungen rechnen. Er könne nicht darauf vertrauen, dass ein zunächst erlaubtes Parken im öffentlichen Straßenraum auch noch vier Tage später erlaubt ist (vgl. BVerwGE 102, 316, 329 = NJW 1997, 1021, 1022 – Straßenfest –; BVerwGE 162, 146, 151 Rn. 23 f. = NJW 2018, 2910, 2911 Rn. 23 f. – nachträglich eingerichtete Halteverbotszone –; VGH BW, VBlBW 2007, 350 – mögliche Ausnahme bei heranrückender Wanderbaustelle oder bei Verkehrsbeschränkungen in Bezug auf bekannte Veranstaltungen –; dass., NJW 2007, 2058, 2059; BayVGH, BayVBl. 2009, 21 f. = DÖV 2008, 732 f.; VGH Kassel, NJW 1997, 1023 f.; OVG Bautzen, NJW 2009, 2551 ff.; a. A. OVG Münster, NVwZ-RR 1996, 59: Vorlaufzeit von 48 Stunden ausreichend; bestätigt durch Urt. v. 13.9.2016 – 5 A 470/14; OVG Hamburg, DÖV 1995, 783, 784: drei

Werktage und zusätzlich ein Sonn- oder Feiertag zwischen Aufstellen des Haltverbots und Wirksamwerden). Eine geringere Vorlaufzeit sei nur dann gerechtfertigt, wenn sich die bevorstehende Änderung für den Verkehrsteilnehmer deutlich erkennbar als unmittelbar bevorstehend abzeichne, etwa durch eine heranrückende Wanderbaustelle oder im Hinblick auf eine allgemein bekannte Veranstaltung (VGH BW, NJW 2007, 2058, 2059; BayVGH, BayVBl. 2009, 21; OVG Bautzen, NJW 2009, 2551, 2552 f.). Das VG Berlin hat mit Urt. v. 16.1.2008 – VG 11 A 720.07, entschieden, dass mobile Verkehrsschilder auch dann ihre Wirksamkeit nicht verlieren, wenn sie umgedreht sind, solange sie eindeutig dem Straßenabschnitt zugeordnet werden können. Der Verkehrsteilnehmer, der sein Kraftfahrzeug abstelle, müsse sich gründlich vergewissern, ob der gewählte Parkplatz einer Parkbeschränkung unterliege. Zur Streitfrage der Bekanntgabe bei mobilen Verkehrszeichen Milker, JA 2017, 271, 276 f.

Nach der Rechtsprechung ist beim sog. abgebrochenen Abschleppvorgang – der Halter bzw. Fahrer hat das verbotswidrig geparkte Fahrzeug nach Beauftragung des Abschleppunternehmens zum Einsatzort vor dessen Eintreffen weggefahren – die Kostenanforderung für die durchgeführte Leerfahrt dann rechtmäßig, wenn die Beauftragung des Abschleppunternehmens nicht mehr rechtzeitig storniert werden konnte. Die Auferlegung der Kosten für die Leerfahrt wäre nur dann unverhältnismäßig, wenn das Abschleppfahrzeug in unmittelbarem Anschluss von der gleichen Örtlichkeit zusätzlich ein anderes verkehrsordnungswidrig geparktes Fahrzeug hätte abschleppen müssen (vgl. VGH BW, VBlBW 2003, 74 f.; OVG Hamburg, NJW 2001, 168, 170 f.; OVG Münster, DVP 2014, 392 f.).

Umfassend zum Gesamtkomplex des Abschleppens mit Fallbeispielen Fischer, JuS 2002, 446 ff.; Erbguth, VerwR Fall 19, S. 309 f.; Ipsen, VerwR Fall 41, Rn. 857, 895; Becker, JA 2000, 677 ff.; Haurand/Vahle, DVP 2015, 417 ff.; Hong, Jura 2012, 473 ff.; Vahle, DVP 2012, 266 ff.; Ostermeier, NJW 2006, 3173 ff.; Janssen, JA 2003, 165 ff.; Reichelt, VR 2002, 111 ff.; Beaucamp, JA 2008, 612 ff.; Klenner, JuS 2020, 1040 ff.; Schmidt, Polizei- und Ordnungsrecht, Rn. 1025 ff; VG Köln, Urt. v. 1.10.2015 – 20 K 5858/14, zur Abschleppmaßnahme trotz Schwerbehinderung.

War jedoch kein Halteverbot angeordnet, so kann die Polizei den Pkw im Wege unmittelbarer Ausführung (§ 8 I PolG) abschleppen lassen (vgl. VGH BW, ESVGH 21, 166, 167; OVG Hamburg, NJW 2001, 168, 169; Fischer JuS 2002, 446, 447; eingehend Sadler, DVBl 2009, 292 ff.; Fallbeispiel bei Erbguth, VerwR § 19 Rn. 20). Unmittelbarer Zwang kann angewendet werden, wenn sich der herbeieilende Fahrer weigert, das Fahrzeug selbst wegzufahren.

Unmittelbare Ausführung erfolgt also, weil der Polizeipflichtige die Gefahr nicht beseitigen kann, unmittelbarer Zwang hingegen, weil der Pflichtige die durch VA oder öV festgelegte Verpflichtung nicht erfüllen will.

b) Die Regelungen des unmittelbaren Zwangs im Bundes- und Landesrecht.

Das VwVG regelt den unmittelbaren Zwang in § 12; speziell für das Waffenrecht in § 46 II S. 2 WaffG, für die Baustellenversiegelung in § 64 II LBO.

951 Das bad.-württ. Landesrecht regelt den unmittelbaren Zwang für den polizeilichen Aufgabenbereich speziell in den §§ 63 ff. PolG und allgemein in den §§ 26–28 LVwVG:
– Ist der Grund-VA einer allgemeinen oder einer besonderen **Polizeibehörde** (§§ 106, 107 PolG) zu vollstrecken, so dürfen diese den unmittelbaren Zwang nur nach den Spezialvorschriften des PolG „anwenden" (§ 63 II PolG). Innerhalb der Polizeiorganisation fällt die Androhung und Festsetzung des unmittelbaren Zwangs regelmäßig in die Aufgabenzuständigkeit der Polizeibehörde. Die Anwendung (i. e. S.) des unmittelbaren Zwangs fällt dagegen stets in die Zuständigkeit des Polizeivollzugsdienstes (§ 65 PolG).
– Ist dagegen der Grund-VA einer Landesbehörde zu vollstrecken, die **nicht Polizeibehörde** ist, so muss bei der Androhung, Festsetzung und Anwendung des unmittelbaren Zwangs nach den §§ 26 ff. LVwVG verfahren werden.

II. Allgemeine Vollstreckungsgrundsätze

952 Sowohl das VwVG als auch das LVwVG enthalten eine Reihe allgemeiner Vollstreckungsgrundsätze.
Bei der **Auswahl des Zwangsmittels** hat die Vollstreckungsbehörde nach pflichtgemäßem Ermessen zu handeln, dabei aber das Mittel auszuwählen, das den Bürger voraussichtlich am wenigsten beeinträchtigt (§ 9 II S. 2 VwVG, § 19 II LVwVG). Die genannten Bestimmungen konkretisieren das verfassungsrechtliche Übermaßverbot im Vollstreckungsbereich.
Beispiel: Nach rechtskräftiger Verurteilung wegen Fischwilderei war der auf B ausgestellte Fischereischein für ungültig erklärt und die Ablieferung angeordnet worden. Es wäre mit dem vorgenannten Grundsatz nicht zu vereinbaren, wenn für den Fall nicht fristgerechter Ablieferung anstelle eines Zwangsgeldes sofort das härteste Mittel – Wegnahme des Scheins durch Anwendung unmittelbaren Zwangs – angedroht würde.

953 Durch die Anwendung des jeweiligen Zwangsmittels darf **kein** Nachteil herbeigeführt werden, der zum Zweck der Vollstreckung **außer Verhältnis** steht (§ 9 II S. 1 VwVG, § 19 III LVwVG).
Beispiel: Bei zwangsweiser Durchsetzung einer Abbruchsanordnung darf kein Zwangsgeld von 1534 € angedroht, festgesetzt und beigetrieben werden, wenn die voraussichtlichen Abbruchskosten allenfalls 614 € betragen würden.

954 Zwangsmittel dürfen **wiederholt** und so lange angewendet werden, bis der Grund-VA (öV) vollzogen oder auf andere Weise erledigt ist (§ 13 VI S. 1 VwVG, § 19 IV LVwVG). Da Zwangsmittel keine Straf-, sondern Beugefunktion haben, kann sich der Pflichtige bei wiederholter Anwendung des Zwangsmittels nicht auf das Verbot der Doppelbestrafung berufen (Art. 103 III GG). Eine erneute Androhung ist allerdings erst dann zulässig, wenn das zunächst angedrohte Zwangsmittel „erfolglos" ist (§ 13 VI S. 2 VwVG). Dies zwingt die Vollstreckungsbehörde aber nur, zunächst den Erfolg der früheren Androhung abzuwarten, nicht aber dazu, das früher angedrohte Zwangsmittel tatsächlich festzusetzen und anzuwenden (vgl. OVG Berlin, NJW 1968, 1108, 1109; BayVGH, BayVBl. 1969, 247; OVG Hamburg, NVwZ-RR 2018, 504; Henneke, Jura 1989, 64, 69; App JuS 1987, 455, 460; Engelhardt/App/Schlatmann, Kommentar, § 13 Rn. 12).

III. Verhältnis der einzelnen Zwangsmittel zueinander

Nach § 26 II LVwVG (§ 12 VwVG) darf unmittelbarer Zwang nur dann angewendet werden, wenn Zwangsgeld und Ersatzvornahme erfolglos geblieben oder untunlich sind. Denn unmittelbarer Zwang ist der schwerere Eingriff gegenüber Zwangsgeld und Ersatzvornahme (VGH BW, VBlBW 1981, 325). Untunlichkeit liegt vor, wenn Zwangsgeld oder Ersatzvornahme entweder in hohem Maße unzweckmäßig, aussichtslos oder unangemessen sind (vgl. VGH BW, VBlBW 1982, 140, 141; VGH Kassel, NVwZ 1990, 481; OVG Berlin, NVwZ-RR 1998, 412 f.; Horn Jura 2004, 447, 450). 955

> **Beispiele:** Wenn sich ein Tbc-Kranker, der unter ärztlicher Beobachtung steht (§ 29 II S. 1 IfSG), nicht innerhalb der gesetzten Frist durch einen Beauftragten des Gesundheitsamtes untersuchen lässt, kommt nur die Androhung und ggf. die Anwendung unmittelbaren Zwangs in Frage. Denn wegen der Höchstpersönlichkeit der zu erfüllenden Pflichten scheidet Ersatzvornahme aus. Auf Grund der Gefahren für die öffentliche Gesundheit erscheint das langwierige Verfahren der Androhung, Festsetzung und Beitreibung von Zwangsgeld als „untunlich". Ein vermögensloser Obdachloser kann wegen der Kosten die ungenehmigte Holzhütte, die er bewohnt, nicht abbrechen.

Die Anwendung unmittelbaren Zwangs gegen Personen ist nachrangig im Verhältnis zur Anwendung **unmittelbaren Zwangs gegen Sachen** (§ 26 III LVwVG). Im polizeilichen Aufgabenbereich wird diese Regelung über § 63 II PolG von der gleichlautenden Vorschrift des § 66 I S. 2 PolG ersetzt. 956

Eine ausdrückliche Regelung des Rangverhältnisses zwischen **Zwangsgeld und Ersatzvornahme** kennt das LVwVG nicht, wenn es um vertretbare Handlungen geht, wie z. B. bei der Vollstreckung aus einer Abbruchsverfügung. Ein genereller Vorrang des Zwangsmittels der Ersatzvornahme vor dem Zwangsgeld besteht nicht (VGH BW, VBlBW 2004, 226; VBlBW 2015, 78, 80; Gerke, in: Hofmann/ Gerke/Hildebrandt, VerwR Rn. 1118; Erichsen/Rauschenberg, Jura 1998, 31, 35). Da durch Zwangsgeld die persönliche Freiheit des Bürgers regelmäßig am wenigsten beeinträchtigt wird, ist dieses Mittel grundsätzlich vor der Ersatzvornahme anzudrohen (arg. § 19 II LVwVG; so auch Guldi, VBlBW 1995, 462, 464). Allerdings hat die Ersatzvornahme für den Pflichtigen den Vorteil, dass mit der Durchführung der Grundverfügung der von der Behörde „gewünschte Erfolg tatsächlich bewirkt wird und nicht weitere Vollstreckungsmaßnahmen drohen". Andererseits hat die Ersatzvornahme „häufig den Nachteil, dass sie einen höheren Verwaltungsaufwand verursacht und den Pflichtigen wegen höherer Kosten in der Regel mehr belastet, als wenn er der zugrunde liegenden Verpflichtung selbst nachkommt" (VGH BW, VBlBW 2004, 226, 227 = BauR 2004, 1605, 1606 f.). Der VGH BW hat deshalb die Androhung eines dritten Zwangsgeldes 957 wegen Verstoßes gegen den Verhältnismäßigkeitsgrundsatz (§ 19 II LVwVG) als ermessenfehlerhaft angesehen, weil dann die Höhe der angedrohten Zwangsgelder die voraussichtlichen Kosten der Ersatzvornahme überstieg. Die Androhung der Ersatzvornahme wäre das mildere Mittel und zur Erreichung des gewünschten Zecks, den Abbruch des Schuppens, ein genauso geeignetes Mittel gewesen. In diesem Sinne auch BayVGH (BayVBl. 2020, 776 f.), bei vierter erfolgloser Zwangsgeldandrohung zur Durchsetzung einer Nutzungsuntersagung.

958 Auch das **Verhältnis** zwischen (Ersatz-) **Zwangshaft** und **unmittelbarem Zwang** hat im LVwVG keine ausdrückliche Regelung gefunden. Bei Anwendung des Grundsatzes der geringstmöglichen Beeinträchtigung (§ 19 II LVwVG) wird man allerdings zu dem Ergebnis gelangen, dass unmittelbarer Zwang gegen Personen nicht nur gegenüber dem Zwangsgeld, sondern auch gegenüber dem Ersatzzwangsmittel der Zwangshaft nachrangig anzuwenden ist, wenn dadurch der Vollstreckungszweck noch erreicht werden kann (so ausdrücklich OVG Bremen, DÖV 1972, 391). Die Anwendung unmittelbaren Zwangs gegen die Person führt i. d. R. zu einem stärkeren Eingriff in die Entschließungsfreiheit als die Anordnung und der Vollzug der Zwangshaft.
Da Eingriffe in die persönliche Freiheit generell schärfer wirken als Beeinträchtigungen der Eigentums- und Vermögenssphäre, wird das Verhältnis zwischen Zwangshaft und unmittelbarem Zwang gegen Sachen hingegen so zu bewerten sein, dass i. d. R. unmittelbarer Zwang gegen Sachen vorrangig anzuwenden ist.

F. Verfahrenssubjekte der Verwaltungsvollstreckung

I. Verfahrenssubjekte und Verfahrensbeteiligte

959 Zu den Verfahrenssubjekten des Verwaltungsvollstreckungsverfahrens gehören
- die Vollstreckungsbehörde als Verfahrensträger sowie
- der Vollstreckungsgläubiger und
- der Vollstreckungsschuldner als notwendige Verfahrensbeteiligte.

II. Die Vollstreckungsbehörde im Bundes- und Landesrecht

960 Das **LVwVG** geht sowohl im Beitreibungsverfahren, als auch im Zwangsverfahren (i. e. S.) einheitlich von dem Grundsatz aus, dass die Anordnungsbehörde zugleich die (sachlich und örtlich **zuständige**) Vollstreckungsbehörde ist (§ 4 I LVwVG).

Beispiele: Die Stadt S, die den Erschließungsbeitragsbescheid erlassen hat, ist zugleich Vollstreckungsbehörde für die Beitreibung der Beitragsschuld. – Die vom Landratsamt als unterer Baurechtsbehörde erlassene Abbruchsanordnung ist von ihm als Vollstreckungsbehörde erforderlichenfalls zwangsweise durchzusetzen.

961 Vom Grundsatz des § 4 I LVwVG gelten **Ausnahmen**
- bei Delegation der Zuständigkeit (§ 4 II LVwVG),
- bei abweichender Spezialregelung durch Bundes- oder Landesgesetz sowie

– bei Vollstreckungshilfeleistung.

Von der Delegationsermächtigung hat das Innenministerium BW Gebrauch gemacht und durch Verordnung vom 23.6.1990 (GBl. S. 230) bestimmt, dass die zu einer Geldleistung verpflichtenden VAs der in der VO bezeichneten Behörden von den Kassen vollstreckt werden, die für die Einziehung der Geldleistungen zuständig sind.

Eine abweichende Vollstreckungszuständigkeit nach Bundesrecht findet sich z. B. in § 113 III HwO, wonach für die Beitreibung von Handwerkskammerbeiträgen die Gemeinden zuständig sind, die diese Beiträge einzuziehen haben.

Im Falle der **Vollstreckungshilfe** wird die um Vollstreckungshilfe ersuchte Behörde als Vollstreckungsbehörde tätig. Die Vollstreckungshilfe ist im LVwVG nicht geregelt. Daher ist auf Amtshilfegrundsätze zurückzugreifen, (vgl. Rn. 839 ff.).

Hinweis: Einen Überblick über die Stellen, die in anderen Bundesländern Vollstreckungshilfe leisten, gibt die Bekanntmachung des Innenministeriums BW vom 27.3.1981 (GABl. S. 356).

Das **VwVG** bestimmt die Vollstreckungsbehörde im Beitreibungsverfahren und im Zwangsverfahren (i. e. S.) unterschiedlich. Nach § 4 VwVG sind im Beitreibungsverfahren Vollstreckungsbehörden
– die von einer obersten Bundesbehörde im Einvernehmen mit dem Bundesminister des Innern bestimmten Behörden des betreffenden Verwaltungszweiges und
– die Vollstreckungsbehörden der Bundesfinanzverwaltung, wenn eine Bestimmung anderer Art nicht getroffen worden ist.

Im Zwangsverfahren (i. e. S.) wird der Grund-VA von der Behörde „vollzogen" (d. h. u. a. auch vollstreckt), die ihn erlassen hat (§ 7 I VwVG). Diese Behörde vollzieht auch Beschwerdeentscheidungen (§ 7 I 2. Halbs. VwVG). Nach § 7 II VwVG kann auch eine Behörde der unteren Verwaltungsstufe für den Einzelfall oder allgemein mit dem „Vollzug" beauftragt werden.

Für beide Verfahrensarten bestimmt § 5 II VwVG einheitlich, dass bei Vollstreckungshilfeleistungen durch Länderorgane die Vollstreckungshilfe nach landesrechtlichen Bestimmungen durchzuführen ist.

III. Der Vollstreckungsgläubiger

Der Begriff des Vollstreckungsgläubigers ist im LVwVG nicht definiert. Im Anwendungsbereich des VwVG ist die Gesetzesdefinition des § 252 AO zu beachten (vgl. § 5 I VwVG i. V. m. § 252 AO). Vollstreckungsgläubiger ist derjenige, dem das zu vollstreckende Recht zusteht. Nur dem Vollstreckungsgläubiger steht die Befugnis zu, Stundung und Erlass der beizutreibenden Forderung zu verfügen.

IV. Der Vollstreckungsschuldner

1. Begriff des Vollstreckungsschuldners

965 Der Begriff des Vollstreckungsschuldners ist zwar in § 2 VwVG, nicht aber im LVwVG definiert. Nach § 2 VwVG kann als Vollstreckungsschuldner in Anspruch genommen werden, wer eine Leistung als Selbstschuldner schuldet und ferner, wer für die Leistung, die ein anderer schuldet, persönlich haftet. Wer zur Duldung der Zwangsvollstreckung verpflichtet ist, wird dem Vollstreckungsschuldner gleichgestellt, soweit die Duldungspflicht reicht. Gegen die unkritische Übernahme der Definition des § 2 VwVG in das bad.-württ. Verwaltungsvollstreckungsrecht spricht, dass diese begriffliche Bestimmung des Vollstreckungsschuldners systematisch nicht ganz ausgereift ist. Denn das VwVG gebraucht keinen für alle Verfahrensarten einheitlich verwendbaren Begriff. Die Definition des § 2 VwVG beschränkt sich vielmehr auf das Beitreibungsverfahren. Der Begriff des Vollstreckungsschuldners muss aber für alle Verfahrensarten brauchbar sein. Es liegt daher nahe, die umfassendere Definition des § 253 AO analog anzuwenden. Nach § 253 AO ist „Vollstreckungsschuldner derjenige, gegen den sich ein Vollstreckungsverfahren richtet". Vollstreckungsschuldner kann also jeder werden, der eine ihm durch VA oder öV auferlegte Handlungs-, Duldungs- oder Unterlassungspflicht nicht erfüllt.

2. Sonderprobleme bei bestimmten Vollstreckungsschuldnern

966 Regelmäßig einfach stellt sich die Rechtslage dar, wenn als Adressat der Vollstreckungsmaßnahmen nur ein einzelner Bürger in Betracht kommt. Das Gleiche gilt, wenn mehrere Bürger als Gesamtschuldner haften und insgesamt bereits durch den zu vollstreckenden VA zur Handlungsvornahme, zur Unterlassung oder zur Duldung der Handlungsvornahme bzw. deren Vollstreckung verpflichtet worden sind.
Komplikationen des Vollstreckungsverfahrens können aber in den folgenden Fallgruppen auftreten:
- Bei Maßnahmen, die sich gegen mehrere – dinglich oder obligatorisch – mitberechtigte Personen richten (Miteigentümer, Pächter, Mieter),
- bei der Vollstreckung gegen den (die) Rechtsnachfolger des ursprünglich Verpflichteten und
- bei Vollstreckungsmaßnahmen gegen Hoheitsträger.

967 a) **Maßnahmen gegen Mitberechtigte.** Kann eine Verpflichtung aus Rechtsgründen nur von mehreren Personen gemeinsam erfüllt werden, weil diese am Gegenstand der Vollstreckung dinglich oder obligatorisch mitberechtigt sind, so müssen alle Mitberechtigten grundsätzlich vor der Einleitung von Vollstreckungsmaßnahmen zur Vornahme oder zur Duldung der zu vollstreckenden Handlung verpflichtet werden.

> **Beispiel:** Befindet sich das abzubrechende einsturzgefährdete Gebäude im ungeteilten Nachlass einer Erbengemeinschaft, so müssen alle Miterben zum Gebäudeabbruch verpflichtet werden, weil den Miterben die Verwaltung des Nachlasses und die Verfügung über einzelne Nachlassgegenstände nur gemeinschaftlich zusteht (§§ 2038 I, 2040 I BGB).

Problematisch wird die Fortsetzung der Vollstreckung, wenn die Vollstreckungsbehörde bisher nicht alle Mitberechtigten (Miteigentümer, Mieter, Pächter) verpflichtet und bereits mit der Durchführung der Vollstreckung begonnen hat. Es fragt sich dann, ob der ergangene Grund-VA nicht schon deshalb unwirksam ist, weil der verpflichtete Vollstreckungsschuldner die gebotene Handlung nicht ohne die Zustimmung bzw. Mitwirkung der übrigen Mitberechtigten vornehmen darf. Als möglicher Nichtigkeitsgrund käme die **rechtliche Unmöglichkeit** in Frage (vgl. Rn. 198 und 404). Da im Zeitpunkt des Erlasses des Grund-VA aber i. d. R. noch nicht feststeht, dass die Zustimmung der übrigen Mitberechtigten endgültig verweigert werden wird, ist mit der h. M. (vgl. Muckel, JA 2012, 272, 277; Erichsen/Rauschenberg, Jura 1998, 31, 37; Werner, VR 1999, 73, 77; v. Kalm, DÖV 1996, 463, 464) davon auszugehen, dass weder schlichte Rechtswidrigkeit noch Nichtigkeit des Grund-VA vorliegt, sondern nur ein behebbares **Vollstreckungshindernis** besteht. Dieses kann – je nach Sachlage – durch Erlass einer Verpflichtungs- oder einer Duldungsverfügung gegen den (die) Mitberechtigten ausgeräumt werden (vgl. BVerwGE 40, 101, 103 f.; VGH München, NJW 1997, 961, 962). Vor Erlass der Duldungsverfügung ist der Mitberechtigte nach § 28 I LVwVfG anzuhören (eingehend v. Kalm, DÖV 1996, 463 f., 464; Schübel-Pfister, JuS 2013, 417 (420 f.)).

b) Vollstreckung bei Rechtsnachfolge (Pflichtennachfolge). Nach § 3 S. 1 LVwVG kann die Vollstreckung gegen den Rechtsnachfolger eingeleitet oder fortgesetzt werden, soweit dieser durch den Grund-VA verpflichtet wird und die Vollstreckungsvoraussetzungen für seine Person vorliegen. War die Vollstreckung beim Tode des Rechtsvorgängers schon eingeleitet, so kann sie in den Nachlass auch dann fortgesetzt werden, wenn die Vollstreckungsvoraussetzungen für den Rechtsnachfolger nicht vorliegen (§ 3 S. 2 LVwVG).

Ob der Rechtsnachfolger durch den Grund-VA verpflichtet wird, beurteilt sich nicht nach Vorschriften des Verwaltungsvollstreckungsrechts, sondern nach den Regeln über den Erlass des zu vollstreckenden Grund-VA.

> **Beispiel:** Gegen F war zu dessen Lebzeiten eine Abbruchsanordnung erlassen worden. Nach dem Tode des F soll gegen dessen Witwe, die Alleinerbin ist, die Vollstreckung eingeleitet werden. Weder das LVwVfG noch die LBO enthalten eine ausdrückliche Regelung zur Pflichtennachfolge in einen belastenden VA. Nach der Rspr. des BVerwG entfaltet die baurechtliche Abbruchsanordnung eine „grundstücksbezogene dingliche Wirkung" und wirkt deshalb „grundsätzlich und insbesondere im Falle der Gesamtrechtsnachfolge gegen den Rechtsnachfolger" (BVerwG, DÖV 1971, 640). Folgt man der Rspr. des BVerwG, so war die Witwe durch die Abbruchsanordnung – ohne neue Bekanntgabe des VA – in dem Zeitpunkt verpflichtet worden, als sie im Wege der Gesamtrechtsnachfolge in die Pflichtenposition des Erblassers eintrat (§§ 1922 I, 1967 I BGB analog). Deshalb kann ihr gegenüber die Vollstreckung eingeleitet werden.

Fraglich ist, ob die vom BVerwG vertretene „grundsätzliche" baurechtliche Pflichtennachfolge auch bei Einzelrechtsnachfolge eintritt.

> **Beispiel:** Nach Erlass der Abbruchsanordnung mit Zwangsgeldandrohung übereignet der Eigentümer das abzubrechende Wochenendhaus an einen

Dritten. Auch dieser Fall ist weder im LVwVfG noch in der LBO ausdrücklich geregelt. Im Gegensatz zum HessVGH (NJW 1976, 1910 m. Anm. v. Stober), der eine baurechtliche Pflichtennachfolge bei Einzelrechtsnachfolge mangels ausdrücklicher gesetzlicher Regelung ablehnte, sprach sich der VGH BW für die gegenteilige Auffassung aus (NJW 1977, 861). Diese wurde damit begründet, dass die auf § 7 PolG beruhende baurechtliche Haftung (Zustandshaftung) nicht höchstpersönlicher Natur, sondern an die übertragbare Verfügungsgewalt über das Grundstück gebunden sei (sog. dinglicher VA). Aber es ist gegenüber dem Dritten eine erneute Zwangsgeldandrohung erforderlich, da nach § 3 S. 1 LVwVG die Voraussetzungen der Vollstreckung für seine Person (dem Dritten) vorliegen müssen. Denn die Zwangsgeldandrohung ist wegen ihrer Warn- und Beugefunktion höchstpersönlich (so zutreffend Vahle, DVP 2012, 266; OVG Münster, DÖV 1979, 834 f.; Henneke, Jura 1989, 64, 71). Auch eine naturschutzrechtliche Beseitigungsverfügung ist ein objektbezogener VA, der gegenüber dem Rechtsnachfolger vollstreckt werden kann (VGH BW, NVwZ-RR 1994, 384, 386).

969 c) **Vollstreckungsmaßnahmen gegen Hoheitsträger.** Bei der Vollstreckung gegen Hoheitsträger ist zunächst systematisch zu unterscheiden, ob die zu vollstreckende Pflicht durch VA oder öV auferlegt worden ist. Die **Vollstreckung eines VA** gegen Hoheitsträger ist im Anwendungsbereich des LVwVG durch die §§ 17 und 22 (Beitreibungsverfahren/Zwangsverfahren i. e. S.) geregelt. Im Beitreibungsverfahren nach dem VwVG sind über § 5 I VwVG die Vorschriften des § 255 I AO anzuwenden. Im Zwangsverfahren des VwVG gilt hingegen § 17 VwVG. Nach § 17 LVwVG darf gegen landesunmittelbare juristische Personen des öffentlichen Rechts nur vollstreckt werden, soweit diese durch die Beitreibung nicht in ihrer Aufgabenerfüllung wesentlich beeinträchtigt werden. Mit der Beitreibung darf daher erst nach deren Zulassung durch die Rechtsaufsichtsbehörde begonnen werden. Gem. § 22 LVwVG dürfen sonstige Pflichten gegen Behörden und juristische Personen des öffentlichen Rechts nur dann vollstreckt werden, wenn dies durch Rechtsvorschriften ausdrücklich gestattet ist.

970 In diesen Fällen ist jedoch darauf zu achten, dass vor der Zulässigkeit der Vollstreckung die vorrangige Frage geprüft werden muss, ob gegen den Hoheitsträger überhaupt ein **Grund-Verwaltungsakt** erlassen werden durfte. Unproblematisch ist die Rechtslage nur dort, wo kraft Gesetzes zwischen Hoheitsträgern ein Über-/Unterordnungsverhältnis besteht, z. B. bei Aufsichtsverhältnissen. Problematisch ist aber die Behandlung der Fälle, in denen sich Hoheitsträger auf der Ebene der Gleichordnung gegenüberstehen.

> **Beispiel:** Ein Bürger fühlt sich durch den nächtlichen Lärm des benachbarten Flugplatzes der Bundesluftwaffe belästigt. Er stellt deshalb bei der zuständigen bad.-württ. Immissionsschutzbehörde den Antrag, gegenüber dem „Militärflugplatz" eine Betriebszeitbeschränkung zu verfügen und diese Maßnahme notfalls mit Zwangsmitteln durchzusetzen.

Bevor die Voraussetzungen des § 22 LVwVG geprüft werden dürfen, ist die Frage zu untersuchen, ob die Immissionsschutzbehörde gegenüber der Bundeswehrverwaltung durch VA handeln darf. Zwar ist auch die Bundeswehrverwaltung nach Art. 20 III GG an Gesetz und Recht, also auch an die immissionsrechtlichen Vorschriften gebunden, die in §§ 59, 60 BImSchG Sondernormen enthalten. Ein Hoheitsträger darf aber grundsätzlich nicht in den hoheitlichen Tätigkeitsbereich eines anderen gleich geordneten Hoheitsträgers eingreifen, es sei denn, dass dadurch dessen Tätigkeit nicht wesentlich beeinträchtigt würde oder für den Eingriff besondere gesetzliche Vorschriften bestehen (vgl. BVerwGE 29, 52, 57 ff.: Landesforsthoheit gegen Bundeswehrlager). Der störende Hoheitsträger muss die Störung also grundsätzlich mit eigenen Mitteln beseitigen. Im Beispielsfalle würde die Betriebszeitbeschränkung die hoheitliche Tätigkeit der Bundeswehr wesentlich beeinträchtigen. Eine Lösung kann daher nur auf andere Weise – etwa durch aufsichtliche Einwirkung – erreicht werden. Da kein VA erlassen werden darf, kommt auch keine Verwaltungsvollstreckungsmaßnahme in Betracht. OVG Lüneburg, NVwZ-RR 2006, 375; 2017, 221, 222: Keine Forderungsvollstreckung eines Landes in einem anderen Bundesland ohne gesetzliche Grundlage wegen Überschreitung der Verbandskompetenz; a. A. Kopp/Kopp, BayVBl. 1994, 229.

Soweit es um die **Vollstreckung eines öV** (s. Rn. 687, 689) geht, sind bei der Vollstreckung gegen Hoheitsträger im Anwendungsbereich des VwVfG die Vorschriften des § 61 I, II S. 2 und 3 VwVfG zu beachten. Im Anwendungsbereich des LVwVfG gelten die weitgehend identischen Regelungen des § 61 I, II LVwVfG.

971

G. Verfahrensablauf im Verwaltungsvollstreckungsverfahren nach dem LVwVG

I. Verfahrensablauf im Beitreibungsverfahren

1. Prüfung der Vollstreckungsvoraussetzungen

Vor der Einleitung des Beitreibungsverfahrens prüft die Vollstreckungsbehörde, ob die allgemeinen und die besonderen Vollstreckungsvoraussetzungen erfüllt sind (§§ 2, 14 LVwVG). Der Grund-VA, durch den die Geldleistungspflicht konkretisiert wurde, muss entweder **unanfechtbar** sein oder es muss die **aufschiebende Wirkung** eines etwaigen Rechtsbehelfs **entfallen** (vgl. Rn. 946). Die aufschiebende Wirkung eines Rechtsbehelfs entfällt kraft Gesetzes in den Fällen des § 80 II S. 1 Nr. 1 VwGO bei der Anforderung öffentlicher Abgaben und Kosten und in den Fällen des § 80 II S. 2 VwGO i. V. m. § 12 S. 1 LVwVG z. B. bei der Festsetzung von Zwangsgeld.

972

Die Geldleistung muss ferner **fällig** sein, d. h. die Leistung muss sofort verlangt werden können (vgl. § 3 I Nr. 5a KAG i. V. m. § 220 II AO). Außerdem hat die Vollstreckungsbehörde den Vollstreckungsschuldner grundsätzlich mit Bestimmung einer Wochenfrist schriftlich zu mahnen (§ 14 I, III LVwVG). Die Mahnung selbst stellt noch keinen Vollstreckungsakt, sondern nur eine die Vollstreckung vorbereitende Handlung dar. Die Mahnung ist bereits gebührenpflichtig (vgl. § 1 I LVwVGKO). Bei regelmäßig wiederkehrenden Geldleistungen kann die Mahnung auch durch ortsübliche Bekanntmachung erfolgen (§ 14 II LVwVG), die keine Gebührenpflicht auslöst (§ 1 II LVwVGKO).

973

2. Verfahrensgang bis zur Pfändung beweglicher Sachen und Forderungen bzw. bis zur Vornahme der entsprechenden Vollstreckungsmaßnahmen bei der Vollstreckung in das unbewegliche Vermögen

974 Nach fruchtlosem Ablauf der Mahnfrist prüft die Vollstreckungsbehörde, welche Vollstreckungsmaßnahmen gegen den Vollstreckungsschuldner in Anbetracht seiner konkreten Einkommens- und Vermögensverhältnisse durchzuführen sind. Bei der Auswahl der Vollstreckungsmaßnahmen ist zu beachten, dass nach § 15 I LVwVG i. V. m. § 322 IV AO die Zwangsversteigerung und Zwangsverwaltung erst dann beantragt werden sollen, wenn festgestellt ist, dass der Geldbetrag durch Vollstreckungsmaßnahmen in das bewegliche Vermögen nicht beigetrieben werden kann.

975 a) **Pfändung beweglicher Sachen.** Kommt die Pfändung beweglicher Sachen – insbesondere von Bargeld und Wertpapieren – in Betracht, so erteilt die Vollstreckungsbehörde einen schriftlichen „Vollstreckungsauftrag" an ihren „Vollstreckungsbeamten" (§§ 5, 15 I LVwVG i. V. m. §§ 285 AO).
Der Vollstreckungsauftrag hat zum einen den – innerdienstlichen – Zweck, den Vollstreckungsbeamten zur Vornahme der Vollstreckungshandlung zu beauftragen. Zum anderen „ermächtigt" der Auftrag den Vollstreckungsbeamten dem Pflichtigen und Dritten gegenüber zur Ausführung der Vollstreckungsmaßnahme und legitimiert den Vollstreckungsbeamten damit auch äußerlich gegenüber diesem Adressatenkreis zur Durchführung der Amtshandlung. Auf Verlangen ist der Vollstreckungsauftrag vorzuzeigen. Trotz der Legitimationswirkung des schriftlich zu erteilenden Vollstreckungsauftrags stellt dieser gegenüber dem Vollstreckungsadressaten keinen VA dar.
Mit der Vollstreckung kann nach § 15a LVwVG auch der Gerichtsvollzieher beauftragt werden. Dies kommt vor allem dann in Betracht, wenn die Vollstreckungsbehörde über keinen geeigneten Vollstreckungsbeamten verfügt.
Die Pfändung beweglicher Sachen geschieht regelmäßig in der Weise, dass der Vollstreckungsbeamte diese in Besitz nimmt (§ 15 I LVwVG i. V. m. § 286 I AO). Der Vollstreckungsbeamte teilt dem Vollstreckungsschuldner die Pfändung mit (§ 15 I LVwVG i. V. m. § 286 III AO). Über den Pfändungsvorgang fertigt der Beamte eine Niederschrift (§ 10 LVwVG). Der Vollstreckungsschuldner kann nach Maßgabe des § 15 I LVwVG i. V. m. § 292 AO die Pfändung abwenden.

976 b) **Pfändung von Forderungen.** Die Pfändung von Forderungen erfolgt nicht durch den Vollstreckungsbeamten, sondern durch die Vollstreckungsbehörde (§§ 15 I LVwVG i. V. m. § 309 I AO). Die Pfändung einer Geldforderung geschieht in der Weise, dass
- die Vollstreckungsbehörde dem Drittschuldner schriftlich verbietet, an den Vollstreckungsschuldner zu zahlen (sog. **Arrestatorium**) und zugleich
- dem Vollstreckungsschuldner gebietet, sich jeder Verfügung über die Forderung, insbesondere ihrer Einziehung zu enthalten (sog. **Inhibitorium**).

Die Forderungspfändung ist (schon) bewirkt, wenn die Pfändungsverfügung dem Drittschuldner zugestellt wird. Keine Wirksamkeitsvoraussetzung ist die Mitteilung dieser Zustellung an den Vollstreckungsschuldner, die vom Gesetz gleichwohl zwingend vorgeschrieben ist (§§ 15 I LVwVG i. V. m. 309 II AO).

Mit der Zustellung der Pfändungsverfügung erwirbt der Vollstreckungsgläubiger (nur) ein Pfandrecht an der Geldforderung, aber noch kein Recht zu deren Einziehung. Dieses Recht erlangt der Gläubiger erst durch die sog. Einziehungsverfügung, die allerdings mit der Pfändungsverfügung verbunden werden kann (sog. „Pfändungs- und Einziehungsverfügung", vgl. § 15 I LVwVG i. V. m. §§ 309, 314 II, 315 I, II AO). In der Praxis werden i. d. R. Vordrucke verwendet, bei denen die Pfändungsverfügung mit der Einziehungsverfügung verbunden ist.

c) Vollstreckung in das unbewegliche Vermögen. Die Vollstreckung in das unbewegliche Vermögen erfolgt nach § 15 I LVwVG i. V. m. § 322 AO. Für dieses Verfahren sind über die Verweisungsnorm des § 322 I S. 2 AO die §§ 864 bis 871 ZPO sowie das ZVG anzuwenden. Bei dieser Vollstreckungsverfahrensart hat die Vollstreckungsbehörde die Auswahl zwischen den Verfahrensalternativen
- der Eintragung einer Sicherungs-(Zwangs-)hypothek,
- der Zwangsversteigerung und
- der Zwangsverwaltung.

Die für die Vollstreckung in das unbewegliche Vermögen erforderlichen Anträge stellt die Vollstreckungsbehörde beim zuständigen Amtsgericht bzw. Grundbuchamt (Amtsgericht der Belegenheit), das insoweit als Vollstreckungsorgan tätig wird. Dabei hat die Vollstreckungsbehörde zu bestätigen, dass die gesetzlichen Vollstreckungsvoraussetzungen vorliegen. Diese Fragen unterliegen nicht der Beurteilung des Vollstreckungsgerichts oder des Grundbuchamts (§ 15 I LVwVG i. V. m. § 322 III S. 1–3 AO).

Der einfachste Weg der Verwaltungsvollstreckung in das unbewegliche Vermögen ist die Eintragung einer Sicherungshypothek, durch die der Vollstreckungsgläubiger aber noch keine Befriedigung, sondern nur eine dingliche Sicherung seiner Geldforderung erlangt. Bei der Stellung des Antrags auf Eintragung einer Sicherungshypothek ist zu beachten, dass nach § 15 I LVwVG i. V. m. § 322 I AO i. V. m. § 866 III ZPO die Eintragung einer Sicherungshypothek nur dann in Betracht kommt, wenn der zu sichernde Anspruch 750,– € übersteigt. Bei der Berechnung dieses Mindestbetrags bleiben Zinsen, soweit sie als Nebenforderungen geltend gemacht werden, außer Betracht.

3. Das Verwertungsverfahren

a) Verwertung beweglicher Sachen. Gelingt dem Vollstreckungsschuldner die Abwendung der Pfandverwertung nicht, so ist die Verwertung der Pfandsachen durchzuführen (§§ 15 I LVwVG i. V. m. 296 I S. 1, 292 AO). Dies geschieht auf schriftliche Anordnung der Vollstreckungsbehörde durch öffentliche Versteigerung, und zwar regelmäßig durch den Vollstreckungsbeamten (§§ 15 I LVwVG i. V. m. 296 I S. 3 AO). Wurde Bargeld gepfändet, so gilt bereits dessen Wegnahme als Zahlung des Vollstreckungsschuldners. Wegen der Einzelheiten des Verwertungsverfahrens ist insbesondere auf die §§ 15 I LVwVG i. V. m. 296 bis 305, 308, 317 AO hinzuweisen.

b) Verwertung gepfändeter Geldforderungen. Gepfändete Geldforderungen werden dadurch verwertet, dass sie eingezogen werden. Sind (private) Grundpfandrechte gepfändet, so muss die Vollstreckungsbehörde erst einen „dinglichen" Titel nach den Vorschriften der ZPO erwirken, um sich aus dem Grundstück befriedigen zu können.

980 c) **Verwertung unbeweglicher Sachen.** Die Eintragung der Sicherungshypothek dient nicht der Gläubigerbefriedigung, sondern der Gläubigersicherung und stellt noch keine Verwertungsmaßnahme dar. Die Zwangsversteigerung bezweckt hingegen die Verwertung der Grundstückssubstanz, während die Zwangsverwaltung auf die Befriedigung aus den Grundstückserträgen abzielt. Ist zu erwarten, dass der Vollstreckungsschuldner nach Eintragung der Zwangshypothek nicht leisten kann, so ist das Verfahren der Zwangsversteigerung oder der Zwangsverwaltung einzuschlagen.

Durch den Gerichtsbeschluss, der die Zwangsversteigerung anordnet, ergibt sich für das Grundstück eine Beschlagnahmewirkung (§ 20 ZVG). Auch die Anordnung der Zwangsverwaltung führt zu einer Beschlagnahmewirkung, deren Umfang über die Wirkung der Zwangsversteigerungsanordnung noch hinausgeht (vgl. § 148 ZVG).

Im Rahmen dieser Darstellung muss es genügen, dass für den weiteren Ablauf des Zwangsversteigerungsverfahrens insbesondere auf die §§ 35 bis 41, 66 ff., 79 ff., 105 ff. ZVG und für den Gang des Zwangsverwaltungsverfahrens auf die §§ 146 bis 161 ZVG hingewiesen wird.

II. Ablauf des Verwaltungszwangsverfahrens

981 Das in den §§ 18 bis 28 LVwVG geregelte Verwaltungszwangsverfahren vollzieht sich regelmäßig in **drei Stufen.** Zu einer Abkürzung des Verfahrens kann es bei Gefahr im Verzuge (§ 21 LVwVG) kommen.

982 a) **Erste Verfahrensstufe.** Die erste Verfahrensstufe ist in der **Androhung** des Zwangsmittels zu sehen. Damit soll dem Pflichtigen vor Augen geführt werden, was geschieht, wenn er der ihm gegenüber ergangenen Grundverfügung nicht nachkommt (VGH BW, VBlBW 1996, 215). Gem. § 20 I S. 1 LVwVG (§ 13 I S. 1 VwVG) sind Zwangsmittel schriftlich anzudrohen. Sollen Handlungen erzwungen werden, so ist dem Pflichtigen mit der Androhung eine angemessene Frist zur Erfüllung der Handlungspflicht zu setzen. Die gesetzte Frist, „unverzüglich" die Handlungspflicht zu erfüllen, ist zu unbestimmt, da das Ende der eingeräumten Frist nicht bestimmbar ist (vgl. OVG Münster, NVwZ-RR 1993, 59). Dessen bedarf es jedoch nicht bei der Erzwingung von Duldungs- und Unterlassungspflichten. Androhung und Fristsetzung sind entbehrlich bei Gefahr im Verzuge (§ 21 LVwVG).

Die Androhung kann als sog. **unselbstständige** Androhung bereits mit dem zu vollstreckenden VA verbunden werden (§ 20 II LVwVfG). Diese Verbindung ist zulässig, wenn die Vollstreckbarkeit des Grund-VA i. S. v. § 2 LVwVG gegeben ist – aber auch dann, wenn das Zwangsmittel für den Fall angedroht wird, dass der Pflichtige dem (noch nicht vollstreckbaren) Grund-VA innerhalb angemessener Zeit nach dessen Unanfechtbarkeit nicht befolgt, also aufschiebend bedingt (VGH BW, ESVGH 30, 204, 207; Schenk, VBlBW 2018, 5, 8). Zu verneinen ist die Frage, ob i. Ü. die Androhung mit dem Grund-VA verbunden werden darf, wenn also die Voraussetzungen des § 2 LVwVG noch nicht vorliegen (VGH BW,

ESVGH 28, 42, 44). Die Androhung kann aber auch nachträglich als sog. **selbstständige** Androhung nach Unanfechtbarkeit des Grund-VA oder bei nachträglich zulässig angeordneten Sofortvollzug des Grund-VA erlassen werden. Die Androhung gem. § 20 III S. 1 LVwVG muss sich auf ein **bestimmtes Zwangsmittel** beziehen (eingehend Weber, VR 2008, 181, 188 ff.; Brühl, JuS 1997, 926, 930 ff.). Die gleichzeitige einheitliche Androhung mehrerer Zwangsmittel für mehrere von einander unabhängige Handlungen oder ein Vorbehalt zur Auswahl eines anderen Zwangsmittels ist unzulässig (sog. Kumulationsverbot) und rechtswidrig (BVerwG, NVwZ 1998, 393, 394 = DVBl 1998, 230, 231; s. auch OVG Münster, NVwZ-RR 1993, 59) und kann somit trotz Unanfechtbarkeit nicht Rechtsgrundlage einer Zwangsgeldfestsetzung sein (vgl. Weber, VR 2004, 181, 188). Das gilt auch für die bestandskräftige Androhung eines einheitlichen Zwangsgeldes auf eine Vielzahl unterschiedlicher Auflagen und Bedingungen. Denn eine Auslegung in gleiche Quoten ist angesichts der unterschiedlichen Gewichtigkeit der einzelnen Verhaltenspflichten ausgeschlossen, sodass ein Verstoß gegen § 20 IV LVwVG vorliegt (so zutreffend VGH BW, NVwZ-RR 1996, 612, 614 = VBlBW 1996, 65 f.). Nach § 20 III S. 2 LVwVG ist aber die Androhung mehrerer Zwangsmittel in der Weise zulässig, dass die Reihenfolge ihrer Anwendung angegeben wird (vgl. auch VGH BW, NVwZ-RR 1996, 541, 542; dass., VBlBW 1983, 142 f.). Die Androhung eines Zwangsgeldes „für jeden Fall der Zuwiderhandlung" ist zu unbestimmt (sog. **Vorratsandrohung**). Sie könne deshalb auch nicht so ausgelegt werden, dass sie bei Zuwiderhandlungen jedenfalls *eine* Zwangsgeldfestsetzung ermöglicht. Denn die Androhung zur Durchsetzung mehrerer Verpflichtungen müsse erkennen lassen, ob sie sich auf Verstöße gegen jede einzelne Verpflichtung bezieht oder nur auf Verstöße gegen alle Verpflichtungen zugleich (BVerwG, NVwZ 1998, 393, 394 = DVBl 1998, 230, 231; OVG Lüneburg, DVP 2020, 36, 37; zust. Brühl, JuS 1997, 926, 931; Henneke, Jura 1989, 64, 69; Erichsen/Rauschenberg, Jura 1998, 31, 39; Dünchheim, NVwZ 1996, 117, 122). Werden zur Durchsetzung einer baurechtlichen Beseitigungsverfügung wiederholt Zwangsgelder festgesetzt, um die Beugewirkung zu steigern, ist es grundsätzlich für deren Wirksamkeit nicht erforderlich, eine weitere Frist zur Befolgung des Grund-VA zu setzen. Eine solche Frist sei grundsätzlich nur vor oder bei der ersten Zwangsgeldfestsetzung geboten. Allerdings müsse die vorhergehende Vollstreckungsmaßnahme erfolglos geblieben sein (so OVG Hamburg, NVwZ-RR 1997, 263 f.). Wird eine Zwangsgeldandrohung an mehrere Pflichtige adressiert, muss deutlich werden, wem welches Zwangsgeld angedroht wird. Es bleibt sonst unklar, ob die Pflichtigen das Zwangsgeld jeweils in voller Höhe als Gesamtschuldner oder anteilig zu bezahlen haben (vgl. Weber, DVBl 2012, 1130, 1131). Eine Vollstreckung gegenüber demjenigen, „den es angeht", ist – außer bei Gefahr im Verzug nach § 21 LVwVG – nicht möglich (VGH BW, VBlBW 1991, 17).

Das Zwangsgeld ist in bestimmter Höhe anzudrohen (§ 20 IV LVwVG). Maßgebliche Kriterien für die Höhe des Zwangsgeldes können die Bedeutung der Angelegenheit, die Intensität der Weigerung des Pflichtigen sowie die Einkommens- und Vermögensverhältnisse des Pflichtigen sein (vgl. Erbguth, § 19 Rn. 8; VGH BW, VBlBW 2004, 226, 227; BayVGH, BayVBl. 2018, 522, 525 Rn. 18). Ändert sich die Sachlage nach der Androhung eines Zwangsgeldes, kann dem bei der Festsetzung und Beitreibung mit einem geringeren Zwangsgeld im Blick auf die

Verhältnismäßigkeit Rechnung getragen werden (vgl. Weber, DVBl 2012, 1130; App, JuS 1987, 455, 460; Henneke, Jura 1989, 64, 70; Brühl, JuS 1997, 1021, 1022). Bei der Androhung von Ersatzvornahme sollen die voraussichtlichen Kosten angegeben werden (§ 20 V LVwVG). Damit soll dem Pflichtigen verdeutlicht werden, welche Kosten auf ihn zukommen, sodass er die gebotene Handlung doch noch selbst vornimmt (vgl. Werner, VR 1999, 73, 79). Das Recht der Nachforderung bei höherem Kostenaufwand bleibt unberührt (so ausdrücklich § 13 IV S. 2 VwVG; vgl. Erichsen/Rauschenberg, Jura 1998, 31, 39; Brühl, JuS 1997, 926, 932).

Die Androhung des konkret ausgewählten Zwangsmittels bzw. der festgelegten Reihenfolge mehrerer Zwangsmittel hat nicht etwa nur die Bedeutung eines Hinweises. Vielmehr stellt die **Androhung** einen **VA** dar, weil sich damit die Behörde für das weitere Verfahren in der Auswahl und Anwendung des Zwangsmittels gebunden hat und „der Betroffene vorhersehen kann, was ihn erwartet" (VGH BW, ESVGH 24, 105, 107; 28, 42, 43), sodass das Merkmal „Regelung" im Sinne des § 35 S. 2 LVwVfG erfüllt ist. Außerdem würde sonst vor dem Hintergrund des Art. 19 IV GG „eine für den Bürger schwer verständliche Komplizierung des Rechtsschutzes" eintreten (BVerwG, DVBl. 1989, 362; NVwZ 1998, 393; BVerwGE 82, 243, 246).

983 b) **Zweite Verfahrensstufe.** Die zweite Stufe des Zwangsverfahrens besteht in der **Festsetzung** des Zwangsmittels (vgl. die ausdrückliche und generelle Regelung in § 14 VwVG). Das LVwG hat die Notwendigkeit besonderer Festsetzung nur für das Zwangsgeld in § 23 LVwVG ausdrücklich geregelt. Da aber aus rechtsstaatlichen Gründen ein schutzwürdiges Interesse des Vollstreckungsadressaten an der Bekanntgabe des weiteren Verfahrensablaufs besteht, wird man in der verwaltungsinternen Beauftragung des Vollstreckungsbeamten (vgl. § 5 LVwVG) keinen angemessenen Ersatz der förmlichen Festsetzung sehen dürfen. Deshalb sollte im Interesse einer Berechenbarkeit des Verfahrensgangs vor der Anwendung des Zwangsmittels generell dessen Festsetzung (VA!) erfolgen. Die Festsetzung erweise sich „als eine nochmalige unmissverständliche Warnung, durch die der Pflichtige letztmals Gelegenheit erhält, den Verwaltungszwang durch Befolgung der Grundverfügung abzuwenden" (vgl. BVerwG, NVwZ 1997, 381, 382; NVwZ 1998, 393; DVBl 1989, 362; OVG Koblenz, NVwZ 1994, 715; BayVGH, BayVBl. 1968, 247; OVG Berlin, NJW 1968, 1108, 1109; a. A. VGH BW, VBlBW 1996, 215). Nach OVG NW, DÖV 1997, 511, hat die Festsetzung Konkretisierungs-, Warn- und Schutzfunktion. Die Verwaltungsaktqualität der Festsetzung ist auch einhellige Meinung in der Literatur, vgl. Peine, VerwR Rn. 1302; Erichsen/Rauschenberg, Jura 1998, 31, 40; Erbguth, § 19 Rn. 15; Horn, Jura 2004, 597, 600; Gerke, in Hofmann/Gerke/Hildebrandt, Rn. 1147; Sukow/Weidemann, Rn. 382; Poscher/Rusteberg, JuS 2012, 26, 29; Werner, VR 1999, 73, 79; Brühl, VerwR Rn. 363). Der Pflichtige kann auf die Schutzfunktion der Festsetzung verzichten, wenn er „ernstlich und endgültig erklärt", dass er der Grundverfügung nicht Folge leisten werde (BVerwG, NVwZ 1997, 381, 383; a. A. Dünchheim, NVwZ 1997, 350, 351 f.). Bei Gefahr im Verzug kann die Festsetzung nach § 21 LVwVG unterbleiben.

Zum sog. intendierten Ermessen bei der Festsetzung eines angedrohten Zwangsgeldes VGH BW, NVwZ 2020, 297; zur Androhung der Festsetzung erhöhter

Zwangsgelder bei tierschutzrechtlichen Verstößen OVG Lüneburg, DVP 2020, 36.

Beispiel einer Zwangsgeldfestsetzung:

LANDESHAUPTSTADT STUTTGART Amt für öffentliche Ordnung GeschZ.:	70173 Stuttgart, den 30.6.2020 Eberhardstr. 39

Herrn
Fritz Schumann
Hohenzollernstr. 35a
70178 Stuttgart

Zustellung durch die
Post mit Zustellungsurkunde!

Betr.: Zwangsgeldfestsetzung

Bezug: Abbruchsanordnung und Zwangsgeldandrohung vom 3.4.2020

Sehr geehrter Herr Schumann,

durch Bescheid vom 3. April 2020 wurde Ihnen aufgegeben, das im Widerspruch zu öffentlich-rechtlichen Vorschriften errichtete Wochenendhaus bis spätestens 2. Juni 2020 abzubrechen.
Da Sie dieser Anordnung trotz der gleichzeitig verfügten Androhung eines Zwangsgelds nicht nachgekommen sind, wird hiermit entsprechend der schriftlichen Androhung vom 3. April 2020

ein Zwangsgeld von EUR 150,– festgesetzt.

Das Zwangsgeld wird wiederholt, erhöht angedroht und festgesetzt, bis der gesetzmäßige Zustand hergestellt ist. Sollten Sie der genannten Abbruchsanordnung bis spätestens 24. Juli 2020 keine Folge leisten, so wird für diesen Fall schon jetzt

ein weiteres Zwangsgeld von EUR 250,– angedroht.

Dieser Bescheid stützt sich auf §§ 18 bis 20 und 23 des Verwaltungsvollstreckungsgesetzes für Baden-Württemberg (LVwVG).
Wir weisen Sie darauf hin, dass bei Uneinbringlichkeit des Zwangsgelds auf Antrag der Stadt Stuttgart – Amt für öffentliche Ordnung – das Verwaltungsgericht Zwangshaft anordnen kann.
Gemäß § 12 S. 1 LVwVG hat ein etwaiger Widerspruch gegen die Zwangsgeldfestsetzung und gegen die erneute Androhung des Zwangsgelds keine aufschiebende Wirkung.

(Zahlungsaufforderung)

(Rechtsbehelfsbelehrung für Widerspruch)

Mit freundlichen Grüßen

Müller

985 c) **Dritte Verfahrensstufe.** Dritte Stufe des Vollstreckungsverfahrens ist die **Anwendung** des Zwangsmittels.

Beispiele: Das Zwangsgeld wird dadurch „angewendet", dass es beigetrieben wird.

Unmittelbarer Zwang wird dadurch angewendet, dass auf den Pflichtigen mit körperlicher Gewalt, mit Hilfsmitteln der körperlichen Gewalt oder mit Waffengewalt eingewirkt wird, um die festgesetzte Handlungspflicht durchzusetzen.

Unstreitig stellt die Pfändung einen VA dar, weil die von ihr ausgehenden Rechtswirkungen (Verstrickung und Entstehung eines öffentlich-rechtlichen Pfändungspfandrechts) zu einer Regelung führen. Streitig ist lediglich die Behandlung der Anwendungsmaßnahmen bei Ersatzvornahme und unmittelbarem Zwang. Die Rechtsprechung sieht in der Anwendung der Zwangsmittel eine „neue" Regelung, die darin bestehe, dass nunmehr eine Pflicht zur Duldung der Anwendungsmaßnahmen begründet werde (vgl. BVerwGE 26, 161, 164 f.; VGH BW, ESVGH 36, 217, 224; dass., VBlBW 1981, 325 f.). Die einhellige Literatur nimmt dagegen einen Realakt an, gegen den die allgemeine Leistungsklage auf Unterlassung oder Beseitigung der Vollzugsfolgen gegeben ist oder auch die Feststellungsklage. Bei der Anwendung gehe es allein um die Erreichung eines tatsächlichen Erfolges (vgl. Horn, Jura 2004, 597, 600; Weber, VR 2004, 253, 256 f.; Erichsen/Rauschenberg, Jura 1998, 31, 40, dies., Jura 1998, 323, 326; Erbguth, § 19 Rn. 16, 26; Gerke, in: Hofmann/Gerke/Hildebrandt, VerwR Rn. 1146; Suckow/Weidemann, VerwR Rn. 382, 396; Ipsen, Rn. 904; Schmidt, Polizei- und Ordnungsrecht, Rn. 947). Auch das VG Stuttgart hat in seiner Entscheidung vom 18.11.2015 – 5 K 1265/14 – Rn. 23 zu Stuttgart 21 ausgeführt, dass die Anwendung unmittelbaren Zwangs in Form des Wasserwerfereinsatzes kein VA ist. Denn gegenüber dem Betroffenen ergehe keine Regelung.

Kapitel 17 Verwaltungsvollstreckungsverfahren

III. Schema: Arten der Verwaltungsvollstreckung und Grundzüge des Verfahrensablaufs

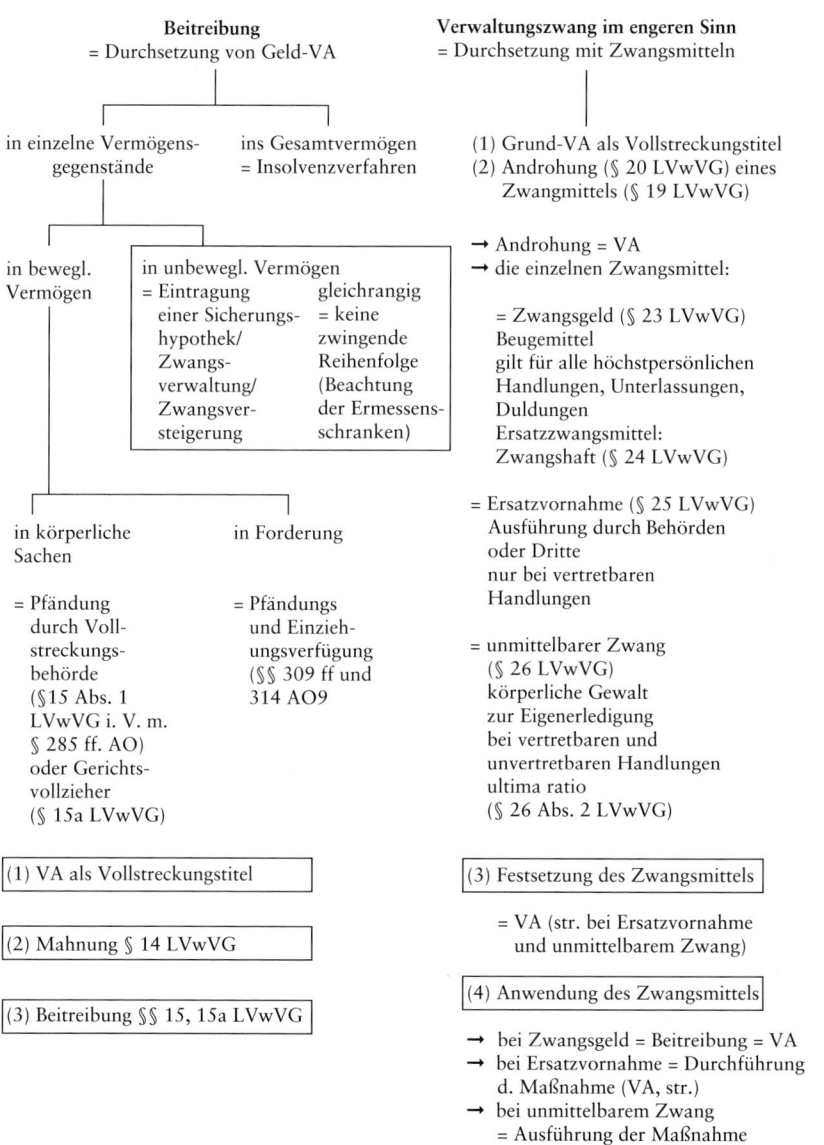

IV. Die Einstellung des Vollstreckungsverfahrens

987 Da die Verwaltungsvollstreckung der Durchsetzung öffentlich-rechtlicher Pflichten dient, ist nach § 11 LVwVG (§ 15 III VwVG) die Vollstreckung einzustellen, sobald ihr **Zweck erreicht** ist (OVG Weimar, NVwZ-RR 2013, 6) oder „mit der Anwendung des Zwangsmittels zuzuwarten bzw. abzusehen, wenn sich abzeichnet, dass der Pflichtige sich unter dem Eindruck der unmittelbar anstehenden Vollstreckung doch noch entschließt, die durchzusetzende Anordnung selbst zu erfüllen" (OVG Saarlouis, NVwZ 2009, 602, 604).

Beispiel: Der Pflichtige hat nach Festsetzung eines Zwangsgeldes das Wochenendhaus abgebrochen. Das festgesetzte Zwangsgeld darf nun nicht mehr beigetrieben werden. Die Festsetzung des Zwangsgelds dient nicht der Einnahmeerzielung, sondern als Beugemittel.

988 Die Vollstreckung ist auch dann einzustellen, wenn sich zeigt, dass ihr **Zweck** durch Androhung, Festsetzung oder Anwendung von Zwangsmitteln **nicht mehr erreichbar** ist.

Beispiel: Beseitigung eines im Außenbereich illegal errichteten Wochenendhauses mit Fristsetzung. Noch vor Festsetzung des Zwangsgeldes brennt das Wochenendhaus ab.

Umstritten ist die Beitreibung eines festgesetzten Zwangsgeldes, wenn die zu erzwingende Handlung oder Unterlassung auf einem befristeten Gebot oder Verbot beruht und sich der Grund-VA durch Zeitablauf erledigt hat bzw. in Zukunft weitere Verstöße gegen das Unterlassungsgebot nicht mehr drohen. Der VGH BW (DÖV 1996, 792 f.; zust. Horn, Jura 2004, 447, 450) hat die Beitreibung des Zwangsgeldes, wenn die Handlung oder Unterlassung auf einem befristeten Gebot oder Verbot beruht und die Frist inzwischen verstrichen ist, für unzulässig erklärt, weil der Wille des Pflichtigen dann nicht mehr gebeugt werden könne. „Würde gleichwohl vollstreckt, würde damit dem Vollstreckungsverfahren Strafcharakter verliehen". Dies verdeutliche auch § 11 LVwVG, wonach die Vollstreckung einzustellen sei, wenn der Zweck der Vollstreckung erreicht ist. Dem ist zuzustimmen, da konkrete Wiederholungsgefahr wegen Fristablaufs oder Erledigung nicht mehr droht (ebenso Jäckel, NVwZ 2014, 1625 ff., 1628; Dünchheim, NVwZ 1996, 117, 119 f., 122; s. auch Enders, NVwZ 2000, 1232 ff.). Anderer Auffassung ist das BVerwG (NVwZ 2009, 122; zust. Vahle, DVP 2016, 266, 270: Beugezweck der Androhung nicht erreicht; Enders, NVwZ 2009, 958, 961 f.; wohl auch Poscher/Rusteberg, JuS 2012, 26, 32): Von einem Grund-VA, mit dem Handlungspflichten auferlegt werden, die im Wege der Ersatzvornahme vollstreckt wurden, gingen auch weiterhin rechtliche Wirkungen für das Vollstreckungsverfahren aus. „Denn der Grundverwaltungsakt bildet zugleich die Grundlage für den Kostenbescheid. Diese Titelfunktion dauert an". Die Androhung des Zwangsgeldes könne nur dann den Willen des Pflichtigen nachhaltig beeinflussen, wenn er wisse, dass er bei Pflichtverletzung wirklich zu zahlen habe. Die nachfolgende Festsetzung und Beitreibung habe die Funktion, der Androhung Nachdruck zu verleihen, die sonst ins Leere ginge (so OVG NW, DÖV 1993, 398, 399; OVG Münster, NVwZ-RR 1997, 764; ebenso App, JuS 2004, 786, 791 mit Fall 7; Erichsen/Rauschenberg, Jura 1998, 31, 36; OVG Magdeburg,

NVwZ-RR 2011, 942 f.: nicht ausreichend bloße Absicht des Zuwiderhandelns gegen ein Nutzungsverbot).

Beispiel: Der Pflichtige fällt in Insolvenz, nachdem gegen ihn ein Zwangsgeld zur Erzwingung des Gebäudeabbruchs festgesetzt worden war. Mit der Insolvenzeröffnung ist dem Pflichtigen der Abbruch rechtlich unmöglich geworden, weil die Verfügungs- und Verwaltungsbefugnis über das Grundstück – mit dem Haus als wesentlichem Bestandteil – auf den Insolvenzverwalter übergegangen ist.

Der BayVGH hat in seiner Entscheidung vom 27.8.2020 (BayVBl. 2020, 776, 778) ausgeführt, dass eine vierte Zwangsgeldandrohung trotz Steigerung der einzelnen angedrohten Zwangsgelder zur Durchsetzung einer Nutzungsuntersagung ungeeignet und damit rechtswidrig ist, wenn die Anwendung des Zwangsmittels keinen Erfolg erwarten lässt. Denn das gewählte Zwangsmittel sei dann entgegen seinem Zweck nicht geeignet, den Pflichtigen zur Erfüllung der durchzusetzenden Pflichten anzuhalten. Zwangsgelder seien nach ihrer Zweckbestimmung keine Mittel zur Einnahmeerzielung der Verwaltung, sondern Beugemittel. Die Zwangsgelder seien dann unverhältnismäßig. Die Behörde müsse deshalb, falls keine Sinnesänderung des Pflichtigen erkennbar sei, auf die Anwendung unmittelbaren Zwangs (Räumung und Versiegelung des Hauses) übergehen. In diesem Sinne auch VGH BW (BauR 2004, 1605 ff.) bei erfolgloser dritter Zwangsgeldandrohung zum Abbruch eines Geräteschuppens: Androhung von Ersatzvornahme als „deutlich milderes" Mittel zur Erreichung des gewünschten Zwecks, den Abbruch des Schuppens.

In § 11 LVwVG sind nicht alle Fälle der Verfahrenseinstellung deutlich zum Ausdruck gebracht worden. Das Vollstreckungsverfahren ist ferner einzustellen, wenn
– der Grund-VA durch die Ausgangsbehörde, durch die Widerspruchsbehörde oder durch gerichtliches Urteil aufgehoben worden ist,
– der als Grundlage der Vollstreckung dienende öV nach § 60 I LVwVfG wirksam gekündigt worden ist,
– der Grund-VA nicht mehr vollstreckt werden darf nach §§ 79 II S. 2 BVerfGG, 183 S. 2 VwGO, 47 V S. 3 VwGO,
– das Gericht der Hauptsache die aufschiebende Wirkung des Rechtsbehelfs hinsichtlich des Grund-VA oder des Vollstreckungs-VA anordnet oder wiederherstellt (§ 80 V VwGO; § 80 II S. 2 VwGO i. V. m. §§ 12 LVwVG, 80 V VwGO),
– die Widerspruchsbehörde nach Einlegung des Widerspruchs auf Antrag die Vollziehung aussetzt (§ 80 IV VwGO),
– eine Geldschuld gestundet worden ist (vgl. § 257 I Nr. 4 AO).

V. Die Kosten des Verwaltungsvollstreckungsverfahrens

Nach § 31 I LVwVG werden für Amtshandlungen nach diesem Gesetz (d. h. für Vollstreckungshandlungen) Kosten erhoben. Zu den Kosten gehören Gebühren und Auslagen. Im Anwendungsbereich des VwVG werden Kosten nach § 19 I

VwVG i. V. m. §§ 337 I, 338 bis 346 AO erhoben. Kostenschuldner ist der Pflichtige (§ 31 II LVwVG). Die gebührenpflichtigen Tatbestände und der Umfang der zu erstattenden Auslagen des Vollstreckungsverfahrens sind aufgrund der Ermächtigung des § 31 IV LVwVG in der LVwVGKO vom 29.7.2004 (GBl. 670, zuletzt geändert durch Gesetz vom 13.11.2012, GBl. S. 572, 573) geregelt worden. Ergänzend hat die Vollstreckungsbehörde über § 31 VI LVwVG die dort genannten Vorschriften des LGebG anzuwenden.

H. Rechtsschutz in der Verwaltungsvollstreckung

991 Die Beantwortung der Frage, welcher Rechtsbehelf im Verwaltungsvollstreckungsverfahren zulässig ist, hängt zunächst vom jeweiligen Rechtsweg, von der eingeschlagenen Verfahrensart und vom jeweiligen Gegenstand der Rüge ab.

I. Rechtswegbestimmung

991a Der allgemeine Verwaltungsrechtsweg (§ 40 I S. 1 VwGO) ist grundsätzlich dann eröffnet, wenn entweder die Vollstreckungsbehörde tätig wird oder wenn diese durch den Vollstreckungsbeamten handelt (§§ 4, 5 LVwVG). Einwendungen Dritter (§ 15 I LVwVG i. V. m. § 262 I AO) sind hingegen vor den ordentlichen Gerichten geltend zu machen (vgl. Rn. 995). Gegen Akte des Amtsgerichts (Vollstreckungsgericht, Grundbuchamt) und des Gerichtsvollziehers ist der Rechtsweg zu den ordentlichen Gerichten zu beschreiten (§ 13 GVG). Soweit das Verwaltungsgericht Ersatzzwangshaft anordnet, ist der allgemeine Verwaltungsrechtsweg eröffnet.

II. Statthaftigkeit von Rechtsbehelfen gegen einzelne Vollstreckungsakte

992 Alle Vollstreckungsmaßnahmen der Vollstreckungsbehörde (einschließlich des Vollstreckungsbeamten), die VA-Charakter tragen, sind mit Widerspruch und Anfechtungsklage anzugreifen (§§ 68 I, 42 I VwGO, § 12 S. 1 LVwVG).

Beispiel: Die Gemeinde S. hat eine Pfändungs- und Einziehungsverfügung an den Gastwirt G. erlassen, obwohl der zu vollstreckende Gewerbesteuerbescheid mangels Bekanntgabe nicht wirksam geworden ist. Es fehlt daher am Vollstreckungstitel und am Leistungsgebot. Die Pfändungs- und Einziehungsverfügung ist aber nicht etwa nichtig, sondern nur anfechtbar rechtswidrig (BFH, Urt. v. 22.10.2002 – VII R 56/00, NJW 2003, 1070, unter Aufgabe der früheren Rspr.).

993 Gegen Vollstreckungsanordnungen des Amtsgerichts steht dem Vollstreckungsschuldner der Rechtsbehelf der Erinnerung (§ 766 ZPO) zu. Falls diese keinen Erfolg hat, kann sofortige Beschwerde (§ 793 ZPO) erhoben werden. Die gleichen Rechtsbehelfe stehen der Vollstreckungsbehörde zu, wenn das Vollstreckungsgericht ein Vollstreckungsersuchen ganz oder teilweise ablehnt. Auch gegen Vollstreckungsmaßnahmen, die der Gerichtsvollzieher im Auftrag der Vollstreckungsbehörde vornimmt, muss sich der Vollstreckungsschuldner zunächst mit Erinnerung (§ 766 ZPO) an das Amtsgericht wenden. Ist die Erinnerung erfolglos, so kann sofortige Beschwerde (§ 793 ZPO) erhoben werden.

III. Statthaftigkeit von Rechtsbehelfen gegen die Zulässigkeit der Vollstreckung überhaupt

Wendet sich der Vollstreckungsschuldner nicht gegen einen einzelnen Vollstreckungsakt („Art und Weise der Vollstreckung"), sondern bestreitet er die Zulässigkeit der Vollstreckung überhaupt, so ist problematisch, mit welchem Rechtsbehelf er den Ausspruch herbeiführen kann, dass die Vollstreckung unzulässig sei.

Beispiel: Der Bauunternehmer B rechnete gegen Gewerbesteuerrückstände mit einer Werklohnforderung auf, den Restbetrag zahlte er. Die Vollstreckungsgläubigerin bestreitet die Werklohnforderung und lässt wegen der gesamten Rückstände nach § 15 I LVwVG beitreiben.

Sind Einwendungen gegen die Zulässigkeit der Verwaltungsvollstreckung überhaupt mit der sog. **Vollstreckungsgegenklage** (§ 173 VwGO i. V. m. § 767 ZPO) geltend zu machen oder mit einer der Klagearten der VwGO? Die Frage ist streitig. Sie ist jedoch in letzterem Sinne zu beantworten. Die Klagearten der VwGO (§§ 42, 43) reichen aus, um dem Bürger effektiven Rechtsschutz zu gewähren (VGH BW, VBlBW 1982, 403, 404; NVwZ 1993, 72, 73). Dazu näher Erichsen/Rauschenberg, Jura 1998, 323, 324 ff.).
Einwendungen gegen den Grund-VA können im Vollstreckungsverfahren in Analogie zu § 767 II ZPO berücksichtigt werden, wenn sie nach Unanfechtbarkeit entstanden sind und ihre Aufrechterhaltung als rechtswidrig erscheinen lassen (VGH BW, VBlBW 2016, 335, 336, dass., VBlBW 1991, 299, 300; VBlBW 2009, 397; Schenk, VBlBW 2018, 5, 11).

994

IV. Geltendmachung von „die Veräußerung hindernden Rechten"

Behauptet ein Dritter, dass ihm am Gegenstand der Vollstreckung ein „die Veräußerung hinderndes Recht" zustehe oder werden Einwendungen nach den §§ 772 bis 774 ZPO erhoben, so ist der Widerspruch gegen die Vollstreckung „erforderlichenfalls" durch Klage vor den ordentlichen Gerichten geltend zu machen (§ 15 I LVwVG i. V. m. § 262 I AO; § 15a III LVwVG i. V. m. §§ 771 ff. ZPO). Als die Veräußerung hindernde Rechte kommen z. B. Eigentum (Vorbehaltseigentum) und Besitz in Betracht.

Beispiel: Der Vollstreckungsbeamte der Stadt S pfändet wegen rückständiger Gewerbesteuern bei G einen Pkw, der noch unter dem Eigentumsvorbehalt des Verkäufers steht. Dieser besitzt aufgrund des Eigentumsvorbehalts (§ 449 BGB) ein die Veräußerung hinderndes Recht. Vor Klageerhebung sollte der Pkw-Verkäufer jedoch aus Kostengründen zunächst bei der Vollstreckungsbehörde Widerspruch erheben, um sein Ziel zu erreichen. Hilft die Vollstre-

995

ckungsbehörde nicht ab, so kann der Pkw-Verkäufer die Freigabe des Pkw durch Erhebung der Drittwiderspruchsklage (Interventionsklage) erreichen.

I. Schema zur Prüfung der Rechtmäßigkeit einer Vollstreckungsmaßnahme

1. **Rechtsgrundlagen des Vollstreckungs-VA:** § 63 I PolG i. V. m. §§ 20 I S. 1, 23–26 LVwVG bzw. §§ 63 II, 50–54 PolG; spezielle Regelungen z. B. § 59 AufenthaltG, § 43 I, II AsylG, § 64 II LBO BW
2. **Allgemeine Rechtmäßigkeit für alle Maßnahmen**
   a) Formelle Rechtmäßigkeit des Vollstreckungs-VA
   – Sachliche Zuständigkeit § 4 I LVwVG
   – Örtliche Zuständigkeit § 113 I S. 2 PolG analog
   – Anhörung entbehrlich § 28 II Nr. 5 LVwVfG
   – Befangenheit §§ 20, 21 LVwVfG
   – Begründung § 39 LVwVfG
   – Besondere Verfahrensvorschriften §§ 5–10 LVwV
   b) Materielle Rechtmäßigkeit des Vollstreckungs-VA
   (1) Vollstreckungsfähigkeit des Grund-VA
   – Vollstreckungsfähiger Inhalt
   – nur Ge- und Verbote: Handlung, Duldung, Unterlassung (§§ 1 I, 18 LVwVG), nicht: gestaltende und feststellende VAs
   – hinreichende Bestimmtheit des Grund-VA (§ 37 I LVwVfG)
   (2) Wirksamkeit des Grund-VA
   – Bekanntgabe an Vollstreckungsschuldner (§ 43 I LVwVfG)
   – nicht nichtig (§§ 43 III, 44 I, II LVwVfG): hier Prüfung der formellen und materiellen Rechtmäßigkeit des Grund-VA (Eingriffsschema!)
   (3) Vollstreckbarkeit des Grund-VA i. S. d. § 2 LVwVG
   – unanfechtbar (Nr. 1) (auch als Vollstreckungsbedingung)
   – Wegfall der aufschiebenden Wirkung (Nr. 2) kraft Gesetzes oder behördlicher Anordnung (§ 80 II S. 1 Nr. 1–4 VwGO). Ausnahme von § 2 Nr. 1 LVwVG bei Gefahr im Verzug § 21 LVwVG
   (4) Vollstreckungsbedürftigkeit: § 11 LVwVG
   (5) Richtiger Adressat
   – Mitberechtigung anderer Personen am Vollstreckungsgegenstand ist durch Zustimmung oder Duldungsverfügung behebbares Vollstreckungshindernis.
   – Rechtsnachfolger wird aus Grund-VA verpflichtet (vgl. § 3 LVwVG), wenn dieser sachbezogen ist (arg. aus Gesamtrechtsnachfolge § 1922 BGB bzw. 7 PolG).
   (6) Entschließungsermessen fehlerfrei
3. **Besondere Rechtmäßigkeit der einzelnen Maßnahme (abhängig von der jeweiligen Stufe der Vollstreckung)**
   Vorprüfung bei Vollstreckungsmaßnahmen auf der 1. Stufe: Androhung
   (1) Androhung schriftlich (§§ 20 I S. 1 LVwVG, § 66 II PolG)

(2) angemessene Frist bei Handlungspflicht (§ 20 I S. 2 LVwVG)
(3) Verbunden mit dem Grund-VA (Formulierungen: „ohne Weiteres", „gleichzeitig")
   – Nur möglich für den Fall der Nichtbefolgung des Grund-VA innerhalb angemessener Frist nach Unanfechtbarkeit oder
   – bei sofortiger Vollziehbarkeit kraft Gesetzes oder behördlicher Anordnung nach § 2 Nr. 2 LVwVG mit § 80 II Nr. 1–4 VwGO
(4) Bestimmtes Zwangsmittel gem. § 20 III S. 1 LVwVG
(5) Ermessensentscheidung bezgl. der Auswahl des Zwangsmittels, Verhältnismäßigkeit als Ermessensgrenze:
   – Geeignetheit § 20 III S. 1 LVwVG
   – Erforderlichkeit § 19 II LVwVG
   – Angemessenheit § 19 III LVwVG
(6) Bestimmte Höhe bei Zwangsgeld § 20 IV LVwVG
(7) Voraussichtliche Kosten bei Ersatzvornahme § 20 V LVwVG
(8) Bei Androhung mehrerer Zwangsmittel (sog. gestaffelte Androhung) ist die Reihenfolge gem. § 20 III S. 2 LVwVG festzulegen.

Beachte folgenden Hinweis:
Bei Gefahr im Verzug (Eilfall) können (Ermessen!) nach § 21 LVwVG die Androhung (§ 20 I LVwVG) und die Unanfechtbarkeit (§ 2 Nr. 1 LVwVG) entfallen.

Vorprüfung bei Vollstreckungsmaßnahmen auf der 2. Stufe: Wirksamkeit der Androhung

2. Stufe: Festsetzung des Zwangsgeldes (§ 23 LVwVG)
   (1) schriftlich: (§ 23 LVwVG)
   (2) Einhaltung angedrohter Frist
   (3) Einhaltung der angedrohten Höhe oder darunter, keine Überschreitung!
   Die Festsetzung von Ersatzvornahme und unmittelbarem Zwang ist im LVwVG nicht zwingend vorgeschrieben. Sie ist häufig nur ein behördeninterner Vorgang (vgl. § 5 LVwVG), kein VA (str.).

Vorprüfung bei Vollstreckungsmaßnahmen auf der 3. Stufe: wirksame Festsetzung (mit wirksamer Androhung)

3. Stufe: Anwendung
   (1) bei Zwangsgeld durch Beitreibung nach vorheriger Mahnung nach Fälligkeit der Forderung mit Fristsetzung (mindestens eine Woche) (vgl. §§ 13 ff. LVwVG).
   (2) bei Ersatzvornahme oder unmittelbarem Zwang
      – nach Fristablauf
      – Einhaltung der in der Androhung festgelegten Reihenfolge
      – Wiederholung von Zwangsmitteln unbegrenzt möglich (§ 19 IV LVwVG)
      – Kostenfestsetzung gem. § 31 LVwVG

J. Vertiefungshinweise und Wiederholungsfragen

I. Vertiefungshinweise

997 App, Verwaltungsvollstreckung wegen Geldleistungen, JuS 1987, 203; ders., Verwaltungsvollstreckung wegen Handlungen oder Duldungen oder Unterlassungen, JuS 1987, 455; ders., Einführung in das Verwaltungsvollstreckungsrecht, JuS 2004, 786; Becker, Das Abschleppen verbotswidrig geparkter Fahrzeuge als Klausurproblem, JA 2000, 677; Brühl, Die Prüfung der Rechtmäßigkeit des Verwaltungszwangs im gestreckten Verfahren, JuS 1997, 926 (Teil I), 1998, 65 (Teil II); ders., Verwaltungsrecht für die Fallbearbeitung. Anleitungen zum Erwerb prüfungs- und praxisrelevanter Kenntnisse und Fertigkeiten, 8. Aufl. 2014, Kapitel F; Detterbeck, Allgemeines Verwaltungsrecht mit Verwaltungsprozessrecht, 14. Aufl. 2016, Kapitel 5; Engelhardt/App/Schlatmann, VwVG, VwVZG, Kommentar, 8. Aufl. 2008; Erbguth, Allgemeines Verwaltungsrecht mit Verwaltungprozess- und Staatshaftungsrecht, 7. Aufl. 2014, § 19; Erichsen/Rauschenberg, Verwaltungsvollstreckung, Jura 1998, 31; dies. Rechtsschutz in der Verwaltungsvollstreckung, Jura 1998, 323; Hofmann/Gerke/Hildebrandt, Allgemeines Verwaltungsrecht, 11. Aufl. 2016, 15. Abschnitt: Die Verwaltungsvollstreckung; Horn, Verwaltungsvollstreckung, Jura 2004, 447 (Teil I), 597 (Teil II); Haurand und Vahle, Die abgebrochene Abschleppmaßnahme – Klausur im Polizei- und Vollstreckungsrecht, DVP 2015, 417; Hennecke, Verwaltungszwang mittels Zwangsgeld – Voraussetzungen des Verwaltungszwangs, Jura 1989, 7 (Teil I), Verwaltungszwang mittels Zwangsgeld – Zwangsmittelauswahl und Verfahrensablauf, Jura 1989, 64 (Teil II); Hong, Altes und Neues zum Abschleppen und zur Bekanntgabe und Anfechtung von Verkehrszeichen, Jura 2012, 473; Ipsen, Allgemeines Verwaltungsrecht, 9. Aufl. 2015, § 14; von Kalm, Die Duldungsverfügung im Rahmen der Verwaltungsvollstreckung, DÖV 1996, 463; Klomfaß, Übungsfall zum Verwaltungsvollstreckungsrecht, DVP 2013, 32; 2016, 95; Labrenz, Keine Erledigung durch Vollziehung – Eine vollstreckungsrechtliche Entscheidung des BVerwG und ihre Folgen für die Effektivität des Rechtsschutzes, NVwZ 2010, 22; Michaelis, Das Abschleppen von Kraftfahrzeugen. Aktuelle Probleme, Jura 2003, 298; Muckel, Verwaltungsvollstreckung in der Klausur, JA 2012, 272 (Teil I), 355 (Teil II); Ostermeier, Die telefonische Halterbenachrichtigung vor der Abschleppanordnung, NJW 2006, 3173; Peine, Allgemeines Verwaltungsrecht, 11. Aufl. 2014, § 19; Reichelt, Abschleppen verbotswidrig abgestellter Fahrzeuge – ein Überblick, VR 2002, 111; Sadler, VwVG, VwZG, Kommentar anhand der Rechtsprechung, 9. Aufl. 2014; Schübel-Pfister, Aktuelles Verwaltungsprozessrecht, JuS 2013, 417; Suckow/Weidemann, Allgemeines Verwaltungsrecht und Verwaltungsrechtsschutz, 16. Aufl. 2014, Kapitel 5; Vahle, Der Verwaltungszwang – Durchsetzung von Handlungs-, Duldungs- und Unterlassungspflichten, DVP 2012, 266; Voßkuhle/Wischmeyer, Grundwissen – Öffentliches Recht: Verwaltungsvollstreckung, JuS 2016, 698; Weber, Fälle zum Verwaltungsvollstreckungsrecht (unter besonderer Berücksichtigung der Rechtslage in Sachsen), VR 2004, 181; ders., Zur Zwangshaft im Verwaltungsvollstreckungsverfahren, VR 2004, 363; ders., Zur Bestimmtheit von Entscheidungen im Verwaltungs- und Vollstreckungsverfahren, VR

2008, 181; ders., Verwaltungsvollstreckung im Erzgebirge (Klausur), JA 2007, 536; ders., Zum Verhältnis zwischen Grund-Verwaltungsakt und sich anschließenden Vollstreckungsmaßnahmen, VR 2012, 270; Weber, Tücken des Verwaltungsvollstreckungsrechts, DVBl 2012, 1130; Schenk, Landesverwaltungsvollstreckungsrecht – Grundlagen und Einzelfragen, VBlBW 2018, 5; Jann, Der teure Abbruch (Ersatzvornahme, Kosten), Beilage VBlBW 2017, Heft 10, 36; Klenner, Fortgeschrittenenklausur – Öffentliches Recht: Polizei- und Ordnungsrecht –Abgeschleppt im Advent, JuS 2020, 1040; Schmidt, Polizei- und Ordnungsrecht, 22. Aufl. 2020, Verwaltungsvollstreckung, Rn. 902 ff.

II. Wiederholungsfragen

1. Welche Anforderungen sind an den Vollstreckungstitel zu stellen? – Rn. 944, 945
2. Sind schlicht rechtswidrige VAs schlechthin als Vollstreckungstitel geeignet? – Rn. 945
3. Wie sind die einzelnen Zwangsmittel zu definieren? – Rn. 948, 949
4. In welchem Verhältnis stehen die einzelnen Zwangsmittel nach dem LVwVG zueinander? – Rn. 955 ff.
5. Was ist beim Abschleppen eines verbotswidrig abgestellten PKW zu beachten? – Rn. 949
6. Welche Sonderprobleme können in der Vollstreckung bei Rechtsnachfolge entstehen? – Rn. 968
7. Worin ist die erste Stufe des Zwangsverfahrens zu sehen? – Rn. 982
8. Worin besteht die zweite Stufe des Zwangsverfahrens? – Rn. 983
9. Wie nennt man die dritte Stufe? – Rn. 985
10. In welchen Fallsituationen ist das Verwaltungsvollstreckungsverfahren einzustellen? – Rn. 987 ff.

Teil IV Rechtsschutz

Kapitel 18 System der Rechtsbehelfe

A. Einführung

Rechte müssen in einem Rechtsstaat geschützt werden. Der **Rechtsschutz** hat deshalb die **Funktion**, Rechtspositionen zu sichern bzw. durchzusetzen. Die **Rechtsbehelfe** sind die Hilfsmittel, die dafür zur Verfügung stehen. Innerhalb der Rechtsbehelfe wird zwischen förmlichen und nichtförmlichen (formlosen) Rechtsbehelfen unterschieden.

999

Förmliche Rechtsbehelfe sind gesetzlich geregelt und verlangen die Einhaltung bestimmter Verfahrensvorschriften. Im Verwaltungsrecht sind förmliche Rechtsbehelfe der Widerspruch nach den §§ 68 ff. VwGO (§§ 78 ff. SGG) und der gerichtliche Rechtsschutz vor den Verwaltungsgerichten (bzw. den Sozialgerichten). Der Widerspruch ist der praktisch und rechtlich bedeutendste förmliche Rechtsbehelf im Verwaltungsverfahren. Mit seiner Erhebung beginnt das **Widerspruchsverfahren**, das sowohl ein **Verwaltungsverfahren** im Sinne des LVwVfG ist, wie auch ein **Vorverfahren** darstellt, dessen Durchführung von der VwGO vor Erhebung der Anfechtungs- und Verpflichtungsklage vorgeschrieben wird (vgl. § 68 I S. 1, II VwGO/§ 78 SGG). Der **gerichtliche Rechtsschutz** wird durch die Möglichkeit, Klage zu erheben und ggf. Eilrechtsschutz zu beantragen, gewährleistet. Er ist, soweit es um Rechtsverletzungen durch die öffentliche Gewalt geht, grundrechtlich durch **Art. 19 IV GG** garantiert (sog. **Rechtsweggarantie**). Der Erfolg eines förmlichen Rechtsbehelfs setzt stets voraus, dass er **zulässig** und **begründet** ist. Die **Zulässigkeitsvoraussetzungen** müssen gegeben sein, damit die angerufene Stelle (Behörde oder Gericht) sich inhaltlich mit der Sache befasst.

1000

Einhaltung einer Frist bei der Erhebung eines Rechtsbehelfs, Einhaltung der Form der Einlegung des Rechtsbehelfs, Verfahrenshandlungsfähigkeit der den Rechtsbehelf einlegenden Person

Die Frage, ob der Rechtsbehelf begründet ist, darf also nur dann – positiv oder negativ – beantwortet werden, wenn er zulässig ist. Die Zulässigkeitsvoraussetzungen werden deshalb auch **Sachentscheidungsvoraussetzungen** genannt. Die **Begründetheit** richtet sich nach dem Ziel, das mit dem Rechtsbehelf verfolgt wird: Wendet sich der Betroffene gegen einen belastenden VA, ist zu prüfen, ob er rechtswidrig ist und den Betroffenen in seinen Rechten verletzt; möchte er den Erlass eines begünstigenden VA erreichen, ist zu prüfen, ob er einen Anspruch auf diesen VA hat, ob also die Ablehnung rechtswidrig war und ihn in seinen Rechten verletzt. Möchte er von der öffentlichen Hand eine bestimmte Leistung oder Unterlassung, kommt es maßgeblich darauf an, ob er einen entsprechenden Anspruch darauf hat (s. zu den förmlichen Rechtsbehelfen Rn. 1002 ff.).

Nichtförmliche (formlose) **Rechtsbehelfe** sind gesetzlich nicht geregelt; es müssen auch keine Verfahrensvorschriften eingehalten werden; sie können sich gegen jegliche Tätigkeit der öffentlichen Hand richten, seien dies Behörden oder

1001

Gerichte. Sie müssen keine Zulässigkeitsvoraussetzungen erfüllen; es gibt aber auch keine Regelungen für deren Begründetheit. Sie leiten sich unmittelbar aus **Art. 17 GG** ab (das dort genannte Merkmal „schriftlich" ist keine Zulässigkeitsvoraussetzung), weshalb vielfach lediglich ein **Anspruch auf Bescheidung** anerkannt wird.

B. Förmliche Rechtsbehelfe

I. Im Verwaltungsverfahren: Widerspruch

1. Gegenstand, Zweck und Rechtsgrundlagen

1002 Wird der Bürger von einem belastenden VA betroffen oder versagt die Behörde einen von ihm beantragten begünstigenden VA durch Bescheid, steht ihm dagegen i. d. R. der förmliche Rechtsbehelf des Widerspruchs zur Verfügung. Im ersten Fall spricht man vom **Anfechtungswiderspruch**, im zweiten vom **Verpflichtungswiderspruch**. Der Erfolg des Widerspruchs setzt voraus, dass er **zulässig und begründet** ist (s. dazu Rn. 1005 ff.).

Dieses Verfahren hat den Zweck, der Verwaltung eine **Selbstkontrolle** zu ermöglichen, ehe die Gerichte angerufen werden; ferner gibt es dem Widersprechenden die Chance zu niedrigschwelligem Rechtsschutz, ohne sogleich ein Gericht anrufen zu müssen; daraus folgt auch ein weiterer Zweck, nämlich die **Gerichte zu entlasten**.

Einzelheiten des Verfahrens werden – wenn auch nicht vollständig – in der **VwGO bzw. im SGG** geregelt (vgl. §§ 68 bis 73 VwGO/§§ 77 bis 86 SGG). Das Gerichtsverfahrensrecht behandelt bei Anfechtungs- und Verpflichtungsklage die ordnungsgemäße Durchführung des Vorverfahrens (= Widerspruchsverfahren) als eine regelmäßig nicht verzichtbare – zu den Ausnahmen s. Rn. 1010 – Zulässigkeitsvoraussetzung (Sachurteilsvoraussetzung) für das Ergehen eines gerichtlichen Urteils. Weitere Regelungen finden sich im landesrechtlichen **Ausführungsgesetz zur VwGO/zum SGG** und – da es sich letztlich um ein Verwaltungsverfahren handelt – ergänzend im **LVwVfG/SGB X**.

2. Widerspruchsverfahren

1003 Das Widerspruchsverfahren gliedert sich grundsätzlich in zwei Teile: Das **Abhilfeverfahren** bei der Ausgangsbehörde, d. h. der Behörde, die den Verwaltungsakt erlassen hat, sowie das **Widerspruchsverfahren im engeren Sinne**, das bei der Widerspruchsbehörde erfolgt (s. zu den Ausnahmen Rn. 1024). Das Prüfprogramm ist bei beiden Verfahrensteilen im Grundsatz dasselbe, nämlich die **Prüfung der Zulässigkeit und der Begründetheit des Widerspruchs**.

1004 a) **Abhilfeverfahren.** Der Widerspruch ist grundsätzlich bei der **Ausgangsbehörde** zu erheben (§ 70 I S. 1 VwGO/§ 84 I SGG). Er kann allerdings – mit fristwahrender Wirkung, vgl. § 70 I S. 2 VwGO – auch bei der Behörde, die den Widerspruchsbescheid zu erlassen hat (Widerspruchsbehörde), erhoben werden. Im Bereich des SGG gilt dies sogar u. a. für die Einlegung bei einer anderen inländischen Behörde (§ 84 II SGG). Die Widerspruchsbehörde muss den Widerspruch jedoch dann an die Ausgangsbehörde weitergeben, damit dort das Abhilfeverfahren durchgeführt werden kann. Die Ausgangsbehörde hat dabei über den Wortlaut des § 72 VwGO/§ 85 I SGG hinaus zunächst zu prüfen, ob der Widerspruch **zulässig** ist. Hält sie ihn für zulässig, prüft sie anschließend, ob er **begründet** ist. Sind nach ihrer Auffassung die Begründetheitsvoraussetzungen erfüllt, erlässt sie nach § 72 VwGO/§ 85 I SGG einen **Abhilfebescheid** (zum Inhalt des Abhilfebescheids s. Rn. 1028). Hält sie den Widerspruch für unzulässig oder für zulässig, jedoch für nicht begründet, muss sie ihn mit einem Vorlagebericht an die Behörde weitergeben (vgl. Bsp. in Büchner/Joerger/Trockels/Vondung, Fall 16), die den Widerspruchsbescheid erlässt (Widerspruchsbehörde – § 73 I S. 2 VwGO/§ 85 I SGG, s. dazu Rn. 1024). Die Widerspruchsbehörde kann auch mit der Ausgangsbehörde identisch sein (§ 73 I S. 2 Nr. 2 und 3 VwGO/§ 85 II Nr. 1 und 4 SGG; s. Rn. 1024); dann entfällt natürlich der Vorlagebericht.

b) Widerspruchsverfahren im engeren Sinne. Dem Abhilfeverfahren bei der Ausgangsbehörde schließt sich ein Widerspruchsverfahren bei der Behörde an, die den Widerspruchsbescheid zu erlassen hat (Widerspruchsbehörde). Dafür ist nach § 73 I S. 2 Nr. 1 VwGO/§ 85 II SGG grundsätzlich die nächsthöhere Behörde (Fach- oder Rechtsaufsichtsbehörde) zuständig. Ausnahmsweise ist der Widerspruchsbescheid jedoch stattdessen von der Ausgangsbehörde selbst zu erlassen, soweit es außerhalb der VwGO oder in § 73 I S. 2 Nr. 2 und 3 VwGO/§ 85 II SGG ausdrücklich so bestimmt ist (s. dazu näher Rn. 1024). Auch die Widerspruchsbehörde prüft, ob der Widerspruch zulässig und begründet ist. Die Prüfung mündet bei jedem Ergebnis in den Erlass eines Widerspruchsbescheids. Hält die Widerspruchsbehörde den Widerspruch für zulässig und begründet, gibt sie ihm statt (Stattgabebescheid; beim Anfechtungswiderspruch: Aufhebung des angefochtenen VA, beim Verpflichtungswiderspruch: Erlass des beantragten VA bzw. Verpflichtung der Ausgangsbehörde zum Erlass des VA). Hält die Widerspruchsbehörde den Widerspruch für unzulässig und/oder unbegründet, weist sie ihn im Widerspruchsbescheid zurück (Zurückweisungsbescheid). Zum Inhalt des Widerspruchsbescheids vgl. Rn. 1026 ff.; Büchner/Joerger/Trockels/Vondung, Fall 17).

1005

c) Schematische Darstellung des Verfahrens

1006 Überblick über den Ablauf des Widerspruchsverfahrens

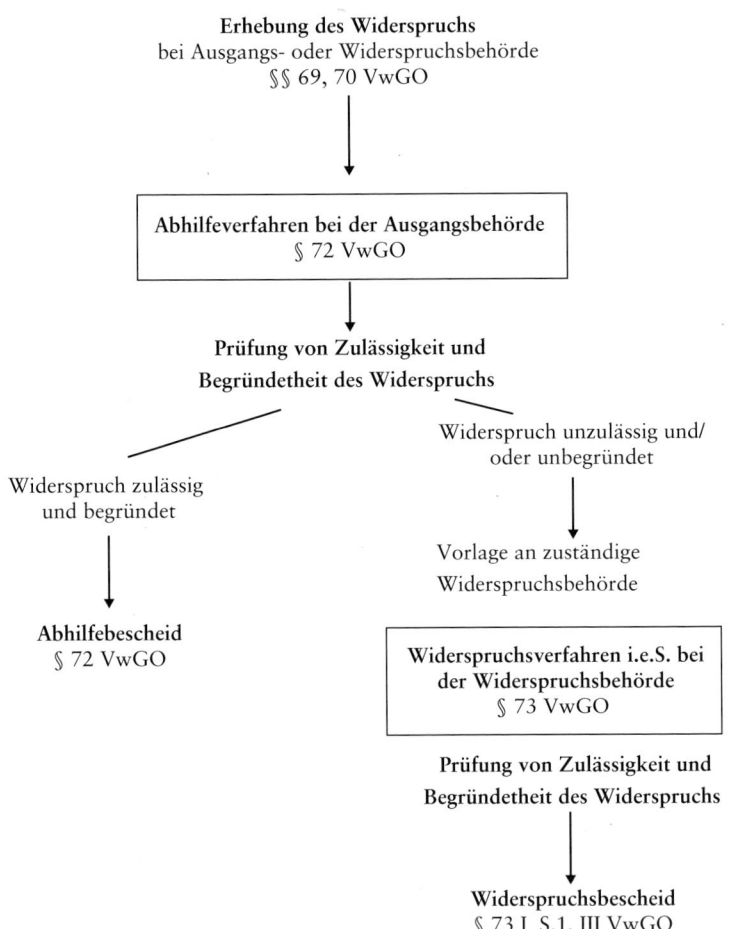

3. Zulässigkeit des Widerspruchs

1007 Da – wie bereits erwähnt – das Widerspruchsverfahren gleichzeitig das von der VwGO geforderte Vorverfahren bei Anfechtungs- und Verpflichtungsklagen darstellt, ergeben sich viele Zulässigkeitsvoraussetzungen aus den Vorschriften der VwGO (vgl. § 79 LVwVfG/§ 62 SGB X); ergänzend bleibt aber das LVwVfG/SGB X anwendbar.

a) **Zulässigkeit des Verwaltungsrechtswegs (§ 68 i. V. m. § 40 I S. 1 VwGO analog).** Wenn sich der Widerspruch regelmäßig – zu den Ausnahmen im Beamtenrecht s. § 126 III BRRG/§ 54 II S. 1 BeamtStG – objektiv gegen einen VA (§ 35 LVwVfG/ § 31 SGB X) richtet bzw. auf den Erlass eines solchen zielt, liegen die Voraussetzungen des § 40 VwGO (öffentlich-rechtliche Streitigkeit nicht-verfassungsrechtlicher Art) unproblematisch vor (Einzelheiten bei Bosch/Schmidt/ Vondung Rn. 173 ff.).

1008

Beispiele: Sozialgerichtliche oder finanzgerichtliche Rechtsstreitigkeiten (vgl. § 51 SGG bzw. § 33 FGO), Rechtsstreitigkeiten vor der Baulandkammer (vgl. § 217 I BauGB). Zuweisung an die ordentliche Gerichtsbarkeit bei sog. Justizverwaltungsakten wie bei polizeilichen Maßnahmen im Rahmen der Strafermittlung (§§ 23 ff. EGGVG).

b) **Statthaftigkeit des Widerspruchs (§ 68 I S. 1, II VWGO/§ 78 I S. 1, III SGG).** Der Widerspruch ist statthaft, wenn er sich gegen einen wirksamen (vgl. §§ 41, 43 LVwVfG/§§ 37, 39 SGB X) Verwaltungsakt (§ 35 LVwVfG/§ 31 SGB X) richtet (Anfechtungswiderspruch, § 68 I S. 1 VwGO/§ 78 I S. 1 SGG) bzw. wenn er sich gegen die Ablehnung eines begehrten VA richtet (Verpflichtungswiderspruch, § 68 II VwGO/§ 78 III SGG).

1009

Ob ein VA vorliegt bzw. begehrt wird, ist objektiv zu beurteilen und richtet sich nach den Maßgaben des LVwVfG (vgl. § 35 LVwVfG/§ 31 SGB X; s. Rn. 214 ff.; im Beamtenverhältnis muss auch bei Nicht-VAs zunächst Widerspruch erhoben werden, vgl. § 126 III BRRG/§ 54 II BeamtStG). Bei Unklarheiten hinsichtlich der Verwaltungsaktqualität kommt es im Wesentlichen auf den erklärten Willen der Behörde an und wie der Empfänger die behördliche Verlautbarung bei objektiver und verständiger Würdigung verstehen durfte (vgl. § 133 BGB); maßgeblich sind dabei die äußere Form („Bescheid", „Verfügung", Rechtsbehelfsbelehrung, Aufbau) wie auch der Inhalt des Schreibens.

c) **Notwendigkeit des Widerspruchs (bzw. des Vorverfahrens) (§ 68 I S. 2 VwGO/§ 78 I S. 2 SGG).** Die Fälle, in denen es eines Widerspruchs und damit des durch ihn eingeleiteten Vorverfahrens ausnahmsweise nicht bedarf, regelt § 68 I S. 2 VwGO/§ 78 I S. 2 SGG: Nicht erforderlich – und damit letztlich nicht zulässig – ist der Widerspruch danach,

1010

- wenn dies durch formelles Bundes- oder Landesgesetz bestimmt wird (z. B. §§ 70, 74 I S. 2 LVwVfG und § 15 AGVwGO BW, aber auch § 11 AsylG);
- wenn der VA von einer obersten Bundes- oder Landesbehörde erlassen wurde oder zu erlassen ist (§ 68 I S. 2 Nr. 1, II VwGO/§ 78 I S. 2 Nr. 2, III SGG), es sei denn, ein Gesetz schreibt dies dennoch vor wie beispielsweise § 126 III BRRG/§ 54 II BeamtStG;
- wenn sich der Widerspruch gegen einen Abhilfe- bzw. Widerspruchsbescheid richtet und dieser eine erstmalige Beschwer für den Betroffenen enthält (§ 68 I S. 2 Nr. 2 VwGO/keine entsprechende Regelung im SGG). Dies ist häufig bei Beteiligung Dritter der Fall (VA mit Doppelwirkung) oder wenn der Widerspruchsbescheid eine gegenüber dem Ausgangs-VA zusätzliche selbst-

ständige Beschwer für den Widersprechenden (z. B. reformatio in peius, dazu s. Rn. 1025) enthält.

Beispiele: Auf den erfolgreichen Widerspruch des Nachbarn hebt die Ausgangsbehörde die Baugenehmigung im Abhilfebescheid auf; der Bauherr muss/darf gegen den Abhilfebescheid nicht Widerspruch, sondern gleich Klage erheben.

Die Widerspruchsbehörde erhöht auf den Widerspruch des A hin den von ihm angefochtenen Beitrag im Widerspruchsbescheid. A kann ebenfalls sogleich Klage erheben.

1011 d) **Beteiligungsfähigkeit des Widersprechenden** (§ 11 LVwVfG/§ 10 SGB X; s. a. Rn. 767). Darunter versteht man die Fähigkeit, als Subjekt an einem Verwaltungsverfahren beteiligt zu sein. Diese Fähigkeit haben alle natürlichen Personen und alle juristischen Personen des öffentlichen wie des privaten Rechts wie z. B. der Bund, die Länder und Gemeinden, aber auch z. B. die GmbH oder die Aktiengesellschaft. Andere nicht rechtsfähige Vereinigungen sind nur insoweit beteiligungsfähig, als es um ein ihnen zustehendes Recht geht.

Beispiele: Wohnungseigentümergemeinschaft bezüglich der gemeinschaftsbezogenen Rechte; Gesellschaft bürgerlichen Rechts; Bauherrengemeinschaft

Behörden sind lediglich formell beschränkt beteiligungsfähig; sie handeln jeweils für den dahinterstehenden Rechtsträger, also z. B. das Land oder die Gemeinde.

1012 e) **Verfahrenshandlungsfähigkeit des Widersprechenden.** (§ 12 LVwVfG/§ 11 SGB X; § 36 SGB I) – Gewillkürte Stellvertretung (§ 14 LVwVfG/§ 13 I S. 3 SGB X) Die Verfahrenshandlungsfähigkeit ist die Fähigkeit, selbstständig Verfahrenshandlungen vorzunehmen, also z. B. Anträge zu stellen und zurückzunehmen, Erklärungen abzugeben, etc. (s. a. Rn. 768). Bei natürlichen Personen hängt dies von der Geschäftsfähigkeit im bürgerlich-rechtlichen Sinn ab (vgl. §§ 104 ff. BGB). Volljährige sind demnach handlungsfähig. Beschränkt Geschäftsfähige sind nur insoweit (partiell) handlungsfähig, soweit sie für den Gegenstand des Verfahrens durch Vorschriften des bürgerlichen Rechts als geschäftsfähig oder durch Vorschriften des öffentlichen Rechts als handlungsfähig anerkannt sind.

Beispiele: Handlungsfähigkeit des Minderjährigen ab Vollendung des 14. Lebensjahres in Fragen des Religionsbekenntnisses, (§ 5 RelKErzG), für die Erteilung einer Fahrerlaubnis § 10 FeV und in Sozialrechtsangelegenheiten mit Vollendung des 15. Lebensjahres, § 36 SGB I.

Ein nicht geschäftsfähiger Minderjähriger kann daher zwar an einem Widerspruchsverfahren z. B. als Widersprechender beteiligt sein (s. Rn. 1011), er kann aber keine Verfahrenshandlungen vornehmen. Vielmehr handelt für ihn sein **gesetzlicher Vertreter**, also in der Regel die Eltern (vgl. § 1629 I BGB). Andere nicht geschäftsfähige natürliche Personen können durch einen Vormund (vgl. § 1793 I BGB), einen Pfleger (vgl. § 1915 BGB i. V. m. § 1793 BGB) oder einen Betreuer (vgl. § 1915 BGB; s. a. § 12 II LVwVfG/ § 11 II SGB X) vertreten werden.

Juristische Personen und Vereinigungen handeln durch ihre gesetzlichen Vertreter oder durch besonders Beauftragte, Behörden durch ihre Leiter, deren Vertreter oder Beauftragte.

Lässt sich ein Verfahrensbeteiligter durch einen **Bevollmächtigten** vertreten, sog. **gewillkürte Stellvertretung**, was er jederzeit tun kann, vgl. § 14 LVwVfG/ § 13 SGB X, berührt das seine eigene Verfahrenshandlungsfähigkeit nicht, d. h. er kann dennoch selbst wirksam vortragen und Anträge stellen etc.

f) Formgerechte Erhebung des Widerspruchs (§ 70 I S. 1 VwGO/§ 84 I S. 1 SGG). Der Widerspruch muss **schriftlich, in elektronischer Form** nach § 3a II VwVfG/§ 36a II SGB I oder zur **Niederschrift bei der Ausgangsbehörde** erhoben werden; die Einlegung ist auch bei der Widerspruchsbehörde möglich (vgl. § 70 I VwGO; s. aber auch § 84 II SGG). **Schriftlich** heißt grundsätzlich, dass das Widerspruchsschreiben mit einer **eigenhändigen Unterschrift** versehen ist; allerdings hat die Rechtsprechung zahlreiche Ausnahmen anerkannt, wenn nur aufgrund der äußeren Umstände hinreichend erkennbar ist, dass der Widerspruch vom Widersprechenden herrührt und mit seinem Willen in den Verkehr gelangt ist (vgl. BFH NJW 2011, 478).

> **Beispiel:** Mit Schreibmaschine geschriebener, aber nicht unterschriebener Widerspruch, der sich in einem Briefumschlag mit handschriftlich geschriebener Absenderangabe befindet.

Die Erhebung des Widerspruchs kann nun auch in **elektronischer Form** nach § 3a II VwVfG/§ 36a II SGB I erfolgen. Dafür genügt ein elektronisches Dokument, das mit einer **qualifizierten Signatur** versehen ist. Die Erhebung des Widerspruchs per **einfacher E-Mail** genügt nicht den Formanforderungen des § 70 S. 1 VwGO; dies ist auch dann der Fall, wenn die **E-Mail zwar mit einer qualifizierten Signatur** (s. § 4 ERVV) versandt wird, die Behörde aber den elektronischen Schriftverkehr noch nicht eröffnet hat, (vgl. OVG Sachs.-Anh. NVwZ 2016, 1032 und § 3a LVwVfG). Dem Schriftformerfordernis nach § 70 I VwGO genügt aber ein eingescanntes und elektronisch übermitteltes Widerspruchsschreiben, wenn das Schreiben im Original mit der eigenhändigen Unterschrift seines Verfassers abschließt und wenn der Empfänger das ihm übermittelte Schreiben ausdruckt. (vgl. BGH NJW 2015, 1527).

Wird der Widerspruch durch **Niederschrift bei der Behörde** erhoben, muss er in Anwesenheit des Widersprechenden von einem hierzu befugten Bediensteten zu Protokoll genommen werden; ein nachträglich erstellter Aktenvermerk über einen mündlich erhobenen Widerspruch genügt nicht.

g) Inhaltsgerechte Erhebung des Widerspruchs. An den Inhalt des Widerspruchs sind keine besonderen Anforderungen zu stellen, das Schreiben muss auch nicht ausdrücklich als „Widerspruch" bezeichnet werden. Aus der Erklärung muss lediglich ersichtlich sein, gegen welchen Bescheid sich der Betroffene zur Wehr setzen will und dass er dessen Aufhebung (Anfechtungswiderspruch) bzw. den Erlass des abgelehnten VA (Verpflichtungswiderspruch) begehrt.

1016 h) **Widerspruchsfrist** (§§ 70, 58 VwGO/§ 84 I SGG). Der Widerspruch muss **innerhalb eines Monats** nach Bekanntgabe des ablehnenden VA erhoben werden (vgl. § 70 I S. 1 VwGO/§ 84 SGG). Für die Berechnung der Frist verweist § 57 II VwGO auf die ZPO und damit letztlich auf die §§ 187 ff. BGB (vgl. § 222 I ZPO; nach a. A. erfolgt der Verweis auf das BGB über § 31 LVwVfG). Der Tag der Bekanntgabe zählt nicht mit (vgl. § 187 I BGB), die Monatsfrist endet also regelmäßig mit Ablauf des Tages, der dem Datum der Bekanntgabe entspricht (vgl. § 188 II Alt. 1 BGB). Im sozialgerichtlichen Verfahren gilt § 64 SGG.

Bespiel: Wurde also der Bescheid am 4.11. bekannt gegeben, läuft die Monatsfrist am 4.12. um 24 Uhr ab. Wurde der Bescheid am 31. eines Monats bekannt gegeben und hat der folgende Monat nur 30 oder weniger Tage, so läuft die Frist am letzten Tag des folgenden Monats ab (vgl. § 188 III BGB). Ist der Tag des Fristablaufs ein Samstag, Sonntag oder gesetzlicher Feiertag, so läuft die Frist erst am darauffolgenden Werktag ab (vgl. § 222 II ZPO; zum Fristbeginn an einem solchen Tag s. Rn. 320).

Für den **Fristlauf** müssen aber **zwei Voraussetzungen** erfüllt sein; Die ordnungsgemäße Bekanntgabe des VA und eine ordnungsgemäße Rechtsbehelfsbelehrung

Ohne ordnungsgemäße **Bekanntgabe** bzw. Zustellung des VA (vgl. § 41 LVwVfG/§ 37 SGB X; Einzelheiten bei Rn. 309 ff.), also bei fehlender oder nicht wirksamer Bekanntgabe an den Beschwerten – d. h. an den Widersprechenden – kann dieser im Grundsatz ohne Einhaltung einer Frist Widerspruch erheben, da diese nicht zu laufen begonnen hat.

Beispiele: Die Baugenehmigung wird nur dem Bauherrn bekannt gegeben, nicht aber dem Eigentümer des übernächsten Grundstücks. Dieser fühlt sich aber durch Regelungen der Baugenehmigung belastet. Er kann im Grundsatz ohne Fristbegrenzung Widerspruch erheben.

Allerdings bildet der **Grundsatz von Treu und Glauben** in Form der **Verwirkung** eine Grenze. Voraussetzung ist zum einen, dass seit der Möglichkeit Widerspruch zu erheben längere Zeit verstrichen ist (Zeitmoment) und zum anderen, dass aufgrund besonderer Umstände mit einer Widerspruchserhebung nicht mehr gerechnet werden musste (Umstandsmoment, Vertrauensgrundlage).

Beispiele: Der Nachbar beobachtet Bauarbeiten auf dem Baugrundstück und erkundigt sich beim Bauherrn danach. Dieser unterrichtet ihn vom Ergehen der Baugenehmigung; der Nachbar stellt dem Bauherrn daraufhin einen Teil seines eigenen Grundstücks zur Lagerung von Baumaterialien für längere Zeit zur Verfügung (Umstandsmoment). Die Beteiligten zerstreiten sich jedoch im Folgenden aus anderen Gründen und der Nachbar erhebt nach einem Jahr (s. § 58 II VwGO) seit Kenntnis (Zeitmoment) vom Bauvorhaben Widerspruch gegen die Baugenehmigung. Der Widerspruch des Nachbarn verstößt gegen Treu und Glauben, er hat sein Widerspruchsrecht verwirkt.

Weitere Voraussetzung für den Fristlauf ist eine **ordnungsgemäße** – d. h. insbesondere richtige – **Rechtsbehelfsbelehrung** i. S. d. § 58 II VwGO i. V. m. § 70 II VwGO/§ 66 II SGG i. V. m. § 84 II S. 3 SGG; fehlt es daran, gilt die Jahresfrist des § 58 II VwGO/§ 66 II SGG. Die Rechtsbehelfsbelehrung hat die in § 58 I VwGO/§ 66 I SGG genannten **Mindestvoraussetzungen** zu enthalten. Das sind:

Die **Art** des Rechtsbehelfs, im vorliegenden Zusammenhang also der Widerspruch; die **Behörde**, bei der der Widerspruch zu erheben ist, deren **Sitz** und die einzuhaltende **Frist**; nicht erforderlich ist eine Belehrung über die Form (schriftlich oder zur Niederschrift oder elektronisch). Fehlt eines dieser Elemente, ist die **Belehrung unvollständig** und somit nicht mehr ordnungsgemäß. Enthält die Rechtsbehelfsbelehrung keine Belehrung über ihren Adressaten, ist sie grundsätzlich nicht i. S. d. § 58 II VwGO unterblieben oder unrichtig erteilt. Dies gilt uneingeschränkt auch bei VA mit Drittwirkung, es sei denn, die Formulierung erweckt den Eindruck, nur der Adressat des VA und nicht etwa ein Drittbetroffener sei zum Widerspruch befugt (BVerwG NVwZ 2009, 191). Enthält die Rechtsbehelfsbelehrung mehr als die notwendigen Grundinformationen als die in § 58 I VwGO genannten, ist zu prüfen, ob diese **Zusätze** inhaltlich zutreffend und vollständig sind. Ist dies nicht der Fall, macht dies die Rechtsbehelfsbelehrung jedoch nur dann unrichtig, wenn sie geeignet sind, beim Betroffenen einen Irrtum hervorzurufen und ihn dadurch abzuhalten, den Widerspruch überhaupt, rechtzeitig oder in der richtigen Form zu erheben (vgl. BVerwGE 57, 188).

> **Beispiele:** Eine Rechtsbehelfsbelehrung ist dann unvollständig und irreführend, wenn sie trotz der Eröffnung des elektronischen Rechtsverkehrs durch die Behörde (s. § 3a VwVfG) lediglich auf die Rechtsbehelfseinlegung in schriftlicher Form oder zur Niederschrift bei der maßgeblichen Stelle hinweist (OVG Sachs.-Anh. NVwZ 2016, 1032). Unrichtig wird die Rechtsbehelfsbelehrung auch durch den unzutreffenden Hinweis, dass der Widerspruch innerhalb einer bestimmten Frist zu begründen ist. Dagegen macht der zusätzliche Hinweis, dass der Widerspruch in deutscher Sprache abgefasst sein muss, die Rechtsbehelfsbelehrung nicht unrichtig (vgl. BVerwG NJW 2019, 247).

Versäumt der Widersprechende die Frist unverschuldet, kann ihm **Wiedereinsetzung in den vorigen Stand** gewährt werden (vgl. § 60 VwGO; s. Rn. 816 ff.).

i) **Widerspruchsbefugnis** (§ 42 II VwGO analog/§ 54 I S. 2 SGG analog). Widerspruch kann nur derjenige erheben, der geltend macht, durch den VA oder seine Ablehnung in seinen Rechten verletzt zu sein. Ein Widerspruch gegen einen unterlassenen VA ist – im Gegensatz zur Klage (s. § 75 VwGO) – nicht möglich. Zweck dieser Bestimmung ist es, die Erhebung eines „Popular-Widerspruchs" auszuschließen; der Widersprechende soll sich nur auf eigene Rechte berufen können, es soll verhindert werden, dass er nur deshalb Widerspruch erhebt, weil er den VA aus Gründen, die nichts mit ihm selbst zu tun haben, für fehlerhaft hält. Rechtsschutz in dem durch die VwGO definierten Umfang ist grundsätzlich **Individualrechtsschutz** und eröffnet **kein objektives Kontrollverfahren** für Jedermann.

Für die **Geltendmachung einer Rechtsverletzung** genügt es im Rahmen der Prüfung der Zulässigkeit des Widerspruchs, dass es nach dem Vortrag des Widersprechenden lediglich **möglich** erscheint, dass er durch den VA bzw. die Ablehnung des beantragten VA in eigenen Rechten verletzt wird (sog. **Möglichkeitstheorie**). Die Widerspruchsbefugnis fehlt demnach erst, wenn „offensichtlich und eindeutig nach keiner Betrachtungsweise die vom Widersprechenden behaupteten Rechte bestehen oder ihm zustehen können" (BVerwGE 117, 93). Ob das behauptete Recht tatsächlich besteht, ist erst eine Frage der Begründetheit.

So fehlt es an der Widerspruchsbefugnis, wenn ein sog. Reichsbürger die Ausstellung einer Bescheinigung über eine frei erfundene, in Deutschland nicht existierende Staatsangehörigkeit anstrebt (vgl. OVG NRW, Beschl. v. 22.11.2016 – 19 A 1457/16, juris).

Der Widersprechende ist auf die Geltendmachung sog. **subjektiv-öffentlicher Rechte** beschränkt (zum Begriff: Rn. 84 ff.). Ob der von ihm beanspruchte Rechtssatz ein solches gewährt, ist nach Maßgabe der **Schutznormlehre** festzustellen. Danach muss die Rechtsvorschrift neben dem öffentlichen Interesse zumindest auch dem **Schutz von Individualinteressen** zu dienen bestimmt sein (vgl. VGH BW, NVwZ 1990, 484). Dazu zählen auch die Grundrechte.

Beispiele: Der Gesetzgeber kann die anspruchsbegründende Wirkung ausdrücklich regeln wie beispielsweise in § 24 II und III SGB VIII den Anspruch auf Förderung in einer Tageseinrichtung; sie kann sich aber auch erst durch Auslegung ergeben wie beispielsweise im Bauplanungsrecht der Anspruch auf Einhaltung des Gebietscharakters im Sinne von §§ 2 ff. BauNVO. Auch die Gemeinde kann sich als Rechtsträger grundsätzlich auf ihr **Selbstverwaltungsrecht** in Gestalt z. B. der Planungshoheit nach Art. 28 GG berufen (BVerwG NuR 2013, 800; VGH BW DVBl 2016, 583).

Keine Probleme bereitet die Feststellung der Widerspruchsbefugnis in den Fällen, in denen der Widersprechende sich gegen einen an ihn adressierten belastenden VA mit dem **Anfechtungswiderspruch** wendet. Bei einem rechtswidrigen VA ist stets zumindest **Art. 2 I GG**, der einen umfassenden Schutz der Freiheitssphäre sichert, verletzt (sog. **Adressatentheorie**; s. Kopp/Schenke, § 42 Rn. 69; BVerwGE 79, 110, 114).

Dagegen bedarf es in allen anderen Fällen einer besonderen Feststellung, auf welches Recht oder welche Rechte sich der Widersprechende berufen kann; dies gilt also insbesondere beim Verpflichtungswiderspruch, denn hier behauptet der Widersprechende, er habe einen Anspruch auf den Erlass des begehrten VA. § 42 II VwGO/§ 54 I S. 2 SGG ermächtigt den Gesetzgeber aber auch („*soweit gesetzlich nichts anderes bestimmt*"), durch formelles Gesetz ein **Klagerecht** einzuräumen, **ohne** dass eine **individuelle Rechtsverletzung** geltend gemacht werden muss. Davon wurde insbesondere für die sog. **altruistischen Verbandsklagen** Gebrauch gemacht, bei denen sich anerkannte Verbände auf die Verletzung öffentlicher Interessen berufen können. Ist vor Klageerhebung ein Vorverfahren, d. h. also ein Widerspruchsverfahren, durchzuführen, steht diesen Verbänden dementsprechend auch die erforderliche Widerspruchsbefugnis analog § 42 II VwGO zu.

Beispiel: Die Widerspruchsbefugnis nach § 64 BNatSchG, § 2 UmwRG und § 50 NatSchG BW für anerkannte Umweltschutzvereinigungen

1019 j) **Allgemeines Rechtschutzinteresse (§ 242 BGB analog).** Der Widersprechende muss auch ein schutzwürdiges Interesse an der Entscheidung über den Widerspruch haben. Hieran fehlt es, wenn der Rechtsschutz ohne erkennbaren Nutzen für den Widersprechenden in Anspruch genommen wird.

Beispiel: Der belastende VA hat sich bereits vor Erhebung des Widerspruchs erledigt, sodass die Aufhebung keine Verbesserung der subjektiven Rechtsstellung des Widersprechenden mit sich bringen kann.

4. Begründetheit des Widerspruchs

a) Allgemeiner Prüfungsmaßstab: Recht- und Zweckmäßigkeitskontrolle. 1020
Nach § 68 I S. 1 VwGO (keine Entsprechung im SGG) darf sich die Nachprüfung allerdings nicht auf die bloße Rechtmäßigkeitsprüfung beschränken. Es muss auch eine **Zweckmäßigkeitskontrolle** durchgeführt werden. Sie kommt allerdings nur dort in Betracht, wo für die Entscheidungsfindung neben den Rechtmäßigkeitsgesichtspunkten auch noch Zweckmäßigkeitsüberlegungen eine Rolle spielen können. Sie beschränkt sich deshalb auf die Kontrolle von Ermessensentscheidungen.
Werden solche Entscheidungen im Vorverfahren überprüft, ist in einem **ersten Schritt** der Begründetheitsprüfung zu untersuchen, ob die Entscheidung (objektiv) an einem **Rechtsfehler** leidet und der Widersprechende deshalb in seinen Rechten verletzt ist. Dabei ist u. a. auch zu prüfen, ob die **rechtlichen Schranken des Ermessens** eingehalten wurden. Selbst wenn sich die Entscheidung insoweit nicht beanstanden lässt, ist in einem **zweiten Schritt** im Rahmen der Zweckmäßigkeitsprüfung zu untersuchen, ob die Entscheidung aus **außerrechtlichen Gesichtspunkten** geändert werden sollte. Solche außerrechtlichen Gesichtspunkte können sozialer, wirtschaftlicher oder politischer Art sein. Haben sie Eingang in gesetzliche Regelungen gefunden, zählen sie nicht zum Prüfprogramm der Zweckmäßigkeitskontrolle sondern zum Prüfprogramm der Rechtmäßigkeitsvoraussetzungen. (vgl. dazu a. Rn. 182, 369).

b) Begründetheit des Widerspruchs im Einzelnen. Begründet ist der Anfechtungswiderspruch, wenn und soweit der VA rechtswidrig ist und der Widersprechende dadurch in seinen Rechten verletzt ist (vgl. § 113 I S. 1 VwGO analog); der Verpflichtungswiderspruch ist begründet, wenn und soweit die Ablehnung des VA rechtswidrig und der Widersprechende dadurch in seinen Rechten verletzt ist (vgl. § 113 V VwGO analog). Im SGG gibt es keine ausdrückliche Regelung. Zur Verletzung eigener Rechte vgl. Rn. 84 ff. Sowohl beim Anfechtungs- wie auch beim Verpflichtungswiderspruch gilt es zu beachten, dass der Widerspruch auch nur teilweise begründet sein kann, wenn nämlich der VA bzw. seine Ablehnung auch nur in Teilen rechtswidrig ist („soweit …"). 1021

Beim **Anfechtungswiderspruch** ist demnach zunächst die **Rechtswidrigkeit des VA** zu prüfen (zu den Rechtmäßigkeitsvoraussetzungen vgl. Rn. 352 ff.). Wird diese verneint, ist auch die Begründetheit bereits an dieser Stelle zu verneinen, da eine Rechtverletzung durch einen rechtmäßigen VA nicht denkbar ist. Wird die Rechtswidrigkeit bejaht, ist als zweiter Schritt das **tatsächliche Vorliegen einer subjektiven Rechtsverletzung** festzustellen, die bei der Prüfung der Widerspruchsbefugnis nur als möglich erscheinen muss (s. Rn. 1018). Bei der Prüfung einer subjektiven Rechtsverletzung sind zwei Konstellationen zu unterscheiden: Handelt es sich beim Widersprechenden um den **Adressaten des belastenden rechtswidrigen VA**, liegt eine subjektive Rechtsverletzung ohne Weiteres vor. Ist der Widersprechende jedoch nicht Adressat des VA, sondern ein 1022

Dritter, ist eigens zu prüfen, ob die verletzte Norm auch den widersprechenden Dritten in seinen Rechten schützt, für ihn also ein subjektives Recht enthält.

Beispiele: Der Widersprechende ist durch eine an ihn gerichtete rechtswidrige Verbotsverfügung ohne Weiteres in seinen subjektiven Rechten verletzt, nämlich zumindest in seinem Grundrecht nach Art. 2 I GG. Bei einem Nachbarn, der eine Baugenehmigung des Bauherrn anficht, muss für die Begründetheit des Widerspruchs neben der Rechtswidrigkeit der Baugenehmigung die verletzte Norm auch drittschützend – hier nachbarschützend – sein.

1023 Beim **Verpflichtungswiderspruch** ist die Begründetheit – Rechtswidrigkeit der Ablehnung des VA und dadurch Verletzung in subjektiven Rechten – dann gegeben, wenn und soweit der Widersprechende entweder einen **Rechtsanspruch auf den begehrten VA** hat oder aber zumindest einen **Anspruch auf ermessensfehlerfreie Entscheidung**. Beides setzt voraus, dass die Anspruchsnorm auch den Schutz des Widersprechenden zum Ziel hat.

Beispiele: Ein Verpflichtungswiderspruch eines Nachbarn gegen die Ablehnung des Erlasses einer lärmbegrenzenden Auflage an einen Gaststättenbetreiber nach § 5 I Nr. 3 GastG ist dann begründet, wenn der Widersprechende zumindest einen Anspruch auf eine ermessensfehlerfreie Entscheidung darüber hat. Dies ist hier der Fall, da § 5 I Nr. 3 GastG auch den Nachbarn schützen will. Ein Verpflichtungswiderspruch eines Bürgers gegen die Ablehnung der Gewährung von Grundsicherung im Alter und bei Erwerbsminderung nach §§ 41 ff. SGB XII ist dann begründet, wenn er tatsächlich einen Anspruch auf die Leistung hat.

Prüfschema: Erfolgsaussichten eines Widerspruchs nach VwGO

1023a
A Zulässigkeitsvoraussetzungen
  I. Zulässigkeit des Verwaltungsrechtswegs § 68 i. V. m. 40 I S. 1 VwGO analog
  II. Statthaftigkeit des Widerspruchs § 68 VwGO
   Voraussetzung: Streitgegenstand ist ein Verwaltungsakt i. S. d. § 35 LVwVfG
   Rechtsbehelfsziel:
   – Beseitigung eines VA: Anfechtungswiderspruch § 68 I S. 1 VwGO
   – Erlass eines VA: Verpflichtungswiderspruch § 68 II VwGO
  III. Notwendigkeit des Widerspruchs bzw. des Vorverfahrens § 68 I S. 2 VwGO
   Das Vorverfahren ist nicht notwendig und damit nicht zulässig bei
   1. spezialgesetzlichen Ausschlussnormen § 68 I S. 2 VwGO
   2. bei VAs oberster Bundes- oder Landesbehörden § 68 I S. 2 Nr. 1 VwGO
   3. gegen Abhilfe- oder Widerspruchsbescheide, die den Widersprechenden erstmalig beschweren § 68 I S. 2 Nr. 2 VwGO
  IV. Beteiligungsfähigkeit § 79 i. V. m. § 11 LVwVfG
  V. Handlungsfähigkeit § 79 i. V. m. § 12 LVwVfG

VI. **Vorliegen der Vertretungsmacht** § 79 i. V. m. § 14 LVwVfG
VII. **Formgerechte Erhebung des Widerspruchs** § 70 VwGO
VIII. **Widerspruchsfrist** §§ 70, 58 VwGO
IX. **Widerspruchsbefugnis** §§ 70 I S. 1, 68 i. V. m. § 42 II VwGO analog

B **Begründetheit des Widerspruchs** § 113 VwGO analog
I. **Bei Anfechtungswidersprüchen**, soweit der Ausgangsbescheid rechtswidrig ist und der Widersprechende dadurch in seinen Rechten verletzt ist, § 113 I S. 1 VwGO analog.
II. **Bei Verpflichtungswidersprüchen**, soweit der Ablehnungsbescheid rechtswidrig ist und der Widersprechende dadurch in seinen Rechten verletzt ist, m. a. W., wenn der Widersprechende auf den Erlass des begehrten VA einen **Rechtsanspruch** oder aber zumindest einen **Anspruch auf ermessensfehlerfreie Entscheidung** hat, § 113 V VwGO analog.
III. **Bei Entscheidungen mit Ermessen oder Beurteilungsspielraum zusätzlich für beide Widerspruchsarten**, soweit der Widersprechende durch die Unzweckmäßigkeit der Ausgangsentscheidung verletzt ist und die Ermächtigungsgrundlage zumindest auch seine Interessen schützen will (§ 68 VwGO).

Beachte: Die **Zweckmäßigkeit** des VA ist nur zur prüfen, wenn keine Rechtswidrigkeit des Verwaltungsakts vorliegt.

5. Der Widerspruchsbescheid
a) **Zuständigkeit für die Entscheidung über den Widerspruch** (§ 73 I VwGO/ § 85 II SGG). Widerspruchsbehörde ist grundsätzlich die nächsthöhere Behörde, soweit nicht durch Gesetz eine andere Behörde bestimmt wird (§ 73 I S. 2 Nr. 1 VwGO/§ 85 II S. 1 Nr. 1, S. 3 SGG). Nächsthöhere Behörde ist die Behörde, die nach den für die Verwaltungsorganisation maßgebenden Regelungen des Bundes oder Landes der Ausgangsbehörde unmittelbar übergeordnet ist.
Abweichend von diesem Grundsatz hat die **Ausgangsbehörde im Rahmen der VwGO selbst** über den Widerspruch zu entscheiden:
– Wenn dies durch Gesetz bestimmt wird (§ 73 II S. 3 VwGO). Dadurch wurde den Ländern die Möglichkeit eröffnet, die Ausgangsbehörde generell zur Widerspruchsbehörde zu bestimmen.
– Wenn die nächsthöhere Behörde eine oberste Bundes- oder Landesbehörde ist (vgl. § 73 I S. 2 Nr. 2 VwGO). Diese obersten Behörden sollen von laufenden Verwaltungsaufgaben so weit wie möglich freigehalten werden. Dies gilt allerdings nicht für Beamtensachen (s. § 126 III Nr. 1 BRRG/§ 54 III BeamStG).
– Wenn der VA von einer obersten Bundes- oder Landesbehörde erlassen wurde (in diesem Fall gibt es keine nächsthöhere Behörde); und wenn abweichend von § 68 I S. 2 Nr. 1 überhaupt ein Vorverfahren vorgeschrieben ist.
Ebenso entscheidet in **Selbstverwaltungsangelegenheiten**, soweit durch Gesetz nichts anderes bestimmt ist, die Selbstverwaltungsbehörde selbst (z. B. eine Ge-

meinde) über den Widerspruch (vgl. § 73 I S. 2 Nr. 3 VwGO s. a. § 85 I S. 1 Nr. 4 SGG). **Selbstverwaltungsangelegenheiten** sind die **weisungsfreien Angelegenheiten** der Selbstverwaltungskörperschaft (z. B. die Entscheidung einer Gemeinde über die Zulassung von Bewerbern zu einem von ihr veranstalteten Volksfest [OVG NRW NVwZ-RR 1993, 354] oder die Erhebung von Erschließungsbeiträgen nach §§ 127 ff. BauGB), nicht dagegen die Pflichtaufgaben zur Erfüllung nach Weisung und die vom Staat übertragenen **Auftragsangelegenheiten**. – Von der Ermächtigung, eine anderweitige Bestimmung nach § 73 I S. 2 Nr. 3 VwGO zu treffen, haben die Länder Baden-Württemberg, Bayern, Rheinland-Pfalz und das Saarland Gebrauch gemacht. So entscheidet z. B. nach § 17 I S. 1 AGVwGO BW über den Widerspruch gegen den VA einer Gemeinde, die der Rechtsaufsicht des Landratsamts untersteht (nach § 119 GemO BW ist dies bei allen Gemeinden mit Ausnahme der Großen Kreisstädte und Stadtkreise der Fall), das Landratsamt und nicht die Gemeinde selbst. Die Nachprüfung ist allerdings auf eine Rechtmäßigkeitskontrolle beschränkt (vgl. § 17 I S. 2 AGVwGO).

Zu den übrigen Ausnahmen im SGG s. § 85 II S. 1 Nr. 2–4; nach S. 2 verbleibt die Entscheidung über den Widerspruch in Angelegenheiten des SGB II und der Grundsicherung im Alter und bei Erwerbsminderung nach SGB XII bei der Ausgangsbehörde.

An die Stelle der Widerspruchsbehörde können nach § 73 II VwGO (§ 85 II S. 3 und 4 SGG) Ausschüsse oder Beiräte treten, soweit solche Gremien in Vorschriften des Bundes oder der Länder vorgesehen sind. Solche Ausnahmen gibt es in bundesrechtlichen Vorschriften z. B. im LAG, VermG.

1025 b) **Prüfungsumfang.** Prüfprogramm für die Widerspruchsbehörde ist die **Zulässigkeit** und **Begründetheit** des Widerspruchs (s. Rn. 1005). Im Rahmen der Begründetheitsprüfung trifft die Widerspruchsbehörde eine **neue Sachentscheidung** ohne Bindung an den angefochtenen VA. Sie hat dabei den Sachverhalt von Amts wegen zu ermitteln und – soweit erforderlich – auch Beweis zu erheben (z. B. durch Einholung eines Sachverständigengutachtens oder Einnahme eines Augenscheins). Dabei hat die Widerspruchsbehörde den **Grundsatz des rechtlichen Gehörs** zu beachten (vgl. § 71 VwGO für den Fall der erstmaligen Beschwer sowie § 28 VwVfG; sie hat dem Widersprechenden Gelegenheit zu geben, sich zu neu aufgetretenen tatsächlichen oder rechtlichen Gesichtspunkten oder zum Ergebnis eines eingeholten Beweises zu äußern. Die Widerspruchsbehörde überprüft die Entscheidung der Ausgangsbehörde grundsätzlich in vollem Umfang auf ihre **Rechtmäßigkeit** und bei Entscheidungen, bei denen der Behörde ein Ermessens- oder Beurteilungsspielraum eingeräumt ist, auch auf ihre **Zweckmäßigkeit** (§ 68 I S. 1; s. Rn. 1020). Sie ist auch nicht auf eine Überprüfung der die Entscheidung tragenden Gründe beschränkt. Die Widerspruchsbehörde kann die Entscheidung im Ausgangsbescheid auch **auf andere tatsächliche oder rechtliche Gesichtspunkte** stützen. Ebenso kann sie **andere Ermessenserwägungen** anstellen als die Ausgangsbehörde (s. aber die Ausnahme in § 17 I S. 2 AGVwGO bei Selbstverwaltungsangelegenheiten, zu

weiteren Einschränkungen des Prüfungsumfangs s. Bosch/Schmidt/Vondung Rn. 766 ff.).
Im Grundsatz darf die Widerspruchsbehörde den vom Widersprechenden angefochtenen VA im Rahmen des Widerspruchsverfahrens auch zu seinem Nachteil ändern (sog. **reformatio in peius**).

Beispiele: Dem A wird der teilweise Abbruch eines von ihm im Außenbereich errichteten Gebäudes aufgegeben. Den dagegen erhobenen Widerspruch weist das Regierungspräsidium zurück und ordnet den vollständigen Abbruch an.

Eine von der Ausgangsbehörde gewährte Leistung wird auf den auf eine höhere Zahlung gerichteten Widerspruch des Begünstigten hin von der Widerspruchsbehörde gekürzt oder ganz aufgehoben.

Die **Zulässigkeit der reformatio in peius** durch die Widerspruchsbehörde richtet sich – da sich die VwGO dazu nicht äußert – nach dem jeweils anzuwendenden materiellen Bundes- oder Landesrecht einschließlich seiner Zuständigkeitsvorschriften und wo solche– Vorschriften fehlen, nach den Grundsätzen über die Rücknahme und den Widerruf von VAs (§§ 48, 49 VwVfG/§§ 44 ff. SGB X; vgl. BVerwG NVwZ-RR 1997, 215; Eyermann/Rennert VwGO § 68 Rn. 17 f.). Die Widerspruchsbehörde kann demgemäß den angefochtenen VA – soweit eine reformatio in peius nicht schon in Spezialgesetzen zugelassen wird (s. § 3 I Nr. 7 KAG BW i. V. m. § 367 II AO) – zum Nachteil des Widersprechenden ändern, wenn Gründe des Vertrauensschutzes nicht entgegenstehen (s. dazu näher Bosch/Schmidt/Vondung Rn. 788 ff.).

Fraglich ist auch, ob die Widerspruchsbehörde die Befugnis hat, bei einem **verfristeten Widerspruch** in der Sache zu entscheiden oder ob sie verpflichtet ist, den Widerspruch als unzulässig zurückzuweisen. Die – allerdings nicht unumstrittene – Rechtsprechung (BVerwG NVwZ-RR 1989, 85) bejaht die **Sachentscheidungsbefugnis der Widerspruchsbehörde**, da sie durch die Erhebung des Widerspruchs die volle Sachherrschaft über den Streitstoff erlangt habe. Der Widersprechende hat danach einen Anspruch darauf, dass die Widerspruchsbehörde von der ihr zustehenden Befugnis ermessensfehlerfrei Gebrauch macht. Allerdings kann dies in den Fällen nicht gelten, in denen in die **schutzwürdigen Belange eines Dritten**, also nicht solche des Widersprechenden, eingegriffen werden würde (vgl. VGH BW VBlBW 2016; s. dazu näher Bosch/Schmidt/Vondung Rn. 779 ff.).

Beispiele: Die Widerspruchsbehörde weist den verspäteten Widerspruch des Nachbarn nicht als unzulässig zurück, sondern entscheidet in der Sache. Hier hat der Bauherr als Dritter durch den bestandskräftig gewordenen Ausgangsbescheid eine schutzwürdige Rechtsposition erlangt, in die ohne Rechtfertigung nicht mehr eingegriffen werden darf.

c) **Widerspruchsentscheidung.** Die Widerspruchsentscheidung besteht aus einer Hauptentscheidung über den Widerspruch sowie aus einer Kostenentscheidung (§ 73 III VwGO/§ 85 III SGG mit Abweichung hinsichtlich der Kostenentscheidung).

1026a aa) **Hauptentscheidung.** Hält die Widerspruchsbehörde den **Widerspruch für zulässig und begründet**, hebt sie bei einem **Anfechtungswiderspruch** den VA auf. Ist der Widerspruch gegen die Ablehnung eines beantragten VA gerichtet (**Verpflichtungswiderspruch**), erlässt sie diesen VA selbst oder weist die Ausgangsbehörde an, den VA zu erlassen (s. zu diesem Wahlrecht der Widerspruchsbehörde beim erfolgreichen Verpflichtungswiderspruch BVerwGE 130, 113). Der Ablehnungsbescheid kann aufgehoben werden, was indes lediglich deklaratorische Bedeutung hat. Hält die Widerspruchsbehörde den Widerspruch für unzulässig und/oder für unbegründet, **weist sie den Widerspruch zurück** (s. zum Tenor des Widerspruchsbescheids Rn. 614 ff.).
Erledigt sich der VA nach Einlegung des Widerspruchs wie z. B. nach einer Rücknahme des Widerspruchs, ist das **Verfahren einzustellen**. Eine Widerspruchsentscheidung in der Sache kann und darf nicht mehr ergehen.

Die Rücknahme des Widerspruchs hat in der gleichen Form zu erfolgen wie dessen Einlegung, also schriftlich oder zur Niederschrift der Behörde. Sie hat zur Folge, dass der VA bestandskräftig wird. Das bloße Schweigen auf eine Anfrage, ob der Widerspruch zurückgenommen wird, genügt nicht. Der Widerspruch kann als Rechtsbehelf (vorbehaltlich abweichender Sonderregelungen) unstreitig solange zurückgenommen werden, als über ihn noch nicht entschieden und die Entscheidung bekannt gegeben worden ist. Die Rücknahme- wie auch die Erledigungserklärung kann dann allerdings grundsätzlich nicht widerrufen werden (VGH BW NVwZ-RR 2013, 398).

1026b bb) **Kostenentscheidung (§ 73 III VwGO).** Die vorgeschriebene Kostenentscheidung umfasst zum einen die Frage der Erhebung von **Verwaltungskosten**, die der Widerspruchsbehörde entstanden sind, zum anderen die Frage, inwieweit die Aufwendungen der Parteien Ausgangsbehörde und Widersprechender von der jeweiligen Gegenseite zu tragen sind (sog. **Kostenlastentscheidung – § 80 LVwVfG/§ 63 SGB X**). Bei der Kostenlastentscheidung wird im Widerspruchsbescheid lediglich eine **Grundentscheidung** getroffen, die konkreten Aufwendungen können dann auf dieser Grundlage im sog. **Kostenfestsetzungsverfahren** (§ 80 III LVwVfG/§ 63 III SGB X) geltend gemacht werden.
Ob und in welchem Umfang und von wem die **Verwaltungskosten** zu erheben sind, ergibt sich aus den jeweils einschlägigen Verwaltungskostengesetzen (in Baden-Württemberg ist das meistens das LGebG bzw. das KAG, s. dazu Rn. 861 ff.). Die Aufwendungen der Widerspruchsbehörde werden im Allgemeinen mit einer Gebühr bzw. der Erhebung von Auslagen abgegolten, die im Falle eines erfolglosen Widerspruchs i. d. R. vom Widersprechenden zu tragen ist. Die Gebühr wird dann zumeist im Widerspruchsbescheid selbst festgesetzt.
Die im Widerspruchsbescheid zu treffende **Kostenlastentscheidung** findet ihre Rechtsgrundlage in § 80 I LVwVfG (§ 63 I SGB X) und richtet sich im Grundsatz danach, ob der Widerspruch erfolgreich ist oder nicht.
Soweit der **Widerspruch erfolgreich** ist, also zulässig und begründet, hat der **Rechtsträger der Ausgangsbehörde** dem Widersprechenden *„die zur zweckentsprechenden Rechtsverfolgung notwendigen Aufwendungen zu erstatten"* (§ 80 I S. 1 VwVfG/§ 63 I S. 1 SGB X). Bei den Landratsämtern als Ausgangsbehörde ist zu beachten, ob Rechtsträger das Land – nämlich bei Auftragsangelegenheiten, oder der Landkreis – im Bereich der Selbstverwaltungsaufgaben – ist.

Soweit der **Widerspruch erfolglos** bleibt, hat „*der Widersprechende der Ausgangsbehörde die zur zweckentsprechenden Rechtsverfolgung notwendigen Aufwendungen zu erstatten*" (§ 80 I S. 3 Halbs. 1 VwVfG); seine eigenen Aufwendungen trägt er in diesem Fall selbst. Von der Erstattungspflicht des Widersprechenden sieht § **80 I S. 3 Halbs. 2 VwVfG** in den dort genannten Fallgruppen **Ausnahmen** vor. Abweichend von § 80 I S. 3 Halbs. 1 LVwVfG enthält § **63 SGB X** für den **Bereich des Sozialrechts** nach SGB auch im Falle des Unterliegens des Widersprechenden keine Kostentragungspflicht des Widersprechenden.

Gibt die Widerspruchsbehörde dem Widerspruch nur **teilweise statt** und weist sie ihn im Übrigen zurück, so sind die **Kosten** des Widerspruchsverfahrens **verhältnismäßig** – entsprechend dem Verhältnis von Erfolg und Misserfolg – zu **teilen**.

Ausnahmsweise besteht **trotz Erfolglosigkeit** nach § 80 I S. 2 VwVfG/§ 63 I S. 2 SGB X aus Gründen der Billigkeit ein **Erstattungsanspruch**, wenn der Widerspruch lediglich wegen **Heilung eines Verfahrensfehlers** gem. § 45 VwVfG/§ 41 SGB X erfolglos bleibt (s. dazu Rn. 422 ff.).

Zusammen mit der Kostenentscheidung hat die Widerspruchsbehörde nach § 80 II, III S. 2 VwVfG/§ 63 II, III S. 2 SGB X über die **Notwendigkeit der Zuziehung eines Rechtsanwalts oder eines sonstigen Bevollmächtigten** zu entscheiden. Fehlt eine Entscheidung, dass die Zuziehung eines Bevollmächtigten notwendig war, sind dessen Gebühren und Auslagen im Kostenfestsetzungsverfahren nicht erstattungsfähig (vgl. § 80 II VwVfG u. BVerwGE 75, 107 = NVwZ 1987, 489). Die Notwendigkeit der Hinzuziehung eines Bevollmächtigten im Vorverfahren ist unter Würdigung der jeweiligen Verhältnisse vom Standpunkt einer verständigen Partei aus zu beurteilen. Maßgebend ist, ob sich ein verständiger Bürger mit gleichem Bildungs- und Erfahrungsstand bei der gegebenen Sachlage eines Rechtsanwalts bedient hätte. Notwendig ist die Zuziehung, wenn es der Partei nach ihren persönlichen Verhältnissen und wegen der Schwierigkeiten der Sache nicht zuzumuten ist, das Vorverfahren selbst zu führen (VGH BW NVwZ-RR 2020, 140).

Beispiele: Bejahung der Notwendigkeit in einem Widerspruchsverfahren gegen eine Regelbeurteilung (BVerwG DVBl. 2009, 1249); Eingeschränkte Bejahung der Notwendigkeit für die Zuziehung eines Bevollmächtigten durch eine Gemeinde (VGH BW VBlBW 1992, 470).

Erledigt sich das Widerspruchsverfahren wie z. B. durch Erklärung der Rücknahme des Widerspruchsverfahrens sieht § 80 I S. 5 LVwVfG eine Kostenentscheidung nach billigem Ermessen vor.

d) Formale Vorgaben für den Widerspruchsbescheid (§ 73 III VwGO/§ 85 III SGG). Der Widerspruchsbescheid ist schriftlich zu erlassen. Er muss eine Begründung, eine Rechtsbehelfsbelehrung sowie eine Kostenentscheidung enthalten und ist zuzustellen.

Die **Begründung** soll den Widersprechenden über die für die Entscheidung maßgebenden Erwägungen der Behörde in Kenntnis setzen und ihm eine Prüfung ermöglichen, ob er Klage erheben will. Insbesondere bei Ermessensentscheidungen (s. Rn. 175 ff.) und einem Beurteilungsspielraum (s. Rn. 165 f.) kommt der Widerspruchsbegründung besondere Bedeutung zu. Ein Verstoß gegen die Begründungspflicht ist ein wesentlicher Verfahrensfehler (s. § 79 II S. 2 VwGO), der den Widerspruchsbescheid formell fehlerhaft macht. Die **Rechtsbehelfsbelehrung** hat den Vorgaben des § 58 I VwGO zu folgen (s. Rn. 1016, 606; sie hat über die Klage als statthaften Rechtsbehelf zu informieren (s. § 68 I S. 2 Nr. 2 VwGO), über das zuständige Gericht als Einlegungsstelle sowie über die Klagefrist von einem Monat (s. § 74 VwGO). § 73 III VwGO sieht für den Widerspruchsbescheid auch eine **Kostenentscheidung** vor (s. dazu näher Rn. 1026). Zudem ist der **Widerspruchsbescheid zuzustellen**; dies hat nach dem VwZG des Bundes zu erfolgen (s. zur Zustellung allgemein Rn. 327 ff.); im Widerspruchsverfahren nach SGG genügt Bekanntgabe (§ 85 III SGG).

6. Der Abhilfebescheid

1028 Inhaltlich entspricht der Abhilfebescheid (s. zum Abhilfeverfahren Rn. 1004) im Wesentlichen einem Widerspruchsbescheid, der auf einen erfolgreichen Widerspruch hin ergeht. Das bedeutet, dass bei einem **Anfechtungswiderspruch** der angefochtene VA aufgehoben wird, bei einem **Verpflichtungswiderspruch** der beantragte VA gewährt wird und der Ablehnungsbescheid aufgehoben wird. Letzteres hat indes lediglich deklaratorische Bedeutung. Neben diesen Hauptentscheidungen muss auch hier nach § 72 VwGO eine **Kostenentscheidung** ergehen. Diese umfasst wie bei einem stattgebenden Widerspruchsbescheid zum einen die Frage der **Kosten der Ausgangsbehörde**, zum anderen die sog. **Kostenlastentscheidung** (s. Rn. 1026). Für den Erlass des Abhilfebescheids erhebt die Ausgangsbehörde keine Gebühren und Auslagen, da regelmäßig die Rechtsgrundlage hierfür bei einem Unterliegen der Ausgangsbehörde nicht gegeben ist (s. zu den Verwaltungskosten Rn. 861 ff.). Für die Kostenlastentscheidung gilt § 80 I LVwVfG/§ 63 I SGB X, wonach der Rechtsträger der Ausgangsbehörde dem Widersprechenden die notwendigen Kosten des Widerspruchsverfahrens zu erstatten hat (s. zu den Einzelheiten Rn. 1026).
Anders als beim Widerspruchsbescheid verlangt § 72 VwGO keine Begründung des Abhilfebescheids. Vielmehr gilt hier § 39 II Nr. 1 LVwVfG, wonach eine **Begründung im Grundsatz entbehrlich** ist, es sei denn, es wird durch den Abhilfebescheid in Rechte Dritter eingegriffen. Dies kann bei VAs mit Doppelwirkung der Fall sein wie z. B. der Aufhebung der Baugenehmigung auf den Widerspruch des Nachbarn hin. Auch eine **Rechtsbehelfsbelehrung** ist bei einem Abhilfebescheid – anders als beim Widerspruchsbescheid (§ 73 III VwGO) – nicht zwingend erforderlich, es sei denn, es wird durch den Abhilfebescheid in Rechte Dritter eingegriffen. Dann gilt indes § 68 I S. 2 Nr. 2 VwGO, wonach gegen Abhilfebescheide, die eine erstmalige Beschwer enthalten, kein (erneuter) Widerspruch zulässig ist. Vielmehr ist hier der **statthafte Rechtsbehelf die Anfechtungs- bzw. die Verpflichtungsklage.**

II. Verwaltungsgerichtliche Rechtsbehelfe

1. Gegenstand, Zweck und Rechtsgrundlagen

1029 Im Folgenden werden die wesentlichen gerichtlichen Rechtsbehelfe erläutert. Führt das Widerspruchsverfahren nicht zu dem vom Bürger erstrebten Erfolg oder ist gegen einen VA ein Widerspruch nicht statthaft (§ 68 I S. 2 VwGO), kann er vor dem Verwaltungsgericht Klage erheben. Geht es um die Anfechtung eines belastenden VA, muss er **Anfechtungsklage** erheben, geht es um die Versagung eines begünstigenden VA **Verpflichtungsklage**. Aber auch wenn nicht um einen VA, sondern um ein sonstiges Rechtsverhältnis (1), eine sonstige Leistung (2) oder die Wirksamkeit bestimmter Rechtsvorschriften (3) gestritten wird, kann der Bürger klagen: Im Fall (1) mit der **Feststellungsklage**, im Fall (2) mit der **Leistungsklage** und im Fall (3) mit einem **Normenkontrollantrag**. Darüber hinaus steht ihm in allen Fällen die Möglichkeit offen, **Eilrechtsschutz** nach § 80 V VwGO bzw. § 123 VwGO bzw. § 47 VI VwGO zu beantragen. Gerichtliche Urteile können schließlich noch mit **Berufung** und **Revision**, gerichtliche Beschlüsse mit der **Beschwerde** angegriffen werden. Der Erfolg all der genannten Klagen bzw. Anträge setzt deren **Zulässigkeit** und **Begründetheit** voraus.

Mit diesem wahrhaft umfassenden gerichtlichen Rechtsschutzsystem wird der grundrechtlich verbürgten **Rechtsweggarantie** des Art. 19 IV GG Rechnung getragen, wenn jemand durch die öffentliche Gewalt in seinen Rechten verletzt wird. Diese Rechtsweggarantie wird durch § 40 VwGO konkretisiert. Einzelheiten des gerichtlichen Verfahrens werden in der **VwGO** bzw. im **SGG** und im **GVG** geregelt. **Die Gerichte der allgemeinen Verwaltungsgerichtsbarkeit** sind die Verwaltungsgerichte (in Baden-Württemberg mit Sitz in Stuttgart, Karlsruhe, Freiburg und Sigmaringen, § 1 II AGVwGO), die Oberverwaltungsgerichte (im Land Baden-Württemberg: der Verwaltungsgerichtshof in Mannheim, § 1 I AGVwGO) und das Bundesverwaltungsgericht mit Sitz in Leipzig (§ 2 VwGO). Zu den **Gerichten der Sozialgerichtsbarkeit** s. §§ 1, 2 AGSGG BW. **1030**

2. Allgemeine Zulässigkeitsvoraussetzungen gerichtlicher Rechtsbehelfe

Diese Voraussetzungen müssen in allen Klage- und Antragsverfahren erfüllt sein, bevor das jeweils angerufene Gericht über die Begründetheit des ergriffenen Rechtsbehelfs entscheiden kann: Die Zulässigkeit des **Verwaltungsrechtswegs** (vgl. § 40 VwGO; s. Rn. 1008; Einzelheiten bei Bosch/Schmidt/Vondung Rn. 173 ff.), die **Beteiligungsfähigkeit** des Klägers/Antragstellers (vgl. § 61 VwGO; s. a. Rn. 1011; Einzelheiten a. a. O. Rn. 330 ff.), dessen **Prozessfähigkeit** (vgl. § 62 VwGO; sie entspricht der Verfahrenshandlungsfähigkeit im Widerspruchsverfahren, s. Rn. 1012) und seine ggf. richtige **Prozessvertretung** (vgl. § 67 VwGO; s. a. Rn. 1012; a. a. O. Rn. 347 ff.) und das allgemeine **Rechtsschutzinteresse** (s. Rn. 1019; Einzelheiten a. a. O. Rn. 382 ff.). Ebenso gehören zu den allgemeinen Zulässigkeitsvoraussetzungen eine **ordnungsgemäße Klageerhebung** (§§ 81, 82 VwGO) beim **sachlich und örtlich zuständigen Gericht** (§§ 45 ff. VwGO – Einzelheiten bei Bosch/Schmidt/Vondung Rn. 321 ff.) sowie das **Fehlen anderweitiger Rechtshängigkeit** (§ 17 I S. 2 GVG – s. a. a. a. O. Rn. 381). **1031**

3. Klagearten und ihre besonderen Zulässigkeitsvoraussetzungen und Begründetheit

a) **Anfechtungs- und Verpflichtungsklage.** Beide Klagearten haben einen **VA i. S. d. § 35 LVwVfG zum Gegenstand.** Die **Anfechtungsklage** ist darauf gerichtet, einen belastenden VA aufzuheben (§ 42 I Alt. 1 VwGO). Mit der Rechtskraft des stattgebenden Urteils ist der VA aufgehoben, ohne dass es weiterer Maßnah- **1032** men bedarf. Mit der **Verpflichtungsklage** (§ 42 I Alt. 2 VwGO) kann die Verpflichtung zum Erlass eines abgelehnten oder unterlassenen VA begehrt werden. Die Klage ist auf den Erlass eines Urteils gerichtet, das den oder die Beklagte verpflichtet, den beantragten VA zu erlassen (**Verpflichtungsurteil**, § 113 V S. 1 VwGO). Falls das Gericht dazu nicht in der Lage ist, weil die Sache noch nicht spruchreif ist, d. h. wenn die Entscheidungsvoraussetzungen noch nicht vollständig aufgeklärt sind (insb., weil der Behörde ein Ermessens- oder Beurteilungsspielraum zusteht, vgl. Rn. 165 f., 369 f., 601), ergeht ein sog. Bescheidungsurteil. Dabei hebt das Gericht die Ablehnungsentscheidung der Behörde auf und verpflichtet den oder die Beklagte unter Beachtung der Rechtsauffassung des Gerichts erneut zu entscheiden (**Bescheidungsurteil**, § 113 V S. 2 VwGO).

Wird ein belastender VA angefochten (Anfechtungsklage) oder ein begünstigender VA erstrebt, (Verpflichtungsklage) kommen weitere **besondere Zulässigkeitsvoraussetzungen** hinzu. Der Kläger muss **klagebefugt** sein (vgl. § 42 II VwGO); die Ausführungen zur Widerspruchsbefugnis gelten entsprechend (s. Rn. 1017). Es muss ein **Vorverfahren** (= Widerspruchsverfahren) ordnungsgemäß durchgeführt worden sein, soweit dies nicht entbehrlich ist (vgl. §§ 68 ff. VwGO und Rn. 1010). Hat die Behörde ohne zureichenden Grund in angemessener Frist (mindestens drei Monate) über den beantragten VA oder den Widerspruch nicht entschieden, kann der Kläger die Klage auch ohne Durchführung eines Vorverfahrens erheben (sog. **Untätigkeitsklage**; s. zu den Voraussetzungen § 75 VwGO und Bosch/Schmidt/Vondung Rn. 671 ff.). Und schließlich muss die **Klagefrist** eingehalten sein (vgl. § 74 VwGO); sie beträgt einen Monat und beginnt mit der Zustellung des Widerspruchsbescheids (zur Fristberechnung s. Rn. 1016).

§ 113 VwGO regelt die **Begründetheit** für die Anfechtungs- und Verpflichtungsklage. Für die **Anfechtungsklage** ergeben sie sich aus **§ 113 I S. 1 VwGO** (*„soweit der VA rechtswidrig und der Kläger dadurch in seinen Rechten verletzt ist"*). Hinsichtlich der Prüfung der Rechtswidrigkeit des VA wird auf Rn. 352 ff. verwiesen. Neben der Rechtswidrigkeit des VA muss der Kläger in subjektiven öffentlichen Rechten verletzt sein, wozu auch die Grundrechte zählen. Ist der **Kläger Adressat des VA**, ist er durch einen rechtswidrigen VA ohne Weiteres in seinen Rechten verletzt (BVerwG NJW 2005, 2332). Für die **Verpflichtungsklage** gilt § 113 V S. 1 VwGO (*„soweit die Ablehnung oder Unterlassung des VA rechtswidrig und der Kläger dadurch in seinen Rechten verletzt ist"*). Dies ist dann der Fall, soweit der Kläger einen **Anspruch auf Erlass eines VA** (§ 113 V S. 1) oder zumindest einen **Anspruch auf ermessensfehlerfreie Entscheidung** (§ 113 V S. 2) hat.

1033 b) **Fortsetzungsfeststellungsklage.** Die Anfechtungsklage wird zur Fortsetzungsfeststellungsklage, wenn sich der angefochtene VA während des Klageverfahrens **erledigt** (§ 113 I S. 4 VwGO) wie z. B. durch Rücknahme des VA oder aber durch Zeitablauf und daher für dessen Aufhebung kein schützenswertes Interesse mehr besteht, sodass die Klage eigentlich als unzulässig abgewiesen werden müsste. Eine mögliche Fortsetzungsfeststellungsklage ist dann noch auf die Feststellung gerichtet, dass der angefochtene VA rechtswidrig war. Voraussetzung für eine Fortsetzungsfeststellungsklage ist aber, dass gleichwohl noch ein berechtigtes Interesse an der Feststellung der Rechtswidrigkeit des VA besteht. Als solches werden von der Rechtsprechung anerkannt: **Wiederholungsgefahr** wie z. B. bei einem in absehbarer Zeit erneut zu erwartenden Demonstrationsverbot; ein **Rehabilitationsinteresse** bei Maßnahmen mit diskriminierender Wirkung wie z. B. bei körperlichen Untersuchungen; wenn die Klärung der Rechtswidrigkeit **Präjudizwirkung** für eine Schadensersatzklage vor einem ordentlichen Gericht hat, also als Vorfrage geklärt werden kann. Auch ein **schwerwiegender Grundrechtseingriff** soll ein besonderes Feststellungsinteresse darstellen. Zur Frage, ob und inwieweit eine gewichtige **Einschränkung der Grundfreiheiten des AEUV** ebenfalls dazu zählt s. BVerwGE 146, 303 ff. (allgemein zu Einzelheiten der Fortsetzungsfeststellungsklage: Bosch/Schmidt/Vondung, Rn. 836 ff.).

Über den Wortlaut des § 113 I S. 4 VwGO hinaus kann eine Fortsetzungsfeststellungsklage unmittelbar erhoben werden, wenn die **Erledigung des angefochtenen VA schon vor Klageerhebung**, aber noch innerhalb der Widerspruchsfrist eingetreten ist und deshalb eine Entscheidung der Widerspruchsbehörde über einen Widerspruch unzulässig wäre (§ 113 I S. 4 VwGO analog; s. Rn. 1026).

All dies gilt – ebenfalls über den Wortlaut des Gesetzes hinaus – **im Fall der Verpflichtungsklage** entsprechend (§ 113 I S. 4 VwGO analog). Die Klage ist dann auf die Feststellung gerichtet, dass die Ablehnung des begehrten VA rechtswidrig war.

Die **Begründetheit der Fortsetzungsfeststellungsklage** setzt im Falle der Anfechtungssituation voraus, dass der VA rechtswidrig war und den Kläger in seinen Rechten verletzt hat. Im Falle der Verpflichtungssituation kommt es – wie bei der Verpflichtungsklage s. Rn. 1032 – darauf an, ob der Kläger einen Anspruch auf den VA hatte bzw. zumindest einen Anspruch auf ermessensfehlerfreie Entscheidung darüber.

c) **Allgemeine Leistungsklage.** Mit dieser Klageart kann die Verurteilung zu einer **Leistung, die keinen VA darstellt** wie z. B. schlicht hoheitliches Handeln (s. Rn. 223), begehrt werden. Diese Klage ist in der VwGO nicht ausdrücklich geregelt; sie ist auf den Erlass eines Urteils gerichtet, in dem der oder die Beklagte verurteilt wird, die beantragte Leistung (Tun, Dulden oder Unterlassen) zu erbringen.

> **Beispiele:** Erteilung von Auskünften; Auszahlung von Geld; Rücknahme einer Umsetzung eines Beamten; Unterlassung einer Behauptung

Kläger kann auch die **Verwaltung** sein, wenn es z. B. um die Erfüllung eines öffentlich-rechtlichen Vertrags geht.

Nach h. M. muss auch bei einer allgemeinen Leistungsklage eine **Klagebefugnis analog § 42 II VwGO** vorliegen (s. Rn. 1032). Dagegen muss **kein Vorverfahren** durchgeführt werden (s. aber die Ausnahmen in § 126 III BRRG/§ 54 II BeamtstG); auch eine Klagefrist ist nicht einzuhalten. **Die allgemeine Leistungsklage ist begründet**, wenn der Kläger einen Anspruch auf die begehrte Leistung oder die Unterlassung hat.

d) **Allgemeine Feststellungsklage.** Nach § 43 I VwGO kann mit dieser Klageart die Feststellung des Bestehens oder Nichtbestehens eines Rechtsverhältnisses oder die Feststellung der Nichtigkeit eines VA begehrt werden. Die Klage kann zwei Zielrichtungen haben, nämlich zum einen auf den Erlass eines Urteils, mit dem ein **konkretes Rechtsverhältnis** – also ein fest umrissener und überschaubarer Sachverhalt – wie z. B. Pflichten oder Berechtigungen – als bestehend oder nicht bestehend festgestellt wird; zum anderen auf die Feststellung der Nichtigkeit des VA (sog. **Nichtigkeitsfeststellungsklage**). Die Feststellungsklage – mit Ausnahme der Nichtigkeitsfeststellungsklage – ist gegenüber den anderen Klagearten grundsätzlich **subsidiär** (§ 43 II VwGO), damit die dort eventuell erforderlichen besonderen Zulässigkeitsvoraussetzungen nicht umgangen werden können wie z. B. die Klagefrist bei der Anfechtungsklage. § 43 I VwGO verlangt als **besondere Zulässigkeitsvoraussetzung** ein **Feststellungsinteresse**. Dieses kann rechtlicher, wirtschaftlicher oder ideeller Natur sein. Die Rechtsprechung verlangt zudem für die Zulässigkeit der Klage eine **Klagebefugnis analog § 42 II VwGO** (BVerwGE 130, 52). Es muss aber kein Vorverfahren durchgeführt werden und auch keine Klagefrist eingehalten werden. Die **allgemeine Feststellungsklage** ist dann **begründet**, wenn das vom Kläger behauptete Rechtsverhältnis besteht bzw. nicht besteht. Im Falle der Nichtigkeitsfeststellungsklage ist die Klage begründet, wenn der angegriffene VA tatsächlich nichtig i. S. d. § 44 LVwVfG ist.

1036 e) **Normenkontrollverfahren.** Nach § 47 I VwGO kann im Normenkontrollverfahren die Feststellung begehrt werden, dass eine bereits erlassene untergesetzliche Rechtsvorschrift ungültig ist. Hierüber entscheiden die **Oberverwaltungsgerichte** bzw. die **Verwaltungsgerichtshöfe**. Gegenstand des Verfahrens kann jedoch grundsätzlich erstinstanzlich (zur Ausnahme beim Flächennutzungsplan vgl. BVerwG, NVwZ 2007, 1081) nur eine Satzung (vgl. Rn. 72 f.) oder Rechtsverordnung (vgl. Rn. 70 f.) sein. Förmliche Gesetze (vgl. Rn. 69) können im Normenkontrollverfahren nicht auf ihre Gültigkeit hin überprüft werden. (Zu den Einzelheiten vgl. Bosch/Schmidt/Vondung Rn. 1536 ff.). Auch **Verwaltungsvorschriften** können – da sie mangels Außenwirkung keine Rechtsvorschriften gegenüber dem Bürger sind – nicht Gegenstand des Normenkontrollverfahrens sein. Dies gilt ausnahmsweise dann nicht, wenn ihnen im Einzelfall Außenwirkung zukommt (für den Fall normkonkretisierender Verwaltungsvorschriften s. BayVGH, Urt. v. 18.5.2017 – 2 B 17.543, juris).
Das Verfahren ist demnach gem. § 47 I VwGO **statthaft**,
- wenn es sich gegen Satzungen nach dem BauGB richtet sowie gegen Rechtsverordnungen nach § 246 II BauGB (§ 47 I Nr. 1 VwGO).

  Beispiele: Bebauungspläne nach § 10 BauGB; Erschließungssatzungen nach § 132 BauGB

- Gegen andere im Rang unter dem Landesgesetz stehende Rechtsvorschriften nach § 47 I Nr. 2 VwGO richtet, sofern das Landesrecht dies vorsieht wie in § 4 AGVwGO.

  Beispiele: Polizeiverordnungen; Kommunale Satzungen

Für eine zulässige Normenkontrolle muss eine **Antragsbefugnis nach § 47 II S. 1 VwGO** vorliegen, die insoweit mit der Klagebefugnis nach § 42 II VwGO übereinstimmt, aber mit dem Zusatz, dass auch eine Verletzung in absehbarer Zeit geltend gemacht werden kann. Bei **Behörden** wird zwar keine mögliche Rechtsverletzung verlangt, wohl aber, dass die angegriffene Rechtsvorschrift möglicherweise rechtswidrig ist und von der Behörde bei ihrer Aufgabenwahrnehmung zu berücksichtigen ist, dass also ein objektives Kontrollinteresse besteht. Ferner ist bei einer Normenkontrolle die **Jahresfrist nach Bekanntmachung der Rechtsvorschrift** einzuhalten (§ 47 II S. 1 VwGO). Die **Normenkontrolle ist begründet**, wenn die angegriffene Rechtsvorschrift tatsächlich ungültig bzw. zumindest unanwendbar ist, da sie gegen höherrangiges Recht verstößt (s. Rn. 65 ff.). Höherrangiges Recht ist dabei auch das Europarecht (BVerwG NVwZ-RR 1995, 359). Ist die Rechtsvorschrift ungültig, stellt das Gericht ihre **Unwirksamkeit** fest (§ 47 V S. 2 VwGO), die auch eine nur **schwebende Unwirksamkeit** beinhaltet, wenn der Rechtsmangel ausnahmsweise behebbar ist wie z. B. nach § 214 IV BauGB. Die **Unwirksamkeitsfeststellung** ist nach § 47 V S. 2 VwGO **allgemein verbindlich**, d. h. gegenüber jedermann gültig. Die **Entscheidungsformel** ist dann vom Antragsgegner, also vom Rechtsträger, der die Norm erlassen hat, ebenso zu veröffentlichen wie sie bekannt zu machen war (§ 47 V S. 2 Halbs. 2 VwGO). In Ausnahmefällen ist auch eine **Nichtanwendbarkeitserklärung** der Rechtsvorschrift möglich wie z. B. bei Unvereinbarkeit mit EU-Recht (s. dazu näher Schoch/Schneider/Bier, § 47 VwGO Rn. 113 m. w. N.).

f) **Wahlanfechtungsklage.** Die Wahlanfechtung nach den Kommunalwahlgesetzen ist eine **Gestaltungsklage eigener Art;** es sei denn, der Gesetzgeber gestaltet die Wahlanfechtung als Anfechtungs- bzw. als Verpflichtungsklage wie in § 31 III KomWG BW aus. **1037**

g) **Kommunalverfassungsrechtliche und sonstige körperschaftliche Organstreitigkeiten.** Hier handelt es sich um Streitigkeiten von Organen oder Organteilen innerhalb eines Verwaltungsträgers wie etwa einer Gemeinde oder einer Hochschule. Diese verwaltungsrechtlichen Organklagen sind jedoch **keine eigenständige Klageart**, sie müssen vielmehr einer der in der VwGO vorgesehenen Klagearten zugeordnet werden (Einzelheiten dazu vgl. Bosch/Schmidt/Vondung Rn. 928 ff.). Dabei ergibt sich die Frage, ob der streitige Rechtsakt einen VA darstellt und damit die Anfechtungs- bzw. Verpflichtungsklage die statthafte Klageart ist oder ob – wie es häufig der Fall ist – die allgemeine Leistungsklage oder aber die allgemeine Feststellungsklage statthaft ist. Dazuhin können im Allgemeinen lediglich **sog. Organrechte** geltend gemacht werden. **1038**

Beispiele: Kein VA mangels Außenwirkung und damit keine Statthaftigkeit der Anfechtungs- bzw. Verpflichtungsklage: Bei Sitzungsausschluss eines Gemeinderatsmitglieds; Entziehung des Worts in einer Sitzung des Gemeinderats; Klage auf Ladung zur Sitzung; Klage auf Aufnahme eines Tagesordnungspunkts in die Ladung. In diesen Fällen kommt daher eine allgemeine Leistungsklage in Betracht.

4. Vorläufiger Rechtsschutz nach §§ 80 ff. VwGO

a) **Aufschiebende Wirkung von (Anfechtungs-)widerspruch und Anfechtungsklage.** Sobald ein VA durch die Bekanntgabe wirksam wird (§ 43 I LVwVfG), muss er vom Adressaten auch befolgt werden. Erhebt der Adressat aber Widerspruch bzw. Anfechtungsklage, tritt aufschiebende Wirkung ein, der sog. **Suspensiveffekt**, § 80 I VwGO. Hier gilt es zu beachten, dass § 80 I VwGO nur zur Anwendung kommt, wenn es in der Hauptsache um ein Anfechtungsbe- **1039** gehren geht. Das bedeutet, dass – entgegen dem Wortlaut – lediglich ein Anfechtungswiderspruch, nicht aber ein Verpflichtungswiderspruch aufschiebende Wirkung auslösen kann. **Aufschiebende Wirkung** heißt, dass der VA zunächst nicht befolgt zu werden braucht und die Behörde ihn auch nicht vollstrecken darf (s. § 2 LVwVG und Rn. 946). Diese Wirkung tritt nach § 80 I S. 2 VwGO auch ein, wenn es sich um **rechtsgestaltende und feststellende Verwaltungsakte** handelt. Dies gilt auch bei **Verwaltungsakten mit Doppelwirkung, § 80a VwGO**. Das bedeutet, dass der Adressat eines begünstigenden VA, gegen den von einem Dritten Widerspruch oder Anfechtungsklage erhoben worden ist, von diesem auch keinen Gebrauch machen darf.

> **Beispiele:** Der Widerspruch gegen ein Taubenfütterungsverbot bedeutet, dass dieses vorerst nicht befolgt zu werden braucht. Ein Widerspruch gegen eine Entlassung eines Beamten hat zur Folge, dass sein Gehalt zunächst weiter zu zahlen ist und er seine Tätigkeit fortführen kann. Bei einem Widerspruch gegen eine Gaststättenerlaubnis durch den Nachbarn darf die Gaststätte vorläufig nicht betrieben werden.

Die aufschiebende Wirkung erfolgt **rückwirkend auf den Zeitpunkt des Erlasses des VA**. Deshalb müssen bereits erfolgte Vollzugsmaßnahmen im Grundsatz rückgängig gemacht werden. Die Dauer der aufschiebenden Wirkung regelt **§ 80b VwGO**.

Keine aufschiebende Wirkung tritt dann ein, wenn
- der VA bereits bestandskräftig ist, da die Widerspruchsfrist bzw. Klagefrist versäumt worden ist oder
- der VA nichtig ist i. S. d. § 44 LVwVfG oder
- der Widerspruch bzw. die Anfechtungsklage **offensichtlich unzulässig** ist wie z. B. bei fehlender Widerspruchs- bzw. Klagebefugnis nach § 42 II VwGO (VGH BW VBlBW 2017, 203; zu den Einzelheiten Eyermann/Hoppe, § 80 Rn. 20).

1040 b) **Überblick über Ausnahmen vom Eintritt der aufschiebenden Wirkung.** Nach § 80 II VwGO lösen Widerspruch und Anfechtungsklage in folgenden Fällen ausnahmsweise keine a. W. aus
- bei VAs, die **öffentliche Abgaben** (Steuern, Gebühren, Beiträge) **und Kosten** (Gebühren und Auslagen im Rahmen eines Verwaltungsverfahrens) anfordern (§ 80 II Nr. 1 VwGO); dies hat seinen Grund darin, dass das Funktionieren der öffentlichen Haushalte durch die aufschiebende Wirkung der Rechtsbehelfe nicht gefährdet werden soll.

> **Beispiele:** Abgaben: Kreisumlage; Stellplatzablösebetrag; Hundesteuer; Entwässerungs- und Wasserversorgungsbeiträge; Kostenbeiträge nach den §§ 91 ff SGB VIII; Kindergartenbeiträge nach § 90 SGB VIII.

- bei **unaufschiebbaren Anordnungen und Maßnahmen des Polizeivollzugsdienstes,** nicht der Polizeibehörden (§ 80 II Nr. 2 VwGO); in analoger Anwendung gilt dies auch für **Verkehrszeichen** (s. Rn. 239), die Gebote oder Verbote aussprechen, und für abgelaufene Parkuhren (BVerwG NVwZ 1988, 623)
- andere bundes- oder landesrechtlich geregelte Fälle (§ 80 II S. 1 Nr. 3 und S. 2 VwGO)

Beispiele: Bei Rechtsbehelfen des Nachbarn gegen baurechtliche Zulassungen nach § 212a BauGB; Ausschluss der aufschiebenden Wirkung bei Rechtsbehelfen im Aufenthaltsgesetz nach § 84 AufenthG; bei infektionsschutzrechtlichen Maßnahmen nach § 16 VIII IfSG; bei Widerspruch gegen Abordnungen und Versetzungen nach § 126 III Nr. 3 BRRG/§ 54 IV BeamtStG; bei Widersprüchen gegen eine baurechtliche Einstellung von Arbeiten nach § 64 I S. 3 LBO.

- bei Widersprüchen und Klagen Dritter gegen VAs gegen die **Zulassung von Vorhaben**, die **Bundesverkehrswege und Mobilfunknetze** betreffen. Dies gilt allerdings nur, wenn diese nicht bereits von Nr. 3 des § 80 II VwGO erfasst sind.
- **Anordnung der sofortigen Vollziehung im Einzelfall durch die Behörde** (§ 80 II S. 1 Nr. 4, III VwGO). Zu den Voraussetzungen dieser praxisrelevanten Möglichkeit siehe Näheres im Folgenden unter 4. c).
- **§ 80 II S. 2 VwGO** enthält zudem eine Ermächtigung für die Bundesländer, die aufschiebende Wirkung von Rechtsbehelfen in der **Verwaltungsvollstreckung** auszuschließen. Davon hat Baden-Württemberg mit § 12 LVwVG Gebrauch gemacht. Danach entfalten Widerspruch und Anfechtungsklage gegen Maßnahmen in der Verwaltungsvollstreckung wie der Androhung oder Festsetzung von Zwangsmitteln keine a.W.

c) Behördliche Anordnung der sofortigen Vollziehung. Die Regelung des Ausschlusses der aufschiebenden Wirkung im Einzelfall nach **§ 80 II S. 1 Nr. 4 VwGO** ist nach **h. M. kein eigenständiger VA**, sondern regelt lediglich die Vollziehbarkeit eines existenten VA. Dennoch kann die Prüfung, ob eine sofortige Vollziehung ergehen kann, in eine formelle und eine materiell-rechtliche aufgegliedert werden.

- In **formeller Hinsicht** liegt die **Zuständigkeit** nach § 80 II S. 1 Nr. 4 VwGO sowohl bei der Ausgangs- als auch bei der Widerspruchsbehörde. Die sofortige Vollziehung kann **von Amts wegen** angeordnet werden, aber auch **beantragt** werden. Sie kann **mit dem VA verbunden** werden oder aber auch eigenständig ergehen, solange der VA nicht bestandskräftig ist. Da es sich bei der Anordnung nicht um einen VA handelt, ist § **28 LVwVfG nicht unmittelbar anwendbar** (Eyermann-Hoppe, § 80 Rn. 53 m. w. N.); gleichwohl ist eine Anhörung einem fairen Verfahren geschuldet, zumal die Behörde dadurch für ihre Entscheidung die Belange des Betroffenen kennenlernt. § 80 III S. 1 VwGO schreibt grundsätzlich – s. die Ausnahme in § 80 III S. 2 VwGO – eine **schriftliche Begründung** der sofortigen Vollziehung vor, die die Erwägungen der Behörde (s. dazu die materiellen Rechtmäßigkeitsvoraussetzungen im Folgenden) **einzelfallbezogen** nachvollziehbar macht. **Abstrakte oder formelhafte Begründungen** machen die sofortige Vollziehung **rechtswidrig** und halten einem Rechtsbehelfsverfahren nach § 80 V VwGO nicht stand (Rn. 1043). Ein Nachschieben bzw. eine nachträgliche Heilung der Begründung kommen nicht in Betracht (VGH Mannheim VBlBW 2012, 151). Ansonsten würde die **Warn- und Appellfunktion des Schriftlichkeitserfordernisses** hinfällig.
- **Materiell-rechtlich** muss zunächst ein sog. **besonderes öffentliches Interesse** an der Anordnung der sofortigen Vollziehung bestehen, die dem Betroffenen

die aufschiebende Wirkung nimmt (§ 80 III S. 1 VwGO). Dieses Vollzugsinteresse muss i. d. R. über das Interesse am Erlass des VA hinausgehen.

Beispiel: Bei einem sog. Schwarzbau, d. h. der Errichtung eines Baus ohne Einholung einer Genehmigung, liegt das öffentliche Interesse am Erlass einer Abbruchsanordnung darin, dass wieder rechtmäßige Zustände hergestellt werden. Das besondere öffentliche Interesse am Erlass einer sofortigen Vollziehung kann darin bestehen, dem Bauherrn keinen ungerechtfertigten Vorteil gegenüber anderen Anlagenbetreibern zukommen zu lassen und Bezugsfällen vorzubeugen (BayVGH, GewA 1986, 396).

Das besondere öffentliche Interesse muss in einem zweiten Schritt **im Rahmen einer Ermessensentscheidung** gegen die **Belange des Betroffenen** abgewogen werden. Bei dieser Entscheidung ist abzuwägen, ob einerseits z. B. besonders wichtige Rechtsgüter wie Leib oder Leben gefährdet sind, zum anderen aber auch, wie schwerwiegend der Eingriff einer sofortigen Vollziehung die Belange des Betroffenen berührt bzw. auch, inwieweit ein Vollzug wieder rückgängig gemacht werden könnte bei einem erfolgreichen Rechtsbehelf des Betroffenen. Die Belange des Betroffenen haben jedenfalls dann Vorrang, wenn der VA, dessen sofortige Vollziehung in Rede steht, offensichtlich rechtswidrig ist bzw. Zweifel an seiner Rechtmäßigkeit bestehen. Es gibt nämlich kein besonderes öffentliches Interesse an der sofortigen Vollziehung rechtswidriger VAs.
§ 80 II Nr. 4 VwGO regelt auch den Fall, dass ein **VA mit Doppelwirkung** vorliegt, s. **§ 80a I Nr. 1 VwGO**. Hier kommt es für die Abwägung nicht auf ein besonderes öffentliches Interesse an (VGH BW VBlBW 2016, 375), sondern lediglich auf die Abwägung der Interessen der Beteiligten.

Beispiel: Eine Gaststättenerlaubnis begünstigt den Betreiber, belastet aber den Nachbarn, der Widerspruch eingelegt hat (VA mit Doppelwirkung). Besteht ein überwiegendes Interesse des Gastwirts am sofortigen Betrieb der Gaststätte, muss eine von ihm beantragte sofortige Vollziehung erteilt werden. Überwiegen dagegen die Belange des Nachbarn, muss sie abgelehnt werden.

Im **EU-Recht** bewirkt ein Rechtsbehelf gegen behördliche Akte beim Gerichtshof der Europäischen Union keine automatische aufschiebende Wirkung; es bedarf vielmehr einer ausdrücklichen Anordnung (§ 278 AEUV). Enthält EU-Recht, das von deutschen Behörden mittels eines VA angewandt wird (z. B. eine Verordnung, § 288 II AEUV), ein Gebot des unverzüglichen Vollzugs, dann muss die zuständige Behörde bei Eintritt der aufschiebenden Wirkung nach § 80 I VwGO – also bei Erhebung eines Anfechtungswiderspruchs – bzw. einer -klage – die sofortige Vollziehung anordnen nach § 80 I S. 1 Nr. 4 VwGO, Das **besondere öffentliche Interesse** ergibt sich in diesem Fall aus dem EU-rechtlich begründeten Interesse am unverzüglichen Vollzug, dem sog. effet utile (dazu näher Schenke, § 25 Rn. 984).

1042 d) **Behördliche Aussetzung der Vollziehung.** In den Fällen des Wegfalls der aufschiebenden Wirkung eines (Anfechtungs-)widerspruchs bzw. einer Anfechtungsklage kann die Ausgangs- oder die Widerspruchsbehörde die Vollziehung nach **§ 80 IV VwGO** aussetzen. Dies ist nach § 80a I Nr. 2 VwGO auch im Falle von **VAs mit Drittwirkung** möglich. Die Behörde hat insoweit eine Ermessensentscheidung zu treffen, indem sie die jeweiligen **Interessen an der Vollziehbar-**

Kapitel 18 System der Rechtsbehelfe

keit bzw. an der Aussetzung gegeneinander abwägt. Insoweit ist vor allem zu berücksichtigen, ob der VA, der sofort vollziehbar ist, rechtmäßig oder rechtswidrig ist sowie die Möglichkeit der Rückgängigmachung der sofortigen Vollziehung. Bei der Aussetzung der Anforderung **öffentlicher Abgaben und Kosten** gibt es für die Aussetzungsentscheidung besondere Vorgaben nach § 80 IV S. 2 und 3 VwGO. So soll die Aussetzung dann erfolgen, wenn ernsthafte Zweifel an der Rechtmäßigkeit des VA bestehen. Ebenso gilt dies, wenn die Vollziehung für den Abgaben- und Kostenpflichtigen eine unbillige, nicht durch überwiegende öffentliche Interessen gebotene Härte zur Folge hätte. Dies ist dann der Fall, wenn durch den Wegfall der aufschiebenden Wirkung wirtschaftliche Nachteile drohen, die über die eigentliche Zahlung hinausgehen und nicht bzw. kaum wiedergutzumachen sind (Konkurs, Existenzvernichtung) und keine überwiegenden öffentlichen Belange der Aussetzung entgegenstehen. Die Aussetzung der Vollziehung kann bei öffentlichen Abgaben und Kosten auch gegen Sicherheit erfolgen.

Zu berücksichtigen ist zudem, dass im Falle von öffentlichen Abgaben und Kosten i.d.R. die vorherige Beantragung der behördlichen Aussetzung Voraussetzung für die Zulässigkeit des Rechtsbehelfs bei Gericht nach § 80 V VwGO ist, s. § 80 VI VwGO.

e) Gerichtlicher Rechtsbehelf. § **80 V VwGO** ermöglicht zusammen mit § 80a VwGO je nach Interessenlage des Antragstellers zum einen die Anordnung/Wiederherstellung der aufschiebenden Wirkung, aber auch die bloße Feststellung, dass aufschiebende Wirkung eingetreten ist. Letztlich ist auch im Falle von VAs mit Doppelwirkung eine Anordnung der sofortigen Vollziehung durch das Gericht möglich, § 80a III VwGO. **1043**
– In den Fällen des gesetzlichen Wegfalls der aufschiebenden Wirkung nach § 80 II S. 1 Nr. 1–3 VwGO kann das Gericht **auf Antrag** die **aufschiebende Wirkung anordnen;** im Fall der behördlichen Anordnung der sofortigen Vollziehung nach § 80 II S. 1 Nr. 4 VwGO spricht man von der **Wiederherstellung der aufschiebenden Wirkung.** Inhaltlich ist in beiden Fällen die aufschiebende Wirkung das Ziel des gerichtlichen Rechtsbehelfs. Nach § 80a III S. 2 VwGO findet § 80 V VwGO auch auf die **Verwaltungsakte mit Doppelwirkung** Anwendung. Zuständig für diese Entscheidung ist das **Gericht der Hauptsache,** d.h. das Verwaltungsgericht, bei dem das Hauptsacheverfahren, also die Anfechtungsklage, entweder anhängig ist (evtl. also auch das Berufungsgericht) oder anhängig sein wird nach Klageerhebung. Voraussetzung für die Zulässigkeit des Antrags nach § 80 V VwGO ist, dass (Anfechtungs-)widerspruch bzw. Anfechtungsklage erhoben wurde, da nur über deren aufschiebende Wirkung entschieden werden kann, s. § 80 I VwGO. **Materiell-rechtlich** trifft das Gericht eine **originäre umfassend abwägende Ermessensentscheidung.** Ob ein besonderes öffentliches Interesse an der sofortigen Vollziehung des VA besteht, hat im Verfahren nach § 80 V VwGO das Gericht unter Abwägung der öffentlichen Belange gegen den Rechtsschutzanspruch des Einzelnen zu beurteilen (s. dazu näher Bosch/Schmidt/Vondung Rn. 1446 ff.).

1043

Bei der dem Gericht abverlangten Interessenabwägung sind auch die **Erfolgsaussichten eines eingelegten Rechtsbehelfs** mit zu berücksichtigen, soweit sich diese bereits übersehen lassen. Ergibt diese Prüfung, dass der Rechtsbehelf **voraussichtlich erfolglos** sein wird, so scheidet, sofern ein öffentliches Interesse für den sofortigen Vollzug spricht, ein Vorrang privater Interessen in der Regel aus. Umgekehrt kann kein öffentliches Interesse an der sofortigen Vollziehung eines VA bestehen, wenn sich schon bei summarischer Prüfung eindeutig feststellen lässt, dass der angefochtene VA **offensichtlich rechtswidrig** ist und den Betroffenen in seinen Rechten verletzt. Soweit es im Eilverfahren nicht möglich ist, eine Aussage über die Rechtmäßigkeit oder Rechtswidrigkeit des angefochtenen VA zu machen, hat eine reine Interessenabwägung stattzufinden. Eine an der Wahrscheinlichkeit des Verfahrensausgangs ausgerichtete Interessenabwägung hat aber dann keine Berechtigung, wenn durch die sofortige Vollziehung nicht mehr rückgängig zu machende vollendete Tatsachen geschaffen werden. Ist der VA schon vollzogen worden, kann das Gericht, wenn es die aufschiebende Wirkung wiederherstellt bzw. anordnet, die Aufhebung der Vollziehung anordnen, § 80 V S. 1 VwGO.

Vor der oben erwähnten zu treffenden Ermessensentscheidung des Gerichts erfolgt im **Falle einer behördlichen Anordnung der sofortigen Vollziehung nach § 80 II S. 1 Nr. 4 VwGO** zunächst eine **Überprüfung der Begründung** der Entscheidung nach § 80 III VwGO. Fehlt diese oder ist sie nur formelhaft und nicht einzelfallbezogen, **hebt das Gericht die sofortige Vollziehung auf**; der Antrag hat Erfolg (s. Rn. 1041). Ein Nachschieben der Gründe ist zwar nicht zulässig, die Behörde hat aber die Möglichkeit, eine erneute, nunmehr rechtmäßige Vollziehungsanordnung zu erlassen.

– Nach h. M. kann auch ein **Antrag auf Feststellung der aufschiebenden Wirkung** – über den Wortlaut des § 80 V VwGO hinaus – gestellt werden. Dies ist dann relevant, wenn **Streit über den Eintritt der aufschiebenden Wirkung nach § 80 I VwGO** besteht oder die Behörde trotz vorliegender aufschiebender Wirkung den VA vollstreckt.

– Eine **gerichtliche Anordnung der sofortigen Vollziehung** ist dann möglich, wenn ein Dritter gegen einen den Adressaten begünstigenden VA Widerspruch einlegt und damit die aufschiebende Wirkung nach § 80 I VwGO auslöst, was den Adressaten am Gebrauch des VA hindert (§ 80 I S. 2 VwGO). Der Antrag des vom VA Begünstigten auf Anordnung der sofortigen Vollziehung kann dann auf § 80a III S. 1 i. V. m. §§ 80a I Nr. 1, 80 II S. 1 Nr. 4 VwGO gestützt werden.

Beispiel: Ein Gastwirt erhält die beantragte Gaststättenerlaubnis und will daraufhin die Gaststätte in Betrieb nehmen. Kurz vorher legt der Nachbar gegen die Gaststättenerlaubnis Widerspruch ein, dem nach § 80 I S. 2 VwGO aufschiebende Wirkung zukommt. Dies hindert den Gastwirt einstweilen daran, die Gaststätte in Betrieb zu nehmen. Auf Antrag des Gastwirts kann das Verwaltungsgericht nach § 80a III S. 1 i. V. m. §§ 80a I Nr. 1, 80 II S. 1 Nr. 4 VwGO die sofortige Vollziehung der Erlaubnis anordnen. Dies ermöglicht dem Gastwirt das Betreiben der Gaststätte.

5. Die einstweilige Anordnung nach § 123 VwGO

1044 Während vorläufiger Rechtsschutz nach § 80 VwGO nur in Betracht kommt, wenn gegen den VA in der Hauptsache Anfechtungswiderspruch bzw. Anfechtungsklage statthaft ist, kann bei allen anderen statthaften Klageverfahren (einschließlich Normenkontrollverfahren) einstweiliger Rechtsschutz durch den Erlass einer einstweiligen Anordnung durch das Gericht gewährt werden (§§ 123 bzw. 47 VI VwGO). Die einstweilige Anordnung nach § 123 VwGO ist **gegenüber dem Verfahren nach §§ 80 ff. VwGO subsidiär** (§ 123 V VwGO). Das Ziel der einstweiligen Anordnung ist es, kurzfristig Rechtsschutz zu erlangen. Konkret kann sie auf die Beibehaltung von Rechten im bestehenden Zustand gerichtet sein (**Sicherungsanordnung**) oder aber auf eine **Regelungsanordnung**, die auf eine Verbesserung der Rechtsposition des Antragstellers abzielt. Die Zulässigkeit einer einstweiligen Anordnung setzt neben den allgemeinen Zulässigkeitsvoraussetzungen (s. Rn. 1031) insbesondere voraus, dass eine **Antragsbefugnis** in dem Sinne besteht, dass ein **Anordnungsanspruch** und ein **Anordnungsgrund** geltend gemacht wird. Ein Anordnungsgrund liegt in der **Eilbedürftigkeit des Antrags,** was jedenfalls vorliegt, wenn der Anordnungsanspruch z. B. durch Zeitablauf verloren geht oder aber beeinträchtigt wird. Grundsätzlich hat sich der Antragsteller mit seinem Begehren zuvor an die zuständige Behörde zu wenden, anderenfalls fehlt es am **Rechtsschutzbedürfnis.** Der Eilantrag ist begründet, wenn ein Anordnungsanspruch vorliegt und auch ein Anordnungsgrund tatsächlich vorliegt, der ein Abwarten der Entscheidung in der Hauptsache nicht zumutbar macht. Allerdings darf die Entscheidung in der Hauptsache im Grundsatz nicht vorweggenommen werden.

Beispiele: Vorläufige Nichtbesetzung einer Beamtenstelle auf Antrag des abgelehnten Konkurrenten zur Sicherung seines Anspruchs auf beurteilungsfehlerfreie Entscheidung; Vorläufige Zulassung des abgelehnten Bewerbers zum Studium; Teilnahme einer Bewerberin für den Polizeivollzugsdienst an den schriftlichen Prüfungen trotz Nichterreichens der vorgegebenen Mindestkörpergröße (OVG Saarl., Beschl. v. 8.12.2016 – 1 B 385/16, juris)

C. Nichtförmliche (formlose) Rechtsbehelfe

I. Rechtsgrundlage

1045 Rechtsgrundlage der nationalen formlosen Rechtsbehelfe (zu den europarechtlichen vgl. Rn. 1051) ist Art. 17 GG, ggf. auch das entsprechende Grundrecht der Landesverfassung (z. B. Art. 2 I Verf. BW i. V. m. Art. 17 GG; Art. 115 BayVerf; Art. 11 Verf. Rh.-Pf.).

II. Arten

1046 Die nichtförmlichen Rechtsbehelfe lassen sich nach dem dahinterstehenden Begehren und danach unterscheiden, an welche Stelle sie sich richten.

1. Gegenvorstellung

1047 Mit der Gegenvorstellung wendet sich der Bürger an die Ausgangsbehörde bzw. das Ausgangsgericht mit dem Ersuchen, eine bereits bestandskräftig getroffene Entscheidung aufzuheben oder zu ändern oder eine bestimmte Maßnahme zu ergreifen. Auf Behördenebene entfaltet dieser Rechtsbehelf seine Bedeutung i. d. R. allerdings nur dann, wenn ein entsprechendes Ersuchen nicht bereits als Antrag auf Wiederaufgreifen des Verfahrens nach § 51 LVwVfG zu behandeln ist (vgl. Rn. 457 ff.).

2. Fach- oder Rechtsaufsichtsbeschwerde

1048 Die Fach- oder Rechtsaufsichtsbeschwerde beinhaltet das Ersuchen an die Fach- oder Rechtsaufsichtsbehörde (vgl. Rn. 35, 36), eine Maßnahme der Ausgangsbehörde selbst vorzunehmen, aufzuheben oder zu ändern bzw. die Ausgangsbehörde hierzu anzuweisen.

Beispiel: Ersuchen an das Regierungspräsidium, die bestandskräftige Baugenehmigung des Landratsamtes aufzuheben.

3. Dienstaufsichtsbeschwerde

1049 Die Dienstaufsichtsbeschwerde ist das Ersuchen an den Dienstvorgesetzten, gegen einen Bediensteten wegen seines persönlichen Verhaltens – u. U. auch disziplinarisch – einzuschreiten.

Beispiel: Ersuchen an das Regierungspräsidium, einen Beamten wegen beleidigender Äußerungen zur Rechenschaft zu ziehen.

4. Petition

1050 Die Petition ist ein Ersuchen an das Parlament (Bundestag oder Landtag), eine Maßnahme vorzunehmen, aufzuheben oder zu ändern.

Beispiel: Ersuchen an den Petitionsausschuss des Landtags, sich beim Landratsamt für die Aufhebung der Ausweisungsverfügung einzusetzen.

5. Europarechtliche nichtförmliche Rechtsbehelfe

1051 Das europäische Recht kennt ebenfalls nichtförmliche Rechtsbehelfe (vgl. dazu Guckelberger DÖV 2003, 829). Art. 24 S. 2 AEUV gewährleistet dem Unionsbürger ein Petitionsrecht beim **europäischen Parlament** (Einzelheiten: Art. 227 AEUV). Art. 24 S. 3 AEUV eröffnet außerdem ein Beschwerderecht bei dem vom europäischen Parlament eingesetzten **Bürgerbeauftragten** (Art. 228 AEUV). Der Unionsbürger ist gem. Art. 24 S. 4 AEUV darüber hinaus berechtigt, sich in einer Amtssprache seiner Wahl an die in Art. 13 EUV genannten **sonstigen Institutionen** (Rat, Kommission, Gerichtshof, Rechnungshof, Wirtschafts- und Sozialausschuss, Ausschuss der Regionen) zu wenden. Die Eingaben müssen schriftlich formuliert sein. Es besteht ein **Anspruch auf „Antwort"** in der Sprache der Eingabe. Das Recht des Bürgers, sich mit den europäischen Institutionen verständigen zu können (**Kommunikationsrecht**), wird als Grundlage demokratischer Regierungsverhältnisse angesehen (BVerfGE, 89, 155, 178).

III. Rechtsträger

Art. 17 GG gewährt ein **subjektiv-öffentliches Recht** auf Entgegennahme, Prüfung und Bescheidung formloser Rechtsbehelfe (vgl. BVerfGE 2, 225). Träger dieses Grundrechts ist „**jedermann**", d. h. jede natürliche Person (Deutscher, Ausländer oder Staatenloser) und jede juristische Person des Privatrechts. Auf juristische Personen des öffentlichen Rechts ist Art. 17 GG seinem Wesen nach nicht anwendbar (vgl. OVG NRW, NJW 1979, 281). **1052**

IV. Rechtsinhalt

Art. 17 GG berechtigt dazu, sich mit formlosen Rechtsbehelfen an die zuständigen Stellen und die Volksvertretungen zu „wenden". Inhalt dieses Rechts ist – über den Wortlaut hinaus – ein Anspruch nicht nur auf **Entgegennahme,** sondern auch auf **sachliche Prüfung** und **Bescheidung** der Eingabe (vgl. BVerfGE 2, 225). Aus dem Bescheid muss lediglich ersichtlich sein, **dass** über die Eingabe entschieden und **in welcher Weise** sie behandelt wurde. Ausmaß und Ergebnis einer etwaigen Sachaufklärung sowie die inhaltlich maßgebenden Entscheidungsgründe müssen jedoch nicht mitgeteilt werden. Das Petitionsrecht ist eben kein justizförmiger Rechtsbehelf und hat nicht die Funktion einer Popular-Klage (vgl. BVerfG, NJW 1992, 3033; NdsOVG, NVwZ-RR 2008, 746). Der Anspruch aus Art. 17 GG erschöpft sich also in dem **Recht auf sachliche Prüfung und Antwort**; er gibt kein Recht auf einen Bescheid bestimmten Inhalts und erst recht nicht auf Erfüllung des Begehrten (Anspruch auf informellen Bescheid – OVG NRW, Beschl. v. 22.12.2020 – 4 A 2395/20, juris, Rn. 7; BVerfGE 13, 54, 90). **1053**

Beispiel: Ist das Regierungspräsidium im vorangegangenen Beispiel der Auffassung, die Ausweisungsverfügung sei rechtswidrig, so ist es in Erfüllung des Art. 17 GG nur verpflichtet, dem Beschwerdeführer das Ergebnis seiner Überprüfung mitzuteilen. Ein Anspruch auf aufsichtsbehördliches Einschreiten besteht im Rahmen des formlosen Rechtsbehelfs nicht.

V. Gerichtliche Kontrolle

1. Rechtsweg

Gegen die nicht ordnungsgemäße Behandlung eines formlosen Rechtsbehelfs steht der Rechtsweg zu den **Verwaltungsgerichten** offen (Art. 19 IV GG; § 40 I VwGO). **1054**

2. Klageart

Die Klageart (Anfechtungs- bzw. Verpflichtungsklage oder allgemeine Leistungsklage) richtet sich danach, ob der auf die Eingabe ergehende Bescheid ein VA ist. Die h. M. verneint den VA-Charakter mit der Begründung, ein Petitionsbescheid (informeller Bescheid, s. oben Rn. 1053) regele nichts mit unmittelbarer rechtlicher Außenwirkung, sondern erfülle nur die Verpflichtung aus Art. 17 GG (BVerwG, NJW 1977, 118). Deshalb scheiden Anfechtungs- bzw. Verpflichtungs- **1055** klagen aus; das Begehren auf einen informellen Bescheid ist mit der **allgemeinen Leistungsklage** (s. Rn. 1034) zu verfolgen.

D. Vertiefungshinweise und Wiederholungsfragen

I. Vertiefungshinweise

1056 Bosch/Schmidt/Vondung, Praktische Einführung in das verwaltungsgerichtliche Verfahren; Tegethoff, Widerspruchseinlegung per E-Mail durch Übersendung eines elektronischen und qualifiziert elektronisch signierten Dokuments, juris PR-BVerwG 20/2017 Anm. 3; Rozek, Die Klagebefugnis, Jura 2021, 30; Zilsdorf, Klage gegen Tempo 30, DVP 2020, 65; Rödel, Rechtsschutzmöglichkeiten in kommunalabgabenrechtlichen Streitigkeiten, ZAP 2020, 55; Köhl, Das Widerspruchsverfahren bei Entziehung der Fahrerlaubnis, VD 2016, 213; Weidemann, Wiedereinsetzung in den vorigen Stand im Widerspruchsverfahren, DVP 2015, 101; Erbguth, Einstweiliger Rechtsschutz gegen Verwaltungsakte, JA 2008, 357; Deckenbrock/Patzer, Grundfälle zur Widerspruchs- und Klagefrist im Verwaltungsprozess, Jura 2003, 476; Dolde/Porsch, Die Abschaffung des Widerspruchsverfahrens – ein bedauernswerter Abbruch eines Grundpfeilers der VwGO?, VBlBW 2008, 428.

II. Wiederholungsfragen

1057
1. Wodurch unterscheiden sich förmliche und nichtförmliche Rechtsbehelfe? – Rn. 1000, 1001
2. Wie ist der Ablauf des Widerspruchsverfahrens? – Rn. 1003 ff.
3. Was beinhaltet die Begründetheitsprüfung bei einem Widerspruch? – Rn. 1020 ff.
4. Wonach bestimmt sich die Zuständigkeit der Widerspruchsbehörde? – Rn. 1024
5. Was versteht man unter einer Fortsetzungsfeststellungsklage? – Rn. 1033
6. Mit welcher Klageart kann Rechtsschutz gegen schlicht hoheitliches Handeln erreicht werden? – Rn. 1034
7. Was versteht man unter aufschiebender Wirkung? – Rn. 1039
8. Welche materiell-rechtlichen Voraussetzungen müssen für den Erlass einer sofortigen Vollziehung vorliegen? – Rn. 1041
9. Was versteht man unter reformatio in peius? – Rn. 1025

Teil V   Recht der öffentlichen Sachen

Kapitel 19 Recht der öffentlichen Sachen

A. Grundlagen des öffentlichen Sachenrechts
I. Einführung

Der Bürger begegnet in seinem Umfeld häufig Anlagen und Einrichtungen der öffentlichen Hand, die dazu bestimmt sind, dem wirtschaftlichen, kulturellen und sozialen Wohl der Allgemeinheit zu dienen. So kommt der junge Erdenbürger in der Universitätsklinik zur Welt. Später werden Straßen und öffentliche Verkehrsmittel benutzt, um in den städtischen Kindergarten, die Schule oder an den Arbeitsplatz zu gelangen. Der Bürger heiratet auf dem Standesamt, geht ins Theater, betätigt sich auf dem Sportplatz, ist begeisterter Drachenflieger oder badet gerne in Seen. **1058**

Es sind die Träger öffentlicher Verwaltung (Rn. 19 ff.), die für den Bestand und die Benutzbarkeit von Sachen sorgen, deren die Öffentlichkeit bedarf. Darüber hinaus ist die öffentliche Verwaltung selbst zur Erfüllung ihrer Aufgaben auf sachliche Hilfsmittel angewiesen. Um diesen öffentlichen Zwecken dienen zu können, müssen diese Sachen einen besonderen Rechtsstatus aufweisen. Gleichzeitig unterliegen sie aber wie alle anderen Sachen der Privatrechtsordnung (A II). Unter A III. erfahren Sie, wie Sachen diesen besonderen Rechtsstatus erlangen bzw. auch wieder verlieren können und unter A IV., welche Arten von öffentlichen Sachen es gibt. Schließlich werden die Besonderheiten der öffentlichen Sachen im Zivilgebrauch (B) sowie derjenigen im Verwaltungsgebrauch (C) erläutert.

II. Begriff und Status der öffentlichen Sachen
1. Sachbegriff

Nach h. M. deckt sich der für öffentliche Sachen maßgebliche Sachbegriff nicht vollständig mit dem des bürgerlichen Rechts (§ 90 BGB), wonach Sachen nur körperliche Gegenstände sind. Zu den **öffentlichen Sachen** zählen ebenso nichtkörperliche Gegenstände, wie das fließende Wasser, das offene Meer, der Luftraum und der elektrische Strom (a. A. Papier/Durner, in: Ehlers/Pünder, § 38 Rn. 3). Für öffentliche Sachen gelten auch nicht die bürgerlich-rechtlichen Vorschriften über Sachzusammenhänge (§§ 93–95 BGB) und über die Zubehöreigenschaft (§ 97 BGB). So kann sich der öffentlich-rechtliche Sonderstatus allein auf die Hauptsache oder auf einzelne ihrer (wesentlichen) Bestandteile beziehen. Ferner können mehrere nach dem Privatrecht selbstständige Sachen eine einheitliche öffentliche Sache bilden. **1059**

> **Beispiele:** Die öffentliche Straße ist *eine* einheitliche öffentliche Sache, zu der der Straßenkörper, die Verkehrszeichen und sogar Nebenanlagen wie Straßenmeistereien, Gerätehöfe etc. gehören sowie sogar der Luftraum über dem Straßenkörper (§ 2 II StrG BW). Zudem zählt der BayVGH auch Elektroladesäulen zum Zubehör einer öffentlichen Straße (Beschl. v. 13.7.2018 –

8 CE 18.1071) – Der öffentliche Weg über mehrere private Grundstücke ist *eine* öffentliche Sache. – Das auf einem privaten Grundstück aufgestellte amtliche Verkehrszeichen ist *eine* selbstständige öffentliche Sache. – Die öffentliche Einrichtung „Schwimmbad" ist *eine* einheitliche öffentliche Sache; einzelne Gegenstände im Schwimmbad können dagegen ebenfalls öffentliche Sachen sein, deren rechtliche Beurteilung von der Gesamtsache abweichen kann.

2. Öffentlicher Status

1060 Was macht die oben genannten Sachen nun zu öffentlichen Sachen? Allein die Tatsache, dass eine Sache dem Gemeinwohl dient und von der Allgemeinheit genutzt werden kann, reicht jedenfalls nicht aus. Entscheidend ist, dass an der Sache ein **öffentlich-rechtlicher Sonderstatus** besteht, der durch die sog. **Widmung** (Rn. 1063 ff.) als gesetzlichem, administrativem oder gewohnheitsrechtlichem Rechtsakt begründet wird.

Beispiele: Sachen, die einer Privatperson gehören und der Öffentlichkeit zugänglich gemacht sind wie z. B. ein privater Waldweg, eine private Kunstgalerie oder private Krankenhäuser sind noch keine öffentlichen Sachen. Ein im Eigentum eines Privaten stehender Weg ist aber dann eine öffentliche Sache, wenn er der Öffentlichkeit gewidmet worden ist. Finanzvermögen der öffentlichen Hand wie Immobilien, das primär erwerbswirtschaftlich genutzt wird und der öffentlichen Hand nur mittelbar über ihre Erträge dient, ist keine öffentliche Sache.

Die Bedeutung öffentlicher Sachen für die Verwaltung und für die Öffentlichkeit lässt bereits erkennen, dass öffentliche Sachen nicht ausschließlich dem Privatrecht mit seinen freien Verfügungsmöglichkeiten unterstellt sein können. Nach h. M. gilt für öffentliche Sachen die **Theorie des „modifizierten Privateigentums".**

Danach unterliegen öffentliche Sachen zwar der Eigentumsordnung des Bürgerlichen Gesetzbuchs, die privatrechtliche Natur des Eigentums bleibt damit aufrechterhalten. Auf diesem Privateigentum lastet jedoch entsprechend der Widmung der Sache zu einem bestimmten öffentlichen Zweck eine Art **„öffentlich-rechtliche Dienstbarkeit"** (Erbguth/Guckelberger, § 30 Rn. 6). Diese beinhaltet die Verpflichtung des jeweiligen Eigentümers, die Benutzung der öffentlichen Sache im Rahmen ihrer jeweiligen Zweckbestimmung zu dulden (vgl. z. B. § 2 III FStrG).

Soweit in § 5 I WG BW der Begriff des öffentlichen Eigentums am Bett der öffentlichen Gewässer verwendet wird, gilt auch hier von der Sache her nichts anderes, da im Umkehrschluss aus § 6 WG BW die Anwendung der Vorschriften des BGB über das Grundeigentum nicht ausgeschlossen wird. Nicht eigentumsfähig sind Gewässer eines fließenden oberirdischen Gewässers und das Grundwasser.

Treffen Aspekte des privaten Eigentums und der öffentlichen Zweckbestimmung aufeinander, so geht das öffentliche Recht vor, da es insoweit das Privatrecht verdrängt (§ 5 VIII StrG BW, § 2 III FStrG). So ist für den Privateigentümer auch die Ausübung eines privaten Hausrechts nicht möglich, wenn damit in die öffentlich-rechtliche Nutzung eingegriffen würde (OVG NRW DVBl. 2013, 1204).

Beispiele: Der private Eigentümer eines Grundstücks, über das eine öffentliche Straße führt, kann das Grundstück veräußern, ohne dass dies Einfluss auf die öffentlich-rechtliche Zweckbestimmung der Straße hat. Der neue Eigentümer ist der öffentlich-rechtlichen Bindung in gleichem Umfang unterworfen. Stehen an der Böschung einer Straße Obstbäume, so sind auch diese Teil der öffentlichen Straße (§ 2 II Nr. 1a StrG BW). Der Eigentümer des Straßengrundstücks kann aber mit einem Dritten einen Vertrag über die Nutzung der Bäume schließen, da hierdurch die Nutzung der Straße entsprechend der Widmung nicht beeinträchtigt wird. Anderes gilt für die Erlaubnis, einen Verkaufsstand für das Obst aufzustellen. Hier wird grundsätzlich der von der Widmung vorgesehene Gebrauch tangiert. Für diese Erlaubnis reichen die privaten Eigentümerbefugnisse nicht mehr aus. Nur die hoheitlichen Stellen können hierfür eine Erlaubnis erteilen (s. dazu Rn. 1078 ff.).

Werden Unternehmen, die Aufgaben der Daseinsvorsorge wahrnehmen, privatisiert, so können sich zwar die Eigentumsverhältnisse an den Vermögensbeständen ändern, die öffentliche Sachherrschaft aber bleibt erhalten. **1061**

Demnach können z.B. Betriebsanlagen der Bahn trotz der weitgehenden Privatisierung ihrer Organisation nicht entwidmet werden, da der Gemeinwohlauftrag zur Erbringung öffentlicher Verkehrsdienstleistungen (vgl. Art. 87e IV GG) fortbesteht (BVerwGE 102, 269).

Mit der öffentlichen Sachherrschaft im öffentlichen Wege- und Wasserrecht sind auch bestimmte **Pflichten** verbunden, nämlich die **Bau- und Unterhaltungslast** (vgl. dazu näher Papier/Durner, in: Ehlers/Pünder, § 40 Rn. 38 ff.). **1062**

Soweit gesetzlich vorgesehen ist wie z.B. in § 59 StrG BW, dass dies hoheitliche Amtspflichten sind, kann Dritten, die durch die öffentliche Sache einen Schaden wegen Verletzung der **Verkehrssicherungspflicht** erleiden, ein Schadenersatzanspruch aus Art. 34 GG/§ 839 BGB zustehen (Papier, S. 64).

III. Entstehung und Beendigung von öffentlichen Sachen

1. Widmung und Indienststellung

a) **Grundlegendes.** Wie bereits oben erwähnt (Rn. 1060), kann eine Sache nach allgemeiner Auffassung nur dadurch zu einer öffentlichen Sache werden, dass sie durch hoheitlichen Rechtsakt, der **Widmung,** einer besonderen, öffentlich-rechtlichen Sonderordnung unterstellt wird. Weitere Wirksamkeitsvoraussetzung für die Entstehung des öffentlichen Rechtsstatus einer Sache ist deren **tatsächliche Indienststellung.** Sie stellt einen Realakt dar. **1063**

Beispiele: Die mit der Widmung einer Straße verbundenen Rechtsfolgen, etwa das gesetzlich verankerte Recht auf Gemeingebrauch an einer gewidmeten Straße, tritt erst ein, wenn die Straße auch dem Verkehr übergeben worden ist.
Bei Sachen im Verwaltungsgebrauch (s. Rn. 1091 ff.) ist die Ingebrauchnahme häufig gerade der konkludente Widmungsakt, so dass Widmung und Indienststellung insoweit zusammenfallen können.

1064 b) **Formen der Widmung.** Die **Widmung durch Rechtsnorm** kann auf formellem Gesetz, auf Rechtsverordnung, auf Satzung oder ausnahmsweise auf Gewohnheitsrecht basieren.

Beispiele: Formelles Gesetz: § 1 I S. 1 LuftVG. Rechtsverordnung: Einschränkung der Benutzung von Wasserstraßen, § 6 i. V. m. § 46 I Nr. 3 WaStrG; Satzung: Bebauungspläne nach § 10 BauGB für Straßen unter bestimmten Voraussetzungen (§§ 37 III S. 1 StrG BW, 9 I Nr. 11 BauGB). „Errichtungssatzungen" für öffentliche Einrichtungen der Gemeinde nach § 4 i. V. m. § 10 II GemO BW. Gewohnheitsrecht: Meeresstrand. Nach § 5 VI S. 1 StrG BW gilt die Straße mit der Verkehrsübergabe als gewidmet, wenn diese aufgrund eines förmlichen, auf anderen gesetzlichen Vorschriften beruhenden Verfahrens angeordnet worden ist.

Widmung durch VA ist die wichtigste Form der Begründung öffentlicher Sachen. In der Form des VA werden vor allem öffentliche Straßen gewidmet (§§ 2 I, 5 StrG BW; § 2 I FStrG). Durch VA werden aber auch oft Sachen im Anstaltsgebrauch und im Verwaltungsgebrauch gewidmet (Rn. 1084 ff.). Es handelt sich bei der Widmung um dingliche VAs in Form der Allgemeinverfügung (§ 35 S. 2 LVwVfG: „VA, der ... die öffentlich-rechtliche Eigenschaft einer Sache ... betrifft"), die gegenüber allen wirken, die es angeht (Rn. 238).

Beispiel: Betroffen von der Widmung einer Straße sind nicht nur die Grundstückseigentümer, sondern auch die Straßenanlieger und die Benutzer.

Soweit nicht Sondervorschriften wie gerade im Straßenrecht (§ 5 IV StrG BW, § 2 FStrG) bestehen, bedarf die Widmung **keiner besonderen Form** (s. § 37 II LVwVfG zum VA). Die Widmung kann daher auch konkludent, etwa durch die Beschaffung, Herstellung oder Ingebrauchnahme erfolgen, wie dies bei Sachen im Verwaltungsgebrauch (Rn. 1091 ff.) die Regel ist.

1065 c) **Unvordenkliche Verjährung.** Lässt sich ein ausdrücklicher oder zumindest konkludenter Widmungsakt nicht nachweisen, so kann vor allem im Wegerecht das Rechtsinstitut der **„unvordenklichen Verjährung"** Anwendung finden. Dies begründet die (widerlegbare) Vermutung, dass ein Weg zum öffentlichen Weg gewidmet worden ist. Erforderlich ist dabei, dass ein Weg von der Allgemeinheit während 80 Jahren widerspruchslos benutzt worden ist. Soweit nicht bewiesen werden kann, dass in den zurückliegenden 80 Jahren ein anderer als der gegenwärtige Zustand bestanden hat, genügt es, dass positiv von Personen bezeugt wird, dieses Recht sei innerhalb der letzten 40 Jahre ausgeübt worden (BVerfG, NVwZ 2009, 1158; OVG Saarl., Beschl. v. 18.10.2016 – 1 A 208/15 –, juris; VGH BW, Urt. v. 30.4.2008 – 5 S 2859/06, juris).

2. Voraussetzungen einer Widmung durch VA

1066 Neben den formellen und materiellen Voraussetzungen, die für den Erlass aller VAs gelten (vgl. näher Rn. 350 ff.) sind beim Widmungsakt aufgrund der Konstruktion des sog. modifizierten Privateigentums weitere Besonderheiten zu beachten.

So brauchen Eigentümer und öffentlich-rechtlicher Sachherr nicht identisch zu sein, so dass bei der Widmung u. U. mehrere Rechtspersonen zu beteiligen sind.

Ist der künftige Straßenbaulastträger im Straßenrecht aber nicht gleichzeitig Eigentümer des der Straße dienenden Grundstückes, darf die Widmung nur erfolgen, wenn sich der Straßenbaulastträger das Eigentum bzw. ein sonstiges dingliches Recht nach BGB am Grundstück durch privatrechtliches Rechtsgeschäft verschafft. Gelingt dies nicht, kommt auch eine hoheitsrechtliche Enteignung in Betracht (näher dazu Papier/Durner, in: Ehlers/Pünder, § 40 Rn. 6 ff.).

3. Entwidmung und Widmungsänderung

Die Beendigung des öffentlich-rechtlichen Status einer Sache durch Untergang der Sache bedarf keiner rechtlichen Erörterung. Eine öffentliche Sache kann ihren besonderen Rechtsstatus aber auch durch Entwidmung (im Straßenrecht: sog. Einziehung) verlieren. Dieser gegenteilige Akt (actus contrarius) zur Widmung wird – vor allem bei öffentlichen Straßen – erst wirksam, wenn der Gegenstand der öffentlichen Benutzung tatsächlich entzogen worden ist (actus contrarius zur Indienststellung Rn. 1063). Erst dann gelten wieder ausschließlich die Regelungen über das Privateigentum.

Bedeutsamer als die vollständige Entwidmung ist im Straßenrecht die Widmungsänderung in Form der Teilentwidmung. Diese Frage hat vor allem im Zusammenhang mit der Schaffung von Fußgängerzonen an bisher dem allgemeinen Fahrzeugverkehr gewidmeten Flächen Bedeutung. Nach h. M. (OVG Lüneburg NVwZ-RR 2016, 411; BVerwG, NJW 1975, 1528) erlauben die straßenrechtlichen Vorschriften auch die Teileinziehung einer Straße als minder schweren Eingriff gegenüber der vollständigen Einziehung (§ 5 V i. V. m. § 7 I S. 2 StrG BW).

IV. Arten von öffentlichen Sachen

Bei den öffentlichen Sachen lassen sich von der Zweckbestimmung her Sachen im **Zivil(Bürger)gebrauch** und Sachen im **Verwaltungsgebrauch** unterscheiden. Während Sachen im Zivilgebrauch einer externen Nutzung durch den Bürger dienen, sind die Sachen im Verwaltungsgebrauch grundsätzlich zur internen Nutzung durch die Mitarbeiter der öffentlichen Verwaltung bestimmt. Gegenstände des **Finanzvermögens der öffentlichen Hand** unterliegen hingegen nicht dem öffentlichen Sachenrecht. Bei den öffentlichen Sachen im engeren Sinn – also den Sachen im Zivilgebrauch – wird zwischen Sachen im Gemeingebrauch, im Sondergebrauch und im Anstaltsgebrauch differenziert.

> **Beispiele:** Zulassungsfreier Gemeingebrauch als Regelnutzung bei öffentlichen Straßen; zulassungsbedürftiger Sondergebrauch als Regelnutzung bei Gewässern; Benutzung von Sachen im Anstaltsgebrauch (Schwimmbad) aufgrund privatrechtlicher oder öffentlich-rechtlicher Benutzungsordnung; Benutzung eines PC als einer Sache im Verwaltungsgebrauch durch einen Verwaltungsangehörigen.

1069

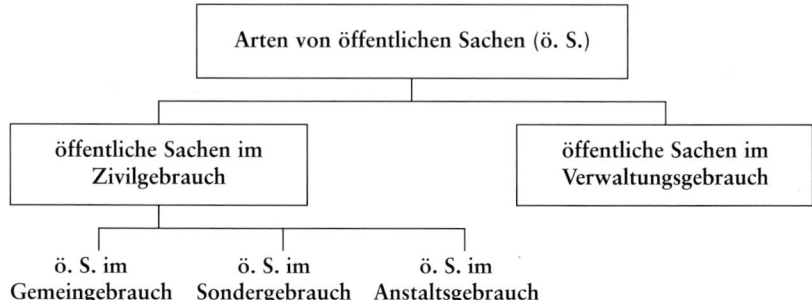

B. Öffentliche Sachen im Zivilgebrauch

I. Öffentliche Sachen im Gemeingebrauch

1. Begriff und Gegenstand des Gemeingebrauchs

1070 Von einer Sache im Gemeingebrauch ist dann auszugehen, wenn diese Sache entsprechend ihrer Widmung einer unbeschränkten Öffentlichkeit unmittelbar und ohne besondere Zulassung zur bestimmungsgemäßen Benutzung zur Verfügung steht (Papier, S. 17 ff.). Wesentliches Kennzeichen eines Gemeingebrauchs ist demnach, dass es für die Benutzung keiner behördlichen Erlaubnis bedarf. Gemeingebrauch besteht als regelmäßige Nutzungsart vor allem an öffentlichen Straßen (§ 7 I S. 1 FStrG, § 13 I S. 1 StrG BW).

Gemeingebrauch besteht am hohen Luftraum (§ 1 I S. 1 LuftVG).
An Gewässern beschränkt sich der Gemeingebrauch im Wesentlichen auf die Benutzung als **Verkehrswege** (§§ 5 S. 1, 6 WaStrG), während sich die Gewässer bei **wasserwirtschaftlicher Nutzung** als öffentliche Sachen im Sondergebrauch (s. Rn. 1082) darstellen (§ 8 I WHG).

2. Straßen als öffentliche Sachen im Gemeingebrauch

1071 a) **Allgemeiner Inhalt des Gemeingebrauchs an Straßen.** Nach § 13 I StrG BW (ähnlich § 7 I FStrG) ist Gemeingebrauch die jedermann eingeräumte Befugnis, öffentliche Straßen im Rahmen der Widmung und der Straßenverkehrsvorschriften innerhalb der verkehrsüblichen Grenzen zu benutzen. Wenn diese Grenzen überschritten werden, liegt eine zulassungsbedürftige Sondernutzung vor (§ 16 StrG BW). Das Recht zum Gemeingebrauch wird hier also nicht durch den Widmungsakt begründet, sondern ergibt sich unmittelbar aus dem Gesetz (§§ 2 I, 13 I StrG BW). Lediglich der Verwendungszweck der Straße (Fahrweg, Fußgängerzone) wird durch die Widmung bestimmt. Der dem Einzelnen tatsächlich gestattete Gemeingebrauch – also die individuelle und konkret ausgeübte Nutzung der Straße – wird damit auf die gemeinverträgliche Nutzung beschränkt, die hauptsächlich durch das Verkehrsrecht konkretisiert wird. Für das Verhältnis von Straßenrecht und Straßenverkehrsrecht gilt anerkanntermaßen die Formel vom **„Vorbehalt des Straßenrechts bei Vorrang des Straßenver-**

kehrsrechts" (vgl. BVerwG, Urt. v. 26.6.1981 – 7 C 27.79, juris; BayVGH, Beschl. v. 7.6.2010 – 11 ZB 10.581, juris).
Allerdings darf daraus nicht gefolgert werden, dass jede Art der Nutzung, die sich nicht mehr im Rahmen der Verkehrsvorschriften hält, bereits Sondernutzung ist. Zwar kann in diesen Fällen eine Überschreitung des individuellen Gemeingebrauchs vorliegen, doch beginnt eine Sondernutzung i. S. d. §§ 16 I StrG, 8 I FStrG erst, wenn zusätzlich die abstrakte Zweckbestimmung der jeweiligen Straße überschritten wird (Papier/Durner, in: Ehlers/Pünder, § 40 Rn. 49 ff. m. w. N.).

> **Beispiele:** Ein Kraftfahrer, der in einer Halteverbotszone parkt, der das Rotlicht einer Ampel nicht beachtet oder der eine Einbahnstraße in verbotener Richtung befährt, verstößt gegen die Straßenverkehrsvorschriften. Er überschreitet damit die Grenzen des **individuellen Gemeingebrauchs**. Da die Straße aber grundsätzlich dem Kraftfahrzeugverkehr gewidmet ist, hält er sich noch im Rahmen des widmungsbestimmten **abstrakten Gemeingebrauchs**. Es liegt damit noch keine Sondernutzung i. S. v. § 16 I StrG BW, sondern individuell unzulässiger Gemeingebrauch vor.
> Soweit eine Straße als Fußgängerzone gewidmet worden ist, und diese Widmung (zusätzlich) durch entsprechende Verkehrszeichen kenntlich gemacht wird, hält sich der Kraftfahrer, der in die Fußgängerzone einfährt, nicht mehr im Rahmen der abstrakten Zweckbestimmung. Hier liegt eine erlaubnispflichtige und eventuell auch erlaubnisfähige **Sondernutzung** vor.

Während § 13 I StrG BW den Gebrauch öffentlicher Straßen innerhalb der „verkehrsüblichen Grenzen" gestattet, hebt § 7 I FStrG auf den **Gebrauch „zum Verkehr"** ab. Das bad.-württ. Straßengesetz ist von der Formulierung her weiter als das Bundesrecht und erlaubt auch Benutzungen, die nur mittelbar aus der Funktion der Straße als Verkehrsweg folgen. Insbesondere kann auf ortsübliche Formen der Benutzung abgestellt werden. Allerdings steht auch nach bad.-württ. Straßenrecht die Straße in ihrer Bedeutung als Verkehrsweg im Vordergrund. Unter **Verkehr im klassischen Sinne** versteht man die Ortsveränderung bzw. Fortbewegung von Menschen und Sachen sowie das Parken und Abstellen von Fahrzeugen, auch wenn dies längerfristig (Dauerparken) oder regelmäßig erfolgt (sog. ruhender Verkehr). Der ruhende Verkehr kann demnach nur durch straßenverkehrsrechtliche Vorschriften eingeschränkt werden.

> **Beispiele:** Das Abstellen eines vom Pkw abgekoppelten Wohnwagens ist kein Gemeingebrauch mehr. Dies gilt auch für das Lagern von Sachen oder das Aufstellen von Gegenständen wie ein Auto zu Werbezwecken (OVG NRW, GewA 2006, 42) oder ein Aufstellen von Altkleiderbehältern (OVG NRW NVwZ-RR 1997, 384). Auch die ausschließliche Nutzung von Verkehrsflächen für Carsharing stellt keinen Gemeingebrauch mehr da, s. § 16a StrG BW.

b) Wandel des Verkehrsbegriffs. Im Gemeingebrauch der Bedeutung der Straße als Verkehrsweg ist ein Wandel eingetreten. Die Straße hat nicht mehr die auf eine Ortsveränderung gerichtete Aufgabe, sondern dient – vor allem in Fußgängerzonen und verkehrsberuhigten Bereichen – auch der Kontaktaufnahme und Kommunikation z. B. in Gestalt des Austauschs von Informationen und

Meinungen (sogen. **kommunikativer Gemeingebrauch:** VGHBW, NJW 2019, 2876; zu stillem Betteln und Niederlassen zum Alkoholgenuss: Sächs. OVG, Beschl. v. 7. Juli 2011 – 4 A 370/10, juris; OLG Saarbrücken, NJW 1998, 251; VGH BW, ESVGH 49, 66). Ein solcher liegt allerdings dann nicht mehr vor, wenn die Ortsveränderung und das Verweilen im Straßenraum nicht der Hauptzweck, sondern bloße Nebenfolge bzw. notwendiges Mittel zur Verfolgung anderer Zwecke ist, z. B. dem Verkauf von Artikeln oder der Nutzung eines Partybikes für bis zu 16 Personen (OVG NRW NVwZ-RR 2012, 422).

Problematischer ist die Rechtslage wegen der einschlägigen Grundrechte, wenn der Straßenraum zu **politischer, religiöser** oder **künstlerischer Betätigung** benutzt wird.

Politische Information und Werbung

Wegen der Grundrechtsgarantie des Art. 5 I GG wird nach h. M. ein (erlaubnisfreier) Gemeingebrauch bei politischer Information und Werbung, z. B. durch den Verkauf und das Verteilen von Informationsmaterial, Straßendiskussionen u. s. w. bejaht. Nach der Rechtsprechung des Bundesverfassungsgerichts zum Schrankenvorbehalt der „allgemeinen Gesetze" setzen diese der Meinungsfreiheit nur insoweit Grenzen, als der Eingriff zum Schutze höher – oder gleichwertiger Rechtsgüter geboten ist (BVerfG, NVwZ 1992, 53).

Kirchliche und weltanschauliche Werbe- und Informationsbetätigungen

Auch kirchliche und weltanschauliche Werbe- und Informationsbetätigungen sind wegen der Glaubens-, Bekenntnis- und Religionsausübungsfreiheit nach Art. 4 I und II GG noch vom Gemeingebrauch erfasst, soweit lediglich unentgeltlich Informationsmaterial verteilt wird und nicht Gegenstände wie Werbestände in den Straßenraum eingebracht werden (BVerwG, NJW 1997, 406; VGH BW, NVwZ-RR 2002, 740 verneinend zur Straßenmissionierung mit Abgabe entgeltlicher Literatur).

Allerdings darf die Glaubenslehre nicht als bloßer Vorwand für die Verfolgung wirtschaftlicher Interessen dienen (OVG Hamburg, DVBl. 2012, 504; VGH BW, VBlBW 2002, 297 zu Werbemaßnahmen der Scientology-Bewegung). Eine sog. Gehsteigberatung vor einer Schwangerschaftskonfliktberatungsstelle durch einen privaten Verein kann unter Berücksichtigung der Meinungs- und der Glaubensfreiheit dieses Vereins zum Schutz des allgemeinen Persönlichkeitsrechts der schwangeren Frauen gerechtfertigt und noch Gemeingebrauch sein (VGH BW ESVGH 63, 189).

Künstlerische Betätigungen

Trotz der vorbehaltslosen Gewährleistung des Art. 5 III S. 1 GG ist die Nutzung der Straße für **künstlerische Betätigungen** nach ständiger Rechtsprechung des Bundesverwaltungsgerichts nicht mehr Gemeingebrauch, sondern bedarf einer Sondernutzungserlaubnis (BVerwGE 84, 71). Nur auf diesem Wege sei ein möglichst schonender Ausgleich widerstreitender Grundrechte von Künstlern, Anliegern (Art. 14 I S. 1 GG), anderen Verkehrsteilnehmern (Art. 2 I GG) und anderen Straßenkünstlern (Art. 5 III S. 1 GG, Art. 3 I GG) zu erreichen. Beeinträchtigt die Straßenkunst im Einzelfall nicht die Rechte anderer, besteht allerdings ein Anspruch auf Erlaubniserteilung (Fall der Ermessensreduzierung auf Null, vgl. Rn. 201 ff.).

Beispiele: Wird **politisches, religiöses oder weltanschauliches Informationsmaterial** auf der Straße verteilt, so dient dies der Kontaktaufnahme und – soweit dabei das Gespräch gesucht wird – der Kommunikation. Unter besonderer Berücksichtigung der Meinungs-, Informations-, aber auch der Glaubensfreiheit liegt hier Gemeingebrauch vor. Geht es dagegen um das Verteilen von **kommerziellen Werbezetteln**, so tritt die Kommunikation gegenüber dem verfolgten Werbezweck in den Hintergrund. Die Straße wird dann nicht primär zum Verkehr, sondern zu anderen Zwecken genutzt. Es liegt somit Sondernutzung vor. Werden Gegenstände, wie etwa Tische oder Plakatständer, auf der Straße aufgestellt, so erfolgt dadurch objektiv weder Fortbewegung noch unmittelbare Kommunikation. Es handelt sich – unabhängig von dem subjektiv verfolgten Zweck (Werbung oder Information) – i. d. R. um Sondernutzung (OVG Lüneburg, NdsVBl. 2001, 43; BGH, NJW 1979, 1610 ff.). Das Aufstellen von Kunstgegenständen, Bemalen des Straßenpflasters oder Aufstellen von Instrumenten sind jeweils erlaubnispflichtige Sondernutzungen. Tarotkartenlegen auf öffentlicher Straße wird allerdings nicht als Kunst i. S. d. Art. 5 III GG eingestuft (VGH BW VBlBW 2020, 120).

c) Rechtsnatur des Gemeingebrauchs. Die rechtliche Qualifizierung des Gemeingebrauchs war lange Zeit umstritten. Da nach den geltenden Straßengesetzen des Bundes und der Länder jedermann öffentliche Straßen im Rahmen der Widmung und der Verkehrsvorschriften benutzen darf, geht heute die h. M. davon aus, dass der Einzelne ein **subjektives öffentliches Recht** (s. Rn. 84 ff.) auf Teilnahme am bestehenden Gemeingebrauch hat (Papier/Durner, in: Ehlers/Pünder, § 40 Rn. 60–63 m. w. N.). Dieses subjektive öffentliche Recht beinhaltet aber kein Recht auf Begründung oder Aufrechterhaltung des Gemeingebrauchs an bestimmten Straßen (§ 13 II StrG BW).

Beispiele: Wird einer politischen Gruppierung die Information und Werbung im Straßenraum, die sich noch im Rahmen des Gemeingebrauchs hält, untersagt, so besteht ein subjektives öffentliches Recht auf Aufhebung dieser Verfügung (Klagebefugnis nach § 42 II VwGO s. Rn. 1032). Keine Klagebefugnis (da kein subjektives öffentliches Recht) besitzt aber der Bürger K in der Gemeinde A gegen die Einziehung der alten Gemeindeverbindungsstraße zur Gemeinde B, selbst wenn sich durch die neugebaute Gemeindeverbindungsstraße sein Weg zum Arbeitsplatz nunmehr verlängert.

d) Entgeltlichkeit des Gemeingebrauchs. Fraglich ist, ob für den straßenrechtlichen Gemeingebrauch ein **Entgelt in Form von Benutzungsgebühren** erhoben werden darf. Grundsätzlich gehört die Unentgeltlichkeit der Nutzung nicht zum „Wesen" des Gemeingebrauchs (Papier/Durner, in: Ehlers/Pünder, § 40 Rn. 47, 48). Allerdings bedarf es für die Erhebung von Benutzungsgebühren einer formellen gesetzlichen Regelung, wie dies z. B. § 7 I S. 4 FStrG vorsieht. Nach Art. 74 I Nr. 22 GG besitzt der Bund die konkurrierende Gesetzgebungskompetenz für die Erhebung und Verteilung von Gebühren für die Benutzung öffentlicher Straßen.

Auf dieser Basis und EU Recht beruht das Bundesfernstraßenmautgesetz für schwere Nutzfahrzeuge (BGBl. I 2011, 1378; Wegekostenrichtlinie des Europäischen Parlaments und des Rates vom 17.6.2006 – Richtlinie 2006/38/EG).

1075 e) **Der Anliegergebrauch.** Gegenstand der bisherigen Ausführungen war der sog. „schlichte" Gemeingebrauch, der nach den Straßengesetzen jedermann zusteht. Die besondere Situation des Straßenanliegers (Eigentümer oder Besitzer von Grundstücken, Inhaber von eingerichteten und ausgeübten Gewerbebetrieben) zwingt in vielen Fällen zu einer **gesteigerten Nutzung** der öffentlichen Straße.

Beispiele: Der Straßenanlieger muss über den zur Straße gehörenden Gehweg fahren, um zu seiner Garage zu gelangen. Bei der Belieferung mit Heizöl wird ein Schlauch über den Gehweg gelegt. Die Müllgefäße werden am Rande des Gehwegs abgestellt. Blumenkästen oder Firmenschilder ragen in den Luftraum der Straße.

Der gesteigerte Gemeingebrauch, allgemein als Anliegergebrauch bezeichnet, ist ein **subjektives öffentliches Recht** des Anliegers, das sich nach neuerer Rechtsprechung des Bundesverwaltungsgerichts nicht aus Art. 14 I S. 1 GG ableitet, sondern lediglich aus dem einschlägigen Straßenrecht (BVerwG, Beschl. v. 30.6.2014 – 9 B 6/14, juris). Dieses Recht reicht soweit, wie der Anlieger für die angemessene Nutzung des Grundeigentums auf die Benutzung der Straße angewiesen ist. Maßstab hierfür ist die Ortsüblichkeit und die Erforderlichkeit. Dabei wird in den insbesondere bei Gewerbebetrieben grundgesetzlich geschützten Bestand gerade auch der „Kontakt nach außen" einbezogen (BayVGH NVwZ-RR 2016, 206).

Beispiele: Das Anbringen von Hinweis-, Werbeschildern und Lichtreklame durch den Anlieger für den eigenen Gewerbebetrieb wird durch den gesteigerten Gemeingebrauch gedeckt. Bei gemischten Werbeanlagen, die gleichzeitig für das vertriebene Produkt, etwa eine Biermarke, werben, ist dies aber nicht mehr der Fall. Hierfür (BVerwG, DÖV 1978, 373) – wie i. d. R. auch für Warenautomaten, die in den Straßenraum hineinragen (BayVGH BayVBl. 2010, 760) – bedarf es einer Sondernutzungserlaubnis. VGH BW, VBlBW 2002, 343: Kein erlaubnisfreier Anliegergebrauch ist es mehr, wenn der Gehweg samt Parkbucht im Bereich des Anliegergrundstücks im Umfang von 100 qm für 8 Monate abgesperrt wird; Das Aufstellen eines Baugerüsts auf öffentlicher Fläche ist kein Anliegergebrauch mehr (BayVGH, UPR 2008, 357); Der Anlieger hat auch keinen Anspruch auf eine Parkmöglichkeit (BVerwG, UPR 1988, 397).

1076 Für den Fall der **Einziehung oder Änderung** einer Straße hat der Gesetzgeber in § 15 II StrG BW und § 8a IV FStrG den Schutz des Anliegers auf eine (bloße) Wertgarantie reduziert, indem nach nicht zumutbarem angemessenen Ersatz für den Entzug des Anliegerrechts lediglich ein **Entschädigungsanspruch**, nicht aber ein Anspruch auf Erhalt der Straße zuerkannt wird (VGH BW VBlBW 2016, 382; zur Entschädigung eines Tankstellenbetreibers bei Verlegung einer Bundesstraße, BVerwG v. 21.10.2003 – 4 B 93/03, juris; zur Zumutbarkeit eines Umwegs BVerwG, NVwZ 2006, 603). Auch bei vorübergehenden Unterbrechungen bzw. Beeinträchtigungen des Zugangs zur öffentlichen Straße durch Straßenarbeiten, gibt § 8a V FStrG erst bei konkreter Existenzgefährdung des Gewerbebetriebs einen Entschädigungsanspruch (OVG Sachs.-Anh., NVwZ-RR 2014, 958).

1077 Aus der besonderen Rechtsposition des Straßenanliegers ergeben sich jedoch in anderer Form **Abwehrrechte** gegen die Beeinträchtigung seiner Nutzungsbefugnis. Ähnlich wie bei der baurechtlichen Nachbarklage kann sich hier der Anlieger im Wege einer Anfechtungsklage gegen Maßnahmen der Straßenbaubehörde wenden, die seinen Anliegergebrauch beeinträchtigen und Dritte begünstigen (sog. **wegerechtliche Nachbarklage**).

Beispiele: Durch die Sondernutzungserlaubnis, die den Geschäftsnachbarn berechtigt, Verkaufsstände oder einen Bauzaun für Umbauarbeiten auf dem Gehweg aufzustellen, wird der Zugang zum eigenen Geschäft erschwert, so dass ein Umsatzrückgang eintritt. Ein Ladenbesitzer hat aber keinen Abwehranspruch gegen die Aufstellung eines Weihnachtmarktstandes vor seinem Schaufenster (OVG Rh.-Pf., DÖV 2006, 226).

1078 f) **Sondernutzungen.** Die bisherigen Ausführungen lassen bereits die Grundlinien für eine Abgrenzung des Gemeingebrauchs zu anderen Formen der Nutzung öffentlicher Straßen erkennen. Dabei geht das Straßenrecht (§§ 16, 21 StrG; § 8 I, X FStrG) zunächst davon aus, dass jede Benutzung öffentlicher Straßen über den Gemeingebrauch hinaus der Erlaubnispflicht unterliegt. Wegen des Rechtsstatus des **modifizierten Privateigentums** (s. Rn. 1060) wird dann aber zwischen den Fällen, in denen die Benutzung den Gemeingebrauch beeinträchtigt (§ 16 I StrG, § 8 I FStrG; „**erlaubnispflichtige öffentlich-rechtliche Sondernutzung**") und solchen Benutzungen, bei denen dies nicht der Fall ist und lediglich in die privatrechtliche Rechtsposition eingegriffen wird (§ 21 I StrG, § 8 X FStrG; „**sonstige Benutzungen mit privatrechtlicher Gestattung**"), unterschieden. Abgrenzungskriterium zwischen den beiden Arten der Sondernutzung ist die Auswirkung der Benutzung auf den Gemeingebrauch. Wird durch die Sondernutzung der Gemeingebrauch beeinträchtigt, so regelt sich die Erlaubnis nach öffentlichem Recht; in den übrigen Fällen findet ausschließlich Privatrecht Anwendung. Die Frage der Beeinträchtigung des Gemeingebrauchs ist dabei nach der abstrakten Art der Benutzung und nicht am konkreten Einzelfall zu entscheiden.

Beispiel: Das Aufstellen eines Verkaufswagens im öffentlichen Verkehrsraum ist eine öffentlich-rechtliche Sondernutzung. Dabei kommt es nicht darauf an, ob der Wagen im Einzelfall den Gemeingebrauch anderer Personen konkret beeinträchtigt. Entscheidend ist, dass diese Art der Benutzung öffentlicher Straßen grundsätzlich geeignet ist, den Gemeingebrauch zu beeinträchtigen. Das Abstellen von Mietfahrrädern auf Straßen ist z. B. Sondernutzung (OVG NRW, NJW 2020, 3797).

Allgemein lässt sich feststellen, dass sog. „Oberflächennutzungen" (Papier, S. 120) der Straße i. d. R. einer öffentlich-rechtlichen Sondernutzungserlaubnis bedürfen, während die Nutzung „in der Tiefe des Straßenkörpers" und oberhalb des normalen Verkehrsraums einer privatrechtlichen Gestattung durch den Eigentümer der Straße unterliegen.

Beispiele: Jedes Aufstellen von Gegenständen im Straßenraum ist – soweit nicht ausnahmsweise vom gesteigerten Gemeingebrauch (Anliegergebrauch) gedeckt – öffentlich-rechtliche Sondernutzung wie z. B. Altkleidercontainer

(OVG Saarl., Urt. v. 3.2.2021 – 1 A 198/20, juris; BayVGH, GewA 2006, 350). Einer der wenigen Ausnahmefälle für privatrechtliche „Oberflächennutzung" ist das Abernten von Straßenbäumen oder die Grasnutzung am Straßenrand. Auch die Verlegung von Versorgungsleitungen im Straßenkörper bedarf lediglich einer privatrechtlichen Gestattung (s. dazu näher Papier/Durner, in: Ehlers/Pünder, § 41 Rn. 19–22). Dasselbe gilt für die Verlegung sog. „Stolpersteine" in der Straße, die als Gedenksteine für die Opfer des Nationalsozialismus gedacht sind (VG München, Urt. v. 31.5.2016 – M 2 K 15.5323, juris).

1079 Die **Erteilung der öffentlich-rechtlichen Sondernutzungserlaubnis** (§ 16 I StrG BW, § 8 I FStrG) kann durch VA oder aber durch öV (s. Kap. 12) erfolgen. Sie ist beim VA eine **Ermessensentscheidung,** wobei nicht nur Belange der Sicherheit und Leichtigkeit des Verkehrs und des Schutzes eines störungsfreien Gemeingebrauchs, sondern auch sonstige sachliche Gesichtspunkte wie städtebauliche und baugestalterische Belange – (BVerwGE 47, 280 Schutz des historischen Stadtbildes; s. auch VGH BW, VBlBW 2000, 281) Berücksichtigung finden können. **Straßenrechtsfremde Erwägungen** sind hingegen unzulässig, so wenn etwa das Plakatieren auswärtiger Veranstaltungen ausgeschlossen werden soll (VGH BW, NVwZ – RR 2006, 835). Abfallvermeidungsgesichtspunkte als Ermessenserwägung scheiden wegen des insoweit abschließenden Bundesrechts aus (VGH BW, NZV 1997, 308). Beim sog. Verteilungsermessen, bei dem mehrere Anträge auf Erteilung einer Sondernutzungserlaubnis für denselben Straßenraum vorliegen (z. B. für Marktstände), sind Kriterien wie „bekannt und bewährt" oder die Gemeinnützigkeit des Antragstellers keine zulässigen Ermessenserwägungen (VGH BW NVwZ-RR 2014, 539). Straßenrechtliche Sondernutzungserlaubnisse sind grundsätzlich **auf Zeit oder auf Widerruf** zu erteilen (s. § 16 I S. 2 StrG; § 8 II S. 1 FstrG).

1080 Als öffentliche Leistung, die auf Antrag erbracht wird, ist für die Entscheidung über die öffentlich-rechtliche Sondernutzungserlaubnis eine **Verwaltungsgebühr** zu entrichten (§ 1 ff. LGebG, § 11 KAG; vgl. dazu Rn. 846 ff.). Für die Sondernutzung selbst kann eine **Sondernutzungsgebühr** erhoben werden (§ 19 StrG BW, § 8 III FStrG).

Da es sich um eine Benutzungsgebühr handelt, ist diese nach dem Äquivalenzprinzip und nicht nach dem Kostendeckungsprinzip zu bemessen (NdsOVG, Beschl. v. 28.12.2020 – 7 LA 52/20, juris; BVerwG, Beschl. v. 30.6.2015 – 9 B 85/14, juris). Auf Grund der unterschiedlichen Leistungen ergeben sich gegen die kumulative Erhebung von Verwaltungs- und Sondernutzungsgebühren keine Bedenken (BVerwGE 56, 63). Soweit eine sonstige Benutzung der Straße aufgrund einer privatrechtlichen Gestattung vorliegt (Abschluss eines Gestattungsvertrages) besteht die Gegenleistung in einem privatrechtlichen Entgelt. Zur Höhe der Sondernutzungsgebühr s. VGH BW, VBlBW 2008, 298 (Veranstaltung der Church of Scientology).

1081 Das **Verhältnis der Sondernutzungserlaubnis zu sonstigen Erlaubnissen** gestaltet sich unterschiedlich. Eine Sondernutzungserlaubnis ersetzt keine Baugenehmigung oder etwa eine Genehmigung nach den gewerberechtlichen Vorschriften. Andererseits ist eine (zusätzliche) Sondernutzungserlaubnis nicht erforderlich, wenn das Gesetz z. B. eine straßenverkehrsrechtliche Genehmigung oder eine Baugenehmigung verlangt (§ 16 VI StrG BW). Findet das VersammlG Anwendung, so werden damit sämtliche sonstige Zulässigkeitsfragen geregelt (sog. Konzentrationswirkung). Straßenrechtliche Sondernutzungen, die regelmäßig mit der Versammlung einhergehen, bedürfen daher keiner Sondernutzungserlaubnis (Sächs. OVG, DÖV 2002, 529).

II. Öffentliche Sachen im Sondergebrauch

1082 Gewässer sind öffentliche Sachen, die nur in begrenztem Umfang vorhanden und von überragender Bedeutung für das Gemeinwohl sind. Daher bedürfen sie eines besonderen Schutzes und gesteigerter Überwachung. Sie unterliegen dem **Gemeingebrauch** deshalb nur dann, soweit sie zu **Verkehrszwecken** genutzt werden (s. Rn. 1071).
Werden sie hingegen zu **wasserwirtschaftlichen** Zwecken genutzt, stellen sie öffentliche Sachen im Sondergebrauch dar, d. h. sie unterliegen nicht dem erlaubnisfreien Gemeingebrauch. Gegenstand des wasserwirtschaftlichen Sondergebrauchs sind die oberirdischen Gewässer, die Küstengewässer und das Grundwasser (§§ 2, 3 WHG). Die Benutzung kann u. a. durch Entnahme oder Ableiten von Wasser, Einleiten von Stoffen in die Gewässer sowie durch Aufstauen oder Absenken von Gewässern erfolgen (§ 9 WHG).
Der wasserwirtschaftliche Gebrauch ist **regelmäßig erlaubnispflichtig** (§ 8 I WHG). Der **erlaubnisfreie Gemeingebrauch** (ebenso der Anliegergebrauch) beschränkt sich in diesem Zusammenhang auf unerhebliche Nutzungen wie z. B. Baden, Waschen, Tränken von Tieren etc. und ist daher ansonsten – anders als im Straßenrecht – als die Ausnahmenutzung anzusehen (§§ 25 WHG, 20 WG BW).

1083 Beim Zugang zum Sondergebrauch unterscheidet man die Erlaubnis und die Bewilligung (§ 10 WHG), wobei die Bewilligung die stärkere Rechtsposition einräumt. Im Gegensatz zur **Erlaubnis** kann die **Bewilligung** nur in einem Verfahren erteilt werden, in dem die Betroffenen und die beteiligten Behörden Einwendungen geltend machen können (§ 11 II WHG). Die Bewilligung ist für eine angemessene Frist zu gewähren, die im Einzelfall sogar 30 Jahre überschreiten kann (§ 14 II WHG). Zudem gibt es nur eine eingeschränkte Widerruflichkeit (§ 18 II WHG). Auch die **gehobene Erlaubnis** setzt eine Öffentlichkeits- und Behördenbeteiligung voraus (§ 15 II WHG). Die gehobene Erlaubnis sichert die Rechtsstellung des Rechtsinhabers gegen Dritte (§ 16 WHG) stärker und zwar bewilligungsähnlich ab, die Widerrufsmöglichkeit ist indes nicht eingeschränkt wie bei der Bewilligung. Auch die (einfache) wasserrechtliche Erlaubnis gibt im Gegensatz zur wasserrechtlichen Bewilligung keine gesicherte Rechtsstellung, da sie jederzeit widerruflich ist (§ 18 I WHG). In der Praxis ist die Bewilligung das seltenere Rechtsinstitut.

Beispiele: Für den Betrieb einer Hauskläranlage wird eine widerrufliche Erlaubnis erteilt, da hier die Verhältnisse einem raschen Wandel unterliegen und sich die Investitionen in geringem Umfang halten.

Wasserkraftwerke erfordern aufwendige Anlagen und große Investitionen. Hier ist der Betreiber auf eine gesicherte Rechtsstellung in Form der Bewilligung angewiesen.

III. Öffentliche Sachen im Anstaltsgebrauch

1. Begriff

1084 Öffentliche Sachen, deren Benutzung grundsätzlich einer **besonderen Zulassung** bedarf, sind Sachen im Anstaltsgebrauch. Der **Begriff der Anstalt** ist dabei **im untechnischen Sinne** zu verstehen; er setzt weder die Rechtsfähigkeit noch die eigenständige Organisation voraus. Es reicht aus, dass eine Sache oder ein Sachbegriff in der Hand eines Trägers öffentlicher Verwaltung für die Benutzung durch Zivilpersonen aufgrund einer **öffentlich-rechtlichen Zulassung** gewidmet ist. Maßgeblich ist auch der Umfang der Widmung, wobei die öffentliche Dienstbarkeit (Rn. 1060) auf der Sachgesamtheit (z. B. Bibliothek), aber auch auf Einzelgegenständen (Büchern) lastet. Bei den Einzelgegenständen ist dies jeweils durch Auslegung zu ermitteln, wobei es darauf ankommt, inwieweit die Sachen unmittelbar zu der Einrichtung gehören und deren Funktionsfähigkeit bedingen.

Beispiele: Zu den Sachgesamtheiten gehören daher z. B. Schulen, Bibliotheken, Krankenhäuser, Sport- und Spielplätze, Badeanstalten, Theater, Friedhöfe. Gleichzeitig werden auch alle darin enthaltenen Einzelgegenstände, die die Funktionsfähigkeit bedingen, davon erfasst, also etwa die Tische und Bänke in der Schule, Bücher in der Bibliothek, Spielgeräte auf dem Spielplatz. Zweifel über die Einordnung als Sache im Anstaltsgebrauch könnten etwa bei einem Kopiergerät in einer Bibliothek entstehen. Ist es nur für die Bibliotheksverwaltung bestimmt, so wird es von der Widmung zum Anstaltsgebrauch und damit von der Benutzung durch die Bibliotheksbesucher ausgeschlossen.

2. Verhältnis: Öffentliches Sachenrecht – Anstaltsrecht

1085 Öffentliches Sachenrecht, und Anstaltsrecht sind nicht in jeder Beziehung klar voneinander zu trennen, vor allem soweit es um öffentliche Sachen im Anstaltsgebrauch geht. Während das öffentliche Sachenrecht im Wesentlichen an der Einrichtung in ihrer Eigenschaft als Sachgesamtheit und der darin befindlichen Einzelsachen anknüpft, stellt das Anstaltsrecht auf die organisatorischen Aspekte und die sich daraus ergebenden Konsequenzen ab. Dennoch sind die beiden Gebiete insoweit miteinander verknüpft, als die **Wahl der Organisationsform** bei der öffentlichen Anstalt oder Einrichtung Auswirkungen auf die Eigenschaft der Einrichtung als öffentliche Sache hat.

1086 Bei den **öffentlichen Anstalten** im organisatorischen Sinne (s. Rn. 23 f.) handelt es sich um verselbstständigte Verwaltungseinheiten, die nach öffentlichem Recht organisiert sind. Bei öffentlichen Anstalten besteht immer ein öffentlicher Sachbestand. Fragen des öffentlichen Sachenrechts stellen sich bei diesen öffentlichen Anstalten aber nur, wenn diese vom Bürger benutzbar sind, sie also insoweit den öffentlichen Einrichtungen gleichgestellt werden können.

Beispiel: Forschungsanstalten, die vom Bürger nicht benutzt werden können, sind keine öffentlichen Sachen im Anstaltsgebrauch.

Im Gegensatz zu den öffentlichen Anstalten, die nur öffentlich-rechtlich organisiert sein können, ist bei den **öffentlichen Einrichtungen** eine öffentlich-rechtliche (rechtsfähige Anstalt, Regie – oder Eigenbetrieb) oder eine privatrechtliche Organisationsform (juristische Person des Privatrechts) denkbar. Von der **Organisationsform** hängt aber die Frage ab, ob der Sachbestand dem Recht der öffentlichen Sachen unterliegt oder nicht.

Wird die öffentliche Einrichtung z. B. als GmbH oder AG errichtet, so verfügt sie über keinen öffentlich-rechtlichen Sachbestand. Wird die öffentliche Einrichtung dagegen öffentlich-rechtlich organisiert, so unterliegt der Sachbestand stets dem Recht der öffentlichen Sachen.

Keinen Einfluss auf die Frage nach dem öffentlichen Sachbestand hat indes die **Ausgestaltung des Benutzungsverhältnisses,** das bei einer öffentlich-rechtlich organisierten Einrichtung entweder ebenfalls öffentlich-rechtlich oder aber privatrechtlich, bei einer privatrechtlichen Organisationsform hingegen grundsätzlich nur privatrechtlich ausgestaltet werden kann.

Beispiele: Die als GmbH und damit privatrechtlich organisierte Stadthalle stellt zwar eine öffentliche Einrichtung dar, hat aber keinen öffentlichen Sachbestand; das bedeutet, dass Gebäude und Ausstattung lediglich der Privatrechtsordnung unterliegen.

Wird die öffentliche Einrichtung Stadthalle hingegen öffentlich-rechtlich organisiert, unterliegen Gebäude und Ausstattung sowohl der Privatrechtsordnung als auch dem öffentlichen Sachenrecht (sog. modifiziertes Privateigentum – Rn. 1060), auch wenn die Nutzung der Stadthalle privatrechtlich ausgestaltet ist.

Überblick: Verhältnis Anstaltsrecht und öffentliches Sachenrecht

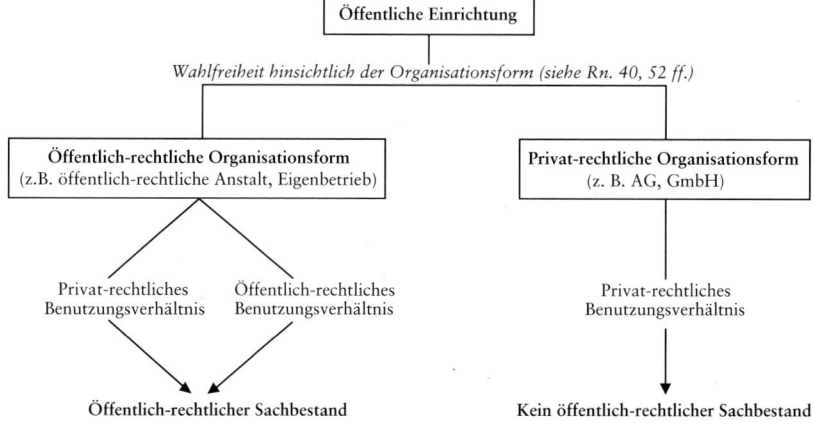

3. Benutzungsrecht

1088 Wie bei den öffentlichen Sachen im Gemeingebrauch und im Sondergebrauch ist auch hier zwischen der sog. ordentlichen Benutzung und der Sonderbenutzung zu unterscheiden.

1089 **a) Ordentliche Benutzung.** Die ordentliche Benutzung erfolgt im Rahmen der für alle geltenden widmungsfähigen Gemeinbenutzung. Sie kann eine freiwillige Nutzung (Theater) sein oder auf einer öffentlich-rechtlichen Benutzungspflicht (Anschluss- und Benutzungszwang für Wasserversorgung) beruhen.

Die ordentliche freiwillige Nutzung wird durch sog. **Zulassung** erreicht. Die Zulassung zu einer gewidmeten öffentlichen Einrichtung ist **stets öffentlicher Natur**, auch wenn die Einrichtung privatrechtlich organisiert ist (z. B. als juristische Person des Privatrechts; zur Wahlfreiheit des öffentlichen Trägers hinsichtlich der Organisationsform s. Rn. 16). Sie erfolgt i. d. R. durch VA oder öffentlich-rechtlichen Vertrag. Ist die Nutzung der öffentlichen Einrichtung privatrechtlich ausgestaltet, ändert sich nichts daran, dass die Zulassung öffentlich-rechtlicher Natur ist.

> **Beispiele:** Die grundsätzliche Nutzung der als GmbH organisierten öffentlichen Einrichtung Stadthalle durch einen Veranstalter erfolgt durch Zulassung, die öffentlich-rechtlicher Natur ist.

Problematisch ist bei einer privatrechtlich organisierten öffentlichen Einrichtung jedoch, gegen wen sich der **Zulassungsanspruch** richtet. Nach h. M. ist dies das Gemeinwesen, das die öffentliche Einrichtung ins Leben gerufen hat, z. B. die Gemeinde. Inhalt des Anspruchs ist hier aber nicht die unmittelbare Zulassung, sondern ein **Anspruch auf Einwirkung auf den privat-rechtlichen Träger der öffentlichen Einrichtung**. Aus dieser Verpflichtung ergibt sich, dass die Gemeinde bei Wahl einer privat-rechtlichen Organisation der öffentlichen Einrichtung gehalten ist, sich mittels gesellschaftsrechtlicher Regelungen einen Einfluss zur Erfüllung der Zulassungsverpflichtung zu erhalten. Nach **neuerer Rechtsprechung des Bundesverfassungsgerichts** (BVerfG NJW 2011, 1201) sind auch privat-rechtliche Unternehmen, die jedoch vom Staat beherrscht werden (sog. gemischt-wirtschaftliche Unternehmen), bei der Wahrnehmung öffentlicher Interessen an die Grundrechte gebunden. Insoweit kann sich ein Anspruch auf Gleichbehandlung bei der Zulassung zu einer öffentlichen Einrichtung auch direkt gegen den privat-rechtlichen Träger richten.

Hinsichtlich der konkreten Nutzung der öffentlichen Einrichtung wie beispielsweise hinsichtlich der Art und Dauer der Nutzung ist das **Benutzungsverhältnis** bei privat-rechtlich organisierten Einrichtungen stets ebenfalls privat-rechtlicher Natur wie beispielsweise mittels eines Mietvertrags. Ist die Einrichtung hingegen öffentlich-rechtlich organisiert, steht es dem Widmungsgeber frei, die Benutzung entweder privat-rechtlich oder aber öffentlich-rechtlich zu regeln. Entscheidet er sich für ein privat-rechtliches Benutzungsverhältnis, ist das Rechtsverhältnis zweistufig: Die grundsätzliche Zulassung zur Einrichtung ist im öffentlichen Recht angesiedelt, die Benutzung privatrechtlicher Natur (**Zwei-Stufen-Theorie,** Rn. 56). Dies bedeutet, dass die grundsätzliche Zulassung öffentlich-rechtlich ist, das konkrete Benutzungsverhältnis jedoch privat-rechtlicher Natur ist.

Soweit gesetzlich nichts anderes geregelt ist (§ 10 II GemO: Anspruch auf Zulassung), haben diejenigen, die die Sache benutzen wollen und zum festgelegten Benutzerkreis gehören, nur einen **Anspruch auf fehlerfreie Ermessensentscheidung** über die Zulassung zur Benutzung.

b) Sonderbenutzung. Eine Sonderbenutzung liegt vor, wenn die Nutzung der Sache außerhalb der widmungsgemäßen Zweckbestimmung erfolgt oder diese erheblich übersteigt, aber auch dann, wenn die Benutzer nicht zum vorgesehenen Personenkreis gehören. **1090**

> **Beispiele:** Veranstaltung eines Open-Air-Festivals auf einem Sportplatz; Handel mit Schiffsausrüstungsgegenständen auf dem Gelände einer Schleusenanlage (BVerwGE 39, 235): Wahlkundgebung auf einem Schulhof; Sonderbadezeiten in öffentlichen Badeanstalten für Vereine (BayVGH, NVwZ-RR 1998, 193); Gasthörer an der Universität; Parken von Lehrern auf dem Schulhof liegt außerhalb des öffentlich-rechtlichen Anstaltszwecks der Schule; Die dauerhafte Nutzung eines Spielplatzes durch eine Kindertageseinrichtung stellt eine Sonderbenutzung dar (OVG Hamburg, Beschl. v. 5.11.2020 – 2 Bs 156/20, juris).

Ist eine Sonderbenutzung außerhalb des Anstaltszwecks beabsichtigt, so besteht kein Zulassungsanspruch, sondern es kann nach freiem Ermessen entschieden werden, d. h. es besteht auch kein Anspruch auf ermessensfehlerfreie Entscheidung (so die h. M. BVerwGE 39, 235; Peine/Siegel, Rn. 1096; a. A. BVerwGE 91, 135 (139 f.); VGH BW DÖV 2002, 1000 f.). Wird dagegen nur eine intensivere, dem Nutzungszweck aber noch entsprechende Benutzung beantragt, so wird dem Antragsteller ein Anspruch auf fehlerfreie Ermessensentscheidung zuerkannt.

C. Öffentliche Sachen im Verwaltungsgebrauch

Während die Zweckbestimmung der öffentlichen Sachen im Gemeingebrauch, im Sondergebrauch und im Anstaltsgebrauch stets auf eine Benutzung durch den Bürger gerichtet ist, liegt die Zweckbestimmung der öffentlichen Sachen im Verwaltungsgebrauch in der **internen Verwaltungsnutzung.** Sie dienen der öffentlichen Hand unmittelbar zur Erfüllung ihrer Aufgaben. **1091**

> **Beispiele:** Öffentliche Sachen im Verwaltungsgebrauch sind vor allem die Dienstgebäude mit Inventar, die Dienstfahrzeuge, die technischen Ausrüstungsgegenstände der Polizei, Geräte der Feuerwehr, Büroeinrichtungen.

Allerdings sind Sachen im Verwaltungsgebrauch häufig auch dem Bürger zugänglich. Dies gilt vor allem für Dienstgebäude. Daraus darf aber nicht geschlossen werden, dass es an diesen Sachen eine eigenständige Nutzungsbefugnis durch den Bürger gibt. Die Zugangsberechtigung für den Bürger ist nur ein Annex zu dessen Recht, zum Zwecke der Wahrnehmung von Verwaltungsangelegenheiten in Kontakt mit den zuständigen Behörden zu treten (Rn. 50). **1092**

> **Beispiele:** Beantragung von Sozialhilfe, Einsichtnahme in ausliegende Bebauungsplanentwürfe, Beantragung eines neuen Personalausweises.

Problematisch kann in diesem Zusammenhang die Frage nach einem öffentlich-rechtlichen oder privatrechtlichen **Hausrecht** des Verwaltungsträgers bei Störungen oder bestimmungswidriger Benutzung des Dienstgebäudes sein (vgl. hierzu Rn. 50).

1093 Die besondere **Bedeutung des öffentlichen Sachenrechts** tritt **bei Sachen im Verwaltungsgebrauch** in den Hintergrund. Lediglich in den Fällen, in denen sich der Kauf-, Miet- oder Pachtvertrag der öffentlichen Hand über solche Gegenstände als strittig erweist, kann die öffentlich-rechtliche Dienstbarkeit, mit der der Gegenstand nach der Widmung (etwa durch Indienststellung oder Inventarisierung) belastet ist, als bestimmender Faktor herangezogen werden. Der zivilrechtliche Herausgabeanspruch ist hier z. B. solange ausgeschlossen, wie die Aufgabenerledigung, der die Sache dient, nicht anderweitig sichergestellt ist.

D. Vertiefungshinweise und Wiederholungsfragen

I. Vertiefungshinweise

1094 Erbguth/Guckelberger, Recht der öffentlichen Sachen, in: Allgemeines Verwaltungsrecht, §§ 30–35, 9. Aufl. 2018; Nisipeanu, Wasserrechtlicher Gemeingebrauch für gewerblich organisierte Floßfahrten? NuR 2020, 6 ff., 90 ff.; Vahle, Zur Frage der Sondernutzung beim Abstellen eines PKW mit Werbeaufschrift, DVP 2021, 33; Schoch, Zugang zu kommunalen öffentlichen Einrichtungen, NVwZ 2016, 257; Waldhoff, Besonderes Verwaltungsrecht: Abgrenzung zwischen Straßen- und Straßenverkehrsrecht, JuS 2014, 94; Stelkens, Das Recht der öffentlichen Sachen, Verw 2013, 493; Lenski, Der öffentliche Raum als kommunale Einrichtung; JuS 2012, 984; Pache/Knauff, Gemeingebrauch und Sondernutzung im Straßenrecht, JA 2004, 47; Papier/Durner, in: Ehlers/Plünder, §§ 38–42, 15. Auflage 2016; Papier, Recht der öffentlichen Sachen, 3. Auflage 2011 (Nachdruck von 1998).

II. Wiederholungsfragen

1095
1. Was versteht man unter öffentlichen Sachen? – Rn. 1059, 1060
2. Worin unterscheidet sich der öffentlich-rechtliche von dem zivilrechtlichen Sachbegriff? – Rn. 1059
3. Welche Arten von öffentlichen Sachen werden allgemein unterschieden? – Rn. 1068, 1069
4. Wie entstehen öffentliche Sachen? – Rn. 1063, 1064
5. Was besagt die Theorie vom „modifizierten Privateigentum" an öffentlichen Sachen? – Rn. 1060
6. Wie wird im Straßenrecht der Gemeingebrauch von der Sondernutzung abgegrenzt? – Rn. 1071 f., 1078
7. Wie weit reicht der gesteigerte Gemeingebrauch in Form des Anliegergebrauchs? – Rn. 1075–1077

8. Worin liegt im Straßenrecht der Unterschied zwischen einer öffentlich-rechtlichen Sondernutzungserlaubnis und einer privatrechtlichen Gestattung? – Rn. 1078
9. Können Verwaltungsgebühren und Sondernutzungsgebühren kumulativ erhoben werden? – Rn. 1080
10. In welchem Verhältnis stehen bei der wasserwirtschaftlichen Nutzung von Gewässern Gemeingebrauch und Sondergebrauch? – Rn. 1082, 1083

Teil VI Haftung der Verwaltung

Kapitel 20 Staatshaftungsrecht

A. Einführung

1096 Das Staatshaftungsrecht erfasst als Rechtsgebiet alle die Problemkreise, die den Ausgleich von Nachteilen zum Inhalt haben, die eine Privatperson durch den Staat oder gelegentlich auch der Staat durch Privatpersonen erleidet. Der Begriff „Staatshaftungsrecht" ist zwar rechtsdogmatisch ungenau, hat sich aber mit dem Staatshaftungsgesetz von 1981 (BGBl. I S. 553), das mit Urteil des BVerfG vom 19.10.1982 (DÖV 1982, 982) für nichtig erklärt worden ist, durchgesetzt. Zum Staatshaftungsrecht zählen die Schadensersatzleistungen zum Ausgleich von Schäden aufgrund rechtswidrigen staatlichen Handelns (Rn. 1101 ff.), die Entschädigungsleistungen zum Ausgleich von Nachteilen bei Enteignung und Aufopferung (Rn. 1144 ff.) sowie die Erstattung einer rechtsgrundlosen, öffentlich-rechtlichen Vermögensverschiebung (Rn. 1152).

1097 Der Schadensersatz ist eine Form des Rechtsschutzes bei rechtswidrigem staatlichen Handeln, sie kommt erst zum Tragen, wenn das rechtswidrige Handeln in einen Schaden umgeschlagen ist. Vorher hat der Bürger meistens die Möglichkeit, durch Einlegen von Rechtsbehelfen (z. B. Widerspruch, Klagen) das drohende Unrecht (z. B. Abbruch aufgrund fehlerhafter Verfügung) abzuwenden. Zwischen beiden Rechtsschutzmöglichkeiten besteht ein Stufenverhältnis (s. § 839 III BGB). Sie werden als primärer (Rechtsbehelfe) und sekundärer (Schadensersatz) Rechtsschutz bezeichnet.

1098 Eine andere Art der Staatshaftung ist die Entschädigung bei Enteignung und Aufopferung. Hierbei handelt es sich zunächst um den Ausgleich von Nachteilen bei rechtmäßigen staatlichen Eingriffen in Rechtsgüter des Bürgers aus Art. 14 und 2 II GG. Die Rechtsprechung hat das Entschädigungsrecht im Laufe der Zeit immer weiter modifiziert (BGHZ 6, 270; 60, 145; BVerwGE 5, 143; 32, 173; BVerfGE 24, 367; 52, 1; 58, 300), so dass hier in weiten Bereichen auf Richterrecht (Rn. 76, 77) zurückgegriffen werden muss.

1099 Beim öffentlich-rechtlichen Erstattungsanspruch geht es nicht wie bei Schadensersatz und Entschädigung im engeren Sinn um Nachteilsausgleichung, sondern um Rückabwicklung zu viel erbrachter Leistungen.

1100 Dem Staatshaftungsrecht unterliegen alle drei Gewalten in unterschiedlicher Weise (s. § 839 II BGB), hier wird es nur in seiner Bedeutung für die Haftung der Verwaltung dargestellt.

B. Schadensersatz wegen Verwaltungsunrecht

1101 Je nachdem, ob die Verwaltung auf dem Gebiet des öffentlichen Rechts oder auf dem des Privatrechts handelt, ist ihre Haftung für unrechtes, rechtswidriges Verhalten einem öffentlich-rechtlichen (Rn. 1102 ff.) oder einem privatrechtlichen (Rn. 1137 ff.) Haftungssystem unterworfen.

I. Haftung bei öffentlich-rechtlichem rechtswidrigem Verwaltungshandeln

1. Unerlaubte Handlung

1102 Der wichtigste Bestandteil des öffentlich-rechtlichen Haftungssystems ist die Haftung wegen unerlaubter Handlung (Deliktshaftung). Mehr als 90 % aller Staatshaftungssachen stützen sich auf deliktische Normen (vgl. Bonk, DVBl. 1981, 801, 802 m. w. N.). Das Staatshaftungsgesetz von 1981 hatte versucht, für die Deliktshaftung eine einheitliche Haftungsgrundlage zu schaffen. Da es für nichtig erklärt worden ist und es zu keinem weiteren Reformanlauf gekommen ist (Rn. 1096), findet die bis dahin geltende sehr komplizierte Rechtslage weiterhin Anwendung.

1103 a) **Die Amtshaftung.** Verletzt jemand in Ausübung eines ihm anvertrauten öffentlichen Amtes rechtswidrig und schuldhaft eine ihm einem Dritten gegenüber obliegende Pflicht, so hat der Staat oder die Körperschaft, in deren Dienst er steht, dem Dritten den daraus entstehenden Schaden zu ersetzen. Diese Amtshaftung beruht auf § 839 I S. 1 BGB, der zunächst die persönliche Haftung des Beamten normiert, und auf Art. 34 GG, durch den die persönliche Beamtenhaftung auf den Staat übergeht. Beide Vorschriften ergeben eine mittelbare Staatshaftung, sie werden als Anspruchsgrundlage zusammen gelesen.

1104 aa) **Tatbestandsvoraussetzungen. Anvertrautes öffentliches Amt.** Anvertraut ist ein öffentliches Amt, wenn die Wahrnehmung hoheitlicher Befugnisse übertragen ist (haftungsrechtlicher Beamtenbegriff). Allen Angehörigen des öffentlichen Dienstes ist ein öffentliches Amt anvertraut.

Beispiele: Beamte im staatsrechtlichen Sinn, Arbeiter, Angestellte sowie Richter, Soldaten.

Aber auch Privatpersonen können dazu zählen, wenn sie als Beliehene (Rn. 26) oder als Verwaltungshelfer (Rn. 27) hoheitliche Befugnisse selbstständig oder im Auftrag wahrnehmen.

Beispiele: TÜV-Sachverständiger, Bezirksschornsteinfeger (Beliehene); Schülerlotse, Abschleppunternehmer (Verwaltungshelfer).

1105 **Ausübung eines öffentlichen Amtes.** Ein öffentliches Amt wird ausgeübt, wenn es sich um eine dienstliche Tätigkeit handelt und die dienstliche Tätigkeit nicht als Erfüllung privatrechtlicher Verwaltungsaufgaben anzusehen ist. Zunächst ist also darauf zu achten, dass keine außerdienstliche Tätigkeit vorgenommen wird.

Beispiele: Beamter geht während der Dienstzeit einkaufen und beschädigt dabei Waren im Kaufhaus.

1106 Danach ist zu fragen, ob öffentlich-rechtliches oder privatrechtliches Verwaltungshandeln vorliegt. Handelt die Verwaltung privatrechtlich, so im Fiskalbereich (Rn. 14), oder bedient sie sich des Verwaltungsprivatrechts, so im Leistungsbereich möglich (Rn. 16), dann haftet sie nach den entsprechenden privatrechtlichen Vorschriften. Kann eine Verwaltungstätigkeit nicht eindeutig dem öffentlich-rechtlichen oder dem privatrechtlichen Bereich zugeordnet werden, kommen die von Rechtsprechung und Lehre entwickelten Abgrenzungsregeln zur Anwendung (Rn. 44 ff.). Verkehrssicherungspflichten bei öffentlichen Sachen werden wegen des privaten Eigentums an öffentlichen Sachen (Rn. 1060) als privatrechtliches Verwaltungshandeln angesehen. Für Baden-Württemberg ist die Verkehrssicherungspflicht an Straßen jedoch nach § 59 StrG BW als öffentlich-rechtliche Pflicht festgelegt worden (s. Rn. 1062), bei Friedhöfen gilt nach § 7 BestattG dasselbe.

Verletzung einer Amtspflicht. Amtspflichten ergeben sich aus den öffentlich-rechtlichen Normen, die die Verwaltung zu vollziehen hat, und aus den öffentlich-rechtlichen Rechtssätzen, die das Verhalten der Verwaltung bei Ausführung ihrer Tätigkeit regeln. Die wichtigsten öffentlich-rechtlichen Pflichten sind folgende: 1107
- Rechtmäßiges Verwaltungshandeln.

    Beispiele: Fehlerfreie Anwendung der Rechts- und Ermächtigungsgrundlagen, richtige Ermessensausübung, Beachtung der Verfahrens- und Zuständigkeitsvorschriften (Rn. 180 ff., 350 ff., 753 ff.).

- Auskunftserteilung, Beratung (§ 25 LVwVfG, §§ 14, 15 SGB I; Rn. 775 ff.).

    Beispiele: Auskunft über die rechtliche Zulässigkeit eines Bauvorhabens; Beratung über das Recht auf Sozialhilfe.

- Geheimhaltung persönlicher Angelegenheiten (§ 3a LVwVfG, § 35 SGB I; Rn. 799 ff.).

    Beispiele: Negative Ergebnisse eines medizinisch-psychologischen Gutachtens bei Prüfung der Geeignetheit zum Führen eines Kfz.

- Sachbearbeitung in angemessener Zeit (§ 75 VwGO; vgl. Rn. 741).
- Obhutspflicht hinsichtlich der Rechtsgüter des Bürgers bei Ausführung der Verwaltungstätigkeit.

    Beispiele: Leib, Leben, Eigentum, Besitz, Ehre u. a. Rechtsgüter des Bürgers darf, wie jede Privatperson (s. § 823 BGB), auch die Verwaltung nicht verletzen.

Die Verletzung der Pflichten, die durch positives Tun oder auch durch Unterlassen erfolgen kann, ist gegeben, wenn die Pflichten rechtswidrig, also fehlerhaft ausgeführt werden. Hierzu ist zu prüfen, ob der Erlass eines belastenden VA bzw. die Vornahme belastenden schlichten Verwaltungshandelns oder auch ob das Unterlassen eines begünstigenden VA bzw. eines begünstigenden schlichten Verwaltungshandelns rechtswidrig war. Im Übrigen indiziert die Erfüllung des Tatbestandes die Rechtswidrigkeit. 1108

Beispiele: Abbruch eines Hauses wegen falscher Dachneigung; Stilllegung eines versicherungspflichtigen Fahrzeugs wegen mangelnder Versicherung; Versagung einer Fahrerlaubnis trotz Vorliegens aller Erlaubnisvoraussetzungen; Erteilung einer Baugenehmigung trotz ungesicherter Erschließung; Liegen lassen eines Bauantrags; Mitteilung über nur zweigeschossige Bauweise trotz Dreigeschossigkeit im Bebauungsplan; Abgabe einer amtlichen ehrenrührigen Presseerklärung; Verweigerung von Ausbildungsförderung trotz

Anspruchs; Müllabfuhr zerstört beim Wenden Einfahrtstor an einem Grundstück.

1109 **Drittbezogenheit der Amtspflicht.** Nach § 839 BGB muss die Pflicht „einem Dritten" gegenüber obliegen, sie darf also nicht nur gegenüber der Allgemeinheit bestehen, sondern muss zumindest den Verletzten in ihren Schutzbereich mit einbeziehen. Der Adressat einer Verwaltungsmaßnahme ist immer einbezogen, bei Nichtadressaten muss die Pflicht mit einem eigenen subjektiven Recht korrespondieren (Rn. 84–91), um einen Schaden infolge der Amtshandlung geltend machen zu können.

Beispiele: Die nur wegen Verstoßes gegen die Dachneigungsvorschriften eines Bebauungsplanes (30 Grad) rechtswidrig erteilte Baugenehmigung für ein Haus mit 45-Grad-Dach stellt einen Verstoß gegen eine Pflicht dar, die der Verwaltung, aber nicht dem Nachbarn gegenüber als Drittem obliegt, da die Dachneigungsvorschrift kein subjektives Recht des Nachbarn ist.
Bei einem Verstoß gegen Grenzvorschriften wäre ein subjektives Recht gegeben, da § 5 LBO auch zum Schutz des Nachbarn erlassen ist (vgl. Rn. 89).
Die Umweltschutzbehörde lehnt einen Antrag der Nachbarschaft auf Erlass einer immissionsschutzrechtlichen Anordnung wegen Luftverunreinigung durch einen Betrieb gegen den Betreiber aus Ermessensgründen ab. § 17 BImSchG kann ein subjektives öffentliches Recht geben, wegen seiner Ausgestaltung als Ermessensvorschrift aber nur eines auf ermessensfehlerfreie Entscheidung (Rn. 90).
Die TÜV-Untersuchung bei Kraftfahrzeugen geschieht im Interesse der allgemeinen Sicherheit, aber nicht als Produktkontrolle im Interesse eines Käufers.

1110 **Kausalzusammenhang.** Zwischen der Pflichtverletzung und dem Schaden muss ein Kausalzusammenhang („der daraus entstehende Schaden") bestehen. Im Deliktsrecht des BGB muss es sich um einen adäquaten Kausalzusammenhang handeln.

1111 **Schaden.** Weitere Tatbestandsvoraussetzung ist der Schaden. Darunter ist jeder Nachteil zu verstehen, den jemand an seinen Rechtsgütern (Eigentum, Leib, Leben, Gesundheit, Ehre usw.) erleidet. Der Nachteil wird ermittelt durch den Vergleich der Rechtsgüterlage nach dem schädigenden Ereignis mit dem unter hypothetischer Ausschaltung dieses Ereignisses, wobei unbillige Ergebnisse durch wertende Betrachtung korrigiert werden (dualistischer Schadensbegriff). Der Schaden muss dem Verletzten entstanden sein („dem Dritten"). Nur der unmittelbar Geschädigte kann einen Anspruch geltend machen. Ausnahmen sieht § 844 BGB für mittelbar Geschädigte bei Bestattungskosten, Unterhaltspflicht und Dienstleistung kraft Gesetzes (wie z. B. bei Eltern gegenüber ihren Kindern nach § 1601 BGB) vor.

1112 **Verschulden.** Das Verschulden in § 839 I S. 1 BGB bezieht sich nur auf die Amtspflichtverletzung, nicht auch auf Kausalität und Schaden. Bei Schuldunfähigkeit i. S. v. §§ 827 und 828 BGB scheidet ein schuldhaftes Handeln aus.

Beispiel: Ein minderjähriger Schülerlotse vernachlässigt fahrlässig seine Lotsenpflicht.

Schuldformen sind Vorsatz und Fahrlässigkeit i. S. v. § 276 BGB. Dabei gilt ein objektivierter Verschuldensbegriff (Ossenbühl, S. 72–77), was insbesondere beim Sorgfaltsmaßstab der Fahrlässigkeit zum Ausdruck kommt. Die Sorgfalt ist zu definieren als diejenige Sorgfalt, die in einer konkreten Situation von einem pflichtgetreuen Durchschnittsbeamten der betreffenden Art erwartet werden darf. Das sind insbesondere Amtswalter mit den zur Erfüllung der Tätigkeiten notwendigen Rechts- und Verwaltungskenntnissen. Die nicht ordnungsgemäße Organisation und Überwachung der Tätigkeiten kann ein **Organisationsverschulden** der Vorgesetzten auslösen (BGH, DVBl. 1978, 146, 147).

Beispiele: Unrichtige Normanwendung entgegen feststehender Auslegung durch Rechtsprechung und Wissenschaft.
Ist eine Behörde wegen neuer gesetzlicher Aufgabenzuweisung mit erhöhter Aufgabenerfüllung konfrontiert und überlastet, so kann dies zur Haftung führen, da es zur Sorgfalt gehört, dass eine Behörde umorganisiert und evtl. mit neuen Mitarbeitern ausgestattet wird (Organisationsmangel).

Haftungsbeschränkungen. Die Amtshaftung kann aus verschiedenen Gründen beschränkt oder gar ausgeschlossen sein. **1113**
Bei nur fahrlässiger Amtspflichtverletzung kann die Haftung des Amtsträgers und damit die der öffentlichen Hand (Art. 34 GG) entfallen, wenn der Geschädigte auf andere Weise Ersatz erlangen kann (§ 839 I S. 2 BGB).

Beispiel: Ein Beamter unterlässt fahrlässig ein Einschreiten gegen das Einleiten von Altöl in einen Fluss durch eine Raffinerie. Geschädigte können hier vom Verursacher aus § 823 BGB bzw. § 89 WHG Ersatz verlangen.

Diese **Subsidiaritätsklausel,** bei Schaffung des BGB Ende des vorvergangenen Jahrhunderts als Schutzbestimmung für den Beamten gedacht, ist im Laufe der Zeit immer weiter von der Rechtsprechung eingeengt worden, so dass sich die öffentliche Hand immer weniger darauf berufen kann. Keine anderweitigen Ersatzmöglichkeiten sind Ansprüche gegen einen anderen Verwaltungsträger, da die öffentliche Hand eine wirtschaftliche Einheit ist (BGHZ 111, 276). Eine andere Haftungsgrundlage desselben Verwaltungsträgers ist ebenfalls keine anderweitige Möglichkeit. Auch versicherungsrechtliche Ansprüche wie Sozial-, Lebens-, Kranken- und Kaskoversicherung sind keine anderweitigen Ersatzmöglichkeiten mehr (BGHZ 31, 148; 85, 230; BGH, NJW 1981, 623), der gesetzliche Forderungsübergang nach § 86 VVG ist also gegeben. Gleiches gilt für den Anspruch aus § 4 EFZG (BGH, NJW 1974, 1967). Generell findet die Klausel heute keine Anwendung mehr bei dienstlicher Teilnahme am allgemeinen Straßenverkehr (BGHZ 68, 217; 85, 225) und bei öffentlich-rechtlichen Straßenverkehrssicherungspflichten i. S. v. § 59 StrG (BGH, NJW 1979, 2043; 1981, 682).

Die Haftung kann ausgeschlossen oder beschränkt sein, wenn der Geschädigte **1114**
den Schaden **mitverursacht** und **mitverschuldet** hat. Hätte der Geschädigte den Schaden abwenden oder verhindern oder ihn geringhalten können, so sind das von ihm zu vertretende Umstände (vgl. § 254 BGB), die zum Wegfall oder zur Minderung seines Ausgleichsanspruchs führen können. Als ein besonderer Fall der Schadensvermeidungslast kann das Versäumen von Rechtsbehelfen gem. § 839 III BGB gelten. Hier führt das schuldhafte Versäumen des primären Rechts-

schutzes zum Wegfall des Schadensersatzes. Verschulden ist dabei unter Beachtung des Einzelfalls die Sorgfalt, die im Verkehrskreis der Betroffenen nach Bildung und Herkunft verlangt werden muss (BGH, NJW 1991, 1170).

1115 Schließlich gibt es noch **spezialgesetzlich** normierte Haftungsausschlüsse für die öffentliche Hand wie z. B. nach § 19 I S. 4 BNotO, wo nur eine Eigenhaftung des Notars vorgesehen ist.

1116 bb) **Rechtsfolgen, Geldersatz.** Die Haftung beinhaltet die Leistung vertretbarer Sachen, also i. d. R. Geld. Neben dem Vermögensschaden wird auch der entgangene Gewinn und der Nichtvermögensschaden nach § 253 BGB in Geld ersetzt, bei Verletzung der körperlichen Unversehrtheit oder Gesundheit ist auch eine Rente möglich.

Beispiel: Obsthändler A ist wie jeden Mittwoch mit einem vollbeladenen Obstwagen auf dem Weg zum Markt, um dort ein gutes Geschäft zu machen. Unterwegs fährt er in eine nicht erkennbare und völlig ungesicherte Straßenbaugrube. Er wird verletzt und muss ins Krankenhaus (Vermögensschaden), sein Wagen und das Obst werden völlig zerstört (Vermögensschaden), das Marktgeschäft fällt aus (entgangener Gewinn), er erleidet große Schmerzen und bekommt einen Schock (Nichtvermögensschaden).

1117 Die sonst im BGB übliche **Naturalrestitution** aus § 249 S. 1 BGB **scheidet** bei der Amtshaftung **aus,** da sie häufig nur durch hoheitliches Handeln bewirkt werden kann, wozu der Amtsträger persönlich aber nicht befugt ist (Detterbeck/Windthorst/Sproll, § 11 Rn. 10).

Beispiel: Bei rechtswidriger Einweisung eines Obdachlosen in ein Hotelzimmer aufgrund eines für sofort vollziehbar erklärten VA haftet der Beamte nicht auf Erlass eines Räumungs-VA an den Obdachlosen gegenüber dem Hotelier. Einen VA kann nur die Behörde erlassen. Da der Amtsträger nur auf Geld oder auch auf Lieferung vertretbarer Sachen haften kann, geht auf die öffentliche Hand nach Art. 34 GG auch nur eine derartige Haftung über. Diese Haftungslücke wird durch den Folgenbeseitigungsanspruch geschlossen (Rn. 1120 ff.).

1118 **Passivlegitimation.** Nach Art. 34 GG ist Schuldner einer Amtshaftung nur der Staat bzw. die Körperschaft, in deren Dienst der Amtsträger steht, d. h. immer die Körperschaft, die dem Amtsträger die Aufgabe anvertraut hat (BGH, DÖV 2002, 1795). Das ist in der Regel die Anstellungskörperschaft, kann aber bei Beamten mit Doppelstellung eine andere sein.

Beispiel: Der Landrat gem. § 37 II S. 1 und § 53 I, II LKrO; s. auch § 56 LKrO.

1119 cc) **Eigenhaftung und Rückgriff.** Eine Eigenhaftung des Amtsträgers gegenüber dem Geschädigten scheidet aus, es sei denn, Art. 34 GG ist ausgeschlossen (vgl. Rn. 1115).
Der Dienstvorgesetzte kann jedoch bei Vorsatz oder grober Fahrlässigkeit den Amtsträger in **Regress** nehmen (Art. 34 S. 2 GG):
– Beamte aus § 48 BeamtStG,

- Angestellte und Arbeiter aus dem Arbeitsvertrag,
- Beliehene und Verwaltungshelfer aus verwaltungsrechtlichem Schuldverhältnis.

Im Falle einer Amtspflichtverletzung auf Weisung eines Vorgesetzten wird der Angewiesene i. d. R. keine Dienstpflichtverletzung i. S. v. § 48 BeamtStG begehen.

b) Die Folgenbeseitigungshaftung. Verletzt die öffentliche Verwaltung rechtsgrundlos eine ihr einem Dritten gegenüber obliegende öffentlich-rechtliche Pflicht und verändert sich dadurch ein tatsächlicher Zustand zu seinem Nachteil, so hat der Verwaltungsträger den früheren oder einen gleichwertigen Zustand **wiederherzustellen,** soweit es möglich und zumutbar ist. Die Haftung auf Folgenbeseitigung ist allgemein anerkannt (BVerwG, NJW 1971, 269; VGH BW, VBlBW 1983, 141). Ihre Existenz wird vom Gesetzgeber offenbar vorausgesetzt, wie § 113 I S. 2 VwGO zeigt. Teilweise wird sie aus Verfassungsrechten, teilweise aus einer Analogie zu §§ 12, 862, 1004 BGB bzw. zu Schadensersatznormen wie §§ 717 II, 945, 302 IV, 600 II ZPO abgeleitet (Ossenbühl, S. 294 ff.). Letztlich verdankt sie ihre Existenz wohl dem Phänomen, dass es als Rechtsfolge der Amtshaftung keine Naturalrestitution i. S. v. § 249 S. 1 BGB, sondern i. d. R. nur Geldersatz gibt (s. Rn. 1116, 1117), aber ein Bedürfnis nach Haftung auf hoheitliches Handeln zum Ausgleich von Nachteilen besteht. Von den Voraussetzungen der Amtshaftung unterscheidet sich die Haftung auf Folgenbeseitigung strukturell dadurch, dass die öffentliche Hand unmittelbar verantwortlich und ein Verschulden nicht erforderlich ist. Ansonsten sind die Voraussetzungen ähnlich. Daher scheint es sinnvoll, die Haftung auf Folgenbeseitigung als eine Haftung wegen „unerlaubter Handlung" zu werten, wenngleich sie nicht Naturalrestitution i. S. v. § 249 S. 1 BGB, sondern nur „verkürzte Naturalrestitution" bedeutet.

1120

aa) Tatbestandsvoraussetzungen, Öffentliche Verwaltung. Zunächst muss festgestellt werden, ob von einem Handeln der öffentlichen Verwaltung ausgegangen werden kann (s. hierzu Rn. 5 ff.).

1121

Bestehen einer öffentlich-rechtlichen Pflicht. Es ist sodann festzustellen, ob öffentlich-rechtliches Verwaltungshandeln (wie Rn. 1106) und eine damit korrespondierende öffentlich-rechtliche Pflicht vorliegt (wie Rn. 1107).

1122

Rechtsgrundlose Pflichtverletzung. Die Pflichtverletzung kann hier nur durch positives Tun, sei es der Vollzug eines VA oder die Vornahme schlichten Verwaltungshandelns, herbeigeführt werden, da es auf die Veränderung eines tatsächlichen Zustands ankommt.

1123

Begehrtes, aber unterlassenes Verwaltungshandeln kann nur im Wege des primären Rechtsschutzes, also durch Verpflichtungs- oder Leistungsklage geltend gemacht werden.

Eine Pflichtverletzung liegt auch dann vor, wenn eine zunächst rechtmäßige Maßnahme in einen rechtswidrigen und zurechenbaren Zustand mündet.

Beispiel: Ein Obdachloser wird für zehn Wochen in eine leer stehende Wohnung eingewiesen (§ 9 PolG), bleibt aber nach Zeitablauf rechtsgrundlos in dieser Wohnung.

Zur Feststellung der Pflichtverletzung ist zu prüfen, ob das jeweilige Verwaltungshandeln rechtswidrig ist (wie Rn. 1108). Bei VAs reicht die Rechtswidrigkeit allerdings nicht, da auch ein derartiger VA bestandskräftig wird (Rn. 449–456). Hier führt nur der Vollzug oder die Befolgung vor Bestandkraft oder bei nichtigem VA zur Folgenbeseitigung.

1124 **Drittbezogenheit der Pflicht.** Ferner muss geprüft werden, ob die Pflicht subjektiv-rechtlicher Natur ist (s. dazu Rn. 1109).

1125 **Veränderung eines tatsächlichen Zustands zum Nachteil des Dritten.** Der Schaden (s. Rn. 1111) muss in einer Veränderung der realen Gegebenheiten bestehen. Solche Veränderungen können nur durch aktives Handeln herbeigeführt werden (Rn. 1123).

1126 **Haftungsbeschränkungen.** Die Folgenbeseitigung entfällt, wenn sie nicht möglich oder für die Verwaltung nicht zumutbar ist.

Beispiel: Beschlagnahmter Gegenstand geht vor Aufhebung der Beschlagnahmeverfügung unter.

Auch bei der Folgenbeseitigung können Beschränkungen wegen Mitverursachung eintreten (wie Rn. 1114). Eine Minderung wirkt sich dann aber wegen Unteilbarkeit des Haftungsgegenstands als Kostenbeteiligung des Geschädigten aus (VGH BW, VBlBW 1985, 65, 66).

1127 **bb) Rechtsfolge, Wiederherstellung.** Die Haftung ist gerichtet auf Wiederherstellung des Zustandes, der vor der nachteiligen Verwaltungsmaßnahme bestand oder auf einen gleichwertigen Zustand; Naturalrestitution i. S. v. § 249 S. 1 BGB ist dagegen auf den Zustand gerichtet, der heute ohne die Maßnahme bestehen würde.

Bei der Wiederherstellung werden nur die unmittelbaren Folgen der nachteiligen Verwaltungsmaßnahme ausgeglichen. Mittelbare Folgen, wie entgangene Einnahmen oder weitere Kosten, können allenfalls über Art. 34 GG i. V. m. § 839 I S. 1 BGB geltend gemacht werden.

Beispiele: Eine amtliche ehrkränkende Äußerung ist zu widerrufen; trat für den Geschädigten auch noch ein geschäftlicher Nachteil ein, so kommt darüber hinaus auch noch Geldersatz in Betracht.

Bei rechtswidriger Beschlagnahme einer Wohnung sind nur die Eingewiesenen herauszusetzen, für Wohnungsschäden kann es Geldersatz geben.

Die Wiederherstellung besteht i. d. R. in der Vornahme einer hoheitlichen Handlung, sei es der Erlass eines VA oder des schlichten Verwaltungshandelns. Rechtsgrundlage dafür ist der Folgenbeseitigungsanspruch. Richtet sich der Wiederherstellungs-VA gegen eine andere Person, ist allerdings die einschlägige Ermächtigungsgrundlage anzuwenden, wobei eingeräumtes Ermessen dann auf Null reduziert ist (Ossenbühl, S. 325, 326).

Beispiel: Nach Fristablauf ist einem eingewiesenen Obdachlosen durch Verfügung gem. §§ 1, 3 und 6 PolG das Verlassen des Privathauses aufzugeben.

Kapitel 20 Staatshaftungsrecht

Passivlegitimation. Schuldner des Folgenbeseitigungsanspruchs ist der Verwaltungsträger, dessen Behörde die nachteilige Verwaltungsmaßnahme vorgenommen hat.

c) Gefährdungshaftung. Gefährdungshaftung ist eine **verschuldensunabhängige Haftung,** die die Risiken besonderer Gefahrenlagen abdecken soll. Das Staatshaftungsrecht kennt keine allgemeine Vorschrift der Gefährdungshaftung.

Beispiele: Zwei Pkw stoßen auf einer Kreuzung zusammen, weil der von links kommende „grün", der von rechts kommende „Vorfahrt" hatte, da dessen Ampel trotz ordnungsgemäßer Wartung wegen eines technischen Defekts ausgefallen war.
Telefonisch anwählbarer Auskunftscomputer zur Bürgerberatung gibt aufgrund technischen Versagens falsche Auskünfte.

In diesen Fällen kann kein Ersatz aus Art. 34 GG i. V. m. § 839 BGB verlangt werden, da es hier, anders als bei einer fehlerhaften Software, am Handeln eines „Beamten" fehlt. Eine Haftung aus enteignendem bzw. aufopferndem Eingriff (Rn. 1144 ff.) ist indessen gegeben (BGHZ 99, 249). Der Bürger geht in solchen Fällen nicht leer aus.

Es gibt aber einige **spezielle Gefährdungstatbestände,** denen die öffentliche Hand unterliegt. Das sind zunächst die, die für jeden Privaten gelten. Aus ihnen haftet auch die öffentliche Hand, gleich, ob sie öffentlich-rechtlich oder privatrechtlich handelt, denn die Vorschriften sind nicht handlungs-, sondern gefahrbezogen.

Beispiele: § 7 StVG (Betrieb eines Kfz); §§ 1, 2 HPflG (Betrieb von Energie- und Rohrleitungsanlagen); §§ 25; 25a AtG (Betrieb von Kernanlagen); § 1 UmweltHG (Betrieb umweltgefährdender Anlagen).

Daneben gibt es noch einige Sondertatbestände für die öffentliche Hand.

Beispiele: §§ 53, 54 LuftVG (militärische Luftfahrzeuge); Vorschriften in den Datenschutzgesetzen der Länder (z. B. Art. 37 BayDSG).

Ein weiterer Haftungstatbestand ergibt sich **europarechtlich** aus Art. 340 AEUV. Danach haften zunächst die Organe der EU, in analoger Anwendung aber auch die Nationalstaaten bei Verstößen gegen Unionsrecht (Detterbeck/Windthorst/Sproll, § 5 Rn. 1 ff.; Ossenbühl, S. 563 ff. und 498 ff.).

2. Haftung aus öffentlich-rechtlichem Schuldverhältnis

Neben der deliktischen Haftung kennt auch das öffentliche Recht eine Haftung aus schuldrechtlichen Sonderbeziehungen.

a) Öffentlich-rechtliche Verträge. Zum einen sind die öffentlich-rechtlichen Verträge zu nennen (Rn. 629 ff.), bei denen gem. § 62 S. 2 LVwVfG das Schadensersatzrecht der §§ 280 ff. BGB Anwendung findet. Rechtsfolge ist hier die Naturalrestitution nach § 249 S. 1 BGB, da die Vertragshaftung eine unmittelbare Staatshaftung ist.

Beispiel: Bei der Erfüllung eines zwischen Gemeinde und Bauträger bestehenden Erschließungsvertrages i. S. v. § 124 I BauGB beschädigten Arbeiter des städtischen Bauhofs eine Werbetafel, die der Bauträger im Baugebiet aufgestellt hat. Die Gemeinde haftet aus § 280 BGB.

1134 b) **Ähnliche Rechtsverhältnisse.** Darüber hinaus kennt auch das öffentliche Recht den Verträgen ähnliche Rechtsverhältnisse. Die wichtigsten sind das Anstaltsbenutzungsverhältnis, das Verwahrungsverhältnis und das Dienstverhältnis. Sie alle sind keine Verträge, da sie nicht auf Vereinbarungen, sondern auf hoheitlicher Ausgestaltung beruhen; andererseits stellen sie wegen der ihnen eigenen Fürsorgesituation ein engeres Verhältnis dar als die allgemeine deliktische Pflicht, die Rechtsgüter eines anderen nicht zu schädigen (s. Stelkens/Bonk/Sachs, § 54 Rn. 23–25).

Beispiele: Benutzung einer Badeanstalt; Aufbewahrung eines Fahrzeugs nach dessen Beschlagnahme; Beamtenverhältnis; Anschluss an die örtliche Kanalisation.

Hier findet das Schadenersatzrecht des BGB entsprechende Anwendung.

Beispiele: Die Beschlagnahme eines Pkw nach § 38 PolG wegen Verkehrsstörung lässt eine öffentlich-rechtliche Verwahrung entstehen (s. § 38 III S. 3 i. V. m. 37 III PolG). Bei Schädigung des Fahrzeugs während der Verwahrungsfrist gibt es einen Anspruch aus § 280 BGB.

1135 In die öffentlich-rechtlichen Schuldverhältnisse wird auch das **Sozialrechtsverhältnis** zwischen Bürger und Sozialverwaltung eingereiht (Terwey, Die rechtliche Betreuung des Bürgers nach dem Sozialgesetzbuch, 1980, S. 151 ff.; a. A. Bieback, DVBl. 1983, 159, 166). Schuldverhältnisse umfassen Nebenpflichten wie z. B. die Beratung, so dass bei ihrer Verletzung über das auch hier geltende Schadensersatzrecht Naturalrestitution i. S. v. § 249 S. 1 BGB möglich ist, was wegen der verkürzten Rechtsfolgen aus Amtshaftung bzw. Folgenbeseitigungshaftung von großem Vorteil ist.

Beispiel: Kommt es aufgrund unterlassener behördlicher Beratung zu einem verspäteten Antrag bezüglich des Beginns einer Sozialversicherung, so wäre über Art. 34 GG i. V. m. § 839 BGB nur Geldersatz (Rn. 1116, 1117), über die Folgenbeseitigung wegen des Unterlassens gar nichts (Rn. 1120) möglich. Wegen des dynamischen Charakters einer Versicherung ist es aber wünschenswert, den dem pflichtgemäßen Verhalten entsprechenden Zustand, also den Abschluss der Versicherung, zu erreichen. Das geht aber nur nach § 249 S. 1 BGB (Sozialrechtlicher Herstellungsanspruch).

3. Konkurrenzen

1136 Schadensersatzansprüche aus Delikt und aus öffentlich-rechtlichen Schuldverhältnissen können nebeneinander geltend gemacht werden.

II. Haftung bei privatrechtlichem rechtswidrigem Verwaltungshandeln

1137 Handelt die Verwaltung privatrechtlich, so richtet sich ihre Haftung nach den dafür geltenden privatrechtlichen Vorschriften. Ob privatrechtliches Verwaltungshandeln vorliegt, muss im Einzelfall geprüft werden (Rn. 1106).

Die öffentliche Hand haftet, weil ihr das schadenstiftende Handeln ihrer Bediensteten über entsprechende Normen zugerechnet wird. Dabei werden die Handelnden unterschieden in Personen mit (Organe) und ohne (Erfüllungs-, Verrichtungshilfen) Leitungsfunktion.

Die **vertragliche Haftung** eines Trägers öffentlicher Gewalt ergibt sich für Organhandeln (z. B. Behördenchef) aus den §§ 89, 31 BGB, für das Handeln sonstiger Amtswalter aus § 278 BGB jeweils i. V. m. §§ 280 ff. BGB. **1138**

Die **deliktische Haftung** ergibt sich beim Handeln eines Organs (Behördenchef, Person mit Leitungsfunktion) aus §§ 89, 31, 823 BGB, für das Handeln sonstiger Amtswalter aus §§ 831 BGB. **1139**

> **Beispiel:** Der Chefarzt eines öffentlichen Krankenhauses führt mit einem Assistenten eine Operation falsch aus. Die Haftung des Krankenhausträgers bestimmt sich für das Handeln des Chefarztes nach §§ 89, 31 BGB i. V. m. § 280 BGB und §§ 89, 31 i. V. m. § 823 BGB, für das Handeln des Assistenten nach § 278 BGB i. V. m. § 280 BGB sowie nach § 831 BGB.

Im Übrigen gilt für die öffentliche Hand auch § 1004 BGB. Einer privatrechtlichen Folgenbeseitigungshaftung bedarf es daher nicht. **1140**

> **Beispiel:** Bei Immissionen einer staatlichen oder kommunalen Anlage kommt § 1004 BGB zur Anwendung. Bei einer ehrenrührigen Behauptung anlässlich privatrechtlichen Verwaltungshandelns ist es § 1004 BGB analog (BGHZ 34, 108).

Bei privatrechtlichem Handeln unterliegt die öffentliche Hand auch den Tatbeständen der Gefährdungshaftung, soweit sie nicht ausdrücklich nur für öffentlich-rechtliches Handeln gelten (Rn. 1130). **1141**

Im **deliktischen Bereich** besteht bei privatrechtlichem Verwaltungshandeln eine Eigenhaftung der Amtswalter. Beamte im statusrechtlichen Sinn haften aus § 839 I S. 1 BGB mit dem Privileg der Subsidiaritätsklausel, sonstige Amtswalter haften aus § 823 BGB. **1142**

Der Rückgriff gegen den Amtswalter durch die öffentliche Hand richtet sich für Beamte ausschließlich nach § 48 BeamtStG (im Übrigen s. Rn. 1119). **1143**

C. Entschädigung bei Enteignung und Aufopferung

Es gibt eine ganze Reihe öffentlich-rechtlicher Vorschriften, die Anspruchsgrundlagen für Entschädigungen sind. **1144**

> **Beispiele:** §§ 40 ff. und 93 ff. BauGB; § 60 StrG BW; § 100 PolG; § 7 LEntG; § 49 V LVwVfG.

Die Entschädigungsvorschriften haben einen ganz anderen Ursprung als die Schadensersatznormen zur Wiedergutmachung von Verwaltungsunrecht. Sie sind Ausdruck des Verfassungsgebots, dem Bürger Nachteile bei schweren, zugunsten der Allgemeinheit vorgenommenen Eingriffen in seine Rechtsgüter auszugleichen (Art. 14 III S. 2 GG; Art. 3 I GG: Dürig, in: Maunz/Dürig/Herzog,

Art. 3 I Rn. 58). Dabei ergibt sich die Schwere des Eingriffs aus einem Sonderopfer, das der beeinträchtigte Bürger im Vergleich zu anderen Bürgern erleidet (BGHZ 6, 270, 280; 145, 147; vgl. BVerwGE 32, 173, 178). Den Sonderopfereingriff in Vermögensrechte (Art. 14 I GG: Eigentum, Rechte aus Schuldverträgen, rechtmäßige Baugenehmigung) nennt man Enteignung, den in Nichtvermögenswerte (Art. 2 II GG: Leben, Gesundheit, Freiheit) Aufopferung.

I. Rechtmäßige Enteignung und Aufopferung

1145 Ursprünglich war der alleinige Sinn der genannten Entschädigungsregelungen der Ausgleich von Nachteilen bei solchen Enteignungen und Aufopferungen, die sich an die rechtlichen Voraussetzungen der jeweiligen Enteignungs- oder Aufopferungsvorschriften hielten, also rechtmäßig waren.

> **Beispiele:** Ordnungsgemäße Enteignung von Grund und Boden zum Straßenbau nach § 40 StrG (§ 2 LEntG). – Fehlerfreie Einweisung eines Obdachlosen in eine leer stehende Privatwohnung nach § 9 PolG. – Fehlerlose Impfung gem. § 20 IfSG mit nachfolgender schwerer Impfreaktion. – Fehlerfreier Widerruf eines Subventionsbescheids wegen erheblich verbesserter Wirtschaftslage gem. § 49 II Nr. 3 LVwVfG.

II. Enteignungs- und aufopferungsgleicher Eingriff

1146 Die Entschädigungsvorschriften geben aber auch dann einen Anspruch, wenn die auf der Grundlage von Enteignungs- oder Aufopferungsvorschriften vorgenommenen Eingriffe den Rahmen dieser Vorschriften nicht einhalten, also rechtswidrig sind. Diese rechtswidrigen Eingriffe nennt man enteignungs- und aufopferungsgleiche Eingriffe (Ossenbühl, S. 214 ff.).

> **Beispiele:** Einbeziehung eines im Plan nicht festgestellten Grundstückteils bei Straßenbau. – Einweisung eines Obdachlosen in eine Privatwohnung trotz freier Räume im Obdachlosenheim. – Fehlerhafter Widerruf eines Subventionsbescheids.

Dass die Entschädigungsvorschriften auch in diesen Fällen Ansprüche gewähren, ergibt sich aus dem von der Rechtsprechung aus einem „erst recht bei rechtswidrigen Eingriffen" (BGHZ 6, 270, 290) abgeleiteten Gedanken, der aber auf die gesetzlich ausgebildeten Entschädigungsvorschriften beschränkt wird (BVerfGE 58, 300; s. auch BGH, NJW 1982, 2489).

1147 Bei rechtswidriger Enteignung oder Aufopferung konkurrieren die Entschädigungsansprüche mit Schadensersatzansprüchen wegen Verwaltungsunrecht (Rn. 1101 ff.).

> **Beispiel:** Bei Einweisung eines Obdachlosen in eine private Wohnung trotz freier Räume im Obdachlosenheim besteht wegen des Verstoßes gegen § 9 PolG sowohl ein Anspruch aus Art. 34 GG i. V. m. § 839 BGB als auch aus § 100 PolG wegen Vermögensschäden.

III. Enteignender und aufopfernder Eingriff

1148 Enteignung, Aufopferung sowie enteignungs- und aufopferungsgleicher Eingriff sind Eingriffe, gestützt auf gesetzliche Ermächtigungsgrundlagen, wobei die einen sich an den Rahmen der Ermächtigung halten und die anderen ihn verletzen.
Ihre nachteiligen Wirkungen werden über die diesen Ermächtigungsgrundlagen speziell zugeordneten Entschädigungsvorschriften ausgeglichen. Es gibt aber auch noch die Fälle, bei denen die Verwaltung bei Durchführung von Verwaltungsmaßnahmen als nicht beabsichtigte und für den Bürger zunächst nicht erkennbare Nebenfolge eine Enteignung bzw. Aufopferung bewirkt. Sie werden auch als enteignender bzw. aufopfernder Eingriff bezeichnet (Detterbeck/Windthorst/Sproll, § 16 Rn. 28).

Beispiel: Ein Polizeibeamter gibt bei Verfolgung eines gefährlichen Gewalttäters einen gezielten Schuss auf dessen Beine ab, der Täter springt zur Seite, der Schuss prallt an einem Auto ab und trifft einen Passanten. – Auf Grund unerwartet längerer Dauer von Straßenbauarbeiten geht der Umsatz eines Straßencafés zurück.

Hier kann mangels spezialgesetzlicher Entschädigungsregelung auf allgemeine Grundsätze zurückgegriffen werden, da der Geschädigte sich nicht mit primärem Rechtsschutz wehren kann (Ossenbühl, S. 269 ff.; BGH, VBlBW 1985, 68).

1149 Ob derartige Nebenfolgen eine Enteignung oder Aufopferung bewirken, ist jeweils als Anspruchsvoraussetzung zu prüfen. Es ist darauf abzustellen, ob der betroffene Bürger im Vergleich zur Situation anderer Bürger ein **Sonderopfer** bringt (BGHZ 6, 270). Bei der Enteignung ist dabei gegenüber der Sozialbindung (Art. 14 II GG; BGHZ 60, 145, 146), bei der Aufopferung gegenüber der Konkretisierung des allgemeinen Lebensrisikos abzugrenzen (BGHZ 46, 327, 330).

Beispiele: Bei Straßenreinigungsmaßnahmen spritzt verschmutztes Reinigungswasser an eine nahe gelegene Hauswand (Sozialbindung). – Turnunfall eines Schülers (Konkretisierung des allgemeinen Lebensrisikos). – Lange Einschränkung des Anliegergebrauchs einer Gaststätte – Kontakt nach außen – durch Straßenbauarbeiten (Sonderopfer). – Verletzung eines Passanten bei Durchführung polizeilicher Maßnahmen (Sonderopfer).

IV. Eigentumsrechtlicher Ausgleichsanspruch

1150 Auch unterhalb der Schwelle des Sonderopfers kann ein Ausgleich geboten sein, wenn die Inanspruchnahme des Eigentums durch die öffentliche Hand eine unverhältnismäßige Belastung der Sozialpflichtigkeit ist (BVerfGE 100, 226 ff.). Anspruchsgrundlagen finden sich etwa in § 8a V FStrG oder auch § 74 II S. 3 LVwVfG.

V. Umfang der Entschädigung

1151 Entschädigung ist etwas anderes als Schadensersatz. Da sie nicht auf Restitution gerichtet ist, werden hypothetische Gesichtspunkte nicht berücksichtigt. Stets wird der Substanzverlust und in gewissem Umfang auch eine Folgebelastung ausgeglichen, wobei Mitverursachung eine Rolle spielen kann.

D. Öffentlich-rechtliche Erstattung

1152 Der öffentlich-rechtliche Erstattungsanspruch beruht auf einem allgemeinen Rechtsgrundsatz, wie er für das Privatrecht in §§ 812 ff. BGB zum Ausdruck kommt. Für vom Bürger rechtsgrundlos erbrachte Leistungen gibt es für die Erstattung regelmäßig spezielle Anspruchsgrundlagen wie § 37 II AO, § 25 III KAG bzw. § 22 II S. 2 LGebG bei Abgaben oder auch § 25 SGB XII bei Sozialhilfe. Für Erstattungsansprüche des Staates gibt es ebenfalls eine Reihe von Anspruchsgrundlagen (Rn. 521, 562).

E. Vertiefungshinweise und Wiederholungsfragen

I. Vertiefungshinweise

1153 Detterbeck/Windhorst/Sproll, Staatshaftungsrecht, 1. Aufl. 2000; Ossenbühl, Staatshaftungsrecht, 5. Aufl. 1998; Bender, Zum Recht der Folgenbeseitigung, VBlBW 1985, 201 ff.

II. Wiederholungsfragen

1154 1. Was ist der Unterschied zwischen Schadensersatz bei Verwaltungsunrecht und Entschädigung bei Enteignung und Aufopferung? – Rn. 1097 ff.
2. Warum muss bei Schadensersatz wegen Verwaltungsunrecht in öffentlich-rechtliches und privatrechtliches Handeln unterschieden werden? – Rn. 1101
3. Welche deliktischen Anspruchsgrundlagen bei rechtswidrigem öffentlich-rechtlichen Verwaltungshandeln gibt es? – Rn. 1103, 1129
4. Was versteht man unter einer Pflichtverletzung i. S. d. § 839 BGB? – Rn. 1107, 1108
5. Wer kann Handelnder i. S. v. Art. 34 GG i. V. m. § 839 I S. 1 BGB sein? – Rn. 1104, 1105
6. Welche Bedeutung hat die Entlastungsregel in § 839 I S. 2 BGB? – Rn. 1113
7. Welche Wiedergutmachungsarten kennt die Staatshaftung? – Rn. 1116, 1117, 1127
8. Kann eine Pflichtverletzung durch Unterlassen zur Folgenbeseitigung führen? – Rn. 1123
9. Warum gilt bei § 839 BGB nicht die Folge aus § 249 S. 1 BGB? – Rn. 1116, 1117
10. Was sind die beiden wesentlichen Unterschiede zwischen der Haftung auf Folgenbeseitigung einerseits und der Amtshaftung wegen Verletzung einer

öffentlich-rechtlichen Pflicht andererseits? – Rn. 1103, 1112, 1116, 1120, 1127
11. Wie ist die Haftung bei öffentlich-rechtlichen Schuldverhältnissen ausgestaltet? – Rn. 1132 ff.
12. Was versteht man unter Enteignung oder Aufopferung, was unter enteignungs- oder aufopferungsgleichem Eingriff? – Rn. 1144, 1146
13. Nach welchen Vorschriften haftet der Staat bei privatrechtlichem Verwaltungshandeln? – Rn. 1137 ff.
14. Wo gibt es eine Eigenhaftung des Beamten? – Rn. 1142, 1115
15. Wie ist der Rückgriff ausgestaltet? – Rn. 1119, 1143

Anhang

Anhang

Anhang: Vereinfachter Aufbau der Landesverwaltung (Stand 2021)[1]

Ministerpräsident	Landesregierung	Rechnungshof
		Landesbeauftragter für den Datenschutz

StM — IM — KM — MWK — JuM — FM — WM — MLR — SM — UM — VM

- LfV
- 12 RPP
- LKA

- Landesarchiv
- 2 Generalstaatsanwaltschaften
- LBV
- StaLA
- OFD
- LUBW

4 Regierungspräsidien

35 Landratsämter und 9 Bürgermeisterämter der Stadtkreise

17 Staatsanwaltschaften

65 Finanzämter

[1] ohne Gerichtsbarkeit

StM	Staatsministerium	KM	Ministerium für Kultus, Jugend und Sport
IM	Ministerium für Inneres, Digitalisierung und Migration	MWK	Ministerium für Wissenschaft, Forschung und Kunst
LfV	Landesamt für Verfassungsschutz	JuM	Ministerium der Justiz und für Europa
LKA	Landeskriminalamt	FM	Finanzministerium
RPP	Regionale Polizeipräsidien	LBV	Landesamt für Besoldung und Versorgung
		StaLA	Statistisches Landesamt
		OFD	Oberfinanzdirektion
		WM	Ministerium für Wirtschaft, Arbeit und Wohnungsbau
		MLR	Ministerium für Ländlichen Raum und Verbraucherschutz
		SM	Ministerium für Soziales und Integration
		UM	Ministerium für Umwelt, Klima und Energiewirtschaft
		LUBW	Landesanstalt für Umwelt Baden-Württemberg
		VM	Ministerium für Verkehr

Stichwortverzeichnis

Die Zahlen beziehen sich auf die fortlaufenden Randnummern.

A
Abgaben, öffentliche 11, 863
Abgabenverwaltung 11
Abhilfebescheid 1004, 1028
– Kostenentscheidung 1028
Abhilfeverfahren 1004
Abschleppen von Pkw 949
Abschmelzung 559
Abwägung 711 ff.
Adressat
– als Beteiligter 772
– der Zustellung 341 ff., 366 ff.
– des Verwaltungsakts 366
– einer Allgemeinverfügung 237
– einer Regelung 366 ff.
– formloser Rechtsbehelfe 1046 ff.
Adressatentheorie 1018
AEUV 97
Akten
– Beiziehung 848 f.
– Entscheidung nach Lage der 830
Akteneinsicht 780 ff.
Allgemeine Rechtsgrundsätze 78
Allgemeines Rechtsschutzinteresse 1019
Allgemeinverfügung 236
– adressatenbezogene 237
– Benutzungsregelung 239
– dingliche 238
Altkleidercontainer 1078
Amt 217, 1104
Amtshaftung 1103 ff.
– Entlastungsregelungen 1113
– Haftungsbeschränkungen 1113
Amtshilfe
– Begriff 840 f.
– Grenzen 843
– Kosten 846
– Vollstreckungshilfe 962
– Voraussetzungen 842
Amtspflichtverletzung 1107
Amtssprache 747
Änderung der Rechtslage 474
– Widerruf 517
– Wiederaufgreifen 473
Änderung der Sach- oder Rechtslage 256, 452, 473 f., 517

Änderung der Sachlage
– Widerruf 516
– Wiederaufgreifen 473
Androhung von Zwangsmitteln 579, 605
– Tenor 583
Anfechtungsklage 1029, 1032
– Begründetheit 85
– Gegenstand 213
– Zulässigkeit 85
Anfechtungswiderspruch 1002
– Abhilfebescheid 1028
– Begründetheit 1021
– Entscheidung 1026a
Anfertigung von Bescheiden 574 f.
Angemessenheit (Verhältnismäßigkeit) 191
Anhörung 793 ff.
– anderer Behörden 837
– bei Rücknahme und Widerruf 487
– fehlende 425, 433
– im förmlichen Verwaltungsverfahren 877
– List, Täuschung 849
– Nachholung 429
– und Akteneinsicht 780
Anliegergebrauch 1075 ff.
Anordnung der sofortigen Vollziehung 1040 f., 1043
– Begründung 602
– fehlerhafte Begründung 604
– Rechtsbehelfsbelehrung 607
– Tenor 582
Anrede 574, 577 f., 588
Anstalt des öffentlichen Rechts 23 f., 31, 52
Anstaltsgebrauch 1084 f.
Anstaltsrecht 1085
Antrag 819 ff.
– Antragsinteresse 827
– fehlender 423
– Form 823 ff.
– Nachholung 423
– Rücknahme 856
Antragsinteresse 827
Antragsteller 770
Anwendung von Zwangsmitteln 952 ff., 985

459

Stichwortverzeichnis

Anwendungsbereich
- BDSG 910 f.
- BMG 920
- LDSG 900 f.
- LVwVfG, VwVfG 731 ff.
- LVwVG, VwVG 934 ff.
- LVwZG, VwZG 328
- SGB X 524

Anwendungsvorrang des Unionsrechts 374
Anwendungsvorrang (EU) 130
Äquivalenzprinzip 565, 869
Arbeitnehmerfreizügigkeit (EU) 120
Arbeitslosengeld II 542
Aufhebung 555
Auflage 260, 268 ff., 279, 515
- Abgrenzung zu Bedingung 279
- Akzessorietät 270
- nachträgliche 272
- Planfeststellungsbeschluss 890
- VA-Charakter 269
- Widerruf bei Nichterfüllen 515

Auflagenvorbehalt 260, 271 f.
Aufopferung 1144 ff.
- Entschädigung 1144

Aufrechnung 226
Aufschiebende Wirkung 169, 243, 610, 1039
- Anordnung/Wiederherstellung 1043
- Antrag auf Feststellung 1043
- Ausnahmen 1040
- Ausschluss 1041
- Wegfall 1042
- Wiederherstellung 1043

Aufsicht 33
- Dienstaufsicht 34
- Fachaufsicht 35
- Rechtsaufsicht 36

Auftragsangelegenheiten 1024
Aufwendungen 861
Augenschein 848
Ausfertigung 313, 341
Ausgangsbehörde 1003
Ausgeschlossene Personen 763 f.
Ausgleichsanspruch
- bei Rücknahme nach § 48 III LVwVfG 504
- bei Widerruf 520
- eigentumsrechtlicher 1150

Auskunft 223, 775, 788, 924, 1107
Auslagen 861, 864
Auslegung 280
- historische 174
- Kriterien 167 ff.
- systematische 169
- teleologische 172
- unbestimmter Rechtsbegriffe 167
- von Europarecht 122
- von Nebenbestimmungen 280
- wörtliche 168

Aussetzung der Vollziehung 1042
Auswahlermessen 176
Auswechseln der Rechtsgrundlage 363

B

Bau- und Unterhaltungslast 1062
Baubedingungen 259, 274
Bauleitplanung 72, 722
Bebauungsplan 72, 722
Bedarfsverwaltung 12
Bedingung 263
- Abgrenzung zu Auflage 279
- auflösende 264
- aufschiebende 264
- nachträgliche 272

Befangenheit 763, 765
Beförderung 90
Befristung 261 f.
- auflösende 261
- aufschiebende 261
- nachträgliche 272

Beglaubigte Abschrift 341
Begründung
- Androhung von Zwangsmitteln 605
- Anordnung der sofortigen Vollziehung 602
- Aufbau 586, 594
- Ausnahmen 810
- Begründungspflicht 586
- des Verwaltungsakts 358
- des Widerspruchsbescheids 1027
- Ermessensentscheidungen 181, 601
- fehlende 424, 431, 811
- Form 586, 615, 804
- Hauptentscheidung 595
- Kostenentscheidung 808
- Nachholung 431 f.
- Recht auf 586, 803 ff.
- rechtliche 594, 805 f.
- Sprache 589
- tatsächliche 591
- überzeugende 588
- und Beurteilungsspielraum 1027
- von Ermessensentscheidungen 586
- Zweck 586 ff.

Begründungszwang
- Ausnahmen 810

Stichwortverzeichnis

Begünstigender Verwaltungsakt
- Rücknahme 490
- Widerruf 513

Behörde, Begriff 216 ff.
Behördenbeteiligung 885
Beitreibungsverfahren 939
Bekanntgabe des Verwaltungsakts 309 ff.
- Beginn der Rechtsbehelfsfrist 326
- Bekanntgabefiktion 319
- Form 311
- Notwendigkeit 312
- öffentliche 311, 321
- Rechtsfolgen 322
- Verkehrszeichen 323
- Wirksamwerden des Verwaltungsakts 322
- Zeitpunkt 318 f.
- Zugang 318

Belastende Verwaltungsakte
- Rücknahme 488

Beliehene 26, 218
Benehmen 836
Benutzungsordnung 53
Beratung, Recht auf 775 ff.
Berechtigtes Interesse 783
Berichtigung 393
Bescheid 571
- Androhung von Zwangsmitteln 605
- Anordnung der sofortigen Vollziehung 602
- Aufbau 576 ff.
- Begründung 586 ff.
- Begründungspflicht 586
- Beispielsbescheid 575
- Bestimmtheitsgrundsatz 585
- bürgernahe Sprache 589
- Einleitung 577
- Ermessenserwägungen 595, 601
- Fehlerfreiheit 590
- Formen 571
- Gliederung 576
- Grußformel 608
- Hauptentscheidung 595
- interne Bearbeitungsvermerke 609
- persönliche Ansprache 577, 580, 591
- Qualitäts-Management 571 f.
- rechtliche Begründung 594
- Rechtsbehelfsbelehrung 606
- Rechtsgrundlage 595 f.
- Sachverhalt 591
- Subsumtion 598
- Tatbestandsvoraussetzungen 595, 597
- Tenor 579
- Überzeugungstipps 588
- Unterschrift/Nameswiedergabe 608
- Verhältnismäßigkeitsgrundsatz 595, 601
- Widerspruchsbescheid 610

Bescheid-Qualitäts-Management 572
- Anforderungen an gute Bescheide 571
- bürgernahe Sprache 589
- den Bürger überzeugen 588
- Ergebnisqualität 572
- Interaktionsqualität 572
- interkulturelle Kommunikationsfähigkeit 574
- Kommunikationsebenen 574
- Potenzialqualität 572
- Prozessqualität 572
- Selbstkontrolle der Verwaltung 587
- Strukturqualität 572
- Wirkungsqualität 572

Bescheidtechnik 571
Bescheidungsurteil 1032
Bestandskraft 449 ff., 559
- Durchbrechung 455
- formelle 450
- materielle 451 f.

Bestandsschutz 491
Bestimmtheit eines Verwaltungsakts 372
Bestimmtheitsgrundsatz 585
Beteiligte 312, 341, 769
- nach SGB X 428

Beteiligungsfähigkeit 766 ff., 1031
Betreuungspflicht 777
Beurteilungsspielraum 161 ff., 371
- Fallgruppen 165
- gerichtliche Kontrolle 166

Bevollmächtigte 316, 343, 774
Beweiserhebung 847
Beweislast 852, 855
- formelle 855
- materielle 852

Beweismittel 475
- Arten 848
- Zulässigkeit 849

Beweisvereitelung 832
Beweiswürdigung 851
Bewilligung 243
Bindung der Verwaltung 82
bloße Unrichtigkeit 392 f.
Brexit 97
Bundesdatenschutzgesetz 910
Bundesmeldegesetz 920
Bundesplanung 697
Bundesrecht 66, 734
Bundesverwaltungsgericht 1030
Bürgerbeauftragter 1051
Bürgerinitiative 767, 769

461

Stichwortverzeichnis

D
Darlehen, Vergabe von 56
Datenschutz 898 f.
- Anwendungsbereiche der Gesetze 900
- BDSG 910
- bereichsspezifischer 912
- BMG 920
- Eingriffsarten 903
- EU Richtlinie 899
- EU-Datenschutz-Grundverordnung 899, 928
- Europarecht 928
- informationelle Selbstbestimmung 898
- LDSG 900
- Melderecht 920
- personenbezogene Daten 902
- Rechte des Betroffenen 909
- Sozialdatenschutz 912
Datenschutz-Grundverordnung 899
Datenschutzrichtlinie 899
Dauerverwaltungsakt 483
Delegation 760
Deliktische Haftung 1102
Demokratieprinzip 155
- Satzungsrecht 72
- Wesentlichkeitstheorie 157
Dienstanweisung 228
Dienstaufsicht 34
Dienstaufsichtsbeschwerde 1049
Dienstleistungsfreiheit (EU) 120
Dienstliche Beurteilung 425, 800
- Beurteilungsspielraum 165
Digitale Signatur 745
direkter Vollzug (EU-Recht) 133
Direkterhebung 906
Doppelwirkung
- Rücknahme von Verwaltungsakten mit Doppelwirkung 508
DSGVO 899

E
Effizienzgebot (effet utile) 92, 565
E-Government 573
Eid 849
Eilrechtsschutz 1029
Eilzuständigkeit 758
eingeschriebener Brief 333
Eingriff 243, 350, 794
Eingriffsverwaltung 18, 46, 156
Einleitung eines Verwaltungsverfahren 819
Einrichtung, öffentliche 53, 1059, 1087
Einstellung
- eines allg. Verwaltungsverfahrens 856

- eines Verwaltungsvollstreckungsverfahrens 987
Einstweilige Anordnung 1044
- Anordnungsanspruch 1044
- Regelungsanordnung 1044
- Sicherungsanordnung 1044
Einstweiliger Rechtsschutz 1029
Einvernehmen 230, 439, 835, 838
Empfangsbekenntnis 335 f.
Ende eines allg. Verwaltungsverfahrens 856
Enteignender Eingriff 1148
Enteignung 1144
- Entschädigung 1144
Enteignungsgleicher Eingriff 1146
Entlastungsregelungen bei Amtshaftung 1113
Entschädigung 1144 ff., 1151
- bei Enteignung und Aufopferung 1144 ff.
- bei Widerruf 520
- Umfang 1151
Entscheidung nach Lage der Akten 830
Entscheidungen (EU), Empfehlungen und Stellungnahmen (EU) 128
Entscheidungsformel 579
Entschließungsermessen 176
Entwidmung 1067
Erforderlichkeit (Verhältnismäßigkeit) 190
Ermessen 175 ff., 395
- Auswahlermessen 176
- Begriff 176
- Begründung von Ermessensentscheidungen 586, 601, 807
- bei Planung 711 ff.
- Bindung durch Verwaltungsvorschriften 82
- Entschließungsermessen 176
- Ermessensfehlgebrauch 182
- Ermessensgrenzen 184
- Ermessensnichtgebrauch 181
- Ermessensüberschreitung 184
- gerichtliche Kontrolle 205, 302
- Recht auf fehlerfreien Ermessensgebrauch 90
- Reduzierung auf Null 201 ff.
- richtige Ermessensausübung 180
- Schema 370
- Selbstbindung der Verwaltung 82
- Soll-Vorschriften 179
- vorherige Anhörung 793
Ermessenserwägungen
- Nachholung 431

Stichwortverzeichnis

Ermessensfehler 181 ff.
- Heilung 422
Ermessensnichtgebrauch 181
Ermessensreduzierung auf Null 178, 201 ff.
Ermessensrichtlinien 82
Ermessensschranken 369
Ermessensüberschreitung 184
Ermessensunterschreitung 181
Erörterungstermin 888
Ersatzvornahme 948a, 955, 957
Ersatzzustellung 332
Erscheinen, Pflicht zum 832, 849
Erschließungsvertrag 653
Erstattungsanspruch
- der Sozialverwaltung 544
Erstattungsanspruch, öffentlich-rechtlicher 498 f., 684, 1099
- bei Widerruf 521
Erwerbswirtschaftliche Betätigung der Verwaltung 15
EU 96
Europäische Grundrechte Charta 928
Europäische Menschenrechtskonvention 68
Europäische Union 96 ff.
- AEUV 97
- Beihilfen 114
- EUV 97
- Gerichtshof 104, 143
- Institutionen 99 ff.
- Kommission 103
- Parlament 101
- Politik 98
- Rat 102
- Rechnungshof 106
- Vertrag über die Arbeitsweise der EU 97
- Zentralbank 105
Europäische Zentralbank 105
Europäischer Gerichtshof 104
Europäischer Rat 100
Europäisches Parlament 101
Europarecht 107 ff., 1041
- Anwendungsvorrang 130, 374
- Arbeitnehmerfreizügigkeit 120
- Datenschutz 928
- Dienstleistungsfreiheit 120
- direkter Vollzug 133, 375
- Einfluss auf Rücknahme und Widerruf 564
- Entscheidungen (EU), Empfehlungen und Stellungnahmen (EU) 128
- EU-Vertrag 97

- freier Kapital- und Zahlungsverkehr 121
- freier Personenverkehr 120
- freier Warenverkehr 119
- Grundfreiheiten 118
- Grundrechtecharta 121a
- Grundsatz der begrenzten Einzelermächtigung 109
- indirekter Vollzug 137, 376
- mittelbarer Vollzug 377
- nichtförmliche Rechtsbehelfe 1051
- Nichtigkeitsklage 146
- Niederlassungsfreiheit 120
- Primärrecht 108
- Rechtsschutz 143 ff.
- Richtlinien 124 ff.
- Schadensersatzklage 149
- Sekundärrecht 65, 122
- Umsetzung (Richtlinien) 125
- Untätigkeitsklage 147
- Verordnung 123
- Verträge 65
- Vertragsverletzungsverfahren 126, 144
- Verwaltungsverfahren 136
- Verwerfungskompetenz der Verwaltung 131
- Vorabentscheidungsverfahren 148
EUV 97
EU-Vertrag 97
Evidenztheorie 412

F

Fach- oder Rechtsaufsichtsbeschwerde 1048
Fachaufsicht 35
Fachplanung 695, 701, 717
- Abstimmung zu Gesamtplanung 718
Festsetzung von Zwangsmitteln 983
Feststellung der Nichtigkeit eines Verwaltungsakts 1035
Feststellungsklage, allgemeine 1029, 1035
Finanzvermögen der öffentlichen Hand 1068
Fiskalische Hilfsgeschäfte 14
Fiskalische Verwaltung 14
Folgenbeseitigungshaftung 1120 ff.
Form des Verwaltungsakts 358
Förmliche Rechtsbehelfe 1000, 1002 ff.
Formlose Rechtsbehelfe 1001, 1045 ff.
- Arten 1046 ff.
Formularzwang 825
Fortsetzungsfeststellungsklage 1033
Freier Kapital- und Zahlungsverkehr (EU) 121

Stichwortverzeichnis

Freier Personenverkehr (EU) 120
Freier Warenverkehr (EU) 119
Freiheit der Verwaltung 152
Fremdsprachliche Schriftstücke 748
Frist
- Anwendung des BGB 814
- Begriff 813
- bei fremdsprachlichen Erklärungen 749 ff.
- Berechnung 814, 1016
- für Rechtsbehelfe 326
- gesetzliche 813, 817
- Rechtsbehelfsbelehrung 1016
- Wiedereinsetzung in den vorigen Stand 1016
- Zustellungsmängel 324 f., 344

G
Gebühren 862 f., 865 ff.
Gebührenentscheidung 584
Gebundene Verwaltung 179
Geeignetheit (Verhältnismäßigkeit) 189
Gefährdungshaftung 1129 ff., 1141
Gegenvorstellung 1047
Gegenwärtigkeitsprinzip 530, 539
Geheimhaltung *siehe Datenschutz*
Geld- und Sachleistungs-VA 493
Gemeingebrauch 1070 f.
- abstrakt 1071
- Anliegergebrauch 1075
- Entgeltlichkeit 1074
- Entschädigungsanspruch 1076
- individuell 1071
- kommunikativer 1072
- Rechtsnatur 1073
- wegerechtliche Nachbarklage 1077
Genehmigung, modifizierende 273
- Rechtsschutz 306
Gerichte 81
Gerichtsverfahren 737
Gesamtpläne 721
Gesamtplanung 695 ff., 716
- Abstimmung zu Fachplanung 718
- Unterschied zur Fachplanung 695
Geschäftsverteilung 753
Gesetz
- im formellen Sinne 69
- im materiellen Sinne 69
Gesetzmäßigkeit der Verwaltung 152 ff., 350
- Vorbehalt des Gesetzes 155
- Vorrang des Gesetzes 153
Gewaltenteilung 70
Gewillkürte Stellvertretung 1012

Gewohnheitsrecht 74
Gleichheit im Unrecht 186
Gleichheitssatz 82, 186
Gründe 586
Grundfreiheiten (EU) 118
Grundrechte
- Fiskalgeltung 14
- Gleichheitssatz 82
- im Sonderrechtsverhältnis 83
Grundrechtecharta (EU) 121a
Grundsatz der begrenzten Einzelermächtigung 109
Grußformel 608

H
Handlungsfähigkeit 768
Handlungsformen der Verwaltung 223 ff.
Haushaltsgesetz 69
Hausrecht 50, 1092
Heilung
- Begriff 422
- fehlende Anhörung 425
- fehlende Begründung 424
- fehlende Beschlussfassung eines Ausschusses 426
- fehlende Beteiligung einer anderen Behörde 427
- fehlende Hinzuziehung eines Beteiligten 428
- fehlender Antrag 423
- Form 429
- Kostenfolge 434
- mitwirkungsbedürftiger Verwaltungsakt 423
- und Rechtsfristen 433
- von Verfahrens- und Formfehlern 422
- von Zustellungsmängeln 344 ff.
- Wirkung 484
- Zeitpunkt 430
Hinzuziehung
- eines Bevollmächtigten 1026b
- zum Verwaltungsverfahren 773, 812
Hoheitlich 13
hoheitliche Maßnahme 215
Hoheitsträger
- Vollstreckung gegen 969 ff.

I
Indirekter Vollzug (EU-Recht) 137
Informationelle Selbstbestimmung 849, 898 f.
Informationsfreiheitsgesetz 791
Inhaltsbestimmungen 277
Innerdienstliche Maßnahme 79, 228

Stichwortverzeichnis

Interesse
- der Allgemeinheit 87, 91
- Einzelner 88
- öffentliches 45, 87, 91
- rechtliches 783

Interessentheorie 45
Intimsphäre 787

J
Juristische Personen 31, 767

K
Kann-Vorschrift 177 ff.
Klagearten 1029 ff.
Klagebefugnis 85, 1032
Klagegegner 29, 36
Kollision von Rechtsnormen 60, 66
Kommission (EU) 103
Kommunalplanung 700
Kommunalverfassungsrecht 67
Kommunikationsrecht 1051
Kommunikativer Gemeingebrauch 1072
Konkurrenz von Ansprüchen 1136
Kontrolle der Verwaltung 999 ff.
Konversion 442
Kopplungsverbot 295
Körperschaft des öffentlichen Rechts 21 f., 31
Kosten
- des allgemeinen Verwaltungsverfahrens 861 ff.
- des Verwaltungsvollstreckungsverfahrens 990

Kostendeckungsgebot 868
Kostendeckungsprinzip 868
Kostenentscheidung 871
Kostenerstattung 434, 861
Kostenfestsetzungsverfahren 1026b

L
Länder *siehe Landesrecht*
Landesdatenschutzgesetz 900
Landesplanung 698
Landesrecht 66
Landratsamt 32
Leistungsbescheid 499, 528
Leistungsklage, allgemeine 687, 1029, 1034
Leistungsverwaltung 9 f., 18
Lenkungsverwaltung 10
Lex-specialis-Regel 733

M
Mahnung 973

Mandat 761
Maßnahmen gegen Mitberechtigte 967
Materielle Beweislast 852
Melderecht 920
Mitberechtigte 966 f.
Mitberechtigte, Maßnahmen gegen 967
Mittelbare Staatsverwaltung 31
Mitverschulden 1114
Mitverursachung 1114, 1126
Mitwirkung anderer Behörden 833 ff.
- fehlende 244
- mehrstufiger Verwaltungsakt 244
- Verwaltungsaktsqualität 230

Mitwirkungspficht
- des Bürgers 829 ff.

Modifizierende Auflage 273, 277
Modifizierende Genehmigung 273
- Rechtsschutz 306

Modifiziertes Privateigentum 1060
Möglichkeitstheorie 1018
Mündliche Verhandlung 878
Musterbescheid 575

N
Nachbarschützende Normen 89
Nachschieben von Gründen 431
Nebenbestimmungen 259 ff.
- Anfechtbarkeit 301 ff.
- Arten 261 ff.
- Ermessensakte 289
- gebundener Verwaltungsakt 284
- inhaltliche Bestimmtheit 299
- Klageart 301
- Kopplungsverbot 295
- nachträgliche 271
- Rechtsschutz 301
- Tenor 581
- Unmöglichkeit 300
- Verhältnismäßigkeit 288
- Zulässigkeit 282 ff.

Nichtakt 381, 388 ff.
Nichtförmliche Rechtsbehelfe 1045
Nichtförmlichkeit 311, 741 f.
Nichtiger VA 484
Nichtigkeit
- des öffentlich-rechtlichen Vertrags 672 ff.
- des Verwaltungsakts 397 ff.

Nichtigkeitsfeststellungsklage 1035
Nichtigkeitsklage 146
Niederlassungsfreiheit (EU) 120
Niederschrift, Erklärung zur 826
Normenkontrollantrag 1029

465

Stichwortverzeichnis

Normenkontrolle 63
- durch Verfassungsgericht 62
- inzidente 64
- prinzipale 63

Normenkontrollverfahren 1036
Notwendigkeit des Vorverfahrens 1000

O

Oberverwaltungsgericht 1030
Öffentliche Abgaben 863
Öffentliche Anstalten 1086
Öffentliche Einrichtung 53, 1059, 1087
Öffentliche Sachen 1058 ff.
- Anliegergebrauch 1075 ff.
- Anstaltsgebrauch 1084 ff.
- Arten 1068
- Begriff 1059
- Entstehung und Beendigung 1063 ff.
- Entwidmung 1067
- im Gemeingebrauch 1070 ff.
- im Verwaltungsgebrauch 1091 ff.
- im Zivilgebrauch 1070 ff.
- Sondergebrauch 1082 f.
- Sondernutzungen 1078 ff.
- Status 1060
- Widmung und Indienststellung 1063 f.

Öffentliche Verwaltung 1 ff.
- Abgabenverwaltung 11
- Arten 8 ff.
- Aufbau 29 ff.
- Bedarfsverwaltung 12, 14
- Begriff 5 ff.
- Eingriffsverwaltung 18
- Erwerbswirtschaftliche Tätigkeit 15
- fiskalische Verwaltung 15
- gebundene Verwaltung 152 ff.
- Leistungsverwaltung 9
- Lenkungsverwaltung 10
- Ordnungsverwaltung 8
- Parteilichkeit 737
- planende Verwaltung 693 ff.
- Rechtsform des Handelns 39 f., 55
- schlicht hoheitliche Verwaltung 49
- Träger öffentlicher Verwaltung 19 ff., 216
- Verwaltungsprivatrecht 16 f.

Öffentliche Zustellung 340
Öffentliches Interesse 45, 87, 91
Öffentliches Recht
- Abgrenzung vom Privatrecht 42
- Abgrenzungstheorien 44 ff.
- Bedeutung 39
- Realakte 49
- Realakte, Zuordnung 56

- Wahlfreiheit 40
- Zuweisungsregeln 43
- Zweistufentheorie 56

Öffentlich-rechtlich
- Streitigkeit 1008
- Vertrag 621

Öffentlich-rechtliche Amtspflicht 1107
Öffentlich-rechtliche Ersatzleistungen 1096 ff.
Öffentlich-rechtlicher Erstattungsanspruch 1152
Öffentlich-rechtlicher Sonderstatus 1060
Öffentlich-rechtlicher Vertrag 621 ff.
- Abgrenzung vom privatrechtlichen Vertrag 630
- Anpassung 685
- Anwendung des BGB 683 f.
- Austauschvertrag 647, 652, 666 ff., 675
- Begriff 623 ff.
- Durchsetzung 686 ff.
- Erschließungsvertrag 653, 1133
- gemischter Vertrag 633
- gesetzliches Verbot 677
- Haftung 683 f., 1133
- Handlungsformverbot 649 ff.
- koordinationsrechtlicher Vertrag 638 f., 641, 660, 671, 684
- Kündigung 685
- Nichtigkeitsgründe 671 ff.
- Schriftform 624, 654, 659, 661, 662a, 670, 679, 685
- subordinationsrechtlicher Vertrag 638, 640 f., 644, 655, 671, 684, 689
- Teilnichtigkeit 681
- Verfügungsvertrag 643, 656
- Vergleichsvertrag 644 f., 652, 665, 674, 680
- Verpflichtungsvertrag 642, 658
- Vertragsformverbot 649 ff., 677
- verwaltungsrechtlicher Vertrag 629
- Vollstreckung 689, 931 ff.
- Wirksamkeit/Unwirksamkeit 670, 688
- zusammengesetzter Vertrag 634

Öffentlich-rechtliches Schuldverhältnis
- Haftung 1132
Optimierungsgebote 712
Organstreitigkeiten 1038

P

Parteilichkeit 737
Personalakten 788
Persönlichkeitssphäre 799 ff.
Petition 1050
Petitionsbescheid 1053

Stichwortverzeichnis

- Fehlerfolgen 381 ff.
- fehlerfreier 350 f.
- feststellender 242
- Form 358, 742 ff.
- formelle Bestandskraft 450
- formelle Vorgaben 356 ff.
- Gebietsklausel 220 f.
- gestaltender 242
- Hinweise 276
- hoheitliche Maßnahme 215
- im Leistungs- und Beitragsbereich 533
- Inhaltsbestimmung 277
- innerdienstliche Maßnahme 228 f.
- Klagemöglichkeit 860
- Konversion 442
- Leistungsbescheid 499
- Maßnahme 215
- materielle Bestandskraft 451
- materielle Voraussetzungen 361
- mehrstufiger 230, 244
- mit Dauerwirkung 530, 545, 550, 555 f., 559
- mit Doppelwirkung 1039, 1041
- Mitwirkung anderer Stellen 244, 838
- mitwirkungsbedürftiger 626
- modifizierende Auflage 273, 306
- modifizierende Genehmigung 273, 306
- mündlicher 311, 743, 745
- Musterbescheid 575
- Nebenbestimmungen 259
- Nichtakt 388 f.
- Nichtförmlichkeit 741
- Nichtigkeit 383, 386, 397 ff.
- Öffentliches Recht 42, 220 f.
- privatrechtsgestaltender 57
- rechtsgestaltender und feststellender 1039
- Rechtsgrundlage 351
- Rechtswidrigkeit 381 ff., 483, 857
- Rechtswirksamkeit 322, 383
- Regelung 222 f.
- Rücknahme 481 ff., 487, 528 ff., 535 f., 541 ff.
  - Anhörung 487
  - begünstigender Verwaltungsakte nach SGB X 541 ff.
  - begünstigender Verwaltungsakte 490 ff.
  - belastender Verwaltungsakte nach SGB X 531 ff.
  - belastender Verwaltungsakte 488 f.
  - Ersatz von Aufwendungen 504
  - Erstattungsanspruch 498 f.
  - Frist 496
- sonstiger Verwaltungsakte 500 ff.
- von Verwaltungsakten mit Doppelwirkung 508 ff.
- schlichte Rechtswidrigkeit 383 ff., 420 f.
- Schriftform 744
- Teilnichtigkeit 414
- Teilrechtswidrigkeit 445
- Umdeutung 415, 442 ff.
- Unanfechtbarkeit 449 f., 946
- Unbeachtlichkeit formeller Fehler 435 ff.
- Unbeachtlichkeit von Fehlern 436 ff., 859
- Unmöglichkeit 193 ff., 300, 370, 403 f., 967
- Unrichtigkeit 392 ff.
- Unterschrift 608, 744, 824
- Verbindlichkeit 420
- Verkehrszeichen 239, 323
- Vollstreckung 212, 931 ff.
- Vollziehung 582
- Vorbereitungshandlung 230
- Vorbescheid 248
- vorläufige Regelung 247
- vorläufiger 246
- Vorläufiger Rechtsschutz gegen 1039 ff.
- vorsorglicher 247
- Weisung 228
- Widerruf 481 ff., 511 ff., 514 f., 549 ff.
  - Anhörung 487
  - begünstigender Verwaltungsakte nach SGB X 552 f.
  - begünstigender Verwaltungsakte 513, 514 f.
  - belastender Verwaltungsakte nach SGB X 549 ff.
  - belastender Verwaltungsakte 511 f.
  - Erstattungsanspruch 498 f., 521
  - Widerrufsvorbehalt 266 f., 514
- Widerspruch 610 ff.
- Widerspruchsbescheid 613 ff.
- Widmung 238, 1060, 1063 f.
- wiederholende Verfügung 226, 464
- Wirksamwerden 322 ff.
- Zulässigkeit 153, 155
- Zusage 249 ff.
- Zustellung 327
- Zweckmäßigkeit 395
- Zweitbescheid 460

Verwaltungsakt mit Dauerwirkung 530, 545, 550

Verwaltungsakt mit Doppelwirkung
- Widerruf 522

Verwaltungsgebühr 861 ff., 1074

Stichwortverzeichnis

Pfändung
- beweglicher Sachen 975
- von Forderungen 976

Pflichtverletzung 684, 1107
Planende Verwaltung 693 ff.
Planerische Untersagung 728
Planfeststellungsbeschlus
- Schutzauflage 890

Planfeststellungsverfahren 724, 883
Plangenehmigungsverfahren 725
Planung und Plan 693 ff.
Planungsermessen 708
Planungsprozess 706 ff.
Postzustellungsurkunde 331
Präklusionswirkungen 895
Primärrecht (EU) 108
Privatrechtliches Verwaltungshandeln
- Haftung 1137

Prozessfähigkeit 1031
Prozessvertretung 1031
Prüfungsakten 788
Prüfungsentscheidungen
- Beurteilungsspielraum 165
- gerichtliche Kontrolle 166
- Verwaltungscharakter 224

R
Rat (EU) 102
Ratifizierungsgesetz 65, 68
Raumordnungsverfahren 727
Raumplanung 695 ff.
Realakt 49, 56, 223
Rechnungshof (EU) 106
Recht 84
Rechtliches Gehör 793
Rechtliches Interesse 783
Rechtsaufsicht 36
Rechtsbehelfe
- Arten 999
- EU-Recht 143 ff.
- förmliche 1000, 1002 ff.
- formlose 1001, 1045 ff.
- Klagearten 1029
- Organklagen 1038
- Verwaltungsvollstreckung 991 ff.
- Zulässigkeitsvoraussetzungen 1031 ff.

Rechtsbehelfsbelehrung 359, 394, 606, 618, 1016
Rechtsbehelfsfrist
- Beginn 326

Rechtsfolgeermessen 175
Rechtsgeschäftliche Verwaltungshandlung 226
Rechtsgrundlage 58

Rechtskraft 449, 737
Rechtsmittel 618
Rechtsmittelbelehrung *siehe Rechtsbehelfsbelehrung*
Rechtsnachfolger, Vollstreckung gegen 968
Rechtsnormen 58
Rechtsprechung 6
Rechtsprechungsänderung 535, 558
Rechtsquellen 58 ff., 363
- Allgemeine Rechtsgrundsätze 78
- Arten 65 ff.
- Bundesrecht 66
- eines Verwaltungsakts 351
- Ermächtigung 71
- EU-Recht 65
- geschriebene 59
- Gesetz im formellen Sinne 69
- Gesetz im materiellen Sinne 69
- Gewohnheitsrecht 74
- Kollision 60, 65
- Landesrecht 66
- Rangordnung 59
- Rechtsverordnung 70 f.
- Richterrecht 75 f.
- Satzung 72 f.
- Sonderverordnung 83
- Verfassung 66 f.
- Verwaltungsvorschrift 79
- Verwerfungskompetenz 62
- Völkerrecht 68

Rechtsreflex 87
Rechtsschutz 999
Rechtsstaatsprinzip
- Aufhebung von Verwaltungsakten 481
- Begründungspflicht 586
- Gesetzmäßigkeit der Verwaltung 152 ff.
- Verfahrenserfordernisse 731
- Wesentlichkeitstheorie 157
- Wiederaufgreifen des Verwaltungsverfahrens 457

Rechtsverordnung 70 f.
Rechtsweg 85
Rechtsweggarantie 1000, 1030
Rechtswidrigkeit 381 ff.
Rechtswirksamkeit 322, 383, 945
reformatio in peius 1025
Regierung 6
Regionalplanung 699
Reisekosten 861, 864
Restitutionsgrund 476
Richterrecht 75 f.
Richtlinien 79 ff.
Richtlinien (EU) 124 ff.

Stichwortverzeichnis

Rücknahme 481
- Zuständigkeit 487

S

Sachentscheidungsvoraussetzungen 1000
Sachverhalt 591
Sachzusammenhangstheorie 48 ff.
Satzung 72
Schaden 1111
Schadensersatz
- Arten 1116 f.
- -klage (EU) 149
- wegen rechswidrigen Verwaltungshandelns 1101 ff.
Schlicht hoheitliche Verwaltung 49
Schlicht rechtswidriger VA 384
Schlichtes Verwaltungshandeln 49
Schuldverhältnis 1132 ff.
Schülerlotse 1104, 1112
Schutzgebietsfestsetzung 723
Schutznormlehre 1018
Schwebende Unwirksamkeit 1036
Sekundärer Rechtsschutz 1097
Sekundärrecht (EU) 122
Selbstbindung der Verwaltung 82, 203
Selbsteintrittsrecht 759
Selbstverwaltung 29 ff., 72, 1018
Selbstverwaltungsangelegenheiten 31, 1024
SGB X 523 f., 526
- Erstattung zu Unrecht erbrachter Leistungen 562
- Rückgabe von Urkunden und Sachen 563
- rückwirkende Erbringung der Sozialleistung 538
Signatur
- elektronische 337, 339, 745, 824, 1013
Sofortige Vollziehung 1041
- Begründung 602 ff.
- Tenor 582
Soll-Vorschriften 179
Sondergebrauch 1082 f.
Sondernutzung 1078 ff.
Sondernutzungserlaubnis 1079
Sondernutzungsgebühr 1080
Sonderrechtstheorie 47, 87
Sonderrechtsverhältnis
- Sonderverordnung 83
- Vorbehalt des Gesetzes 156
Sonderverordnung 83
Sozialdaten 914
Sozialhilfe 542
Spritzerkonzession 413

Staatshaftungsrecht 1096 ff.
Staatsrecht 66
Stiftung des öffentlichen Rechts 25, 31
Störer 366
Subjektionstheorie 46
Subjektives öffentliches Recht
- Abgrenzung zum Rechtsreflex 87
- Bedeutung 84 f.
- Begriff 86
- nachbarschützende Normen 89
- Recht auf fehlerfreien Ermessensgebrauch 90
Subjektstheorie 47
Subordinationstheorie 46
Subsumtion 167, 595
Subventionen 56
Suspensiveffekt 610

T

Tatbestand 591
Teilnichtigkeit 414
Tenor 579 ff.
- Androhung von Zwangsmitteln 583
- Anordnung der sofortigen Vollziehung 582
- Gebührenentscheidung 584
- Hauptentscheidung 580
- Nebenbestimmungen 581
Termine 813 ff.
Traditionstheorie 54
Träger öffentlicher Verwaltung 19
Transformation 68
TÜV-Sachverständige 26, 1104

U

Umdeutung 442 ff.
Umsetzung (eines Beamten) 229
Umsetzung (Richtlinien) 125
Umweltverträglichkeitsprüfung 720, 724 f., 883
Unabhängigkeit
- persönliche 737
- sachliche 737
Unanfechtbarkeit 449 f., 946
Unbeachtlichkeit von Fehlern 436
Unbestimmter Rechtsbegriff 161 ff., 371
- Auslegung 167
- Begriff 162
- Beurteilungsspielraum 165
- gerichtliche Kontrolle 164
Unerlaubte Handlung 1102 ff.
Unionsrecht 97
Unmittelbare Ausführung 949
Unmittelbarer Zwang 942, 949 ff.

Stichwortverzeichnis

Unmöglichkeit 193 ff., 300
Unrichtigkeit, bloße 392 f.
Unrichtigkeiten 381
Unselbstständige Vorbereitungsakte 224
Untätigkeitsklage 1032
Untätigkeitsklage (EU-Recht) 147
Untere Verwaltungsbehörde 30, 32, 36
Unterschrift 608
Untersuchungsgrundsatz 828 ff.
Unvordenkliche Verjährung 1065
Unzuständigkeit 753, 762
Urkunden und Sachen
– Rückgabe 563
Urlaub, Fristversäumnis 817

V

Verbandsklagen 1018
Verfahrensablauf 981 ff., 985
Verfahrenskosten
– Aufwendungen 861
Verfahrensrechte 775
Verfahrensregeln der Verwaltungsgerichtsbarkeit 1030
Verfahrensvorschriften 357
Verfassung 66 f.
   Verwerfungskompetenz 62
Verfügung
– als befehlender Verwaltungsakt 242
– interne 609
– wiederholende 226, 464
Verhältnismäßigkeit 78, 187 ff., 601
Verhältnismäßigkeitsgrundsatz 187
Verkehrssicherungspflicht 1106
Verkehrszeichen 323
– Bekanntgabe 323
– Rechtsnatur 323
– Wirksamkeit 323
Verletzung öffentlich-rechtlicher Pflichten 1107, 1122 f.
Vermögensnachteil
   Ersatz nach § 48 III LVwVfG 504
Vermögensschutz 491
Verordnung (EU) 123
Verpflichtungsklage 1029, 1032
   Begründetheit 85
   Gegenstand 213
   Zulässigkeit 85
Verpflichtungsurteil 1032
Verpflichtungswiderspruch 1002, 1028
   Begründetheit 1023
   Entscheidung 1026a
Versagen technischer Einrichtungen 1129
Versagungsgegenklage 1029
Verschulden 1112

Versicherung an Eides Statt 849
Vertrag über die Arbeitsweise der EU 97
Vertragsverletzungsverfahren (EU) 126, 144
Vertrauensschutz 481, 494 ff., 501, 505
– bei der Rücknahme sonstiger VAs 501
– Rücknahme von Geld- und Sachleistungs-VA 494
Verunstaltung 163 f.
Verwaltung 5
Verwaltungsakt 209 ff.
– Abhilfebescheid 1004
– Adressat 312 ff., 366 ff.
– adressatenbezogene Allgemeinverfügung 237
– Allgemeinverfügung 236 ff.
– als Rechtsgrund 211
– als Vollstreckungsvoraussetzung 943 ff.
– Antrag auf Rücknahme oder Widerruf 480
– Arten 241 ff.
– Aufhebbarkeit eines VA mit Dauerwirkung 554 ff.
– Aufhebbarkeit 384 ff., 420
– Aufhebbarkeit, Schema 387
– Aufhebbarkeit nach dem SGB X 528 ff.
– Aufhebung 481
– Auflage 260, 268 ff., 279 ff., 515, 890
– Auflagenvorbehalt 260, 271 f.
– aufschiebende Wirkung 1039 f.
– Außenwirkung, unmittelbare 227 ff.
– automatisierter 743
– Bedeutung 209
– Bedingung 260, 263 ff., 279
– befehlender 242
– Befristung 261 f.
– Begriff 214 ff.
– Begründung 358
– begünstigender 243
– Behörde 216
– Bekanntgabe 309
– belastender 243, 532
– Benutzungsregelung 239, 323
– Berichtigung 392
– Bestandskraft 449 ff.
– Bestimmtheit 372
– Bestimmtheitsgrundsatz 585, 944
– dingliche Allgemeinverfügung 238
– Doppelwirkung 245, 508 ff., 522
– Drittwirkung 245
– durch schlüssiges Verhalten 745
– Einzelfall 231 f.
– elektronischer 745
– Ermessensakt 175

469

Stichwortverzeichnis

Verwaltungshelfer 27
Verwaltungsprivatrecht 16
Verwaltungsrechtsweg 1008
Verwaltungsverfahren
– allgemeines 731 ff.
– Anwendungsbereich des LVwVfG, VwVfG 486, 732 ff.
– Anwendungsbereich des SGB X 523
– Beginn 819 ff.
– Begriff 736 ff.
– besonderes 874 ff.
– Beteiligte 341, 769 ff.
– Einstellung 856
– Ende 856
– förmliches 875 ff.
– Hinzuziehung 428, 773
– Kosten 861 ff.
– Mitwirkung von Behörden 230, 410, 833 ff., 885
– Mitwirkungspflicht des Bürgers 829 ff.
– Nichtförmlichkeit 741
– Planfeststellungsverfahren 883 ff.
– Untersuchungsgrundsatz 828 ff.
– Verfahrensrechte 775 ff.
Verwaltungsvollstreckung 931 ff.
– Ablauf nach LVwVG 972 ff.
– allgemeine Vollstreckungsgrundsätze 952 ff.
– Anwendungsbereich
  – LVwVG, VwVG 934 ff.
– Einstellung 987 ff.
– gegen Hoheitsträger 969 ff.
– gegen Mitberechtigte 967
– gegen Rechtsnachfolger 968
– in das bewegliche Vermögen 940, 974 f.
– in das unbewegliche Vermögen 941, 977
– Kosten 990
– Rechtsschutz 991
– Verwertungsverfahren 978 ff.
– Voraussetzungen 943 ff.
– Zwangsmittel 942, 948 ff.
Verwaltungsvorschrift 79 ff., 1036
Verwaltungszustellung 327
Verwaltungszwang 938, 942, 944 ff.
Verwaltungszwangsverfahren
– Ablauf 981 ff.
Verwerfungskompetenz
– Europarecht 131
– (nationale) Rechtsnormen 62 ff.
Verwertungsverfahren 978 ff.
Völkerrecht 68
Vollstreckung 931
Vollstreckungsabwehrklage 995

Vollstreckungsbehörde 959 ff.
Vollstreckungsgegenklage 995
Vollstreckungsgläubiger 964
Vollstreckungshilfe 962
Vollstreckungshindernis 967
Vollstreckungsschuldner 965 ff.
Vollstreckungstitel 931, 933, 943 ff.
Vollziehende Gewalt 70
Vollziehung
– des Verwaltungsakts 213
– EU-Recht 1041
– Rechtsschutz 1043 f.
– sofortige 582, 602 ff., 1041
Vollzug des Unionsrechts
– direkter 375
– indirekter 376
– mittelbarer 377
Vorabentscheidungen 148
Vorabentscheidungsverfahren (EU-Recht) 148
Vorbehalt der endgültigen Entscheidung 278
Vorbehalt des Gesetzes 18, 155 ff., 350, 361, 365
Vorbescheid 248
Vorkaufsrecht 57
Vorladung 832
Vorrang des Gesetzes 153 f., 350, 364, 461
Vorratsandrohung 982
Vorratsdatenspeicherung 906
Vorverfahren 610

W

Wahlanfechtungsklage 1037
Wahlfreiheit, öffentliches oder privates Recht 40
Wahlplakate 206
Warenverkehrsfreiheit (EU) 119
Wegerechtliche Nachbarklage 1077
Weisungen 228 f.
Weisungsaufgaben 31
Weisungsfreie Angelegenheiten 1024
Weisungsgebundenheit 737
Wesentlichkeitslehre 157
Wesentlichkeitstheorie 157
Widerruf 481, 511
– belastender Verwaltungsakte 511
– Ersatz von Aufwendungen 520
– Zuständigkeit 487
Widerrufsfrist 519
Widerrufsgrund 513
Widerrufsvorbehalt 266, 514
Widerspruch 169, 610 ff., 1002
– Abhilfebescheid 1004

471

Stichwortverzeichnis

- Abhilfeverfahren 1004
- Anfechtungswiderspruch 1002, 1009
- aufschiebende Wirkung 213
- Ausgangsbehörde 1004
- Begründetheit 1020
- Erforderlichkeit 1010
- Erhebung 1013
- gegen nichtige Verwaltungsakte 386, 419
- gegen Planfeststellungsbeschluss 892
- Prüfschema 1023a
- Statthaftigkeit 1009
- verfristeter 1025
- Verpflichtungswiderspruch 1002, 1009
- verspäteter 455, 1016
- Zulässigkeit 1007 ff.

Widerspruchsbefugnis 1017
- Adressatentheorie 1018
- Möglichkeitstheorie 1018
- Schutznormlehre 1018
- Verbandsklagen 1018

Widerspruchsbehörde 31, 36, 1024
Widerspruchsbescheid 610, 613, 1005, 1025 f.
- Begründung 618
- Kostenentscheidung 1026b
- nach Fristversäumung 455, 1016
- Tenor
  - Inhalt 614
  - Widerspruch erfolglos 615
  - Widerspruch erfolgreich 616
  - Widerspruch teilweise erfolgreich 617
- Zustellung 328

Widerspruchsentscheidung 1026
Widerspruchserhebung
- Form 1013
- Frist 1016
- Verwirkung 1016

Widerspruchsverfahren 213, 610 ff., 856, 1000
- Abhilfebescheid 1028
- Beteiligungsfähigkeit 1011
- Bevollmächtigter 1012
- gesetzlicher Vertreter 1012
- Hinzuziehung eines Bevollmächtigten 1026b
- Kostenlastentscheidung 1026b
- Verfahrenshandlungsfähigkeit 1012

Widmung 238, 1060, 1063 f.
Wiederaufgreifen des Verfahrens
- nach dem SGB X 527

Wiederaufgreifen des Verwaltungsverfahrens 457 ff.
- Ablehnung 464
- Anspruch 468 ff.
- Antrag 468 f.
- Rechtsschutz 465

Wiederaufgreifen im engeren Sinn 468
Wiederaufgreifen im weiteren Sinn 479
Wiederaufgreifensgründe 472
Wiedereinsetzung in den vorigen Stand 816 ff., 1016
Wiederherstellung der aufschiebenden Wirkung 1043
Wiederholende Verfügung 226, 464
Wirksamwerden des Verwaltungsakts 322 ff.

Z

Zitiergebot 806
Zusage 249 ff.
- Arten 250
- Begriff 249
- Rechtsnatur 251

Zuschuss, verlorener 56
Zusicherung 250, 252 ff.
- Form 252
- Mitwirkung Dritter 254
- rechtswidrige 255
- Rücknahme 256
- Zuständigkeit 253

Zuständigkeit 356, 753 ff.
- Delegation 760
- Eilzuständigkeit 758
- Geschäftsverteilung 753
- Mandat 761
- örtliche 755
- sachliche 754
- Selbsteintrittsrecht 759

Zustellung 327 ff.
- Abholbestätigung 339
- Adressat 341 ff.
- an Bevollmächtigte 343
- an gesetzliche Vertreter 342
- an mehrere Beteiligte 341
- Anwendungsbereich des LVwZG, VwZG 328 f.
- Arten 330 ff.
- Ausfertigung 341
- De-Mail 339
- Eingeschriebener Brief 333
- elektronische 336
- elektronischer Dokumente 337 f.
- Empfangsbekenntnis 335 f.
- Ersatzzustellung 332

Stichwortverzeichnis

– Heilung von Zustellungsmängeln 344 ff.
– Notwendigkeit 329
– öffentliche 340
– Zustellungsurkunde 331
Zustimmung 834
Zwangsgeld 942, 948a, 955, 957
Zwangsgeldfestsetzung
– Beispiel 984

Zwangshaft 942, 948a, 958
Zwangsmittel 948, 949 ff.
– Androhung 982
– Anwendung 948, 949 ff.
– Bestimmtheitsgrundsatz 944
– Festsetzung 983
Zweckbindungsgrundsatz 907
Zweckmäßigkeit 182, 369, 395, 611, 1020
Zwei-Stufen-Theorie 56, 1089
Zweitbescheid 226, 460

2020. XX, 267 Seiten. Kart. € 29,–
ISBN 978-3-17-036202-4
Recht und Verwaltung
Auch als E-Book erhältlich

Bruckert/Frey/Kron/Marz (Hrsg.)

Besonderes Verwaltungsrecht
nach Rechtsgrundlagen in Baden-Württemberg

Das Studienbuch stellt einige der wichtigsten Rechtsgebiete des besonderen Verwaltungsrechts anhand ihrer Rechtsgrundlagen dar (u.a. Kommunal-, Polizei- und Baurecht). Aus jedem Rechtsgebiet werden zentrale Elemente kurz vorgestellt. Die einzelnen wichtigen Rechtsgrundlagen werden sodann im (Klausur)Prüfungsschema abgearbeitet, das an der Hochschule für öffentliche Verwaltung Kehl gelehrt wird. So werden Unterschiede und Gemeinsamkeiten augenscheinlich und Probleme werden direkt an der Stelle erörtert, an der sie in Klausuren anzusprechen sind. Es dient somit dem Zugang zu neuen Rechtsgebieten wie auch der Vertiefung von Problem- und Strukturverständnis.

Felix Bruckert, Universität Heidelberg. Michael Frey, Professor für öffentliches Recht, Hochschule Kehl. Mirco Kron, Doktorand TU Kaiserslautern, wissenschaftlicher Mitarbeiter, Hochschule Kehl. Anna Sophie Marz, Regierungsinspektorin, Polizeipräsidium Bonn.

Leseproben und weitere Informationen:
www.kohlhammer.de